KB079821

에코페미니즘

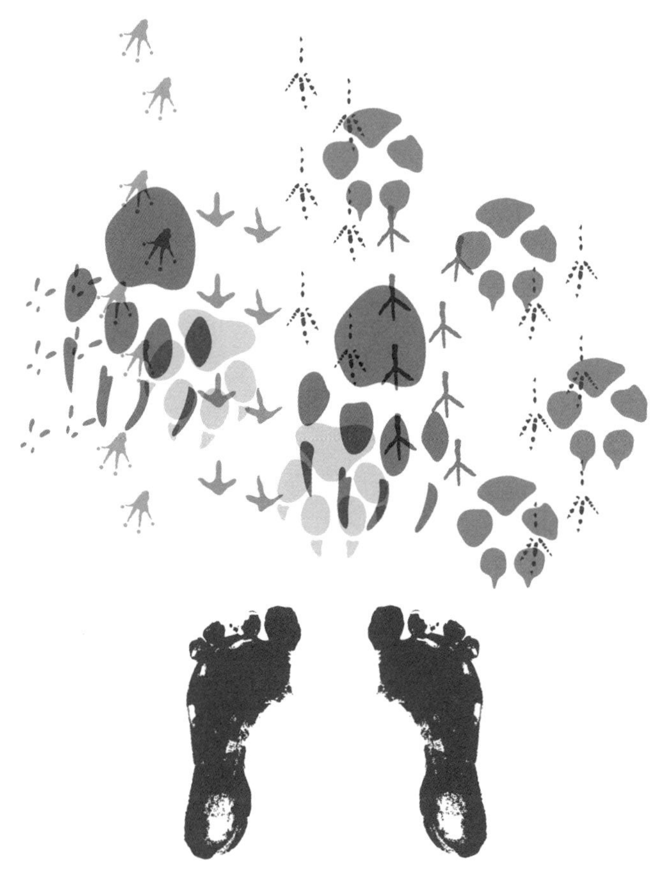

에코페미니즘

인간, 동물, 지구와 교차하는
페미니즘적 시선들

캐럴 J. 애덤스, 로리 그루언 엮음
김보경, 백종륜 옮김

에디투스

에코페미니즘

제1판 1쇄 2024년 05월 10일

엮은이 캐럴 J. 애덤스·로리 그루언
옮긴이 김보경·백종륜
펴낸이 연주희
편집 윤현아
펴낸곳 에디투스
등록번호 제2015-000055호(2015.06.23)
주소 경기도 성남시 분당구 황새울로351번길 10, 401호
전화 070-8777-4065
팩스 0303-3445-4065
이메일 editus@editus.co.kr
홈페이지 www.editus.co.kr

가격 35,000원

ISBN 979-11-91535-11-2 (03300)

윤리적 문제를 그것을 둘러싼 맥락과 분리시키는 것은 문제를 그 근원과 단절시키는 행위다. (…) 어떤 의미에서 우리는 축약된truncated 이야기를 제공받은 뒤 그 이야기의 결말이 어떠해야 한다고 생각하는지 질문받는 셈이다. 그러나 우리가 숙고해야 한다고 질문받은 그 딜레마를 만들어 낸 세계관을 이해하지 못한다면, 우리에게는 그 자체의 조건을 제외하고는 상황을 평가할 다른 방법이 존재하지 않는다.

자연을 존중한다re-specting는 것은 말 그대로 '다시 바라본다'는 의미를 함축한다. 우리의 행위와 관계를 둘러싼 세부사항들을 알지 못한다면, 우리가 맺고 있는 관계의 질에 주의를 기울일 수 없다. 에코페미니스트들이 모든 살아 있는 존재를 위한 평화와 비폭력의 세계에 살기를 진심으로 갈망한다면, 우리는 물려받은 파편화된 세계관의 조각들을 하나로 모으는 고통스러운 과정을 통해 서로를 도와야 한다. 하지만 그 조각들을 단순히 이어 붙이는 것만으로는 충분하지 않다. 우리에게 필요한 것은 모든 오래된 이야기와 서사를 다면적인 테피스트리로 다시 직조하는 일이다.

마티 킬(Marti Kheel 1993)

차례

제3부 기후

■ 일러두기

1. 이 책은 캐럴 J. 애덤스와 로리 그루언이 엮은 *Ecofeminism*(Second Edition)을 우리말로 옮긴 것이다.
2. 맞춤법과 외래어표기법은 국립국어원의 용례를 따랐다. 다만 국내에 이미 굳어진 인명·지명·개념이라고 판단했을 때는 통용되는 표기를 썼다.
3. 단행본·정기간행물에는 겹낫표(『』)를, 단편·신문기사에는 낫표(「」)를, 미술작품·영화 및 영상, 팟캐스트, 라디오 프로그램에는 홑꺾쇠(〈 〉)를 썼다.
4. 옮긴이가 이해를 돕기 위해 덧붙인 내용의 경우 본문에는 대괄호([ ])로 묶었으며, 각주에는 문장 끝에 '옮긴이.'라고 명시했다.
5. 성별 이분법을 따르지 않으려는 의도로 'he'나 'she'와 같이 성별을 특정하는 대명사들은 불가피한 몇몇 경우를 제외하고 모두 '그'로 통일했다.
6. 종차별주의적인 구분에서 벗어나려는 의도로 동물과 인간을 세는 단위는 모두 '명'으로 통일했으며, '암컷'과 '수컷' 역시 대체로 '여자/여성'과 '남자/남성'으로 옮겼다.

감사의 말

제1판

2011년 11월 19일, 우리의 소중한 친구 마티 킬Marti Kheel이 세상을 떠난 후, 그를 애도하는 공동체는 온라인에, 그리고 동부와 서부에서 열린 추모식에 함께 모여 공감과 돌봄으로 서로를 보듬었다. 우리는 개인적으로 서로를 위로하고, 또 에코페미니즘의 통찰력을 공유하며 정치적으로 서로를 북돋아 주었다. 마티의 죽음 이후 에코페미니즘 이론과 실천을 새롭게 갱신하는 데 힘을 보태 준 이 확장된 공동체와 킬 가족에게 마음 깊이 감사드린다.

이 시기에 이루어진 대화들에 기반해 우리는 2012년 웨슬리언 대학교에서 '모든 동물이 살기 적합한 환경을 찾아서'라는 제목의 학술대회를 개최했다. 이 학술대회에서 동물과 지구를 위한 더 나은 세계를 만들기 위해 각자의 기억과 새로운 아이디어, 그리고 설렘을 나누어 준 모든 참석자에게 감사를 전한다. 학술대회에서 발표된 논문 중 일부는 수정

작업을 거쳐 이 책에 실리게 되었다. 이 공저자들에게, 또 이 책에 최종적으로 포함되지는 않았지만 학술대회에서 발표를 해 주었던 모든 연구자와 활동가에게 감사드린다. 이 학술대회는 다음과 같은 후원자와 후원단체 덕분에 개최될 수 있었다. 웨슬리언 대학교 동물연구 협동과정, 환경대학, 사회 윤리 프로젝트, 페미니즘·젠더·섹슈얼리티 연구 프로그램, 공적 생활 연구센터, 철학과에 감사를 표한다. 동물 및 사회 연구소, 단체 '동물권을 지지하는 페미니스트들', 아널드 S. 제이콥스Arnold S. Jacobs와 엘렌 킬 제이콥스Ellen Kheel Jacobs, A. J. 제이콥스A. J. Jacobs, 제인 킬 스탠리Jane Kheel Stanley, 그리고 킬 가족들에게도 감사드린다. 그 외에도 린 힉스Lynn Higgs와 힐다 바르가스Hilda Vargas는 뛰어난 물류 지원을 제공해 주었다. 감사를 전한다. 학술대회가 끝난 후 동물권을 지지하는 페미니스트들의 새 웹사이트http://www.farinc.org/를 만들기도 했던 스탠리와 바티어 바우만Batya Bauman이 변함없이 지원해 주지 않았다면 이 학술대회는 아마 열리지 못했을 것이다.

이 원고를 읽고 사려 깊은 제안을 해 준 익명의 리뷰어 세 분에게도 감사드린다. 또 이 책이 출간되기까지 큰 도움을 준 블룸스버리 출판사의 케빈 오Kevin Ohe, 해리스 내크비Harris Naqvi, 로라 머레이Laura Murray의 열의와 격려에 특별한 감사를 전한다.

킬이 우리 곁을 떠난 그날 밤, 애덤스와 그루언은 애도와 기억에 대한 대화를 나누기 시작했다. 그날 밤 그루언이 학술대회를 열자는 아이디어를 제안했다. 애덤스는 이 책이 그날 밤 우리가 느꼈던 슬픔에 뿌리를 두고 있으며, 집단적 애도의 작업이 이 많은 중요한 에세이를 세상에 나올 수 있게 했다는 사실, 또 이 책의 존재는 그루언의 정신, 통찰력, 기술과 더불어 에코페미니즘 철학과 운동에 대한 그루언의 깊은 이해에 크게 빚지고 있다는 사실을 기록해 두고자 한다.

2013년 11월 26일

로리 그루언과 캐럴 J. 애덤스.

제2판

이 책의 제1판을 열정적으로 활용해 주고 더 많은 에코페미니즘 문헌에 대한 수요를 창출해 준 학생들에게 너무나도 감사드린다. 제2판을 통해 이 책을 처음 접하는 활동가, 학생, 교사 들에게도 감사를 전한다.

제2판에 참여해 준 모든 공저자들에게 감사드린다. 제1판에 글을 실었던 저자들과 다시 작업할 수 있게 되어, 또 새로운 저자들의 작업을 수록할 수 있는 기회를 가지게 되어 기쁘다.

이 책의 각 부를 여는 그림을 그려 준 수지 곤잘레스Suzy González에게 고맙다.

포토저널리스트 조-앤 맥아서Jo-Anne McArthur와 '위애니멀스미디어We Animals Media'팀의 케일 리즈데일Kale Ridsdale, 바네사 개리슨Vanessa Garrison에게도 감사를 전한다. 생츄어리에서의 삶의 면면을 보여 주는 사진을 제공해 준 버몬트주의 바인VINE 생츄어리, 참정권 반대 엽서 이미지를 사용하도록 허락해 준 글래스고 여성도서관, 디온의 작품 〈자연의 사다리〉 사용을 허가해 준 마크 디온Mark Dion과 타냐 보낙다 갤러리, 그리고 자신의 작품 〈닭과의 자화상〉을 싣게 해 준 수나우라 테일러Sunaura Taylor에게 감사드린다.

블룸스버리 출판사의 편집자 에이미 마틴Amy Martin은 『에코페미니즘』을 새롭게 상상하고 확장하는 이 작업을 함께하기에 최적의 파트너였다. 마틴에게, 또 이번 제2판에 통찰력 있는 조언을 아끼지 않은 익명의 심사자들에게 감사를 전한다. 우리의 작업을 계속 지원해 준 블룸스버리 아카데믹 USA의 편집장 해리스 내크비에게도 감사드린다. 이 책의 제작 과정에 참여했던 블룸스버리 출판사의 모든 팀, 교열 담당자 벤 해리스Ben Harris, 머브 허니우드Merv Honeywood와 리파인캐치의 제작팀에게 감사를 전한다.

코로나19 팬데믹이 2년째에 접어들고 인간중심주의로 인한 환경 피해가 날로 커져 가는 이 엄중한 시기에, 더는 우리 곁에 없는 이들을 애도하는 가운데에도 우리가 이 행성과 이 행성에서 살아가는 모든 생명을 생각하고 지킬 수 있도록 최선의 노력을 아끼지 않는 더 큰 연구자/활동가 공동체의 일원이라는 사실을 상기시켜 주는 이와 같은 작업에 깊은 감사를 느낀다.

제2판 작업을 시작할 때만 해도 우리는 제1판에 실린 첫 번째 장 「토대」를 개고하려던 계획이 완전히 새로운 글인 「에코페미니즘의 기반」을 집필하는 데로 나아가게 될 줄은 미처 알지 못했다. 「에코페미니즘의 기반」을 쓰면서 우리는 매주 몇 시간 동안 이어진 대화를 통해 에코페미니즘 이론과 운동을 탐구하고 토론하는 즐거움을 경험했다. 비대면으로나마 함께 시간을 보낼 수 있는 또 다른 계기가 생긴 것을 정말 감사하게 생각한다. 그루언은 애덤스가 그 무엇도 함부로 버리지 않음으로써 마치 그 자신을 닮은 아주 깊고 풍부한 기억과 지식의 아카이브를 가지게 된 것에 감사를 표하고 싶다.

2021년 4월 28일

로리 그루언과 캐럴 J. 애덤스.

2장의 원 출처는 다음과 같다. 저자와 시카고 대학교의 허락 아래 재수록했다. "Feminism and the Treatment of Animals: From Care to Dialogue," *Signs* 31, no. 2 (2006): 305–29.

4장의 원 출처는 다음과 같다. 블룸스버리 아카데믹의 허락 아래 재수록했다. "Ecology is a Sistah's Issue Too" in *Ecofeminism and the Sacred*, edited by Carol J. Adams. (New York: Continuum Publishing Company, 1993).

15장의 원 출처는 다음과 같다. 저자와 시카고 대학교의 허락 아래 재수록했다. "Pussy Panic versus Liking Animals: Tracking Gender in Animal Studies" in *Critical Inquiry* 39, no. 1 (2012): 89–115.

16장의 이전 판본의 출처는 다음과 같다. "Black Feminist Ecological Thought: A Manifesto" in *Atmos*, October 1, 2020.

개정판 서문

에코페미니즘은 여성혐오, 이성애규범성, 백인우월주의, 식민주의, 비장애주의가 파괴적인 인간중심주의에 영향을 받는 방식과 인간중심주의를 지탱하는 다양한 방식을 문제 삼으면서, 이 힘들의 교차 방식에 대한 분석이 어떻게 덜 폭력적이고 더 정의로운 실천들을 만들어 낼 수 있는지에 대해 다룬다. 1990년대에 에코페미니스트들은 권력의 교차적 구조가 '여성'과 '동물'로 여겨지는 이들의 '타자화'를 강화하며 이러한 타자화가 환경파괴에 일조한다는 사실에 페미니즘 이론, 동물옹호론, 환경주의 등이 충분히 주의를 기울이지 않는다는 문제를 포착하고 이를 해결하기 위해 노력했다. 종종 "유토피아적"이라거나 "너무 많은 사안을 고려한다"고 이야기되기도 하지만, 에코페미니즘 이론은 억압의 교차적 힘을 폭로하고 반대하면서 각 사안을 서로 분리된 것으로 간주하는 일이 얼마나 문제적인지 보여 준다.

많은 오해 때문에 에코페미니즘은 오랫동안 인정을 받지 못해 왔다. 그러나 인간의 행동이 인간 너머의more-than-human 세계에 미치는 영향이 악화되면서 이제 에코페미니즘은 새롭게 관심을 불러일으키는 중이다. 에코페미니즘 이론은 더 건강한 관계를 상상하도록 도와주며, 과잉 일반화된 보편적 판단보다 맥락에 주의를 기울일 필요성을 강조하고, 모든 인간·동물·지구에 대한 지배 논리와 그 물질적·실제적 영향을 무화하기 위해 노력하면서 정의만큼이나 돌봄이 중요하며, 이성과 뒤얽힌 감정이 중요하다고 주장한다. 이번 제2판은 이러한 중요한 통찰을 더욱 심도 있게 다룬다.

2014년에 출간된 『에코페미니즘: 인간, 동물, 지구와 교차하는 페미니즘적 시선들』의 제1판은 에코페미니즘의 선구자 중 한 명인 마티 킬이 2011년 우리 곁을 떠난 뒤 그 상실에 대한 우리의 집단적 애도에서 시작한 책이다. 그의 죽음은 에코페미니즘이 지나온 길과 나아갈 길에 관한 대화의 물꼬를 터 주었다. 새로운 세대의 활동가 및 연구자 들이 초기 에코페미니즘 작업의 흥분과 활력을 기억하지 못한다는 점, 그리고 에코페미니즘이 움트던 때에 잘못된 해석과 재현이 논의를 지배하고 있었다는 점 등에 주목하면서, 우리는 지금이야말로 에코페미니즘의 "힘과 가능성"을 다시 소개할 때라고 느꼈다.[1] 우리는 에코페미니즘의 성취를 기념하기 위해 2012년 웨슬리언 대학교에서 열린 한 학술대회에 모여 에코페미니즘 이론과 실천을 진전시킨다는 희망을 품고 운동 및 연구에 자리한 창조적 긴장들을 살펴보았다.

제1판이 출간된 이후 에코페미니즘에 대한 관심이 크게 증가했고 에

1 이는 1989년에 나온 캐런 워렌Karen Warren의 중요한 에세이에서 따온 표현이다. 초기 에코페미니즘에 큰 영향을 주었던 워렌은 2020년에 세상을 떠났다.

코페미니즘적 해석을 요청하는 숱한 환경위기가 발생했기에 우리는 이 책을 갱신하고 확장해야 한다고 생각했다.

우리는 이 책을 여는 첫 글이었던 「토대」를 「에코페미니즘의 기반」으로 교체했다. 「토대」는 에코페미니즘의 렌즈를 통해 사회정의 활동, 참정권, 페미니스트들 간 논쟁 사이의 역사적 연관성과 인간 해방 투쟁과 동물 해방 사이의 복잡한 관계에 주로 초점을 맞추었다. 여전히 「토대」를 중요한 자료로 여기고 있지만, 우리에게는 수많은 사회적·생태적 문제들로 가득 찬 급변하는 세계에 전해야 할 새로운 사유도 존재했다. 우리는 항상 역사에 빚지고 있으며 이것이 우리가 이 책의 오른쪽 가장자리에 타임라인을 만들게 된 동기다. 이를 통해 동물과 지구의 해방을 위한 투쟁뿐만 아니라 여성, 흑인, 유색인, 선주민, 노동자에 대한 인정·존중·정의를 위한 투쟁의 중요한 순간을 확인할 수 있을 것이다. 물론 우리가 모든 중요한 순간을 담지는 못했기에 이 타임라인은 완전한 목록이 아니다. 다만 우리는 이것이 독자들에게 우리 모두를 자유롭게 하기 위한 현재진행형의 노력이 어떠한 맥락을 가지고 있는지를 파악하는 데 도움이 될 수 있기를 바랄 뿐이다.

또한 우리는 가장 중요한 생태 문제 중 하나인 기후변화를 다루는 새로운 부를 포함시켰다. 이 새로운 부는 동물 및 환경에 대한 운동과 연구 내에서 페미니즘, 흑인 페미니즘, 에코페미니즘의 아이디어와 실천이 수용되는 분위기에 대한 질문도 다룬다.

우리는 제1판에 수록했던 조세핀 도노반Josephine Donovan의 「참여적 인식론, 연민, 동물 윤리Participatory Epistemology, Sympathy, and Animal Ethics」를 그의 고전적 에세이 「페미니즘과 동물에 대한 대우: 돌봄에서 대화로Feminism and the Treatment of Animals: From Care to Dialogue」로 교체했다. 또한 에코우머니즘에 대한 중요한 초기 논의에 해당하는 샤마라 샨투 라일리Shamara Shantu Riley의 「생태학도 흑인 여성의 문제다Ecology is a Sistah's Issue Too」를 추가했다. 제1판에 실린 글들 중 일부는 내용을 갱신하고 제목과 삽화를 일부 변경하기도 했다. 제2판을 위해 우리는 수지 곤잘레스에게 이 책의 각 부를 여는 미술작품 세 점을 그려 달라고 부탁했다.

에코페미니즘 실천은 인종, 젠더, 종의 경계를 따라 발생하는 불평등에 도전하기 위한 윤리적 지침을 지속적으로 제공하고 있다. 기후변화뿐만 아니라 인간의 폭력과 침탈이 지구를 영구적으로 변화시켜 지구에 사는 모든 존재와 하늘을 날고 바다를 헤엄치는 모든 존재에게 파괴적인 결과를 초래하리라는 위협이 가일층 커지고 있는 이 시기에, 에코페미니스트들의 통찰은 이 행성을 보호하기 위한 우리의 사유와 행동에 있어 여전히 중요하다. 우리는 이번 개정판 혹은 확장판이 우리의 대화와 행동에 보탬이 되기를 바란다.

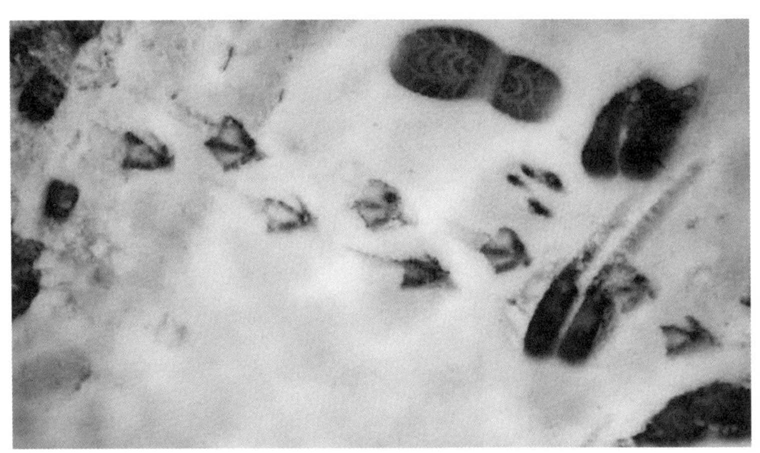

1.1 〈생츄어리의 발자국Sanctuary Prints〉, 2014년 3월, 바인 생츄어리에서 셰럴 와일리Cheryl Wylie가 촬영한 사진.

1장. 에코페미니즘의 기반

캐럴 J. 애덤스 × 로리 그루언

에코페미니즘은 참여적이고 행동주의적인 뿌리를 가진 강력한 철학적 실천이다. 에코페미니스트들은 세계 어디에서나 찾아볼 수 있다. 에코페미니스트들은 아프리카에서 나무를 심고, 인도에서 토착 농작물 종자를 보호하며, 남아메리카에서 목축업 경제에 저항하고, 호주에서 파국적인 화재로부터 동물들을 구출하며, 미국에서 환경 인종주의를 끝장내기 위해 노력하고, 대학 캠퍼스에서 활발한 토론을 이끌며, 입법기관에서 기후행동을 요구하고, 지구를 파괴하는 가부장제 자본주의의 힘에 맞서 거리에서 투쟁을 벌인다.

에코페미니즘은 '자연'에 대한 지배가 '여성'에 대한 지배와 연결되어 있으며, 이 두 가지 지배 양상을 반드시 뿌리 뽑아야 한다고 주장한다(물론 '자연'과 '여성'을 이해하는 방식은 다양하다). 두 지배 간 상호 강화 논리를 분석하고 권력관계의 실질적 함의들 간에 연결을 도출하는 일은 그동안 에코페미니즘의 핵심 기획이었다. 에코페미니즘은 군사주의, 자본주의, 인종주의, 식민주의, 환경파괴, 가부장제에 맞선 페미니즘의 투

기원전 11,000-9,000년 식량으로 이용된 최초의 동물인 양의 가축화가 시작된 것으로 추정된다.

쟁에서 풍부한 역사를 지닌다. 에코페미니스트들은 수십 년 동안 이 서로 중첩되고 연결되어 있는 문제들을 다루어 왔다. 몇 가지만 예를 들어보자.

로즈메리 래드포드 루서(Rosemary Radford Ruether 1975)

"계속해서 지배의 한 형태를 관계의 기본 모델로 삼는 사회에서는 여성해방도, 생태위기 해결도 불가능하다는 사실을 여성들은 깨달아야 한다. 여성들은 여성운동의 요구와 생태운동의 요구를 결합시킴으로써, 이 사회의 기본적인 사회경제적 관계와 그 기저에 놓인 가치관의 근본적인 재편을 상상해야 한다."

캐런 워렌(Karen Warren 1987)

"생태주의 페미니즘은 서로 다른 페미니즘 실천과 철학에 뿌리를 둔 다양한 입장들에 붙여진 이름이다. 이 서로 다른 관점들은 상이한 페미니즘 관점(예컨대 자유주의 페미니즘, 전통 마르크스주의 페미니즘, 래디컬 페미니즘, 사회주의 페미니즘, 흑인 페미니즘, 제3세계 페미니즘)을 반영할 뿐 아니라, 긴급한 환경 문제의 본질과 그 해결책에 대한 서로 다른 이해를 반영한다. 그러나 에코페미니스트들 사이에, 또 그들에게 영감을 준 페미니즘들 사이에 중요한 차이가 존재함에도, 모든 에코페미니스트가 동의하는 것이 있다. 이러한 동의는 에코페미니즘이 갖추어야 할 최소한의 조건이 무엇인지를 설명해 준다. 즉 여성에 대한 지배와 자연에 대한 지배 사이에 중요한 연결이 존재하며, 이에 대한 이해가 페미니즘, 환경주의, 환경철학에서 매우 중요하다는 것이다. 에코페미니즘의 중심 기획은 이러한 '여성-자연의 연결'을 가시화하고, 그것이 여성과 자연에 해롭다면 그 연결을 해체하는 것이다."

이네스트라 킹(Ynestra King 1989)

"경험적이고 이론적인 층위 모두에서, 페미니즘으로부터 획득할 수 있는 급진적인 비전과 이해가 없다면 인류와 비인간 자연을 조화시키려는 목표는 달성할 수 없다. 인간 해방 및 우리와 비인간 자연 간의 관계 맺음이라는 에코페미니즘의 두 가지 관심사는 일련의 윤리를 발전시키는 길을 열어 준다. (…) 에코페미니즘은 생태학적 관점을 활용해 자연에는 위계가 존재하지 않는다는 입장을 개진한다. 즉 사람들 사이에, 사람들과 나머지 자연계 사이에, 혹은 비인간 자연의 많은 형태들 사이에 위계가 존재하지 않는다는 것이다. (…) 에코페미니즘은 생태과학의 또 다른 기본 원칙, 즉 다양성 안의 통일성에 기대어 이를 정치적으로 발전시킨다."

반다나 시바와 마리아 미스(Vandana Shiva and Maria Mies 1993)

"에코페미니즘은 이론과 실천의 연결성과 총체성에 관한 것이다. (…) 우리는 기업 전사들corporate warriors의 지구와 생명 파괴, 그리고 군대 전사들military warriors의 핵 전멸 위협을 페미니즘의 관심사로 간주한다. 우리의 신체와 섹슈얼리티에 대한 권리를 부정하는 것도 바로 이 남성주의적 정신이며, 그것은 복잡다단한 지배 체계와 국가권력에 바탕을 두고 자신의 뜻을 관철하고 있다."[1]

애리얼 살레(Ariel Salleh 1997)

"생태위기의 시대에 전 세계 에코페미니스트들은 역사/자연의 행위자agent가 되었다. 이들은 상황성situatedness과 이행성transitionality에 대한 인식을 바탕으로, 전복적인 정치에 목소리를 내고 있다. 인식론적 용어로 말하면, 에코페미니즘은 체현된 유물론을 표현한다고 할 수 있다. (…) 에코페미니즘은 정체성 정치 그 이상이며, 종과 문화를 가로질러 지구적 민주주의에 다다른다."

백인-정착민-가부장적 세계관과 그것이 서로 중첩되고 교차하는 방식으로 모든 여성, 유색인, 빈곤층, 동물, 그리고 인간 너머의more-than-human 세계에 끼치는 영향에 대한 비판은 새롭지 않다. 그러나 이러한 연결을 본격적으로 논의할 수 있는 용어를 가지게 된 것은 '에코페미니즘'이라는 단어가 탄생하면서부터였다.

에코페미니즘 철학: 간략한 개괄

에코페미니즘 철학은 서구 사유를 구조화했던 가치 이원론들에 대한 설명으로 논의를 시작하는 경우가 많다. 워렌은 이 가치 이원론들을 "이접적 짝패들disjunctive pairs"로 설명하는데, 여기에서 "이접항들

---

1 반다나 시바·마리아 미스, 『에코페미니즘』, 손덕수·이난아 옮김, 창비, 2020, 67–68쪽, 번역 일부 수정. —옮긴이.

disjuncts"은 대립적이고 배타적이며 위계적으로 조직되어 있다(1997, 20). 발 플럼우드Val Plumwood는 "이원론은 차이를 위계구조를 위한 수단으로 만드는데, 일반적으로 차이를 [우열優劣로—옮긴이] 왜곡함으로써 그렇게 한다"(1993, 59)고 상술한다. 그의 설명에 따르면, 이원론은 "종속된 타자에 대한 어떠한 의존을 부인함으로써 성립된다. 이 부인된 의존 관계는 특정한 종류의 논리 구조를 결정하는데, 여기에서 부인과 지배/종속 관계는 두 관계항 모두의 정체성을 형성한다."(41) 서구 사유의 이원론 구조는 "가치절하되고 뚜렷이 구분되는 타자성의 영역"(41)을 구성한다.

워렌과 플럼우드, 그리고 다른 에코페미니스트들이 지적하는 이원론에는 문화/자연, 남자/여자, 정신/신체, 주인/노예, 이성/감정, 인간/비인간 등이 있다. 이러한 이원적 쌍은 차이를 구분하고 영속화할 뿐 아니라, 권력을 가진 쪽과 그들에게 착취당할 수 있는 쪽을 표시하기도 한다. 또한 이 이분법들은 우리가 우리 자신, 다른 동물, 나머지 자연 등과 맺고 있는 관계를 다른 방식으로 이해할 수 있게 하는 사유를 제한한다. 에코페미니즘 철학의 핵심은 이원론적이고 위계적인 개념틀에 대한 비판적 분석과 저항이다. 킹이 1983년에 지적했듯이, 여성의 예속과 자연의 예속 사이의 변증법적 관계는 이러한 위계적 이원론에 의해 지탱되며, 이는 모든 층위에서 저항되어야 한다.

불행히도 이 이원론에 대한 에코페미니즘의 비판은 때때로 그것에 대한 승인으로 이해되기도 했다. 에코페미니즘의 분석은 가치 이원론을 뒤집으려는 시도로 남성/여성, 문화/자연 이분법에서 비체적인abject 쪽을 지지하는 처방을 내린다는 식으로 종종 오해되어 왔다. 여성으로

기원후 25-220년 석관 위에 새겨진 중국 벽화에 두부를 생산하는 주방 장면이 그려졌다.

여겨지는 이들이 자연에 더 가깝다고 생각되는 것은 가부장제 권력이 여성과 자연을 깎아내리는 한 가지 방식이었다. 일찍이 몇몇 에코페미니스트들은 [여성-자연 사이에—옮긴이] 구성된 연결을 찬양함으로써 여성과 자연에 새로운 가치를 부여하려 시도하는 동시에, 이러한 연관성이 지배를 정당화하는 방식들을 비판적으로 분석했다. 이 연결에는 어떠한 '본질적인' 것도 없다. 또한 가치절하된 이들을 격상시키는 것이 이원론을 영속화한다는 생각은 이원론적 사고가 우리의 상상력을 오염시키는 방식 중 하나다. 한쪽에 힘을 실어 주고 다른 한쪽을 지배하는 가치 이원론은 억압을 유지하는 데 필수적인데, 워렌이 주장했듯이 가치 이원론은 배타적이며 허구의 이분법을 유지하기 때문이다. 예를 들어, 남성/여성 이원론은 젠더 유동성의 가능성을 배제하는 젠더 이분법을 기입하며, 두 개의 젠더 가운데 반드시 하나에 속해야 한다는 허구를 물화하고, 인간 이외의other-than-human 존재들이 젠더에 대한 인간의 이분법적 개념을 경유해 자신들의 삶을 구성하지 않는다는 사실을 포착하는 데 실패한다. 남성과 여성 같은 일반적인 용어를 사용하는 것이 별다른 논의 없이 젠더의 이분법적 구성을 받아들이는 것이나, 그러한 용어와 관련된 가부장제의 가치관을 승인하는 것으로 단순히 이해되어선 안 된다.

물론 에코페미니스트들은 우리가 제기하는 모든 주장이 다양한 문화적 이해와 가치 평가의 영향을 받을 수밖에 없다는 점을 인정한다. 모든 사람과 마찬가지로 에코페미니스트들은 특정한 시간과 특정한 공간에서 특정한 시각을 획득한다. 우리를 생각하고 느끼고 행동하는 체현된 주체로 나타나게 하는 문화·역사·사회 등이 우리의 개념·의견·희망·열망의 형태를 만든다. 우리가 우리를 둘러싼 세계를 범주화하고 해석하는 방식은 우리가 처한 맥락과 큰 관련을 맺고 있으며, 이 맥락은 다시 세계에 대한 우리의 이해·설명·해석 방식을 형성한다. 사람들이 다종다양한 맥락들에 놓여 있음을 고려하는 에코페미니스트들은 '본질주의적인' 주장과 보편적 적용 가능성에 대한 주장을 거부한다. 나아가 에코페미니즘 이론은 구체적이고 맥락적인 상호동일시와 상호긍정의 중요성, 상호의존의 중요성, 그리고 감정이입empathy과 공감compassion의 중요성을 강조한다. 에코페미니즘 철학은 타자와 관련된 이해관계의 존재existence와 가치desirability에 응답하며, 다른 삶과 경험을 가능한 한 아우르기 위해 헌신한다.

에코페미니스트들이 다른 삶과 다른 경험에 가치를 부여하기 위해 추구하는 중요한 방법 중 하나는 가치에 대한 위계적 시각을 거부하는 것이다. 동물화, 탈인간화, 인종주의 사이의 유사성을 탐구하는 최근 작업들은 위계적 접근법이 왜 특히 곤란한 문제들을 야기하는지 그 이유를 더 선명히 보여 준다.[2] 위계적인 '존재의 대사슬Great Chain of Being'을 생각해 보자. 역사적으로 이 관념은 서로 다른 다양한 목적으로 사용되어 왔지만, 존재의 대사슬은 기본적으로 백인 시스남성cis-men의 권리를 이른바 '자연'의 위계구조에서 가장 높은 곳을 차지하는 신神 바로 아래에 위치시킨다. 그리고 백인 시스남성 아래에는 다른 인간들이, 인간들 아래에는 동물들이, 동물들 아래에는 식물들이, 식물들 아래에는 무생물적 사물들이 위치하고 있다.

---

2 예컨대 Bennett, Boisseron, Deckha, Kim, Ko, Livingstone-Smith 등을 참고할 것.

535년 중국 농업 백과사전에 (1961년에 "세이탄(seitan)"이라는 이름이 붙은) 밀 글루텐에 대한 최초의 언급이 등장했다.

인간들과 동물들을 포함하는 범주들 안에는 '자연스러운' 위계적 구분 또한 존재한다고 종종 여겨진다. 클레어 진 킴Claire Jean Kim은 백인 남성이 비백인 남성 위에 존재하고, 그 아래에 침팬지, 고릴라, 오랑우

1.2 마크 디온, 〈자연의 사다리Scala Naturae〉. 1994. 색칠된 목재 구조, 인공물, 식물표본, 박제표본, 흉상 117 × 39 3/8 × 93 3/4 인치, 297.2 × 100 × 238.1센티미터. 작가 본인 및 뉴욕/로스앤젤레스 타냐 보낙다 갤러리 소장.

탄과 거의 대등한 아프리카계 남성들이 존재한다는 식의 이 오래된 허구에서 과학적 인종주의가 작동하는 방식을 논의한다. "유인원 비유는 단순히 (…) 흑인the Negro을 (…) 비하하려는 강력한 은유 그 이상이다"라고 그는 쓴다. 백인 남성은 유인원 비유를 통해 아프리카계 남성을

"인간/동물의 경계 지대에" 배치함으로써 "인간 이하의 존재, 완전히 인간은 아닌 존재, 거의 동물인 존재, 실제로 동물인 존재 등으로 여겨지게 한다."(Kim 2015, 35)

가치의 위계는 위계구조의 가장 꼭대기에 위치한 존재와 공유하는 특성이나 능력을 기준으로 존재의 등급을 매긴다. 이러한 위계적 사고방식은 주류 동물 논의뿐만 아니라 자유주의적 인본주의 학문의 핵심이다. 위계적 이데올로기는 마치 포괄적인 것처럼 보일 수도 있다. [예컨대—옮긴이] 정상에 있는 남성들은 자신들이 중요하게 여기는 특성을 다른 인종의 사람들이 공유하고 있으므로 그들을 정치적 공동체에 포함시키기를 원할 수도 있다. 또는 인간과 마찬가지로 동물들이 감응력을 지니며 고통과 쾌락을 경험할 수 있다는 이유로 동물들을 도덕적 고려 대상에 포함시키기를 원할 수도 있다. 종종 선의를 가진 이들이 이러한 위계적 사고방식을 받아들이는 경우도 있지만, 그렇다고 하더라도 위계적 사고방식은 삶을 살아가는 다른 방식, 세계를 이해하는 다른 방식, 우리 자신과 우리가 맺고 있는 관계들에 가치를 부여하는 다른 방식들을 삭제한다. 가치의 위계는 비장애주의ableism, 이성애, 정착민 식민주의, 백인성을 단순히 가능하게 하는 데 그치는 것이 아니라, 그것들을 물화한다. 또한 인간의 특성이 위계구조를 지탱해 주는 한 축을 이루고 있다는 점에서, 가치의 위계는 근본적으로 인간중심주의적이다.

가부장적 공간에서의 정서

많은 페미니스트가 가부장적 위계질서에 반대해 왔으며, 수세기 동안 다른 사회정의 운동 및 비폭력 운동과의 공동 헌신을 의식하며 행동해 왔다. 누군가는 지난 세기의 운동에서 지배에 저항하는 페미니즘의 강력한 사회변혁적 힘을 목격할 수도 있다. 모든 인종, 민족ethnicity, 계급에 속한 페미니스트들이 반인종주의적 저항, 노동단체 조직, 더 나은 공중 보건을 위한 투쟁, 그리고 동물에 대한 보다 인도적인 대우를 위한 노력에 참여해 왔다. 그러나 착취를 당하고 피해를 입고 존중을 받지 못하는 존재들의 삶과 경험에 대해 여성들이 공적으로 목소리를 높였을 때, 특히 그 사안이 동물에 관한 것이었을 때, 여성들은 적대적인 환경에 직면하게 되었다.

페미니스트 작가이자 소설가인 브리짓 브로피Brigid Brophy는 1965년 런던에서 발행하는 『선데이 타임즈』 독자들에게 "동물의 권리"에 관해 동명의 글을 통해 상세히 설명한 바 있다. 브로피는 자신의 페미니즘적 주장에 대해 명시적으로 주의를 환기하지는 않으면서도, "호모사피엔스가 다른 동물들과 맺고 있는 관계란 끊임없는 착취 중 하나"라고 주장하는 자신의 글 도처에 젠더화된 암시를 미묘하게 흩뿌려 놓는다. 그는 "우리의 강인함에 대한 환상과 오류"를 언급하고, "정력적인, 공격적인, 근육질의, 불굴의" 등의 단어를 대신하곤 하는 "혈기왕성한full-blooded" 이라는 단어를 언급한다. 이는 모두 전통적으로 남성성과 연결되어 있는 특징들을 뜻하는 단어들이다. 그 후 브로피는 이러한 언급이 남성성에 관한 것임을 다음과 같이 분명하게 드러낸다. "죽음에 이를 때까지

소를 괴롭힌 뒤 죽은 소의 한쪽 귀를 거세하는 투우사의 모습은 그의 남자다움virility을 증명하지도 고양하지도 않는다. 단지 그 투우사가 발레리나처럼 우아한 몸짓을 하면서 동물을 죽이는 도살자라는 점을 보여줄 따름이다."(Brophy 1965, 20)

그는 "감상성sentimentality에 대한 미신과 공포"가 동물에 관한 우리의 모든 질문에 영향을 미친다고 설명한다. 또한 특히 브로피 자신이 채식주의자라는 사실을 알게 되면, 독자들이 자신을 흥을 깨는 사람killjoy, 불평 많은 사람crank, 지나치게 감상적인 사람sentimentalist으로 보리란 점을 인정한다. 그는 이러한 인식이 자신을 노처녀spinster와 관련시킬 것이라고 확신한다. 여기에서 그는 피오나 프로빈-랩시Fiona Probyn-Rapsey가 '애니멀레디animalady'라고 명명한 것을 표현한다고 할 수 있다. 그루언과 프로빈-랩시는 애니멀레디를 가리켜, "동물과 우리의 관계가 어떻게 훼손되었는지를 인정함으로써 생겨나는 긴장의 장소"라고 설명한다. "또한 애니멀레디는 폭력적인 권력 체계에 대한 페미니즘의 이론화에서 익숙하게 발견되는, 정치적이고 심리적인 불만을 나타내기도 한다"고 말한다(Gruen and Probyn-Rapsey 2018, 1-2). 애니멀레디는 동물에 대한 젠더화된 우려와 왜곡하고 왜곡되는 정서sentiment 사이의 연계성을 강조한다.

브로피는 동물의 삶에 관한 여성들의 말을 경청하지 못하도록 방해하는 가치 이원론에 대해 주의를 환기한다. 가치 이원론은 서양 세계에 살고 있는 사람들이 젠더, 동물, 윤리에 대해 이야기하는 방식에 영향을 미친다. 17세기 철학자 스피노자가 동물을 돌보는care for 일을 가리켜 "여성스럽다womanish"며 불평했을 때—"동물을 살해하는 행위에 대한

1493년 콜럼버스(Columbus)의 제2차 원정을 통해 현재 북아메리카로 알려져 있는 장소에 소가 유입되었다. 이 지역에 살던 사람들은 이 시기 이전까지 포유류의 젖이나 소의 고기를 소비하지 않았었다.

반대는 '건전한 이성보다는 공허한 미신과 여성스러운 부드러움에 기반을 둔다.'"[3] — 거기에는 공감을 여성과 관련시키고 여성을 동물에 대한 돌봄과 관련시킴으로써 결과적으로 공감을 비하하는, 공감에 대한 비뚤어진 비체화perverse abjection가 자리 잡고 있었다(Adams 2015, 60에서 재인용).

다이애나 도널드Diana Donald의 『동물 학대에 반대하는 여성들: 19세기 영국의 동물 보호Women Against Cruelty: Protection of Animals in Nineteenth-Century Britain』는 19세기에 걸쳐 '동물학대방지 왕립협회Royal Society for the Prevention of Cruelty to Animals, RSPCA' 같은 단체들이 어떻게 여성을 지도부에서 제외하기 위해 감상성을 이용했는지를 보여 준다. 1820년부터 1870년까지 영국의 동물 학대 반대 협회들을 이끌었던 남성들은 "감상적인" 성향에 물들 것을 두려워했기 때문에 여성들을 배제했다(Donald 2020, 111). 동물 운동에서 권력을 쥐고 있는 남성들이 ["감상적인" 것과의 — 옮긴이] 연관이라는 오염을 피하고자 했기 때문에, 여성들이 옹호했던 많은 쟁점에는 너무나도 자동적으로 "감상적"이라는 꼬리표가 붙게 되었다. 만약 어떤 사안이 여성의 관심사를 대변하는 것처럼 보인다면, 그 사안은 사실상 감상적인 것으로 치부되었다. 도널드는 "언제나 합리적이고 온건하며 판단력을 갖춘 남자의 안티테제로 존재하는, 정서가 불안정하고 동물을 분별없이 사랑하는 여자 동물 애호가에 대한 고정관념은 19세기 내내 일반적이었다"(2020, 257)고 주장

3 B. 스피노자, 『에티카』, 황태연 옮김, 비홍출판사, 2014, 264-265쪽, 번역 일부 수정. — 옮긴이.

한다.

브로피가 동물의 권리를 주장하고 두 달 뒤, 대서양 건너편에서 유머리스트 진 셰퍼드Jean Shepherd는 『플레이보이』에 발표한 채식주의자에 대한 이야기에 브로피가 예상했던 부정적인 말들과 도널드가 지적했던 고정관념을 마구 쏟아 냈다. 그 이야기는 다음과 같다. "화가 잔뜩 난 타입의 아주 조그만 노부인이 뒤집어진 화분처럼 생긴 걸 머리에 쓰고 있었는데 (지금 와서 다시 생각해 보니) 발에는 케즈Keds 테니스화를 신고 있었던 것 같다." 노부인은 대문자로 "장난감 산업 박살내자"라고 적힌 배지를 달고 있었다. 그는 "채식주의자 타입이었다. 그리고 당연히 헌신적인 고양이 애호가이기도 했는데" 뭘 먹을 때마다 의치義齒가 달그락거리는 소리를 냈다. 노부인은 포대자루로 만든 핸드백을 뒤져서, 아니 고양이처럼 "할퀴어서clawed", 셰퍼드에게 팸플릿을 건네주고는 짐을 챙겨 떠나면서 그에게 말했다. "고기를 먹는 사람, 우리 동료 생명체의 살을 먹는 사람, 들판에서 도살된 무고한 어린 양을 먹는 사람은 악마의 짓을 하는 것이다!" 자신의 말이 어떻게 받아들여질지에 대한 브로피의 예측은 틀리지 않았다. 그의 발언은 20세기 중반 당시 저런 방식으로 받아들여지고 있었고, 도널드가 보여 주었듯이 한 세기가 넘도록 저런 방식으로 받아들여졌다(그리고 셰퍼드의 단편은 미국에서 만들어진 가장 유명한 크리스마스 영화 중 하나인 〈크리스마스 스토리A Christmas Story〉의 토대가 되었다).

셰퍼드의 단편은 공적 영역이 거기에 진입하려 노력하는 여성을 묵살하는 가부장제의 가치관에 따라 정의되며 동물들을 도구화해 왔다고 할 때, 여성이 어떻게 공적 영역에 진입해 돌봄 윤리를 표명할 수 있는가라는 질문을 제기한다. 이에 대한 셰퍼드의 대답은 이렇다. 한번 해

봐, 대신 조롱당할 각오는 해야지.

19세기 말, 조류 살해 대신 조류 관찰을 옹호했던 단체인 영국의 '조류보호협회Society for the Protection of Birds'에서 조류 보호 운동에 참여했던 활동가 중 한 사람인 린다 가디너Linda Gardiner는 새소리를 악보로 기록할 수 있는 방법을 고안해냈다. 그는 자신들의 대의에 반하는 적들이 "나와 협회의 다른 여성 지도자들을 향해 오래됐지만 치명적인 무기를 여전히 휘두르고 있는데 (…) '감상주의자'라는 단어가 끊임없이 적용됨으로써 (…) 여성들은 통제를 당할 수도 있다"(Donald 2020, 257)라고 항의했다.

이성에 의한 '정서'의 감찰patrolling은 다른 이원론들과 함께 존재하는 역학관계에서 [또 다른 이원론과—옮긴이] 대응된다. 플럼우드는 이러한 대응관계를 통해 이원론들이 또 다른 의미 영역을 획득하는 방식을 사유하는 데 도움을 준다. 그에 따르면, "이성의 영역이 남성적이라는 가정은 이성/신체를 남자/여자 짝패에 대응시킨다(Plumwood 1993, 45). 또한 인간의 영역이 지성 혹은 심성mentality의 영역과 일치한다고 상정하는 것은 정신/신체 짝패를 남자/여자 짝패에 대응시킨다." 그리고 이는 공적 영역과 사적 영역이 인식되는 방식에 영향을 미친다. 플럼우드는 다음과 같이 설명한다.

> 공적/사적 짝패의 경우, 연결의 가정은 남성성과 공적 영역을 구성하는 것으로 상정되는 자유, 보편성, 합리성 등의 특성을 경유해 공적인 것의 영역을 이성과 연결시킨다. 또한 여성성과 사적 영역을 예시하고 구성하는 것으로 상정되는 일상성, 필요성, 특수성, 감정성 등의 특성을 경유

> 해 사적인 것의 영역을 자연과 연결시킨다.(1993, 45)

그렇다고 할 때, 19세기 중반에 "다른 자선단체와 마찬가지로 RSPCA에서도 여성의 개혁적 에너지가 사적 영역과 눈에 띄지 않는 지원 역할에 가장 잘 활용될 수 있다는 시각이 지배적이었다"(Donald 2020, 70)는 것은 놀라운 일도 아니다.

사적/공적 이원론 외에, 동물 단체를 이끌던 남성들이 영국의 여성운동을 방해하고 재단하는 또 다른 방식은 여성들이 "성공적인 집회를 보장할 만큼 충분한 중요성을 가지지 않은" 문제들을 제시한다는 시각이었다. '제지 고삐'(말의 등부터 머리까지 고삐를 채우던 귀족적 페티시로, 강제로 말의 머리가 가슴을 향하게 함으로써 고통을 유발하고 호흡을 방해하며 말의 등을 다치게 하고 호흡기 문제를 야기했다) 문제가 이에 해당한다. 리버풀 RSPCA의 여성위원회는 이 문제에 대한 해결을 추진하려 했지만, 남성 지도자들은 "충분한 중요성"이 없다면서 거부했다. 소설가 애나 슈얼Anna Sewell은 그러한 남성들의 평가에 동의하지 않음을 보여 주었다. 같은 해에 출간한 『블랙 뷰티Black Beauty』의 가장 극적인 장면들 가운데 하나가 바로 제지 고삐 장면이다.

슈얼의 책이 출간되고 몇 해 지나지 않아, 몇몇 서구 국가들은 제지 고삐를 금지시켰다. 소설가 제인 스마일리Jane Smiley에 따르면, "『블랙 뷰티』는 사람들에게 동물들을 새로운 방식으로 바라보도록 해 주었다." 그는 "동물들이 어떤 관점을 가지고 있다고 말하는 순간, 동물에게 그냥 다가가 잔인하게 대하는 일은 매우 어려워진다. (…) 세상은 물건처럼 다루어져서는 안 될 수많은 존재로 가득 차 있다는 사실을 [이 책은] 독

1611년 영국이 버지니아주의 제임스타운 식민지를 시작으로 자신의 식민지들에 소를 들여오기 시작했다.

자들에게 [보여 주었다]"라고 설명한다(Norris 2012에서 재인용).

아이러니하게도 슈얼의 시대에 살았던 여성들은 자신들의 관점이 기각된다는 사실을 이미 깨닫고 있었다.

보니 스미스Bonnie Smith는 『역사의 젠더: 남성, 여성, 역사적 관행The Gender of History: Men, Women, and Historical Practice』에서 "위대한 역사의 '핵심meat and potatoes'"에 대해 언급한다(2000, 71). 이 '핵심'은 "아마추어 역사학자"들의 흥미를 자극하는 문제라기보다, 새롭게 떠오르는 전문 역사학자층이 중요하게 여겼던 주제(정치사, 국민국가 문제, 위대한 지도자들의 승리)를 의미한다. 전문 역사학자와 아마추어 역사학자 사이의 구분은 젠더의 축과 공적/사적 이분법에 따라 이루어진다. 19세기 동물 운동의 역사를 쓰는 과정에서 이 구분은 미국의 '동물학대방지 미국협회American Society for the Prevention of Cruelty to Animals'와 영국의 RSPCA 같은 단체의 설립에 초점을 맞추는 "핵심" 역사에 의해 재생산된다.

이성의 군림

서구 철학 및 과학의 핵심인 이성에 대한 찬양은 과거와 현재를 막론하고 세계를 보다 정의롭고 공감적으로 만드는 데 심각한 걸림돌로 작용해 왔다. 많은 이들이 더 많은 이성이 우리를 정의로 이끌어 갈 것이라 주장해 왔지만, 남성화되고 이원론적인 이성 개념은 불가피하게 그러한 노력을 약화시킨다. 이는 그러한 이분법의 반대편에 놓이는 존재 및 능력을 잘못 평가하는 곤란한 문제를 필연적으로 수반하기 때문이다.

1970년대 후반 제네비브 로이드Genevive Lloyd는 "이성적인 남성Man of Reason"에 대해 고찰하면서 다음과 같이 썼다.

> 합리적인 것이 남성성과 모종의 특별한 방식으로 연관되어 있다는 관념은 주지하듯이 합리성의 창시자인 그리스 남성들에게로 거슬러 올라간다. 아리스토텔레스는 여성이란 "무능한 남자와 같은데, 여자가 여자로 존재하는 것은 어떤 특정한 무능력을 통해서이기 때문"이라고 생각했다. 여자에게 내재되어 있는 이러한 무능력은 "영혼의 원리"의 결핍이며, 따라서 합리성 측면의 무능력과 관련된다는 것이다. 물론 이는 여성이 합리성을 가지고 있지 않다는 것이 아니라, 더 미약하고 열등한 종류의 합리성을 가지고 있다는 주장이다. 여성은 합리성을 가지고 있으며, 합리적 존재라는 점에서 동물과 구별된다. 그러나 여성은 남성과 동등하지 않다. 어쨌든 여성은 덜 된 남성이며, 합리성이라는 지극히 중요한 측면에서 덜 된 남성이다.(1979, 19)

플럼우드가 주목했듯이, 이성은

> 자연과 체계적으로 대조를 이룬다. (…) 이성과의 대조 속에서 배제되고 가치절하된 자연은 감정, 신체, 정념passion, 동물성, 원시적이거나 비문명적인 것, 비인간 세계, 물질, 물질성physicality, 감각 경험, 그리고 비합리성, 신앙, 광기의 영역을 포함한다. 다시 말해, 자연은 이성이 배제한 모든 것을 포괄한다.(1993, 20)

추상적 추론reasoning 또한 역사적으로 존재의 위계 등급을 정당화하는 데 복무했던 능력이다. 순수한 추론 능력을 가졌다는 가정에 기초해 백인 남성이 신에 가까운 위치에 놓인 반면, 정념의 영향을 더 많이 받는 것으로, 그리하여 "자연에 더 가까운" 존재로 간주된 다른 사람들에게는 더 낮은 등급이 매겨진다. 일반적으로 추론 능력을 가지고 있지 않다고 여겨지는 동물들은 그보다도 더 낮은 등급에 귀속된다. 정상의 위치를 유지하기 위해 백인 시스젠더 이성애자 남성들은 정서와 감정으로부터, 그리고 여성성이나 테니스화를 신은 작은 노부인과의 관련으로부터 거리를 두었다. 이러한 사고방식은 정의로운 관계의 가능성을 미리 배제한다.

피터 싱어Peter Singer는 다음과 같은 일화로 자신의 책 『동물 해방Animal Liberation』을 시작한다. 차를 마시자며 싱어를 초대한 영국 여성 두 명은 애완동물에 대해서는 감상적인 태도를 드러내면서도, 음식으로 사용되는 동물에 대해서는 그러한 반응을 보이지 않는다. 이때 싱어는 이성에 호소하면서 이렇게 설명한다. "동물 학대에 반대하는 사람들은 감정적이고 감상적인 성향을 지닌 '동물 애호가'로 묘사되어 왔다. 하지만 그와 같은 묘사는 진지한 정치적·도덕적 논의로부터 비인간 존재들에 대한 처우 문제를 전체적으로 배제하는 결과를 낳았다."(1975, ix)[4] 브로피라면 이에 대해, 동물들을 "진지한" 윤리적 논의에서 배제시키는 결과를 초래한 것은 "반대로 정치적이고 도덕적인 논의를 합리적이고

4 피터 싱어, 『동물 해방』, 김성한 옮김, 연암서가, 2012, 16-17쪽, 번역 일부 수정.—옮긴이.

남성적인 것으로 구성하는 태도"라고 대답했을지 모른다. 낮은 등급이 매겨졌던 존재들과 특성들에 새로운 가치를 부여하려는 이들은 이성을 한편에 놓고 감정, 자연, 동물 등을 다른 한편에 놓는 이 핵심적인 가치 이원론에 내포된 위계적 사고에 도전한다.

가장 중요한 도전들 가운데 하나는 특히 '합리주의적' 접근법을 지지하는 이들에 의해 무시되곤 한다. 즉 이성과 인지가 아주 높은 가치를 부여받음으로써 타자들을 대신해 어떠한 주장을 제기할 수 있는 **유일한** 방법으로서의 위치를 점할 때, 누가 혹은 무엇이 가치 있는 존재로 여겨지는지의 영역을 어떻게 '확장'할 수 있는가라는 물음은 등한시된다는 것이다. 합리성에 그토록 높은 가치를 부여하는 동시에, 특히 이성을 결여하고 있는 존재를 비롯한 모든 존재를 정의의 영역에 포함시키는 것은 어떻게 가능한가? 정의의 영역에 포함될 존재들은 가치 있는 집단의 '이등second-class' 구성원들로 여겨질 것이다. 동물 윤리 문헌들에서 이 비합리적이거나 덜 합리적인 존재들은 종종 '도덕적 수동자moral patient'[5]로 불린다. 동물과 인지장애인 등은 정상에 위치한 존재들이 가진 가치 있는 추론 능력을 결여하고 있다고 간주되며, 그 결과 "덜 된" 존재로 여겨지게 된다. 수나우라 테일러가 썼듯이, "감응력sentience에 초점을 맞췄지만 결국 싱어는 합리성을 다시 왕좌에 앉혔다. (…) 그런 인식틀에서 [동물과 지적 장애인은] 덜 가치 있는 존재로 판정되고, 결과적

5 '도덕적 수동자'는 일반적으로 '도덕적 행위자moral agent'와 대조되는 것으로 여겨진다. 후자는 생각하고 계획하고 무언가를 행하는 존재다. 반면 전자는 무언가를 행하긴 하지만, 생각이나 계획은 충분히 또는 전혀 하지 않는다. 개별 존재들은 가끔씩 도덕적 수동자에서 도덕적 행위자로 바뀌기도 하고, 또 그 반대 방향으로 바뀌기도 한다.

1662년 버니지아주의 입법자들이 가축화된 동물에 관한 로마법을 근거로 노예인 어머니에게서 태어난 자식들에게 아버지의 신분이 아닌 어머니의 신분을 부여했다.

으로 그렇게 범주화된다."(2017, 128)[6] 에코페미니스트들은 장애인권 지지자들과 마찬가지로 이러한 가치 위계를 거부한다.

이성과 정서 사이의 경계는 그 자체로 매우 허술하며, 이성이 더 높은 가치가 있다는 주장은 부분적으로 정서의 침범으로부터 이성을 수호하려는 불안한 시도일 수 있다. 그러나 그루언이 『뒤얽힌 감정이입Entangled Empathy』에서 주장하듯이, 이성과 감정은 함께 구성되며 서로 영향을 미친다. 이성은 감정 상태를 평가하고 이해하고 변화시키는 데 도움을 줄 수 있으며, 감정은 어떠한 대상에 주의를 기울이게 하고 성찰과 행동에 동기를 부여하는 작용을 한다. 실제로 우리에게 부정의를 경고하는 것은 때때로 감정이다. 이성과 감정 사이의 확고한 구분을 유지하려 애쓰기보다, 그것들의 상호연결된 힘을 인정하는 것이 실제 윤리적 경험, 관심, 실천에 주목하는 긴요한 일을 가능케 할 수 있다.

어떠한 문제에 대해 추론하는 **동시에** 관심을 기울이는caring about 것은 윤리적 문제들을 그것이 발생한 맥락으로부터 떼어 내기보다 그러한 발생의 맥락 안에서 그것들을 더 잘 이해하고 다룰 수 있게 해 준다. 그리고 이러한 맥락들은 다시 (이성의 정신적 상태mental state로 여겨지는) 믿음과 (감정의 정신적 상태로 여겨지는) 욕망을 형성한다. 이러한 깨달음은 에코페미니스트들로 하여금 맥락의 중요성을 이론화하도록, 또 이성/감정 이분법을 비롯해 우리의 이해와 관계를 문제적으로 형성하는 다른 이분법들에서 양쪽의 연결을 탐구하는 일의 가치를 이론화하도록 했다.

---

6 수나우라 테일러, 『짐을 끄는 짐승들』, 이마즈 유리·장한길 옮김, 오월의봄, 2020, 226쪽, 번역 일부 수정. —옮긴이.

동물과의 연결에 대한 페미니즘적 분석의 부상

19세기 말, 영국 여성들은 사회에서 여성들의 위치가 결정되는 방식과 동물들의 위치가 결정되는 방식 사이의 관계에 대해 인식하기 시작했다. 그들은 가치 이원론이나 이성/감정, 남자/여자, 인간/동물 등의 이원론이 서로 대응되는 상호작용을 한다는 식의 에코페미니즘의 언어를 가지고 있지 않았다. 그럼에도 미국과 영국 모두에서 동물 활동가 중 다수를 차지하고 있던 여성들은 바로 이 연결들에 관해 논의했다. 예컨대 1892년 노동계급 페미니즘 신문인 『샤프츠Shafts』에서 헨리 솔트Henry Salt의 책 『동물의 권리Animal Rights』를 리뷰할 때, 저자 이디스 워드Edith Ward는 "동물의 일이 곧 여성의 일"이라고 주장했다. 그는 이렇게 설명한다.

> 비록 그 정도에는 상당한 차이가 있지만, 여성들과 낮은 지위의 동물들이 갖는 위치의 유사성은 동물의 존재 조건 개선을 위한 모든 운동에 여성이 가장 확고하고 강력한 지지를 보낼 것을 보장한다. 예컨대 동물에 대한 잔혹한 학대의 오랜 관행보다 아내를 폭행하는 잔인한 남성을 양산하는 요인을 더 잘 설명할 수 있는 것이 존재할까? 또 다른 한편으로, 정의란 소나 양의 권리까지 보장하는 일이라는 생각을 일깨우는 것보다 여성을 위한 정의의 필요성을 인류에게 이해시키는 효과적인 방편이 존재할까?(1892, 41)

힐다 킨Hilda Kean은 「멋지고 번지르르한 남성 과학자들Smooth Cool

Men of Science」에서, 특히 생체해부 반대 같은 동물 문제가 어떻게 19세기 후반 페미니즘과 사회주의의 부상과 연결되어 있는지를 보여 준다. 킨은 일반적으로 동물 문제는 보수 세력보다는 진보 세력에 의해 포착되었다고 주장한다. 생체해부와 아내 폭행에 반대했던 영향력 있는 활동가인 프랜시스 파워 커비Frances Power Cobbe는 "생체해부, 포르노그래피, 여성의 조건 사이의 연결"(Kean 1995, 129)을 인식하고 있었다. 그는 생체해부에 반대하는 시위들에 참여했으며, '생체해부를 당하기 쉬운 동물들을 보호하는 빅토리아거리연합Victoria Street Society for the Protection of Animals Liable to Vivisection'을 설립했다.

도널드는 "1890년대에 이르러 동물보호가 페미니즘의 대의와 매우 밀접하게 맞닿아 있다고 여겨지면서, 광범위한 전국구 운동과 연결되어 있던 여성단체들은 종종 남자 동료들과 다른 종류의 동물 정책을 채택하게 되었다"(2020, 229)고 말한다. 도널드는 "가부장제에 저항하는 여성들이 고통스러운 투쟁을 한 결과, 전통적으로 여자의 특성으로 여겨져 왔던 동물의 고통에 대한 우려는 더욱 깊어지고 목소리를 높이게 되었다"(230)고 설명한다.

20세기 초 런던에서 열린 생체해부 반대 시위는 놀라울 정도로 여러 노동조합주의자와 페미니스트, 그리고 동물옹호자animal advocate들을 결집시켰다. 공중의 관심을 얻기 위해 경쟁하곤 했던 집단들이 한 명의 개의 생체해부에 반대하는 시위에서 한데 연결되었다. 영국의 서프러제트들은 감옥에서 단식 투쟁을 할 때 강제로 음식물을 섭취해야 했던 고통스러운 경험을 통해 생체해부를 당하는 동물들과 동일시할 수 있었다. 코럴 랜스베리Coral Lansbury는 그의 중요한 저작 『늙은 갈색 개The

Old Brown Dog』에서 이렇게 설명한다. "여성들은 생체해부 반대 운동에 힘을 실어 주어야 했다. 구타와 채찍질을 당하는 모든 말, 생체해부의 칼날 아래 묶여 있는 모든 개와 고양이는 여성들에게 자신이 처한 조건을 상기시켰다." 참정권론자들뿐만 아니라 노동자들 역시 희생당하는 동물과 스스로를 동일시했다. 활동가들과 작가들 모두 "노동자와 동물은 같은 운명을 공유한다"고 생각했다(Lansbury 1985, 82).

갈색 개 시위가 일어난 다음 해에, 이저벨라 포드Isabella Ford가 팸플릿 「여성과 사회주의Woman and Socialism」를 발표했다. 이에 대해 킨은 다음과 같이 설명한다.

> 아마도 이 글은 계급 억압과 성 억압 사이의 연결을 보여 준 글로 가장 잘 알려져 있을 것이다. 하지만 여성의 경험과 가축의 경험을 서로 연결시키는 대목 역시 매우 통찰력이 있다. 포드는 자연에 대한 잘못된 이해를 야기해 온 산업화의 결과에 대해 애통해한다. 그는 여성의 경험을 설명하기 위해 비인간 동물의 경험을 환기한다. "처벌받지 않고 살과 피부를 이용할 수 있는 유순하고 어리석은 생명 종을 얻기 위해, 우리는 아주 오랜 기간에 걸쳐 지나치게 반항적이고 독립적인 정신의 징후를 내비치는 개체들을 몰살시켜 왔다."(1995, 29)

런던에서 갈색 개 시위가 있던 같은 해에, 대서양 건너편에서는 '전미여성참정권협회National American Woman Suffrage Association, NAWSA'의 연례 회의가 열렸다. 이 회의에서 채식주의자였던 어느 모자 제작자는 NAWSA의 회계 담당자에게 새의 깃털로 만든 모자를 쓰지 말 것을 요

1.3 동물들을 대신해 단체를 결성한 여성들이 목소리를 냄과 동시에, 참정권 운동 역시 더욱 주목을 받게 되었다. 여성의 투표권을 반대했던 이들은 이러한 여성들의 노력에 대해, 가부장적인 공적 공간에 들어가 의견을 펼치고 저항하는 여성들을 무모하다고 여기며 동물 같이 표현하거나 동물의 신체 일부를 가진 존재로 표현했다. 〈참정권 반대 엽서〉. SB 출판. 글래스고 여성도서관 소장, 2015-92-2.

구했다. 이 참정권론자는 "모피 때문에 갇힌 무고한 동물들의 공포를 묵인하거나 닭을 먹는 일은 결코 납득할 수 없다"고[7] 선언했다(Adams 2015, 142에서 재인용).

사라지는 여성들

[특정 분야의 — 옮긴이] 아버지를 찾는 가부장제의 영원한 탐구에서, 그리고 젠더화된 역사에 영향을 미치는 세력의 반복적인 설명에서, 현대 동물보호 운동은 1975년 싱어의 『동물 해방』 출간과 함께 발전하기 시작했다고 흔히 이야기된다.

싱어의 작업이 톰 리건Tom Regan 같은 다른 철학자들의 작업과 마찬가지로 분명 엄청난 영향을 미친 것은 사실이다. 그러나 분석철학 전통 안에서 동물에 대한 관심을 정당화하기 위해 이들은 이성과 감정 사이의 구분이나 그 각각에 부착된 젠더화된 연상들associations에 지나치게 의존했다. 이러한 프레이밍은 감정이입과 돌봄을 향한 페미니즘의 관계적 헌신을 후경화하거나 사적 영역으로 추방한다.

1982년에 쓴 에세이에서 싱어는 [자신의 사유가 — 옮긴이] 옥스포드 대학원의 철학과 학생이었던 로슬린드 고들로비치Roslind Godlovitch에게 빚진 것임을 밝힌 바 있다. 심지어 그는 "동물에 대한 우리의 대우가 부당하다는 점을 사람들이 더 확실히 깨닫게 하기 위해 무언가를 쓰고 싶었지만, 너무 많은 내 아이디어가 다른 사람, 특히 고들로비치에게서 나온 것이기 때문에, 그가 그 글들을 발표하도록 해야 한다는 느낌에 결국 글을 쓰는 것을 단념했었다"(Singer 1982, 8)라고 말한다. 싱어는 자신이 고들로비치에게 몇몇 제안을 했다면서, "나는 많은 시간을 들여 그

---

7 캐럴 J. 애덤스, 『육식의 성정치』, 이현 옮김, 미토, 2006, 286쪽, 번역 일부 수정. — 옮긴이.

1847년 "온전한, 건전한, 신선한, 활기찬" 등의 뜻을 가진 라틴어 "베제투스(vegetus)"에서 "채식주의자(vegetarian)"라는 단어가 영국 람스게이트에서 만들어졌다.

가 스스로의 주장을 강화하고 명료화할 수 있도록 도움을 주었다. [그러나—옮긴이] 결국 그는 자기 생각대로 작업을 진행했다"라고 언급한다(7). 이에 대해 C. 루 해밀턴C. Lou Hamilton은 다음과 같이 지적한다.

> 나에게 이것은 훌륭한 아이디어를 가진 여성을 대신해 남성이 이후 모든 공로를 차지하게 되는 아주 명백한 사례처럼 보인다. 물론 싱어는 고들로비치의 아이디어가 자신의 것과 동일하지 않음을 강조하기 위해 무진 애를 쓰고 있다(고들로비치의 아이디어가 더 수준 낮고 덜 숙고된 것이라고 암시된다). 그렇다고 해도 고들로비치가 스스로 "확신을 가지지 못했던" 아이디어를 "명료화"하도록 "도움을 주었다"는 표현은 싱어 자신의 지적이고 도덕적인 위치를 공고화하는 데 기여한다.(Hamilton 2020)

고들로비치에게 영감을 준 사람은 브로피였다. 고들로비치는 남편인 스탠리 고들로비치Stanley Godlovitch 및 존 해리스John Harris와 함께, 선집 『동물, 인간, 도덕: 비인간 학대에 관한 연구Animals, Men, and Morals: An Inquiry into the Maltreatment of Non-humans』(1971)를 펴냈는데, 이는 브로피의 「동물의 권리」에서 영감을 얻은 것이었다. 1973년 싱어는 『뉴욕 리뷰 오브 북스』에 이 책의 리뷰를 실었다. 그리고 이 리뷰로부터 1975년 『동물 해방』이 탄생했다. 그러나 '아버지들'에 대한 욕구는 누가 실제로 싱어에게 영향을 주었는가라는 질문을 던지지 않도록 하며, 브로피의 영향은 거의 인정받지 못한다.[8] (마찬가지로 20세기 산업농업 관행의 발전

8 로버트 맥케이Robert McKay는 브로피의 중요성을 인정해 온 학자 가운데 한 사람이다. 브

에 대한 최초의 연구인 루스 해리슨Ruth Harrison의 중요한 1964년 저작 『동물 기계Animal Machines』 역시 인정받지 못했다. 해리슨은 『동물, 인간, 도덕』의 공저자 중 하나였다.)

한편 테니스화를 신은 작은 노부인이라는 실체 없는 인물은 이성과 감정, 지도자와 추종자, 남성과 여성 사이의 이분법을 강화하기 위해 주기적으로 다시 소환된다. 클리블랜드 에이머리Cleveland Amory는 (이후 '미국 휴메인소사이어티Humane Society of the United States'로 편입된) '동물기금Fund for Animals'의 설립자로서, 더 이상 "우리는 테니스화를 신은 작은 노부인이 아니다"라는 발언을 한 것으로 유명하다. 1990년 동물행진March for Animals 이후 『워싱턴 포스트』에 인용된 젊은 남성 활동가들도 이러한 생각을 분명히 밝혔다. 2008년에는 미국 휴메인소사이어티의 대표였던 웨인 파셀Wayne Pacelle의 발언이 『뉴욕 타임스 매거진』에 실린 바 있다. "파셀은 그의 멘토인 에이머리의 말을 조금 바꾸어서, '우리는 테니스화를 신은 작은 노부인들의 무리가 아니다'라고 말했다. '우리는 스파이크 운동화를 신고 있다'는 것이다."(Jones 2008) 이 인용문과 발언자를 통해 우리는 세 가지 측면에서 동물 운동 내의 유독한 백인 남성성을 발견하게 된다. 발언권을 가진 사람speaker, (나이 든) 여성에 대한 거부, 신발에 부착되어 사람들의 관심을 집중시키는 폭력성이 바로 그것이다.

1980년대와 1990년대 초에 동물권 운동에 입문한 백인 남성들은, 동물권 운동은 더 이상 감상적이지 않다고 주장하면서, 그동안 운동의 생

로피가 1965년에 발표한 글 「동물의 권리」를 언급하면서, 그는 "현대 영미권의 동물권 운동이 실은 브로피의 문학 행위와 함께 시작했다고 주장해도 부당하지 않을 것"이라고 주장한다(2018, 152).

명력을 유지해 왔던 풀뿌리 여성들과 스스로를 구별하고자 했다. 이 같은 시각에서 볼 때, 남성들은 대체로 여성들에 의해 만들어져 이전에는 훨씬 약했던 운동을 구원하는 존재였다.

동물 운동의 역사를 추적할 때 우리가 싱어의 책까지만 거슬러 올라간다면, 그 역사에는 운동의 어머니로 인정받아 마땅할 테니스화를 신은 늙은 여성들이 존재하지 않을 것이다. 이 과정에서 잃어버린 것은 여성들의 목소리만이 아니라, 서로 연결된 억압들을 다루는 페미니즘의 역할, 특히 에코페미니즘의 역할이다.

연결된 페미니즘 운동: 1970년대와 1980년대

1970년대에 걸쳐, 동물 문제와 [페미니즘 사이의 — 옮긴이] 이론적이고 행동주의적인 연결들을 도출하려는 다양한 시도가 점차 증가했다. 인간 이외의 동물들에 대해 인간이 행하는 잘못된 대우의 원인을 가부장제에서 발견했던 페미니스트들은 당시 부상하고 있던 동물 운동이 페미니즘적 분석을 필요로 한다고 주장했다. 동시에 에코페미니즘 이론은 활동가들이 의견을 펼치는 데 유용한 통찰들을 제공했다.

1970년대 초, '채식주의자 활동가 연합Vegetarian Activist Collective'에 소속되어 있던 코니 살라몬Connie Salamone은 동물의 경험과 여성의 경험 간 연결에 관해 쓰기 시작했다. 1974년에 살라몬은 미국과 유럽 일대를 여행하면서, "새로운 페미니즘 선언들에 종들 사이의 연대를 포함해야 한다고 호소했다."(McAllister 1982, 364) 그는 '채식주의자-페미니스트'

운동을 시작하면서 페미니스트들에게 동물 착취에 저항하고 고기를 먹지 말 것을 촉구했다.

1975년에는 페미니즘과 채식주의, 그리고 가부장제가 동물에 대한 대우에 끼친 영향 등에 관해 쓴 애덤스의 글이 『레즈비언 독본The Lesbian Reader』에 실렸다. 이후 그는 40여 명의 채식주의자 페미니스트들을 인터뷰했는데, 그들이 왜 채식주의 식단을 받아들였는지 그 이유를 밝히기 위해서였다. 이들 중 상당수는 동물을 분석에 포함시키는 에코페미니즘적 관점을 분명히 드러냈다. 한 사람은 "동물과 지구와 여성은 모두 대상화되어 왔으며 똑같은 방식으로 다루어졌다"고 말했다. 또 다른 사람은 "자매로서 지구와 유대감을 형성하고, 대상화되지 않는 주체로서 동물과 유대감을 형성하기 시작했다"고 설명했다. 세 번째 사람은 이렇게 언급했다. "페미니스트들은 착취당한다는 것이 어떤 것인지 이해한다. 여성은 성적 대상으로, 동물은 음식으로 치부된다. 여성은 가부장제 안에서 어머니가 되고, 암소는 우유를 짜내는 기계가 된다. 이는 똑같은 것이다."(Adams 1991, 127–128)

1970년대 초 일부 페미니스트들은 자신들이 참여했던 비폭력 반베트남전 운동의 영향으로 채식주의자가 되었으며, 동물이나 지구와의 관계뿐 아니라 미국 및 해외에서의 여성 억압과 유색인 억압 간의 관계에 대해 생각하기 시작했다. 1971년 출간된 프랜시스 무어 라페Frances Moore Lappé의 『작은 행성을 위한 식사Diet for a Small Planet』의 영향력도 컸다. 애덤스가 인터뷰했던 한 페미니스트가 말했듯이, "고기를 먹음으로써 당신은 지구를 착취하게 되며, 페미니스트로 산다는 것은 그러한 착취의 윤리를 받아들이지 않는 것을 의미한다."(Adams 1991, 129)

1865년 크리스마스에 시카고에서 '통합 가축 사육장(Union Stock Yard)'이 문을 열면서 동물 도살장의 중앙집중화가 시작되었다.

1976년, 페미니스트들은 보스턴에서 '여성과 영성 컨퍼런스'를 개최했다. 이는 오직 채식 식사만을 제공하고 페미니즘과 채식주의 워크숍을 진행한 미국 최초의 페미니즘 컨퍼런스였다. 하지만 분노에 찬 반응과 편지 들이 곧 워싱턴 기반의 페미니즘 신문인 『오프 아워 백스Off Our Backs』에 도착하기도 했다. 페미니스트 주최자들이 자신들의 사적인 신념을 다른 사람들에게 강요한다고 느껴졌다는 것인데, 이는 억압적인 공적/사적 이원론에서 영향받은 인식이었다.

페미니스트들에게 영감을 주었던 에코페미니즘의 초기 작업 중 하나는 루서의 『새로운 여성, 새로운 지구: 성차별주의 이데올로기와 인간 해방New Woman, New Earth: Sexist Ideologies and Human Liberation』(1975)이었다. 여기에서 그는 가부장적 문명이란 여성적인 것으로 여겨지는 자연과의 대립 속에서 생겨난 남성적 자아의식의 역사적 출현에 기초한다고 주장한다. 루서의 설명에 따르면, "성차별주의와 생태파괴성은 가부장적 의식의 상징적 패턴에서 서로 관련된다."(1975, 196) 나아가 루서는 "지배적 인종, 계급, 성 계층caste", 즉 지배계급 남성이 자아 또는 의식을 모델로 자신의 자아상을 구성하는 방식을 포착한다. 이에 반해 종속된 집단들은 유사한 고정관념을 통해 인식되는데, 이는 그들이 서로 비슷해서가 아니라, 동일한 지배 집단(지배계급 남성들)이 그러한 인식을 수행하기 때문이다. 그리하여 모든 피억압자는 합리성, 의지력volition, 자율성을 위한 능력 등을 결여하고 있다고 간주되는 경향이 있다. 즉 억압된 신체성의 특징은 수동성, 관능성, 비합리성, 의존성 등으로 여겨지게 된다(4).

1980년에는 캐롤린 머천트Carolyn Merchant의 『자연의 죽음The Death of

Nature』이 출간되었다. 이 책은 여성과 자연에 대한 억압들이 서로 겹쳐져 있다는 데 대한 더욱 심화된 통찰을 제공한다. 머천트는 "우리는 현실을 살아 있는 유기체가 아닌 일종의 기계로 재개념화함으로써 결국 자연과 여성에 대한 지배를 허락한 세계관 및 과학의 형성 과정을 재조사해야 한다"[9] 고 쓴다(Merchant 1980, xxi). 세계를 정신과 물질로 구분한 뒤 정신, 영혼, 이성보다 물질에 더 낮은 가치를 부여하는 데카르트적 객관주의에 의해 가부장적 사고가 강력하게 재표명되었던 근대 초기에, 어떻게 가부장적 사고가 특히 치명적으로 변화했는지를 그는 보여 준다. 이러한 이원론적 분할은 여자인 자연female nature을 살아 있는 유기체가 아니라 일종의 기계로 재개념화함으로써, 여성과 자연에 대한 지배를 승인했다. 이 기계론적 시각은 자연이 조작될 수 있음을 의미하며, 이는 "상업 자본주의가 취한 방향과 완전히 양립 가능한"[10] 개념틀이었다(193).

『자연의 죽음』은 생체해부실험과 집약농업기술 등에서 동물을 기계로 취급하는 것에 내재된 가부장적 통제에 대한 강력한 이해를 제시했다.

동물을 위한 페미니스트 집단인 영국 기반의 LAIRLesbians for Animals' Irreducible Rights(동물의 환원불가능한 권리를 지지하는 레즈비언들)은 1978년에 설립되었으며, 브로피의 에세이에서 그 이름을 따왔다. 동물실험에 저

9 캐롤린 머천트, 『자연의 죽음』, 전규찬·전우경·이윤숙 옮김, 미토, 2005, 18–19쪽, 번역 일부 수정.—옮긴이.

10 위의 책, 297쪽, 번역 일부 수정.—옮긴이.

항하는 그들의 노력은 동물들이 어떻게 단순한 사물로, 즉 내면의 영혼이나 감수성이나 느낌이 결핍된 자동기계automaton로 환원되어 왔는지에 대한 머천트의 주장과 공명한다. 이 집단의 생체해부 반대 전단은 처음 작성된 이후 몇 년 동안 계속해서 대중적인 참고자료로 활용되었다. 그들은 동물실험이나 다른 형태의 동물 억압들을 교육하는 데 열성적으로 임했다. 예컨대 전단, 엽서, 배지 등을 제작하고(그들은 이것들을 런던에 위치한 '페미니스트와 동성애자 서점'에 비치했다), 잡지와 뉴스레터에 글을 기고하고, "생체해부에 반대하는 여성들"이라 쓰인 현수막을 들고 집회에 참여하기도 했다. [그러나—옮긴이] 그들은 1981년 런던에서 열린 '레즈비언 컨퍼런스'의 생체해부 반대 프레젠테이션에 아주 소수의 여성들만이 참석했다는 사실에 낙담했다.

이 시기 즈음에 그들은 레즈비언이 아닌 여성들에게도 단체를 개방하기 위해, 단체 이름을 '동물의 환원불가능한 권리를 지지하는 연맹League for Animals' Irreducible Rights'으로 변경했다. 그러나 **연맹**이라는 표현이 "기득권층의 인상"을 풍긴다는 점을 인식하고 "그러한 명칭과 관련 있게 마련인 거짓된 '품위respectability'"를 거부하면서, 그들은 간단하게 LAIR이라는 이름을 쓰기로 결정했다. 1979년에 그들은 '동성애자 채식주의자Gay Vegetarians' 집단을 결성했지만, 여성보다 남성이 이 집단에 더 많이 참여하자 "여성의 에너지가 또 다른 남성 영역으로 흡수되는 것은 아닐까" 걱정했고, 이 집단에 대한 책임을 게이 남성에게 위임했다. 그들은 "여성 해방 운동 **내부에서** 긍정적 재현이 필수적이라는 점이 분명해지던 때에" LAIR의 이름을 '동물 해방을 지지하는 여성들Women for Animal Liberation'로 바꾸었다. 그들은 여성 해방과 동물 해방을 주제로 특별한 포스터와 엽서를 디자인했다. "페미니스트 집단 내부에서 일어나길 바랐던 의식화가 1980년까지는 아직 이루어지지 않았었기 때문이었다." 또한 그들은 채식주의자 페미니스트를 위한 설문지를 개발해, 이 주제에 관한 선집을 만들고자 했다. 그들의 말에 따르면, 때때로 페미니스트들은 그들의 작업을 그저 흥밋거리로 여기거나, 별로 관심 없어 하거나, "노골적으로 못마땅해"하곤 했다. 이러한 "페미니스트들의 지지 부족은 그들을 낙담하게, 우울하게, 의기소침하게 만들었다." 그러나 동시에 그들은 이제 [동물 해방 운동과—옮긴이] 관계를 맺을 때가 되었다는 "국내외 여성 해방 운동의 인정의 징후들"을 목격하기도 했다. "레즈비어니즘이나 페미니즘과 마찬가지로, 채식주의는 우리 레즈비언/페미니스트/채식주의자들이 거쳐 가는 한 단계가 아니다. 채식주의는 정치적이고 윤리적인 헌신이다." 그들은 단체의 신념을 다음과 같이 요약한다. 즉 "동물에 대한 억압과 착취는 기회주의적인 가부장적 태도와 권력 통제의 직접적인 결과"이며, 이는 거부되어야 한다는 것이다.

1978년 출간 즉시 레즈비언 페미니즘의 고전이 된 유토피아 소설 『유랑의 땅Wanderground』을 썼던 샐리 기어하트Sally Gearhart는 이후 동물들을 대변하기 시작했다. 그는 1981년 샌프란시스코의 레터맨 육군 연구소에서 열린 세계 실험동물의 날 집회에서 다음과 같이 말했다. "여성의 권리와 비인간 동물의 권리 사이에 근본적인 연관성이 존재함을 이제 깨달았기에 나는 이 자리에 있다. 나는 그 연관성에 대해, 내가 느끼는 탈인간화가 우리 모두에게 일어나고 있다는 사실에 대해, 단지 레즈비언이자 페미니스트 활동가였던 내가 이제 동물 운동가이기도 하다는

1873년 조셉 글리든(Joseph Glidden)이 "악마의 밧줄"이라 불리는 철조망의 특허를 획득하면서, 울타리 안에 갇힌 존재의 몸을 그들을 구속하는 데 이용함으로써 공간을 정복하는 식민화 능력의 변화가 이루어졌다.

스스로의 변화에 대해 말하고 싶다."

『새로운 여성, 새로운 지구』의 결론 부분에 이르러, 루서는 여성들에게 "가부장제 문화하에서 분석된 생태위기 상황에 있어서 여성들이 떠맡도록 요구되는 상징적 역할을 의심의 눈으로 바라보아야 한다"고 경고한다. 그는 "자연을 '소외'시키는" 사회적 패턴과 심리학이 "'자연'의 가부장제적 상징인 여성을 남성이 규정한 소외에 종속되어 있는 낭만화된 노예상태에 처하게 할 것"이라고 주장한다(1975, 203).

이것이 현대 동물권 운동이 성장하면서 일어난 일과 정확히 일치하지는 않지만, 성 역할 고정관념에 대한 집착은 운동과 함께 진화해 왔다. 1980년대 초 점점 더 많은 동물옹호 단체가 등장하면서, 이 신생 운동이 수사적으로는 성차별과 인종차별에 적절히 대응했음에도 지도부나 구성에 있어서는 포용적inclusive이지 않았다는 점이 분명해졌다. 눈에 띄는 대변인이나 이론가, 저자 들은 압도적으로 백인 남성이었다. 이 백인 남성들이 지도부 역할을 담당하게 되면서, (대부분 백인이었던) 여성들은 많은 경우 더 전통적인 여성의 역할을 맡는 것으로 밀려났다. 이러한 구분은 19세기 운동에 영향을 줬던 공적/사적 이원론을 새로운 방식으로 되풀이하는 것이었다. 마티 킬이 썼듯이, 단체들은 "소수의 엘리트 집단이 모든 중요한 결정을 도맡고 일반 구성원들은 이를 순종적으로 수행하는" 식의 위계질서에 따라 운영되었다(1984, 2). 행진, 컨퍼런스, 군중동원mobilization 등은 때때로 문제적인 연설자들을 유명인사로서 가치가 있다는 이유로 포용하면서 이러한 패턴을 반복했다. 킬은 계속해서 다음과 같이 비판한다.

> 그러나 '스타들'과의 제휴를 통해 운동의 자격을 입증해야 한다는 강박에 사로잡힌 운동이라니 무언가 이상하지 않은가? 페미니스트들은 그러한 '스타들'을 만들거나 지도자들에 의해 주도되는 운동들에 이미 충분히 참여해 오지 않았던가? 결국 이는 페미니스트들이 맞서 싸우고 있는 가부장제의 한 면모가 아닌가?(1984, 2)

킬은 "남성들이 지배하는 운동에 참여하는 것에 내재된 문제들을 여성들이 반드시 인식해야 한다"(1984, 2)고 결론 내린다.

1980년대 초, 런던에 기반을 둔 LAIR/'동물 해방을 지지하는 여성들' 이외에도, 동물의 지위를 변화시키기 위해 헌신하는 다른 페미니스트 집단들이 결성되기 시작했다. 미국 동부에는 살라몬이 설립한 '동물권을 지지하는 세계 여성들World Women for Animal Rights'이, 서부에는 '동물권을 지지하는 페미니스트들Feminists for Animal Rights, FAR'이 있었다. 나아가 '동물복지를 지지하는 캐나다 페미니스트들', '동물권을 지지하는 호주 페미니스트들', '영국 여성 생태학 집단' 등이 설립되었다. 이들은 "가부장제 권력이 여성 원리Feminine Principle를 체계적으로 파괴하고 있다"는 관점에서, "현재 인간이 처한 곤경과 동물이 겪는 대규모 고통(생체해부와 공장식 축산 등)을 이해해야 한다"고 특히 강조했다. 동물들에 관심을 가지는 에코페미니스트들은 동물들이 느낌과 욕구, 그리고 사랑하고 고통받을 수 있는 능력을 가진 개체임을 주장하기 시작했다.

1980년대 말부터 뉴스레터 편집 등을 비롯해 FAR의 활동을 이끌었던 바티어 바우만은 단체가 지닌 두 가지 목적에 대해 다음과 같이 설명했다.

1875년 '전국생체해부반대협회(The National Anti-Vivisection Society)'가 영국에서 설립되었다.

하나는 동물권 운동에 페미니즘 시각을 도입함으로써 운동 내 성차별주의를 폭로하는 것이었고, 다른 하나는 페미니즘 운동에 동물 돌봄 의식을 불어넣는 것이었다. 한편으로 페미니즘 운동은 가부장제에 대해 모든 것을 알고 있었지만, 운동이 바꾸고자 하는—이것이 기실 운동의 존재 목적이었는데—가부장적 가치관과 동물이 다루어지는 방식이 서로 어떻게 연결되어 있는지에 대해서는 포착하지 못했다. 다른 한편 동물권 운동은 동물들이 얼마나 끔찍하게 다루어지는가에 대해 모든 것을 알고 있었지만, 가부장제—고대부터 현재까지 존속해 온 아버지들의 지배—에 관해서는 거의 혹은 전혀 알지 못했다. 가부장제의 가치와 인식이 그러한 잘못된 대우에 책임이 있다는 사실에 대해서도 마찬가지였다. FAR은 가부장제하에서 동물에 대한 인식 및 대우가 여성에 대한 인식 및 대우와 상동적이라는 사실을 동물권 운동에 일깨워 주었다. 혹은 순서를 바꾸어 이렇게 말해 볼 수도 있다. 가부장제하에서 여성에 대한 대우는 동물에 대한 인식 및 대우와 유사하다고 말이다.(Adams and Gruen 2014b, 16)

동물을 지지하는 많은 페미니스트 조직이 세운 원칙에 기본적으로 동의하면서, 1980년대의 몇몇 페미니스트 저자들은 가부장제란 여성, 동물, 자연에 대한 남성의 지배로 정의된다는 주장에 의견을 같이했다. 엘리자베스 피셔Elizabeth Fisher는 1979년 저작 『여성의 창조: 성적 진화와 사회의 형성Woman's Creation: Sexual Evolution and the Shaping of Society』에서 다음과 같이 주장했다. "알려진 세계의 모든 문명에서 행해졌던 여성의 성적 종속은 동물의 가축화 모델에 기초한다. (…) 동물들은 (…) 상당

1.4 페미니즘과 동물 운동의 결합에 시금석이 되는 순간이 있다면, 그것은 2만 5,000명이 넘는 사람들이 미국 국회의사당으로 행진했던 1990년 워싱턴 행진일 것이다. 참가자 중 75%가 여성이었으나, 20명의 연사 중 여성은 겨우 여섯 명뿐이었다(그리고 이는 세 명의 공연자를 포함한 숫자였다). FAR은 사진에 등장하는 라벤더색 현수막을 주문제작했다. 바우만, 애덤스, 킬이 단체의 가운데에서 현수막을 들고 있다. 사진 촬영은 브루스 A. 뷰캐넌Bruce A. Buchanan.

한 규모의 사유재산을 뜻하는 가장 초기 형태였을 것이며, 동물의 가축화는 계급 격차가 커지는 데도 중심축이 되었을 것이다."(190) 또한 메릴린 프렌치Marilyn French의 『권력을 넘어서Beyond Power』는 가부장제를 이렇게 정의한다. "가부장제란 인간/남성man이 동물과 구별되며 동물보다 더 우월하다는 가정에 기초한 이데올로기다. 이 우월성의 근간은 인간/남성이 신이나 이성 혹은 통제라 불리는 더 상위의 권력/지식에 맞닿아 있다는 생각이다. 인간/남성의 존재 이유는 모든 동물적 유산을 벗어던지고 그의 '신적인' 본성을 오롯이 실현하는 것으로, 이 본성은 동물이 소유하고 있지 않다고 **여겨지는** 정신, 영혼, 통제 같은 부분을

1878년 생체해부 반대론자였던 프랜시스 파워 커비(Frances Power Cobbe)가 『영국에서의 아내 고문(Wife Torture in England)』을 썼다.

가리킨다."(1985, 341)

또 다른 저술로는 살라몬의 「여성 안에서의 자연법의 편재: 여성과 동물권The Prevalence of the Natural Law within Women: Women and Animal Rights」과 제인 마이어딩Jane Meyerding의 「페미니즘 비평과 문화 제국주의(하나가 끝나고 다른 하나가 시작되는 곳은 어디인가)Feminist Criticism and Cultural Imperialism(Where does one end and the other begin)」 등이 있는데, 두 글 모두 1982년에 발표되었다. 마이어딩은 동물의 지위에 대한 래디컬 페미니즘적 분석을 보여 주었는데, 가부장적 위계가 인간들을 서로 구분할 뿐 아니라, 인간을 "다른 동물들, 행성들, 그리고 지구 자체"와 분리시키기도 한다고 파악했다(1982, 15). 이듬해에 발표된 노마 베니Norma Benney의 「모두 같은 살All of One Flesh」은 여성과 동물 사이의 역사적이고 동시대적인 연결을 포착한다. 베니는 "여자인 동물"이 "가장 많이 착취당한다"고 밝힌다(1983, 146).

이와 같은 논평들이 있음에도 환경운동과 그것의 이론적 토대를 닦은 이들은 동물들과 모든 여성, 유색인, 선주민을 희생시키면서 자연을 격상시키려 했다. 1985년 킬은 학술지 『환경 윤리Environmental Ethics』에 이러한 퇴행적 접근 방식에 대한 훌륭한 비평인 「자연의 해방: 순환하는 문제The Liberation of Nature: A Circular Affair」를 발표했다. 킬은 환경주의자 일반과 J. 배어드 캘리컷J. Baird Callicott을 비판한다. 캘리컷은 "환경 윤리는 가축에 매우 낮은 우선순위를 부여하는데, 이는 가축이 생물 공동체에 유입되면서 생물 공동체의 온전성, 안정성, 아름다움을 해치는 경우가 너무 많기 때문이다"라고 주장한다. 킬은 "합리적 분석을 통해 이해하고 통제할 수 있는 고정된 관계들로 연결된 각 개별 존재들에 의해 '전체'가 구성된다"는 전체론의 개념에 반대한다. 킬은 "환경 윤리의 저자들은 보편적인 법과 구분선을 만드는 데 시간을 할애할 것이 아니라, 환경 윤리 자체가 지닌 사유의 한계를 보여 주도록 이성을 사용하는 데 시간을 더 써야 할 것"이라고 제안한다(Kheel 1996, 52).

연결의 창조: 인종, 젠더, 계급, 종

1980년대 말과 1990년대는 에코페미니즘적 사유와 실천이 번영을 맞은 시기였다. 에코페미니즘은 행동주의에 기반을 둔 중요한 철학적·이론적 접근법으로 부상하고 있었으며, 환경파괴가 공동체를 위협하고 여성들의 힘을 약화시키는 무수한 방식들에 맞서 사람들은 세계 곳곳에서 단체를 조직했다. 페미니즘 학자들은 철학 논의의 장에 페미니즘 돌봄 윤리 이론을 소개함으로써, 동물에 대한 합리주의 접근법에 중요한 개입을 시도했다. 그리고 제1회 미국 지구의 날 이후 20년이 흐른 뒤, 국제연합(United Nations, 유엔)은 기후변화에 관한 보고서를 발행해 35년 내에 지구 온도가 2°C 가량 상승할 수 있음을 경고하면서 전 세계적으로 이산화탄소 배출량을 감축해야 한다고 권고했다. 1990년대 말에 이르러, 월드워치연구소는 과학자 10명 중 7명이 역대 최대 규모의 멸종이 일어나는 중이라고 생각한다는 사실을 보고했다.

루서는 "에코페미니스트들이 여성의 지배와 자연의 지배 간의 연관성을 일반적으로 문화-상징적 층위와 사회-경제적 층위라는 서로 연결된 두 층위에서 파악하는" 방식을 설명한다. 그는 다음과 같이 묻

1892년 헨리 솔트의 『동물의 권리』에 대한 이디스 워드(Edith Ward)의 리뷰가 영국의 페미니즘 신문인 『샤프츠(Shafts)』에 발표되었다.

는다.

> 여성의 신체와 여성의 노동에 대한 지배계급 남성의 지배는 땅, 물, 동물에 대한 착취와 구체적으로 어떻게 서로 연결되어 왔는가? 법적·경제적·사회적·정치적 체계로서의 가부장제는 어떻게 젠더 집단으로서의 여성들을 식민화해 왔는가? 여성의 신체와 노동에 대한 이러한 식민화는 어떻게 남성 지배계급의 부를 위해 자연 자원을 추출하는 보이지 않고 인식되지 않는 하부구조로 기능했는가? 가족 내 남성들을 위해 여성들을 아이들과 작은 동물들의 돌봄 제공자이자 식물채집자, 방직공, 요리사, 청소부, 쓰레기 관리자로 위치시키는 일은 어떻게 이러한 노동을 열등화하는 동시에, 마찬가지로 열등화된 비인간 세계와 여성을 동일시하도록 기능했는가? 이러한 에코페미니즘적 분석은 여성과 자연 양자를 열등화하고 동일시하는 문화적이고 상징적인 패턴들이 어떻게 이데올로기적 상부구조로 기능하는지를 드러낸다. 이 상부구조에 의해 여성, 땅, 동물에 대한 경제적·사회적·법적 지배는 정당화되며 총체적인 가부장제 세계관 내에서 '자연스러운' 것이자 필연적인 것이 된다. 엘리트 남성들은 다양한 문화에서 다양한 방식으로 위계구조를 창조해 왔다. 엘리트 남성을 종속된 인간 및 비인간 위에, 남성을 여성 위에, 백인을 흑인 위에, 지배계급을 노예·농노·노동자 위에 놓는 위계구조 말이다. (…) 전 지구적 에코페미니즘은 자연의 황폐화 및 인간의 빈곤화 패턴이, 시장 경제의 수혜자인 부자들의 이익만을 고려하는 편향된 세계 경제 체제와 어떻게 서로 연결되어 있는지 보여 준다.(Adams and Gruen 2014b, 11–12)

1990년대에 등장한 많은 에코페미니즘 저술들은 이러한 질문들을 탐구했다. 몇 가지만 예를 들면, 애덤스의 『육식의 성정치The Sexual Politics of Meat』(1990), 워렌의 1991년 『히파티아Hypatia』 에코페미니즘 특집호, 플럼우드의 『페미니즘과 자연의 지배Feminism and the Mastery of Nature』(1993), 그레타 가드Greta Gaard가 엮은 선집 『에코페미니즘: 여성, 동물, 자연Ecofeminism: Women, Animals, Nature』(1993), 시바의 선집 『클로즈 투 홈: 전 세계적으로 생태학, 건강, 발전을 재연결하는 여성들Close to Home: Women Reconnect Ecology, Health and Development Worldwide』(1994), 노엘 스털전Noel Sturgeon의 『에코페미니즘적 자연들: 인종, 젠더, 페미니즘 이론, 정치적 행동Ecofeminist Natures: Race, Gender, Feminist Theory and Political Action』(1997) 등이 있다.

1991년 9월 3일, 닭들을 죽이고 가공하던, 노스캐롤라이나주 햄릿에 있는 임페리얼 푸드 가공 공장에서 화재가 발생했다. 공장은 한 번도 안전 점검을 받은 적이 없었고, 관리자는 낮 동안 문을 잠그고 창문을 막아 놓았으며, 스프링클러 시스템도 고장 나 있었다. 기름 튀김기에 연결된 제대로 수리되지 않은 유압 호스에서 시작된 불은 바닥에 있던 기름과 윤활유로 인해 더욱 빠르게 번져 나갔다. 25명의 노동자가 사망했으며, 이들 중 대부분은 잠겨 있던 화재 비상구 근처에서 숨을 거두었다. 이 화재에 관한 『스미스소니언Smithsonian』의 기사는 [사망자 가운데—옮긴이] "12명이 아프리카계 미국인이었으며 18명이 여성이었고 대부분 싱글맘이었다"고 보도했다. 실제로 사망한 여성들 대부분은 아프리카계 미국인이었으며, 사망한 아프리카계 미국인들 대부분은 여성이었다.

이 비극적인 사건과 이에 대한 보도에서, 우리는 킴벌리 크렌쇼Kimberlé Crenshaw가 개념화한 '교차성'의 예시를 발견하게 된다. 교차성이란 사건이 발생하기 2년 전 크렌쇼가 법학 논문에서 처음 사용한 용어다. 그는 다음과 같이 말한다.

> 흑인 여성들은 종종 페미니즘 이론과 반인종주의 정책 담론에서 배제된다. 둘 모두 인종과 젠더 사이의 상호작용을 정확히 반영하지 않는 별개의 경험에 근거하기 때문이다. 이러한 배제의 문제는 단순히 흑인 여성을 기존 분석 구조 안에 포함시킨다고 해서 해결할 수 있는 것이 아니다. 교차적 경험은 인종차별과 성차별을 합친 것보다 더 커다란 것이며, 교차성을 설명에 포함시키지 않는 모든 분석은 흑인 여성이 종속되는 특정 방식을 결코 충분히 다룰 수 없다. 따라서 페미니즘 이론과 반인종주의 정책 담론이 흑인 여성의 경험과 관심사를 아우르기 위해서는, '여성의 경험'이나 '흑인의 경험'을 구체적인 정책 요구로 옮기는 기반으로 활용되어 온 전체 틀을 재사유하고 재구성해야 한다.(Crenshaw 1989, 140)

인종과 젠더는 햄릿 화재 희생자들의 구성에 함께 영향을 미쳤다. 브라이언트 사이먼Bryant Simon은 『햄릿 화재: 값싼 음식, 값싼 정부, 값싼 삶의 비극적 이야기The Hamlet Fire: A Tragic Story of Cheap Food, Cheap Government, and Cheap Lives』(2017)에서 이렇게 설명한다.

> 아프리카계 미국인 여성들은 여전히 노동 시장의 최하위에 집중되어 있다. 대부분의 아프리카계 여성이 여전히 음식을 준비하고 요리하는

> 일을 하지만, 과거에 그랬듯이 다른 사람의 집에서 그 일을 하는 게 아닌 경우가 많다. 이제 그들은 노스캐롤라이나주와 사우스캐롤라이나주, 그리고 미국의 다른 시골 지역을 가로지르는 주와 군郡 도로변에 불쑥 세워져 있는 작은 식품 가공 공장과 도살장에서 그 일을 한다.(Simon 2017, 130)

화재 당시 "임페리얼 공장의 라인에서 일하던 여성 중 75%는 아프리카계 미국인이었다."(2017, 130) (라인에서 일하던 여성들은 죽은 닭을 해체해서 그 조각들을 컨베이어 벨트에 올려놓는 반복적인 동작 때문에 종종 부상을 입기도 했다.)

크렌쇼 이전에, 매사추세츠주의 캠브리지에서 활동했던 흑인 레즈비언 페미니스트 단체였던 컴바히 강 공동체Combahee River Collective, CRC는 1978년 「컴바히 강 공동체 선언문The Combahee River Collective Statement」을 통해 서로 맞물린 억압에 대해 이야기한 바 있다. 그들은 이렇게 쓴다. "지금 우리의 정치적 견해를 가장 잘 나타내는 말이 있다면 다음과 같을 것이다. 우리는 인종적·성적·이성애적·계급적 억압에 대항하는 투쟁에 적극적으로 참여하고 있으며, 주요한 억압 체계들이 서로 맞물려 있다는 사실에 기초해 통합적인 분석과 실천을 발전시키는 것을 우리의 특정한 과업으로 삼고 있다."(Talyor 2017, 15)[11] 이 선언문이 '교차성'이라는 단어를 사용하는 것은 아니지만, 키앤가-야마타 테일러

11 컴바히 강 공동체, 「흑인 페미니스트 선언문」, 한우리 편역, 『페미니즘 선언』, 현실문화, 2016, 147쪽, 번역 일부 수정. — 옮긴이.

1907년 이사벨라 포드(Isabella Ford)의 팸플릿 「여성과 사회주의(Women and Socialism)」가 국제노동당에 의해 출판물의 형태로 등장했다.

Keeanga-Yamahtta Talyor는 "CRC가 교차성의 의미, 즉 다층적인 억압들이 서로를 강화하면서 고통의 새로운 범주들을 만들어 낸다는 생각을 분석해 명확히 보여 주었다"고 말한다(2017, 4).

계급 또한 햄릿 화재의 희생자들에게 영향을 주었다. 1991년, "당시 가난한 백인들, 가난한 흑인들, 그리고 가난한 아메리카 선주민들—1991년까지 라틴계는 아직 미국에 많이 이주해 오지 않았었다—은 똑같은 일자리를 위해 상당히 자주 경쟁을 벌였다." 지원자들은 "확실히 값이 싸며 쉽게 처분되고 교체될 수 있는 노동 공급자"였다(Simon 2017, 130). 21세기에 미등록이주민들은 자신들이 일하는 도살장에서 화재가 발생할 수 있음을 알면서도 안전 문제에 대해 항의하기를 망설인다. 마찬가지로 20세기 말 햄릿을 비롯한 여러 지역에서 피고용자들은 "안전 위반과 관련해 공장 관리자에 맞설" 경우 일자리를 잃을 수도 있음을 걱정했다. 다시 말해, "그들은 위험한 환경에서 빠른 속도로 닭의 부위를 가공하면서도 그것에 대해 침묵을 지키는 이상적인 노동자였다."(130)

'교차성'을 활용하는 에코페미니즘과 흑인페미니즘은 공통적으로 다양한 위해를 덮어 가리는 이데올로기로서의 지배 구조를 검토하고 이론화하기 위해 노력하며, 서로 중첩되는 억압의 복잡성을 인식한다. 상호연결된 억압들에 대한 에코페미니즘의 비판은 이러한 도살장들이 주로 건설되는 지리적 장소로서 미국 남부가 선호되는 맥락도 고려한다. 남부에 속한 주들에는 환경 건강 및 노동 안전 보장을 위해 공장들을 감독할 자원이 부족한 것이다.

에코페미니즘은 서로 연결된 억압들이 작동하는 방식에 종 또한 추가할 것이다. 햄릿 화재 이듬해, 미국의 일인당 닭 소비는 일인당 소 소비를 상회했다(일인당 소 소비가 일인당 돼지 소비를 상회한 것은 1960년대뿐이었다). 사이먼은 다음과 같이 설명한다.

> 각각의 새, 각각의 다리와 허벅지 부위, 피부와 뼈가 제거된 각각의 가슴, 각각의 너겟과 황금빛으로 튀겨진 각각의 필레는 (…) 가금류 자본주의라고 불릴 만한 것의 생산물에 해당한다. 가금류 자본주의란 생산자들과 제조자들 간의 끊임없는 경쟁, 농부와 도살업자와 가공 공장 노동자에 대한 간단없는 착취, 동물 자체의 산업화를 야기하는 촘촘하게 짜인 경제 체제를 의미한다. 가금류 자본주의는 생물학자와 마케팅 담당자의 혁신, 그리고 마지막으로 보이지도 설명되지도 않는 많은 외부적 비용을 숨기고 있는 더 낮은 소비자 가격의 거듭된 혁신을 가리킨다.(2017, 78)

흑인 페미니즘의 교차성 이론이 등장함과 동시에 에코우머니즘적ecowomanist 사유도 발전했다. 1993년에 발표된 들로레스 윌리엄스Delores Willams의 「죄악, 자연, 그리고 흑인 여성의 신체Sin, Nature, and Black Women's Bodies」는 "오늘날 자연환경의 오염 양상과 19세기 흑인 여성 신체의 오염 양상 간의 상관관계"를 검토한다. 그는 노천채굴strip-mining은 지구의 신체를 소진시키며, "여성 노예를 번식시키는 관행은 흑인 여성의 신체를 소진시킨다"고 쓴다. 그는 "흑인을 무섭고 위험하며 역겨운 존재로, 또 가장 파괴해도 좋을 존재로 생각하는 국민의식의 형성"에 대해 기술한다. 그는 "이러한 종류의 의식에서 재앙과 위법성은 흑인성과 관련되기 때문에, 검지 않은 것만이 침해될 수 있다"는 것을 포착한

1910년 토론토의 참정권론자들이 참정권 운동을 위한 자금을 마련하기 위해 채식주의 식당을 열었다.

다(Williams 1993, 28). 같은 해에 발표된 샤마라 샨투 라일리의 「생태학도 흑인 여성의 문제다」는 많은 이에게 에코우머니즘의 토대를 마련한 글로 여겨진다. 라일리는 "주류 서구 사상에서 인종, 젠더, 계급, 비인간 자연의 사회적 구성이 지배 이데올로기에 의해 서로 연결되어 있다"고 주장한다. 그는 흑인들이 강제노역 수용소에서 재산으로 취급당했던 250년 동안 서구 문화에서 흑인 여성이 어떻게 역사적으로 동물성과 관련되었는지에 주목한다.

라일리는 미국과 아프리카 대륙에서 환경 인종주의가 작동하는 방식을 포착하면서 삼림 벌채, 토양 침식, 화학 공해 등의 사례를 제시한다. [루서에 따르면—옮긴이] "환경 인종주의[에 대한 저항이—옮긴이]란 가난한 유색인들이 사는 지역에 특히 집중되어 있는 유독성 폐기물 투기 및 환경오염에 맞서는 아프리카계 미국인과 선주민들의 운동(대부분 여성들이 운동의 선봉에 있다)을 의미한다."(Adams and Gruen 2014b, 12) 라일리는 '그린벨트운동Green Belt Movement'의 설립자인 왕가리 마타이Wangari Maathai의 활동이나(마타이는 2004년에 노벨평화상을 수상했다) '전미흑인여성건강계획National Black Women's Health Project' 등과 같이 환경 문제를 다루는 흑인 여성 단체의 구체적인 예를 제시한다.

실비아 윈터Sylvia Wynter는 1994년 「인간이 관련되지 않음: 동료들에게 보내는 공개서한No Humans Involved: An Open Letter to My Colleagues」을 발표했다. 이 글은 다음과 같이 시작한다.

> 아마 당신은 로드니 킹Rodney King 구타 사건의 경찰관들에 대한 배심원단의 무죄 판결 이후 며칠 간 짧게 보도된 라디오 뉴스를 들어 보았을 것

이다. 로스앤젤레스 사법 체계의 공무원들이 도심 빈민가의 무직자 범주에 속하는 젊은 흑인 남성의 권리 침해 관련 사건들을 가리키기 위해 N.H.I라는 약어를 일상적으로 사용한다는 보도 말이다. 여기에서 N.H.I는 '인간이 관련되지 않음no humans involved'을 의미한다.(1994, 42)

이어서 윈터는 인간이라는 개념이 얼마나 백인중심적이고 유럽중심적인지 지적한다.

20년 뒤, 실 코Syl Ko는 부분적으로 윈터의 작업에 기대어 인종과 동물성이 어떻게 함께 서로를 구성하는지co-constituting에 대한 이론을 개진했다. 그는 윈터의 논지 중 하나를 이렇게 요약한다. "역사를 통틀어 인간 행동을 표현하는 수많은 방식이 존재했지만, 우리가 취하는 인류humankind의 **모델**은 식민주의 서구 유럽이 고안한 것이다. 이 모델에는 (서구 백인 여성이라는 이상적 상대방을 가지고 있는 서구 백인 남성으로서의) **일반적 인간the human**과, 인디언들, 흑인들, 선주민들 같은 그의 인간 타자들human others이 존재한다[나는 이 목록에 유대인들과 무슬림들을 추가할 것이다—코]."

코는 다음과 같은 통찰을 보여 준다.

'인간'과 '동물'이라는 개념은 인종적으로 구성된다. 인종적 위계는 피부색 계통을 따를 뿐 아니라, 종 계통을 따르기도 한다. 위계구조의 최상위에는 백인 남성 인간이 있으며, 최하위에는 그와 **필연적으로 대립되는** 그림자 같은shady 형상으로서 '일반적 동물the animal'이 있다. 이 양극은 두 가지 상반된 도덕적 지위를 나타낸다. 당신의 범주가 백인 남성 인

1915년 네 명의 미국인 채식주의자 페미니스트들이 포드 평화선(Ford Peace Ship)을 타고 미국에서 유럽으로 향했다.

간에 가까울수록 당신은 더 '중요한matter' 존재가 된다. 당신의 범주가 수상쩍고shady 애매모호한 '동물'에 가까울수록 당신은 덜 '중요한' 존재로 취급된다.(Ko and Ko 2017, 66)

인류세

'인류세'라는 논쟁적인 이름으로 불리는 이 새로운 지질학적 시대에 누가, 그리고 무엇이 중요한가matter와 물질matter을 어떻게 이해할 것인가에 관한 질문들은 매우 뚜렷한 반향을 일으킨다. 에코페미니즘 철학자인 크리스틴 쿠오모Christine Cuomo는 이 '인간man'의 시대가 쉽게 받아들여지는 것에 대해 경고한 바 있으며, 지리학자인 캐스린 유소프Kathryn Yusoff는 이 새로운 지질학적 분류법에서 인종과 식민주의가 무시되는 동시에 공고해지는 방식을 특히 강조했다. 인류세는 지구 물질에 대한 인간의 파괴가 우리 시대를 정의하는 특징적 요소가 된 새로운 시기를 가리키는 이름이다. 그러나 모든 인간humans이 재앙적인 행성적 자원 추출에 관여하고 있는 것도 아니고, 모든 인간이 우리의 환경위기에 동등하게 기여하고 있는 것도 아니다. 더욱이 안트로포스anthropos라는 특정 집단의 추출 행위는 새로운 것이 아니다. 자격을 부여받은 소수에 의한 행성 및 행성에 거주하는 존재들의 변화는 지난 100여 년 동안 갑자기 일어난 것이 아니라, 수백 년에 걸친 백인 가부장제 정착민 식민주의적 특권의 일부로 존재해 왔다. 에코페미니즘의 중요한 기획은 현재에 대한 새로운 명명법을 수용함으로써 [안트로포스라는 범주를—

옮긴이] 묵인하는 것이 아니라, 누가 안트로포스라는 범주에 포함되고 누가 그 범주에서 제외되는지를 명확히 식별하고, 책임 있는 특정 집단들의 파괴성에 윤리적으로 저항하는 것이다.

인류세라는 새로운 시대의 시작점은 아직 확실히 결정되지 않았다. 과학자들은 한 시대에서 다른 시대로의 뚜렷한 변화를 나타내는, 암석이나 빙하에 남아 있는 줄무늬나 흔적, 즉 '황금못golden spike'을 찾고 있다(빙하기의 황금못은 튀니지의 절벽에 남아 있는 줄무늬로 운석 충돌의 결과를 분명히 보여 준다. 홀로세Holocene의 황금못은 남극의 빙하 코어 줄무늬에서 발견되는 꽃가루다). 현재 가장 많은 지지를 받고 있는 인류세의 기원은 미국과 소련의 수소폭탄 실험이 시작된 1952년이지만, '인류세 워킹그룹Anthropocene Working Group'은 여전히 황금못이 어디에 위치하는가를 확정하지 못했다(Hersher 2021). 유소프는 다음과 같은 사실을 우리에게 상기시킨다. "기원은 포함과 배제를 규정하는 경계를 설정하며, 한정된 것에만 초점을 맞춘다. 기원의 서사는 (진보Progress라는) 목적과 (문명Civilization이라는) 목적의식을 가지는 선형적 형태를 취하는 한편, 우연이나 잘못된 방향, 혹은 일회용적인 삶과 쓰레기, 유독성과 오염, 절멸과 소진의 지질학이 갖는 그림자를 간과한다. (…) 인류세의 기원은 매우 정치적이다."(2019, 24–25)

시대 명명과 기원 결정의 정치는 생태위기의 심각한 폭력성과 야생동물, 노예화된 아프리카인의 신체, 선주민의 땅, 연료로 사용되는 화석, 그리고 다른 광물들을 채취하고 사용하고 폐기하는 물질로 규정하는 "지질학적 추출의 위계"를 덮어 가린다.

1915년경 페미니스트, 채식주의자, 평화주의자인 샬롯 데스파드(Charlotte Despard)가 자신의 사유지에서 제공하는 저렴한 식사 서비스에 채식주의의 식사를 포함시켰다.

> 그들 자신의 살, 쇠사슬, 굶주림, 뼈, 그리고 사회편제social formation에 황금못을 가지고 있는 비가시적인 행위자agent가 존재한다. (…) 그러한 행위자에 대한 경험적 증인이자, 역사의 작용agency에 대한 아무런 자원도 가지고 있지 않은 그 행위자의 물질화 양식을 체현하는 수많은 흑인 인류세들이 존재한다. (…) 황금못은 추상적인 못이 아니다. 그것은 인간과 비인간의 살, 그리고 비인간 물질과 경험을 건드리고 마모시키는 비인간적 예시다.(Yusoff 2019, 59–60)

그 기원이 결국 언제로 결정되든지 이 새로운 시대는 백인성과 '인간/남성man', 그리고 '인간/남성'이 야기한 식민적이고 환경적인 파괴의 유산을 공고화한다.

물론 현재 우리 시대를 가리키는 이름으로 '인류세'를 받아들이는 감수성에 대한 도전이 일부 인간들이 행성을 벼랑 끝으로 내몰아 왔다는 사실을 부정하는 것은 아니다. 환경오염은 바다를 파괴하고 있으며, 추출 산업과 삼림 벌채는 동물의 서식지를 황폐화시키고 있다. 인간에 의한 온실가스 배출은 행성을 뜨겁게 달구면서 기후위기를 초래하고 있다. 이는 얼음 위 혹은 바닷속에 사는 동물들이나 그 생태계의 다른 존재들을 위협할 뿐 아니라, 기후와 관련된 새로운 질병과 기후난민을 만들어 내며, 기본적으로 인간과 비인간의 삶의 방식을 똑같이 위협하고 있다.

수압파쇄법fracking과 석유 추출 및 운송은 여러 시위를 촉발시켰다. 특히 잘 알려진 시위 중 하나는 다코타 액세스 송유관Dakota Access Pipeline, DAPL 반대 시위였다. 2016년 스탠딩 락 수 부족Standing Rock Sioux

Tribe은 단체를 결성해 그들의 땅을 통과할 것으로 예정된 DAPL 계획에 맞서 시위를 벌이고 소송을 제기했다. '찬데이 딘세이 키난지 포Chante tin'sa kinanzi Po'라는 단체명 아래, 라코타Lakota, 나코타Nakota, 다코타Dakota족 시민들이 연대자로서 그들과 함께했다. '신성한 돌 캠프The Sacred Stone Camp'는 스탠딩 락의 역사 보존 담당자인 라도나 브레이브 불 알라드LaDonna Brave Bull Allard 등에 의해 설립되었으며, 물의 수호자들water protectors에게 송유관 건설 작업을 저지할 수 있는 근거지를 제공했다. 이윽고 해시태그 '#NoDAPL'이 등장했고, 미국 전역의 사람들이 연대해 시위에 동참했다. 송유관 작업은 잠시 동안 중단되었다. 이들의 시위와 그에 대한 지지는 선주민의 권리, 수질 오염, 기후변화, 화석 연료 사용 등의 문제를 한데 결속시켰다. "므니 위초니Mni wiconi('물은 생명이다'라는 뜻의 라코타어)"라는 구호를 통해, 이들의 시위는 산업적 목적으로 사용되는 자원이나 상품으로서가 아닌, 물에 대한 다른 세계관을 보여 주었다(Roller 2020).

무장 경찰이 시위와 봉쇄를 종식시키기 위해 사용한 여러 전략 가운데는 페퍼 스프레이, 고음 사이렌, 전투견[12], 고무탄, 전기충격기, 거대한 탱크, 감시 헬리콥터, 현장 급습, 체포, 매우 추운 날씨에 사용된 물대포 등이 있었다. 물의 수호자들에 대한 무장 진압이 이루어짐과 동시에, 오리건주의 연방 토지를 무력 점거한 백인 불법무장단체들은 무죄 판

---

12 이러한 개의 이용은 개가 민권 운동 시위대를 진압하는 데 이용되었던 방식을 상기시킨다. 더 이른 시기 남부 주에서는, 재산으로 취급되었던 사람들이 그들을 노예로 삼은 자들로부터 도망칠 때 [그들을 뒤쫓는 과정에서 — 옮긴이] 개를 이용하기도 했다(Boisseron 2018 참조).

1915년 페미니즘-채식주의-평화주의적 유토피아를 그린 샬롯 퍼킨스 길먼(Charlotte Perkins Gilman)의 『허랜드(Herland)』가 출간되었다.

결을 받았다. '흑인의 생명은 소중하다Black Lives Matter' 운동의 공동창시자인 알리샤 가자Alicia Garza는 다음과 같이 말한 바 있다. "당신이 백인이라면, 당신은 연방 소유지를 점유하고도 (…) 무죄 판결을 받을 수 있다. 최루 가스도, 탱크도, 고무탄도 없다. (…) 당신이 선주민이고 우리가 생존을 위해 의존하는 물과 지구를 지키기 위해 싸운다면, 당신은 최루 가스를 맞고 언론 통제를 당하며 탱크 등에 의해 제지당할 것이다."(Eversley 2016)

원래 DAPL은 지역사회 인구 90% 이상이 백인인 노스다코타주의 비즈마크를 통과할 예정이었지만, 도시 상수도 오염에 대한 우려가 제기되자 계획이 변경되었다. 노스다코타주의 유전에서 일리노이주의 석유 창고로 흐르는 송유관의 새 루트는 수족 조상들의 땅으로 결정되었다. 수족이 미국 육군 공병대에 제기한 소송의 진술서에 따르면, 송유관은 신성한 돌들을 비롯해 "부족에게 신성하며 상당히 역사적으로 중요한 경관"을 가로지를 뿐 아니라(Standing Rock Sioux Tribe v. U.S. Army Corps of Engineers 2016, 9–10), "부족의 문화·종교·경제의 핵심인" 미주리강을 훼손할 것이었다(17).

송유관은 2017년에 완공되었지만, 조위 롤러Zoë Roller의 「물 정의의 위기와 저항 전략Water Justice Crises and Resistance Strategies」은 "스탠딩 락의 영토 침략에 대한 부족의 반발은 수세기에 걸친 노스다코타와 사우스다코타에서의 식민지배에 대한 선주민의 저항을 보여 준다"고 지적한다. 그는 다음과 같이 적는다.

추출 산업에 대한 선주민의 반발은 계속해서 추진력을 얻고 있다. 캐나다에서 걸프 연안까지 북아메리카 전역에 걸쳐 선주민 주도로 활동가들은 추출 산업의 영향을 받는 다른 공동체들과 함께 송유관과 수압파쇄법과 채광 작업을 저지하고자 노력 중이다.(Roller 2020, 121)

조 바이든 대통령이 취임했을 때, 그는 송유관 운영을 중단시켰다. 이 글을 쓰고 있는 지금, 법원은 궁극적으로 어떤 일이 발생할 것인지 알아내기 위한 전면적인 환경 재평가를 명령했다.

동물 농업은 또 다른 환경파괴 산업이자 온실가스 배출의 큰 원인이다. 매일 약 2억 명의 동물이 육지의 공장식 축산농장에서 죽임을 당하며, 바다에서 죽임을 당하는 동물은 훨씬 많다. 대부분의 어업은 닭, 소, 돼지, 칠면조, 양에게 사용되었던 집약 사육 방법을 채택하고 있다. 유엔 식량농업기구Food and Agriculture Association, FAO에 따르면, 전 세계 온실가스 배출 중 14.5%가 동물의 살과 알, 그리고 포유류의 젖에 대한 집약 생산에 의한 것이다.[13] (살과 젖이 모두 이용되는) 소 사육 사업은 '가축livestock' 산업 배출량의 약 65%에 책임이 있다(FAO 2013). 음식 산업에서 특정한 의도 아래 대량으로 동물을 도살해 온 것은 헤아릴 수 없을 만큼 많은 죽음이 있었음을 의미한다. '인도주의연맹Humane League'은 우리가 동물을 도살하는 것과 동일한 비율로 인간들이 서로를 살해한다면, 우리는 17일 안에 멸종할 것이라고 추산한 바 있다.

13 2021년 리처드 트와인Richard Twine은 배출량이 16.5%에 이른다는 연구결과를 발표한 바 있다. 그러나 이후 측정 기준이 비교 불가능하기 때문에 정확한 수치를 산출할 수 없다고 정정했다. Twine 2021 참조.

1917년 법무관인 남편들을 따라 범죄 현장에 온 여성들이 한 새의 죽음이 사건의 핵심임을 깨닫게 된다는 내용을 담은 수전 글래스펠(Susan Glaspell)의 단편소설 「여성 배심원단(A Jury of Her Peers)」이 출간되었다.

야생에서 동물의 사망률은 이제 '여섯 번째 대멸종'이라고 불리고 있다. 2019년 유엔은 동식물 100만 종 가량이 멸종위기에 처해 있다고 보고했다(UN Report 2019). 북부흰코뿔소, 자바코뿔소, 수마트라코뿔소, 서부검은코뿔소는 사실상 멸종했다. 보르네오섬과 수마트라섬의 오랑우탄은 약 10년 내에 멸종할 것으로 예측된다. 다양한 거북과 박쥐, 그리고 많은 양서류가 멸종한 것으로 분류되었다. 곤충들은 지금도 급속도로 멸종 중이다. 북극곰과 자이언트판다, 크로스강고릴라를 비롯한 여러 거대 동물들은 큰 위협을 받고 있다. 그보다 작은 생명체들, 예컨대 장어, 조개, 새 들도 마찬가지다. 재앙은 우리 주변에서 펼쳐지고 있다. 다행히도 전 세계 활동가들은 정부와 산업에 책임을 묻기 위해 집결해 왔다. 학생들은 저항과 파업을 실천하고 있으며, '멸종반란Extinction Rebellion' 등의 단체들은 다음과 같은 변화를 요구하고 있다.

> 가장 취약한 사람들과 선주민의 주권을 우선적으로 고려하는 정의로운 전환을 이룩해야 한다. 또한 오랫동안 환경 부정의에 노출되어 온 흑인, 선주민, 유색인, 빈곤 지역사회가 주도하는 보상 및 개선 방안을 마련해야 한다. 영원히 재생하고 번성하는 생태계를 위한 법적 권리를 확립하고, 인간과 모든 종의 멸종을 막기 위해 지금도 진행 중인 생태학살ecocide의 결과를 바로잡음으로써, 모두를 위한 정의롭고 살기 좋은 행성을 보전해야 한다.(Extinction Rebellion n.d)

누가 저항을 이야기하는가?

역사적 기억은 복잡하고 불안정하며, 여러 고정관념과 이원론적 범주에 영향을 받는다. 여기에는 여성으로 범주화되는 이들과 그들의 말

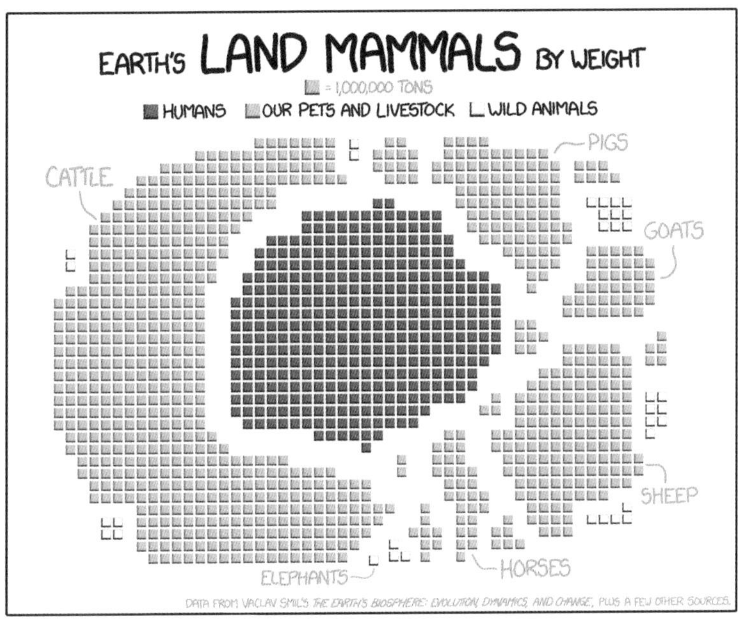

1.5 육지 포유류 그래픽. xkcd.com 제공.

보다 "진정한" 남성으로 여겨지는 이들(Dembroff 2024)과 그들의 말에 특권을 부여하는 젠더 이분법도 포함된다. 에코페미니즘이 본질주의적이고 구조주의적이라는 잘못된 인식은 1990년대부터 21세기까지 지속 중이다. 많은 이들이 에코페미니즘의 통찰력과 영향력을 진지하게 받아들이지 못하며 때때로 완전히 무시하는 문제는 부분적으로 이러

1934년 캘리포니아주에 설립된 킴버 농장이 현대 유전학 연구소를 개소하고, 중량이 큰 달걀을 대량으로 생산하는 등의 특정한 경제적 형질을 얻기 위해 닭을 교배하는 데 집중했다.

한 계속되는 오독에서 기인한다.

가드의 「에코페미니즘의 새로운 방향: 더 페미니즘적인 생태비평을 위하여New Directions for Ecofeminism: Toward a More Feminist Ecocriticism」는 에코페미니즘 이론의 삭제에 대한 개입을 시도한다. 가드는 다음과 같이 쓰고 있다. "생태비평 학문에서의 이러한 누락은 단지 페미니즘 학문을 인용하지 않는다는 서지학적 문제에 불과한 것이 아니라, 그 학문이 제기하고 있는 문제들을 페미니즘적으로 다루지 못하는 더욱 심원한 개념적 실패를 의미한다. 이는 동일한 아이디어가 이후 비-페미니즘적 출처를 경유해 제시되었을 때에는 상찬됨으로써 더욱 지독한 실패로 치닫는다."(Gaard 2010, 3) 그는 (에코페미니스트들이 '공격적'이고 '시대착오적'이며 '편협하다'는 식의) 비난에 대해 중대한 우려를 표하면서, 이러한 전략은 학문 공동체를 파괴한다고 주장한다. 나아가 가드는 "반페미니즘적 비난은 페미니즘 관점에 대한 발화자 자신의 낯섦이나 심지어는 적의를 나타내는 것일 수 있다"고 설명한다(17).

수전 프레이먼Susan Fraiman 역시 2011년 '섹스/젠더/종' 학술대회에 참석해 "젠더, 인종, 섹슈얼리티 문제에 감정적·정치적으로 관여하지 않는 것으로 동물 연구의 틀을 형성하는 것"에 의문을 제기하는 작업을 전개했다. 그는 「계집애 공포 대 동물 애호: 동물 연구에서 젠더를 추적하기Pussy Panic versus Liking Animals: Tracking Gender in Animal Studies」를 통해, 비판적 동물 연구의 시작에 관한 이야기가 보여 주는 젠더화된 누락과 왜곡에 중요한 비판을 제기했다(Fraiman 2012, 283-312). 당시 발표문을 보완한 프레이먼의 글은 이 책의 제3부에 재수록되어 있다.

동물 연구 분야, 특히 비판적 동물 연구는 에코페미니즘 이론에서 출발해 발전한 학문이다. 그러나 많은 동물 연구 논의에서 이러한 역사는 자주 무시되거나 왜곡된다. 이는 에코페미니즘뿐 아니라 구체적인 저자들이 사라진 가운데 에코페미니즘의 아이디어가 전유되는 것으로 귀결된다. 예컨대 동물 연구 내에서 수행된 가장 주목할 만한 몇몇 작업들은 여러 측면에서 싱어와 리건의 작업을 비판한다. 그러나 [이 과정에서 싱어와 리건에 대한—옮긴이] 에코페미니즘의 비판은 참조되지 않는다. 캐리 울프Cary Wolfe의 『동물 의례Animal Rites』에 대해, 프레이먼은 이 책이 "사실상 데리다를 특권화하고 에코페미니즘이 닦아 놓은 토대를 무시하는 식의 편향적이고 수정된 계보를 통해 이 책이 제시하는 종차별주의에 대한 비판과 동시대 동물 연구 모델에 권위를 부여한다"고 설명한다(2012, 294). 가드 역시 다음과 같이 지적한다. "동물 연구나 자연화된 인식론naturalized epistemology 같이 현재 새롭다고 일컬어지는 분야의 발전은 종들 사이의 관계에 대한 이론적 관점과 입장론standpoint theory을 '발견'하고 있다. [그러나—옮긴이] 이러한 관점과 이론은 기실 페미니스트들과 에코페미니스트들이 수십 년 전에 발전시킨 것들이다."(Gaard 2011, 27)

프로빈-랩시, 쉬본 오설리번Siobhan O'Sullivan, 이벳 와트Yvette Watt는 2019년 동물 연구 학자들을 대상으로 광범위한 대규모 국제 조사를 실시해, 해당 분야에서 여성이 수적으로 우세하다는 사실을 밝혀냈다. 이는 "동물옹호 운동은 여성운동으로 간주되어야 한다"(Deckha 2013, 50)는 마니샤 덱카Maneesha Deckha의 통찰에 대한 논의를 촉발시켰다. 그들은 페미니즘 학문을 "변혁적"이거나 "부수적"인 것으로 보는 다른 학제와 달리, "동물 연구에서 페미니즘적 작업은 그 분야 자체를 구성해 온

1937년 인공 수정을 통해 임신한 최초의 소가 등장했다.

요소였다"고 주장한다(207, 강조—인용자). 그들은 이렇게 결론을 내린다. "동물옹호 운동과 마찬가지로, 하나의 장場으로서 동물 연구는 남성의 목소리를 과도하게 특권화해 온 역사를 지닌다. 여기에서 작동하는 것은 여성에 대한 유리 천장이라기보다, 남성을 위한 '유리 엘리베이터'라고 할 수 있다."(212)

이 책의 초판에서 우리는 동물 운동에 대해 이렇게 쓴 바 있다. "많은 에코페미니스트들은 한 활동가가 다른 활동가에게 가하는 인종차별, 성적 괴롭힘, 성폭력 등을 비롯한 구성원 내부의 억압 문제를 다루는 것에 이 공동체가 특히 반대해 왔으며, 배제와 특권에 대한 비판이 제기된 뒤에도 30년 넘게 계속 운동의 선두에 서 있는 백인 남성 '지도자들'에 의해 이 문제들이 무시된다는 사실을 지적해 왔다."(Adams and Gruen 2014b, 34) 에밀리 가더Emily Gaarder는 2011년 저서 『여성과 동물권 운동Women and the Animal Rights Movement』에서 동물옹호 진영 내에서 경합을 벌이고 있는 두 가지 인식틀을 설명했다. "첫 번째 틀은 동물에 대한 억압을 우리 시대의 가장 중요한 사회정의 문제로 파악한다. 이러한 인식틀은 동물해방을 핵심 목표이자 사실상 유일한 목표로 삼는다. (…) 젠더, 인종, 계급에 대한 '인간적' 우려를 표현하는 것은 운동을 분열시키는 것으로, 나아가 이기적인 것으로 여겨진다."(Gaarder 2011, 152) 가더에 따르면, "두 번째 인식틀은 동물에 대한 억압을 젠더, 인종, 계급, 환경 등에 대한 우려를 아우르는 더 넓고 서로 교차하는 불평등 네트워크의 일부로 제시한다. (…) 이러한 인식틀은 다양한 집단의 사람들이 동물권 운동에 참여하는 것을 관계적 네트워크의 중요한 양상으로 여긴다." 가더는 "여성 동물 활동가 상당수가 동물권을 관련된 다른 사회문제들과 연결시키는 것을 중요하다고 생각한다"고 밝힌다(154).

'미투MeToo'와 동물권

성 착취에 대응하는 더 큰 문화적 과정의 일부로서, 우리는 동물권 운동 내 반성폭력 운동의 약진을 목격했다. 동물권 운동과 사회 전반에서 발생하는 일련의 성 착취들 사이의 한 가지 중요한 차이점은 동물 행동주의 운동에는 여성이 남성보다 네 배 가량 많다는 것이다. 동시에 지난 40년 동안 백인 남성의 권위에 대한 숭배fetishism를 비롯해 지도부 구성, 캠페인 전략, 이론적 설명 등에서 동물권 운동의 남성화가 이루어져 왔다. 이러한 전개는 이론과 실천 영역에서 여성혐오를 제도화하는 데 일조했다.

운동에서 높은 지위를 점하는 유명한 백인 남성들은 가더가 설명한 첫 번째 인식틀을 지지하면서, 운동의 초점을 단일하게 유지하고 다른 문제의 도입은 분열을 야기한다고 간주했다. 이들은 '감정적' 접근법 대신 동물 행동주의에 대한 '합리적' 접근법을 대변하는 백인 대변인으로서, 위계적인 가치 이원론이 부여한 권력 역학으로부터 이익을 취했다. 이들은 동물 착취에 대한 단일 초점을 촉구함으로써, 억압의 중첩 방식을 고려할 것을 주장하는 페미니즘적·반인종주의적 분석을 입 다물게 했다. 그러한 좁은 초점을 주장했던 동일한 남성들 중 상당수는 타자들을 성적으로 착취하는 데 관여했던 이들이기도 했다.

이원론적인 억압적 세계관 안에 산다는 데서 오는 특권이나 자격en-

1938년 버지니아 울프의 반전 에세이 『3기니(Three Guineas)』가 출간되었다. 이 글에서 작가는 다음과 같이 말한다. "유사 이래 여성의 소총에 맞고 쓰러진 사람은 거의 없고 절대 다수의 날짐승과 들짐승을 쏘아 죽인 것은 저희 같은 여자들이 아니라 귀하 같은 남자분들이잖습니까."

titlement이 폭로되고 도전받는 이 경계적 시간liminal time에, 몇몇 이원론들은 성 착취를 둘러싼 논의의 틀에 계속 영향을 미치고 있다. 공동체/개인, 학대자/피해자, 공적/사적 이원론 등이 바로 그것이다. 우리가 비판하는 이원론들은 학대에 대한 개념에 흔적을 남긴다. 이 개념은 우리/그들이라는 인식틀을 창조하는데, 이는 위계질서를 강화함으로써 [역설적으로—옮긴이] 마치 권력이 이양되는 것처럼 보이게 한다. 즉 이원론은 변화에 관한 대화에 영향을 미친다. 그 결과, 책임을 개인주의적 방식으로 바라보는 것을 포함해, 우리는 당장 사용할 수 있는 개념적 자원들 안에 갇히게 되었다.

백인 남성 지도자를 비롯해 운동 안에서 성 착취 행위를 자행하는 학대자 남성들은 공적/사적 이원론의 수혜자다. 그들이 공적 영역에서 한 일들이 운동에 너무나도 중요하기 때문에, 혹은 그렇다고 주장되기 때문에, 사적 영역에서의 폭력 행위들은 말해져서는 안 되는 것이 된다. 잘못에 대한 책임 소재는 역전된다. 동물 운동을 '상처 입히는' 사람은 운동 내 여성들을 강간하고 성적으로 학대하고 괴롭힌 남성이 아니라, 성 착취 생존자로서 자신의 경험을 공개적으로 발언한 여성이 된다. 공적/사적 이원론은 또한 학대자의 이름을 밝히는 것을 까다롭게 만든다. 그러한 행위는 생존자들과 그들의 지지자들을 명예훼손으로 고소될 위험에 처하게 할 수 있으며, 그 위협이 아무리 사소해 보일지라도 그러한 소송은 수년 간의 시간과 자원을 소모하도록 할 수 있기 때문이다.

권력의 이원론에 복무하는 세계에서, 어떻게 변혁적 정의transformational justice를 활용해 학대를 공론화하고 중단시킬 것인가?

[가해자가—옮긴이] 운동 내에서 책임을 지는 가장 이상적인 방식은

반성폭력 활동가들이 개발한 책임에 대한 기대사항들을 준수하는 것이라고 할 수 있다.

- 착취자는 자신의 행위에 대한 진실을 밝히고 말할 책임이 있다.
- 착취자는 자신의 행위로 인해 생존자, 단체, 운동이 입은 피해에 대해 진심으로 깊이 반성함으로써 자신이 가한 위해를 인정하고, 피해자를 향한 공감empathy을 표해야 한다.
- 착취자는 상황의 원인과 해결에 대한 책임을 전적으로 수용해야 한다.
- 착취자는 타인을 성적으로 착취하고 조종하는 모든 행위를 중단해야 한다.
- 착취자는 운동 내에서 자신의 위치를 저버린 것에 대한 결과를 수용해야 한다.
- 착취자는 배상해야 한다.

변혁적 정의의 원칙에 따르면, 우리는 위해를 구조적이고 체계적인 문제로 볼 필요가 있다. 이는 착취자에게 단지 자신이 피해자로 만든 특정 개인뿐 아니라, 운동에 책임을 질 것을 요구한다. 활동가들은 법적 체계에 상당히 회의적이고, 교도행정 체계를 인종차별적이고 잔인하며 부조리한 것으로 보는 경향이 있다. 그것은 생존자들에게 구제책을 제공하지도 않고, 가해자들이 자신이 가한 위해를 인식하도록 돕지도 않는다. 위해를 당한 사람들은 오히려 가해자가 변혁적·회복적 정의를 위해 노력하는 모델을 기대한다. 학대자들은 자신의 행동을 직시하고, 학

1944년 도로시 모건(Dorothy Morgan)이 이전부터 존재했던 현상을 가리키는 서구식 이름으로 ('vegeterian'의 앞부분과 뒷부분을 합쳐) "비건(vegan)"이라는 단어를 만들었다. 그와 도널드 왓슨(Donald Watson)은 결혼 후 '비건 소사이어티(Vegan Society)'의 설립을 도왔으며 하나의 세계관이자 단어로서 비거니즘을 알리기 위해 노력했다.

대 생존자의 요구 및 학대자 자신의 행동을 해결하기 위해 생존자가 제시한 조치를 취하는 과정에 대한 참여 동의를 요구받을 수 있다. 가해자들은 학대 행동을 해결하기 위한 상담을 요구받을 수 있으며, 학대가 알코올이나 다른 약물과 관련된 것일 경우 약물 남용 치료를 요구받을 수 있다. 또한 가해자는 생존자가 학대 결과 찾게 되는 의료적 치료 및 상담 비용을 배상하도록 요구받을 수 있으며, 생존자가 안전함을 느낄 수 있도록 생존자가 참석하기를 원하는 행사에 접근하지 않는 것을 요구받을 수 있고, 가해자에게 해를 끼치거나 가해자를 처벌하는 것이 아니라 가해자와 피해자 양쪽을 치유하는 것을 목적으로 삼는 여러 많은 조치들을 이행하도록 요구받을 수 있다.

구조적이고 체계적인 문제들은 개인적인 해결책이 아니라 구조적이고 체계적인 해결책을 필요로 한다. 가해자들이 자신의 행위에 대해 진심으로 책임을 지지 않으려 할 때도, 회복적 정의를 지지하는 활동가들은 경찰과 법정에 의지하는 해결책을 여전히 망설인다. 대신 학대에 대한 책임을 거부하는 사람은 또 다시 학대를 저지를 가능성이 높다는 전제 아래, 그들은 학대자를 공동체의 공간, 모임, 컨퍼런스 등에 받아들이지 말라고 요청하는 등 공동체의 지지를 촉구한다. 이는 생존자에게 약간의 안전을 허락한다. 그러나 공동체의 지지가 부재할 때 그러한 접근 방식이 효과를 거두기란 거의 불가능에 가깝다. 동물권 운동의 많은 유명한 백인 학대자들의 경우, 학대 행동이 공론화된 뒤에도 운동에 계속 참여했을 뿐 아니라, 지도부 자리를 그대로 유지하거나 또 다른 지도부로 적을 옮기는 데 그쳤다.

회복적 정의를 추구하고 책임을 요구하는 노력들은 종종 가해자의 권력을 강화하는 결과를 초래하기도 했다. 가해자들은 고발자들에 대한 반격backlash 전략을 통해, 처음의 학대 행동에서 했던 것과 똑같은 테러 전술, 조종, 지배를 효과적으로 구사해 왔다. 이들이 그렇게 할 수 있는 것은 우리가 백인 남성의 권력을 보호하고 보존하는 매우 제한적인 개념틀에 갇혀 있기 때문이다. 문제는 학대 행동만이 아니라, 백인 남성의 권력을 유지시키는 구조와 체계다(예컨대 Kaba 2021; Russo 2019 참조).

동물 운동 내 백인우월주의 문제와 문화적 전유

동물권 운동은 다른 집단의 억압 경험에 대한 유비analogy를 활용해 왔다. 예컨대 재산으로 취급당했던 흑인들의 경험이나 나치 독일의 죽음의 수용소의 표적이 되었던 유대인 및 다른 이들의 경험에 대한 유비를 활용해 온 것이다. 이러한 유비는 현실을 부적절하게 반영하며, 한쪽의 해방을 추구하는 과정에서 다른 한쪽이 겪는 억압을 착취한다. 또한 이는 억압으로부터 자유로워지고 싶다는 욕구를 동물들이 표현할 수 있다는 믿음을 활동가들이 결여하고 있음을 드러낸다. 유비는 동물의 필요를 충족시키기 위해 다른 존재의 고통을 해로운 방식으로 착취한다(예컨대 Adams 2015; Kim 2018 참조).

2014년 판본에서 우리는 아나스타샤 야브로Anastasia Yarbrough가 참석했던 한 전국 학술대회에 대해 이야기한 바 있다. 이 학회에서 그는 운동이 억압의 산 경험lived experience에 대해 제대로 알지도 못한 채, 어떻게 "유색인과 여성의 투쟁을 동기부여의 수단으로" 계속 이용하는지를

1945년 맥스 데이비스(Max Davis)와 스콧 니어링(Scott Nearing)의 『채식주의적 양심적 병역 거부의 옹호(A Case for the Vegetarian Conscientious Objector)』가 출간되었다.

경험했다.

> 백인 부유층인 총회 발언자들은 미국에서 인종주의가 작동하는 방식에 대한 최소한의 이해도 없이 인종주의와 종차별주의를 비교하는 똑같은 발언을 끊임없이 반복했다. 그들의 말을 들으면서 나는 내가 평소보다 훨씬 더 침해당하고 오용당하고 있다는 느낌을 받았다. 바로 이 학술대회에서 인종차별이 어떻게 일어나고 있는가에 대해서는 언급조차 하려 하지 않으면서, 그들은 어떻게 감히 이런 피상적인 방식으로 인종주의를 말할 수 있는 것인가? 어떻게 감히 동물권을 위한 정의로운 사업을 정당화하기 위해 내 사람들의 곤경을 이용한단 말인가? 어떻게 감히 동물과 유색인을 이런 방식으로 이용하는가?(Adams and Gruen 2014b, 35)

이러한 유비는 아마도 동물권 운동이 인권 운동을 목적론적으로 완수시킨다는 믿음에서 나온 듯하다. 싱어의 『동물 해방』을 읽고 동물 활동가가 된 일부 독자들은 싱어가 서문에서 목적론적 진술을 했다고 결론짓는다. 더 정확히 말하면 '그동안 흑인 해방, 동성애자 해방, 여성 해방이 있었다. 이제 동물 해방에 대해 이야기해 보자'라는 메시지를 싱어가 전달하고 있다는 것이다. 이런 식으로 읽는 독자들은 '흑인 해방, 동성애자 해방, 여성 해방은 이미 이루어졌다. 나는 오직 동물에만 초점을 맞추면 된다'라고 결론을 내린다. 목적론적 완수에 대한 믿음은 억압들이 어떻게 연결될 수 있는지에 대한 이해를 대체한다. 이는 사람들 사이의, 또 사람들과 다른 동물들 사이의 사회적 관계를 변화시키려는 운동보다, 유비에 의존하는 일종의 복음주의적 행동주의로 귀결된다. 인종주의적 억압은 다른 동물의 해방을 위해 착취될 수 있는 하나의 예시가 아니다.

애프 코Aph Ko는 "[비건] 운동의 인종적 문법은 백인적"이라고 지적한다(Ko and Ko 2017, 13). 이러한 인종적 문법은 자신의 동물화 경험이 다른 존재의 (즉 동물의) 억압에 대한 은유로 치환되는 경험을 한 사람들을 하나의 예시로 치켜세우는 관행에서 작동한다. 이는 억압받는 사람들의 경험을 그 자체로는 물질적으로 유의미한 것으로 보이지 않게 한다. 코는 자신의 목표 중 하나에 대해 이렇게 쓴다. "흑인성과 동물성에 대해 이야기하는 사람이 누구든 간에 듣는 사람들의 머릿속에 일반적으로 떠오르는 백인중심적 캠페인을 탈중심화하는 것이 목표다. 대화를 난장판으로 만드는 일부 백인들 때문에 대가를 지불하는 일에 나는 지쳐 버렸다."

'터그 키친Thug Kitchen'이란 이름의 한 블로그는 대화를 난장판으로 만드는 백인들에 대한 증거물 제1호라고 할 수 있다. 흑인 슬랭을 사용해 비건 레시피를 설명하는 이 익명의 블로그는 2012년에 등장했다. 그해 초에 흑인 청소년 트레이본 마틴Trayvon Martin이 살해당했을 때 [깡패라는 의미의—옮긴이] '터그'라는 단어가 살인을 정당화하는 데 사용되었음에도 불구하고, 그 비건 블로거들은 '터그'라는 단어를 선택했다. 마틴을 죽인 살인범이 이듬해 석방되었을 때, 이에 항의하며 '흑인의 생명은 소중하다' 운동이 일어났다. 이와 동시에 경찰의 흑인 살해를 변명할 구실을 찾던 백인들은 '깡패 같은thug-like' 겉모습을 다시 한번 정당화 수단으로 삼았다. 2013년 '터그 키친'이 책으로 출간되고 저자들이 백인이라는 사실이 밝혀졌을 때, 그들은 고정관념을 얼마나 무례하게

1940년대 말 산업화된 국가에서 전후(戰後) 집약적인 동물 농업의 발달이 시작되어 21세기까지 지속적인 영향을 끼치게 되었다.

이용했는지 제대로 인식하지 못하는 태도와 블랙페이스blackface 행위 등으로 인해 비판받았다. 비판적 인종 이론가인 브리즈 하퍼Breeze Harper와 비건 사회정의 운동가 크리스토퍼 맥제터스Christopher McJetters, 그리고 잘 알려진 아프리카계 디아스포라 비건 셰프 브라이언트 테리Bryant Terry 등을 비롯한 유색인 비건들은 '터그 키친'의 행동에 대해 의견을 밝혔다. 테리는 "자신들의 재미와 이익을 위해 아프리카계 미국인의 길거리 은어를 가장하는 백인들은 단순히 문화적 착취의 지긋지긋한 비유에 그치지 않는다. 이는 현재의 눈엣가시bêtes noires를 넘어 과거로 더 거슬러 올라가는 풍부한 전통을 가지고 있다"라고 쓴다. 테리의 설명에 따르면, 흑인 문화에 대한 전유보다 훨씬 더 문제적인 것은 그들이 아프리카계 미국인의 음식을 잘못 전달하고 있다는 사실이다. 그는 "콜라드, 겨자, 순무, 흰강낭콩, 동부콩, 풋강낭콩, 슈가스냅콩 등과 같은 영양가가 풍부한 식재료들을 중심으로 하는 다양하고 복잡한 요리 전통"을 언급한다(Terry 2014b).

그 후 6년 동안 '터그 키친'에 대한 비판은 계속되었다. 이와 동시에 백인 저자들은 자신들을 비판하는 이들을 폄하하고, 화제를 전환하고, 스스로를 가해자가 아닌 피해자 위치에 놓고, 인종적 결백racial innocence을 주장하는 방법들을 모색해 왔다. 백인 경찰이 흑인 남성을 살해한 또 다른 사건인 조지 플로이드George Floyd의 죽음과 이 살인 사건이 촉발한 백인우월주의를 둘러싼 논쟁이 증폭되자, 2020년에야 저자들은 비로소 '터그 키친'이라는 이름을 포기했다. 그들이 이름을 바꾸지 않으려고 오랫동안 꾸물거렸던 것은 그들이 가치 이원론을 받아들였기 때문이라고도 할 수 있다. 그들은 자신들의 레시피와 접근 방식으로 수많은 사람에게 다가가고 있다고 주장했다. 백인의 부엌에서 유래하지 않은 요리를 개발하고 확장하려는 유색인 비건들보다, 블랙페이스 행위를 하는 백인들이 백인우월주의적 세계에서 더 받아들여질 만한 존재로 여겨졌던 것이다.

정착민 식민주의는 백인 유럽의 식사 관행을 피식민자들에게 강요했다. 예컨대 소의 젖을 소화시킬 수 있는 사람은 대부분 북유럽인의 후손들이다(Wiley 2004, 508). 세계 인구의 대다수는 소화를 시키지 못한다. 미국의 전국낙농협회National Dairy Council는 "모든 아메리카 선주민의 거의 100%, 모든 아시아계 미국인의 90%, 모든 아프리카계 미국인의 80%, 모든 히스패닉계 미국인의 53%, 모든 코카서스계의 15%가 '유당소화불량'을 가지고 있음"을 인정한다(510).[14] 유제품(과 다른 동물성 생산물)을 통한 영양섭취를 권장함으로써 유럽인의 신체를 보편화하는 것은 **생체-자민족중심주의bio-ethnocentrism, 음식 억압, 영양적 인종주의** 등으로 불려 왔다. 이는 아프리카 디아스포라의 비건 요리 전통, 메소아메리카의 요리 전통, 그리고 여타 선주민의 채식 기반 전통에 대한 탄압과 긴밀히 관련된다.[15] 마이클 와이즈Michael Wise 등이 보여 주었듯

14 인구 대다수가 소의 젖을 소화할 수 없음을 간파하지 못한 채 그 사람들을 병리화하는 것 외에도 문제는 또 있다. 바로 우유 섭취의 정상화가 건강에 영향을 미친다는 것이다. "유당불내증을 비정상적이라고 설명하는 것은, 백인의 경험이 정상의 기준선을 규정하며 여기에서 벗어나는 모든 것은 이상하고 바람직하지 않다는 믿음을 반영하는 듯 보인다. 이러한 인식틀은 백인의 신체적 우월성에 관한 믿음을 영속화할 뿐 아니라, 낙농산업과 미국농무부USDA의 이익에 복무한다. 유제품 섭취가 건강과 삶의 질에 악영향을 미칠 수 있는 개인과 공동체에 유제품을 지속적으로 권장하는 것을 가능케 하는 것이 바로 이 인식틀이기 때문이다.(Freeman 2013, 1262-1263)

1956년 미국 농무부가 네 가지 기본 식품군(우유, 고기, 과일과 야채, 빵과 곡물)을 채택함으로써 포유류의 젖에 대한 인종화된 홍보를 강화했다.

이 19세기에 선주민들을 종속시키기 위해 쓰인 가장 주요한 수단 가운데 하나는 위장stomach을 통한 식민화였다(Wise 2023). 페미니즘 법학자인 제시카 아이젠Jessica Eisen은 "선주민 인구에 대한 유럽식 농업과 식습관의 폭력적이고 의도적인 강요"와 "우유에 대한 인종화된 권장"이 어떻게 정착민 식민주의에 포함되어 있었는지 설명한다(Eisen 2019, 75).

애프 코와 실 코는 비거니즘에 대한 백인중심적 주장의 영속화에 맞서 중요한 대안을 제시한다. 애프와 실 자매는 [『아프로-이즘: 대중문화, 페미니즘, 흑인 비거니즘에 관한 두 자매의 에세이Aphro-ism: Essays on Pop Culture, Feminism, and Black Vegansim from Two Sisters』의 ― 옮긴이] 서로 번갈아 서술하는 장들에서, "동물성과 인종의 렌즈를 통해 흑인 억압을 다시 드러내는 사회-정치적 운동"인 흑인 비거니즘을 소개한다(2017, 76). "흑인 비거니즘은 우리의 상상력을 재활성화하는 **방법론적 도구**다." 이러한 도구는 주인의 집을 무너뜨릴 수 있는데 "인종 이데올로기가 '인간the human'과 '인간성'을 특히 서구적이고 **백인적**인 것으로 고양하고 찬양하는 데서 볼 수 있듯이, 인종주의는 반**흑인적**인 동시에 반**동물적**"이기 때문이다(140).

실은 책을 쓰는 과정에서 자매가 "인종 억압에서 인간/동물 이분법이 작동하고 있음을 처음부터 간파했던, 검은 피부와 갈색 피부를 가진 사상가, 활동가, 학자, 시민-지식인, 예술가 들의 오랜 전통을 기반으로 삼았다"고 설명한다. 에메 세제르Aimé Céaire가 『식민주의에 대한 담론

---

15 Harper 2010b, Terry 2014a, Brueck 2017, Calvo and Esquibel 2015, Serrato 2010, Robinson 2014, 2018 참조.

Discourse on Colonialism』에서 흑인the Negro은 "유럽의 발명품"이라고 주장했던 것처럼, "**동물**이라는 범주 역시 인간들과 동물들에게 부과되어 온 식민주의적 발명품"이다. 계속해서 실은 이렇게 설명한다. "그렇다면 '인간' 혹은 '인간성'이라는 것은 유럽적 백인성이라는 특수한 영역province을 호모사피엔스로 존재하는 이상적인 방식으로 유표화하는 하나의 개념적 방법에 불과하다. 이는 '인간성/인간'과 '동물성/동물'이라는 개념들이 **인종**의 축을 따라 구성되었다는 것을 의미한다."(2017, 23) 결과적으로 "동물들은 '동물성'에 대한 우리의 관념을 형성하지 않는다. '동물성'이 동물들에 대한 우리의 관념을 형성한다."(141)

부분적으로 식민화는 사람들에 대한 폭력적인 강탈을 의미한다. 북아메리카에서 정착민 식민주의자들은 아메리카 선주민에게서 땅을 빼앗았으며, 살해당하거나 포획당하지 않은 선주민들은 보존구역으로 강제이주를 당했다. 나아가 식민화는 신체에 대한 폭력과 문화에 대한 파괴일 뿐 아니라, 윈터와 세제르가 주장하듯이 이데올로기적이기도 하다. 식민주의의 이데올로기적 기능은 다차원적이며, 삶의 모든 영역에 영향을 미친다.[16] 식민주의 이데올로기가 사회의 기반구조를 형성하고, 결과적으로 우리의 사회적 관계와 개념적 스키마를 형성하는 방식들을 인식할 때, 우리는 식민주의를 허물거나 다시 사유할 수 있게 된다.

플럼우드는 「자연과의 관계를 탈식민화하기Decolonizing Relationships with Nature」에서 다음과 같이 설명한다.

16 세제르 외에 프란츠 파농(Franz Fanon 1996)과 마리아 루고네스(María Lugones 2010)를 참고할 것.

1960년 미국의 육류 가공 업체 아이오와 비프 패커스가 조립 라인 기반의 생산 시스템을 갖춘 첫 번째 도살장을 열며, 도살장에서의 노동을 미국에서 가장 위험한 직업으로 만들었다.

> 과거에 '자연'의 영역은 덜 이상적이거나 더 원시적인 인간의 형태로 여겨지는 것들을 포함한다고 간주되었다. 여기에는 인간발달의 더 초기 단계나 동물적 단계를 예증하는 것으로 간주되는, '퇴행적'이거나 '원시적'인 존재로 여겨지는 사람들과 여성들이 포함되었다. 이 집단이 합리성을 결여하고 있다는 가정은 이성을 가장 잘 예증하는 존재로 여겨진 사람들, 즉 유럽 혈통과 문화를 가진 엘리트 백인 남성들에 의한 합리적인 정복과 재질서화를 초래했다. (…) 이러한 의미에서 인간이든 비인간이든 '자연'으로 간주되는 세계의 양태들과 관련된, 합리적 식민화의 문화란 서양의 일반적인 문화적 유산에 속하는 것으로서(Plumwood 1993), 유럽의 식민화에 대한 특정한 개념적 이데올로기의 토대를 이룬다.(2003b, 52)

이러한 개념적 이데올로기는 가치 이원론을 '자연화'한다. 이 가치 이원론은 에코페미니스트들에게 비판받았지만, 식민화의 산물로 여겨지지 않는 경우도 존재했다. 이러한 의미에서 우리의 정신은 가부장제를 정당화하고 재생산하는 이 가치 이원론에 의해 식민화되어 왔다고 할 수 있다.

돌봄 윤리

에코페미니스트들이 수행하고 있는 탈식민화 작업은 윤리적이고 정치적인 관계 맺음을 위한 새로운 기반을 모색한다. 동물과 우리의 관계에 초점을 맞추는 많은 에코페미니스트들은 돌봄 윤리의 한 유형에 기댄다. 페미니즘 돌봄 윤리 전통은 추상적이고 형식적인 원칙과 보편적인 규범적 원칙을 거부하며, 상황에 대한 특수한 이해를 가능하게 하는 상황적이고 맥락적인 윤리를 지지한다(이 책 12장 참조). 다른 윤리 이론에서 초연한detached 개인주의가 지배적인 것과 반대로, 돌봄 윤리는 대부분의 인간과 동물이 도움을 주고받는 상호의존적인 체계 내에서 살아간다는 점을 인식한다.

표준적인 윤리 담론이 대체로 구조적 문제를 경시하는 데 비해, 돌봄 윤리는 권력관계를 비롯한 관계들에 주의를 기울인다. 돌봄의 윤리학은 돌봄을 하는 사람과 받는 사람의 인종적·경제적·민족적·문화적·젠더적 경험뿐만 아니라, 맥락의 차이에서 영향을 받는 돌봄 관계의 특수성에 초점을 맞춘다. 이 이론은 젠더를 이분법적인 것으로 상정하는 사회적 맥락 안에서, 초연하고 고립적인 것처럼 보이는 이론들에 대한 하나의 대안으로서 여성들에 의해 발전되었다.

그러나 이러한 사실이 이 이론에 어떠한 통찰력을 부여했을 수는 있지만, 그렇다고 이 이론이 '여성적' 이론이라거나 '여성들의 윤리학'인 것은 아니다.

부정의에 대한 반응을 사사화하거나 개인화한다고 여겨져 비판을 받기도 하지만, 페미니즘의 돌봄 윤리 접근법은 개인들의 고유한 관점

1960년 제인 구달(Jane Goodall)과 그의 어머니 밴 구달(Vanne Goodall)이 탄자니아 서부 지역에 위치한 곰베 계곡 침팬지 보호구역에 도착했다.

을 인정하면서 그들의 상황에 대한 더 통합적인 분석을 발전시켜 나가고 있다. 권력 체계가 작동하는 구체적 맥락에 주의를 기울임으로써 페미니즘 돌봄 전통은 여느 윤리학과 마찬가지로 부정의의 조건들 속에서 정의에 관심을 가진다. 아이러니하게도 돌봄이 정의의 문제와 뚜렷이 구별된다고 믿는 비판적 입장의 사람들은 정의와 관련된 사안에 돌봄이 부족하다고 여기지 않는다.

동물을 포함하는 페미니즘 돌봄 윤리는 동물들이 왜 이용되고 학대당하는지 그 이유에 대한 정치적 분석을 제시해 왔다. 돌봄 윤리는 동물을 자원이나 도구로 간주하고 이용하는 인간 지배 체계 내에서의 권력 차이를 비롯해, 동물 간의 차이에 주의를 기울여야 한다고 촉구한다. 돌봄 윤리는 동물을 착취하고 상품화하고 학대하는 체계를 뒷받침하는 경제적·정치적·인종적·젠더적·문화적 기반들을 분석하고 비판한다.

돌봄 윤리는 모든 존재에게 생물학적으로 부여되어 있다는 '선천적인' 돌봄 [역량—옮긴이]에 대한 환상에 의존하지 않으면서도, 돌봄 관계에 가치를 부여하는 방식을 제시한다. 여기에서 말하는 돌봄 관계는 모성적인 것과 부모적인 것, 그리고 또 다른 종류의 것들을 모두 아우른다. 즉 인간과 동물 사이의 관계나 동물들끼리의 관계처럼, 같은 종 내에서의 돌봄 관계와 다른 종들 간의 돌봄 관계를 모두 포함하는 것이다. 조세핀 도노반과 애덤스는 『동물 윤리에서 페미니즘 돌봄 전통: 독본The Feminist Care Tradition in Animal Ethics: A Reader』에서, 동물을 향한 페미니즘 돌봄 윤리 접근법을 떠받치는 핵심 원칙에 관해 이렇게 설명한다. "어떠한 이유에서든 스스로를 적절히 돌볼 수 없는 동물을 돌보아야 할 도덕적 의무를 인간은 가지고 있다. 돌봄 제공자로서 인간은 동물의 필요와 바람을 최대한 확인하고 자신의 능력의 한계 내에서 그 필요와 바람에 부합하도록 동물을 돌보아야 한다."(2007, 4) 이러한 종류의 돌봄 관계는 여러 가지 이유로 더 자연적인 장소에서 살 수 없는 동물들에게 영구적인 돌봄을 제공하는 생츄어리에서 특히 활발하게 나타난다.

버몬트주 소재의 바인 생츄어리에서는 소들과 송아지들, 에뮤emu 한 가족, 알파카 부자 한 쌍, 닭·오리·칠면조·비둘기를 비롯한 많은 새들, 염소들, 양들, 그리고 다른 동물들까지 총 700명 이상의 구조 동물들이 확장된 종-횡단적 돌봄의 다종적 공동체에 속해 함께 살아가고 있다. 소, 양, 닭, 염소를 서로 분리하는 대신, 바인에서 동물들은 그들에게 음식과 의학적 치료와 깨끗한 주거지를 제공하는 인간을 포함해 그들이 선택한 누구와도 우정과 돌봄의 관계를 맺을 수 있는 기회를 갖는다. 바인에서 수행한 연구에서 연구자들은 다음과 같이 설명한다. 동물들은 "물리적 공간과 접촉에 관해 [인간과] 매우 다른 규범 안에서 행동한다. 개체들은 자주 서로 만지고 냄새 맡고 핥고 비비고 쫀다. 낯선 개체들과도 그렇게 한다. 그들은 음식을 차지하기 위해 서로 밀치고 다투거나, 관심을 얻기 위해 서로 경쟁한다. 동물들은 누군가 움직이기를 원할 때, 밀치고 뒤쫓고 꿀꿀거리고 쉭쉭거리고 끼룩거린다. 동물들의 소통과 배움의 방식은 인간의 담론기반적 상호작용보다 더 신체적이고 직접적이다."(Blattner, Donaldson, and Wilcox 2020, 15)

원숭이와 침팬지처럼 과거 실험동물이었던 동물들을 위한 생츄어리를 비롯해 바인과 여러 생츄어리에서, 동물들은 돌봄의 맥락 안에서 온전히 자기 자신으로 존재할 수 있고, 자기 자신의 규범을 발전시킬 수 있으며, 다른 존재들과 관계를 맺을 수 있다.

1964년 루스 해리슨(Ruth Harrison)의 『동물 기계: 새로운 공장식 축산업(Animal Machines: The New Factory Farming Industry)』이 출간되었다.

동물들이 스스로의 돌봄 관계를 발전시킬 수 있게 함으로써 이루어지는 생츄어리 내의 동물 돌봄은 종을 가로지르는 돌봄으로의 창구를 제공하는 데 그치지 않는다. 그것은 또한 동물들이 과연 어떤 존재인지, 그 특수성을 인간이 더 잘 이해할 수 있게 해 준다. 그루언은 어떻게 타자를 향한 돌봄의 관심attention을 발전시킬 것인가를 사유하는 방식을 제시하는 돌봄 윤리의 한 특수한 형태를 발전시켰는데, 그는 이를 **뒤얽힌 감정이입**이라 부른다. 그루언은 다른 존재를 향한 세심한 감정이입적 관심을 기울이는 과정이 다른 존재와의 도덕적 경험에 더 정확하고 균형 잡힌 설명을 제공할 수 있다고 주장한다. 다른 동물들과의 뒤얽힌 감정이입은 근접성과 거리, 사유와 느낌, 동일성과 차이 등에 대한 성찰과 관련되어 있다.

[돌봄 관계에서—옮긴이] 한 존재는 개별적 특성과 더불어 다른 존재가 속해 있는 역사 및 관계에도 주의를 기울여야 한다. 전문지식과 장기간의 관찰 없이 이를 행하는 것은 대개 쉽지 않은 일이다. 우리가 동물에게 빚진 것에 관한 현재의 논의들은 많은 경우, 아니 어쩌면 거의 모든 경우, 개별 동물의 삶의 특수성 및 우리가 동물과 맺고 있는 매우 상이한 종류의 관계에 주의를 기울이는 데 실패한다. 뒤얽힌 감정이입은 우리로 하여금 맥락의 차이와 특수한 경험의 차이에 유념하게 하며, 우리와 동물의 관계를 향상시킬 수 있는 방법에 관한 통찰을 제공한다. 뒤얽힌 감정이입은 한 자아가 특정한 상황에 놓인 구체적 타자를 인식하고 그 타자에 접속하는 하나의 방법이며, 윤리적 관계 맺음을 위한 매우 중요한 기술이다.

돌봄과 감정이입은 에코페미니즘 윤리의 핵심이며, 다른 윤리 이론들이 해결하지 못하는 다양한 문제를 에코페미니스트들이 해결할 수 있도록 해 준다. 상황의 특성이 미리 주어진 것으로 간주되는 경우, 또 도덕적 문제를 야기한 배경 조건이 간과되는 경우에는 잠재적 해결책을 파악하기 어려워진다. 도덕적 상상을 위한 능력 자체가 제한되며, 이러한 제한은 도덕적 문제에서 벗어날 수 있는 방법을 파악하지 못하게 할 수 있다. 우리는 언제나 타자와 관계를 맺고 있다. 다른 인간들, 다른 동물들, 땅, 그리고 우리가 형성하고 우리를 형성하는 네트워크 등과 관계 맺고 있는 것이다. 전통적인 윤리 이론은 이 매우 중요한 관계들을 무시하는 경향이 있으며, 우리가 마치 생각하고 행동하는 방식을 배우지 않고도 [특정한 방식으로—옮긴이] 생각하고 행동하는 존재로서 이 세계를 살아간다는 듯 상정하곤 한다. 이는 우리가 성취한 것이나 달성한 것, 혹은 우리가 실패할 때 벌어진 것 등이 모두 저절로 그렇게 된 것이라는 기이한 생각으로 이어지기도 한다. 전통 이론들은 우리가 맺고 있는 관계들의 의미뿐만 아니라, 관계들이 우리가 누구인지를 형성하는 방식까지도 무시하거나 경시하는 경향이 있다.

우리가 직면하고 있는 도덕적 문제들로부터, 곤경에 처한 존재들의 삶에 대한 깊은 이해로부터, 우리가 관심을 기울이고 뒤얽힌 관계를 맺고 있는 사람들과 동물들로부터, 우리의 삶에서 의미와 가치를 가지는 공동체와 관습으로부터, 또 우리가 사는 이 다채롭고 복잡한 세계와 더 완벽히 조화를 이룰 가능성으로부터 전통적인 윤리 이론들이 우리를 분리시키는 (혹은 킬의 용어대로라면 [이 요소들의—옮긴이] 이야기를 축약하는) 한, 그 이론들은 우리가 마주한 환경위기를 해결하는 데 도움을 줄 수 없다. 정동과 맥락에 기반을 두는, 또 기후/분위기를 둘러싼 정치적이고

1965년 브리짓 브로피(Brigid Brophy)의 「동물의 권리(The Rights of Animals)」가 『선데이 타임즈(The Sunday Times)』에 발표되었다.

환경적인 측면 모두에 주의를 기울이는 에코페미니즘 이론은 우리가 계속 나아가는 데 도움을 준다.

1.6 바인의 다종적 공동체 스냅사진. 사진 촬영은 바인 생츄어리의 셰럴 와일리.

1968년 페미니스트들과 시민권 운동가들이 "미스 아메리카" 선발대회에 대한 항의 시위를 벌였다. 페미니스트들은 이를 소 품평회(cattle show)라고 비판했다.

수지 곤잘레스, 〈공감Compassion〉

제1부. 정동

제1부 '정동'은 우리의 감정과 체현이 우리가 인간 너머의 세계와 맺고 있는 관계에 어떠한 영향을 미칠 수 있고 또 미쳐야 하는지를 다루는 주요 이론가와 활동가의 글들로 구성된다. 각 장은 공감, 돌봄, 상호의존, 기쁨, 에로스, 취약성, 슬픔이라는 주제를 탐구한다.

페미니즘 돌봄 전통은 연민과 감정이입을 포함한 정동적 연결에 초점을 맞추며, 이러한 연결이 어떻게 인지적 혹은 이성적 요소를 가지는지 보여 준다. 우리는 감정이입에 따른 실수를 저지를 수도 있고, 우리의 공감이 올바르지 못한 방향으로 향할 수도 있다. 우리의 숙고 및 인식론적 역량은 우리의 정동적 관계 맺음이 적절한 방향으로 향하게 하는 데 도움을 준다. 정동적 연결에 대한 에코페미니즘의 관심은 현재 '정동 이론'이라 불리는 것과 공명하면서도 완전히 동일하지는 않다. 정동 이론은 감정의 신경과학에 초점을 맞춘 심리학의 한 관점에서 시작했고 경험에 대한 유물론적 해석에 관심 있는 이론가들에 의해 받아들여졌다. 정동 이론은 조직적이고 비의도적인 주체성의 장소인 반응적인 신체에 주의를 기울임으로써 다른 동물들의 행위성을 이해하는 데 특히 유용할 수 있으며, 이는 타자들에게 동일성을 투사하는 인간중심주의가 지닌 위험을 우려하는 에코페미니스트들에게 중요한 사안이다. 하지만 에코페미니스트는 정동 이론가의 글들 대부분에서 나타나는 경향, 즉 이성과 감정, 의도와 체현, 인지와 정동의 체계를 뚜렷하게 구분하는 이원론을 피하고자 한다.

인간 이외의 세계에 대해 우리가 가진 의무의 윤리적·정치적 토대를 생각해 온 사람들이라면, 서구에서 정의하듯 제한된 의미로 이해되는 이성만으로는 파괴적인 인간중심주의적 관행을 거부하는 일에 동기부여를 하거나 그 거부를 지속할 수 없음을 이미 잘 알고 있을 것이다. 윤리학에서 페미니즘 돌봄 전통은 학계 및 사회정의 운동에서 논의를 주도해 온 권리 기반 정의에 대한 설명의 대안으로 발달했다. 많은 페미니스트가 '돌봄'을 '정의'의 필수적인 보완물로 보지만, 정의/돌봄 논쟁은 종종 이분법적 프레임 아래 우리의 책임과 동기를 정의의 문제이거나 돌봄 능력의 기능 중 하나라는 식으로 간주했다. 에코페미니스트는 이원론적 사고(이는 인간/동물, 남성/여성, 문화/자연, 정신/신체 이원론에서 나타나듯 열등한 타자들을 만들어 내고 특정 형태의 특권을 유지시킨다)를 억압을 떠받치고 지구 및 동물과 우리가 맺는 관계를 왜곡하는 요인 중 하나로 본다. 따라서 이원론적 사고에 비판적인 동물 윤리에서의 페미니즘 돌봄 전통은 이성/감정 이분법에 도전하고, 삶과 안녕well-being이 위험에 처한 존재들의 곤경에 대한 특정한 연민과 감수성보다 초연한 이성적 추론을 통해 도출된 추상적이고 보편적인 원칙을 강조하는 데 도전했다.

2장. 돌봄에서 대화로

페미니즘과 동물에 대한 대우

조세핀 도노반

최근 페미니스트들은 인간이 어떻게 비인간 동물을 대해야 하는가를 둘러싼 철학적 논쟁의 장에 돌봄 이론을 도입했다. 동시대 페미니즘 이론의 중요한 갈래 중 하나인 돌봄 이론은 캐럴 길리건(Carol Gilligan 1982)에 의해 처음 표명되었으며, 이론이 틀을 잡기 시작한 1970년대 후반 이후 대대적으로 다듬어지거나 정교해지고, 비판도 받아 왔다. 1990년대 초부터 나와 여러 사람들이 돌봄 이론을 동물 문제에 적용한 이래(특히 Donovan and Adams 1996 참조), 이는 동물 윤리 이론의 중심 줄기가 되었다(그 외에 자유주의적 권리 원칙, 공리주의, 심층 생태학 이론이 있다). 이 또한 철학 공동체에서 철저한 검증 과정을 거쳤고 적절한 비판을 받기도 했다.

이 글은 그러한 비판에 대한 응답이자 이를 통해 추후 페미니즘 동물 돌봄 이론을 더욱 강화하고 정교화하기 위한 시도다. 동물에 대한 대우 문제에 초점을 두고 있기는 하지만, 나의 분석은 돌봄 이론 일반에 대해

1968년 딕 그레고리(Dick Gregory)의 『나를 무섭게 하는 그림자(The Shadow that Scares Me)』가 출간되었다. 이 책에서 그는 "만일 당신이 육식을 위한 살해를 정당화할 수 있다면, 당신은 게토의 조건을 정당화할 수도 있을 것이다. 나는 둘 중 무엇도 정당화할 수 없다"고 쓴다.

서도 함의를 가질 수 있다. 나의 결론은 페미니즘 동물 돌봄 이론에 제기된 비판 중 상당수가 그 이론의 본래 메시지를 잘못 이해했다는 것으로, 나는 이러한 논의가 돌봄 이론의 대화적 본성을 강조하는 방향으로 재위치 지어지기를 바란다. 후술하겠지만 동물을 돌보는 문제는 (인간과 비인간) 어머니가 자신의 아이를 돌보는 것과 같은 문제라기보다는 동물의 말을 듣고 이에 감정적인 주의를 기울이며 이들이 말하는 바를 진지하게 받아들이는, 즉 **관심을 기울이는caring about** 것을 의미한다. 내가 「동물권과 페미니즘 이론Animal Rights and Feminist Theory」 결론에 쓴 것처럼 "우리는 동물을 죽이거나 먹거나 고문하거나 착취해서는 안 된다. 왜냐하면 그들이 그렇게 대우받기를 원하지 않기 때문이고, 우리가 이 사실을 알고 있기 때문이다."(Donovan 1990, 375) 다시 말해, 나는 이 글에서 동물에 대한 이론화의 인식론적 자원을 동물 그 자체에서 찾자고 제안한다. 페미니즘 입장론을 동물로 확장해 우리의 윤리적 숙고에 동물의 입장을 포함할 수는 없을까?

페미니즘 동물 돌봄 이론

페미니즘 동물 돌봄 이론은 1980년대에 이르러 동물 윤리의 지배적인 줄기로 자리 잡은 동물권/공리주의 이론에 반대하며 발달했다(Singer 1975; Regan 1983). 페미니즘 돌봄 이론가들에 따르면 계몽적 합리주의에 뿌리를 두고 있는 자유주의적 권리 이론과 공리주의는 이성(권리 이론)과 수학적 계산(공리주의)을 인식론적으로 특권화한다. 권리 이론과 공리주의는 모두 추상적이고 보편적인 주장을 내세우면서, 맥락적이고 정치적인 우연성뿐만 아니라 윤리적인 사건의 특수한 상황을 소거한다. 나아가 칸트적 전제를 따르는 권리 이론은 개인을 자율적이고 고립적인 존재로 봄으로써 이들의 사회적 관계를 경시하는 경향이 있다. 또한 이는 사회를 합리적이며 평등한 개체들의 집합으로 전제하며 어느 사회에나 존재하는, 특히 인간과 동물이 모두 포함된 사회에 존재하는 권력 차이를 무시한다. 마지막으로 권리 이론과 공리주의는 인간이 비인간 동물을 대함에 있어 적절한 윤리적·인식론적 자원으로 기능하는 연민, 감정이입, 공감을 논의에서 제외한다.

페미니즘 돌봄 이론은 이러한 감정적 반응을 철학 논의의 장에 복귀시키고 진정한 지식의 양태로서 입증하려 시도한다. 또한 길리건을 따르는 이 입장은 '일률적인' 권리 이론과 공리주의 접근법이 지닌 경직된 합리주의적 추상화에 반대하면서, 맥락을 헤아리는 추론 형식으로서 서사를 촉구하고, 주어진 상황의 개별적인 특수성에 주의를 기울이며 삶의 형태에서 나타나는 질적인 이질성을 인정하자고 강조한다.

마지막으로 비록 아직 충분히 이론화되지 않았지만, 페미니즘 동물 돌봄 이론에는 입장론이 제안하는 변증법적 방법과 다르지 않은 윤리적 추론의 대화적 양태가 함축되어 있다. 이 이론에서 인간은 인간의 독백으로 만들어진 합리주의적이고 계산적인 틀에 동물을 욱여넣는 것이 아니라 동물과의 의사소통에 주의를 기울이고 귀 기울이며 동물과 대화를 통해 인간의 윤리를 구축한다.

페미니스트들, 아니 여성들 대부분은 의견이 무시당하거나 사소하게 취급되거나 중요하지 않게 여겨지는 기분이 어떤 것인지 예민하게

1969년 뉴욕시에서 스톤월 항쟁(Stonewall Riots)이 일어났다. 동성애자와 트랜스 공동체는 경찰의 습격에 대항하며 맞서 싸웠고, 이는 동성애자해방운동의 길을 닦았다.

자각한다. 어쩌면 이러한 경험이 동물과 같이 주변화된 집단의 입장이 잘 들리지 않는다는 사실에 민감해지게 했는지 모른다. 페미니즘 법 이론의 주요 주장 중 하나는 남성의 상황에 기초해 작성된 법전이 여성의 삶에 종종 들어맞지 않으며, 여성들의 각기 다른 현실과 요구가 법 형성 과정에서 인식되지 못했다는 사실이다(West 1988, 61, 65; 1997; MacKinnon 1989, 224). 그러므로 페미니즘이 공공 정책과 윤리 담론에 여성들의 목소리를 기입할 것을 요구해 왔던 것처럼 페미니스트 동물옹호자들도 동물들의 목소리를 기입하자고 요구해야 한다. 대화적 이론이란 인간의 이데올로기적 구조가 누락한 것이 무엇인지, 이 구조 안에서 식별되거나 인식되지 않는 것은 무엇인지 이해하고 살피는 법을 배우는 것이다. 즉 자신과 다른 존재, 여기서는 동물과의 차이를 인간에 기초한 선입견에 부합하도록 변형시키는 것이 아니라 그 차이를 지성적인 동시에 감정적인 방식으로 이해하려는 시도다.

비판에 대한 응답과 페미니즘 동물 돌봄 이론의 정교화

페미니즘 동물 돌봄 이론이 지닌 대화적 양상에 관해 논의를 이어 가기에 앞서, 먼저 이 이론을 향해 제기된 최근의 비판과 이를 통한 개선 사항을 다루고자 한다. 이러한 논의는 내가 이 글에서 제안하는 돌봄 이론을 더 정교하게 다듬어 나가는 데 도움이 되리라 생각한다.

비판부터 시작해 보겠다. 돌봄 이론 일반에 지속적으로 제기되는 비판은 이 이론이 기반으로 삼는 돌봄에 관한 개인적인 경험이 보편화될 수 없다는 점이다. 예를 들어 로버트 가너Robert Garner는 돌봄 이론에 "문제적"이라는 딱지를 붙인다. "특정 사례에서 동물의 고통을 맥락화하는 일"(2003, 241)이 많은 시사점을 준다는 것은 인정하지만(이와 관련해 그는 육식하는 모든 사람이 도살장을 방문해 자신이 먹는 음식이 생산되는 상황을 감정적으로 경험해야 한다는 마티 킬의 제안을 인용한다(Kheel 1996, 27)), 그러한 개인적인 경험은 "그 경험을 하지 않은 누군가에게 호소할 수 있도록 보편화될" 수 없기 때문이라는 주장이다(Garner 2003, 241).

가너의 비판은 18세기의 돌봄 이론에 해당하는 연민 이론에 칸트가 가한 비판과 닮아 있다(Donovan 1996 참조). 칸트는 연민이 도덕적 결정을 내리는 데 있어 불안정한 기반이라고 주장했다. 첫째로 느낌이란 변덕스러운 것이고, 둘째로 연민의 능력은 각 개체에게 고르게 나누어져 있지 않으며, 마지막으로 그러한 이유에서 보편화될 수 없기 때문이라는 것이다(1957, 276–281). 대신 그는 개인은 의무에 따라 윤리적으로 행동해야 하며, 무엇이 윤리적인지에 대한 감각은 자신의 행동이 보편화되었을 때 어떠한 일이 벌어질 것인가에 대한 상상에 의해 결정된다고 말했다. 예를 들어 누군가가 자신의 거짓말을 윤리적 법칙으로 보편화하려 한다면 이는 모든 사람이 거짓말을 할 수 있다는 것을 의미하고, 그렇게 되었을 때 부정적인 결과가 초래될 수 있기에 그는 거짓말이 잘못된 것임을 알게 된다. 이것이 이른바 정언 명령이라 불리는 것이다(302).

이처럼 칸트의 보편화 가능성 개념은 도덕적 명령을 도출하기 위해 자신의 윤리적 성향을 보편화하는 상상을 시도하는 의사결정자 개인, 즉 "홀로 사유하는 실체인 도덕적 행위자"(Walker 1995, 143)에 뿌리를 둔다. 그러나 가너는 도살장에 혐오를 느끼는 사람의 사례를 보편화하거

1970년대 의학 전문가들은 세계의 다수—거의 모든 아시아인과 아메리카 선주민, 그리고 다수의 아프리카계 미국인, 멕시코계 미국인, 아슈케나지 유대인—가 유당을 잘 소화하지 못한다는 것을 인식했으며, 이를 유당불내증이라 부르면서도 유당 섭취가 정상적인 것으로 여겨지도록 만들었다.

나 보편화하지 않는 의사결정자 외에도 (아마도 철학자일) 추상적인 권위자를 상상하는 듯 보인다. 보편화 가능성을 지지하는 이들 사이에도 누가 보편화의 주체인가를 두고 약간의 혼란이 있는 듯 보이지만(Adler 1987, 219–220), 이 질문은 페미니스트들에게 특히 중요한 문제다. 누가 전통적으로 보편화를 해 왔고 누가 배제되어 왔는가라는 문제가 이들이 보편화 이론에 의구심을 갖게 된 이유이기 때문이다. 기실 많은 돌봄 윤리 이론가들은 보편화 가능성 기준이 상황의 특수성에 초점을 두는 돌봄과 양립할 수 없다고 보고 그 기준을 전적으로 거부해 왔다(Benhabib 1987; Walker 1995). 마거릿 어반 워커Margaret Urban Walker는 보편화된 규범의 경직된 적용은 사실 "일종의 '도덕적 식민주의'(무조건적으로 '적용'해야 하는 획일적인 '원칙'에 가려져 도덕적 결정의 '주체'가 사라지는 것)"라는 결과를 낳을 수 있다고 주장한다(Walker 1995, 147).

그럼에도 킬의 주장대로 페미니즘 시각에서 일반화가 이루어진다면, 다시 말해 보편화될 수 없기에 무효하다고 주장하는 것에 반대해 주변화된 개인의 관점이나 입장을 진지하게 받아들인다면, 나는 개별적인 윤리적 반응을 비슷한 상황에 있는 다른 존재들에게 확장해 일반적이거나 보편적인 인식을 수립하는 방식으로 쉽게 일반화가 가능하다는 주장도 비논리적이지 않다고 생각한다. 그러므로 누군가는 다른 사람들이 이 도살장의 참혹한 조건을 볼 수 있다면, 그들 역시 도살장에 혐오를 느끼고 그러한 관행에 맞서 윤리적인 입장을 취하기로 마음을 움직일 것이라 추론할 수 있다. 예를 들어 음식을 얻기 위해 동물을 도살하는 행위가 도덕적으로 옳지 않다고 비판하면서 채식주의자가 될 수 있다고 말이다. 나아가 누군가는 도살장에 있는 한 명의 소에 대한 대우를 보고 어느 소도 이렇게 대우받아서는 안 된다는 식으로 일반화를 할 수 있다. 즉 누군가는 도덕적 상상력을 사용함으로써 직접 마주한 생명체에 대한 관심을 그 자리에 없는 다른 생명체에게로 확장할 수 있다. 그러나 이때 멀리 있는 타자들은 추상적이고 몸이 없는 타자, 즉 칸트적 권리 이론이 상상하는 "합리적 구조와 보편 원칙 속의 타자"가 아니라, 돌봄 이론가 버지니아 헬드Verginia Held가 멀리서 고통받는 인간에 관해 짚었던 바와 같이 "살과 피를 가진 육체 (…) 실제로 굶주리는 아프리카의 아이들"에 해당한다(1987, 118).

다시 말해 돌봄에 대한 명령은 개별 사례의 모든 특수한 세부사항을 추정할 수 없는 경우에도 보편화될 수 있다.[1] 동물에 돌봄 이론을 적용할 때 발생하는 진정한 문제는 그 돌봄 관계에 누가 포함되는가의 문제다. 혹은 다르게 말해 누가 도덕적 지위를 인정받는가의 문제다. 나는 이하에서 이 지위가 자신들의 요구와 소망에 관해 인지적·감정적으로 의사소통을 할 수 있는, 살아 있는 생명체에게 부여되어야 한다는 점을 논증할 것이다.[2]

1 칸트의 다른 논점을 고려할 때 누군가는 도덕적 의무감과 이성적 능력이 연민의 능력보다 다른 개체들에게 더 고르게 분포되어 있지 않느냐고 물을 수 있다. 사실 대부분의 페미니즘 이론가들처럼 돌봄 이론가들도 습관과 관행은 타고나는 게 아니라 사회적으로 구성된다고 생각한다(칸트가 연민이 불균등하게 분포되어 있다고 했을 때, 이는 오직 혹은 주로 여성이 그 능력을 가졌다는 것을 함축한다). 따라서 이는 가르칠 수 있다. 그렇다면 넬 나딩스(Nel Noddings 1984, 153)를 따라 나는 공감compassion의 실천이 학교에서 하나의 체계적 과목으로 가르쳐질 수 있다면 이는 도덕적 결정을 내리는 데 사회적으로 승인된 기초 원리로서 광범위하게 받아들여질 수 있고, 따라서 다양한 개별 반응들의 변덕에 좌우되지 않게 될 것이라 본다. 이는 주관적인 변덕스러움을 향한 칸트의 우려에 대한 답이 될 것이다.

1971년 프랜시스 무어 라페(Frances Moore Lappé)의 『작은 행성을 위한 식단(Diet for a Small Planet)』이 출간되어 많은 이들을 채식주의자로 변화시켰다.

데이비드 디그라지아David DeGrazia는 페미니즘 동물 돌봄 이론에 대체로 호의적인 한 논문에서 전통적인 도덕 이론이 독립적인 개체의 속성(감응력, 행위성 등)에 의존하는 것과 달리 "많은 페미니즘 [동물 이론] 작업은 도덕적 지위를 (…) 사회적 관계의 관점에서 해석한다"(1999, 126)고 정확히 지적한다. 그는 약 20년 전 메리 미즐리Mary Midgely에 의해 제안된 이러한 생각이 진지하게 논의되지는 못했으나, 여기에는 도덕적 지위에 관한 윤리적 사고의 중대한 전환을 보여 주는 "잠재적으로 거대한" 함의가 있다고 주장한다(126). 그런데 디그라지아는 이러한 주장을 펼치는 과정에서 미즐리를 잘못 해석한다. 미즐리는 우리가 (동물을 포함해) 감정적이거나 사회적인 유대를 가진 존재에 대해 진지한 도덕적 숙고를 해야 한다고 말하지만, 현실적으로 누군가를 돌보는 일이 자기 주위의 존재에 한정된다는 점을 인정하면서도 그렇게 가까운 관계의 존재에게 향하는 관심이 자동적으로 다른 모든 윤리적 고려보다 우선해야 한다고 주장하지는 않는다. 사실 그는 정반대로 기술한다(Midgley 1983, 23).

하지만 디그라지아는 미즐리가 멀리 있는 존재에 비해 가까이 있는 존재에 대해 더 호의적이라고 해석하며 "[개인적인] 사회적 유대에 [주어지는] 지나친 무게"(1999, 126)가 보편화 가능성의 문제를 다시 한번 제기한다고 경고한다. 누군가 자신과 가까운 관계(동물을 포함할 수도 있다)를 더 선호하면—이러한 태도는 종종 '친족 이타주의kin altruism'라 불

---

2 인지적cognitive이라는 용어를 사용할 때 나는 이를 합리적 담론에 제한하지 않고 인간의 뇌가 감지할 수 있는 모든 의사소통 신호를 포함하는 개념으로 사용한다.

린다—이는 사랑스럽지 않은 동물은 물론이고 "사랑받지 못하는 고독한 사람이나 전혀 다른 문화권 혹은 매우 고립된 국가의 사람과 같은 여러 인간의 도덕적 지위를 불안정하게"(126) 하지는 않는가? 이러한 비판은 톰 리건이 돌봄 이론에 반대했던 이유와도 공명한다. 그는 『당신의 세대The Thee Generation』에서 "대부분 사람은 [비인간 동물]에게 벌어지는 일들에 대해 그다지 신경 쓰지 않는다. (…) 그들의 관심care은 '애완'동물이나 껴안고 싶은 동물, 야생의 희귀종에 국한되어 있는 것처럼 보인다. 그렇다면 사람들이 관심을 가지지 않는 동물들은 어떻게 되는 것일까?"라며 이 문제를 짚는다(Regan 1991, 96).

디그라지아와 리건에게는 미안하지만, 사실 대부분의 페미니즘 동물 돌봄 이론가들은 가까운 관계에 우위를 두지 않는다. 차라리 그들은 돌봄과 공감이 인간과 비인간을 포함한 모든 동물에게 보편적으로 이루어질 수 있고 그래야만 하는 실천—원한다면 정언명령이라 칭할 수도 있다—이라고 제안한다. 아래 이어지는 논의에서 주장하겠지만 자신의 고통의 경험뿐만 아니라 가까운 동물 동료animal entourage에 관한 지식은 상동성의 원리에 따라 먼 존재의 반응을 비교하고 유추할 수 있는 참조점을 제공한다.

가너가 돌봄 이론에 제기하는 두 번째 비판은 돌봄 이론이 행동의 구체적인 지침을 제공하지 못한다는 점이다. 그는 예를 들어 돌봄 이론이 육식을 금지하는지 묻는다(2003, 241). 나는 지난 10년간 축적된 에코페미니즘적 비건/채식주의 이론의 결과물을 보고도 그가 어떻게 이 질문을 제기할 수 있는지 믿기지 않는다.[3] 그런데도 가너는 동물이 돌봄을 통해 인도적으로 길러지고 (그럼에도 결국) 인도적으로 도살되는 일이 동

1971년 로니 리(Ronnie Lee)가 '자비를 위한 단체(Band of Mercy)'를 만들었다(이는 나중에 동물해방전선(Animal Liberation Front)이라 불린다). 수년 후 동물해방전선의 전술은 그 폭력성과 전쟁과 유사한 체계로 인해 페미니스트들에게 도전받는다.

물이 살아 있는 동안 공감 어린 대우를 받았다는 이유로 돌봄 이론에 의해 용인될 수 있는지 묻는다(241). 가너의 이 질문은 돌봄 이론을 오해한 것이며, 나는 대화적 이론이 이를 교정해 줄 것이라 생각한다. 대화적 돌봄 윤리의 관점에서 가너의 질문에 대한 대답은 분명하게 '아니다'일 것이다. 우리가 윤리적 의사결정 과정에서 동물과의 의사소통을 통해 알게 된 동물의 욕망을 진지하게 고려한다면 어떤 동물도 도살장을 선택하지 않을 것이라는 점은 자명하기 때문이다. 자이나교의 격언은 이를 분명하게 진술한다. "모든 존재는 삶을 사랑한다. 그들은 즐거움을 좋아하고 괴로움을 싫어하며, 파멸을 피하고 삶을 원하며, 살기를 간절히 바란다. 모두에게 삶은 소중하다."(*Jaina Sutras*[1884] 1973, I.2.3)[4] 인간은 이 사실을 알고 있으며 대화적 윤리는 반드시 이 앎에 기초해 구축되어야 한다. 그러므로 돌봄은 그저 '그들의 복지에 관심을 기울이는 것'이 아니라 '그들이 우리에게 말하는 말에 관심을 기울이는 것'으로 확장되어야 한다.

하지만 가너는 계속 묻는다. 만일 누군가가 "누구의 이익을 지지할지 선택해야 하는 돌봄의 갈등 상황"에 직면하게 된다면 어떻게 할 것인가(2003, 241)? 특히 그는, 동물 실험은 인간에게 이로움을 주므로 동물이 아니라도 인간을 위한 돌봄 윤리는 충족시킬 수 있지 않은지 묻는다. 중요한 페미니즘 동물 돌봄 이론가 데보라 슬라이서Deborah Slicer는 그의

---

3 예컨대 Adams 1995a, Donovan 1995, Gaard and Gruen 1995, Lucas 2005 참조.

4 Chapple 1986, 217에서 재인용. 자이나교는 고대 인도 종교로 자이나교 수행의 기본적인 원리는 아힘사(다른 생명체를 해하지 않는 것)이다. 따라서 모든 자이나교도는 채식주의자다.

섬세한 논문 「당신의 딸인가 당신의 개인가?Your Daughter or Your Dog?」(1991)에서 이 문제를 철저하게 검토한다. 슬라이서는 페미니즘 동물 돌봄에 관한 주장의 핵심을 짚는다. 대부분의 실험은 솔직히 말해 가치가 없고(즉 불필요하며 사소하고), 다음과 같은 사실이 점점 자명해지고 있다(슬라이서의 글이 발표된 이후에 더욱 자명해졌다). "동물들은 종종 인간 존재를 위한 신뢰할 만한 모델로 기능하지 않는다. (…) 한 종으로부터 얻은 결과를 토대로 다른 종의 경우를 추론하는 것은 위험할 수 있다."(117)

누군가는 실험의 무용함을 강조하는 일이 가너가 제시한 근본적인 딜레마를 회피하는 방식이라 주장할 수도 있다. 하지만 나는 반대로 페미니즘 동물 돌봄 윤리의 주장은 의사결정이 내려지는 정치적 맥락이 [그 딜레마와—옮긴이] 결코 동떨어진 이야기가 아니며 윤리적 결정은 그 맥락에 관한 판단을 포함해야 한다고 본다(이 경우 판단 내용은 그 실험에서 누가 경제적으로 이익을 얻을지에 관한 질문과 그 이익집단에 의해 발표된 실험결과가 얼마나 믿을 만한지에 관한 질문에 해당한다).

누군가는 해롭고 무용한 실험의 문제를 회피하기 위해 다른 방식으로 가너의 가설을 제기할 수도 있다. 만약 가까운 관계의 사랑하는 생명체를 돌보는 일이 멀리 있는 존재에 대한 우려와 충돌한다면 어떻게 해야 할까? 이 질문에 대한 답을 회피하려는 의도는 아니지만, 이러한 유의 질문을 던지는 ['구명정에 탄 모두를 구할 수 없는 상황에서 누구를 구할 것인가'와 같은—옮긴이] 구명정 가정lifeboat hypothetical은 표면적으로는 도덕적 사고와 가치를 명료히 하기 위해 설계된 것이지만, 이러한 유형의 질문들은 주어진 상황의 특수성을 지나치게 추상화함으로써 그 상황을 절망적으로 왜곡할 수 있다. 기실 위와 같은 갈등은 현실에서 그 사

1971년 비루테 갈디카스(Birute Galdikas)가 인도네시아 보르네오 섬의 탄종 푸팅 보호구역에서 오랑우탄 연구를 시작했다.

례의 특수한 상황에 따라 거의 항상 협상될 수 있으며, '둘 중 하나를 선택하는' 상황이 아니라 '둘 다를 고려하는' 상황에 놓일 수 있다. 게다가 슬라이서나 킬(1989), 반다나 시바(1994) 등이 지적했던 바와 같이 (물론 가장 주요하게는 공장식 축산을 비롯해) 기업식 농장과 화학 기업이 공기, 물, 토양에 주입한 독을 빼내는 일처럼 진정으로 인간의 건강을 증진시키는 조치들은 무시되는 한편, 동물 실험의 의심스러운 가치는 열광적으로 추구된다(이는 대부분 이윤을 추구하는 기업과 이에 협력하는 대학들이 자행한다). 여기서 다시 한번 분명해지는 것은 윤리적 이슈를 명료히 하는 데는 구명정 가정을 제기하는 것보다 정치적 맥락을 살펴보는 편이 훨씬 더 도움이 된다는 사실이다.

이러한 비판과 더불어 최근 페미니즘 동물 돌봄 이론의 내용에 대한 개선 역시 이루어지고 있는데, 이제 이에 관해 이야기해 보려 한다. 법학 교수이자 페미니즘 동물 윤리 이론을 법 분야에 적용한 최초의 인물이기도 한 토머스 G. 켈시Thomas G. Kelch는 「동물권 이론에서 이성적인 것과 감정적인 것의 역할The Role of the Rational and the Emotive in a Theory of Animal Rights」이라는 법학 논문에서 공감(감정이입/연민)을 느낄 수 있는 대상에게 권리가 주어져야 한다고 주장한다. 누구에게 권리나 도덕적 지위가 부여될 것인가(즉 칸트식으로 말해 누가 "목적의 왕국"에 속할 것인가)에 대한 결정은 고통을 느낄 수 있는 생명체의 능력을 평가하는 인간의 감정에 의존한다는 것이다. 이처럼 켈시는 인간 주체의 감정적 반응을 강조한다. 이는 위에 쓴 것처럼 도덕적 지위를 결정하는 방법으로 이성적 탐구를 강조했던 리건, 싱어와 켈시가 서로 구별되는 지점이다. 리건의 경우 그 결정에 따라 권리는 "삶의 주체"나 의식이 있고 자기주도적인 존재에게 부여된다(Regan 1983, 243–248). 싱어의 경우 이는 해를 입지 않으려는 "이해관계"를 가진 존재에게 부여된다(Singer 1975, 8, 18).

켈시는 특히 『동물권을 넘어서Beyond Animal Rights』(Donovan and Adams 1996)에 실린 논문들이 다룬 페미니즘 동물 돌봄 윤리에 상당히 의지하며 "동물들을 부당한 대우로부터 보호하기 위해 동물에게 권리를 부여하는 것이 적절한지에 관한 문제를 다룰 때 우리는 동물들의 고통에 공감하는지 여부를 물어야 할지 모른다. 그들에게 애착을 느끼는지, 그들을 친족처럼 느끼는지, 그들의 저항에 경외감을 느끼는지 물어야 할지 모른다"(1999, 39)고 쓴다. 켈시는 여기서 확실히 일반화를 염두에 두고 있다. 즉 개별 상황에서 한 개별 동물을 돌보거나 가까운 관계의 동물을 돌보는 문제가 아니라 일반적인 돌봄의 문제를 말하는 것이다. 그에 따르면, 우리는 동물들이 "이 감정[공감]의 적절한 대상이 될 수 있는 고통과 아픔 같은 것을 느낀다"(38)는 사실을 알고 있다. 결국 켈시는 우리가 생명체의 고통에 이입할 수 있음에 근거해 아픔을 느낄 수 있다고 생각하는 생명체에게 도덕적 지위를 부여하는 것처럼 보인다.

비록 공리주의자들은 감응력 혹은 쾌고감수능력이 **"이해관계를 갖기 위한 전제조건"**[5]이며 따라서 도덕적 지위를 부여받을 수 있는 조건이라 보지만(Singer 1975, 8), 켈시는 그 지위를 결정하는 인간의 감정적 반응을 강조하는 입장에 있다.[6] 즉 켈시의 입장은 이해관계의 균형을 맞추

1974년 스탠리 고들로비치(Stanley Godlovitch), 로슬린드 고들로비치(Roslind Godlovitch), 존 해리스(John Harris)가 엮은 『동물, 인간, 도덕(Animals, Men and Morals)』이 출간되었다.

5 피터 싱어, 『동물 해방』, 김성한 옮김, 연암서가, 2012, 37쪽, 번역 일부 수정. — 옮긴이.

6 공리주의의 창시자인 제러미 벤담Jeremy Bentham은 동물의 도덕적 지위에 관한 핵심 질문은 "그것들이 **이성적으로 사고할** 수 있는가도 아니고 그것들이 **말할** 수 있는가도 아니라, 그것들이 **고통을 느낄** 수 있는가다"라는 유명한 말을 남겼다([1789] 1939, 847 n.21).

는 과정에서 고통을 수량화하는 공리주의 이론의 이해관계 계산("최대 다수의 최대 행복")으로 나아가지 않으며, 오히려 윤리적 의사결정에서 수학적인 계산을 피하는 페미니즘 동물권 입장에 더 가깝다. 이와 관련해, 조류 인플루엔자 확산을 막기 위해 2,500만 명의 오리와 닭을 도살하는 일이 윤리적으로 정당하다는 내용을 담은 싱어와 캐런 던Karen Dawn의 최근 공저 「도살이 납득되는 경우When Slaughter Makes Sense」(2004)는 공리주의적 입장의 약점을 드러낸다(이는 '광우병'과 관련해 소를 도살하거나 사스와 관련해 고양이를 도살했던 일에도 적용되었던 주장이다).[7] 만약 질병의 확산을 막기 위해 2,500만 명의 인간을 도살하는 것이 극악무도한 일이라고 생각한다면 이 주장이 지닌 명백한 종차별주의적 함의는 분명해진다.

이와 대조적으로 이 문제에 대한 대화적 돌봄 윤리의 접근법은 동물의 운명을 결정하는 과정에서 도살당하고 싶어 하지 않는 동물의 소망을 진지하게 고려해야 한다고 주장한다. 싱어와 던의 입장은 이 경우에 있어서 닭과 오리의 소망을 명백히 사소한 것으로 간주하며, 이는 페미니즘 동물 윤리적 접근과 다른 동물 보호 이론 사이의 큰 차이를 드러낸다. 페미니즘 입장은 돌봄의 감정적 반응을 가장 전면이자 핵심부에 놓으며 중요한 결정을 내릴 때 그 결정과 무관한 것으로 무시하지 않는다. 뿐만 아니라 돌봄 윤리적 접근의 대화적 확장은 바로 그 동물들의 느낌

[제러미 벤담, 『도덕과 입법의 원칙에 대한 서론』, 강준호 옮김, 아카넷, 2013, 558쪽, 번역 일부 수정. —옮긴이.]

7 또한 싱어와 던은 문제가 되는 동물들은 어떤 식으로든 도살될 운명이었다며 도살하는 선택과 도살하지 않는 선택 간에는 결과적으로 차이가 없다는 놀라울 정도로 기만적인 주장을 한다.

을 전면이자 핵심부에 놓을 것이며 그 욕망을 논의와 무관한 것으로 무시하지 않을 것이다. 게다가 구명정 가정(이는 여기서 '한 아이를 살리기 위해서라면 2,500만 명의 닭을 도살할 것인가?'와 같은 질문으로 함축적으로 제기된다)에서처럼 '둘 다를 고려하는' 해결책도 있을 수 있다. 대량 도살 외에도 질병의 확산을 통제할 수 있는 다른 방식은 분명히 존재한다.[8] 우리는 어떻게 인간들 사이의 전염병을 통제하는가? 우리는 감염자들을 도살하지 않는다. 우리는 그들을 격리시키고 의학적으로 치료하며 돌본다. 물론 그러한 해결책은 돈이 더 많이 들 것이다. 이를 고려하면 그동안 수백만 명의 닭, 오리, 소, 고양이를 도살했던 궁극적인 이유란 결국 대량 도살이 기업식 농업에 가장 돈이 되는 선택지였기 때문이라는 결론을 내릴 수밖에 없다. 따라서 마지막으로 나는 다시 한번 이러한 종류의 질문에 대한 확장된 대답이 사태의 궁극적인 정치적 원인들을 고려하는 데 놓여 있다고 주장한다. 질병의 확산에 관한 정치적 원인들이 분석된다면 이에 대한 해결책은 대량 도살을 늘리는 것이 아니라 오히려 도살을 위해 평생 동안 끔찍할 만큼 건강에 해로운 조건 속에서 동물을 기르는 체계를 중단하는 데 있다는 것이 분명해진다(공평하게 말하자면 싱어와 던 역시 이 사실을 짚었다).

켈시와 유사한 접근을 취한 한 논문은 페미니즘 동물 돌봄 이론을 아동 학대 문제로 확장한다. 「학대로부터 아동과 동물을 보호하기: 종 횡

8 예를 들어 태국의 오리알 도매업자 싸이짜이 페츠링한Saijai Phetsringharn은 태국에서 가금류의 조류독감이 전염병 상황으로 치닫자 확산을 막을 방법은 새들에 대한 백신 접종이라고 말했다. 그러한 백신은 실제로 존재한다(Specter 2005, 53 참조).

1975년 피터 싱어(Peter Singer)의 『동물 해방(Animal Liberation)』이 출간되었다.

단적 돌봄의 개념Protecting Children and Animals from Abuse: A Trans-species Concept of Caring」(1999)에서 제임스 가바리노James Garbarino는 나의 논문 「동물권과 페미니즘 이론」(1990)을 인용하며 "동물권은 동물들이 느낄 수 있는 능력을 가진 데서 비롯된다"고 주장한다(Garbarino 1999, 9). 그는 나아가 "동물과 아동의 권리에 대한 진정한 이해는 감정이입에서 출발해야 한다. 우리는 (그리고 그들은) 느낀다, 그러므로 우리는 권리를 갖는다"고 말한다(10). (가바리노는 자신의 경험을 바탕으로 어떻게 "물살이의 비명을 상상하는 데에 이르면 미끼가 달린 갈고리를 던지기를 멈출 수 있는지"[12]에 대해 언급한다.) 그는 "우리가 우리의 핵심 임무의 일부로서 피해자들에 대한 감정이입을 일반적인 의미에서 개념화해야 한다"(11)고 촉구한다.

그러나 2004년에 발표된 한 논문에서 캐서린 맥키넌Catharine MacKinnon은 위의 견해와 대조적으로 고통을 느끼는 능력이 도덕적 지위의 기준이 되어서는 안 된다고 주장한다. 그의 주장에 따르면 권리를 부여받기 위해 누가 고통을 겪어야만 하는 것은 아니다. "어째서 그저 존재하는 것, 살아 있는 것으로 충분하지 않은가?"(2004, 271) 그의 요점은 여성을 느낌과 연관시키는 것이 여성에 대한 폭력을 종식시키는 데 도움이 되지 않은 것만큼이나, 동물이 느낄 수 있는 능력을 가졌다고 설명하는 일 또한 동물 학대를 종식시키는 데 그리 효과적이지 않으리라는 것이다. 맥키넌에 따르면 여성은 여러 이유 중에서도 느낌과 연관되었던 점 때문에 열등한 존재로 낙인찍혀 왔다. 다르게 말해 동물들이 고통을 느끼는 감정적인 생명체라는 점을 보여 줌으로써 동물을 여성화하는 것은 도덕적 지위를 부여받는 범위에 동물들을 포함하는 결과를 낳지 않는다는 주장이다.

나는 맥키넌의 이러한 주장에 동의할 수 없으며, 전술했던 이론가들 중에서 켈시나 가바리노가 말했듯 권리나 도덕적 지위가 고통과 감정을 느끼는 존재에 부여되어야 한다는 생각에 동의한다. 사실 억압된 집단에 대해 연민을 불러일으키는 전략은 역사적으로 억압적 관행을 향한 도덕적 분노를 일으키는 데 효과적인 수단이 되어 왔다. 데이비드 브리온 데이비스David Brion Davis는 노예제가 폐지될 수 있었던 큰 이유 중 하나가 18~19세기 스코틀랜드의 계몽주의 이론가들에 의해 시작된 연민 운동의 영향을 받은 "도덕적 시각의 복잡한 변화" 때문이었다고 말한다(1996, 54). 이 운동은 백인들로 하여금 아프리카인들을 자신들과 닮은, 연민을 느낄 수 있는 사람으로 보게 하는 데 성공했다. 실제로 (링컨을 포함해) 많은 사람이 노예제에 반대하는 대중 정서가 형성되는 데 중요한 영향을 준 작품으로 꼽는 해리엇 비처 스토Harriet Beecher Stowe의 『톰 아저씨의 오두막』(1852)은 흑인도 백인처럼 고통을 느낀다는 사실을 납득시키는 데 큰 목적이 있었다. 이 소설에서 반복적으로 제시되는 주제는 당시 미국의 현행법이 지지하던 바와 같이 흑인을 재산이나 대상으로 간주해서는 안 되며 백인과 비슷한 감정을 느끼는 주체로 여겨야 한다는 점이다. 이 소설에서 중심적인 도덕적 권위를 소유한 인물인 소녀 에바는 한 대목에서 자신의 아버지에게 "이 불쌍한 자들도 아빠가 나를 사랑하는 만큼 자기 아이들을 사랑해요"(Stowe 1981, 403)[9]라고 말하며 흑인들은 아픔이나 감정적 고통을 느낄 수 있을 만큼 충분히 예민하지 못

9 해리엇 비처 스토, 『톰 아저씨의 오두막』 2, 권진아 옮김, 현대문학, 2014, 107쪽, 번역 일부 수정. — 옮긴이.

1975년 로즈메리 래드포드 루서(Rosemary Radford Ruether)의 『새로운 여성, 새로운 지구: 성차별주의 이데올로기와 인간 해방(New Woman, New Earth: Sexist Ideologies & Human Liberation)』이 출간되었다.

하다는 노예 상인들의 주장을 반박한다. 한 상인은 자식이 경매 시장에서 팔리는 일을 경험한 어느 흑인 여성의 비참한 심정을 두고 "알겠지만 이 짐승들은 백인과 달라서 (…)그런 건 다 극복"한다고 말한다(47).[10] 마조리 슈피겔Marjorie Spiegel이 짚었던 것처럼 "백인 노예 소유주의 눈에 흑인들은 자신의 아이나 사랑하는 사람으로부터의 분리를 금세 극복하는 '그저 동물'로 여겨졌다."(1988, 43) 덧붙이자면 스토는 동물 학대에 반대하는 영향력 있는 글「말 못하는 동물들의 권리Rights of Dumb Animals」(1869)를 쓰기도 했다.

이처럼 동물들에게 도덕적 지위를 부여해야 한다고 강력하게 주장하는 일은 곧 억압하는 사람들에게 그들이 억압하는 존재들이 자신과 다르지 않은 감정을 가진 주체라는 사실을 설득하는 일이기도 하다. 이처럼 유사성 혹은 상동성을 상정하는 일은 감정이입 혹은 연민을 가능하게 한다. 만약 누군가가 어떤 생명체가 자신과 같은 방식으로 고통받는다는 것을 알게 되면 그 생명체가 처한 상황에 자신을 대입하는 상상을 할 수 있게 되고 그 고통을 상상적으로 경험할 수 있게 된다. 이를 통해 그는 자신이 가진 권리와 마찬가지인 도덕적 지위를 그 생명체에게 함축적으로 부여하게 된다.

그런데 우리와 공통점이 거의 없고 우리와 비슷한 감정을 느끼지 않는 듯한 존재의 경우는 어떨까(리건의 비판을 반복하자면 인간들은 뱀이나 거미처럼 인간과 같은 감정을 명확히 드러내지 않는 듯한 동물보다 껴안고 싶은 동물을 더 선호한다)? 나는 여기서 엄격하게 연민의 반응에만 기초한 이론의 한계

10 위의 책, 16쪽, 번역 일부 수정. — 옮긴이.

를 확인할 수 있다고 생각한다. 이 논문의 남은 부분은 이를 설명하는 데 바쳐지겠지만, 우리는 우리와 얼마나 멀어 보이는지와 상관없이 다른 형태의 삶에 귀 기울이고 그들이 의사소통을 통해 전달하는 바를 우리의 도덕적 반응 안에 통합시키는 일이라는 의미로 돌봄 이론을 재정향 혹은 재강조해야 한다. 다르게 말해 우리가 인간의 아기를 껴안을 때와 같은 따뜻함을 느끼지 않을지라도—짐작건대 이는 돌봄 이론에서 제시하는 전형적인 경험일 것이다—우리는 상동성의 원리에 기초해 다른 생명체의 언어를 읽을 수 있다. 그들의 비언어적 언어는 우리의 그것과 매우 유사하기 때문이다. 예를 들어 뱀과 거미의 경우 그들의 몸짓 언어는 (인간과 상동적으로) 그들이 공포와 불안을 경험한다는 것, 아픔의 원인으로부터 움츠려 피하려 한다는 것, 혹은 살고 싶어 한다는 것을 보여준다. 그들의 조건에 관해 인간이 의사결정을 내리는 모든 경우에 우리는 그들이 원하는 바를 존중해야 한다.

켈시와 함께 최근 돌봄 이론에 대한 중요하고 사려 깊은 탐색으로 응답을 요구하는 두 번째 경우는 그레이스 클레멘트Grace Clement의 「돌봄 윤리와 야생동물의 문제The Ethic of Care and the Problem of Wild Animals」(2003)다. 클레멘트는 다음과 같은 문제들을 고찰한다. 자율성, 독립적인 행위성, 침해로부터의 자유를 특권화하는 권리 이론이 돌봄 이론보다 야생동물의 상황에 더 잘 적용될 수 있지 않을까? 전통적으로 모성적 방식으로 해석되어 온 돌봄 이론은 인간에게 더 의존적이며 권력관계상 더 낮은 위치에 있는 가축 동물에게 더 잘 적용될 수 있지 않을까? 클레멘트는 두 접근이 야생동물과 가축 동물의 사례를 다루는 데 모두 필요하다는 듯한 뉘앙스로 결론을 내린다. 그의 논의는 내가 돌봄 이론

1975년 캐럴 J. 애덤스(Carol J. Adams)의 「먹을 수 있는 것이라는 콤플렉스: 페미니즘과 채식주의(The Oedible Complex: Feminism and Vegetarianism)」가 『레즈비언 독본(The Lesbian Reader)』에 수록되었다.

이 향해야 한다고 생각하는 방향을 분명히 하는 데 도움이 되는 흥미로운 논점을 많이 제기한다.

클레멘트는 동물 돌봄 이론이 가축 동물을 "전형적인 사례"로 상정하며 발달해 왔다고 설명하면서(2003, 3), 연민이 야생동물보다 가축 동물에 더 적절한 감정이 아닌지 묻는다. 그가 제시하는 대로 만약 야생동물의 세계가 "먹으면서 **동시에 먹히는**" 세계라면, 심층 생태학자 J. 배어드 캘리컷의 정의처럼 "우리의 연민은 이 사실에서 벗어나 있는 것처럼 보인다."(Clement 2003, 3; Callicott 1987, 205 참조)

우선 지적해야 할 것은 자연을 "무자비한 약육강식의 세계"로 보는 정의는 왜곡됐다는 점이다(Midgley 1983, 24 참조). 사실 누군가는 이와 정반대로 자연 세계에서 두드러지는 실천은 공생과 협력이라고 적절히 주장할 수 있다. 그럼에도 야생에서 어떤 동물이 다른 동물에 의해 죽임을 당하는 데 대해 연민을 갖는 일은 무언가 잘못된 것처럼 보이거나 적어도 부질없어 보이는 게 사실이다. 하지만 이 논쟁은 인간 윤리의 목적을 오해하는 자연주의적 오류에 빠질 위험이 있다. 페미니즘 돌봄 이론가들은 지구상의 모든 생물의 삶에 적용되는 윤리를 제시하는 것이 아니다. 그보다 그들은 비인간 동물에 대한 인간의 대우를 다루는 윤리에 관심이 있다. 그들은 얼룩말을 쫓는 사자를 위한 윤리를 제안하는 것이 아니며, 인간들의 윤리를 확립하는 데 있어 사자나 다른 동물의 경우를 본보기로 삼아야 한다고 주장하는 것도 아니다. 대신 그들이 제안하는 윤리는 고통을 느끼거나 피해를 경험한다는 사실을 우리가 알고 있는 생명체들에게 인간이 고통을 가하지 않는 것을 보장하는 윤리다.

캘리컷을 비롯한 환경 윤리학자들은 사냥과 같은 관행이 "자연에 대한 [인간의] 참여를 재확인"(Callicott 1992, 56)한다고 주장하면서 이를 정당화하려 할 때 전형적인 자연주의적 오류에 빠진다. 많은 에코페미니스트가 사냥에 대한 환경주의자들의 정당화를 비판해 왔지만(Luke 1996; Davis 1995; Kheel 1995), 여기서 나는 사냥 문제에 대화적 돌봄 이론을 적용해 보고자 한다. 동물을 대우하는 방식에 관한 대화적 윤리에 따르면 사슴을 어떻게 대우할 것인가에 대한 우리의 윤리는 사슴이 무엇을 바라는지에 관한 우리의 앎에 기초해야 한다. 누군가가 사냥꾼으로부터 도망치는 사슴의 몸짓 언어를 읽고 이에 주의를 기울여 자신이 죽거나 다치기를 바라지 않는다고 하는 사슴의 의사 표현을 진지하게 고려한다면, 그는 사냥꾼이 총을 내려놓아야 한다고 결론 내릴 것이다.

누군가는 이러한 입장이 자연 세계에서 이루어지는 소위 동물의 자연적인 행동을 인간 윤리의 토대로 삼는다는 점에서 자연주의적 오류에 빠질 위험이 있다고 반박할 수도 있다. 하지만 대화적 접근 방식이 갖는 차이는 이 방식이 인간도 사슴처럼 행동해야 한다든지 사슴의 행동에서 인간 윤리의 모델을 찾는 것이 아니라는 데 있다. 오히려 대화적 접근에서 중요한 것은 인간이 윤리적 결정을 내리는 과정에 사슴의 입장과 소망을 대화적으로 통합하는 일이다.

그러나 만약 동물들로부터 복합적인 메시지를 받는다면 어떨까? 이런 경우 대화적 돌봄 윤리는 어떻게 응답할까? 예컨대 사자와 얼룩말의 경우, 사자는 얼룩말을 먹고 싶어 하는 욕망을 표현하고 있는 반면 얼룩말은 먹히고 싶지 않다는 욕망을 표현한다. 이럴 때 인간은 어떻게 응답해야 할까? 클레멘트는 야생에 대해서는 무개입이라는 일반 이론을 주장하면서도, 인간이 야생에서 동물의 개별적 고통을 맞닥뜨리는 경우

1976년 최초로 채식주의 식사만 제공한 페미니즘 컨퍼런스인 '여성과 영성' 컨퍼런스가 보스턴에서 열렸다.

그 고통을 경감시키기 위해 행동해야 한다고 제안하는 설득력 있는 주장을 내놓는다(2003, 7). 나아가 나는 인간이 자신과 가까운 동물 동료와 있는 경우 더 약한 동물을 보호해야 한다고 주장한다. 즉 자신의 반려동물이 다른 동물을 죽이려고 시도하는 경우 그는 이를 막으려 노력해야 한다.

대화적 윤리는 동물의 입장이 고려해야 할 유일한 사항이라거나 인간이 자동적으로 동물의 소망을 따라야 한다고 주장하지 않는다. 윤리적 의사결정은 사실 동물은 이해하지 못하지만 인간은 알고 있는, 윤리적 선택과 관련된 요소들을 대화에 도입함으로써 이루어진다. 예를 들어 자신이 책임져야 할 가축 동물의 경우, 그 요소란 자신의 반려동물이 병원에 가거나 주사 맞기를 원하지 않는다는 것을 알더라도 백신을 접종시키는 결정을 포함할 수 있다. 그는 이 경우 동물이 겪게 될 고통이 미미하거나 일시적이며, 장기적으로는 더 심한 아픔과 고통을 방지하는 등 동물에게 이로운 결과가 있기에 동물의 즉각적인 소망을 무시하기로 결정한다.

누군가는 그러한 결정 과정이 동물 실험을 정당화하는 데 쓰이는 공리주의적 목적과 수단의 논리, 즉 일부의 즉각적인 고통이 추후 공공의 이익을 가져온다는 논리를 반복한다고 반대할 것이다. 그러나 사실 이러한 유비는 근거가 빈약하다. 실험실 동물들은 감금에 따른 스트레스는 말할 것도 없고 더 크고 반복적인 고통을 경험한다. 장기적인 결과로서 추상적인 이익 역시 아마 없을 것이다. 고통에 대한 보상이라고는 죽음뿐일 그 개별 동물에게 이익이 있을 리 만무하다.

마지막으로 언급할 페미니즘 동물 윤리를 정교화한 글은 맥키넌의

「쥐와 인간에 대하여Of Mice and Men」(2004)다. 맥키넌은 자유주의적 동물권 접근 방식을 '닮음' 혹은 '동일성 모델'로 정의하는데, 이는 그의 기념비적인 저서 『수정되지 않은 페미니즘Feminism Unmodified』(1987)과 『페미니스트 국가론을 향하여Toward a Feminist Theory of the State』(1989)에서 여성과 관련해 자유주의 권리 이론의 부적절함을 논한 유사한 비판을 상기시킨다. 이 저작들과 마찬가지로 「쥐와 인간에 대하여」에서 그는 모두의 평등에 대한 자유주의 모델이 서로 다른 개체들 사이의 실질적인 권력 차를 무시한다고 말한다.

맥키넌은 '미국시민자유연맹'과 같은 언론의 자유 옹호자들이 크러시 영상crush video을 옹호하는 것을 가장 강력하게 비판했다. 시청자들의 성적 흥분을 위해 하이힐을 신은 여성이 살아 있는 작은 동물들을 밟아 죽이는 영상을 예로 들 수 있다. 미국시민자유연맹은 그러한 영상(이 주 사이에 거래되는 것)을 금지한 최근의 연방법에 반대하며 크러시 영상은 그 자체로 하나의 발화로서 [언론·종교·집회의 자유를 보장하는—옮긴이] 수정 헌법 제1조에 따라 허용되어야 한다고 주장했다. 맥키넌이 연방법과 관련해 말한 것은 아니지만, 다음과 같은 함축적인 질문이 따라 나온다. 여기서 누구의 발화가 간과되고 있는가?

이 사례는 대화적 돌봄 윤리가 전통적인 자유주의에 기반한 헌법 원칙과 어떻게 다르게 작동할 수 있는지 생생하게 보여 준다. 대화적 윤리는 몸이 으깨지는 동물들이 원하는 바가 그들의 운명에 관한 인간들의 결정에서 고려되어야 한다고 주장한다(비슷한 주장이 최근의 또 다른 국가적 사건과 관련해서도 제기될 수 있다. 2003년 말 '광우병' 공포 사례에서 병들고 다친 '주저앉는 소'가 사슬에 묶인 채 불도저에 실려 도살장으로 끌려가는 것을 어떻게 느낄지

1976년 첼리스 글렌디닝(Chellis Glendinning)과 캐럴 애덤스가 주최한 최초의 (그리고 유일의) '페미니스트 채식주의자 협회(Society of Feminist-Vegetarians)'의 모임이 샌프란시스코 카스트로 지구에 있는 채식주의 식당인 샌디가프에서 열렸다.

에 대해 감정적 관심과 우려를 표하는 이는 사실상 전무했다. 하물며 건강한 소가 도살될 때 느끼는 바에 대해서는 말할 것도 없다).

나아가 맥키넌은 2000년 캘리포니아주에서 발의된 스너프 필름 반대 법안(통과되지는 않았다)에 인간 당사자 간의 동의 조항이 있었으나(즉 서로 촬영에 동의하는 경우 법안이 적용되지 않는다), 동물의 경우에는 그렇지 않았다는 사실을 검토함으로써 자신의 주장을 발전시킨다. 맥키넌은 다음과 같이 비꼬며 논평한다. "흥미롭게도 크러시/스너프 법안은 오직 사람들을 위한 동의 조항만을 내걸었다. 인간의 세계에 온 것을 환영한다. 동물들은 아마 영상으로 촬영된 살인에 동의할 수 없거나 혹은 동의하지 않을 것이라 가정된다. 반면 인간들은 영상을 만들기 위해 자신의 의도적이고 악의적인 살해에 동의할 수 있었을 것이다. 그렇다면 영상은 합법적일 것이다."(2004, 269)

이런 경우 인간의 동의라는 문제에 여러 의문이 제기될 수 있지만(맥키넌은 다른 곳에서 그러한 동의가 평등한 운동장을 가정하고 경제적인 필요나 가부장제의 세뇌 등과 같은 강제적인 상황을 고려하지 않는다고 말한다[1987, 180–183]), 그 법안의 동의 조항은 동물들에게 기회가 주어졌다면 당연히 동의하지 않았을 것에 대해 그들이 동의했는지 누구도 묻지 않았다는 사실을 의도치 않게 강조한다. 맥키넌은 다음과 같이 질문하며 이 논의를 마무리한다. "누가 동물에게 물어보았는가? (…) 동물들은 인간의 헤게모니에 반대하는가? 나는 그들이 종종 그렇게 한다고 생각한다. 그들은 발로 도망침으로써 투표한다. 그들은 반격하고, 고통스럽게 소리 지르며, 애정을 주지 않고, 조심스럽게 다가가며, 날아가거나 헤엄쳐 감으로써 그렇게 한다."(2004, 270)

동물을 위한 입장론?

동시대 페미니즘 이론의 또 다른 중요한 줄기에 해당하는 입장론은 돌봄 이론보다 더 이론적으로 정교한 정치적 관점을 제공하는바, 동물에 대한 윤리적 대우와 관련해 돌봄 이론을 유용하게 보완해 줄 수 있다.[11] 특히 게오르크 루카치Georg Lukács가 처음 제시한 입장론은 내가 여기서 제안하려는 대화적 초점에 매우 적합해 보인다. 입장론은 마르크스주의자인 루카치가 『역사와 계급의식History and Class Consciousness』(1923)에서 발전시킨 개념으로, 자본주의적 생산 과정에서 발생하는 상품화와 물화 때문에 프롤레타리아 계급이 특수하고 특권적인 인식론을 가지게 된다고 설명한다. 루카치에 따르면, 주체가 대상으로 대우받는 이 경험은 필연적으로 주체로 하여금 비판적 의식, 즉 자신은 사물이 **아니라는** 아이러니한 지식을 일깨우게 한다. 자본주의적 생산 조립 공정에서 노동자는 "상품화되고 순수하게 수량으로 환원된다. 그러

---

11 애덤스는 이 문장에 나타난 사유를 1997년에 쓴 논문 「'광우병'과 동물 산업 복합체'Mad Cow' Disease and the Animal Industrial Complex」(29, 41 – 42, 44 참조)에서 처음 제시했다. 애덤스는 소를 그간 입장이 무시당했던 "소외된 노동자"로 보며 나와 다른 해석을 취한다. Slicer 1998 참조. 돌봄 이론과 입장론은 서로 다른 철학적 전통에서 유래했지만 타자의 고통에 주의를 기울인다는 점에서 서로 연결된다. 페미니즘 입장론의 토대를 닦은 낸시 하트삭(Nancy Hartsock 1983)은 페미니즘 입장을 여성의 관계적 존재론으로 규정했으며 이러한 존재론은 돌봄 이론의 핵심이기도 하다. 그런데 돌봄 이론과 입장론이 달라지는 지점은 입장론이 더 정치 이론적 성격을 띠며 고통의 원인을 밝히고 정치적인 방식으로 이와 대적하고 이를 제거하려 한다는 데 있다. 반면 돌봄 이론은 간접적인 방식으로 고통을 경감시키려는 도덕 이론에 더 가깝다. 이하에서 주장하겠지만 나는 두 접근 방식 모두 필요하다고 생각한다.

1976년 최초의 "게이 로데오(gay rodeo)"가 열렸다. 1983년까지 '동물권을 지지하는 페미니스트들(Feminists for Animals Rights)'은 "자연의 지배를 기념하기 위한 남성들의 가장 노골적인 시도"를 지지하는 이 행사에 대한 항의 시위에 참여했다.

나 바로 이로 인해서 그는 자신이 처한 조건의 직접성을 넘어서도록 요구된다."(1971, 166)[12] 하지만 "양화된 껍데기" 아래에는 "질적인 삶의 중핵"(169)[13]이 놓여 있으며 여기서 비판적이고 전복적인 의식이 일어난다. 루카치는 다음과 같이 상술한다. "프롤레타리아에게 (…) [개인의] 활동이 자신의 총체적 인격성으로부터 분리되는 상품화 과정은 혁명적인 계급의식으로 이어진다."(171)[14] 나아가 "상품 형식의 객관적 의식에 상응하는 주체적인 요소가 있으며 (…) 노동자가 물화되고 상품이 되는 과정은 그를 탈인간화하지만 (…) 그의 인간성과 영혼이 상품으로 바뀌지 않는다는 것은 사실이다."(172)[15]

페미니즘 입장론은 낸시 하트삭(Nancy Hartsock 1983)을 따라 일반적으로 피억압 집단의 비판 의식 각성이 대상화보다는 신체의 경험에, (사용 가치를 생산하는) 비산업적 공예에 기반한 노동의 실천이나 기억에 뿌리를 둔다고 설명한다. 하지만 동물 문제에 대한 페미니즘적 접근을 발전시킬 목적에서는 비판적 입장을 구성하는 필수 요소로 물화를 강조하는 루카치의 주장이 더 유용해 보인다.[16]

---

12 죄르지 루카치, 『역사와 계급의식』, 조만영·박정호 옮김, 지식을만드는지식, 2015, 351쪽, 번역 일부 수정. — 옮긴이.

13 위의 책, 357쪽, 번역 일부 수정. — 옮긴이.

14 위의 책, 361쪽, 번역 일부 수정. — 옮긴이.

15 위의 책, 362쪽, 번역 일부 수정. — 옮긴이.

16 맥키넌은 여기서 예외다. 「섹슈얼리티, 포르노그래피, 그리고 방법: '가부장제 아래서의 쾌락'Sexuality, Pornography, and Method: 'Pleasure Under Patriarchy'」([1990] 1995)에서 그는 "성적 대상화"가 여성 입장이 출현하는 기반으로 고려되어야 한다고 본다(135). 페미니즘 입장론에 관한 개괄은 Harding 1986, 141–151 참조.

이 이론을 동물에게 적용하면, 동물들이 생산 과정에서 수량화되고 상품화된다는 사실이 아주 분명하게 드러난다. 이는 프롤레타리아의 경우보다 말 그대로 더 분명한데, 프롤레타리아의 신체는 기계적 수단으로 취급될지언정 최소한 그 과정에서 생명이 없는 소모품이 되지는 않기 때문이다. 그러나 입장론을 동물에 적용하면 곧바로 그들의 주체적인 관점이 어떻게 명시적으로 표현될 수 있는가의 문제에 직면한다. 인간 노동자들과 달리 동물들이 비판적 관점을 다른 동물들과 공유하는 일이나 자신들을 대상화하고 (이 경우에는) 도살하는 것에 저항하는 조직을 만드는 일은 불가능할 게 분명하기 때문이다. 하지만 노동자들이 부당한 대우에 맞서 프롤레타리아적 입장을 자발적으로 표현하거나 집단적으로 봉기하는 일 역시 드물다는 점(이는 혁명 이론의 고질적 문제다)은 이 두 경우의 차이가 보이는 것만큼 그렇게 크지 않을 수 있다는 점을 드러낸다. 마르크스주의 이론은 종종 현실적으로 전위적인 지식인이 나서서 프롤레타리아가 자신들에게 가해지는 부정의를 인식하고 이에 맞서 행동하도록 교육해야 한다는 생각에 의지한다(이에 대한 가장 유명한 사례는 레닌의 전위당 개념이다). 그리고 실제로 페미니즘 입장론의 핵심 질문은 여성들을 대신해 입장을 표명하는 이론가들과 다른 여성들 사이의 관계에 대한 것이다(Hartsock 1998, 234–238 참조).

동물의 경우 인간인 동물옹호자가 동물의 입장을 표명해야 한다는 것은 분명하다. 앞서 논의했듯 그 입장은 동물과의 대화를 통해 획득할 수 있다. 더 정확히 말하자면 도살당하거나 고통스럽고 착취적인 방식으로 대우받기를 원하지 않는다는 것이 바로 동물의 입장이다. 인간 동물옹호자들은 또한 동물 주체를 물화하고 상품화하는 관행에 맞서 조

1977년 페미니스트 채식주의자 단체인 '블러드루트 콜렉티브(Bloodroot Collective)'가 조직되었고 코네티컷주 브리지포트에 자신들의 채식주의 식당을 만들었다.

직을 만들고 동물들을 보호할 필요가 있다.

동물에 대한 대우를 위한 대화적 돌봄 윤리

사자가 말을 할 수 있다면 우리는 그의 말을 알아듣지 못할 것이라고 했던 루트비히 비트겐슈타인Ludwig Wittgenstein의 말은 잘 알려져 있다(Wittgenstein 1963, 223e). 사실 내가 이 글에서 주장한 바와 같이 사자들은 말을 할 수 있고, 그들이 하는 말 대부분을 이해하는 것도 불가능하지 않다. 몇몇 이론가들은 이전부터 인간이 자연 세계의 언어를 읽는 법을 배울 필요가 있다고 주장해 왔다. 조너선 베이트Jonathan Bate는 환경에 대한 적절한 이해를 발달시키기 위해 우리가 인간의 "언어라는 감옥"에서 벗어나 땅의 문법을 배워야 한다고 주장한다(1998, 65). 비슷한 맥락에서 패트릭 머피Patrick Murphy도 인간이 동물의 방언을 읽는 법을 배우는 "에코페미니즘 대화술"을 요청한다. 그는 "비인간 타자들은 단지 우리가 하는 말의 객체라기보다 오히려 말을 하는 주체로 구성될 수 있다"(1991, 50)고 주장한다.[17] 일찍이 현상학자 막스 셸러Max Scheler는 이와 유사하게 생명체들의 **"보편 문법"**을 배울 필요성에 대해 말한 바 있다(1970, 11). 실제로 한 세기 전에 미국의 작가 사라 오른 주잇Sarah Orne Jew-

17 지난 몇 년간 많은 다른 문학 이론가들은 대화적 '동물 입장 비평'의 가능성을 탐구하기 시작했다. Josephine Donovan, *The Aesthetics of Care: On the Literary Treatment of Animals*(2016) 참조.

ett은 비인간의 언어를 배울 수 있는 가능성에 대해 고찰하며 다음과 같이 말했다. "누가 늙은 까마귀가 자신의 짝에게 경고하는 첫 번째 말을 배울 수 있는 언어학자가 될 것인가? (…) 인간이 나무와 새, 짐승들에게 그들의 언어로 말을 걸 수 있게 되기까지 우리는 얼마나 오래 학교를 다녀야 할 것인가! (…) 반드시 [생명체들이] 우리에게 익숙해지고 반응할 때까지 길들일 필요는 없다. 우리는 그들의 있는 모습 그대로 그들을 만날 수 있다."(Jewett 1881, 4–5)

물론 누군가는 여전히 동물이 느끼거나 생각하는 바를 어떻게 알 수 있느냐는 인식론적인 질문을 던질 것이다. 이에 대한 대답으로 우리가 동물의 의사를 읽을 때와 인간의 의사를 읽을 때 거의 같은 정신적이고 감정적인 활동을 한다고 할 수 있겠다.[18] 몸짓 언어, 눈 움직임, 표정, 목

---

18 이는 토머스 네이글Thomas Nagel의 주장과 다소 차이 나는 주장이다. 그는 「박쥐가 된다는 것은 어떤 것일까?What Is It Like to Be a Bat?」(1974)에서 인간은 "박쥐 현상학"(440)을 파악할 수 없다고 주장한다. 즉 우리는 박쥐에게 박쥐가 되는 게 어떤 것일지가 아니라 오직 우리에게 박쥐가 되는 게 어떤 것일지 상상할 수 있을 뿐이다. 물론 네이글의 지적은 어느 정도 타당하다. 우리가 우리의 정신 기관에 의해 제한받는다는 것은 인식론적으로 자명한 상식이다. 하지만 나는 동물들의 의사소통을 해독하는 데 더 많이 노력할 수 있다고 믿으며, 비록 우리가 박쥐가 된다는 느낌을 결코 충분히 이해하지 못할지라도 윤리적 응답을 형성하기에 충분한 정도로 그 경험과 관련된 특정한 기초 사항을 이해할 수 있다고 믿는다. 네이글과 다른 대안적 관점을 제시하는 케니스 샤피로Kenneth Shapiro의 「개를 이해하기Understanding Dogs」(1989)는 우리가 종 간의 "운동감각적kinesthetic" 의사소통의 유효성을 인식해야 한다고 주장한다. 플럼우드는 최근 저서 『환경 문화Environmental Culture』(2002, 167–195)에서 내가 이 글에서 제안하고 있는 바와 일치한다고 생각될 수 있는 "대화적 종 간 윤리"를 제안한다. 하지만 그는 "[비인간을] 의사소통의 상대이자 동시에 음식으로 생각하는 것"(157)이 가능하다며 이 윤리하에서 비인간을 죽이고 먹는 것은 윤리적으로 허용 가능하다고 주장한다는 점에서 내 제안과 다르다. 이는 대화적 윤리의 목적을 위배하는 것으로 보이는데, 왜냐하면 "의사소

1977년 다프네 셸드릭(Daphne Sheldrick) 박사가 코끼리의 보호와 재활을 위해 케냐에 데이비드 셸드릭 야생동물 재단(David Sheldrick Wildlife Trust)을 세웠다.

소리 톤 등은 모두 중요한 신호다. 이는 또한 종들의 습관과 문화에 관해 알 수 있도록 도와준다. 그리고 인간의 경우와 마찬가지로 한 개체와의 반복적인 경험은 그 개체 고유의 욕구와 소망을 이해하는 데 도움을 준다. 기의가 무엇인지 주의를 기울이고 공부함으로써 그 기표를 알게 되고 이에 관심을 기울이게 된다.[19] 이러한 방식으로 애덤스(1990)가 말했던 유명한 개념인 **부재 지시대상**은 담론 속에서 복구되며 동물들의 이야기가 서사의 한 부분이 되고 그렇게 그들과 대화할 가능성이 열린다.

여기에 깔린 전제는 우리가 동물의 의사를 아는 주된 방법 중 하나는 상동성에 기초한 유추라는 점이다. 만약 개가 짖고 낑낑대고 뛰어다니고 상처를 핥을 때, 나는 내가 상처를 입는다면 내가 그 고통으로 인해 개와 유사하게 울거나 안절부절할 것(이라 느낄 것)이기에 나는 그 동물이 나와 같은 종류의 고통을 느끼고 있으며 그 괴로움을 표현하고 있다고 결론 내리게 된다. 즉 동물이 어떻게 느낄지 상상하는 것은 그와 유사한 상황에서 자신이 어떻게 느낄지에 기초한다.[20] 이에 더해 비슷한 상황에서 비슷한 반응을 반복적으로 보이는 것은 개가 우리처럼 상처로 인한 고통을 경험한다는, 즉 그들이 고통을 느끼고 고통을 좋아하지 않

통의 상대"는 죽임당하거나 먹히고 싶지 않다고 언제나 명확히 말하고, 대화적 윤리에 따라 우리는 이에 윤리적으로 응답해야 하기 때문이다.

19 나는 여기서 구조주의의 고전적인 용어를 수정하고 있다.

20 다른 존재의 내적 상태에 관한 앎이라는 주제를 다룬 고전적인 논문 「타자의 마음Other Minds」([1946] 1979)에서 J. L. 오스틴J. L. Austin은 그러한 의사소통의 일차적인 전제조건이 자신이 타자의 감정을 이미 느껴 보았어야 한다는 것이라고 본다(104). 그러나 오스틴은 네이글과 마찬가지로 "고양이 혹은 바퀴벌레가 되는 느낌은 어떨지" 알 수 있을 가능성을 기각한다(105).

는다는 일반화된 결론을 귀납적으로 도출하게 해 준다. 따라서 내 생각에 인간이 동물을 이해할 수 있는지 묻는 것은 의미 없는 질문이다. 미즐리가 지적한 것처럼 인간이 동물을 이해할 수 있다는 것은 반복적인 성공에 의해 이미 충분하게 증명되어 왔다(1983, 113, 115, 133, 142).

물론 인간의 경우와 마찬가지로 동물과 의사소통하는 문제에도 언제나 오독의 위험이 있으며, 동질적이지 않음에도 상동적인 행동으로 잘못 해석할 수 있다. 모든 의사소통이 불완전하다는 것은 틀림없는 사실이다. 그리고 (인간과 마찬가지로) 동물 행동에 대한 많은 점들이 미지의 것으로 남아 있다. 페미니즘 돌봄 윤리 이론가들은 의사소통이 불가능한 인간의 욕구를 헤아리려 시도하는 것에 내재하는 어려움과 그에게 자신의 시각이나 욕구를 강제로 투사할 때 따르는 위험을 살펴 왔다. 그러나 앨리슨 재거Alison Jaggar가 요약하듯이, 돌봄 이론가들은 일반적으로 "세심한 주의력을 통해 그러한 위험을 피할 수 있다[혹은 적어도 축소할 수 있다]"고 주장하는데, 이때 "주의력은 개방성, 수용 능력, 감정이입, 감수성, 상상력과 같은 태도나 능력을 전제로 한 일종의 훈련으로 묘사된다."(1995, 190)

아프거나 고통받는 동물을 이해하는 일은 심지어 그것이 동물에 대한 감정이입이나 연민이라 할지라도 그 동물을 향한 인간의 윤리적 행동을 보장하지 않는다. 그러므로 애초에 감정적인 이입 반응은 반드시 그 상황을 비판적으로 분석할 수 있게 하는 (훈련과 교육을 통해 획득된) 윤리적이고 정치적인 관점으로 보충되어야 한다. 이를 통해 동물의 고통에 누가 책임이 있고 어떻게 그 고통을 가능한 한 경감시킬 수 있는지 결정을 내릴 수 있다. 최근 『타인의 고통Regarding the Pain of Others』(2003)에

1978년 영국에서 '동물의 환원불가능한 권리를 지지하는 레즈비언들(Lesbians for Animals' Irreducible Rights)'이 설립되었다.

서 수전 손택Susan Sontag은 사람들이 타인의 고통이 재현된 사진을 본다고 해서 자동적으로 윤리적인 행동을 하게 되지는 않는다고 경고한 바 있다(그는 동물의 이미지를 다루지는 않는다). 그는 "상상과 감정이입"에 실패하고 공감 어린 반응을 하지 않는 사람을 "도덕적 괴물"로 정의하면서도(2003, 8),[21] 종종 여러 이데올로기가 도덕적 반응을 방해한다고 주장한다. 손택에 따르면, 많은 경우 연민이란 대상이 호소하는 고통에 자기 자신이 얼마나 기여하는지에 관한 자기반성이 결여된 우월성이나 특권을 함축한다. 따라서 이러한 연민의 반응이 진정한 윤리적 행동으로 이어지려면 높은 수준의 휴머니즘적 정치 의식이 반드시 함께 동반되어야 한다고 그는 강조한다. 잔혹 행위를 재현한 사진은 그 고통에 누가 책임이 있는지 등과 같은 질문에 "주의를 기울이고 성찰하도록 권유하는 것 이상을 해낼 수 없다."(117)[22]

페미니즘 동물 돌봄 이론 선집 『동물권을 넘어서』의 몇몇 저자들은 이 맥락에서 딘 커틴Deane Curtin이 말한 "돌봄의 정치적 윤리"(1996, 65)를 주장한다. 이는 돌봄과 연민이 일어나는 정치적 맥락을 인식해야 한다는 개념이다. 유명한 헤인츠 가정(죽어 가는 아내를 살리기 위한 다른 방법이 없는 상황에서 약을 훔칠지 말지 결정해야 하는 상황)에 관한 논의에서, 나는 "정치적 돌봄 윤리에 대한 응답은 더 확장된 관점에서 정치적·경제적 맥락을 살펴보아야 한다는 것이다. (…) 즉 이 가설에서 문제의 원흉은 민영화된 의료보험 체계이며 이러한 사태는 그 체계를 변화시키려는 행동

---

21 수전 손택, 『타인의 고통』, 이재원 옮김, 이후, 2004, 25쪽, 번역 일부 수정. ―옮긴이.
22 위의 책, 170쪽, 번역 일부 수정. ―옮긴이.

에 동기부여를 하도록 기능해야 한다"(Donovan 1996, 161)고 말했다. 그리고 애덤스가 「고통에 관심을 기울이기Caring about Suffering」(1996, 174)에서 지적했듯이 페미니즘 동물 돌봄 이론은 동물(과 인간)의 고통의 근원인 "성-종 체계sex-species system"를 반드시 인식해야 한다.

브라이언 루크Brian Luke는 자주 인용되는 논문 「우리 자신을 길들이기 혹은 야생으로 돌아가기Taming Ourselves or Going Feral?」(1995)에서 광범위하게 이루어지는 이데올로기적 훈육이 어떻게 대부분의 사람이 동물에게 느낀다고 여겨지는 자연스러운 감정이입 반응을 미리 가로막는지 밝힌다. 그의 주장에 따르면, 동물 착취와 고통에 대한 이데올로기적 부정과 정당화는 어릴 적부터 주입되기에 아이들은 동물에게 연민을 느낄 수 있는 초기부터 교육받을 필요가 있다. 루크는 동물들의 고통으로부터 이익을 취하는 사람들에 의해 고통이 합리화되고 합법화되는 방식을 목록화한다(1995, 303–311). 그러므로 사람들이 악을 직시하고 고통에 관심을 기울이도록 하는 일은 동물 착취와 학대를 합법화하는 이데올로기적 합리화를 걷어 내는 일이다. 그러한 행동을 감추기 위해 사용되는 악랄한 완곡어법들을 인식하는 일은 이러한 방향으로 나아가는 중요한 단계에 놓인다고 할 수 있다(조앤 두나이어Joan Dunayer의 최근 저서인 『동물 평등Animal Equality』[2001]은 이 완곡어법의 사용을 방대하게 기록하고 있다).

그러나 이는 그저 돌봄에 정치적인 관점을 보충하는 문제만은 아니다. 조앤 트론토Joan Tronto가 "돌봄의 정치적 윤리"(1993, 155)를 요청하며 지적했던 것처럼 돌봄의 경험은 그 자체로 정치적 분석을 이끌어 낼 수 있다. "돌봄은 우리가 이 개념을 권력관계를 밝히는 방식으로 사용할 때

1978년 수전 그리핀(Susan Griffin)의 『여성과 자연: 그녀 안의 포효(Woman and Nature: The Roaring Inside Her)』가 출간되었다.

비판적인 정치적 분석을 위한 도구가 된다."(172) 다시 말해 비록 트론토가 동물에 관한 문제를 다루지는 않지만 누군가가 고통받는 동물에 연민을 느낀다면 그는 '왜 이 동물이 고통을 받는가'라는 질문을 이어 갈 수 있다. 이에 대한 대답은 동물이 고통받는 이유에 대한 정치적 분석이 될 수 있다. 이 사상가들이 강조하듯이, 돌봄 윤리가 작동할 수 있으려면 비판적 사고를 위한 교육은 필수적이다.

넬 나딩스Nel Noddings가 주장한 것처럼 돌봄과 감정이입의 실천을 위한 교육도 필요하다(1984, 153).[23] 실제로 그레고리 베이트슨Gregory Bateson과 메리 캐서린 베이트슨Mary Catherine Bateson은 "감정이입은 훈련"이며, 따라서 가르칠 수 있다고 주장했다(1987, 195). 그들은 여러 종교가 영적 훈련의 일환으로 감정이입에 기반한 이해에 도달하기 위해 상상력을 발휘하는 연습을 한다고 언급했다(195). 그러한 연습 방법은 학교(특히 고등학교)와 같은 세속화된 기관에서 사용하기에 적합하도록 수정될 수 있다. 분명 그러한 훈련이 지향하는 큰 목표는 단지 감정적 동일시뿐 아니라 동물들이 무엇을 말하는지 듣고 진지하게 고려하고 관심을 기울이는 법을 배우는, 그들의 언어를 읽고 그것에 주의를 기울이는 법을 배우는 지적인 이해일 것이다. 급성장 중인 동물행동학 분야는 이러한 연구에 도움이 될 중요한 새로운 정보를 제공해 준다.

결론적으로 페미니즘 동물 돌봄 윤리는 관점에 있어 정치적이어야 하며 방법에 있어 대화적이어야 한다. (샌드라 하딩Sandra Harding이 실험실에

23 하지만 나딩스(1991)는 돌봄 이론을 동물에 적용하는 데 의구심을 표한다. 나딩스의 입장에 관한 나의 비판도 참조할 수 있다(Donovan 1991).

서 마주치는 만남의 특징을 설명했던 것처럼) "과학적 주체의 목소리는 (…) 일반적이고 추상적인 권위를 가지고 말하며 연구 대상들은 오직 과학자들이 묻는 것에 대한 반응으로써 '말'한다"(Harding 1986, 124)[24]는 과학적 방법의 제국주의적 명령을 거부함으로써, 인간은 자신의 목소리를 동물에게 강제로 투사하는 일을 멈춰야 한다. 로즈메리 래드포드 루서의 말처럼 동물과의 관계는 더 이상 "외부 대상을 정복"하는 것이 아니라 "두 주체 간의 대화"가 되어야 한다. 우리는 "'타자'가 존중받아야 할 고유한 '본성'을 지니고 있으며 우리는 그러한 타자의 본성을 존중하는 바탕 위에서 대화에 참여해야 한다"는 사실을 인식해야 한다(Ruether 1975, 195–196). 동물에 대한 대우를 위한 대화적 윤리는 바로 이에 기초해 정치적 맥락을 숙고함으로써 수립될 것이다.[25]

감사의 말

몇 년 전 이 방향으로 사고할 수 있도록 자극해 준 얼링 스코픈Erling Skorpen에게 감사를 전한다. 또한 입장론을 동물에 적용할 생각을 심어 준 애덤스, 여러 제안을 해 준 『사인스Signs』의 편집자와 독자들, 매일 나

24 샌드라 하딩, 『페미니즘과 과학』, 이재경·박혜경 옮김, 이화여자대학교출판부, 2002, 161쪽, 번역 일부 수정. —옮긴이.

25 대화적 윤리 이론을 옹호하고 탐구한 다른 이론가들로 마르틴 부버Martin Buber, 시몬 베유Simone Weil, 아이리스 머독Iris Murdoch, 미하일 바흐친Mikhail Bakhtin이 있다. 자세한 논의는 Donovan 1996 참조.

1979년 가부장제 문화에서의 이성애주의와 자연의 억압 간의 관계를 이론화한 초기의 책 중 하나인 엘리자베스 도슨 그레이(Elizabeth Dodson Gray)의 『잃어버린 녹색 낙원(Green Paradise Lost)』이 출간되었다.

와 대화를 나누었던 나의 개 오로라(1989–2007)와 세이디(1994–2010)에게 고마운 마음을 전한다.

3장. 연민, 그리고 인간으로 존재한다는 것

딘 커틴

들어가며: 연민 대 권리

에코페미니스트들은 윤리에 대한 돌봄/감정이입empathy/연민compassion의 접근법, 즉 정동의 중요성을 강조하는 접근법이 추상적인 권리의 윤리보다 좀 더 근본적이라는 전제를 공유한다. 돌봄 윤리는 여성과 남성의 도덕적 경험이 조직되는 다양한 방식에 가치를 부여한다는 점에서 확실히 더 **포용적**이다. 또한 돌봄 윤리는 윤리학이 인간의 고유한 특성, 즉 **인간**의 이성에 토대를 두어야 한다는 전제에서 출발하지 않는바, 덜 인간중심주의적이다. 그러나 돌봄이 권리보다 우리의 도덕적 경험과 더 깊이 관련되어 있기 때문에 돌봄 윤리가 훨씬 **근본적인** 것일까? 이 질문에 답하려면 관계적 돌봄 윤리에서 정동과 합리성 사이의 관계를 살펴보아야 한다.

논의를 진행하기에 앞서 우선 이 글에서 사용하는 용어를 명확히 설명할 필요가 있다.

1979년 엘리자베스 피셔(Elizabeth Fisher)의 『여성의 창조: 성적 진화와 사회의 형성(Woman's Creation: Sexual Evolution and the Shaping of Society)』이 출간되었다.

나는 '권리의 접근법'을 정치적 자유주의의 핵심인 도덕적 기능의 시각, 즉 홉스, 로크, 밀, 존 롤스 등 서로 전혀 다른 철학자들이 공유하는 철학적 시각을 의미하는 용어로 사용한다. 이러한 시각에서 개인의 권리는 기본 원칙에 해당한다. 따라서 자유주의자들은 강력히 개체화된 합리적 자아, 즉 도덕적 자율성을 가진 자아를 권리의 소유자로 내세운다. 또한 권리는 항상 의무를 수반한다. 내가 당신의 자유를 존중하지 않는다면, 나 역시 표현의 자유에 대한 권리를 가질 수 없다.

자유주의자들은 보통 적극적 권리positive rights와 소극적 권리negative rights를 구별한다. 서구 전통에서 핵심 권리는 대부분 소극적 권리다. 브랜다이스Brandeis 판사의 유명한 말처럼, 가장 중요한 권리는 "간섭받지 않을 권리"다.[1] 즉 사생활에 대한 권리는 자유주의의 기본 원칙이다. 예컨대 종교의 자유는 기본적으로 종교적 선호에 대한 의사결정 과정에서 "간섭받지 않을" 권리, 즉 사생활에 대한 권리다.

이것이 자유주의에서 삶의 공적 영역과 사적 영역 간 구별이 그토록 중요한 이유다. 롤스의 유명한 개념을 변형해 보자면, 공적 영역은 무지의 베일 뒤에 가려져 기본적인 공정성을 확립할 수 있을 정도로만 최소화되어야 하며, 이를 통해 사적 영역은 극대화될 수 있다. 나 자신을 위한 실질적인 선善을 선택할 수 있도록 사회가 간섭하지 않을 때, 나는 자유롭다.

반면 적극적 권리는 더 국부적인localized 경향이 있다. 이것은 현재 기능하고 있는 제도의 맥락 안에서 작동한다. 예를 들어 교육에 대한 권리

1 Olmstead vs. United States 277 U.S. 438(1928) 참조.

는 이미 사회에 존재하는 것들에 관해 주장한다. 이 권리는 교육 제도가 존재하고 교육의 제공에 대한 국가와 시민들 사이의 합의가 존재하는 영역 내에서만 기능한다. 적극적 권리는 특별한 경우에 해당하는바 내가 연민 대 권리에 관해 말하려는 것은 대부분 소극적 권리와 관련된다.

나는 돌봄이나 감정이입보다 '연민'이라는 단어를 보통 더 선호한다. 나에게 연민은 **발달된** 도덕적 역량인 반면, 돌봄이나 감정이입은 연민을 가능케 하는 선천적 능력에 더 가깝다. 인간과 다른 많은 동물은 선천적으로 타자의 고통에 감정이입을 한다. 이에 반해 연민은 다른 존재를 이롭게 하려는 계발된 열망이다.

나는 '연민'이라는 단어를 달라이 라마Dalai Lama가 그의 최근 저서 『종교를 넘어Beyond Religion』에서 설명한 방식대로 사용한다.

> 연민이 감정이입에서 생겨나긴 하지만, 그 둘은 같지 않다. 감정이입은 다른 사람과 함께 느끼는 것, 즉 일종의 감정적 공명으로 특징지어진다. 이와 대조적으로 연민은 단지 타인들과 경험을 공유하는 것일 뿐 아니라, 그들이 고통에서 놓여나는 것을 보길 바라는 것이다. 연민은 느낌의 층위에 전적으로 머무르는 것을 의미하지 않는데, 그렇게 하는 것은 [사람을—옮긴이] 상당히 소진시킬 수 있다. 연민적인 의사가 환자의 고통을 함께 나누는 데에만 골몰한다면, 결국 그는 그리 유능한 의사가 될 수 없을 것이다. 연민은 타인들이 겪는 곤란을 완화시키기 위해 어떠한 행동을 취하고 싶어 하는 마음을 의미하며, 남을 돕고자 하는 이 욕망은 우리를 고통 속으로 더 끌어들이기는커녕 기실 에너지, 목적의식, 방향감각 등을 가져다준다. 이러한 동기에 따라 행동할 때, 우리와 우리를 둘러싼

1980년 영국 북부에서 "그들이 가장 적게 기대할 때 울타리를 넘자"라는 모토와 함께 북부 동물 해방 연맹(Northern Animal Liberation League)이 활성화되었다.

이들 모두 한층 더 이로워질 것이다.(2011, 55)[2]

위 인용문은 내가 이 글에서 검토하고자 하는 두 가지 사항을 강조한다. 하나는 연민이 단지 감정 반응에 불과한 것이 아니라, 이성과 느낌의 조화라는 점이다. 또 다른 하나는 이성과 느낌이 조화를 이룸으로써 연민이 감정이입보다 더 탄력적인resilient 것이 된다는 점이다. 이러한 탄력성은 윤리적 실천을 가능케 하는 것이자, 정치적 자유주의의 비난에 맞서 연민을 변호하는 핵심이다.

윤리를 향한 두 가지 접근법에 대한 이 간략한 스케치조차도 둘 사이의 주요한 차이를 시사한다. 자유주의가 권리의 소유자를 강력히 개체화된 자율적 자아로 상정할 때만 타당한 반면, 연민은 관계적 자아에서 발원한다. 권리와 의무가 권리의 소유자들 사이에서 호혜적인 성격을 띠며, 따라서 도덕의 영역을 그러한 호혜적 행위를 **할 수 있는** 이들(칸트의 합리적인 '인격체들')에게 한정하는 데 반해, 진정한 연민은 호혜적이지 않음에 의해 정의된다. 실제로 어떤 사람의 동기가 보답을 향한 기대에 기초해 있음을 발견할 때, 우리는 이를 그 동기가 연민이 아니라는 증거로 받아들인다.

나아가 자아와 타자 사이의 구분이 자유주의에서 매우 중요한바, 핵심 쟁점은 이기주의 대 이타주의의 대립 구도다. 자유주의가 다루는 질문은 대체로 다음과 같은 것이다. 나는 [나라는—옮긴이] 이 자율적 행

2 달라이 라마, 『달라이 라마의 종교를 넘어』, 이현 옮김, 김영사, 2013, 85-86쪽, 번역 수정.—옮긴이.

위자에게 이익을 가져다주는 것에 만족해야 하는가, 아니면 자아/타자의 구분을 뛰어넘어 타자들을 도울 의무가 내게 있는가? 관계적 자아를 고려할 때, 연민의 관점에서 이기주의/이타주의의 구분은 한마디로 그리 타당하지 않다. 달라이 라마가 인용문의 마지막에서 말한 것처럼, 일반적으로 타자들을 돕는 것은 또한 자기 자신을 돕는 것이기도 하다. 그렇다면 윤리는 타자들, 심지어 우리가 동의하지 않는 타자들과의 실천적 협력이라고 할 수 있다. 윤리는 제로섬 경쟁이 아니다.

마지막으로 자유주의가 윤리의 과제를 선악의 구별을 가능케 하는 규칙을 제공하는 것으로 보는 반면, 연민은 윤리의 기본 과제를 상이하게 바라본다는 점을 제시하고자 한다. 연민 윤리의 한 가지 모델은 건강이다.

끝으로 나는 이 점을 명확히 밝히고 싶다. 나는 권리 논변이 도덕 담론에서 제외되어야 한다고 주장하지 않는다. 내 주장은 단지 연민이 더욱 기본적이라는 것이다. 자유주의가 서구의 도덕적 직관에 있어 매우 중요하기에, 그러한 직관을 보편적으로 적용하는 것은 일종의 자유주의적 제국주의에 해당한다는 말을 우리는 종종 듣는다. 이러한 시각에 어느 정도 동의하는 편이긴 하지만, 나는 결국 권리가 특정 맥락에서는 유용하리라는 점을 지지한다.[3] 그렇게 이해할 때, 권리는 연민의 윤리와 상호보완적 관계를 이룬다고 할 수 있다.

---

3 중국이 정치범을 고문하는 행위가 티베트인의 인권을 침해하는 것이라는 달라이 라마 성하聖下의 주장은 보편적 울림을 주며, 어쩌면 이는 연민을 향한 호소보다 훨씬 더 효과적일 수 있다. 나는 성하가 종종 연민과 권리 모두에 호소한다는 점에 주목하려 한다. 이는 또한 영국에 맞서는 간디의 도덕적 주장이 갖는 핵심 특징이기도 했다.

1980년 '동물의 윤리적 대우를 지지하는 사람들(People for the Ethical Treatment of Animals, PETA)'이 설립되었다.

이어지는 절에서는 소극적 권리와 연민 사이의 차이를 논의하면서, 연민이 기본적임을 주장하고자 한다. 연민은 우리가 삶의 도덕적 영역에서 다른 존재들과 관계를 맺는 근본적인 방식이다. 권리의 자리도 존재하지만, 그것은 부수적일 따름이다. 여기에서 내가 이를 충분히 논증할 수는 없겠지만, 나는 정의justice가 연민에 기여한다고 믿는다. 즉 우리가 지지할 수 있는 모든 법적 체계의 정의는 최소한 부분적으로라도 연민의 성격을 가지는 정의를 제시한다는 특징이 있다.

연민에 반대하는 주장들

서양철학에는 연민의 우선성에 반대하는 두 가지 기본 주장이 존재한다. 하나는 인식론적인 주장이고, 다른 하나는 윤리학적인 주장이다. 전자는 익숙하다. 이를 가장 분명하게 지지한 이는 플라톤이다. 합리성은 보편적이고 객관적이며 공정하다impartial. 우리는 윤리가 행위의 지침을 제공하기를 바라는바 윤리는 주관적이어서는 안 된다. 윤리는 주관적 감정보다는 객관적 이성에 의지하는 것이어야 한다. 연민은 바로 그 감정에 의지한다.

윤리학적 주장은 어떤 면에서 더 흥미롭고 도전적이다. 그리스·로마의 스토아학파와 스피노자가 이러한 주장을 펼쳤으며, 그 가장 극단적인 형태는 니체에게서 발견된다. 이러한 시각은 연민이 실제로 파괴적 감정 및 성품의 상태를 초래하며, 그리하여 비도덕적 행위를 야기한다고 주장한다. 스토아학파식 설명은 다음과 같이 전개된다. 자신의 외부에 존재하는 외견상의 선apparent goods에 대한 모든 애착은 고통으로 이어지는데, 이는 우리가 외적 사건을 당연히 통제할 수 없기 때문이다. 따라서 행복한 삶의 열쇠는 오직 그 자신이 합리적인 한에서 스스로에게 달려 있다. 연민은 우리를 외부적 선에 부착시키는 감정이다. 그러므로 연민은 도덕적 삶에 어울리지 않는다. 스토아학파는 우리가 외적 선을 거부함으로써 또한 인간 갈등의 주요 원인, 즉 명성이나 재산 등의 외적 선을 둘러싼 갈등을 차단한다고 덧붙인다. 즉 연민을 거부하면 평화로운 삶을 누릴 수 있다는 것이다.

스피노자, 칸트, 니체는 연민이 도덕적 삶의 가능성을 저해하는 나약함이라는 스토아주의적 관념을 받아들인다. 연민은 우리에게 연민받는 이들을 비하함으로써 이루어진다. 칸트는 연민을 가리켜 "모욕적인 종류의 자비심benevolence"이라고 말한다(Nussbaum 2001, 378).[4] 연민은 우월한 이가 연민의 대상이 되는 이를 내려다보는 동정pity의 한 형태라는 것이다. 그것은 도덕적 나약함에 보상을 제공한다.

이 두 주장 모두 이성과 감정이 범주적으로 구분된다는 가정에 기대고 있다. 이성은 객관적이고 보편적이며 감정에 좌우되지 않는다. 감정은 주관적이고 변덕스러우며 자아와 타자에게 위험하다. 이와 관련해 실질적인 철학적 차이가 존재하긴 하지만, 우리는 또한 서양철학자들이 문화적으로 특정한 연민의 정의를 상정하고 있을 가능성도 고려할 필요가 있다. 많은 사전이 연민을 동정과 관련된 것으로 **정의한다**. 이것

4 마사 누스바움, 『감정의 격동 2: 연민』, 조형준 옮김, 새물결출판사, 2015, 686쪽, 번역 일부 수정. —옮긴이.

1980년 캐롤린 머천트(Carolyn Merchant)의 『자연의 죽음: 여성과 생태학, 그리고 과학 혁명(The Death of Nature: Women, Ecology, and the Scientific Revolution)』이 출간되었다.

은 실수이자 문화적 편견인데, 철학 전통 전반에 걸쳐 연민을 살펴봄으로써 이 실수와 편견을 바로잡을 수 있다.

무엇이 도덕성을 가능하게 하는가?

연민을 우선시하는 데는 심층 생물학적 이유, 즉 이 세계에 우리가 존재하는 방식과 관련된 이유가 있다. 진화는 인간의 감정이입을, 그리하여 연민을 가능하게 했다. 1990년대 파르마 대학교 연구진은 뇌의 F5 영역에서 거울뉴런mirror neuron이라고 불리는 것을 발견했다. 거울뉴런은 감정이입을 가능케 한다. 이를테면 내가 하품을 할 때 같은 공간에 있는 다른 많은 사람 역시 피곤하지 않더라도 하품을 하기 시작할 확률이 높다. 혹은 아이에게 밥을 먹이려 하는 어머니는 아이의 입이 벌어지는 것에 대한 교감 반응으로 입을 벌리는데, 이러한 감정이입 반응은 거울뉴런의 기능에 의한 것이다. 과학철학자 토머스 멧징어Thomas Metzinger가 주장하듯이, "거울뉴런 덕분에 우리는 다른 인간의 움직임을 의미 있는 것으로 의식하는 경험을 할 수 있다."(Metzinger 2009, 172)

물론 양육의 영향으로 이러한 기본적인 생물학적 작용은 방해를 받을 수 있다. 아이들이 주변 어른들을 믿을 수 없는 존재로 학습하게 된다면, 또 세계를 환대적인 곳이라기보다는 위험한 곳으로 여기게 된다면, 뇌의 이러한 부분들은 발달하지 않는다. 실제로 얼마나 많은 인간의 사회적 병리가 거울뉴런의 발달 문제에서 유래하는지 탐구하는 것은 하나의 연구 경향을 이룬다. 최근 연구들은 거울뉴런이 남성보다 여성에게서 더 활동적일 가능성이 있다는 그리 놀랍지는 않은 결론을 제시하기도 한다. 그렇다면 거꾸로 양육이 감정이입을 더욱 활성화시킬 가능성이 존재한다는 것 역시 사실일 수 있다.[4]

그렇다고 할 때, [서론에서 언급한—옮긴이] 근본성에 대한 주장과 관련해, 타자들에게 감정이입하면서 의미 있는 경험을 공유할 수 있는 기본적인 유전적 능력이 없다면, 우리는 인간이 아닐 것이라는, 즉 사회적인 (그리하여 도덕적인) 존재가 결코 아닐 것이라는 주장도 가능하다. 나아가 이는 우리 자신과 마찬가지로 이해와 돌봄으로 대우받아야 할 타자들이 **존재한다**는 이해도 가능하게 할 것이다. 아마도 감정이입은 인간으로 존재한다는 것을 정의하는 하나의/일반적인a/the 특성일 것이다. 진화론적 관점에서 감정이입은 우리에게 엄청난 성공을 안겨 준 특성이다.

그럼에도 인간 존재를 정의하는 고전적 특성들—아리스토텔레스의 "합리적 동물"이나 데카르트의 "생각하는 존재"—이 인간성을 자연으로부터 분리시키려 하는 것과 달리, 감정이입을 기본 특성으로 생각하는 것은 우리와 다른 존재들 사이의 상호연결성을 드러낸다. 현대 과학은 인간이 자연과 범주적으로 다르다는 고전철학의 입장을 바로잡는다. 인간으로 존재한다는 것은 종류라기보다 정도의 문제다.

거울뉴런은 마카크원숭이[6]에게서 처음 발견되었으며, 다른 비인간

---

5 일반적으로 신경가소성neuroplasticity이라는 주제는 도덕 발달을 철저히 설명하는 데 있어 중요하며, 또 매력적이다.

6 이 분야의 초기 연구는 대부분 마카크원숭이의 뇌를 해부하는 방식으로 수행되었다. 또한 사회성에 대한 연구들은 사회적 상호작용을 차단당한 비인간 영장류를 대상으로 이

1980년 '블러드루트 콜렉티브'가 『정치적 미각: 페미니스트 채식주의자를 위한 요리책(The Political Palate: A Feminist Vegetarian Cookbook)』을 출간했다

영장류와 새, 그리고 어쩌면 문어에게도 존재한다고 현재 알려져 있다. 멧징어가 지적했듯이, "거울뉴런 이야기는 물살이 떼나 새 떼 같은 동물 집단이 어떻게 엄청난 속도와 정확성으로 행동의 조화를 이루어 내는가에 대한 아이디어를 우리에게 제공한다."(2009, 173) 도덕적 관점에서 볼 때 가장 흥미로운 것은, 가장 우리의 관심을 끄는 비인간 타자들, 즉 "우리에게 시선을 되돌려 주는" 듯한 타자들이 보노보, 코끼리, 돌고래 등 발달된 거울뉴런을 가진 존재들이라는 점이다. 간단히 말해 거울뉴런은 사회적 자아, 즉 의미 있는 세계에 참여하는 자아의 생물학적 토대다. 이러한 특성은 인간에게만 고유한 것이 결코 아니다.

기본적인 생물학적 수준에서, 거울뉴런은 생존을 위해 충분히 균형 잡힌 상태에 머무르려는 기본적인 생물학적 능력, 즉 **항상성**을 유지하는 데 기여한다. 신경과학자 안토니오 다마지오Antonio Damasio는 이를 다음과 같이 설명한다.

> 살아 있는 세포가 계속 살아 있으려면 무엇이 필요할까? 아주 간단히 말해, 좋은 내부 관리housekeeping와 좋은 외부 관계, 즉 살아 있음에 의해 야기되는 무수한 문제들을 잘 관리하는 것이 필요하다. 단일 세포든 수조 개의 세포로 이루어진 거대한 생물이든, 생명은 적절한 영양소를 에너지로 변환할 수 있어야 하며, 이는 결국 여러 문제를 해결할 수 있는 능력을 필요로 한다. 이 능력이란 이를테면 에너지 생산물을 찾는 것, 이를 몸 안에 저장하는 것, ATP라고 알려진 에너지의 보편적 화폐로 전환시

루어지는 경우가 많았다. 이와 같은 접근법에는 명백히 도덕적 문제가 있다.

> 키는 것, 노폐물을 처리하는 것, 적합한 대상을 찾고 이를 통합시키는 동일한 루틴을 지속하기 위해 신체가 필요로 하는 모든 종류의 요소에 에너지를 사용하는 것 등을 말한다.(2010, 41)

요컨대 우리는 단세포 유기체와도 항상성을 공유한다. 그러나 생물학적으로 복잡한 다른 많은 생물과 인간에게서 항상성은 감정이입을 통해 드러난다. 사회성은 우리의 생존에 기여한다.

다마지오에 따르면, "생물학적 가치"를 발생시키는 것은 항상성을 향한 생물학적 욕구다(2010, 48). 음식과 산소는 생존을 위해 꼭 필요한 비도덕적인 생물학적 가치를 가진다. 그러나 다마지오는 한 걸음 더 나아가 "항상성은 놀라운 도약을 통해 사회문화적 공간으로 확장된다. 사법 체계, 경제·정치 조직, 예술, 의학, 그리고 기술은 새로운 조절 장치의 예시들이다"(26)라고 주장한다.

산소에서 사법 체계로, 이는 실로 "놀라운 도약"이다. 이것은 생물학적 감정이입이 어떻게 연민으로 전환되는가에 대한 물음을 제기한다.

감정이입에서 연민으로의 변화

감정이입할 수 있는 능력이 우리가 기본적으로 가지고 있는 것인 반면, **도덕적** 노력으로서의 연민은 계발해야 하는 것이다. 단순히 거울뉴런을 가진 생물이라고 해서 인간이 연민적으로 행동하는 성숙한 역량을 발전시켰다고 말할 수는 없다. 마사 누스바움Martha Nussbaum의 용어

1981년 샐리 기어하트(Sally Gearhart)가 세계 실험동물의 날에 열린 집회에서 상호연결된 억압에 관해 연설했다.

를 빌리자면, **능력**capacity은 실제 인간의 **기능**을 일컫는 **역량**capability으로 계발되어야 한다(2000). 이 과정은 우리의 기본적인 감정이입 능력을 능숙하게 사용할 수 있게 되는 것, 즉 도덕적 느낌의 함양을 포함한다.

바로 이 지점에서 우리는 도덕적 능숙함이라는 관념을 통해 연민에 대한 인식론적 반대에 대응해야 할 필요가 있다. 비판측이 상정하듯 이성과 감정이 범주적으로 상이한 것이라면, 감정이입은 연민으로 발전될 수 없다. 감정이입은 순수한 감정이며, 따라서 도덕적 발달을 이끌 수 없다는 것이다. 나는 이러한 시각이 비극적인 오해라고 생각한다. 기실 연민이 활성화될 때 느낌과 이성은 서로 조화를 이루면서 도덕적 실천으로 이어진다.

나는 다시 한번 다마지오에서 시작하고자 한다. 그가 감정과 느낌 사이의 유용한 구분을 제시하기 때문이다. 다마지오에 따르면, "감정과 느낌은 비록 단단히 묶여 있는 순환 구조의 일부이기는 하지만, 서로 구별될 수 있는 과정이다."(2010, 109) 여기에서 중요한 점은 두 가지다. 첫째, 감정과 느낌은 하나의 순환 구조로 단단히 묶여 있다. 둘째, 감정과 느낌은 과정이지 고정된 실체가 아니다.

계속해서 그는 이렇게 쓴다.

> 감정은 진화에 의해 만들어진 복잡하고 대체로 자동화되어 있는 행위의 프로그램이다. 이 행위들은 인지cognition에 대한 특정한 관념과 양태 들을 포함하는 인지적 프로그램에 의해 보완된다. 그러나 감정의 세계는 얼굴 표정과 자세에서부터 내장과 내적 환경의 변화에 이르기까

> 지 대부분 우리 몸을 통해 수행되는 행위들 중 하나다. 반면 감정에 관한 느낌은 우리가 감정을 드러내는 동안 우리의 몸과 정신에서 일어나는 일에 대한 복합적인 지각이다. 몸에 관한 한, 느낌은 행위 자체라기보다 행위의 이미지다. 느낌의 세계는 뇌 지도에서 실행되는 지각들 중 하나다.(2010, 109)

이러한 미묘한 차이는 잘못 전달되기 십상이지만, 요점은 분명하다고 생각한다. 감정은 예상되는 위험에 대한 두려움 같은 항상성의 일시적 붕괴에서 기인할 수 있다. 진화가 우리에게 심어 놓은 '투쟁 혹은 도주' 메커니즘은 균형 상태로 돌아가기 위한 하나의 기본적인 방식이다. 여기에는 확실히 인지적 요소가 존재한다. 매우 기본적인 어떤 층위에서 '위험해, 어떻게 좀 해 봐!'라는 식의 판단이 이루어진다. 그러나 여기서의 판단은 긴 반성reflection 과정이 아니다. 반성이 길어지면 죽음으로 이어질 수 있다. 또한 인지적 요소는 행위와 분리될 수 없다. 그것은 행위에 즉각적으로 동기를 부여하는 과정이다.

이에 반해 느낌은 "감정에 관한 느낌"이다. 느낌은 보다 반성적reflective이며, 인지적 요소가 더 분명하다. 느낌의 층위에서 나는 다음과 같은 것들을 물을 수 있고, 또 물을 수 있는 시간을 가지고 있다. 내가 정말로 위험에 맞서 싸웠어야 했는가? 싸우거나 도망치는 것이 아닌 다른 대안이 있었는가? 협상을 위한 기회가 존재했는가?

사랑과 증오에 관해서도 똑같이 말할 수 있다. (유용한 진화적 특성인) 낭만적 사랑을 경험해 본 사람이라면 누구나 이러한 종류의 사랑이 증오와 얼마나 맞닿아 있는지 알고 있다. 부적절한 말 혹은 행동 하나가 순식

1982년 반다나 시바(Vandana Shiva)가 과학·기술·생태학 연구재단을 설립했다.

간에 누군가의 세계를 낭만적 사랑에서 혐오로 근본적으로 바꾸어 놓을 수 있다. 그러나 달갑지 않은 자극을 대해도 그렇게 쉽게 변하지 않는, 보다 반성적인 종류의 사랑도 있지 않을까? 더 반성적이고 연민적인 종류의 사랑은 상황의 원인과 조건을 이해하며 '투쟁 혹은 도주'라는 방식에 그렇게 빨리 의존하지 않는다.

그렇다고 할 때, 느낌은 수정되고 배양된 감정이다. 감정은 즉각적·신체적·사회적·감정이입적 반응이다. 느낌은 도덕적 실천이 발달함에 따라 감정으로부터 발전된다. 우리는 감정이 (자주 묘사되는 바와 같이 비합리적irrational인 것이 아니라) 비이성적nonrational이라고 말할 수 있다. 이에 반해 느낌은 이성과 느낌의 결합이자 사유와 행동의 통합에 대한 인간 경험의 패러다임이다.

[연민에 대한—옮긴이] 인식론적 반대는 감정과 느낌 사이의 구분을 인식하지 못한다는 점에서 문제가 있다. 감정은 비이성적인 반응이지, 반대론이 주장하듯 비합리적인 반응이 아니다. 감정에 대한 느낌은 강한 인지적 요소를 가지고 있다. 그러나 도덕적 합리성에 대한 추상적인 자유주의 관점과 달리, 느낌은 행위에서 추동되며 행위와 직접적으로 연관된다.

연민은 감정에 대한 배양된 느낌이다. 연민은 우리가 어떻게 느끼고 생각하며 행동하는지가 하나로 합쳐지는 장소다. 다시 말해, 연민은 세계에 대한 고립되고 합리적인 판단이 아니라, 하나의 배양된 **실천 practice**이다. 연민은 관계 맺음의 심원하고 지속적인 패턴이다. 고립된 합리적 판단이라기보다 하나의 실천으로서 연민은 무의식적인 것으로 보일 수도 있다. 이는 기교라는 관념과 연결된다. 훌륭한 바이올리니스트가 셀 수 없이 많은 시간을 연습practice해 콘서트에서 그의 연주가 완벽히 무의식적인 것으로 보이는 것과 같이, 연민 또한 마찬가지다. 연민은 셀 수 없이 많은 시간을 들인 연습/실천을 통해 우리의 존재 방식이 된다.

연민의 정의

연민에 대해 명확하게 이야기할 때 생기는 문제 중 하나는 연민이 사회적 맥락에, 또 인종, 젠더, 계급 문제에 확실히 영향을 받는다는 점이다. 앞서 지적했듯이 서양철학은 예컨대 달라이 라마의 인용문에 나타나는 불교 전통과 달리 연민을 단순하게 정의한다. 따라서 나와 매우 유사한 방식으로 연민에 대한 작업을 수행했던 두 명의 철학자, 누스바움과 로리 그루언의 연구를 살펴봄으로써, 내가 말하고자 하는 바를 더욱 명료히 할 수 있을 듯하다.

누스바움은 아리스토텔레스에게서 출발한 서구 전통을 주로 살펴보는, 연민에 대한 기념비적 저술을 남겼다. 그의 설명은 상당 부분 옳은 것처럼 보인다. (내가 느낌이라고 부르는) 감정을 가리켜, 그는 "가치의 지각에 대한 지적 반응"이라고 서술한 뒤, 다음과 같이 논의를 이어 나간다.

> 감정이 지력과 분별력으로 가득 차 있다고, 그 자체 안에 가치나 중요성에 대한 인식을 포함하고 있다고 해 보자. 그러면 예컨대 윤리적 판단에

> 대한 설명에서 쉽게 감정을 도외시할 수 없을 것이다. 철학사에서는 너무 자주 그렇게 해 왔지만 말이다. 우리는 감정을 윤리적 추론 체계의 핵심 부분으로 간주해야 할 것이다. 도덕을 초연한 지성에 의해 파악해야 할 원리의 체계로, 그리고 감정은 그 원리에 따라 행동하려는 선택을 지지하거나 반대하는 동기부여로 보는 대신에 말이다.(2001, 1)[6]

나는 여기에 동의한다.

그러나 그가 연민을 다음과 같이 정의하는 것은 우려스럽다. "간단히 말해 연민은 다른 사람이 부당한 불행을 겪고 있다는 인식에 의해 초래되는 고통스런 감정이다. 연민은 또한 어떤 형태에서는 아시아의 몇몇 문화 전통에 핵심적이기도 하다."(2001, 301)[8] 여기에서 "어떤 형태에서는"이라는 구절은 상당히 애매모호하다. 적어도 일부 아시아 전통에서는 연민이 고통스러운 감정이 아니며, "부당한 불행"이라는 표현을 사용하는 것도 명확하지 않다고 나는 생각한다. "연민적인 의사가 환자의 고통을 함께 나누는 데에만 골몰한다면, 결국 그는 그리 유능한 의사가 될 수 없을 것"이라는 달라이 라마의 언급을 다시 생각해 보자. 그의 요지는 의사가 감정이입과 관련된 고통스러운 감정을 느끼지 않는 것이 환자를 위하는 가장 좋은 방식이라는 것이다. 연민에 대한 누스바움의 미묘한 설명은 본질적으로 비극적인 아리스토텔레스적 인생관을 설명

---

7 마사 누스바움, 『감정의 격동 1: 인정과 욕망』, 조형준 옮김, 새물결출판사, 2015, 26쪽, 번역 일부 수정. — 옮긴이.

8 마사 누스바움, 『감정의 격동 2: 연민』, 552쪽, 번역 일부 수정. — 옮긴이.

하기 위한 것이다. 누스바움의 연민 개념은 자신과 성관계를 했던 사람이 자신의 어머니라는 사실을 발견하고 스스로 눈을 멀게 했던 오이디푸스에 대한 빼어난 묘사에서 우리가 경험할 수 있는, 그러한 느낌이다.

남아시아의 불교 전통에서 두카dhukka(고통)의 세 가지 주요 원인 중 하나는 우리가 살아 있다는 바로 그 사실이다. 즉 우리의 기본 조건이 필멸이라는 사실에도 불구하고, 우리는 삶에 집착한다[는 점에서 고통스럽다—옮긴이]. 이 조건을 "부당한 불행"이라는 말로 정확히 묘사할 수 있을까? 우리의 필멸성은 적응할 필요가 있는 하나의 사실일 따름이다. 그것은 마치 다른 어떤 선택지가 존재한다는 듯이 "부당한" 것이 아니다. 따라서 필멸성은 "불행"으로 여겨질 수 없다. 고통 없는 삶이 불가능하다고 하더라도, 어떤 의미에서 살아 있다는 것은 우리에게 위대한 "행운"이기도 한 것이다.

전형적인 그리스 비극과 마찬가지로, 누스바움의 시각은 상황이 달라졌을 수도 있었던 곳에서 연민의 자리를 발견한다. 비극을 가능하게 하는 "비극적 결함"이 바로 그것이다. 오이디푸스가 처한 상황이 달라졌을 수도 있었[기 때문에 그의 서사는 비극적이고 우리는 연민을 느낀—옮긴이]다. 이와 대조적으로, 나는 불교적 연민의 몇몇 특징에 스토아주의적 요소가 들어 있다고 생각한다. 연민은 우리에게 현실에 적응하는 능숙함을 계발할 것을 요구한다. 우리가 현실에 적응할 때라야 비로소 고통에서 벗어날 수 있다는 약속이 존재하는 것이다.

불교 용어로 논의를 조금 더 이어 간다면, 불교 전통은 지혜와 연민이 다른 것처럼 여겨지지만 실은 동일한 것이라고 간주한다. 지혜가 없으면 연민은 잘못 인도되기 쉽다. 연민은 고통의 진정한 원인에 관한 지혜

1982년 『동물 의제(Animals Agenda)』에 제인 마이어딩(Jane Meyerding)의 「페미니즘 비평과 문화제국주의(어디에서 하나가 끝나고 다른 하나가 시작되는가)(Feminist Criticism and Cultural Imperialism (Where does one end and the other begin)」가 발표되었다.

를 필요로 한다. 거꾸로 연민이 없으면 지혜는 냉담한 분석이 되고 만다. 연민은 삶의 중요한 상황들에 대한 판단과 느낌의 융합을 뜻한다.

이성 혹은 지혜를 활용해 연민을 형성하는 매우 유익한 역사적 사례를 하나 인용하고자 한다. 8세기의 위대한 불교철학자 샨띠 데바Śāntideva는 티베트 불교 전통 속 연민에 관한 사유 대부분의 원천이 되는 글을 남겼다. "내가 연민에 대해 알고 있는 바가 조금이라도 있다면, 내게 그것을 가르쳐 준 이는 샨띠 데바였다"라는 달라이 라마의 말은 그의 영향력을 짐작케 한다. 책에 대한 추천사로 나쁘지 않은 듯싶다.

샨띠 데바는 분노에 깊은 관심을 가졌는데, 분노란 순식간에 발생해 연민을 끝장내 버릴 정도로 너무나 압도적인 것이기 때문이다. 분노를 누그러뜨리기 위한 그의 가장 유명한 조언 중 하나는 다음과 같다. 당신에게 커다란 괴로움을 주는 어떤 거대한 문제가 있다고 가정해 보자. 이때 샨띠 데바는 이렇게 조언한다. "만약 해결책이 있다면, 어째서 낙담하는가?" 반대로 "만약 해결책이 없다면, 또 어째서 낙담하는가?"(Śātideva, Crosby, and Skilton 2008, 50)[9] 이는 달리 말해 **분노로 시간을 낭비하지 말라**는 것이다. 문제에 해결책이 존재한다면, 당장 해결에 착수하라. 낙담할 이유가 없다. 문제가 정말로 해결될 수 없는 성질의 것이라면, 대안이 존재하지 않는바, 그때에도 낙담할 이유가 없다. 그저 현실이 그러한 것인 까닭이다. 어느 쪽이든 분노는 시간 낭비다.

당신이 이 주장에 대해 어떻게 생각하든, 나는 이것이 합리적인 주장

9 샨띠 데바, 『샨띠 데바의 입보리행론』, 청전 스님 옮김, 담앤북스, 2013, 89쪽, 번역 수정. —옮긴이.

이라는 점에 주목하고 싶다. 이 주장은 전제와 결론을 가지고 있다. 그러나 우리가 이를 그저 추상적이고 합리적인 주장이라고만 생각한다면, 우리는 잘못된 길로 나아갈 수 있다. 확실히 샨띠데바는 이러한 주장이 감정에 대한 우리의 느낌을 변화시키는 결과로 이어지기를 바랐기 때문이다. 그가 제시하는 직설적인 대안은, 우리가 분노의 한가운데에 있을 때 모든 것을 집어삼키는 그 열기에도 불구하고, 분노에는 무언가 어리석은 것이 존재한다는 점을 느끼게 하기 위한 것이 분명하다. 그는 격렬한 감정을 진정시키고, 그 격렬한 감정에 대한 우리의 과도한 집중을 분산시키기 위해 이성을 활용한다. 즉 샨띠데바는 이러한 종류의 호소가 고립된 합리적 주장이 아닌 하나의 실천으로서 변화의 힘을 가질 수 있다고 분명 믿는다. 그것은 우리가 느끼는 방식을 바꿀 수 있다는 것이다.

만약 이러한 종류의 주장에 무언가가 존재한다면, 그것은 연민이 그저 누군가를 좋아하는 것에 불과한 것이 아님을 보여 준다는 점이다. 나아가 연민은 단순히 '다른 사람의 입장이 되어 보는 것'도 아니다. 그것은 [연민이 아니라—옮긴이] 감정이입이다. 연민은 의식적이고 반성적으로 관계를 맺는 하나의 실천이며, 분노에 대한 샨띠데바의 분석처럼 우리는 연민을 통해 자신과 타자가 겪는 고통의 진정한 원인을 파악하는 데 능숙해진다. 연민은 병을 치료하는 데 필요한 약에 대한 깊은 통찰력과 관련된다. 연민은 고통을 완화하고 안녕을 도모하기 위해 가능하다면 즉시 행동을 취하게 한다. 하지만 샨띠데바의 분석이 보여 주듯이, 연민적 통찰력은 과연 언제 행동하는 것이 **가능한가**에 대한 이해도 포함한다. 샨띠데바가 제시하는 두 번째 선택지[고통의 해결책이 존재하지

1983년 톰 리건(Tom Regan)의 『동물권의 옹호(The Case for Animal Rights)』가 출간되었다.

않는 경우에 대한 조언—옮긴이]는 태도를 바꿈으로써 현실에 적응하는 것이다.

연민에 대한 논의가 가지는 이러한 문화횡단적cross-cultural 어려움에도 불구하고, 나는 연민에서 느낌과 통찰력이 함께 작동한다는 누스바움의 설명에 확실히 동의한다. 누스바움 역시 비극을 검토하면서 삶의 의미에 있어 중요성을 띠는 경우에 연민이 발현된다는 것을 명확히 했다. 발가락을 찧는 경우는 감정이입을 불러일으키지만, 아마 연민은 불러일으키지 않을 것이다.

철학자 그루언 또한 정동으로부터 발생하는 윤리에 대한 설명을 개진했다. 그루언의 철학적 통찰력은 비인간 영장류와 관련된 경험과 결부되어 있기에, 이 지점에서 그의 설명은 특히나 적절하고 중요하다. 나에게 동기를 부여하는 많은 관심사—정동의 역할을 부각하는 것, 도덕적 마주침에서 동일성과 차이를 모두 존중하는 것, 감정이입이 이성에 의해 조절될 수 있음을 보여 주는 것—를 똑같이 성찰하면서, 그루언은 "뒤얽힌 감정이입" 이론을 제시한다.

그는 이를 다음과 같이 정의한다.

> 뒤얽힌 감정이입이란 타자에게 감정이입하는 개인이 다른 존재의 이해관계에 대해 전前인지적이고 감정이입적인 반응으로 우선 응답하는 과정이다. (…) 이러한 반응에서 시작한 우리는 타자의 위치에서 스스로를 반성적으로 상상하는 데로 나아가고, 이후 타자가 처해 있는 조건들이 타자의 지각이나 정신 상태에 어떻게 기여할지, 또 어떻게 타자의 이해관계에 영향을 미칠지 판단을 내린다. 이러한 지각은 상황의 특성에 대

> 한 평가를 수반하며, 문제가 되는 존재에게 효과적으로 감정이입하는 데 무엇이 적절할지 결정하려 애쓰는 감정이입자empathizer를 요구할 것이다. 뒤얽힌 감정이입은 감정이입 반응들을 바로잡을 수 있는 여지를 필요로 한다. 뒤얽힌 감정이입은 정동과 인지를 모두 포함한다. 또한 감정이입자는 자기 자신과 자신이 처한 상황, 그리고 자신이 감정이입하고 있는 동료 생명체의 상황 사이에 존재하는 동일성과 차이 모두에 주의를 기울인다. 감정이입자는 자신의 관점과 타자의 관점 사이에서 움직여야 한다.(2013, 226)

철저히 뒤얽힌 감정이입과 즉각적이고 전인지적인 감정이입 반응을 구별하게 하는 것은 자신의 관점과 타자의 관점 사이에서 움직이는 바로 이 능력이다. 그루언의 말처럼 "뒤얽힌 감정이입은 정동과 인지를 모두 포함한다." 나로 하여금 감정이입과 연민을 구별하게 했던 동일한 관심사가 그루언의 경우에는 감정이입 내에서의 구별을 추동한다.

감정이입과 뒤얽힌 감정이입 사이의 구별은 그루언으로 하여금 낯익은 비판에 대응할 수 있도록 해 준다. 이를테면 고문기술자도 피해자에게 감정이입을 느낀다는 비판이 있을 수 있다. 어떠한 종류의 고통이 특히 효과적일지를 결정하기 위해 [고문기술자가—옮긴이] 감정이입을 필요로 할 수 있다는 것이다. 그러나 우리는 고문기술자를 미덕의 표본으로 생각하지 않는다. 이는 전술한 비판이 나와 그루언의 주장과는 달리 감정이입을 도덕성과 긴밀히 관련된 것으로 여기지 않는다는 점을 보여 준다.

이러한 비판은 뒤얽힌 감정이입이 일인칭 시점과 삼인칭 시점 사이

1983년 영장류 연구 센터를 표적으로 삼아 네 곳의 중심지에 15,000명의 사람이 모인 '동물을 위한 집단행동(Mobilization for Animals)'이 벌어졌다.

를 오가면서 정동과 인지 모두를 협상한다는 그루언의 지적을 놓치고 있다. 그루언은 이렇게 말한다.

> 감정이입은 부정확할 수 있으며, 감정이입의 부정확성은 윤리적이고 인식론적인 다양한 형태를 취할 수 있다. 인식론적인 감정이입의 실패는 과도한 감정이입이나 불완전한 감정이입과 관련될 수 있다. 과도한 감정이입이 발생하는 경우, 감정이입자는 다른 존재의 감정과 과잉동일시한다. 이는 강력한 개인적 유대를 이미 가지고 있는 개체들 사이에서 일어날 수 있다. 즉 친구들이나 연인들 사이에서, 부모 자식 사이에서, 개인들과 그들이 돌보는 다른 동물들 사이에서 발생할 수 있다. 이러한 유형과 같은 감정이입의 부정확성의 경우, 감정이입자는 자신이 감정이입하고 있는 존재의 감정 상태를 지나치게 크게 받아들이곤 한다. 어쩌면 감정이입자는 덜 뒤얽힐 필요가 있는지도 모른다.(2013, 227)

다시 말하지만, 이것은 중요한 지적이다. 뒤얽힌 감정이입은 정동과 합리적 판단의 균형을 맞추는 것이므로, 감정이입을 하는 사람과 감정이입을 받는 존재가 "덜 뒤얽힐" 필요가 있는 경우를 인정한다.

그렇다면 뒤얽힌 감정이입에 대한 그루언의 변호와 연민 윤리에 대한 나의 변호는 무엇에 기반하는가? 어쩌면 그루언과 나는 동일한 도덕적 경험의 특징을 가리키면서 단지 다른 단어를 사용하고 있는 것인지도 모른다. 내가 감정이입과 연민을 구별하는 이유는 부분적으로 내가 신경과학이 발견한 구별에 의지하고 있기 때문이다. 반면 그루언은 실험심리학의 용어를 받아들인다. 또한 나는 연민이 불교 전통 안에서 명확히 이해되고 있으며 '쓸데없이 시간을 낭비할' 필요가 없다고 보기 때문에, 연민이라는 단어를 선택했다. 하지만 뒤얽힌 감정이입과 연민은 확실히 거의 똑같은 지점에 다다른다. 대부분의 경우 우리는 서로에게 동의한다.

그럼에도 앞서 언급한 인용문에서, 달라이 라마가 뒤얽힌 감정이입에 대한 논의 외에 (꼭 반대되는 것은 아니더라도) 추가적으로 무언가를 말하고자 하지는 않았을지 궁금하다. 연민적인 의사에 대한 발언에서 그가 말하고자 했던 바는 무엇일까? 그의 언급을 다시 상기해 보자. "연민적인 의사가 환자의 고통을 함께 나누는 데에만 골몰한다면, 결국 그는 그리 유능한 의사가 될 수 없을 것이다." 만약 의사들이 끊임없이 환자의 고통에 감정이입한다면 이내 무능해지고 말 것이다. 그들은 '감정이입 피로 증후군empathy fatigue'으로 고통을 겪게 될 것이다.

여기에서 달라이 라마는 우리의 지속적인 반성을 촉구하는 말을 하고 있다. 발달된 도덕적 능숙함의 경우, 연민은 때때로 감정이입과 **단절될** 필요가 있다. 나는 뒤얽힘에 대한 그루언의 설명이 이 경우에 적절할지 궁금하다. 우리가 감정이입 반응들과 '협상'할 수 있다는 것은 확실히 그의 설명이 가지는 강점이다. "감정이입은 부정확할 수 있으며, 감정이입의 부정확성은 윤리적이고 인식론적인 다양한 형태를 취할 수 있다"고 그는 말한다. 그러나 여기에서 우리는 여전히 감정이입과 협상하고 있다. 의심의 여지없이 우리의 도덕적 경험은 대부분 그러한 능숙한 협상과 실제로 관련되지만, 달라이 라마가 "보편적 연민"이라고 부르는 것은 다른 듯하다.

달라이 라마처럼 고통받는 존재들과 연민적 관계를 맺는 데 삶을 바

1983년 '동물권을 지지하는 페미니스트들'이 여성과 동물을 부정적으로 연결하는 문화를 시각적으로 설명하기 위해 "여성과 동물의 재-현(Re-Presentation of Woman and Animals)"이라는 제목의 슬라이드 쇼를 제작하기 시작했다.

친 누군가를 상상해 보자. 달라이 라마는 그동안 130만 명 이상의 티베트인 동포들이 중국 정부와 군대의 손에 죽어 가는 광경을 목도했다. 티베트에 위치한 95%의 사원이 파괴되었다. 학교에서 티베트어를 사용하는 것이 법으로 금지되었으며, 단파 라디오나 달라이 라마의 사진을 소유하는 것은 범죄가 되었다. 거의 매일 그는 고문을 받다가 티베트에서 탈출한 사람들을 직접 만나고 있다. 탈출한 이들 대부분은 탈출의 대가로 가족들과 영원히 연락할 수 없게 되어 버렸다는 사실을 알고 있다.[10]

이러한 티베트인들의 상황을 염두에 두면, 그루언의 설명은 분명 타당하다. 많은 티베트인들의 삶의 이야기를 듣고 감정이입을 하지 않기란 불가능하다. 그러나 달라이 라마의 가르침이 가지는 중요한 특징은 스스로를 우리의 적이라고 생각하는 이들에 대해서도 우리가 연민적으로 행동해야 한다는 것이다. 심지어 그는 우리의 적이 우리에게 연민을 가르쳐 준다는 이유를 들면서, "적"을 친구보다 더 소중하게 생각해야 한다고 반복적으로 말하기까지 한다. "연민과 사랑을 소중히 여기는 사람에게 관용의 실천은 필수적이며, 이를 위해서는 적이 꼭 필요하다. 그러므로 우리는 적에게 고마움을 느껴야 한다. 적은 우리가 평온한 마음을 계발하는 데 가장 큰 도움을 줄 수 있는 자이기 때문이다."[11]

가족과 친구들에게 감정이입을 느끼는 것은 상대적으로 쉽다. 보편

---

10 나는 자신의 가족이 모두 사망했다는 사실을 오랜 시간이 흐른 뒤에 새로운 난민들로부터 듣게 된 많은 티베트 난민들과 대화를 나누어 왔다.

11 Dalai Lama, "Compassion and the Individual" 참조.

적 연민의 진정한 시험은 "적들"의 학대 뒤에 숨겨진 원인과 조건을 이해할 수 있는 능력, 그리고 그들의 고통에 연민할 수 있는 능력이다. 보편적 연민을 매우 어렵고도 중요하게 하는 요인은 연민이 감정이입과 단절된 곳에서 보편적 연민이 작동한다는 데 있다.

혹은 연민이 반드시 감정이입과 단절되어야 하는 또 다른 맥락, 예컨대 학대에서 살아남은 여성들이 어떻게든 건강을 회복할 방법을 찾는 경우를 생각해 보자. 물론, 첫 번째로 학대당하는 여성들은 생존 방법을 찾아야만 한다. 그들은 안전을 확보하고 당면한 학대를 차단해야 한다. 그러나 성찰할 수 있는 공간과 안전이 주어졌을 때, 학대 피해자들은 부적절한 감정이입이 병리적 관계를 지속하게 한 핵심이라는 사실을 종종 깨닫지 않던가? 압도적인 폭력은 '사랑'이라고 표현되는 것의 간헐적인 단서들과 결합해 유독한 혼합물이 되고, 관계는 계속 유지된다. 그렇다면 건강을 향한 두 번째 단계는 실제로 무슨 일이 일어나고 있는지 파악하고 부적절한 감정이입을 멈추는 것이다. 건강은 더 이상 [감정이입에 대한—옮긴이] 협상이 존재하지 않을 때 시작된다.

감정이입을 둘러싼 협상을 멈춘 뒤에 진정한 건강을 확립하기 위해서는 연민 같은 무언가가 필요하다는 주장은 성립 가능한가? 연민 같은 무언가가 없다면, 자신과 타자를 향한 분노가 언제나 계속 중심을 차지하게 될 것이다. 학대의 역학에 대한 이해는 분노를 없앨 수 있는 가능성을 열어젖힌다. 감정이입이 멈출 때, 건강은 가능해진다.[12]

12 달라이 라마와 학대 생존자들을 비교하는 것은 여성이 도덕적 영웅이 되기를 바라는 식의 부적절한 기대에 해당한다는 반론이 제기될 수 있다. 기대와 인식 사이에는 차

1983년 (1981년에 시작된) 그린햄커먼 여성평화캠프(Greenham Common Women's Peace Camp)의 전통을 따라 '평화와 동물 해방을 지지하는 포튼 다운 여성들(The Porton Down Women for Peace and Animal Liberation)'이 영국의 포튼 다운 군사 실험 기지를 둘러싼 지역을 점령했다. 이들은 공개 성명과 리플렛을 통해 자신들이 군산복합체와 생체 해부에 반대하며 국가 폭력에 대한 페미니즘 분석을 제시했다.

나아가 급진적 정치학을 구성하려면 연민에 대한 이 같은 설명 가운데 적어도 한 가지 차원을 조금 더 길게 설명할 필요가 있다. 억압 체계에 의해 주변화되었던 사람들이 연민에 대한 주장에서 좌절감을 느낄 수 있다는 점도 충분히 이해된다. 문화가 피억압자를 규정하기 위해 활용하는 억압적인 사회적 범주는 대개 피억압자가 다른 이들에게 도움이 되어야 한다는 식의 요구를 포함한다. [자기 자신보다 타인을 위해야 한다는 문화적 압박에 저항하면서—옮긴이] '이 자리에서 나는 자존감이라는 자율적 감각을 요구하기 위해 투쟁한다'고 말하는 누군가를 우리는 상상할 수 있다. [그러나—옮긴이] 샨띠데바는 도덕성이 다른 **모든** 존재를 위해 스스로를 헌신하는 것을 필요로 한다고 말한다. 피억압자에게 이 샨띠데바의 말은 결코 좋게 들리지 않을 것이다.

이러한 우려는 진지한 주목을 요한다. 그러나 감정과 감정에 대한 느낌을 구별하고, 그리하여 감정이입과 연민을 구별한다면, 적어도 해답의 실마리는 이미 명백히 주어진 것이라고 나는 생각한다. 감정은 오용되기 쉽다. 하지만 느낌은 정의상 어느 정도 계발된 능숙함을 요구한다. 우리가 이 같은 경우에서 능숙함이 무엇과 관련되는지를 철저히 이해하려 한다면, 능숙함이 고통의 한 형태인 억압을 극복하는 기술로서 그 요소를 분명히 포함하고 있음을 알게 될 것이다.

따라서 감정이입 피로 증후군에 빠지는 것을 방지하기 위해서는 고

이가 있다. 보편적 연민은 기실 감정이입이 불가능하거나 부적합한 가장 어려운 경우에 필요하다. 여기에서 문제는 고통스러운 학대를 겪은 뒤 건강을 회복할 방법을 찾는 여성들의 실제 성취에 있다기보다, 영웅이란 무엇인가에 대한 우리의 선입견에 존재한다.

통의 원인에 대한 통찰이 필요하다. 이러한 통찰은 연민을 보편적인 것으로 만든다. 불교적 해석에 따르면, 고통에는 세 가지 원인(삼독三毒)이 존재한다. 탐욕(貪慾, 욕심), 진에(瞋恚, 분노), 우치(愚癡, 무지)가 그것이다. 여기에서 이를 상세히 분석하지는 않을 것이다. 이러한 분석에 관한 논의는 쉽게 찾아볼 수 있다. 내가 강조하고 싶은 바는, 고통에 **능숙하게** 대처하고 감정이입 피로 증후군이라는 마비 상태를 피하기 위해서는 고통의 근본 원인에 대한 **얼마간의** 이해가 수반되어야 한다는 것이다.

달라이 라마가 예로 든 의사의 비유, 즉 모든 독감 사례를 개개 환자에 대한 감정이입 반응으로 다루어야 한다면 의사는 곧 지쳐 버리고 말 것이라는 예시로 돌아가 보자. 병을 능숙하게 치료하는 데에는 보편적인 무언가가 존재하며, 그것은 독감으로 고통을 겪는 고유한 존재에 대한 이해뿐만 아니라, 이것이 많은 독감 사례 중 하나라는 사실에 대한 이해와도 관련된다.

그루언은 감정이입자가 "덜 뒤얽힐" 필요가 있는 "감정이입의 부정확성"의 경우에 대해 매우 분명하게 언급한다. 이것이 내가 능숙함이라고 부르는 것의 일부다. 특정 상황의 경우, 덜 뒤얽히는 것이 돌봄 피로caring fatigue를 예방하는 길이라는 데 아마도 우리는 동의하리라 나는 생각한다. 나의 관심은 무엇이 "감정이입의 부정확성"을 야기하는가에 놓여 있다. 이는 구체적 타자가 연루된 상황의 차원들을 우리가 잘못 이해하기 때문만은 아니다. 이는 고통의 원인 일반에 대한 이해에서 기인하는 것일 수도 있다. 보편적 연민은 그러한 고통의 원인들에 대한 이해에 달려 있다. 이러한 이해가 없다면, 연민을 요청하는 구체적인 상황에서 무엇이 부정확한 것으로 간주되는지 알기 어려울 것이다.

1983년 다이앤 포시(Dian Fossey)의 『안개 속의 고릴라(Gorillas in the Mist)』가 출간되었다.

연민에 대한 스토아주의적 반대

이제 우리는 연민에 대한 서구의 두 번째 일반적인 반대, 즉 연민을 동정과 관련시키면서 도덕적 나약함을 추동한다고 반대하는 입장에 효과적으로 대응할 수 있는 위치에 있다. 앞에서 주장했듯이, 감정이입은 우리의 도덕적 경험에서 권리보다 더 기본적이다. 감정이입은 우리를 인간으로 만드는 근원 자체, 즉 사회성과 의미의 층위에서 기능한다. 연민은 느낌과 사고가 하나의 능숙한 도덕적 실천으로 융합되는 방식의 모델이다. 자유주의적인 설명들이 주장하듯이, 감정을 편들면서 이성을 무시하는 것과는 거리가 멀다.

이와 대조적으로 우리의 도덕적 삶에서 가장 편재하는 권리는 그저 **소극적** 권리일 따름이다. 그것은 공적 영역이라는 우리 삶의 영역 일부에 적용되도록 설계되었으며, 오직 제약으로서만 적용된다. 그것은 우리에게 무엇을 하지 **말아야** 하는지에 관해 말한다. 주장컨대 소극적 권리는 우리 삶에서 가장 중요하고 편재하는 영역, 이른바 가정이라는 사적 영역과 관련이 있지 않다. 자유주의는 가정을 가리켜 '남성의 사적인 성城'이라고 말한다. 그러나 우리 대부분에게 가정은 사회적 존재로 살아가는 법을 배우는 장소다. 권리와 의무라는 감정이 탈각된impersonal 세계에 진입하기 훨씬 이전에, 우리는 감정이입과 적절한 신뢰, 그리고 연결을 실천하는 법을 배운다.

도덕적 반대를 주장하는 사람은 이 지점에서, 이것이 정확히 연민이 기본일 수 없는 이유라고 말할 수도 있다. 감정에 대한 오해에 기반을 두는 인식론적 반대와 달리, 도덕적 반대는 연민에 기반을 두는 윤리가 가지는 한계와 위험에 대해 진지한 물음을 제기한다. 즉 연민은 가정에서 또 우리 가슴에서 시작되기 때문에, 충분히 발달되지 않은 느낌이나 인지적인 오해에 의해 왜곡될 수 있다는 것이다.

물론 이러한 반대에 대한 주요한 대응은 "감정이입의 부정확성"에 대한 그루언의 설명과 나의 (그리고 달라이 라마의) 보편적 연민에 대한 설명에서 이미 제시한 바 있다. 이것들은 단순히 고통에 대한 주관적 반응에 불과한 것이 아니다. 진정한 연민은 동정과 관련이 없다. 동정은 무력한 타자를 낮잡아보는 부적절한 태도다. 이와 대조적으로 보편적 연민은 자아와 타자 모두에서 고통의 원인을 찾으며, 그리하여 고통을 완화시킬 수 있는 행위를 마련한다. 내 용어로 말하면, 인식론적 반대가 감정과 감정에 대한 느낌 간의 차이를 이해하지 못하는 것과 마찬가지로, 도덕적 반대는 감정이입과 연민 간의 차이를 이해하지 못한다.

그러나 도덕적인 반대는 우리에게 한 가지 사실을 인정하게 하기도 한다. 감정이입은 특히 편견과 범위로 인한 문제에 봉착할 수 있다. 따라서 우리는 우리가 사랑하는 존재들과 관련해 좀 더 치우치지 않은 시각을 견지할 필요가 있다. 또한 전 지구화된 세계에서, 무엇이 중요한가에 대한 공통의 직관에 우리가 항상 의존할 수 있는 것은 아니다. 정의롭고 공정한 법적 제도들은 더 큰 범위에서 평등한 참여를 기본적으로 보장하는 가운데 이러한 역할을 수행한다. 그 제도들이 가장 잘 작동할 때, 우리의 편견을 바로잡을 수 있다. 적어도 원칙적으로 정의는 연민과 상충하지 않는다. 연민과 정의는 상호보완적인 관점이다. 받아들일 만한 가치가 있는 유일한 종류의 정의는 연민에 의해 집행되는 정의다.

연민적 실천으로서의 음식

그렇다면 도덕적 실천에 참여하는 사람은 누구인가? 정치적 자유주의는 이를 비관계적disengaged 자아, 즉 개인적 권리의 소유자가 될 수 있는 강력하게 개체화된 자아로 상정한다. 이와 대조적으로 연민에 대한 위의 설명에서 도출되는 이미지는 현저한 차이를 드러낸다. 여기에서 우리는 그 시작부터 철저하게 사회적 세계와 관계를 맺고 있는 신체-정신을 만나게 된다. 내가 사용했던 용어로 말하면, 이 신체-정신은 사회적 의미를 가능케 하도록 진화된 뇌의 F5 영역의 진화에서 시작된다. 이러한 종류의 연구는 우리의 도덕적 삶이 단독적이고 데카르트적인 내적 공간에서 시작해 이후 사회적 성격을 띠게 되는 것이 아니라는 중요한 발견을 보여 준다. 감정이입은 그것의 사회성에 의해 구성된다. 감정이입의 가장 기본적인 기능은 자아 및 타자의 세계를 의미 있게 만드는 것이다. 우리의 사회적 자아는 기본적인 것이다.

도덕적 기능에 대한 이러한 묘사와 대조적으로, 정치적 자유주의 성향을 가진 동물권 철학자들이 인간의 도덕적 지위를 비인간 타자에게 '확장'할 때, 마치 지적 체조에서 묘기를 선보이는 것처럼 무언가 뒤틀린 인상을 주는 것은 놀라운 일이 아니다. 한 유명한 설명에 따르면, 어떠한 비인간 타자가 자의식적이고 합리적인 존재로서의 능력을 인간과 충분히 비슷할 만큼 갖추었다면, 그 비인간 타자는 "삶의 주체"(Regan and Singer 1989)라고 할 수 있다. 권리는 인간들humans, 혹은 더 정확히는 인격체들persons(인간을 포함한 합리적 존재들)을 대상으로 성립되는 개념이다. 타자들은 우리와의 유사성analogy을 통해 도덕적 지위를 부여받는다.

연민의 접근법은 도덕적 확장주의를 요구하는 것이 아니라, [인간과 비인간의—옮긴이] 공통적인 근원에서 출발한다. 우리는 감정이입을 경험할 수 있는 유일한 존재가 결코 아니며, 멧징어의 예시에서 알 수 있듯 매우 많은 다른 종이 인간에게서 그리 잘 발달되지 않은 종류의 비범한 감정이입을 보여 준다. 일례로 새 떼가 날아가는 모양을 들 수 있다. 혹은 다마지오의 용어를 빌려 단세포 유기체가 생물학적 가치, 즉 항상성에 대한 욕망을 드러낸다는 예를 들 수도 있다. 훨씬 더 복잡한 층위에서 "많은 포유류"는 다마지오가 자서전적 자아autobiographical self라 부르는 것을 가지고 있다. "이를테면 늑대들, 우리의 유인원 사촌들, 해양 포유류들과 코끼리들, 고양이들, 그리고 물론 가장 큰 비중을 차지하는 집에서 기르는 개들"은 자서전적 자아를 가지고 있다(2010, 26). 연민의 접근법은 공통의 물질적·사회적 세계와 전적으로 관계 맺고 있다는 데서 시작된다. 연민은 자아와 타자의 연결에 대한 통찰에서 발원한다. 본디 연민은 인간만을 배타적으로 향한 것이 아니며, 공통의 사회적 세계에 함께 살고 있는 모든 존재를 향한 것이다. 예컨대 불교의 도덕적 우주는 그 시작부터 '인격체들'뿐만 아니라 '감응력이 있는 모든 존재', 즉 중생衆生으로 이루어져 왔다. 요컨대 '다른 존재'에 대한 문제는 단순히 부수적인 것이 아니라, 충분히 발달된 모든 연민의 윤리학이 가지는 핵심 요소다.

이러한 연민 윤리를 우리가 비인간 타자, 그리고 음식과 관계 맺는 양상에 적용한다면 어떠한 모습을 띠게 될까? 이 질문에 대한 답은 상당히 명백하리라 생각한다. 연민은 그저 인간들에 관한 것이 아니라, 감응

1984년 '블러드루트 콜렉티브'가 『두 번째 제철 정치적 미각: 페미니스트 채식주의자를 위한 요리책(The Second Seasonal Political Palate: A Feminist Vegetarian Cookbook)』을 출간했다. 이 책에서 그들은 "지구와 그것의 창조물에 대한 우리의 관계는 우리가 서로 자매로서 맺어야 하는 관계와 같다. 우리가 지구를 해칠 때 우리는 서로를 해친다. 우리가 지구와 함께 창조할 때 우리는 서로와 함께 창조한다"라고 설명한다.

력이 있는 모든 존재에 대한 헌신이다. 연민은 우리 안에 깊이 자리하고 있는 다른 존재와의 감정적 연결로부터 시작된다. 따라서 연민은 합리적 인격성personhood을 특권화할 필요가 없으며, 우리와 비슷한 다른 존재들에게만 도덕의 경계를 확장할 필요도 없다.[13]

음식은 자연스러운 범주가 아니다. 먹을 수 있는 것과 영양분이 있는 것 중 상당수는 보통 음식으로 여겨지지 않는다. 예컨대 다른 인간 존재는 음식으로 생각되지 않는다. 이와 대조적으로 미국인의 식단에서 음식으로 여겨지는 것 중 상당수는 거의 먹을 수 없는 것이며 영양가 또한 없다.

캐럴 J. 애덤스의 작업이 우리에게 보여 준 것이 있다면, 그것은 바로 우리가 무엇을 음식으로 여기는지가 이론의 여지가 많은 범주라는 것이다. 이 범주는 젠더, 인종, 계급, 계층 등과 깊이 관련되어 있다. 따라서 우리의 음식 관습은 지혜와 느낌이 일치됨으로써 비폭력을 실현하는 데 이를 수 있는 길이 된다. 내가 오랫동안 주장해 왔듯이(Curtin 1991), 우리는 이 길을 장소라기보다 방향으로 보아야 한다.

더 연민적이며 그리하여 덜 폭력적인 식사 실천뿐 아니라 환경 문제들과 같은 많은 벡터들이 현재 존재한다. 예를 들어, 우리의 음식은 얼마나 멀리 이동해야 하는가? 음식은 어떻게 생산되는가? 그 생산자들은

---

13 또한 나는 정신이 자연 깊숙이 확장된다는 생각을 현재 신경과학자들이 쉽게 받아들이고 있다는 점을 지적하고자 한다. 예컨대 지렁이는 정신 활동을 드러낸다. 그러나 식물의 경우는 다르다. 식물은 뉴런을 가지고 있지 않다. 이는 연민 윤리가 환경 윤리와 관련이 없다고 주장하는 것이 아니다. 다만 환경 윤리는 이 논문의 범위를 넘어서는 또 다른 문제를 제기한다는 것이다.

공정한 경제적 대우를 받고 있는가? 우리의 경제 체계에서 양질의 음식을 섭취할 수 있는 가능성과 관련해, 경제적 엘리트에 속하지 않는 이들에게 그 양질의 음식은 너무 비싼 것이 아닌가? 상황은 바뀌고 있다. 한때 물살이를 포함한 식단이 덜 폭력적이고 더 지속가능한 것으로 여겨지기도 했다. 이제 그러한 입장을 유지하기란 어려운 일이 되었다.

그렇다고 할 때, 음식 관습은 서로 경쟁하는 요소들의 균형을 계속해서 유지하는 실천적 이성을 요청한다. 음식 관습은 연민을 요청한다. 무엇보다도 이 연민은 우리의 지배적인 음식 관습에 의해 직접적으로 희생되는 존재들뿐만 아니라, 현대의 산업적 음식 체계에 의해 착취당하는 존재들을 향한 것이기도 하다. 음식 관습은 또한 우리의 번영이 타자들의 번영을 저해하지 않는 삶을 성취하기 위해 일련의 복잡한 요구들을 돌파하고자 노력하는 우리 자신에 대해 모종의 연민을 불러일으킬 수 있어야 한다. 보편적 연민을 둘러싼 달라이 라마의 도전적인 관념을 이해한다면, 우리는 심지어 산업적 음식 체계를 떠받치는 존재들을 향한 연민 또한 실천할 필요가 있다. 수십억의 무고한 존재들을 죽이는 도살자임에도 불구하고가 아니라, 바로 그러한 일을 하는 도살자이기 때문에 우리는 연민을 실천해야 한다는 것이다. 스피노자가 말했듯이 "증오는 증오의 앙갚음에 의해 증대되고, 반대로 사랑에 의해 제거될 수 있다."(Spinoza and Morgan 2006, 83)[14]

마지막으로 가장 중요한 은유에 대해 이야기하고자 한다. 연민의 반대자들은 궁극적으로 추상적 합리성이 선악을 구별할 수 있게 해 주

14 B. 스피노자, 『에티카』, 황태연 옮김, 비홍출판사, 2014, 198쪽. — 옮긴이.

1984년 '그린피스(Greenpeace)'는 영국 전역에 걸쳐 600개의 광고판에 "모피 코트를 만드는 데 마흔 명의 말 못하는(dumb) 동물들이 필요하다. 하지만 그것을 입는 데는 오직 한 명의 멍청이(dumb)만 필요하다"라는 성차별적인 모피 반대 광고문을 게시했다.

는 규칙들을 제공한다고 본다. 만약 연민이 감정에서 느낌으로의 전환이라는 다른 장소에서 출발한다면, 연민의 목표 역시 [반대자들의 목표와—옮긴이] 서로 다른 것일까? 권리의 지지자들과 연민의 지지자들이 '윤리'라는 단어를 사용할 때 서로 다른 두 가지를 말한다는 것이 가능할까? 나는 아마도 그럴 것이라고 생각한다.

나는 연민적인 음식 윤리가 다른 원천에서 발원했다고 생각하며, 이 지점에서 다시 한번 샨띠데바를 인용하고자 한다. 연민에 대한 불교의 기본적인 서원誓願은 이러하다. "이 세상의 중생에게 병이 있는 한 병에서 완전히 나을 때까지 저는 약과 의사와 그들의 간병자로 남기를 바라옵니다."(Śātideva, Crosby, and Skilton 2008, 20)[15] 달라이 라마는 보편적 연민을 정의하면서 의사 및 간호사와 전통적으로 관련되어 온 특성들을 환기시킨다. 세상에 연민적으로 참여하기를 서원하는 이들은 고통의 원인에 대한 깊은 이해와 더불어, 이 환자, 이 특정한 역사, 이 가족 등과도 관계를 맺어야 한다. 모든 것을 고려해 무엇이 최선인지 진실로 보아야 한다.

연민은 실천적 치료의 한 형태다. 연민 윤리를 위한 모델은 인지적 올바름이 아니라, 건강이다.

15 샨띠데바, 앞의 책, 41쪽. —옮긴이.

감사의 말

이 장은 풀브라이트-네루 펠로우십 및 미국-인도 교육재단의 지원을 받아, 2012~2013년 구스타부스 아돌푸스 대학에서 보낸 안식년 동안 쓴 것이다.

1985년 코럴 랜스베리(Coral Lansbury)의 『늙은 갈색 개: 영국 에드워드 시대의 여성, 노동자, 생체해부(The Old Brown Dog: Women, Workers and Vivisection in Edwardian England)』가 출간되었다.

4장. 생태학도 흑인 여성의 문제다

새로운 아프리카중심적 에코우머니즘의 정치학

샤마라 샨투 라일리

다른 모든 사람과 마찬가지로 흑인 우머니스트들은 이 행성에 살고 있는 생명들에 가해지는 극도의 위협과 그것이 아프리카 혈통을 가진 사람들에게 미치는 특정한 영향을 더 이상 간과할 수 없다.[1] 더 많은 '발

1 앨리스 워커Alice Walker는 우머니스트를 "남성과 여성을 포함한 모든 사람의 생존 및 온전성을 위해 노력하는" 유색인 페미니스트라고 정의한다(1983, xi–xii). [앨리스 워커, 『어머니의 정원을 찾아서』, 구은숙 옮김, 이프, 2004, 7쪽, 번역 일부 수정. —옮긴이.] (나이지리아의) 이바단 대학교 영문학과 부교수인 치퀘나이 오콘조 오구니예미Chikwenye Okonjo Ogunyemi는 "흑인 우머니즘은 흑인의 뿌리를 기리는 철학이다. (…) 흑인 우머니즘은 흑인을 예속화하는 세계의 권력 구조만큼 흑인의 성적 권력 다툼에도 관심을 가진다"(1985, 72)고 주장한다. 보통 페미니즘은 젠더에 우선성을 부여하고, 인종의식은 인종에 우선성을 부여한다. 이러한 용어의 한계는 많은 유색인 여성으로 하여금 우머니스트라는 단어를 받아들이게 했다. 이 단어는 워커와 오구니예미 두 사람이 1980년대 초에 각각 독립적으로 만든 용어다. 내가 이 글에서 언급하는 여성들 중 일부는 스스로를 우머니스트가 아니라 페미니스트라고 부르거나, 두 용어를 서로 교환 가능한 방식으로 사용한다. 그렇지만 문화적 정체성을 강조하면서도 또한 각자의 종족 집단 내 성정치를 비판적으로 분석하는 유색인 여성들을 나타내기 위한 해석적 측면에서 나는 **우머니스트**라는 용어를 사용할 것이다.

1985년 마티 킬(Marti Kheel)의 「자연의 해방: 순환하는 문제」가 『환경윤리(Environmental Ethics)』에 발표되었다.

전'을 향한 경쟁으로 인해 발생한 체르노빌 원전 붕괴 사고나 브라질의 삼림 축소 문제 같은 환경재난의 결과, 세계는 지속적으로 고통받고 있다. [1980년대 말 월드워치 연구소는—옮긴이] 향후 10~30년 내에 동식물의 멸종률이 하루에 수백 종에 이르게 될 것이며, 2000년까지 모든 종의 20%가 멸종위기에 처할 것이라고 예측했다(Worldwatch 1987, 3). 제조 화학 물질 및 기타 대기오염 물질의 남용은 계속해서 오존층을 약화시키고 있다. 또한 우리는 기후변화 현상과 그에 수반되는 해수면 상승 및 식품 생산 패턴 변화 문제와도 씨름해야 한다.

그러나 이러한 비극적인 통계와 더불어, 많은 흑인이 인식하는 것보다 훨씬 더 가까운 곳에 또 다른 환경 문제가 존재한다. 미국에서 가난한 유색인들은 환경오염의 피해자가 될 가능성이 불균형적으로 높은데, 우리 지역사회에 의도적으로 유독성 폐기물이 투기되고 있기 때문이다. 45개 주에서 나온 유독성 물질을 수용하는, 미국에서 가장 큰 유해폐기물 처리장은 그곳 거주민 대부분이 흑인인 앨러배마주의 섬터 카운티에 위치한다(de la Pena and Davis 1990, 34). 암 골목Cancer Alley이라는 이름으로 더 잘 알려진, 배턴루지와 뉴올리언스 사이 85마일 지역의 거주민은 대부분 아프리카계 미국인으로, 이들은 136개의 화학 회사 및 공장이 있는 지역에 살고 있다. '연합그리스도교회 인종정의위원회United Church of Christ's Commission for Racial Justice, CRJ'가 1987년에 수행한 연구에 따르면, 미국의 흑인 및 라틴계 인구 중 3분의 2가 규제되지 않는 유독성 폐기물 처리장이 한 개 이상 위치한 지역에 거주한다(Riley 1991, 15). 또한 CRJ 보고서는 그러한 처리장이 위치한 지역사회와 그렇지 않은 지역사회를 구분 짓는 가장 큰 변인으로 인종을 꼽았다. 미국 전체 인구와 비교할 때 아프리카계 미국인의 암, 선천성 결함, 납 중독 비율이 더 높은 이유 중 하나는 이들이 불균형한 양의 유독성 폐기물과 함께 생활하기 때문이다.[2]

아프리카 대륙에 만연한 삼림 벌채와 토양 침식은 많은 국가의 기아율과 빈곤율을 높이는 지속적인 원인이다. 산업화된 국가들의 상아 거래 수요를 충족시키기 위해 코끼리를 살해하는 밀렵꾼들 때문에 코끼리 개체수는 급속히 줄어들고 있다(Joyce 1989, 22). 여러 아프리카 국가들로 빠르게 확산되고 있는 '그린벨트운동'은 식민지시기에 유럽 정착민들이 아프리카 대륙에 가져온 외래종 나무들로 인해 발생한 환경피해를 복구하고자 애쓰고 있다. 미국의 유색인 공동체와 마찬가지로, 많은 아프리카 국가는 "환경적으로 달갑지 않은 산업들을 빈곤 지역이 지원하거나 묵인하는 대가로 그 지역에" 돈과 일자리를 제공하겠다 약속하는 대기업의 "경제적 협박"을 경험하고 있다(Meyer 1992, 32).

우리의 조상들이 살던 대륙에서 일어나는 종의 멸절과 '부의 몰살mortality of wealth'[3], 그리고 우리의 뒷마당에서 일어나는 유해폐기물 오

2 유독성 폐기물이 미국 흑인 공동체의 환경 건강에 미치는 영향에 관해서는 Day and Knight 1991 참조.

3 로버트 불러드(Robert Bullard 1990)에 따르면, 부의 몰살은 미국에서 주로 저소득층 유색인 같은 타자의 희생을 대가로 이득을 취하려는 유독성 폐기물 투기와 관련된다. 이 인구통계학적 집단은 경제적 자원과 정치적 영향력을 가지고 있을 가능성이 더 낮으며, 따라서 백인 피부 특권을 소유한 더 부유한 공동체만큼 유독성 폐기물 투기에 쉽게 대항하지 못한다. 기본적으로 전 지구적 정치 과정에서 힘을 발휘하지 못하는 '제3세계' 국가들에 유독물질을 투기하는 것과 같은 경제적 특성에도 이 용어가 적용될 수 있다고 나는 생각한다.

1985년 모피반대 활동가들이 '그린피스'를 탈퇴하고 '링스(Lynx)'를 설립했다. 그들은 모피 코트를 입은 여성들에 대한 첫 번째 직접적인 공격에 참여했다(링스는 이들에게 빨간색 페인트를 칠했다).

염은 흑인 우머니스트들이 환경을 우리의 정치적 의제의 중심 사안으로 고려해야 할 충분한 이유가 된다. 그러나 환경이 사회정의를 향한 우리의 투쟁에서 중심이 되어야 하는 또 다른 이유도 존재한다. 전 지구적 환경위기는 서구의 지배 사상에 수세기 동안 만연했던 자연적인 것, 비백인적인 것, 여성적인 것 일체에 대한 공포 및 혐오의 사회정치적 체계와 관련이 있다.[4] 나는 주류 서구 사상에서 인종, 젠더, 계급, 비인간 자연의 사회적 구성이 지배 이데올로기에 의해 서로 연결되어 있다고 주장한다. 이 글에서는 이원론의 극복 방법을 제시하는 서아프리카의 영적 원리와 더불어, 아프리카와 미국에서 등장하고 있는 새로운 아프리카 중심적 에코우머니즘 운동의 구체적 사례를 논의하고자 한다.

흑인 우머니즘에서 자연 문제

최근까지도 명목상의 관심 이상으로 환경 문제에 주목한 흑인 우머니스트들은 소수에 불과하다. 적어도 미국의 경우, 그러한 무관심은 환경주의를 '백인'의 관심사로 간주하는 흑인들의 전통적인 관념에서 기원한다. 환경운동에 대해 많은 미국 흑인들이 갖는 저항감은 부분적으로 복수에 대한 희망에서 비롯된다고 할 수 있다. 많은 흑인이 [환경에 대한—옮긴이] 우리의 의도적인 무관심 때문에 세계가 종말을 맞이한다면, 적어도 억압자 역시 죽게 되리라는 점에서 만족할 만하다는 결론

4 비슷한 주장을 펼치는 에코페미니즘 텍스트로는 King 1989 참조.

을 내릴지 모른다는 것은 우리가 겪은 모진 억압(들)에서 기인한다. 「정의만이 저주를 멈출 수 있다Only Justice Can Stop a Curse」에서 앨리스 워커Alice Walker는 유럽중심적이고 남성주의적인 지배 이데올로기에 대한 삶의 경험이 어떻게 자신을 환경 문제에 무관심하도록 만들곤 했는지 이야기한 바 있다.

> 나는 이렇게 생각한다. (…) **지구가 독으로 절여지게 내버려두자. 폭탄이 비처럼 땅을 뒤덮게 내버려두자. 총체적인 파괴가 아니라면 그들에게 아무런 가르침도 줄 수 없을 것이다.** (1983a, 341)[5]

그러나 이어서 워커는 환경 악화가 억압자와 피억압자를 구별하지 않기에, 유색인들이 단순히 복수를 이유로 모든 생명에 대한 멸절을 받아들이기란 매우 어려운 일이라는 생각을 분명히 표현했다.

에코페미니즘 이론가인 이네스트라 킹은 인간이 비인간 자연을 바라보는 방식을 새롭게 바꾸어야 한다고 주장하면서, 태초부터 여성은 인간의 개념을 자연적인 것에 투사하는 역사적 경향과 씨름해야 했는데, 이 역사적 투사는 이후 여자의 본성nature에 관한 남성주의적 관념을 강화하는 데 이용되었다고 말한 바 있다(1989, 118). 이러한 문제는 백인우월주의 이데올로기 속에서 자연적이라고 부정적으로 규정되어 온 유색인에게도 동일하게 적용될 수 있다.

특히 흑인 여성은 역사적으로 동물성과 관련되어 왔을 뿐 아니라, 나

1985년 '여성과 법' 연례 학술대회에 최초로 동물권에 관한 워크숍이 포함되었다.

---

5 앨리스 워커, 앞의 책, 392쪽, 번역 수정. — 옮긴이.

아가 인종적 순수성에 대한 관념을 떠받치도록 대상화되어 왔다. 벨 훅스bell hooks는 1500년대 이후 서구 사회가 흑인 여성의 신체를 마치 비인간 자연과 같이 정복하고 통제해야 할 대상으로 간주해 왔다고 설명한다.

> 노예제 시기부터 오늘날에 이르기까지 서구의 눈에 흑인 여성의 신체는 유기체적이고 자연에 가까우며 동물적이고 원시적인, 즉 '자연적인' 여자의 존재를 보여 주는 전형적인 상징으로 비춰졌다.(hooks and West 1991, 153)

패트리샤 힐 콜린스Patricia Hill Collins는 노예제 시기에 흑인 여성을 번식을 위한 존재로 취급했던 백인의 착취란 "오직 동물만이 그 의지와 달리 새끼를 낳아 번식하도록 강요받는다는 점에서 [흑인 여성을] 인간 이하의 존재로 대상화하는 것이었다"고 설명한다(Collins 1990, 167).[6] 호텐토트의 비너스로도 알려져 있는 아프리카 여성 사라 바트만Sarah Bartmann은 엘리트 파리지앵들의 파티에 전시되면서 유명세를 얻었다. 바트만의 돌출된 엉덩이는 성적인 부위로 환원되는 동시에, 흑인이 백인보다 더 동물에 가깝다는 '증거'로 제시되곤 했다. 1815년에 죽은 바트만은 사후에 해부되었고, 그의 성기와 엉덩이는 파리에 전시된 채 남았다(Gilman 1985). 바트만이 처했던 상황은 흑인 여성 노예들이 겪었던 곤

---

6 패트리샤 힐 콜린스, 『흑인 페미니즘 사상』, 주해연·박미선 옮김, 여이연, 2009, 239쪽, 번역 일부 수정.—옮긴이.

경과 유사하다. 주인들은 흑인 여성 노예들을 경매대 위에 세워 놓고 마치 인간이 소를 묘사하듯이 노예의 생산적인 신체 부위를 묘사했다. 상징적이건 실제적이건 흑인 여성을 해부해 온 역사적 흐름은 백인우월주의 관념을 떠받치는 데 복무했다. 이러한 역사적 흐름과 비인간 동물을 해부할 수 있는 과학 재료로 간주해 온 인간의 일관된 시각은 흑인 여성과 비인간 동물을 열등하다고 주장하는 이데올로기에 의해 서로 연결되어 있다.

서구의 지배 이데올로기가 흑인들을 다루어 온 역사적·현재적 방식으로 인해, 흑인 우머니스트들은 지배적인 서구 사상에 전통적으로 존재해 온 흑인과 자연 사이의 연관성을 끊어 내려 노력해야 할지 아니면 강화하려 노력해야 할지에 관한 딜레마에 직면할 수밖에 없었다. 그러나 우리에게 필요한 것은 사람과 자연을 완전히 분리시키는 것이 아니라, 오히려 젠더, 계급, 민족 역할을 사회적으로 재구축함으로써 **모든 사람**과 자연 사이의 관계를 재형성하는 것이다.

전 세계를 통틀어 (특히 유색인) 여자들은 주된 농장 노동자이자 농작물의 주요 소비자이기에, 환경주의는 곧 여성들의 문제다(Bizot 1992, 36). 또한 우리가 환경 악화로 가장 큰 타격을 받는 불균형한 상황을 고려할 때, 환경주의는 유색인에게 중요한 문제다. 대부분의 세계 인구에게 지구를 복구하는 것은 추상적인 일이 아니라, 우리 사람들의 생존과 불가분 관계를 맺고 있는 일이다.

우머니즘과 생태학은 매트릭스의 모든 부분이 동등한 가치를 지닌다고 본다는 점에서 공통의 이론적 접근법을 취한다. 생태학은 생태계를 이루는 각각의 요소가 없다면, 전체로서의 생물권biosphere은 적절히

1985년 필라델피아시가 연립주택을 폭격하여 흑인해방, 지속가능성, 동물권에 헌신하는 흑인 반억압 조직 '무브(MOVE)'와 관계된 11명이 사망했다.

기능할 수 없으리라고 주장한다. 한편 우머니즘은 다른 여러 변인들 중에서 특히 인종, 젠더, 성적 선호의 평등을 주장한다. 만약 이 행성이 해방된 사람들의 삶을 지탱하지 못한다면, 해방의 정치를 지지하는 우머니스트들의 주장은 아무 쓸모가 없을 것이다. 또 이 세계에서 인간들이 맺고 있는 관계의 구조를 결정하는 사회문제들을 다루지 못한다면, 행성을 구하자고 지지하는 주장 역시 똑같이 무용할 것이다. 행성 전체의 생존을 위해서는 우리 모두가 우리 자신을 비인간 자연 및 다른 인간들과 상호연결된 존재로 바라보기 시작해야 한다.

자연-문화 이원론의 정치학

서구의 지배 사상이 지닌 토대에는 생물권 내 인류의 자리를 둘러싼 강력한 양가성이 존재한다. 이는 인간과 인간 사이의 관계뿐 아니라, 인간과 비인간 자연 사이의 관계와도 관련이 있다. 여성, 유색인, 비인간 자연에 대한 체계적인 격하는 자연-문화 이원론에 의해 서로 연결되어 있다. 훅스가 "지배의 정치역학"이라 명명한 이 상호연결성의 체계는 인종, 젠더, 종, 계급 등에 대한 억압의 축들이 서로 맞물림으로써 작동한다. 지배의 정치역학은 "[이 축들이] 공유하는 이데올로기적 기반으로서 지배에 대한 믿음과 그러한 모든 체계의 구성요소로서 우열 관념에 대한 믿음을 가리킨다."(hooks 1989, 175) 비록 이 매트릭스하에서 집단들은 종이나 성적 지향 같은 변인들에 기초해 서로 다른 [억압의—옮긴이] 양상에 직면해 있지만, 그럼에도 [자연-문화 이원론이라는—옮긴이]

가장 중요한 관계가 사회적으로 구성된 변인들을 모두 연결시킨다.

서구 이원론의 기원을 논의하면서 다나 리처즈Dona Richards는 지배적인 유대교와 기독교 사상이 서구 사회가 비인간 자연과의 관계를 개념화하는 방식에 미친 영향을 밝힌 바 있다.

> 기독교 사상은 과학의 우위뿐만 아니라 기술적 질서, 개인주의, 끊임없는 진보를 뒷받침하는 인간·자연·우주에 대한 시각을 제공한다. 이 세계관은 '대상화/객관화된objectified' 우주에서 '대상'으로 존재하게 되는 다른 **모든** 존재에 대한 인류의 지배를 강조한다. 인류는 자연과 분리된다.(Richards 1980, 69)

이원론적 사유에 의해 인간, 비인간 자연, 그리고 관념 들은 서로의 차이에 근거해 범주화된다. 그러나 한쪽이 그에 대응하는 다른 한쪽과 단순히 다르다고 여겨지는 것은 아니다. 한쪽은 본질적으로 그것의 "타자Other"와 **대립되는** 것으로 여겨진다(Collins 1990, 69). 예를 들어, 종차별주의자들은 인간의 대뇌 신피질 발달과 그 결과인 문명 건설을 인간이 비인간보다 우월하다는 증거로 거듭 제시한다. 심리학 이론 및 기독교 사상의 역사 전반을 통틀어 서구 가부장제에서 여성은 줄곧 타자의 위치에 놓여 왔으며, 이는 우리가 결핍된 인간/남성으로 간주되는 결과를 가져 왔다.

여성, 비엘리트, 유색인은 단지 사회적으로 '타자들'로 구성되는 데 그치지 않는다. 엘리트 백인 남성 주도의 전 지구적 정치 구조의 권력은 국제적 미디어와 정치 등의 제도를 통해 우리가 스스로를 지배 대상이 되는 타자로 인식하도록 광범위하게 사회화한다. 이를 통해 지배와 예속의 패턴은 강화된다. 대상화는 타자로 지정된 모든 개체에 [주체와—옮긴이] 대립되는 차이를 부여하는 과정의 핵심이기도 하다. 리처즈는 지배적인 서구 사상에서의 강력한 대상화란 "세계를 탈영성화despiritualization하기 위한 전제조건이며, 이를 통해 서구의 우주는 점점 더 물질화될 준비를 갖추게 되었다"고 주장한다(1980, 72). 하나의 구성요소는 타자로 여겨지는 동시에, 그 결과 특히 경제 수단을 통해 통제되고 지배되는 대상으로 간주된다.

자연-문화 이원론은 자연을 (남성) 인간이 초월하고 정복해야 할 타자로 이해하며, 그리하여 유럽중심적이고 남성주의적인 이데올로기 속에서 여성, 비인간 자연, 유색인은 상징적으로 서로 연결된다. 이러한 인식틀에서 타자의 대상화는 특정 형태의 죽음에 대한 불안으로부터 탈출구로 기능하기도 한다. 예컨대 백인우월주의자들은 세계 인구의 다수를 차지하는 유색인들이 현재의 전 지구적 권력관계에 저항하는 데 성공할 경우, 백인종의 죽음이 도래하리라고 두려워한다. 기술을 통해 비인간 자연을 대상화하는 것은 신체에 대한 강력한 두려움에 근거하는데, 신체는 인간에게 죽음을, 그리고 자연과의 연결을 상기시키기 때문이다. 여러 일 처리를 편리하게 해 주는 제품을 만들고 시간과 자연을 상품으로 전환함으로써, 누군가는 자신의 삶을 살 수 있는 더 많은 기회를 가지려 한다.

세계사는 비인간 자연에 대한 물질적 지배와 다른 인간에 대한 경제적 지배를 불가분하게 결부시켜 온 인간의 역사라고 볼 수 있다. 서구사상을 지배하는 유럽중심적이고 남성주의적인 세계관은 이익, 권력, 통제를 위해 착취할 수 있는 현실의 일부에만 가치를 부여하는 경향이 있다. 자연과 연관된 것은 정복할 수 있는 대상으로 간주될 뿐 아니라, 그러한 정복은 정복자들에게 아무런 도덕적 자기반성도 요구하지 않는다. 예를 들면, 동물에게 화장품을 테스트하는 연구소들이나 여성을 폭행하는 남성들은 도덕적 반성을 거의 하지 않는다. 또한 노예제 문제에 대한 노예 주인들의, 혹은 '제3세계' 국가들의 식민지배에 대한 유럽 정착민들의 도덕적 반성 역시 거의 존재하지 않았다.

역사적으로 지배의 정치경제는 유색인들을 더 자연적이고 동물적인 존재로 규정함으로써 강화되어 왔다. 이러한 현상에 대한 예시로 미국의 건국과 그 결과 생겨난 국가적 노예무역을 들 수 있다. 유럽의 식민주의자들이 경제적 이익을 위해 아메리카 대륙의 땅을 착취하려면, 먼저 그 땅에 살고 있는 아메리카 선주민 집단들을 종속시킬 필요가 있었다. 이러한 작업이 이루어지는 동안, 식민지 개척자들은 땅을 경작해 이익을 얻고 새로운 자본주의 국가의 경제를 확대한다는 목적 아래, 아프리카인들을 노예 노동력으로 활용(하고 동시에 멕시코의 많은 지역을 수탈)함으로써 흑인들을 지배했다. 한편 버팔로는 "이 바다에서 저 빛나는 바다에 이르는" 광대한 국가를 건설하는 과정에서 거의 멸절했다.

환경 악화와 남성우월주의 사이의 상호연결성을 보여 주는 대표적인 예는 많은 사회가 (경제적) 비용을 치르지 않고 착취할 수 있는 것에 거의 가치를 부여하지 않는다는 점이다. 역사적으로 서구인들은 비인간 자연을 무료로 소유할 수 있는 자산으로 보았기 때문에, 비인간 자연은 그 가치를 거의 인정받지 못했다. 문화적 사회화를 통해 전통적으로 여성과 관련되어 온 노동은 가치가 거의 혹은 전혀 없는 것으로 치부되었

1986년 남성을 주체화하는 역할을 하는 객체로서의 여성과 동물의 지위를 함축적으로 연결하는 수잔 카펠러(Susanne Kappeler)의 『재현의 포르노그래피(The Pornography of Representation)』가 출간되었다.

다. 예컨대 국내총생산GDP을 계산하는 과정에서, 재생산과 가사노동과 아이 돌봄을 통해 여성들이 국가 경제에 기여하는 점에는 아무런 금전적 가치도 부여되지 않는다.

아프리카중심적 우머니즘 의제 제시를 위한 환경-주의들의 역할

연합그리스도교회 인종정의위원회의 이사로 일하던 1987년, 벤자민 체이비스 주니어Benjamin Chavis, Jr. 목사는 폐기물 관리 정책의 사회경제적 불공정성의 역학을 설명하기 위해 **환경 인종주의**라는 용어를 만들었다. '웨스트할렘 환경행동West Harlem Environmental Action'의 임원이었던 페기 셰퍼드Peggy Shephard는 미국의 환경 인종주의를 "잠재적 유해 시설들을 저소득층 및 소수자 지역사회에 위치시키는 정책"(Day and Knight 1991, 77)으로 정의한다. 그러나 계급주의와 종종 맞물리는 환경 인종주의가 유색인들이 사는 가난한 지역의 경계 안에만 늘 머무르는 것은 아니다. 아프리카와 미국에 사는 흑인들은 대부분 백인으로 이루어진 환경 단체들과도 종종 맞서야 했는데, 이 단체들은 자신이 중요시하는 가치가 미래를 지키기 위한 유색인들의 투쟁과 서로 연결되어 있다는 사실을 무시했다. 이 연결은 지구를 복구하기 위한 동맹을 구축하고 유지하는 데 매우 중요하다. 예를 들어, 미국 환경보호청Environmental Protection Agency, EPA이 엘리트 백인 공동체의 불만을 가난한 유색인 공동체보다 더 관심을 가질 만한 것으로 보는 또 다른 기관으로 여겨졌기에, 많은 미국의 사회운동가들은 EPA를 "환경적 아파르트헤이트"

라고 비판했다(Riley 1991, 15).

「그래놀라 보이, 에코 두드, 그리고 나Granola Boys, Eco-Dudes and Me」에서 엘리자베스 라슨Elizabeth Larsen은 주류 미국 환경 단체의 지도부가 압도적으로 백인 중산층 남자로 이루어졌음을 이야기하면서, 인종 정치, 계급 정치, 젠더 정치가 어떻게 서로 연결되어 있는지를 밝힌 바 있다. 주류 단체들은 유색인과 가난한 백인의 관심사를 도외시할뿐더러, 전통적인 젠더 역할에 따라 단체의 업무를 분배함으로써 남성우월주의를 강화하기도 한다(Larsen 1991, 96). 오직 우리만이 우리의 이해관계를 가장 잘 대변할 수 있다는 깨달음—이를테면 생태정체성 정치eco-identity politics—은 아프리카중심적 에코우머니즘 의제를 위한 토대를 구성한다.[7] 과거 많은 흑인 여성이 환경운동에 적극적으로 참여했지만, 흑인 여성의 입장에서 가부장제가 환경 악화에 끼친 영향을 분석한 출판물은 그리 많지 않아 보이기도 한다. 이렇게 느끼는 주된 이유는 아마도 인종을 '가장 중요한' 억압으로 인식하는 데서 비롯되었을 것이다. 그러나 흑인 여성의 문화적 정체성을 강조하는 아프리카와 미국의 새로운 단체들은 환경 악화와 관련해 백인우월주의, 가부장제, 계급주의 등의 사회적 역할을 비판적으로 분석하고 있다.

---

7 나는 아프리카중심적 에코우머니스트를 유색인 비하, 여성 비하, 환경 악화 간의 상호연결성을 이해하고 표명하는, 공동체주의를 지향하는 흑인 여성들로 정의한다. 이 상호연결성을 표명하는 것과 더불어, 아프리카중심적 에코우머니스트들은 이러한 비하/악화degradation를 뿌리 뽑기 위해 노력한다. 아프리카중심주의에 대한 폭넓은 논의는 Myers 1988 참조.

새로운 아프리카중심적 에코우머니즘: 생존의 필요성에 대하여

에코페미니즘과 아프리카중심적 에코우머니즘 사이에는 몇 가지 차이점이 존재한다. 아프리카중심적 에코우머니즘 역시 남성우월주의와 환경 악화가 연결되어 있다는 사실을 표명하지만, 인종이나 계급 같은 다른 특성들에 훨씬 더 강조점을 두는바, 많은 에코페미니즘 이론과 뚜렷한 차이가 있는 듯한 인상을 준다.[8]

인간관계와 생태악화 사이의 연결을 분석할 때 많은 에코페미니스트들은 젠더에 우선순위를 부여함으로써, 그 결과 계급주의, 백인우월주의, 환경 악화 등과의 역사적 연결을 (단순한 명목주의tokenism를 넘어서) 자신의 관점 안에 철저히 통합시키는 데 실패한다. 예를 들어, 그들은 민족과 계급 같은 변인들이 사회를 조직하는 중심 원리로 존재하는 국가들에서 많은 여성이 이원론 아래 남성과 대립되는 존재로 간주될 뿐 아니라, 다른 여성들과도 대립되는 존재로 간주된다는 사실을 다루지 않곤 한다. 이 사각지대를 보여 주는 대표적인 예로 메리 데일리Mary Daly의 『여성/생태학Gyn/Ecology』을 들 수 있는데, 이 책에서 그는 여성들에게 남성에 반대되는 자연과 동일시하고 남성들과 분리된 삶을 살 것을 간곡히 제언한다. 그러나 이러한 본질주의적 접근은 장애인이나 유대인과 같은 특정 집단에 속한 여성들에게 매우 문제적이다. 이 여성들은

---

8 이러한 차이의 예는 데이비스(Davies 1988)에게서 확인할 수 있다. 데이비스는 자신의 글에서 젠더와 자연 사이의 상호연결성만을 논의하고, 민족과 계급 같은 다른 변인들이 삶 속에서 젠더를 경험하는 방식에 어떻게 영향을 미치는지에 관한 분석은 전적으로 회피한다.

자신들의 삶 속에서 여러 **주의들**isms과 맞서 싸우기 위해 (남성들의 성차별주의에 저항하는 동시에) 남성들과 연대해야 하기 때문이다. 작가 오드리 로드Audre Lorde는 흑인 여성들이 비인간 자연과 연결을 도모하는 동시에 **주의들**에 대항하기 위한 힘의 원천으로 아프리카중심적인 영적 관습을 활용하는 방식을 데일리가 다루지 않았다고 비판하면서 다음과 같이 말했다.

> 하지만 우리가 여성이라는 이유로 모든 여성이 똑같은 억압을 겪는다고 하는 것은 가부장제의 수많은 다양한 도구들을 고려하지 못한 것입니다. 또한 여성들도 그런 도구들을 부지불식간에 서로에게 들이대고 있다는 점을 간과하는 것이지요.(Lorde 1983, 95)[9]

대부분의 백인 여성들과 달리, 흑인 여성들은 우리가 여자라는 사실femaleness에 의해 규정되는 문제들 때문에 한계에 부딪힌다기보다, 오히려 우리의 인간성 그 자체에 관해 제기되는 질문들 때문에 한계에 부딪힌다.

미국과 아프리카의 아프리카중심적 에코우머니스트들은 서로 다른 환경에 처해 있는바 다소 상이한 우선순위를 가지고 있긴 하지만, 그럼에도 환경 갈등의 기저를 이루는 사회정의 문제들을 분석한다는 공통의 목표를 가진다. 아프리카중심적 에코우머니스트들은 환경에 해로

1987년 녹색 운동(Green Movement)의 첫 번째 전국 모임에서 동물권 간부회의(Animal Rights Caucus)가 만들어져 녹색 운동을 위한 동물권 플랫폼을 준비하기 시작했다.

9 오드리 로드, 『시스터 아웃사이더』, 주해연·박미선 옮김, 후마니타스, 2018, 95–96쪽. —옮긴이.

운 영향을 끼치지 않도록 노력할 뿐 아니라, 애초에 부정의를 야기한 사회경제적 불평등을 극복하기 위해 노력한다.

미국의 새로운 아프리카중심적 에코우머니즘 운동

아프리카계 미국인이 생태학을 신경 쓰지 않는다는 미국 주류 미디어의 주장과 달리, 흑인 공동체 내에서도 환경운동은 1980년대 초부터 점차 성장해 왔다. 로버트 불러드Robert Bullard가 환경 공정 운동이라 부르는, 대부분 흑인으로 구성된 풀뿌리 환경 단체들은 환경주의를 1960년대 민권 운동의 연장으로 생각하는 경향을 보인다. 훅스는 『갈망Yearning』에서 환경주의와 사회정의를 서로 연결하면서, 흑인 급진주의와 혁명정치에 대해 논한다.

> 우리는 이 행성의 운명을 걱정하며, 우리 중 일부는 소박한 삶이 혁명정치적 실천 중 하나라고 믿는다. 우리는 신성한 것에 관한 감각을 가지고 있다. 우리가 서 있는 땅은 변화하고 있고 취약하며 불안정하다.(hooks 1990, 19)

민권과 환경에 대한 관심 사이의 연결이 어떻게 자신을 환경주의로 이끌었는지 이야기하면서, 미술 작가이자 시인인 에스더 이버렘Esther Iverem은 다음과 같이 쓴다.

이윽고 나는 민권과 건강한 환경을 연결 짓기 시작했다. (…) 1970년 당시 흑인들은 정당한 몫의 파이를 얻기 위해 소리 높여 투쟁하고 있었기 때문에, 나에게 논리적인 질문이란 '그 파이의 상태란 어떤 것일까?'가 되었다.(1991, 38)

이버렘의 질문은 우리 행성의 사회정의 파이의 상태가 점점 더 발암성을 띠게 되는 사태를 반드시 막으려는 흑인 공동체의 투쟁에 우리가 지속적으로 참여하는 과정에서 많은 아프리카계 미국인 여성의 마음에 떠오른 가장 중요한 화두였다. 자신의 동네가 황폐화되기 시작하던 1968년, 해티 카선Hattie Carthan은 브루클린에 '베드스타이 목련나무지구센터Magnolia Tree Center of Bed-Stuy'를 설립해 지역 미화를 도왔다. 그는 1974년 사망 전까지 1,500그루 이상의 나무를 심었다. 1986년 로스앤젤레스 시의회는 매일 2,000톤의 도시 쓰레기를 태우는 약 1만 6,000평의 소각장을 사우스 센트럴 로스앤젤레스에 위치한 저소득층 흑인 및 라틴계 거주 지역에 건설하기로 결정했다. 이 소식을 들은 주민들은 이 결정에 맞서 여성들을 주축으로 '사우스 센트럴 로스앤젤레스를 걱정하는 시민들Concerned Citizens of South Central Los Angeles'이라는 단체를 성공적으로 결성했다. 소각장 건설에 저항하는 직접행동을 계획했던 이 풀뿌리 단체는 거의 2년 동안 공식적인 지휘 구조를 수립하지 않았다. 이 결정이 의식적이었든 무의식적이었든 이 단체는 많은 에코페미니즘 집단의 특징적인 의사결정 형태인 회의의 의장직을 돌아가며 맡는 방식을 통해, 상대적으로 비위계적이고 민주적인 과정을 자신들의 정치적 행동주의에 받아들였다.[9]

1988년 앙드레 콜라드(Andrée Collard)와 조이스 콘트루시(Joyce Contrucci)의 『야생의 강간: 동물과 지구를 향한 인간의 폭력(Rape of the Wild: Man's Violence Against Animals and the Earth)』이 출간되었다.

레이첼 E. 배그비Rachel E. Bagby가 설립한 '필라델피아 지역사회 복원 협회Philadelphia Community Rehabilitation Corporation, PCRC'는 빈곤층과 노동계급에 속하는 흑인 도시 거주자를 위해, 인간과 비인간 자연 사이의 비위계적인 관계를 추구하는 마을 공동체를 운영하고 있다. 약5,000명이 거주하는 이 공동체에서는 많은 아프리카 마을처럼 공동체주의적인 삶이 이루어진다. PCRC는 50채 이상의 빈집을 수리해 임대하는 '재거주' 프로그램을 진행하고 있으며, 12가구로 구성된 공동주택을 만들기도 했다. PCRC는 또한 공터를 인수해 식료품을 공급하는 정원으로 개조하고, 고용 및 문해력 교육 프로그램들을 주관한다. 헤이즐 존슨Hazel Johnson과 셰럴 존슨Cheryl Johnson은 그들이 사는 공동체가 미국에서 가장 많은 유해폐기물이 묻혀 있는 쓰레기 매립지 위에 건설되었다는 사실을 알게 된 후, 알트겔드 가든스 공영주택단지의 상가에서 운영하는 '공동체회복모임People for Community Recovery, PCR'을 설립했다. 환경 인종주의에 맞선 투쟁 과정에서 PCR은 알트겔드의 주택에서 석면을 모두 제거할 것을 시카고 주택 당국에 촉구하고, 새 매립지 허가에 대한 유예moratorium를 공표하도록 시 정부에 로비하는 것을 도왔다. 나아가 PCR은 알트겔드 가든스에 또 다른 매립지가 건설되는 것을 성공적으로 막기도 했다.

'전미흑인여성건강계획NBWHP'은 환경 문제를 다루는 흑인 여성 단체 중 하나다. NBWHP는 주로 전 세계 다양한 흑인 여성 단체들과의

---

10 페미니즘 평화 단체들의 정치적 의사결정에 대한 추가적인 설명은 Harris and King 1989 참조.

연결을 모색하는 '시스터리치SisteReach' 프로그램을 통해 아프리카중심적 에코우머니즘 정서를 표현해 왔다. 시스터리치의 코디네이터인 다이앤 J. 포트Dianne J. Forte는 아프리카계 미국인 여성에게 환경운동에 참여하고, 남성우월주의와 환경 악화 사이의 연결을 분석할 것을 촉구하면서 다음과 같은 발언을 한 바 있다.

> 언뜻 보기에, 또 우리 공동체 안에서 우리의 에너지를 요구하는 모든 주요 문제 때문에, 우리는 '이것은 내 문제가 아니다'라고 말하고 싶을 수도 있다. 그러나 만약 우리가 환경 악화와 인구 증가를 연결시키는 불길한 징조를 살펴볼 경우, 또 여성의 삶과 신체에 대한 통제의 흐름을 세계의 자원에 대한 통제의 흐름과 동시에 살펴볼 경우, 우리는 양자를 정당화하는 데 동일한 주장이 활용되고 있음을 깨닫게 된다.(1992, 5)

예컨대 여성들은 우리가 우리 자신의 신체에 대한 통제권을 가져서는 안 된다는 말을 점점 더 많이 듣게 된다. 동시에 지구에 대한 통제권을 획득하려는 계획을 표명할 때 성적인 이미지를 동원하는 과학자들에 의해 지구는 여성적인 것으로 여겨진다. 한편 지배 집단은 산업자본주의와 여성의 재생산에 대한 가부장제적 통제가 환경 악화를 야기한 가장 명백한 원흉 중 하나인 상황에서, 그 책임을 인구 과잉 탓으로 돌린다(또한 그들은 특권적 지위를 통해 대개 가난한 유색인 여성들에게 책임을 전가한다).

이러한 주장들에 맞서는 실천적인 미국의 아프리카중심적 에코우머니즘을 보여 주는 가장 대표적인 예는 부두술사인 루이자 테이시Luisah

1988년 『동물의 의제(Animals' Agenda)』에 캐런 데이비스(Karen Davis)의 「농장 동물과 여성적인 것의 연관성(Farm Animals and the Feminine Connection)」이 발표되었다.

Teish다. 테이시는 사회정의 문제를 서아프리카 전통에 뿌리를 둔 영적 실천과 연결시키면서, 모든 사람이 비인간 자연에 대한 인간의 지배와 더불어 가부장제, 백인우월주의, 계급주의를 적극적으로 타파해야 할 필요성을 역설한다. 테이시의 영적 모임 구성원들은 전인적 치료요법 holistic remedies에 필요한 허브를 재배하기 위해, 또 빈곤층의 식량 자급을 지원하기 위해 도시 정원 프로젝트를 기획해 왔다. 뿐만 아니라 그들은 여러 지역사회에서 벌어지는 젠트리피케이션을 막기 위한 풀뿌리 단체 조직화에 동참해 오기도 했다.

아프리카의 새로운 아프리카중심적 에코우머니즘 운동

아프리카 대륙에서 여성들은 사람들에게 환경 문제와 그것이 삶에 미치는 영향을 교육하는 운동의 최전선에서 활약해 왔다. 아프리카 대륙의 대부분 지역과 마찬가지로, 케냐의 환경 문제는 농부 및 연료 채집자 전체 인구의 80%를 차지하는 농촌 여성의 삶에 특히 영향을 미치고 있다(Maathai 1991, 74). 여성들은 가족의 생존을 위해 자급 농업에 의존하기에, 토양 침식은 여성들에게 직접적인 영향을 준다. 삼림 벌채는 케냐의 많은 농촌 지역의 장작 부족 사태를 야기하며, 이는 장작을 나르기 위해 먼 거리를 걸어야만 하는 여성들의 삶을 특히 더 변화시키고 있다. 물 부족 또한 물을 긷기 위해 먼 거리를 걸어야 하는 케냐 여성의 삶에 부정적인 영향을 미친다.

그러나 많은 케냐 여성이 이러한 현실을 바꾸기 위해 분투하고 있다.

아프리카에서 가장 유명한 아프리카중심적 에코우머니스트는 케냐의 미생물학자이자 아프리카의 선도적인 환경운동가 중 한 사람인 왕가리 마타이이다. 마타이는 그린벨트운동GBM의 설립자이자 책임자로서, GBM은 가난한 케냐 지역사회가 토양 침식을 중단하고, 물 공급 체계를 보호하며, 장작과 건축 자재 부족을 극복할 수 있도록 돕기 위해 만들어진 [이 글이 처음 발표된 시기를 기준으로—옮긴이] 15년 된 나무 심기 프로젝트다.

'케냐여성전국협의회National Council of Women of Kenya'의 후원 아래 시작된 GBM의 회원 대다수는 여성이다. 1977년부터 이 여성들은 케냐의 광범위한 삼림 벌채를 상쇄하기 위해 1,000만 그루의 나무를 심었으며, 그중 80%가 살아남았다.[11] GBM의 주요 목표는 사막화와 삼림 벌채를 종식시키는 것이지만, GBM은 또한 케냐인들에게 영향을 미치는 빈곤, 실업, 영양실조 등의 사회문제와 환경 악화 사이의 관계에 대한 대중의 인식을 제고하기 위해서도 노력하고 있다. 그러나 GBM의 가장 중요한 성취 중 하나는 마타이의 말처럼 GBM의 회원들이 "이제 독립성을 가지게 되었으며, 지식과 기술을 획득했고, 힘 기르기에 성공했다는 점"이다(1991, 74).

환경 문제에 헌신적인 또 다른 케냐 여성으로 '국제 청소년개발 및 환경 네트워크International Youth Development and Environment Network'의 설립자이자 코디네이터인 와가키 음왕기Wagaki Mwangi가 있다. 일리노이 대

11 1,500개 이상의 양묘장이 묘목을 공급하며, 그중 99%가 여성들에 의해 운영된다는 점은 특기할 만하다. 나아가 여성들은 살아남은 나무에 대해 약간의 보수를 받는다.

학교 어바나-샴페인을 방문했을 때 그는 고국인 케냐가 서구 문화를 모방하려 한 결과 어떻게 경제적·환경적 곤경에 처하게 되었는지 이야기한 바 있다. 음왕기는 "하나의 문화가 다른 하나의 문화를 잠식하고 있는" 상황이지만, 모든 사람이 신식민지 문화의 새로운 기준에 맞추어 살아갈 수 있을 만큼 충분한 자원은 존재하지 않는다고 말했다(Schallert 1992, 3). 서구를 점점 더 따라가려 하면서 "[케냐인들이] 우리 음식이라고 소중히 여겼던 것들은 가치절하되었으며, 대신 서구인들이 가치 있게 여기는 것들을 소중히 여기게 되었다"는 것이 그의 주장이다(3). 예를 들어, 케냐인들은 다양한 야생 음식을 먹으며 생존해 왔지만, 이제 많은 이들이 서구의 영향으로 그러한 음식을 주식으로 생각하지 않는다. 이 과정에서 케냐의 많은 지역은 소비자본주의로의 경제 전환과 이에 수반되는 농업의 기계화에 따라 식량부족을 겪고 있다고 간주된다.

니제르의 코우파에서 여성들은 사헬 지역의 사막화로 인해 많은 주변 마을이 사라질 운명에 처했을 때 마을을 지켜 낸 주요 세력이었다. 강수량이 감소하고 수원水源 및 식물이 메마른 상황에 격렬한 모래폭풍까지 더해지면서 지난 5년 동안 코우파에서의 작물 수확은 사실상 불가능해졌다. 그 결과 코우파 남성의 압도적 다수가 계절노동을 찾기 위해 오랜 기간 아주 멀리 이동을 해야 했다.

'니제르여성협회Association of Women of Niger'와 농업 전문가의 도움으로 여성들은 코우파의 하나뿐인 우물 근처에 작은 시장 정원을 만들었다. 이용할 수 있는 자원이 거의 없었음에도 코우파 여성들은 자신들과 아이들, 그리고 마을 노인들을 부양하는 데 성공했다. 이러한 행동 덕분에 마을이 생존할 수 있게 되면서, 이제 코우파 여성들은 마을에서 "남자들이 떠나지 않도록" 지역의 환경 악화를 해결하기 위한 더 많은 행동을 요청하고 있다(Ouedraogo 1992, 38).

아프리카중심적 생태모성주의자들: 에코우머니즘의 잠재력?

일부 흑인 여성의 환경운동은 환경 문제를 다루는 공동체지향적인 흑인 여성들이 정말로 아프리카중심적 에코우머니스트인지, 혹시 아프리카중심적 생태모성주의자는 아닌지에 관한 의문을 불러일으킨다.[12] 앤 스니토Ann Snitow에 따르면, 모성주의자란 다양한 이유로 "스스로를 페미니스트가 아니라 생존을 위해 함께 싸우는 투쟁적인 어머니로 정체화하는" 여성들을 말한다(1989, 48). 또한 스니토는 일반적으로 남성이 부재할 때, 즉 가부장제하에서 여성에게 부과된 사적 영역의 역할이 집단의 생존을 불가능하게 하는 위기의 시대에 모성주의가 출현한다고 주장한다. 전통적인 노동을 수행해야 한다는 압박을 받지만 사회적으로 규정된 역할을 수행할 만한 충분한 자원이 부족한 상황에서, 모성주의자들은 정치 세력이 된다.

코우파 남성들이 부재한 이후에라야 비로소 여성들이 마을의 아이들과 노인들의 생존을 확보하기 위한 집단행동을 취했다는 점에서, 코

12 나는 아프리카중심적 에코우머니스트와 비교해, 아프리카중심적 생태모성주의자를 환경을 보존하고 백인우월주의에 도전하지만, 여성의 삶을 둘러싼 근본적인 성정치역학에는 도전하지 않는 공동체주의 지향적인 흑인 여성으로 정의한다.

우파 여성들의 운동은 어쩌면 모성주의 철학에 기초한 것일 수도 있다. 코우파 여성들이 정치 세력이 되는 과정에서 니제르에서 모성이 담당하는 사회 역할을 비판했는지 여부, 혹은 정치적 경험 이후 우머니즘 의식을 가지게 되었는지 여부는 오직 추측만 할 수 있을 따름이다. [그러나—옮긴이] 정치 영역에 진입한 뒤 에코우머니스트로 바뀔 수 있다는 그들의 잠재력은 흑인 여성의 환경운동에 대한 분석에서 아프리카 중심적 생태모성주의자들을 배제해서는 안 되는 이유가 된다. 예컨대 샬롯 블록Charlotte Bullock은 "지식인으로서가 아니라 한 명의 걱정하는 어머니로서 환경 문제에 맞서 싸우게 되었다"고 말한다(Hamilton 1990, 216). 그러나 그와 '사우스 센트럴 로스엔젤레스를 걱정하는 시민들'에 소속된 다른 여성들은 시위 과정에서 그들의 정치 운동을 무시하려는 성정치를 인지하기 시작했다. "우리가 처음 투쟁을 시작했을 때, 나는 남성들이 여성들을 비웃는 방식을 인지하게 되었다. 남성들은 '저 사람들에게 관심을 주지 말라, 고작 여자 한두 명일 뿐이다. (…) 저 사람들은 변화를 가져오지 못할 것이다'라는 식으로 말한다. 그러나 우리가 거의 1년 동안 투쟁을 벌여 온 지금, 그들의 웃음기는 사라졌다."(1990, 215) 이 단체의 또 다른 회원인 로빈 캐넌Robin Cannon은 단체의 활동에 참여하기 시작한 뒤, 자신의 가정에서의 사회적 관계, 구체적으로 돌봄을 둘러싼 젠더 역할이 바뀌었다고 말한다(220).

이원론을 넘어서: 아프리카중심적 접근법

이원론을 넘어서기 위해 영적 개념을 활용하는 과정에서 식민지 이전 아프리카 문화는 양자택일을 거부하는 관점을 견지하는바, 이는 아프리카중심적 에코우머니스트들이 인간과 비인간 자연의 상호의존 패턴을 상상하는 데 유용한 형태의 지식이 된다. 아마 압도적 다수의 아프리카계 미국인의 뿌리이기도 할 서아프리카 전통문화는 특히 자연숭배에 대한 믿음을 공유하며, 모든 사물이 다양한 존재의 수준으로 살아 있다고 본다(Haskins 1978, 30). 니암Nyam이라는 개념은 서아프리카 전통의 이러한 접근 방식을 보여 주는 하나의 사례다. 많은 서아프리카 언어의 어근인 니암은 모든 생명이 가지고 있는 지속적인 힘과 에너지를 의미한다(Collins 1990, 220). 따라서 모든 생명 형식은 마음대로 침해할 수 없는 특정한 권리를 가진다고 여겨진다.

『잠발라야Jambalaya』에서 테이시는 서아프리카의 폰Fon족에서 유래한 다Da라는 개념에 대해 이야기한다. 다는 "창조를 수행하는 에너지이자, 창조가 일어나는 힘의 영역이다."(1985, 61) 폰족의 관점에서 모든 사물은 다가 제공하는 에너지로 구성되어 있다. 예컨대 "인간은 바위가 내뿜는 에너지를 수용하며, 바위는 인간의 영향력에 반응한다."(62) 서아프리카인들이 전통적으로 비인간 자연을 신성한 것이자 춤과 노래 같은 문화적 매개체를 통해 찬양할 만한 것으로 보았기 때문에, 놈모Nommo에 대한 믿음도 존재했다. 놈모는 "모든 '잠자는' 힘들을 깨우고 물질적·영적 생명을 주는 물질적-영적 생명력이다."(Jahn 1961, 105)

한편 비인간 자연에 대한 존중은 인간의 힘을 의미하는 요루바Yoruba

족 단어 아케Ache에 관한 다른 이해를 가져오기도 한다. 아케는 주류 서구 사상에서 종종 그러하듯이 "무언가를 다스리는 힘"이나 지배를 의미하지 않으며, 오히려 창조의 다른 형태들과 **함께하는** 힘을 뜻한다. 테이시는 아케와 함께 "인간, 동물, 광물, 식물 등의 생명 사이에 일정한 규제를 받는 친족관계"가 존재한다고 말한다(63). 인간은 먹고 농사지을 때 아케를 가지고 있음을 인식하지만, [동시에 —옮긴이] "자신들에게 주어진 것을 반드시 되돌려주어야 한다는 것 또한 인식한다."(63) 그렇게 함으로써 우리는 인간과 비인간 자연 사이의 상호의존과 전체적인 균형을 존중하게 된다.

이러한 개념들은 환경 문제에 대한 교육과 더불어, 우리 조상들의 문화 전통을 되찾는 것과 관련해 아프리카중심적 에코우머니스트들에게 유용할 수 있다. 배그비는 인간과 비인간 자연의 연결에 대해 확신하는데, 이 관점은 그가 속한 단체의 활동과 맞닿아 있다.

> 만약 당신이 지구에 감사할 수 있다면, 당신은 자기 자신의 아름다움에도 감사할 수 있다. 똑같은 창조자가 둘 다를 창조했다. 만약 내가 지구를 돌보는 것을 배우게 된다면, 나는 또한 스스로를 돌보게 될 것이고, 다른 존재들을 돌보는 것을 돕게 될 것이다.(Bagby 1990, 242)

배그비는 전통적인 서아프리카의 세계관과 비슷한 종류의 행성적 관계에 대한 세계관을 제시하는 동시에, 아프리카의 영성과 아프리카계 미국인 대부분의 종교적 전통 사이의 지속적인 연결을 드러내 보인다.

세계에 엄존하는 권력 및 특권의 관계와 관련해, 일부 에코페미니스트들의 토착 문화 전유는 반드시 다루어질 필요가 있다. 앤디 스미스Andy Smith와 테이시를 비롯한 많은 우머니스트는 우리 조상들의 전통을 착취한 토대 위에서 지구 기반의 페미니즘적 영성을 발명한 문화적 페미니스트들을 비판했으며, 우리는 백인우월주의로부터 우리 문화를 되찾고 지키기 위해 분투하고 있다. 「전생에 인디언이었던 모든 이들에게For All Those Who Were Indian in Another Life」에서 스미스는 비서구의 영적 전통에 대한 이 같은 전유가 백인 여성들이 억압받는 동시에 억압하는 것에 대한 책임을 회피하는 방식 중 하나로 기능한다고 주장한다. 백인 에코페미니스트들은 서아프리카 전통에서 발견되는 상호의존성, 공동체성, 내재성[을 전유하는 것이 아니라, 그것들—옮긴이]과 비슷한 개념을 그들 자신의 기독교 이전 유럽 문화, 예컨대 위카Wicca 전통 속에서 복원[하기 위해 노력—옮긴이]할 수 있다.[13]

이러한 개념들을 받아들인다면, 인간과 비인간 자연 사이의 관계 맺음은 다양한 방식으로 변화할 것이다. 이러한 세계관은 생태계의 모든 구성요소가 서로 영향을 주고받는다고 봄으로써, 자연과의 단절을 추구하는 대신에 그것과 조화를 이루며 살아가는 삶의 방식을 보여 준다. 우리 자신을 자연의 일부로 봄으로써, 우리는 몸에 대한 서구의 경멸을 넘어설 수 있을 것이며, 그러한 경멸과 공포의 결과로서 지구의 몸을 훼손하는 일을 그만두게 될 것이다. 지구는 단지 우리의 생존을 위한 원천

---

13 예컨대 위카 전통을 실천하는 스타혹은 자신의 영적인 믿음에 대해 쓴 바 있다(Starhawk 1990).

에 그치는 것이 아니라, 내재적 가치를 지니고 있고, 우리보다 오래 살아온 만큼 존중해야 한다는 점을 우리는 깨닫게 될 것이다.

공동체 관념은 생명을 지속시키는 생물학적이고 문화적인 다양성에 감사하도록 우리를 도울 것이다. 모든 실체가 내재성 아래 영성을 체현하고 있는 것으로 간주되는바, 주류 서구 종교처럼 문화가 자연과 분리되었다거나 자연보다 우월하다고 보는 시각은 사라질 것이다. 공동체주의는 집단들을 서로 분리시키는 (여러 변인 중에서도) 인종, 젠더, 종, 계급의 사회적 구성을 재형성하는 데 도움을 줄 것이다. 그리고 마지막으로 특히 환경운동은 정치를 공동체에 뿌리를 둔 것으로 보며, 다음 세대를 위해 지구를 복구하고 상호의존적인 삶으로 나아가고자 공동 행동을 취하게 될 것이다.

감사의 말

이 글을 쓰는 데 도움을 준 캐럴 J. 애덤스에게 감사를 전한다. 애덤스는 내 글의 사소한 결함들에 대해 정리해 줬을 뿐 아니라, 논문 구조를 바꾸는 것에 관해 귀한 조언을 해 주었다. 또한 내 주장을 더 확장시킬 수 있는 몇몇 참고문헌을 제안해 주기도 했다.

5장. 기쁨

데보라 슬라이서

우리는 함께 놀고 장난치고 웃는 존재를 먹지 않는다. 이는 경험적인 주장이 아니다. 사실 어떤 사람들은 함께 놀고 장난치고 웃는 존재를 먹는다. 그러나 많은 사람은 이를 이상하다고, 심지어는 이해하기 어렵거나 일종의 범주적 오류 혹은 더 나쁜 것이라고 여긴다. 내가 우리가 '함께' 웃는 존재를 먹지 않는다고 할 때, 여기서 웃음은[일방적으로—옮긴이] (깔보는) 비웃음이나 (귀여워하며 웃는) 웃음이 아니라, 누군가와 유머러스한 무언가를 나누며 함께 웃는 것을 의미한다.[1] 나는 동물들이 매

---

1 특정한 문화를 염두에 두지 않고 말하건대 나는 어떤 사람들에게 동물이 음식이면서 동시에 놀이 상대인 존재로 여겨질 수 있음을 인정한다. 나의 세계관이 이와 같은 존재론적 방식으로 짜여 있지 않다고 말한다고 해서 내가 그들을 존중하지 않는 것은 아니다. 나는 어떤 존재론들 혹은 최소한 그 부분적인 양상들이 실제 세계와 더 잘 호응한다고 말할 수 있을 만큼 충분히 형이상학적인 현실주의자다. 그리고 나는 나의 세계관과 더불어 거기서 야기되는 도덕적 부작용도 그 존재론 중 하나라 생각한다고까지 말할 수 있다. 이렇게 말한다고 해서 이것이 반드시 폄하를 의미한다거나 가령 제국주의적이든 다른 어떤 방식으로든 거만함을 의미한다고 생각하지 않는다. 크리스천들 간의, 혹

우 중요한 도덕적 요구를 한다고 생각하지만, 일반적인 의미의 포용성이나 일관성에 관한 주장(인지 능력이 '정상 이하'인 인간들을 도덕적 세계에 포함하는 것은 인간과 인지적으로 유사한 비인간 동물도 포함할 것을 요구한다는 주장)을 통해 이를 설명하지는 않을 것이다. 이러한 접근이 동물의 도덕적·법적 지위에 관한 학계와 대중적 논의의 장에 큰 영향을 주었음은 존중하지만 말이다. 나는 이러한 주장이 대체로 타당하기에 이러한 성취를 이루었음을 인정한다. 오랫동안 나는 코라 다이아몬드Cora Diamond의 작품에, 더 최근에는 소설가 J. M. 쿳시J. M. Coetzee의 『동물로 산다는 것 The Lives of Animals』(1999)이라는 작품에 점점 더 매료되어 왔다. 다이아몬드의 경우 그가 비트겐슈타인적 견지에서 사회적으로 복잡하게 얽혀 있고 인식론적으로 난해한 삶의 형태들이 발생시키는 윤리적인 질문들을 다룬다는 점, 문학과 삶을 최고의 도덕 교사로 본다는 점, 그리고 일찍이 1978년에 동물이 단지 감응력을 지닌 존재나 삶의 주체로서가 아니라 우리와 함께 한 "배boat"를 타고 동행하는 "동료 생명체fellow creatures"로서 도덕적 중요성을 가진다고 그려 왔다는 점 때문이다(Diamond

---

은 크리스천과 세속주의자 간의 어떠한 의견 불일치는 그러한 예가 될 수 있으며 흔히 그러하다. 내가 이 글에서 폭넓게 다룬 작품인 J. M. 쿳시의 『동물로 산다는 것』에서 엘리자베스 코스텔로가 보여 준 바와 같이 그 차이를 탐색하고 해결하려는 시도는 어려울 수 있을뿐더러 심지어는 사람을 미치게 할 수 있다. 물론 이성은 훌륭한 조정자이자 중재자다. 그러나 코스텔로(와 이 소설을 쓴 쿳시)는 이성의 결함과 한계를 보여 준다. 쿳시는 이성과 함께 상상력과 마음이 도덕적 작용을 한다는 사실을 의도적으로 환기하는 동시에 옹호한다. 때때로 직접적인 경험은 자신의 정당성을 강력하게 입증한다. 존재론의 차이가 극복되고 때때로 해소될 때, 나는 다양한 도구로 접근하는 '레더맨Leatherman' 접근법이 그 일을 하리라 믿는다.

1991b, 329). 이 모티프는 이후 다른 많은 작가가 그의 공로를 인정하지 않은 채 반복적으로 그렸던 주제이기도 하다. 그리고 쿳시의 경우, 그가 창조한 엘리자베스 코스텔로라는 인물이 순수한 놀라움과 쓰라린 좌절, 분노, 소외, 외로움, 절망을 너무나도 철저하게 보여 주었기 때문이다. 이 감정들은 꼭 코스텔로의 경우처럼 오랜 시간 비건이자 활동가로 산 우리 대부분이 가족과 학생과 동료 사이에서, 저녁 파티 자리에서, 음식이나 신발, 핸드백을 쇼핑해야 하는 상황에서 흔히 느끼는 것들이다. 그런데 엘리자베스에 대한 나의 우려는 그에게 유머가 없어 보인다는 점과 웃음은 삶의 긍정이자 기쁨의 원천joy juice이라는 점에 기인한다. 이는 다이아몬드의 표현을 빌리자면 거대한 "현실의 어려움" 중 하나로, 기쁨은 심원하고 무감각할 정도의 고통과 함께 우리에게 동등한 조건으로 주어지며, 고통과 기쁨은 독립적으로 작용하든 함께 작용하든 모두 우리의 도덕적 삶에서 동등한 무게를 지닌다. 특히 그 두 요소가 함께 작용하는 경우, 이를 단지 지적으로 인정하는 것을 넘어 가장 깊은 실존적 의미에서 그 긴장을 경험하면서도 침착함과 도덕적 태도를 유지하기 위해서는 특정한 종류의 도덕적 용기가 더욱 요구된다.

스토리텔링

어떤 작가들은 철학이 도덕적 삶에 대한 책임 있는 재현과 응답에 이야기나 서사를 반드시 통합시켜야 한다고 말한다. 그러한 작가들로 아이리스 머독(Iris Murdoch 2001), 버나드 윌리엄스(Bernard Williams 1985),

다이아몬드(1991), 마사 누스바움(1992), 스탠리 캐블(Stanley Cavell 2008), 그리고 마티 킬(2008)을 비롯한 여러 페미니스트와 에코페미니스트 들이 있으며, 이들의 작업은 이제 익숙한 것이 되었다. 아리스토텔레스와 마찬가지로 이들은 문학이 어려움 속에서도 무언가 진실한 것을 재현하고 있으며, 우리로 하여금 서사의 인물과 함께 주의력, 감정적 감수성과 세부사항에 대한 세심함, 심사숙고, 선택, 판단을 연습하는 데 참여하도록 요구한다는 점에서 유익함을 보여 준다. 그리고 물론 이 인물들은 우리에게 이 모든 것의 훌륭한 견본이 된다. 조금 더 구체적인 예를 들면, 누스바움과 다이아몬드는 철학이 도덕적 삶을 다루어 온 전통적인 방식이 복잡하고 감정적으로 뒤얽힌 도덕적 상황을 칸트적 혹은 공리주의적 문제로 왜곡하고 납작하게 만들어 왔음을 지적한다. 즉 지나치게 단순하고 추상적인 원칙을 적용하거나 마치 수학 문제를 풀 듯 도덕적 딜레마에 접근함으로써 손쉽게 해결할 수 있는 문제인 양 취급해 왔다는 것이다. 누스바움의 말을 변형해 본다면, 이때 우리는 무엇보다 관심을 끌기 위해 팽팽하게 맞서는 다양한 경쟁 요소들 사이에서 좋은 선택을 내리는 것이 얼마나 어려운지 이해[할 기회—옮긴이]를 잃어버리게 된다. 무엇을 선택하고 포기할지에 관한 어려움을 낳는 서로 경쟁하는 통약 불가능한 선善에는 가령 에로틱한 사랑이나 자식된 도리, 우정을 위협하는 진실 등이 있다. 로버트 솔로몬(Robert Solomon 1976), 누스바움(1992), 다이아몬드(1991, 2008) 역시 도덕적 삶에서 감정 지능 emotional intelligence의 역할을 인정한다. 여기서 내가 '지능'이라 말한 것은 감정이 의지에 적절히 영향력을 행사하고 중요한 인지적 기능을 한다는 점에서다. 이 모든 것은 철학자가 무엇을 해야 하는가라는 문제를 제기한다. 우리는 이야기를 읽고 더 나은 문학비평가가 되어야 하는가? 우리는 '철학'과 함께 혹은 철학 대신 이야기를 가르쳐야 하는가? 우리는 이야기를 지어야 하는가? 킬(2008), 크리스 쿠오모·로리 그루언(1998), 그레타 가드(2007)와 같은 에코페미니스트들과 다이아몬드는 이야기가 동물이 주체라는 사실과 동물이 어떻게 주체라고 할 수 있는지를 알고 느끼도록 해 준다는 점에서 이야기의 중요성을 강조한다. 킬은 다음과 같이 말한다. "꼬마돼지 베이브Babe the pig나 암소 에밀리Emily the cow와 같은 이야기들은 동물들의 삶이 주체적 정체성을 강렬하게 표상한다는 사실을 인식하는 데 도움을 준다. 그러므로 그들의 주체성을 인식할 수 있는 한 가지 방법은 우리가 할 수 있는 만큼 최선을 다해 그들의 이야기를 말하는 일이다."(Kheel 2008, 249) 쿠오모와 그루언은 후경에 있던 것을 전경화하는 "전복적인 도덕적 정향transgressive moral orientation"을 옹호하며, 이를 통해 비인간 동물의 주체성을 우리의 도덕적 관심의 대상으로 전경화할 수 있다고 말한다. 나중에 다시 논의하겠지만 이야기는 지각과 느낌(혹은 느끼지 않음)의 일반적인 방식을 교란하고 동물들과의 진정한 우정과 감정이입을 가능하게 하는 "입구ins"를 포함하고 있다는 점에서 전복적이다(Cuomo and Gruen 1998, 133–134). 아래에 언급한 이야기들은 이 글에 영감을 준 것들이다. 이야기들은 내가 말하고자 하는 놀이와 웃음의, 또 누군가와 기쁨을 창조하는 일의 도덕적 중요성에 관한 더 어려운 논점들을 논의하는 데 도움을 준다. 이 이야기들은 이 논점들을 단순히 보여 주기만 하는 것이 아니다. 그것들은 이야기가 할 수 있는 방식으로 자신의 기능을 하며 고유의 깊이를 지닌다고 생각하고 싶다. 궁극적으로 나는 이 이야기들이 전복적인 "입구"가 되기를 바란다.

유머

아사라는 이름을 가진 1.6미터 크기의 21살 된 검은 단거리 경주마는 대부분 자기 영역에서 자신보다 어린 거세마 무리와 함께 즐겁게 시간을 보낸다. 이 무리는 아마 아사를 다양한 사회적 상황에서 협상하는 방법을 보여 주는 멋진 중년 남성으로 볼 것이다. 아사는 어떤 말이 성질을 낼 때 어떻게 그것이 진심인지 허풍인지 알 수 있는지, 어떻게 너무 힘들이지도 다치지도 않으면서 건초 더미에서 다른 말을 쫓아낼 수 있는지, 어떻게 발목을 무는 목장 관리인의 성가신 목양견을 으스러지지 않을 만큼의 강도로 걷어찰 수 있는지, 서열의 밑바닥에 자리하지 않기 위해서는 새로 온 말보다 얼마나 열심히 달려야 하는지를 보여 준다. 또한 어떤 인간의 명령을 따라야 진짜 슬픔을 피할 수 있는지, 비록 질서 내 포식자 위치에 있어서 괴롭힘을 일삼는 인간이라도 어떤 인간은 그저 귀가 먹은 척 무시해도 되는지, 혹은 정말 배짱을 부려 발길질로 경고의 신호를 보내도 되는지 등을 말이다. 아사는 오른쪽 앞무릎과 왼쪽 뒷무릎에 관절염이 있어 절뚝거리는 나이 든 말이지만, 야생 칠면조나 사슴, 떨어지는 잎이나 한 줄기 바람 혹은 1마일 떨어진 들판을 달리는 다른 무리에 의한 약간의 땅의 흔들림에 바로 반응하며 힘차게 들판을 뛰어다니는 데 능하다. 아사와 나는 거의 10년 가까이 함께하고 있다. 그는 내가 아는 가장 재미있는 친구 중 하나다.

말의 유머에 관한 말을 보자. 앙리 베르그송(Henri Bergson 1974, 1998)과 수잔 랭거(Susanne Langer 1965)의 표현을 빌리자면, 놀이와 유머는 생의 약동élan vital, 순수 존재, 우리의 "생명력"과 관련된 표현이다. 랭거에 따르면 웃음은 "느낌의 정점이자 마치 활력이 정점에 다다른 느낌"(1965, 132)과 같다. 말들은 힘차게 약동한다. 그들은 심술궂은 유머에 관한 감각을 지니고 있으며, 짓궂은 장난꾸러기다. 가령 그들은 엉덩이를 물고, 꼬리를 잡아당기고, 문을 열고, 양동이나 솔이나 모자를 채 가고, 몰래 방귀를 뀐다.

내가 아사와 관계를 맺기 시작한 초기에 나는 팻 패럴리Pat Parelli의 자연마술natural horsemanship, 즉 그가 인간과 말 사이의 의사소통을 향상시키고, 인간을 무리의 리더이자 교사로 자리매김하며, 모두를 안전하게 지켜 주는 일련의 "게임"이라고 부른 것을 연습했다. 나는 말과 우정을 쌓는 과정에서 자연마술 운동movement이 내가 원하는 만큼 비강압적이고 자발적인 것인지, 그리고 말이라는 타자에 관심을 기울이는 평등주의적인 것인지에 대해 약간의 의혹이 있었다. 그렇지만 이 훈련 학교는 분명 말들의 마음에 대한 이해와 명확하고 일관적인 의사소통, 그리고 감정이 절제된 상호적인 재미를 강조했다. 우리는 함께 첫해를 보내며 아사가 나를 무해한 초보자이자 우스운 장난의 대상으로 여기는 동안 이 프로그램의 도움을 받았다.

나는 많은 시간을 들여 패럴리 DVD를 보고 패럴리 책자를 읽으며 엄청나게 필기했고, 그 내용을 요약해 4.5미터 길이의 고삐 끈을 매고 언제나처럼 침착히 서 있던 아사와 '놀이'를 할 때 참고할 현장 지침으로 삼았다. 어느 날 오후, 봉투 뒷면에 적어 둔 필기를 공부하고 있었는데,

두껍고 검은 말의 입술이 아주 부드럽게 종이의 맨 가장자리 부분을 물고 늘어졌다. 말의 두 눈은 얼굴의 측면부에 위치하고 있기 때문에 서로 다른 두 이미지를 동시에 볼 수 있다. 그러나 물체와 약간의 거리가 확보되기만 한다면 자기 앞에 있는 물체의 한 이미지에 더욱 직접적으로 초점을 모을 수도 있다. 아사는 그 거리를 찾았고 이 재미있는 장난에 집중하기 위해 자신의 머리를 약간 아래쪽을 향해 맞추었다. 내가 보통 말에게서 보아 왔던 것은 존 버거John Berger가 동물원 동물들을 묘사했던 방식의 시선—"동물들의 시선은 깜빡이며 잠시 머물다 스쳐간다. (…) 동물들은 곁눈질로 쳐다본다. 멍하니 허공을 바라본다. 기계적으로 주위를 훑는다"(Coetzee 1999, 34에서 재인용)[2]—이었지만 말의 여러 얼굴은 정교한 표현력을 보여 준다. 아사의 검은 눈은 부드럽고 둥글며 응시하는 힘을 가지고 있었다. 그 힘은 내가 아무리 떠올리지 않으려고 해도 유쾌한 산타클로스를 연상하게 했고, 혹은 내가 더 좋아하는 똑같이 천연덕스럽고 짓궂은 유머감각을 지닌 우리 할아버지를 연상시켰다. 그는 치켜세워진 귀, 닭의 늘어진 피부처럼 흘러내리는 뺨, 이마를 가로지르며 번개같이 씰룩거리는 눈썹을 가졌다. 나는 처음에 아사의 행동에 진심으로 항의하며 종이를 잡아당겼고, 말의 세계에서는 상대방의 발을 움직이게 하는 것이 주도권을 쥐는 일임을 알았기에 그를 뒤쪽으로 몰려고 시도했다. 헛수고였다. 그의 입술은 종이를 쥐고 흔들며 놓지 않았다. 패럴리가 보장한 "사랑, 언어, 리더십"으로 향하는 길은 내 말의 앞니

2 존 버거, 『본다는 것의 의미』, 박범수 옮김, 동문선, 2020, 43쪽; 존 쿳시, 『동물로 산다는 것』, 전세재 옮김, 평사리, 2006, 190쪽, 번역 일부 수정.—옮긴이.

사이에서 막혀 버렸다. 이 얼마나 어처구니없는 일인가? 나는 나의 말 파트너와 맺은 새로운 사회적 '계약서'가 된 종이를 잡아당기면서 웃기 시작했다. 많은 말은 인간이 웃을 때 내는 특유의 발성을—쓰다듬는 행위, 쿠키와 당근, 그저 일반적인 좋은 느낌 등과 같은—좋은 것들과 연관 짓는다. 이는 다리를 굽히고 하품하고 입술을 핥고 갈기를 내리라는 음성 신호다. 아사는 [이 모두를 알아차린 듯—옮긴이] 신호를 주었고, 나는 그가 내가 장난을 이해한다는 의미로 내 웃음을 이해했을지도 모른다고 생각했다. 그 순간 그는 계속 눈을 마주치며 아주 천천히 종이를 전부 입에 넣기 시작했다. 종이를 갖게 되자 그는 마치 씹는 담배를 음미하는 노인처럼 종이를 느긋하게 씹었다. 그러다가 그는 아무렇지 않게 침에 젖어 질척거리는 종이 뭉치를 먼지 더미에 뱉었다. R. H. 스미스R. H. Smythe는 그의 작고 아름다운 책 『말의 마음The Mind of the Horse』에서 "어떤 말들은 특정한 유머감각을 지니고 있으며 인간의 기분에 맞춰 주기 위해 때때로 '바보처럼 행동할' 준비가 되어 있다"고 말한다(Smythe 1965, 86). 그는 이를 더 자세히 설명하지는 않는다. 나는 이외에 마크 베코프Marc Bekoff가 웃음에 관해 쓴 일부 대목, 개 훈련사들의 짧은 글, 「웃는 쥐The Rat Who Laughed」라는 토막글을 제외하고는 동물의 유머감각을 다룬 소중한 사례를 찾지 못했다.[3]

유머에 관한 이론은 우리가 유머러스하다고 생각하는 것들이 심각한 고통이나 불쾌한 결과를 초래하지 않으면서도 어떻게 물리적이거나 언어적이거나 사회적인 기대를 전복하는지 일관되게 강조해 왔다.

---

3 Bekoff and Pierce 2009, 94, 120; Smith 2010; Simonet 2007; Bering 2012 참조.

로버트 W. 코리건Robert W. Corrigan에 따르면, 종종 아슬아슬하게 그 경계에 있긴 하지만, 우리는 진심으로 진실하거나 아름답거나 선하다고 생각하는 것을 두고 웃지 않는다(Corrigan 1965, 6). 베르그송과 헤즐릿Hazlitt을 포함한 여러 저자는 잠재적으로 유머러스한 것의 예로 바람에 뒤집힌 우산이나 광대나 마임의 과장되고 거의 기계적인 몸짓과 표정 등과 같이 부조화가 발생하거나 기대가 전복되는 경우를 든다. 우리가 "인간에 대한 인간의 비인간성"을 즐긴다는 알 캡Al Capp의 이론은 찰리 채플린이 훌륭하게 일깨우듯 우리가 한심스러운 바보를 볼 때 느끼는 예상치 못한 갑작스러운 우월감에 희극적인 즐거움이 자리한다는 랭거와 프로이트의 이론과 공명한다. 랭거는 오래된 민속 인형극의 인물인 '펀치Punch'에 대해 논의하면서, 이 인물이 모든 억눌린 충동을 "아기를 창문 밖으로 던진다거나 경찰을 때려눕힌다거나 악마를 갈퀴로 찌르는 것과 같이 힘과 속도감 있는 행동"으로 실행에 옮긴다고 보았는데, 이러한 논의는 익살극이란 심각한 결과에 대한 공포가 없는 폭력이라고 한 에릭 벤틀리Eric Bentley의 주장을 떠오르게 한다(Langer 1965, 134). 아리스토텔레스는 『시학』에서 희극을 비극보다 훨씬 열등한 것이나 추하고 우스꽝스러운 것의 일종으로 간주하면서, 고통이나 피해를 주지 않는다고 보았다. 프로이트는 "위트는 권위로부터의 해방이며 넌센스는 이성으로부터의 해방"이라고 주장한다(이때 위트 있는 아사는 넌센스로 가득했다).[4]

이는 희극과 유머에 관한 여러 이론을 아주 거칠고 간략하게 정리한

---

4 이 단락에서 인용한 저자들은 모두 Corrigan 1965에서 언급된다.

것이다. 여기서 가장 유의미한 논의 지점은 거의 모든 글에서 동물이 언급될 때 이들이 유머감각을 지닌 존재라는 점이 부정된다는 사실이다. 이 이론들은 대체로 랭거의 다음과 같은 논리를 따른다. 동물은 자의식이 없으며, "개별화된 실존"의 자연적인 연쇄를 따르는 데 불과하다. 다른 동물들은 생존을 위한 본능적인 투쟁만 할 뿐인 데 반해, 인간 동물은 "그 자신의 고유성과 덧없음과 한계를 숙고한다. 또한 자신을 살게 하는 충동을, 그리고 종국에는 유기적 통일성이 깨지고 자아가 분해되어 더 이상 존재하지 않게 될 것이라는 사실을 숙고한다."(1965, 125) 그에 따르면 아주 어린 아이들도 유머감각이 부족하며, 아이들이 비록 웃는다고 하더라도 웃음은 유머보다 훨씬 원초적인 것에 해당한다(132). 아이들은 아직 사회적·자연적인 세계를 통과하며 자유의지를 발휘해 협상하거나 우연과 운명에 시달리는 '자아'에 대한 감각이 없으므로, 또 자신의 취약성과 유한성에 대한 인식이 없으므로, "삶의 감각"을 소유하고 있지 않다. 따라서 무언가를 전복 그리고/또는 대처하려는 이상하고 터무니없고 희한하고 휘청거리고 경박한 시도에 즐거움을 느끼지 못한다(124). 이것이 가능하기 위해서는 "의미론적으로 확대된 지평"이 필요하다(124).

그러나 랭거가 틀렸다고 가정해 보자. 사실과 주장, 그리고 삶에 대한 그의 감각이 틀렸다고 말이다. 이번에는 우리가 겪은 일화적 증거를 신뢰해 보자. 직감을 믿고 사랑이 가르쳐 준 것을 믿어 보자. 아사와 내가 장난을 친다고 가정해 본다. 우리는 놀고 있다. 우리는 함께 웃고 있으므로 동료 생명체로서 서로를 알아볼 수 있다. 우리가 탄 배는 우리의 웃음으로 흔들리고 있다. 과연 우리는 어떤 종류의 도덕적 공간에 들어서게 된 것일까?

놀이

동물들은 논다. 여기에서 '논다'는 것은 정확히 무엇을 의미하는가? 누가 노는가? 동물들은 왜 노는가? 그들은 언제 노는가? 이러한 놀이에 기능이 있다면 무엇인가? 놀이의 의사소통적 혹은 인지적 특징은 무엇인가? 놀지 않는 것의 사회적 비용은 무엇인가? 베코프와 콜린 앨런Colin Allen은 놀이의 기능적 정의와 비기능적 정의를 구별한다. 기능적 설명에 따르면 놀이는 운동적·사회적·인지적 발달과 연관된다. 1998년 베코프와 앨런은 이러한 기능적 설명 이론을 뒷받침하는 연구가 희박하다는 이유로 이를 미심쩍어했다(1998, 99). 그런데 2009년 『야생의 정의Wild Justice』에서 베코프와 제시카 피어스Jessica Pierce는 기능주의적 입장에서 놀이를 도덕적 삶의 훈련으로 설명하는 이론을 발전시켰다. 여기서 도덕적 삶이란 "협력, 감정이입, 정의justice라는 세 가지 큰 다발로 구성된, 타자를 고려하는 행동의 총체"를 의미한다(138). "도덕성은 타자의 복지에 대한 관심이라는 공통된 특징을 공유하는 행동의 스펙트럼"이다(138). 이들은 인지학적 자료에 근거해 최소한 포유동물을 도덕적 동물로 간주할 수 있다는 어떠한 "최소 조건threshold conditions"을 세운다.

옮고 그름에 대한 강력한 감정적·인지적 신호를 부여하는 확립된 행동

> 규범을 포함한 사회 조직의 복잡성에 대한 특정 수준; 과거와 미래에 대한 지각에 기초한 의사결정 및 도덕적 감정의 토대로서 신경계의 복잡성에 대한 특정 수준; 상대적으로 뛰어난 인지 능력(예컨대 좋은 기억력); 높은 수준의 행동 유연성.(Bekoff and Pierce 2009, 13)

놀이는 기본적인 사회적 기술의 발달이나 유대, 사회적 규범의 학습, 호혜성, 규칙과 타자의 사회적 공간에 대한 존중, 타자의 의도에 대한 인식과 평가, 놀라움과 새로움에 대한 반응성 등과 같은 특정한 도덕적 기술들을 얻는 데 있어 중요하다. 규칙을 지키며 공정하게 놀이하는 것이 중요하며, 이에 반칙자들은 게임을 중단시키고 종종 쫓겨난다. 다른 무엇보다 그들은 신뢰를 깨뜨렸기에 소외될 것이다. 베코프와 피어스에 따르면 특히 신뢰는 집단의 단결과 안정성 유지에 필수적이다. 놀이를 할 때 우리는 종종 불평등을 완화하고 평등주의를 장려한다. 스스로에게 핸디캡을 주는 것이 좋은 예다. 다른 동물들 역시 우리 인간과 마찬가지로 역할 바꾸기처럼 놀이가 아니라면 하지 않을 일, 나아가 놀이가 아닌 상황에서는 자신의 안녕을 위태롭게 하는 일을 할 수도 있다. 저자들에 따르면 놀이는 정의, 자연스러운 정서, 느낌을 포함하며, 추상적인 원칙들을 꼭 필요로 하지는 않는다.

한편 비기능적 설명에 따르면 놀이는 "목적이 없는 것**처럼** 보이는 출생 후에 수행하는 모든 움직임으로서, 이 움직임의의 패턴은 종종 다른 맥락에서 다른 형태나 다른 시퀀스로 나타난다. 이러한 활동이 다른 살아 있는 존재를 향할 때 이를 **사회적 놀이**라 부른다. 이 정의는 놀이의 잠재적 기능이 아니라 '동물들이 놀 때 무엇을 하는가'라는 놀이 시퀀스의 구조에 초점을 맞춘다."(Bekoff and Allen 1998, 99) 이러한 비기능적 정의는 우리에 갇힌 동물들의 과도한 그루밍이나 반복적인 서성거림과 같이 놀이가 아닌 행동에도 적용될 수 있기 때문에 문제가 있다. 따라서 베코프와 앨런은 일종의 행동주의적behaviorist 설명에 해당하는 제3의 길을 모색한다.

> 우리는 놀이에 대한 연구가 표면적으로 단일 범주를 형성하는 듯 보이는 행동, 즉 애초에 놀이라고 합의된 행동의 사례들에서 출발해야 하며, 그러한 사례들의 유사성을 찾아야 한다고 생각한다. 유사성이 발견되면, **그때서야** 우리는 그것이 유용한 일반화를 위한 기초를 제공하는지 아닌지 물어볼 수 있다. 그러므로 우리는 베코프와 바이어스Byers가 정의하려고 시도한 바를 어느 정도 따르며 놀이에 대한 직관적인 이해에 기초해 논의를 진행하되, 놀이의 이 같은 정의 혹은 현재 이용 가능한 어떤 정의도 특정 행동을 놀이의 범주에 엄격하게 포함하거나 배제해서는 안 된다고 생각할 것을 제안한다.(1998, 100)[5]

---

5 동물들의 의도(믿음과 욕망)는 놀이 이론가들에게 또 다른 난제다. 놀이, 그중에서도 특히 사회적 놀이는 무엇을 하는 척하는 가장假裝과 관련된다. 놀이 참여자들은 진짜 싸우거나 도망가는 것과 싸우거나 도망가는 놀이를 하는 것을 구별하기 위해 서로의 생각을 '읽을' 필요가 있다. 그러므로 다니엘 데닛Daniel Dennett의 주장처럼 우리는 현실에 대한 다른 이의 표상을 이해하는 이차적 의도성을 갖출 필요가 있다. 베코프와 앨런은 A. 로젠버그A. Rosenberg의 말을 변형해 "동물 a와 b가 놀이를 한다고 할 때, 이는 a가 d라는 놀이 행위를 하는 목표나 목적이 진지하지 않다는 점을 b가 인식하고 있음을 이해하면서 a가 의도적으로 d를 한다는 것을 의미한다"고 말한다(1998, 101). 예를 들어 아사는 자신이 포식자로부터 정말 도망치는 것이 아니라 도망가는 척한다는 것을 데보라가 이해한다는 것을 안다. 데닛은 어떤 동물들에게 이것이 가능하다고 생각한다. 이와 달리 이것이

말은 개만큼 자주 놀고, 개의 조상이 한때 말의 천적이었음에도 불구하고 흥미롭게도 개가 하는 게임 대부분을 한다. 예컨대 말은 추격 게임, 목 물기 게임, 줄다리기 게임, 물건 숨기기 게임 등을 한다. 아사와 나도 게임을 한다. 물론 540킬로그램씩이나 나가는 친구와 몸싸움하며 놀지는 않는다. 우리는 물건 숨기기를 한다. 사라지는 물건은 종종 나의 모자이며, 가끔은 솔이나 양동이일 때도 있다. 때때로 우리는 이러한 물건이나 고삐 끈으로 줄다리기를 한다. 가끔은 추격 게임도 하는데, 이는 간단히 말해 '나를 멈추게 하고 싶으면 나를 쫓아와 봐' 식의 놀이다. 예전에 이 놀이를 몇 차례 했을 때는 아사가 우리 관계에서 주도권을 쥐고 싶어 할 때로, 당시는 이 놀이가 그다지 즐겁지 않았다. 이제 나는 이것이 게임임을 안다. 그의 몸짓 언어가 전혀 달라졌기 때문이다. 이제 그는 흥분을 가라앉힌 보통의 다른 말들처럼 한쪽에 다리 보호 장비를 착용한 채 문 앞에서 기다리고 있는 나를 향해 거의 항상 달려온다. 그가 최근 주도해 시작해서 함께하게 된 게임으로 전환 게임이 있다. 나를 포함해 승마하는 사람들은 대부분 정지 상태에서 평보, 속보, 구보로 몰거나 후퇴하는 전환 과정을 매우 조용하게 진행하기를 좋아한다. 아사와 나는 그의 약 1만 2,000평짜리 침대인 땅에서 이러한 전환 게임을 한다. 걷고, 달리고, 멈추고, 후진하고, 달린다. 우리는 그 순서를 섞기도 하고, 히힝 소리를 내며 정지하거나 나뭇가지나 도랑을 장애물 삼아 점프하는 등 약간의 서프라이즈 요소를 유지하려 노력한다. 그는 자신에게 핸디캡을 부

불가능하다는 평가도 있는데, 이에 따르면 동물들은 몸짓 언어나 페로몬을 통해 맥락을 알아차린다.

여해서 우리가 나란히 달리거나 걸을 수 있게 한다. 그가 처음 이 게임을 주도했을 때 나는 문을 향해 앞으로 걸어가고 있었고, 그는 나와 너무 멀어지지 않기 위해 거의 제자리걸음으로 내 옆에서 걷고 있었다. 그리고 그는 아주 활기찬 두 눈으로 어떤 표정을 짓고 있었는데, 이 표정은 '우-리-놀-까?'라고 말하고 있었다. 내가 말했던 것처럼, 그는 자신에게 핸디캡을 아주 많이 부여한다. 그는 친절하고 나와 잘 어울린다. 규칙은 이렇다. 상대방을 남겨 두고 빨리 달려가지 않기, 그가 고삐를 맸을 때는 게임을 하지 않기, 프레리도그 구멍들이 있는 약 1,000평의 땅을 통과하거나 울타리에 지나치게 가까워지거나 문을 뛰어넘는 등 위험하거나 불가능한 것을 요구하지 않기, 들판에서 다른 말이 함께 참여해도 집중력을 유지하기. 이는 나만의 규칙이 아니다. 시간이 쌓이고 서로에게 관심을 기울이게 되면서 우리 사이에서 발전한 것들이다.

나의 친구 제프 허드슨Jeff Hudson은 말들은 어떤 사람과 평등하거나 거의 평등한 관계에 있다고 느낄 때만 그 사람에게 장난을 치거나 농담하거나 함께 논다고 말한다. 바바라 스머츠Barbara Smuts는 평등, 즉 호혜성, 자유, 상호적인 의존과 존중이 다른 동물과 맺는 우정의 기초라고 쓴다. 다른 존재를 사회적 주체이자 고유한 개체로 인식하고 인정하는 일은 다른 무엇보다도 "그들에 대한 통제와 [강조하건대] 그들이 우리와 관계 맺는 방식에 대한 통제"를 포기할 것을 요구한다(Smuts 2008, 118).[6] 말들의 세계에서 많은 이들이 말들의 마음속으로 들어가는 것의 중요

6 바바라 스멋, 「'인간이 아닌 인격체'와 친구하기」, 존 쿳시, 앞의 책, 164–165쪽, 번역 일부 수정. — 옮긴이.

성을 말하며 최소한 그 주체성에 대해 어느 정도 인정하기는 하지만, 나는 자연마술을 실천하는 사람들조차도 평등에 대해 말하는 것을 거의 듣지 못했다. 대개 우리는 말들을 효과적으로 통제하기 위해 말들의 마음속으로 들어간다. 나는 물론 누군가가 540킬로그램이 되는 동물과 놀 때 평소보다 더 많은 주의를 기울여야 한다는 점을 인정한다. 흔들리는 나뭇가지나 정원용 호스 혹은 철길을 따라 늘어선 특이한 모양의 바위도 말들의 도피 반응을 유발할 수 있으며, 말들이 사람의 개인 공간이나 자신의 신체적 강점에 대해 항상 인식하고 있는 것도 아니기 때문이다. 그런데 나에게 이는 다른 관계에서보다 말과 신뢰를 쌓는 일이 오히려 더 중요하다는 것을 의미한다. 매우 거대한 동물과 놀고 장난을 치는 것은 위험할 수 있다. 그럼에도 내가 말과의 우정에서 이것을 원한다면, 나는 상당한 통제권을 포기해야 하고 최소한 우리의 의사소통을 신뢰해야 한다. 즉 우리는 규칙을 따를 것이며 우리 중 하나가 규칙을 갱신할 때 서로를 깊이 생각하리라는 점을 신뢰해야 한다. 중요한 것은 놀거나 장난칠 때 우리가 서로 공유하는 소중한 선물인 삶의 활력, 즉 생명력을 나누며 서로 신뢰한다는 사실이다. 이는 우리가 다른 모든 살아 있는 개체들 및 더 큰 순환 체계와 맺는 친족관계, 진화에서 시詩에 이르는 창조적 과정, 그리고 소에서 쥐에 이르기까지 다른 동물들이 놀이를 할 때 무조건적으로 자신을 내맡기게 되는 기쁨을 드러낸다. 여기 언급한 것들은 모두 도덕적 견인력이 있다. 인지적으로 보았을 때 유머감각을 갖기 위해서는 사회적·물리적·의사소통적 기대를 전복하고 그 전복된 것을 인식하는 것이 필수적이다. 또한 때때로 고통스럽거나 공격적이라는 점에서 해롭기에 매우 부적절한 전복과 무해하고 가끔은 우스우며 우리에게 기쁨을 주는 전복 간의 섬세한 구분 역시 필요하다. 그리고 놀이는 다른 사회적·인지적·감정적 능력 중에서도 규칙에 대한 인식과 존중, 신뢰, 새로움에 대한 감식력, 공정함의 감각과 관련된다. 나는 동물들이 이러한 능력을 가지고 있으며 유머감각이 있고 놀 줄 안다고 생각한다. 교조적인 칸트주의자가 아닌 대부분의 윤리학자들은 이 점이 도덕적으로 매우 중요하다는 사실을 인정할 것이다. 이어지는 논의에서 내가 가장 관심을 두는 것은 다이아몬드가 말했듯, 장난 상대이자 놀이 상대로서 기쁨을 나누며 동료 생명체로서 우리의 지위, 즉 우리의 친족 관계를 표시하는 일이 무엇을 의미하는지에 대한 것이다.

이 부분의 논의를 마무리하기 전에 간략하게 두 가지 짚을 내용이 있다. 첫째, 나는 동물이 정말로 놀이를 한다고 회의론자들을 설득하려 의도하지 않았다. 놀이에 관한 연구는 상당히 축적되어 있고 읽을 가치가 있다. 더 좋은 방법은 직접 경험해 보는 것으로, 이는 가장 믿을 만한 증거이자 도덕적 세계로 들어가는 "입구"가 될 것이다. 그러니 일단 그 안으로 들어가 보기를 제안한다. 둘째, 유머와 놀이는 서로 사촌지간이지만 같은 것은 아니다. 놀이는 재미있지만, 언제나 재미있는 것은 아니다. 재미를 주는 것이 항상 게임인 것은 아니다.

킵

작년 한 해 동안 나는 미줄러 가축 거래소Missoula Livestock Exchange 경매에 나가 도살될 운명에 처해 있던 몇몇 말을 구출하는 일을 도왔다. 내가 처음으로 구한 말의 이름은 킵으로, 그는 그의 반려인이자 나의 옛 친구였던 사람에 의해 도살업자에게 팔렸다. 킵은 몸무게가 적당하고 건강했으므로 몬태나주에서 캐나다로 '신속 이송'되었는데, 이는 팔린 지 3일 안에 업계의 표현을 빌리자면 "총에 맞고 고리에 걸려"야 한다는 것을 의미했다. 팔린 지 한 시간이 지난 후 그는 '138'이라 적힌 번호표를 엉덩이에 붙인 채 가축용 2층 트레일러에 실렸다. 이 트레일러들은 말에게 안전하지 않지만 말들을 여섯 시간 거리에 있는 앨버타의 도축장으로 이송하기 위해 흔히 쓰이는 수단이다. 출발 몇 분 전 한 변경지역 가이드backcountry outfitter가 그를 끌어내렸고, 나중에 그가 말하기를 "무릎이 다 부서진" 자신의 말 두 명을 그와 교환했다. 이후 킵은 내가 그를 몬태나주 에니스에서 찾게 되기 전까지 5주 동안 행방불명 상태였다. 이 모든 일들은 가축 수용소의 뒷마당에서 이루어졌으며 킵을 찾는 5주 동안 나는 그가 살아 있는지 여부도 알 수 없었다. 하지만 계속해서 킵을 찾으라는 친구 두 명의 격려가, 그리고 그를 찾을 수 있고 찾아야 한다는 나 자신의 끈질긴 감각이 내게 용기를 주었다. 이런 감각이 다이아몬드의 말처럼 "친구"가 누군가의 "고기"가 되는 상황, 그 감당하기 힘든 "현실의 어려움"을 받아들이지 못하는 나의 무능력이었는지, 혹은 설명하기 어려운 킵과의 어떤 강력한 연결이었는지는 잘 모르겠다(Diamond 2008, 45). 5주 간의 수색 기간 동안 나는 도살업자, 캐나다 도축장 직원, 가축 사육장 노동자, 검수관, 구조자, 가축 수용소 직원 들과 이야기를 나눴고, 이 시스템이 어떻게 합법적인 동시에 은밀하게 돌아가며 얼마나 형편없이 규제가 이루어지는지 이해하게 되었다. 그리고 내게 이는 친절함이 혼란을 주는 순간에 부각되었다.

킵이 팔리기 전, 그를 알고 지낸 6년 동안 그는 완벽한 들판 위의 신사였고, 매력적이고 친절하며 거의 야생마 같았다. 그는 매우 똑똑하고 민첩하며 기민한 야생마의 정신을 가지고 있었다. 말을 아는 사람들은 그에게 끌릴 수밖에 없었다. 킵은 또한 매우 분명하게 사람을 태우지 않겠다는 점을 표현했다. 킵은 11살까지도 사람을 태우기를 거부했는데, 그것이 과거의 학대 경험 때문이었는지 혹은 종종 그를 고통스럽게 하는 평범하지 않은 신체 구조 때문이었는지, 그것도 아니면 잘 맞지 않는 안장 때문이었는지 누구도 알지 못한다. 그의 동료가 그를 타고 싶다고 주장하면 킵은 진심으로 시도했지만, 곧 애초의 두려움에 근거가 있음을 확실히 알게 되었다. 그는 날뛰었고 동료는 다쳤다. 타지 못하는 말이 무슨 소용이 있을까? 많은 남녀 승마인이 그렇게 생각한다. 이는 특별한 이야기가 아니다. 킵은 이제 나의 반려로 나는 그에게 어떤 기대도 하지 않는다. 새로운 신뢰는 여기에서 시작되어야 한다.

존재

「육식과 식인Eating Meat and Eating People」에서 다이아몬드는 '애완동물'과 식용동물 사이의 구별에 관해 설명한다. 우리가 '애완동물'이라는 개념이 기능하는 방식을 이해하면, 우리는 우리가 이들을 먹지 않는 이유를 이해하게 된다. 애완동물에게는 "이름이 주어지고, [말을 제외하면] 집에 들일 수 있으며, 일반적으로 소나 다람쥐에게 하는 것과는 다른 방식으로 말을 걸 수 있다."(Diamond 1991b, 324) 동물에 대해 우리가 갖고 있는 개념은 우리가 동물 존재를 음식, 옷, 연구 및 실험 대상, 유희 대상과 같이 만만한 상대로 보는 것을 수반한다. 우리는 애완동물과 우리의 유사성을 강조하지만 애완동물이 아닌 경우에는 '그들'과 '우리' 사이의 차이를 강조할 것이다. 이러한 개념들은 사회적으로 구성된 것이기에 어느 정도 유동적이기도 하다. 에코페미니스트들과 다이아몬드 같은 다른 작가들이 제안하듯 감정이입적 상상력을 계발하는 것은 유사성, 특히 인지적·사회적 유사성을 인식하기 위한 열쇠다. 그리고 이러한 유사성은 마음과 관련이 있기에 대개 깊은 사회적 관계를 맺기 위한 가능성으로서 도덕적 무게를 가질 수 있다. 폴 테일러Paul Taylor가『자연에 대한 존중Respect for Nature』에서 주장했듯, 신비하고 경이로우며 우리를 겸허하게 만드는 차이뿐만 아니라, 삶이라는 목적을 수행한다는 단순한 사실 역시 마찬가지로 도덕적 중요성을 지닌다(Taylor 1986). 인지적·사회적 유사성은 우리가 알아차리기 가장 쉬운 것으로, 이는 우리가 아주 깊은 차원에서부터 문제를 해결하려 하는 존재이자 우리 자신이 사회적 생명체이기 때문이다.

말은 예외적이다. 말에 관한 개념적 경계는 훨씬 느슨해서, 말은 애완동물이면서 고기로 여겨진다. 대다수의 말은 인간을 위한 경제적 혹은 오락적 가치를 잃어버리면 결국 경매장과 도살장으로 끌려간다. 그렇지만 동시에 이 동물들은 이름을 가지고 있고(그러나 이는 경매장에서 '엉덩이 번호'로 바뀐다), 인간에 의해 사회적으로 교육되거나 훈련받았고, 대개 규칙적으로 관리를 받았으며, 구별 가능한 "마성馬性, horsonalities"(패럴리의 용어)을 지닌다. 또한 칭찬받고 귀여움을 받고 믿음을 주어도 된다고 격려받는 등 이른바 애완동물과 인간의 관계에서 전형적으로 이루어지는 각종 상호작용을 주고받았다. 그리고 말과 이러한 상호작용을 나눈 바로 그 사람이 말을 도살장에도 보내게 될 것이다. 여기에는 법적·사회적 맥락이 얽혀 있다. 대다수의 미국인이 반대하지만 매해 미국에서는 약 13만 명의 말이 도살장에서 죽는다. '그들'과 '우리' 사이의 개념적 구분, 다이아몬드(1991b)의 말을 활용해 말하자면 누가 식탁 위에 올라가고 누가 식탁에 함께 앉을 것인지의 구분은 다른 경우보다 말의 경우에 더욱 애매하다. 이 개념적 불안정성은 다른 무엇보다도 우리가 그들의 몸과, 쿳시의 인물 코스텔로의 용어를 사용하자면 그들의 "존재의 충만함"(1999, 33)[7]과 맺는 모호한 관계에 반영되어 있다. 재갈부터 족쇄까지, 우리가 만든 기발하고 상당히 성공적인 기계적 '보조장치'는 이들을 가두기 위해 설계된 것이다. 이에 대해서는 곧 다시 이야기할 것이다.

다이아몬드와 코스텔로는 둘 다 용납될 수 없는 행위에 대해 숙고한다. 다이아몬드는 고기를 얻기 위해 사람을 기르거나 장기이식, 저녁식사, 퇴비를 위해 그 시체를 활용하는 일이 잘못되었다고 말하는 것이 왜 일종의 실수인지 논평하면서, 이것이 잘못되었다는 주장은 설득력이 없는 것이 아니라 "잘못된 차원"에서 말하는 것이라고 지적한다(Diamond 1991b, 323). 코스텔로가 나치의 절멸 수용소를 계속 언급하는 이유는 용납될 수 없는 행위에 대해 비슷한 주장을 펼치기 위한 시도로, 이 연결을 어떻게 받아들이든 간에(쿳시는 이를 우리의 선택에 맡긴다) 그는 [나치의 집단 학살과—옮긴이] 동물의 집단 도살 간의 유사성을 주장한다. 용납될 수 없는 무언가, 다른 차원에 속한 무언가는 다이아몬드의 용

7 존 쿳시, 앞의 책, 37쪽. —옮긴이.

어를 다시 빌리자면 "현실의 어려움"과 관련된다. 킵의 운명과 말 도살 산업을 이해하려는 나의 시도는 이러한 종류의 어려움과 공명한다. 다이아몬드는 좀 더 분명하게 말한다. 이러한 어려움은 "정신이 맞닥뜨린 것을 장악하지 못하는 경험"(Diamond 2008, 44)이다. 그에 따르면, 이러한 경험은 "우리의 생각을 거부하는 현실의 무언가를 받아들이는 경험, 그 설명 불가능성의 어려움이 어쩌면 고통을 줄 수도 또 경이나 놀라움을 줄 수도 있는 경험이다. 우리는 그러한 방식으로 무언가를 받아들인다. 그리고 우리가 그렇게 받아들이는 대상이 다른 누군가에게는 이해하기가 그리 힘겹거나 불가능하거나 고뇌스러운 종류의 어려움으로 여겨지지 않을 수 있다."(2008, 45–46)

누군가에게는 자신의 영혼을 구하기 위해 채식주의자가 되었다는 코스텔로의 말이 수수께끼처럼 들릴 것이다. 하지만 그의 심원한 실존적 혼란과 소외의 느낌을 고려하면, 또 고등교육을 받고 사회적으로 우아하며 친절해 보이는 애플턴 대학 사람들의 비우호적인 태도 앞에서 그가 스스로를 설명하는 데 좌절을 겪었던 것을 고려하면 그의 말을 이해할 수 있으리라고 나는 생각한다. 그는 심지어 자신의 아들에게 다음과 같이 말한다. "나는 내가 지금 어디에 있는지 도대체 알 수가 없단다."(Coetzee 1999, 69)[8]

> 나는 사람들 사이를 너무도 쉽게 돌아다니고 그들과 지극히 정상적인 관계를 유지하고 있는 것처럼 보이지. 하지만 나는 자문하곤 해. 이 모든

---

8 위의 책, 94쪽. — 옮긴이.

사람이 엄청난 규모의 범죄 공모자라는 게 가능할까? 이 모두가 내 환상일까? 나는 미친 게 틀림없어! 내가 의심하는 바로 그 사람들은 증거를 만들어 보여 주고, 건네줘. 시체들. 그들이 돈을 주고 산 시체 조각들을 말이야. (…) 하지만 나는 꿈을 꾸는 게 아니야. 너의 눈을, 노마의 눈을, 아이들의 눈을 들여다볼 때, 그 안에서 나는 오직 친절함, 인간의 친절함만을 본단다. 진정하자. 나는 스스로에게 말해. 아무것도 아닌 일을 가지고 네가 소란을 피우고 있는 거야. 이것이 삶이야. 모두 타협하며 살아가는데, 왜 너는 그렇게 못하니. **왜 너만 못해?**(1999, 69)[9]

책 전반에 걸쳐 마음속으로 코스텔로의 늙은 살, 구부정한 어깨, 흰머리, 노년 여성에게서 나는 차가운 크림 냄새를 언급했던 그의 아들 존은 억눌린 날 것의 감정들로 뒤섞인 상태에서 그의 귀에 대고 속삭인다. "괜찮아요, 괜찮아. 곧 끝날 거예요."(69)[10]

이 대화는 엘리자베스가 애플턴 대학에서의 일을 마치고 공항으로 가는 차 안에서 일어난다. 소설의 마지막 문장으로서 이는 탁월한 모호성을 보여 준다. 그는 엘리자베스가 애플턴을 떠나는 것을 말하는 것일까? 아니면 어머니의 보호자로서 자신의 시련이 끝났다는 것을 말하는 것일까? 아니면 (그럴 리 없겠지만) 친동물 혁명이 일어날 것이라며 어머니를 달래려 애쓰는 것일까? 엘리자베스의 죽음을 말하는 것일까? 어머니의 늙은 몸에 대한 그의 마음속 음성 바로 다음에 이러한 말이 이어

---

9 위의 책, 94–95쪽, 번역 일부 수정. — 옮긴이.

10 위의 책, 95쪽, 번역 일부 수정. — 옮긴이.

지고 있음을 고려하면, 이 말은 어머니의 죽음을 가리킬 가능성이 높아 보인다. 우리가 동물들을 파악하는 존재론적 관점에서 아들 존은 엘리자베스의 몸에 대해 자주 언급하며 그를 필멸할 육체와 동일시한다. 그리고 그러한 방식으로 (무엇보다도) 엘리자베스의 메시지와 궁극적으로 그의 주체성을 깎아내리고 노골적으로 거부한다. 젊다는 의미에서가 아니라 예컨대 기쁨과 같이 엘리자베스가 "존재의 충만함"이라 불렀던 생명력을 더 지닌 여성이었다면 "제거"하기 더 어렵지 않았을지, 즉 존재론적으로 죽음과 연관시키기가 더 어렵지 않았을지 하는 생각이 든다. 쿳시는 엘리자베스를 하나의 희생자로, 엘리자베스의 말을 빌리면 다른 희생자를 변호하는 실존적으로 "상처 입은 동물"로 본다. 나는 다른 동물과 우리의 관계에 실존적이고 필멸적인 손상—그들을 희생시키는 것과 이에 뒤따르는 우리 스스로의 파괴—이 존재한다는 지적에 동의하고, 이러한 지적이 우리가 다른 동물을 대우하는 방식에 반대하는 가장 일반적인 유형의 사례라고 생각한다(이는 내가 에세이에서나 활동가로서 주장하는 바이기도 하다). 그런데 나는 여기서 주체성과 관계에 대한 다른 개념을 제안하려고 한다. 이는 동물과의 관계에서 익숙한 접근법이기도 한 '우리와 유사하다'는 식의 접근법이 아니라, 서로 간에 공유하는 조건과 유머와 놀이를 통해 이에 대해 응답하는 능력을 강조하는 것이다. 다이아몬드가 동물을 "동료 생명체"라고 말한 것이 이와 관련되며, 앞서 나의 작업 또한 기쁨을 향한 우리의 공통된 능력을 탐색하는 방식으로 이 제안을 시도해 본 것이었다. 코스텔로도 이러한 아이디어를 이해하지만, 어느 정도까지만 밀고 나간다.

코스텔로는 데카르트를 맹렬히 비난하며 다음과 같이 말한다.

> 저는 사유와 사고에 반대되는 것이 충만함, 체현, 존재의 감각이라고 생각합니다. 이 존재의 감각은 사유하는 유령과 같은 일종의 이성적 기계로 스스로를 생각하는 의식이 아닙니다. 정반대로 이는 매우 정동적인 감각, 즉 공간을 향해 연장되는 팔다리를 가진 몸 있는 존재의 감각이자, 세계를 향해 살아 있는 존재의 감각입니다.(Coetzee 1999, 33)[11]

"세계를 **향해** 살아 있는 존재", "매우 정동적인 감각", 공간 안에 연장되는 팔다리를 가진 몸으로서의 감각, **존재**의 충만함. 그리고 그는 "충만한 존재의 경험을 부르는 하나의 이름은 **기쁨**"(33)이라고 말한다.[12] 놀이, 특히 지적이기보다 신체적인 종류의 놀이, 어린아이와 동물 들이 그토록 사랑하는 놀이, 그리고 랭거를 다시 인용하자면 "활력"이 정점에 다다른 많은 유머와 웃음. 이것들이 바로 이 감각의 강력한 현시다.

코스텔로는 우리가 "충만"해질 때 우리는 단지 세계 '안'에 살아 있는 것이 아니라 세계를 '향해' 살아 있다고 말한다.[13] 많은 것들이 이 단어에 담겨 있다. 나는 기쁨이 지닌 몇 가지 모호한 함의를 끌어내기에 충분할 만큼 이 어구에 머물고 싶다. 세속적인 세계 안에서조차 우리는 추락한 상태다. 우리는 은박지처럼 변하기 쉬우면서도 질긴 감정적·도덕적 구조를 지닌 피조물로, 아무리 최선을 다해 저항해도 죄, 수치, 소외, 슬픔을 피하는 것은 사실상 불가능하며, 슬픔은 죽음처럼 필연적이다. 다행

---

11 위의 책, 37쪽, 번역 일부 수정. — 옮긴이.

12 위의 책, 36쪽, 번역 일부 수정. — 옮긴이.

13 내가 가르쳤던 학생인 앤절라 호텔링Angela Hotaling은 2011년 가을에 열린 동물과 윤리 세미나에서 이 구분을 짚어 주었다.

인 것은 허먼 멜빌Herman Melville의 주인공 이슈마엘이 말했듯 "우리가 삶이라 부르는 것에는 우주 전체가 하나의 거대한 농담으로 여겨지는 기묘한 순간이나 복잡하게 얽힌 상황들이 있다"는 점이다. "하지만 그 상황에서 누군가는 그 농담의 의미를 잘 이해하지 못하고, 그 농담이 바로 자기 자신을 웃음거리로 삼은 농담일지도 모른다고 의심한다."(1999, 214)[14] 우주는 분명히 피쿼드호를 향해 승리의 미소를 짓는다. 남태평양에서 3년간 멜빌이 그러했던 것처럼 이슈마엘은 [고래를—옮긴이] 죽이는 일을 했다. 그러나 그들의 목소리는 내가 들었던 어떤 것보다 무언가를 "향해 살아" 있다. 이슈마엘은 말한다.

> 몇 주 며칠이 흐르고 상아빛 피쿼드호는 순풍을 따라 천천히 네 해역을 가로지른다. (…) [세인트헬레나섬 남쪽에 있지만 경계가 불분명한 캐럴 해역을] 항해하던 어느 고요한 달밤, 파도는 은빛 두루마리처럼 일고 부드럽게 번지는 물거품은 고독이 아닌 은빛 침묵 같은 것을 만들었다. 그렇게 고요한 밤, 뱃머리의 하얀 물거품 앞에 은빛 물줄기가 보였다. 달빛에 빛나는 이는 천상의 것처럼 보였다. 마치 근사하고 화려하게 차려 입은 신이 바다에서 솟아오르는 것 같았다. (…) [그리고] 며칠 후 침묵을 깨고 '와!' 하며 외치는 소리가 그 물줄기를 다시 알렸고 모두 이를 다시 지켜보았다. 이를 따라잡으려고 돛을 올리자 이는 언제 나타났냐는 듯이 다시 사라졌다. 이는 매일 밤 반복되었고 나중에는 아무도 주의를 기울이지 않고 그저 경탄만 할 뿐이었다. 때로는 선명한 달빛이나 별빛 아래에서 신

14 허먼 멜빌, 『모비딕』, 김석희 옮김, 작가정신, 2011, 291쪽, 번역 일부 수정. —옮긴이.

비롭게 물줄기를 내뿜고, 때로는 하루, 이틀 혹은 사흘 동안 자취를 감추었다. 왠지 우리 앞에 뚜렷하게 반복해 나타날 때마다 그 거리가 점점 멀어지는 것 같았고, 이 고독한 물줄기는 영원히 우리를 매혹하는 것 같았다.(Melville 1964, 219–220)[15]

이 "유령의 물줄기"는 선원들에게 경외심과 폭력적인 충동, 우주와의 연대감과 소외감, "전율하는" 즐거움과 끔찍한 예감을 불러일으켰다. 코스텔로는 여기까지 밀고 나가지 않았지만, 나는 인간 **존재**가 세계를 향해 살아 있는 것은 이 모든 것들, 이러한 역설과 신비를 향해 살아 있다는 것이라 생각한다. 어찌 되었건 세계를 향해 살아 있었던 코스텔로는 어쩌면 이 역설을 너무 오래 붙들고 있었고 거의 미친 상태였기 때문에, 혹은 그가 체질적으로 우울했기 때문에, 그것도 아니면 특정한 용기와 감정적 강인함이 부족했기 때문에 그에게는 기쁨이 없다. 이제 내가 도달하게 되는 것은 다음과 같은 지점이다. 우리가 우리의 작은 배를 타고 어둡고 광활한 바다를 항해할 때, 그 "은빛 두루마리", "번지는 물거품", "부드러운 침묵"은 서로 쫓고 쫓기는 위험천만한 추격 게임의 상대가 될지도 모른다. 기쁨은 우주가 하는 일 중 하나이기 때문이다.

15 위의 책, 297–299쪽, 번역 일부 수정. — 옮긴이.

용기

영국의 극작가 크리스토퍼 프라이Christopher Fry는 주목할 만한 짧은 에세이에서 자신의 희극 대부분이 비극에서 출발한다고, 인물들이 "비극에 부합하지 않으면 희극도 없"다고 말한다. [비극에서 희극으로 건너가는 다리에서—옮긴이] "한쪽에 빛을 비추려면 다른 한쪽을 건너가야 한다. (…) 다리를 건너야 하고 생각을 바꾸어야 한다. 어떻게든 인물들은 삶을 긍정하고 죽음을 받아들이고 기쁨을 관철하는 등 스스로 족쇄에서 벗어나야 한다."(Fry 1965, 17)

앞에서 나는 코스텔로가 유머가 없어 보여서 걱정된다고 말한 적이 있으며, 나중에는 그가 기쁨이 없는 사람이라고도 말했다. 한편 코스텔로는 세계를 향해 매우 생생히 살아 있으며, 그의 표현을 빌리자면 그 세계는 동물에 대한 홀로코스트가 "친절함, 인간의 친절함"과 심지어는 기쁨과 함께 나란히 존재하는 곳으로, 다른 어떤 것보다 현실의 어려움이 고집스럽게 버티고 있는 곳이다. 다른 한편 그는 납득 가능하게도 바로 이 어려움을 마음속에 붙들고 있다는 이유에서 충만함을 갖지 못한다. 그는 상처 입고, 트라우마를 겪고, "영혼의 깊은 소란"(Diamond 2008, 56)으로 고통받는 것이다. 나는 심지어 작년에우리가 헤아릴 수 없을 정도로 운이 없었더라도, 가이드가 킵과 교환하기 위해 데려온 두 명의 불행한 말을 포함한 다른 40명의 말과 함께 킵이 "총에 맞고 고리에 걸려" 버렸더라도, 기쁨을 인정하고 삶을 긍정하는 이 글을 **써야 한다**고 믿는다. 그러나 나는 내가 정말로 [그러한 상황이 벌어졌을 때—옮긴이] 이것을 썼을 것이라고 확신하지는 못한다. 코스텔로처럼 나에게도 감정적 강인함이, 무언가를 향해 살아 있는 것과 충만함을 위해 필요한 특정한 용기가 없을지 모른다. 짐 해리슨Jim Harrison은 "나는 시인이며 우리는 삶이 보이는 것보다 더 광대하다고 생각하는 실수를 범하는 경향이 있다"고 말한다(2018, viii). 나는 이를 도덕적 명령으로 듣는다.

쿳시의 『동물로 산다는 것』에서 내가 가장 좋아하는 인물 중 하나는 성실하고 직설적인 영국인 교수로, 그는 저녁식사 자리에서 코스텔로에게 다음과 같이 비수를 꽂는다. "그러니까 동물들이 의식이 있는지에 관한 이 모든 논의들은 연막일 뿐입니다. 궁극적으로 우리는 우리의 종족을 보호합니다. 인간의 아기는 살려 주고, 고기가 될 송아지는 외면합니다. 코스텔로 당신은 그렇게 생각하지 않나요?"(Coetzee 1999, 45)[16] 오, 물론, 나도 그렇게 생각한다. [그럼에도—옮긴이] 나는 또한 우리가 동물과 기쁨을 나누고 심지어 기쁨을 창조할 수 있는 능력이 있다고 생각한다. 우리는 선과 희망을 긍정하며, 주황빛이 나는 횃불을 든 채 작은 피쿼드호를 타고 어둠을 헤치며 항해할 능력이 있다. 그리고 우리는 그 불이 꺼지지 않도록 함께 숨을 불어넣는 존재를 먹지 않는다.

---

16 존 쿳시, 앞의 책, 58쪽, 번역 일부 수정. —옮긴이.

6장. 에로스와 생태수호의 메커니즘

패트리스 존스

욕망은 모든 것을 추동한다. 우리의 동물적 신체에서 발원하는 에로스는 우리로 하여금 우리가 원하는 것을 위해 노력하고 뻗어 나가게 한다. 우리가 원하는 것은 무엇보다도 연결이다.

(재)생산과 소비의 헤게모니적 경제구조는 가부장제 목축문화에 뿌리를 두며, 식민주의를 경유해 전 지구화되고, 자본주의의 목적을 위해 복무하며, 대상을 잘게 쪼개어 분석하는 형식의 과학에 의해 촉진된다. 그러한 경제는 풍요로운exuberant 에로스에 대한 파국적인 안티테제다. 그것은 강의 흐름과 에로스의 흐름을 가로막고 뒤바꿈으로써 지속된다.

항쟁을 이끌었던 거리의 퀸들에 의해 촉발되어 당대 흑인, 치카노, 아메리카 선주민, 그리고 여성 해방 운동과 명시적으로 연대하며 진행되었던, 너무나도 멋있었던 1970년대 동성애자 해방 운동은 이제 결혼과 군복무 같은 반동적인 '권리'만을 요구하는 상당히 보수적인 운동으로 변질되고 말았다. 우리에게는 반역적이며 관용적인 연결성에 대한 퀴어한 정신을 되살리는 동물 해방의 이론과 실천이 필요하다.

에코페미니즘의 돌봄의 에토스(Kheel 1993)가 완벽히 실현되기 위해서는 반드시 에로스의 영향과 양분이 요구된다. 그러나 그룹 '다이애나 로스와 슈프림즈'가 언젠가 노래했듯이 "사랑은 쉽게 찾아오지 않는다." 에로스가 직선적straight으로 일사불란하게 행진하리라고 기대할 수도, 명령할 수도, 재촉할 수도 없다. 에로스를 소생시키기 위해 우리는 에로스의 퀴어한 방식을 이해해야 한다.

에로스의 생태학을 위한 단계들

"새들이 노래하는 방식은 너무나도 다양해서 설명이 불가능하다."

— C. K. 캐치폴C. K. Catchpole·P. J. B. 슬레이터P. J. B. Slater, 『새소리Birdsong』(2008, 234).

"우리는 노래만 하는 것이 아니다. 우리는 우리가 원하는 만큼 춤도 잘 춘다."

— 아치 벨, 1968년 노래 〈타인튼 업Tighten Up〉에서 그룹 '아치 벨과 드렐스'를 소개하며.

동물의 동성애에 대해 브루스 배게밀(Bruce Bagemihl 1999)이 쓴 750쪽 분량의 백과사전적 설명은 "물속에서 빙글빙글 돌며 행해지는 성행위aquatic spiraling", "소리를 이용한 전희sonic foreplay", "원거리에서 음파를 이용한 성적 자극genital buzz"은 물론이고, 돌고래의 "우즐링Wuzzling", 기린의 "네킹necking", 매너티의 "커보팅cavorting"처럼 다양한 성적 행위들에 대한 묘사로 가득 차 있다. 그리고 이 예시들은 비인간 동물이 상대에게 애정을 드러내고 구애하는 "현기증을 일으킬 정도로 많은" 방식들을 개괄적으로 소개하는 불과 몇 페이지에 나온 내용에 해당한다(1999, 13–18).[1] 전체적으로 베게밀은 약 300종의 포유류 및 조류에서 발견되는 동성 간 구애, 애정, 배타적 관계 형성pair-bonding, 양육, 그리고 성행위—"상대에게 올라타고, 상대에게 자위를 해 주고diddling, 서로의 엉덩이를 맞비빈다bump-rumping"는 것에 대해 내가 말했던가?—를 설명한 기록들을 신중하게 검토한다.

동물원 방문, 텔레비전에서 방영되는 자연 프로그램, 젠더 고정관념을 반영한 캐릭터들이 등장하는 이야기책은 "생물들 사이에 훨씬 더 널리 퍼져 있는 성적 다양성"(Hird 2004, 86)에도 불구하고, 우리가 인간 이외의 동물들을 완벽하게 이성애적인 존재로 생각하도록 가르친다. 상황을 오도하는 것은 대중문화만이 아니다. 배게밀(1999)은 또한 인간 이외의 동물들의 동성 간 섹슈얼리티를 마주했을 때 과학이 보여 준 무관심, 당황, 그리고 이성애주의적 오만에 관한 길고 유감스러운 역사를 기록한다. 나비의 도덕적 타락을 비난했던 동물행동학자부터 이성 커플에게 둥지를 내어 주기 위해 동성 커플이 함께 만든 둥지에서 그 동성 커플을 내쫓은 야생동물학자에 이르기까지, 잘못들과 잘못된 글들에 대

1 브루스 배게밀, 『생물학적 풍요』, 이성민 옮김, 히포크라테스, 2023, 33–43쪽, 번역 수정.—옮긴이.

한 이 길고 긴 설명은 과학자들이 바로 눈앞에 놓인 퀴어한 에로스를 (명명하는 것은 고사하고) 보지 않기 위해 어떻게 때때로 초현실적인 극단으로까지 치달았는지에 관한 의도치 않은 유머를 통해 간신히 약간의 재미를 획득한다.

과학자들이 느낀 당혹감이 서로가 서로를 강화하는 무지와 편협함의 결합에서 전적으로 기인한다고 여기기 전에, 다음과 같은 사항을 한번 생각해 보자. 스키조필륨 코뮨(Schizophyllum Commune, 치마버섯)이라는 균류는 접촉을 통해 유전자를 교환하며, 2만 3,000개에 이르는 교배형(혹은 우리가 흔히 성sex이라 부르는 것)을 가지고 있다. 이를 통해 이 균류는, 자손을 생산하기 위해 모든 개체가 유전 물질을 주는 행위와 받는 행위를 둘 다 할 수 있는 종 내에서의 '자가 수정'을 방지한다(Casselton 2002). 혼란스러운가? 그게 내 요점이다. 비재생산적 섹슈얼리티만 다양한 형식으로 만개하는 것이 아니라, 유성생식 자체가 "놀랄 만큼 다양한"(Fraser and Heitman 2004) 전략들로 이루어진다. 그러나 잠깐! 이것이 끝이 아니다. 몇몇 식물뿐 아니라 몇몇 동물도 단성생식을 비롯한 다양한 수단을 통해 무성생식을 한다. 카트리오나 모티머-샌딜랜즈Catriona Mortimer-Sandilands와 브루스 에릭슨Bruce Erickson이 그들이 엮은 중요한 선집 『퀴어 생태학Queer Ecologies』(2010)의 서문에서 설명했듯이 "무성적이거나 다성적multi-gendered인 생식 양태의 다양성은 (…) 유성생식에 관한 지배적이고 이형적인dimorphic 설명을 완전히 거부하는 듯 보인다."(12)

앨러이모(Alaimo 2010)와 다른 이들은 우리가 가진 개념 범주가 이러한 현상 앞에서 얼마나 부적절한가에 대해 논의한다. 생물학자 J. B. S. 할

데인J. B. S. Haldane의 유명한 말처럼 "우주는 우리가 짐작하는 것보다 더 이상할queer 뿐 아니라, 우리가 짐작**할 수 있는** 것보다도 더 이상하다." 그러므로 18세기, 19세기, 심지어 20세기 과학자들이 동성 간의 성적 행위에 대해 자신이 관찰한 바를 그 자신도 알지 못하는 이원론적 도식들로 (그 도식들이 현실인 듯 여겨졌기 때문에) 부지중에 동화시킨 것도 놀라운 일은 아니다.

물론 버섯들이 서로 살짝 스치는 방식으로 유전자를 교환한다고 해서, 우리가 그것을 똑같이 행할 수 있다거나 행해야 한다고 상정할 이유는 없다. 유대동물도 포유류라는 사실이 ─ 슬프게도 ─ 우리가 주머니에 아이를 넣고 뛰어다닐 수 있음을 의미하는 것은 아니다. 그럼에도 (언제나 체현된) 동물의 에로스가 지니는 다양함에 대한 조사는 동성애가 비자연적이라는, 아직도 너무나 흔한 오해를 바로잡는 수단 그 이상을 우리에게 제공한다. 첫째, 우리가 지금 당장 상상할 수 없는 현상도 여전히 가능할 수 있다. 둘째, 우리 역시 우리가 짐작하는 것보다 더 퀴어할 수 있다.

사람들은 천태만상의 방식으로 구애하고, 애정을 드러내고, 가정을 꾸리고, 아이를 키운다. 그리고 우리가 사피엔스라는 호칭을 가질 자격이 있는가에 관해서는 다소 의문이 존재하지만, 우리가 호모라는 사실에 대해서는 어떠한 의심도 존재하지 않는다. 우리는 다양한 새소리만큼이나 많은 언어와 음악 스타일로 동성 연인에게 노래를 불러줄 뿐 아니라, 남자-여자 투스텝을 기초로 하는 서양의 스퀘어댄스에 들어맞지 않는 방식으로 함께 춤을 추기도 한다. 우리가 어반 디스코만 추는 것은 아니다.

이 영역[인간의 동성 간 섹슈얼리티—옮긴이]에 대한 오류와 삭제는 비인간 동물의 동성 간 섹슈얼리티에 관한 영역만큼이나 거의 고질적인 것이기에 간략히 검토해 볼 필요가 있다. 상대적으로 최근에 발명된 '이성애자'라는 범주와의 대비 속에서 구성된 게이 혹은 레즈비언 **정체성**이 상당히 새롭고 지리적으로 한정된 것인 데 반해(Katz 2007), 동성 간의 성애적인 **행위**는 "사실상 [모든—옮긴이] 인간사회에서 보편적인 것"(Drucker 1996, 75)이었다. 이러한 행위는 종종 문화 규범을 위배한다고 여겨졌지만, 문화적 관용 혹은 승인의 대상이 되는 경우도 많았다. 아프리카 여성들 사이의 전통적인 결혼부터(Morgan and Wieringa 2006) 파키스탄 남성들 사이의 가벼운 성행위 "놀이"에 이르기까지(Khan 2001)—참여자들은 두 관습 모두 특별히 퀴어하다고 생각하지 않았지만—동성 간 욕망의 표현은 그것이 탄압받거나 존재하지 않는다고 알려져 있는 지역에서조차 꾸준히 활발하게 이루어졌다.

이 중 어떤 것도 새로운 소식은 아니다. 아니, 오히려 새로운 소식이어서는 안 된다. 이에 대한 증거는 동물의 동성애와 마찬가지로 잘 보이는 곳에 숨겨져 있었기 때문이다. 예를 들어, 아프리카 선주민 사이에 동성애가 존재하지 않는다고 믿는 굳건한 과학적 확신은 에이즈 예방을 위한 적절한 개입을 오랫동안 지연시켰으며, 몇몇 아프리카 국가들은 아프리카 대륙 내의 동성애란 외국에서 유입된 것이라는 식의 생각에 기초해 반동성애 법안을 여전히 정당화하고 있다. 그러나 선주민의 동성 간 섹슈얼리티는 "다양한 학문 분야에서 나온 수많은 연구서·소논문·학위논문에, 출판되지 않은 아카이브 문서에, (…) 예술과 문학과 영화에, 그리고 대륙 전역에서 채록된 구술사에 상당히 많이 기록되어 있

다."(Epprecht 2008, 7)

아메리카 대륙의 경우, 선주민 문화에서 용인되었던 동성 간 섹슈얼리티의 표현은 이들 사이에서는 매우 일반적이어서, 유럽 침략자들은 이를 문화적 제노사이드를 정당화하는 근거로 자주 언급했다(Galeano, 1992; Katz 1976; Smith 2005). 북아메리카의 일부 토착 문화에서 '두 영혼을 가진two-spirit' 사람들, 즉 젠더 표현 그리고/또는 성적 지향으로 인해 남녀의 면모를 모두 가지고 있다고 여겨진 사람들은 관용의 대상일 뿐 아니라 존경의 대상이기도 했다(Roscoe 1988). 비슷한 맥락에서 중국, 인도, 일본, 자바 등 "아시아 주요 지역에서 동성 간 욕망의 형식들을 인정하고 수용했음을 보여 주는 명백한 역사적 사례들도 존재한다."(Sanders 2005, 32) 태국을 비롯해 여러 아시아태평양 지역에서 나타나는 호모에로티시즘homoeroticism의 지역적 다양성은 과거뿐 아니라 현재에도 실로 다양해서, 이성애규범성뿐만 아니라 '호모에로티시즘'이 의미하는 바에 대한 간단한 설명들까지 혼란스럽게 만든다(Jackson 2001; Wieringa, Blackwood and Bhaiya 2007).

초우(Chou 2001)가 중국을 염두에 두고 경고했듯이, 과거의 동성애를 단순히 낭만화해서는 안 된다. 중국 및 다른 지역들에서 나타나는 동성 간 성적 행위에 관한 어떤 전통적인 패턴들은 오늘날 우리가 부조리하다고 비판할 만한 사회 불평등 안에서 이루어졌으며, 그 불평등에 의해 패턴화된 것들이다. 동성 간 에로티시즘에 관한 몇몇 역사적 기술들은 그것에 대한 탄압을 기록한다. 그러나 존경, 승인, 관용, 이용, 학대, 탄압 중 어떠한 상황에 처했든, 그리고 그들이 스스로를 어떻게 생각하고 표현했든, 같은 성별의 사람과 가끔씩 혹은 배타적으로 성관계를 맺었던 사람들은 사실상 모든 인간 집단에 존재해 왔다. 우리는 단지 그런 종류의 동물일 뿐이다.

같은 성별의 파트너와 성관계를 갖는 많은—어쩌면 대부분의—사람들은 스스로를 동성애자나 양성애자로 생각하지 않는다. 동시에 동성애 정체성이나 그 비슷한 것을 나타내는 용어는 아주 많다. **게이 프라이드**gay pride의 전 지구화는 많은 언어가 **게이**와 **레즈비언**이라는 용어나 다른 변형된 용어들을 수입하게 했다(Katyal 2002). 그러나 오래된 현지 용어와 새로운 현지 용어는 모두 동성 간 섹슈얼리티가 이루어지는, 그리고 동성 간 섹슈얼리티를 생각하는 그 지역의 방식을 드러낸다. 재차 강조하건대 이상화를 거부하는 일은 반드시 필요하다. 동시대의 어떤 동성 간 성적 실천들은 사회 불평등에 도전하거나 평등한 공동체 안에 융화되지만, 다른 어떤 실천들은 이분법적 젠더 관념 및 가부장제적 권력 개념에 순응하며, 때로는 그것들을 강화하기도 한다(Blackwood and Wieringa 2007).

그럼에도 우리는 동성 간 섹슈얼리티를 표현하기 위해 발휘된 언어적·개념적 창의성을 만끽하는 기쁨을 누릴 수 있다. 중국의 일부 활동가들은 '통쯔同志'—동지comrade를 뜻하는 소비에트 시기 용어의 중국어 번역어로서, 같음을 의미하는 '통'과 정신, 목적, 지향을 의미하는 '쯔'의 합성어—라는 용어의 용도를 바꿈으로써, 문화적 가치관과 조화를 이루는 방식으로 자신들을 표현하는 데 사용한다(Chou 2001). 우간다의 경우, 조롱의 뜻을 담고 있던 단어 '쿠추kuchu'가 이제는 자긍심을 함의하는 단어로 사용된다(Tamale 2007). 미국의 많은 아메리카 선주민들은 '두 영혼'을 "백인 GLBT 운동의 정체성과는 독립된 우리의 성 정체성과 젠더 정체성을 표현하는"(Driskill 2004) 용어로 받아들인다.

자기동일시 방식은 한 국가 안에서도 매우 다양하다. 태국의 전국 레즈비언 단체는 구성원을 표현할 때 잉락잉(ying-rak-ying, 여성을 사랑하는 여성)이라는 용어를 사용한다. 동시에 여성을 사랑하는 많은 태국 여성들은 그 용어를 거부하고, 톰(tom, 톰보이의 줄임말)이나 디(dee, 레이디의 줄임말)라는 용어를 선호한다. 자신의 섹슈얼리티가 작동하는 경직된 젠더 체계 내에서 이 용어들이 자기 자신에 대한 감각을 더 잘 표현한다고 여기기 때문이다(Blackwood and Wieringa 2007).

그렇다면 이제 젠더에 대해 이야기할 차례다. 최근 체코의 고고학자들은 과거 해당 지역에서 여성들이 일반적으로 매장되던 방식으로 땅에 묻힌 약4,500~5,000년 전 신석기시대 생물학적 남성의 유골을 발굴했다(Karpova 2011). 이 시기 이후 서로 다른 시간과 장소에서 발달한 인류 문화 속에는 상당히 다양한 젠더 관념들이 기록되어 있다. 젠더가 변할 수 있는지(Nanda 2000; Ramet 1996), 또 얼마나 많은 젠더가 존재하는지(Davies 2006; Roscoe 2000)와 관련된 기록들이 존재하는 것이다. 공동체들 역시 그들 문화의 젠더 체계가 만들어 낸 어떠한 범주에도 딱 들어맞지 않는 사람들을 다루거나 설명하는 다양한 방식들을 보여 주었다(Epprecht 2008).

호모사피엔스 사이에 존재하는 섹슈얼리티의 다수성과 젠더 표현의 풍요로운 다양성은 어느 정도의 유동성이, 혹은 적어도 가변성을 향한 경향이나 역량이 우리 종에 내재되어 있음을 시사한다. 이성애만을 철저하게 고집하는 경직된 주장과 관련된 이원 젠더 체계의 엄격한 강제는 특수한 환경에서 비롯된 인공물에 불과하다. 이는 오직 스스로를 재생산하는 경향 때문에 자연스러운 것처럼 보일 따름이다.

텔레비전 자연 프로그램들은 모든 동물이 가능한 한 많은 자식을 낳아야 한다는 시급한 목표를 추구하는 것처럼 진화를 묘사하는 경향이 있다. 일부 과학자들 역시 은연중에 진화적 성공을 가족, 집단, 종의 생존보다 개체의 재생산으로 정의해 왔다. 몇몇 '진화심리학자들'은 사실상 모든 특성과 행동이 이 당연한 듯 여겨지는 자연법칙에 내재된 재생산 명령에서 기인한다고 보았다.

그러나 만약 끊임없는 재생산이 법칙이라면, 엄청나게 많은 동물들이 그 법칙을 상습적으로 위반한다. 어떤 종의 경우 오직 소수의 개체만이 재생산을 시도한다. 많은 종들에서 재생산으로 인한 신체적 위험성을 떠안게 되는 여성들은 다양한 전략을 통해 적극적으로 임신을 회피한다(Bagemihl 1999).

이로운 유전적 돌연변이가 자손에게 전달되고 이 자손이 다른 개체보다 유독 살아남아 다시 재생산을 한다는 의미에서의 자연선택은 분명 발생하고, 이는 많은 진화적 변화들을 분명 설명해 준다. 그러나 개체들의 재생산 성공에만 초점을 맞출 경우, 서로 맞물려 있는 물질적·사회적 환경 또한 진화한다는 사실을 간과하게 된다. 유기체가 환경에 적응한다고 말하는 것은 **그리** 옳지 않다. 유기체는 생태계의 **일부**로서 존재하며, 이 생태계 자체는 구성원들이 진화함에 따라 끊임없이 변화하기 때문이다(Oyama 2000). 나아가 자연선택은 신체 특징뿐만 아니라 행위에도 작용하며 많은 행위가 사회적 학습을 통해 전달된다(Avital and Jablonka 2000). 더욱이 문화적 특징과 신체적 특징은 종종 공진화한다.

자연선택은 개체뿐만 아니라 집단에도 작용한다. 가족, 무리, 부족,

떼 등과 같은 사회집단의 전반적인 적합성(이나 그것의 결핍)은 개체의 생존 가능성에 지대한 영향을 끼친다. 천적에게 잡아먹히는 비율이 높을 경우와 같은 몇몇 상황은 모든 개체에게 집단의 생존을 위해 적어도 재생산을 시도하라고 요구한다. 그러나 대부분 집단이 직면하는 문제는 정반대다. 어느 집단이든 장기 생존을 위해서는 자원의 가용성에 따라 그 개체수가 조절될 필요가 있다. 동성 간의 성적 행동(과 이성 간의 비재생산적인 성애적 행동)은 재생산의 위험이 없는 쾌락이나 유대, 그리고 기타 이익을 제공한다. 그리하여 퀴어한 에로스는 집단의 적합성을 향상시킨다.

재생산을 하지 않는 성체 동물들은 다른 방식으로 집단을 돕는다. 많은 종에서 동성애 커플은 보호자가 없는 아이들을 입양한다. 재생산을 하지 않는 성체 동물들, 동성애자 동물을 포함하지만 꼭 동성애자 동물에 국한되는 것은 아닌 성체 동물들은 자신이 받는 것보다 더 많은 것을 사회집단에 기여하곤 한다. 어린 동물들에게 보호나 자원을 제공하기 위해 성체 동물들이 협력하는 모든 사회적 상황에서 재생산을 하지 않는 성체 동물들은 물러서지 않고 힘을 보탠다. 또한 이 성체 동물들은 집단을 이롭게 하는 활동에 쏟을 수 있는 더 많은 에너지를 가지고 있기도 하다. 그것이 오페라를 쓰는 것이든, 포식자를 경계하는 것이든 말이다.

자연선택에 대한 단순한 시각과 그러한 시각을 배태한 유럽적 사고방식은 희소한 자원을 둘러싼 투쟁을 삶의 전제조건으로 상정한다. 세계를 이렇게 파악하는 방식은 유럽의 생태적 맥락을 고려할 때 이해되는 측면도 있다. 지난 수백 년 동안의 전염병과 숙청에 따른 다수의 인명 손실 이후에도—그것의 트라우마적 충격은 유럽인의 정신에서 여전히 반향을 일으키고 있음에 틀림없다—유럽 인구는 삼림이 훼손되고 고갈된 생태계가 만족스럽게 지탱하기에는 너무나도 많다. 이처럼 척박하고 혼잡한 환경 속에서 만인에 대한 만인의 투쟁 같은 홉스적 시각은 분명 자명한 진실처럼 보였을 것이다.

그러나 자연에서는 기실 희소성이 아니라 풍부성이 일반적이다. 환경위기는 정복과 잇따른 인구 폭발을 야기했으며, 이 둘의 연속적인 물결은 다시 환경위기를 전 지구화하고 있다. [하지만—옮긴이] 이 시기 이전에 살았던 대다수의 사람들과 마찬가지로 대부분의 동물들은 집과 식량을 확보하는 데 아주 적은 시간만을 할애하며, 놀이를 할 수 있는 충분한 시간을 가지고 있다. 거의 모든 인류 문화는 여러 음악, 시각예술, 스포츠 등을 만들어 왔다. 비재생산적 섹슈얼리티와 마찬가지로, 이 모든 것은 매일 태양에서 내리쬐는 풍부한 에너지를 활용하는 풍요로운 방식이라고 할 수 있다(Bagemihl 1999).

배게밀은 생물학적 풍요에 대한 자신의 이론을 동성애가 인구를 자연적으로 억제하는 역할을 한다는 관념과 대비시킨다. 그러나 나는 이 두 개념이 서로를 보완하고 강화한다고 생각한다. 퀴어한 에로스의 풍요로운 증가는 인구를 조절하며, 이를 통해 훨씬 더 풍요로운 세상을 위한 기틀을 마련한다. 즉 퀴어한 에로스에 대한 억압은 개인뿐 아니라, 인구와 그 인구를 둘러싼 생태계에도 손상을 입힌다.

재생산과 그 불만

동물원과 생체실험실에서 동물들은 남녀 한 쌍으로 분류되며, 자발적으로 짝짓기를 하지 않을 경우 짝짓기를 강요당한다. 이는 종종 동성 간의 결합을 해체하거나 여자 동물이 원치 않는 삽입을 피할 수 없도록 하는 행위를 포함한다. 마찬가지로 공장식 축산농장이든 가족농장이든 동물 농업에서 모든 것은 재생산에 달려 있다. 황소의 전기자극 인공사정부터 무거운 수탉을 굶겨 교미에 미치도록 만든 뒤 연약한 '육용종 broiler breeder' 암탉과 함께 가두는 것까지, 잔혹하고 기이한 여러 방법들이 동원된다. 그 결과 어떠한 농장 동물도 강제적 이성애에서 결코 벗어날 수 없다.

심지어 동물 애호가들도 동물의 섹슈얼리티를 통제하는 데 가담한다. 개농장을 비판하는 애견인들 역시 자신이 키우는 개가 짝짓기를 할 것이지 말 것인지, 또 짝짓기를 한다면 언제 누구와 짝짓기를 할 것이지를 자신이 결정하는 것과 관련해 아무런 문제의식을 느끼지 않는다. 동물옹호자들은 동물 유기 및 안락사를 감소시킨다는 훌륭한 목표를 추구하지만, 이 과정에서 영리를 목적으로 한 개와 고양이의 거래를 철폐하라고 요구하기보다, 오히려 모든 반려동물에게서 재생산의 자유를 박탈해야 한다고 주장한다. 비슷한 실용주의적 논리에서 동물 생츄어리들은 거주 동물이 재생산을 선택하지 못하도록 일상적으로 차단한다.

한편 많은 지역에 살고 있는 사람들에게 동성애 혹은 트랜스젠더 행위나 정체성은 여전히 위험한 모험이다. 약 35개국에서 동성애 행위는 아직도 금고형에 처해질 수 있는 범죄로 규정되어 있다. 성적 지향에 근거한 차별 금지를 세계 최초로 헌법에 명시한 남아프리카공화국에서조차 레즈비언들은 매일 '교정 강간'의 위협을 맞닥뜨린다. 미국에서도 불과 몇 년 전 '동물을 위한 자비Mercy for Animals'의 공동설립자인 네이선 런클Nathan Runkle이 동성애자를 표적으로 삼은 폭행에 의해 사망할 뻔한 사건이 있었다.

동성애혐오의 구조적 기능은 남성을 우위에 놓는 이분법적 젠더 체계의 유지다(Pharr 1988). 그러한 체계는 딸과 젖소를 남자에게 귀속된 재산으로 취급했던 시대까지 거슬러 올라가는데, 아내, 노예, 가축 등 무엇으로 불리든 상관없이 여자들은 그들이 선택했을 것보다 더 많은 혹은 더 다양한 자식들을 낳으라고 강요받았고, 남자들은 자신에게 이렇게 강요할 권리가 있다고 당연시했다. 가부장제와 목축문화는 모두 재생산(과 섹슈얼리티)에 대한 상당히 끈질긴 집착과 통제를 필요로 한다. 현대 공장식 축산업의 전신인 전통 목축문화는 우리에 갇힌 동물들의 재생산에 대한 직접적인hands-on 통제를 **필연적으로** 포함하고 있었다(Patterson 2002). 비인간 동물에 대한 총체적인 통제권을 획득하고 유지하기 위해 처음 활용된 도구와 기술은 인간 노예를 통제하는 데 응용되었다(Spiegel 1996). 여성, 대지, 동물, 다른 인종을 재산으로 간주하는 남성들이 주도했던 정복 과정은 전 지구화된 경제구조를 만들어 냈으며, 또한 전 세계에 동성애혐오를 퍼뜨렸다.

우간다의 토착민인 랑기Langi족이 생물학적 남자인 무도코 다코mudoko dako와 남성 간 결혼을 인정했던 반면(Tamale 2007) 기독교는 다른 지역에서 전래된 것임에도 불구하고, 우간다의 기독교인 대통령이 동성애를 외국의 수입품이라며 비난하는 이 온통 뒤죽박죽인 오늘날의 세계에서, 유럽의 식민주의와 제국주의 시대 이전에 퀴어한 에로스가 다양한 모습으로 꽃피었다는 사실을 다시 한번 언급하는 것은 중요하다고 할 수 있다. 동성애 행위를 향한 태도와 관련해 여러 문화가 서로 차이를 보이긴 하지만, 현재 동성애혐오가 가장 뚜렷한 곳을 포함해(Galeano 1992) [동성애에 대한—옮긴이] 관용은 일반적이었던 듯하다(Epprecht 2008).

무슨 일이 일어났던 것일까? 우선 유럽의 기독교인들은 아메리카 대륙을 침략하면서 동성애 행위에 대한 그들의 이례적인 반감도 함께 들여왔으며, 어떤 경우 선주민의 섹스·젠더 규범을 문화적 학살의 핑계로 삼기도 했다(Galeano 1992; Smith 2005). 거꾸로 유럽인들은 아프리카인은 동물과 같으며, 따라서 철저하게 이성애자일 것이라는 관념을 가지고 있었다. "널리 퍼져 있는 편견은 아프리카인이 미개하며 자연에 가깝다는 것이다. (…) 따라서 동성애에 대한 새로운 합의는 이른바 자연적인 이성애에 대한 기대에 순응할 것을 아프리카인에게 요구했다."(Epprecht 2008, 40) 아프리카인의 성적 다양성을 부정하거나 억압했던 기제들은 오랫동안 비인간 동물 간의 동성애를 기록에서 누락시켰던 기제들과 기이하게 공명한다. 인류학자들은 자신들이 알게 된 동성간 섹슈얼리티의 사례를 파악하는 데 실패하거나, 기록하기를 거부하거나, 출판하기를 망설이거나, 중요성을 띠지 않는 것으로 치부했다.

이러한 식민주의적 은폐는 독립 이후의 지도자들 때문에 더욱 심화되었는데, 이들은 내셔널 지오그래픽 등에 의해 널리 퍼진, 아프리카인의 섹슈얼리티와 관련된 선정적이고 "이국적인" 스펙터클에 대한 어떠한 암시도 피하고 싶어 했기 때문이다(Epprecht 2008). 이 지도자들 중 상당수는 동성애혐오에 의해 촉진되는 여성의 종속을 즐기고 싶어 하는 남성들이었다(Tamale 2007). 한편 무역의 세계화라는 후기식민적 물결은 동성 간 행동을 다른 방식으로 개념화하는 토착 문화가 있던 지역에 '게이', '레즈비언', '트랜스젠더' 정체성이라는 상업화된 개념을 전파했다(Katyal 2002). 이 개념들은 정체성에 관한 유럽의 사고방식에 뿌리를 두고 있는바, 어쩌면 다른 지역에 사는 퀴어들에게, 혹은 생물권과의 균형을 이루기 위한 우리의 공동 투쟁에 유용하거나 혹은 그렇지 않다고 판명될지도 모른다. 이를 확언할 수는 없지만 한 가지 확실한 것은 이 개념들이 많은 지역에서 동성애혐오에 기인한 새로운 폭력의 물결을 일으키고 있다는 점이다(Blackwood and Wieringa 2007).

'게이'나 '레즈비언'은 어떻게 형용사(더 낫게는 동사)가 아닌 명사가 된 것일까? 간단히 말해, 우리에게 과학적 인종주의를 심어 준 것과 동일한 계몽주의적 관념이 우리가 현재 성적 지향이라고 부르는 것에 근거해 사람들을 범주화하도록 만드는 사고방식을 야기했다. "찰스 다윈에게 영향받은 진화론적 사유의 부상은 리하르트 폰 크라프트-에빙 Richard von Krafft-Ebing의 성과학적 사유의 부상과 그 시기가 대체로 일치한다."(Mortimer-Sandilands and Erickson 2010a, 7) 앞에서 살펴보았듯 성 선택sexual selection은 자연선택의 한 가지 양상에 불과하다. 그럼에도 진화의 이 요소가 진화론의 중심이 된 까닭은 아마도 가부장제/목축문화에 내재된 재생산에 대한 집착 때문일 것이다. 결과적으로 "성은 적합성의 문제가 되었으며, 이제 개체적 특성은 그것이 유기체의 재생산 능력에 얼마나 적합한 것처럼 보이는지에 기초해 평가할 수 있는 것이 되었

다."(2010a, 8)

이는 에로스에게 나쁜 소식이었다. 동성애의 의료화는 우생학 및 과학적 인종주의와 동일한 시기에, 동일한 사상적 맥락에서 이루어졌다. 동성애자나 젠더 규범에 어긋나는 사람들(혹은 그렇게 여겨지는 사람들)에 대한 여러 의료적 폭력은 "인종위생Race Hygiene 운동과 인종개선Race Betterment 운동의 맥락에서 발생했다." 퀴어뿐만 아니라 농인이나 장애인, 혹은 어두운 피부를 가진 이들 역시 "문자 그대로 인간종의 생물학적 적"으로 간주되었다(McWhorter 2010, 76). 종의 향상을 위한 이 모든 노력은 호모사피엔스의 위치를 상상된 위계구조의 정점으로 상정하고 그 위치를 유지시키려 했다. 이러한 과학적 합리화는 이제 진화가 상향식 문제가 아님을 알고 있는 사람들에게조차 계속해서 종차별주의가 논리적인 것처럼 느껴지도록 한다.

위대함에 대한 망상이나 재생산에 대한 잘못된 집착과 마찬가지로, 우리를 현재에 이르게 한 정복의 과정은 착취의 윤리와 무한성의 환상을 확산시켰다. 이후 그러한 윤리와 그것을 가능케 하는 환상은 유럽 열강이 나머지 세계 각국에 따르도록 강요하고 있는 경제 규칙들로 성문화되었다.

자본주의가 무너지지 않으려면 부단한 성장, 즉 다른 어딘가에서 형성되는 새로운 상품을 위한 새로운 시장이 요구되며, 이는 필수불가결하다. 참여자들이 공정한 거래를 위해 협력하는 경제구조와 달리, 자본주의는 이윤이 개인의 주머니로 빠져나감으로써 수학적으로 불균형해지며, 따라서 새로운 자원의 끊임없는 유입을 필요로 한다. 즉 자본주의는 공장식 축산농장에서 사육된 닭, 조립 라인을 통해 생산된 자동차, 그

차를 만들고 그 새를 먹는 노동자-소비자의 [순환 구조에 대한—옮긴이] 부단한 재생산을 필요로 할 뿐 아니라, 욕망의 전환 역시 필요로 한다. 자기표현이든 사회적 접촉이든 성행위든 모든 자연적 충동의 방향은 반드시 어떤 제품의 구입을 향한 쪽으로 (그리고 이 제품을 사기 위해서는 물론 돈을 벌어야 한다는 쪽으로) 전환되어야 한다. 그리하여 퀴어한 에로스가 아직 적극적으로 억압되지 않은 경우에조차, 퀴어한 에로스는 이제 이성애 로맨스와 똑같은 절망적인 운명을 마주하게 된다. 바로 휴양지에서 하는 결혼식 말이다!

지구상의 거의 모든 장소를 공허한 탐욕의 경제구조 속으로 통합시킨 후기 소비자본주의는 새로운 노동자-소비자를 공급할 수 있는 장소를 더 이상 가지고 있지 못하다. 모든 것은 이제 모든 사람으로 하여금 **더 많이** 구매하게 하는 데 달려 있는 듯 보인다. 물론 실제로는 모든 것이 정반대의 방향에 달려 있다.

70억 명의 사람들은 지금 과열된 행성 위에 살고 있다. "우리가 살고 있는 이 시대를 인류세라는 새로운 지질학적 시대로 보아야 한다고 주장하는 이들이 있을 만큼 인간들은 이미 생물권을 실질적으로 변화시켰다."(Barnosky et al. 2012, 57) 기후변화에 가장 큰 영향을 미치는 요소는 "인간의 행동 패턴, 특히 과잉인구와 과잉소비"다(Oscamp 2000). 양자는 풍요로운 다양성을 가진 에로스에 대한 억압과 방향전환에서 직접적으로 기인한다.

재생산에 대한 집착은 오늘날 대부분의 인류 문화를 특정짓는 요소다. 우리가 인구 과잉이 가져온 파국적인 환경적 결과에 직면하고 있을 때조차 재생산은 여전히 가족과 공동체에게 반드시 수행해야 할 의

무로 남아 있다. 많은 사람의 머릿속에서는 아직도 부모가 된다는 관념과 성인이 된다는 관념이 하나로 융합되어 존재한다. 이 "재생산중심적 repro-centric"(Mortimer-Sandilands and Erickson 2010a, 11) 논리는 퀴어한 에로스의 억압에 대한 원인인 동시에 그 결과다. 만약 재생산이 가장 중요한 목적이라면, 비재생산적 에로스는 반드시 억압되어야 한다. 만약 비재생산적 에로스가 억압된다면, 에로스는 사회적으로 승인된 재생산과 소비에서 만족을 추구할 것이다.

그렇지 않으면…….

잃어버린 일부에 대한 의식

2001년 수상 나이트클럽에서 함께 춤을 췄다는 이유로 체포된 52명의 이집트 남성에 대한 대규모 재판은 이집트에서 행해지고 있는 동성애자 박해에 대한 응당한 국제적 관심을 불러일으켰다(Hawley 2001). 그렇지만 다른 요소에 한번 주목해 보자. 이 남성들은 동성애 행위 때문에 기소될 수 있다는 사실을 **알고** 있었다. 그럼에도 그들은 **춤을 추고** 있었다. **디스코**에 맞춰서. **보트** 위에서.

(〈로미오와 줄리엣〉과 그것의 모든 리믹스는 말할 것도 없고) 〈지붕 위의 바이올린〉부터 〈미시시피 마살라〉까지 대중문화는 사랑을 위해 부모의 반대를 무릅쓰는 젊은 연인들의 이야기로 가득 차 있다. 현실 세계에서 에로스는 모든 연령대의 연인이 훨씬 더 강력한 권위를 거역하도록 만들곤 한다. 미국과 남아프리카공화국 등에는 억압적인 인종주의 체제를 유

지하기 위해 서로 다른 인종 간의 결혼을 금지하는 법이 존재했지만, 다른 인종의 남성들과 여성들은 구속에 대한 위협에도 불구하고 계속해서 동반자 관계를 맺었다. 오늘날까지도 전 세계적으로 동성 커플은 사회적 배척부터 사형에 이르는 강력하고 실제적인 위협을 맞닥뜨리고 있지만, 그럼에도 그들은 함께한다.

"보도블록 아래에 바다의 모래가 있다!" 반쯤 잊혀진 꿈들처럼, 1968년 파리 학생운동에서 나온 이 상황주의의 정수 같은 아나키즘적 슬로건들은 여기저기 벽들에 휘갈겨 씌어졌고, 야구 방망이로 상점의 유리창을 깨부수는 검은 옷을 입은 십대들의 입에서 터져 나왔다. 타투를 한 아동성폭력 생존자들은 멸종위기에 처한 나무 위에 앉아 있는 동안 읽기 위해 '크라임띵크 엑스-워커스 콜렉티브CrimethInc Ex-Workers Collective'의 입문서인 『전쟁의 날들, 사랑의 밤들Days of War; Nights of Love』의 낡은 사본을 백팩 속에 집어넣고 다녔다. 비건 펑크punk들은 자신들의 투쟁에 약간의 달콤함을 가미하고자 서로를 위해 컵케이크를 구웠다.

우리가 어디로 가야 할지를 보여 주기 위해, 또 거기에 당도하기 위한 에너지를 우리에게 주기 위해, 에로스는 바로 거기에 ―준비되어― 있었다. 그러나 에로스는 또한 너무 쉽게 사그라들거나 잘못된 방향을 향하기도 했다. 에로스는 우리가 스스로를 그리고 서로를 구하도록, 그 과정에서 행성을 파괴하는 행위를 끝내도록 도울 수 있다. 하지만 그렇게 하기 위해서는 에로스가 반드시 의식적으로 계발되어야 한다.

인간의 에로스를 계발함으로써 인간의 오만을 제어한다는 목표를 추구하는 것이 반직관적으로 보일지도 모른다. 그러나 부당한 이득을 취하는 자들에게서 구입한 플라스틱으로 만든 가짜 쾌락과 달리, 참된 에로스는 생동감 있으며 동시에 관계적이다. 에로스는 풍요로우며, 이따금 당신이 가장 예상하지 못했던 때와 장소에서 불쑥 솟아오른다. 에로스는 몸에서 시작되지만 연결을 찾아 언제나 바깥으로 뻗어 나간다.

내가 말하는 '에로스'는 신체적 사랑이나 성적 욕망만을 의미하지 않는다. '에로스'는 흑인 레즈비언 페미니스트 시인이자 활동가인 오드리 로드가 "기쁨의 나눔"이라고 부른 것, 즉 "신체적인 기쁨이든, 정서적인 기쁨이든, 심리적인 기쁨이든, 지적인 기쁨이든 간에 그 기쁨을 서로 나눔으로써 서로를 잇는 다리를 형성하는 행위"(2012, 56)를 의미하기도 한다.[2] 에두아르도 갈레아노(Eduardo Galeano 1992)의 설명에 따르면, 정복자들이 부과한 성적 제약에 맞서 싸웠던 조상을 둔 콜롬비아의 마야Maya족들 사이에서 성행위를 뜻하는 단어는 '놀이play'다. 에로스는 정말로 '즐거운playful' 것이다. 희소성에 직면해 재생산을 위한 고된 투쟁을 벌이는 것이 아니라, 오히려 매일 태양에서 내리쬐는 여분의 에너지를 기쁘게 활용하는 삶, 그러한 행복한 상황의 원인이자 결과가 바로 퀴어한 에로스다.

에로스는 본질적으로 잉여적이며 언제나 바깥을 향하기에, 진정한 에로스는 언제나 관대하다. 우리는 애인과 미소를 나누며 사랑하는 타자에게 선물을 주고 키스를 한다. 그렇게 함으로써 우리는 좋은 기분을 느낀다. 에로스는 온갖 종류의 느낌을 일깨운다. 그 느낌에는 지금이 긴급 상황이라고 말해 주고 우리에게 무언가 조치를 취할 힘을 주는 느낌

---

2 오드리 로드, 『시스터 아웃사이더』, 주해연·박미선 옮김, 후마니타스, 2018, 74-75쪽, 번역 일부 수정. —옮긴이.

도 포함되어 있다. 로드가 에로틱한 것의 활용에 대한 고전의 반열에 오른 에세이에서 썼듯이, "우리 내면 가장 깊은 곳에 존재하는 느낌들을 인식하게 되면, 우리는 필연적으로 고통과 자기부정, 그리고 우리 사회에서 그런 것들의 유일한 대안으로 보이는 무감각 상태에 만족하는 것을 그만두게 된다."(58)[3] 우리의 느낌은 연료다. 좋은 소식은 느낌이 재

6.1. 종횡단적 돌봄 제공은 바인 생츄어리에서 일반적이다. 이 사진에서 새끼 양 알피는 막 도착한 송아지 매덕스에게 따뜻한 환영인사를 건네고 있다. 이때부터 둘은 서로의 가장 친한 친구가 되었다. 사진 촬영은 바인 생츄어리의 케시 고리쉬Kathy Gorish.

생 가능한 에너지 자원이라는 것이다.

에로스는 욕망뿐 아니라 호기심, 창의성, 용기를 일깨운다. 에로스

3 위의 책, 77쪽, 번역 일부 수정. —옮긴이.

가 총이나 정부보다 인간의 행위에 동기를 부여하는 데 훨씬 더 강력한 영향을 미친다는 사실은 꾸준히 입증되어 왔다. 에로스는 우리의 동물 신체에서 시작되는바 본질적으로 생태적이다. 가로막히지 않고 방향이 뒤바뀌지 않은 에로스는 생물권의 균형을 유지하는 쪽으로 흐를 것이다.

그레타 가드는 "에로틱한 것에 대한 지배적인 서구 문화의 가치절하는 여성과 자연에 대한 가치 절하와 유사성을 띠"며, "이러한 가치절하들은 서로를 강화한다"고 지적한다(1997, 115). 모든 교차하는 억압들에서처럼, 그 교차점을 파악하는 일은 개입을 위한 기회를 알려 준다는 점에서 유익하다. 또한 우리가 웜뱃이나 여성이나 대마초를 관대함을 가지고 진심으로 보살필 때, 우리는 에로스를 계발하는 것이기도 하다. 그러나 만약 우리가 에로스를 활용해 우리의 환경적 노력에 생기를 불어넣으면서 우리 스스로를 되살리기를 바란다면, 우리는 우리 자신의 동물성을 받아들이는 더 나은 방법을 배워야 할 것이다.

동물 문제

정신을 물질보다 우위에 두는 유럽중심적 논리는 건전한 정신을 통해 우리의 동물 신체를 초월해야 한다고 말한다. 그러나 이는 남성을 여성보다, 백인을 흑인보다, 그리고 이성애자를 동성애자보다 우위에 두는 방식으로 세계를 분리하고 지배하는 것과 동일한 논리다. 내가 가장 좋아하는 에코페미니즘 이론은 교차성에 대한 페미니즘의 이해를 지구와 동물을 포함하는 것으로 확장하며, 그 과정에서 인종과 젠더와 기타 사회적 구성물에 대한 우리의 분석을 심화시킨다.

동성애혐오도 종차별주의도 (그리고 다른 모든 주의도) 현실과 괴리된disembodied 어떤 관념이 아니다. 그것들은 특정한 시공간에서 특정한 목적으로 행해지는 **관행**(과 그에 수반되는 합리화)이다. 동성애혐오와 종차별주의, 그리고 성차별주의와 인종주의의 가장 중요한 목적은 아마도 재생산의 통제일 것이다. 그러한 교차에 대한 사유는 우리의 동물성뿐만 아니라 우리 자신이 다른 종을 계속해서 예속화하는 데 연루되어 있다는 사실을 직면하도록 한다. 이는 어떻게 동물 해방으로 나아갈 것인가에 관한 질문을 제기한다.

우리가 해방시키고자 하는 동물이든 우리 자신이든 추상적인 존재가 아니다. 실제 동물 해방은 전적으로 신체—동물의 신체**와** 우리의 신체—와 관련이 있으며, 따라서 전적으로 에로스와 관련이 있다.

에로스가 없다면 에토스는 비체현적인disembodied 추상화의 영역으로 미끄러질 위험이 있다. 에로스에 대한 억압은 우리의 동물 자아에 대한 억압이며, 따라서 동물 해방 기획과는 정반대의 성격을 가진다. 에로스에 대한 탄압은 우리를 우리의 욕망뿐 아니라 타자들과도 분리시키며, 그 과정에서 우리의 느낌과 관계를 약화시킨다. 자기 자신 및 타자와 단절된 존재들이 해방적인 돌봄의 에토스를 적절히 수행할 수 있으리라고는 상상하기 어렵다.

에로틱한 돌봄의 에토스는 동물 해방 기획에 무엇을 가져다줄까? 첫째, 에로스는 언제나 체현적이며 따라서 언제나 실제적이다. 동물들은 우리의 멋들어진 생각이나 순수한 의도에는 관심이 없다. 동물들에게 중요한 것은 실제로 무슨 일이 벌어지고 있는가다. 따라서 에로스에 기반을 두는 돌봄의 에토스는 돌봄이 실제로 행해져야 한다고, 우리의 관념과 실천이 상호작용해야 한다고, 이론과 실천이 실제로 벌어지고 있는 일에 대응해 끊임없이 조정되어야 한다고 요구할 것이다.

둘째, 에로스는 전적으로 욕망과 관련이 있다. 서로 다른 동물들은 서로 다른 것들을 원한다. 연어는 가로막히거나 흐름이 뒤바뀌지 않은 강을 원한다. 개구리는 오염되지 않은 연못을 원한다. 닭은 배터리 케이지에서 **빠져나오기**를 원한다. 개는 다른 개를 원한다. 이 모든 욕망은 신체에 위치한다. 그 욕망의 좌절은 신체적으로 감각된다. 그러므로 이는 다시 우리를 실제적인 것으로 돌아가게 한다. 그러나 내가 보기에, 작금의 동물권 운동은 우리와 비슷한 동물들에게 가장 중요한 권리(예컨대 법적 자유)에 초점을 맞추기를 선호하면서, 욕망의 다양성과 씨름하는 적절한 노력을 기울이지 않고 있다. 에로스에 기반을 두는 돌봄의 에토스는 동물의 욕망을 더욱 철저히 파악하고, 그 결과로서 (그리고 계속해서) 목적과 전술을 조정하도록 요구할 것이다.

셋째, 에로스는 전적으로 관계와 관련이 있다. 그러므로 에로스에 기반을 두는 돌봄의 에토스는 그러한 심사숙고가 가능한 한 해당 동물과의 진정한 관계로부터 발원해야 한다고 요구할 것이다.

이러한 사항은 유기적 지식인에 대한 나의 확장된 개념화로 이어진다. 이를 비건 지식인에 대한 나의 이론이라고 부르도록 하자. 그람시(Gramsci 1971)가 개념화한 유기적 지식인은 자신이 속해 있는 계급의 생각을 개념화하고 발화하는 사람이다. 유기적 지식인은 본질적으로 사회 집단의 기능으로서, 집단에서 발전하는 동시에 집단에 영향을 준다.

정규 교육을 받았든 아니든 유기적 지식인은 자신이 속한 집단의 투쟁에 대한 적극적인 참여라는 맥락에서 배우고 가르친다. 이때 그 집단은 경제 계급일 수도 있고, 다른 어떤 집합체일 수도 있다.

수탉들은 내게 여러 중요한 주제를 깊이 숙고할 수 있도록 해 주었을 뿐 아니라, 그 과정을 거쳐 탄생한 생각을 다른 수탉을 돕는 방식으로 활용할 수 있도록 해 주었다. 바인 생츄어리의 전신前身이었던 곳의 첫 번째 조류 입주자가 암탉이 아닌 수탉으로 밝혀졌을 때, 그는 수탉에 대한 나의 고정관념이 그를 혹은 우리의 관계를 규정하는 것을 허락하지 않았다. 이는 내가 어디에서 그러한 고정관념을 습득했는지에 대해 깊이 생각하게 했고, 결국 젠더의 사회적 구성에 있어 실제 혹은 상상된 동물의 역할을 탐구하도록 나를 이끌었다. 비슷한 맥락에서 푸아그라 생산 공장에서 구조된 난민이었던 남자 거위 커플은 일련의 워크숍을 열도록 나를 자극했으며, 이 워크숍에서 참여자들은 퀴어 해방과 동물 해방 사이의 교차에 대해 고찰했다.

그 후, 수년 동안 함께 살았던 24명의 수탉 무리가 날아들었다. 이 수탉들은 공장식 축산농장에서 구조된 어린 고아들과 나에게 무리 짓는 삶의 방법과 도덕에 대해 가르쳐 주었다. 건물이 아니라 나무에서 자는 그들의 습관은 결국 우리 생츄어리가 닭들이 스스로를 재야생화rewilding하는 최초의 생츄어리가 되도록 했다. 포식자로부터의 안전과 자유의 균형을 어떻게 유지할 것인가라는 문제에 관한 수탉들의 말—이들은 몸과 목소리를 활용해 매우 명확하게 자신의 뜻을 표현한다—을 우리가 듣지 않기로 결정했다면, 위와 같은 일은 일어날 수 없었을 것이다.

우리 생츄어리는 과거에 투계였던 닭들의 재활을 돕는 방법을 생각해 낸 최초의 생츄어리였다. 나는 의식적으로 '우리 생츄어리'라고 말하고 있는데, 이는 집단적인 노력이었기 때문이다. 재활 과정은 이 학대받은 새들을 진정시키는 것뿐 아니라 그들을 사회화하는 것도 포함한다. 내가 수탉에게서 수탉에 관해 먼저 배우지 않았다면, 나는 분명 그러한 과정을 생각해 내지 못했을 것이다. 또한 다치지 않고 갈등을 해결하기 위해 과거의 싸움꾼들이 배워야만 하는 사회적 행동들의 모델을 보여 줄 수 있고 기꺼이 보여 주는 수탉들이 없었다면, 이 과정은 시행될 수 없었을 것이다.

결국 비건 지식인은 유기적 지식인과 동일한 역할을 수행하지만 비인간 동물을 포함한 집단을 위해 그 역할을 한다는 차이가 있다. 비건 지식인은 '목소리 없는 자들의 목소리'가 되겠다고 자처하는 것이 아니라, 동물의 목소리를 알아듣고 그것에 귀 기울인다. 비건 지식인—나는 닭과 함께한 캐런 데이비스(Karen Davis 1995)와 침팬지와 함께한 로리 그루언(2009)을 떠올리고 있다—은 비인간 동물과 함께 사유하며, 감정이입과 주의 깊은 관찰을 수행한다. 나아가 비건 지식인은 이를 통해 떠오른 생각들을 그 같은 교감의 기회를 가지고 있지 않은 사람들과 함께 나눈다.

억압된 것의 귀환

욕망은 모든 것을 추동한다. 어린 여자아이들을 속여 결혼식을 꿈꾸게 하면 가부장제는 쉽게 유지된다. 성인 남성 중 대다수가 포르노그래피와 평면 텔레비전에 중독되어 있다면 노동계급을 통제하는 것도 그리 어려운 일이 아니다. 반대로 야생적인 에로스가 그러한 사회적으로 구성된 열망들로 가로막혀 있는 한 진보적인 변화를 불러일으키는 것은 어려울 수 있다.

생물학 및 관련 분야 연구자 20명이 최근 『네이처』를 통해 경고한 바에 따르면, 우리는 "지구 생물권의 상태 전환state shift에 다다르고 있는" 듯 보인다(Barnosky et al. 2012, 52). 즉 "우리가 현재 당연하게 여기고 있는 생물학적 자원들이 빠르고 예측할 수 없는 변화를 겪을 수 있게 된 것"이다(57). 앞으로 다가올 어마어마한 대격변을 피하고 싶거나 완화시키기라도 하고 싶다면 "세계 인구 성장과 일인당 자원 사용"(57)을 둘 다 줄이는 것이 필수적이다.

불행하게도 과학자들의 합리적인 논증은 사람들이 자원 소비 패턴을 바꾸도록 설득하는 데 실패해 왔다(하물며 재생산에 대한 열광은 말할 것도 없다). 만약 우리가 [이성—옮긴이] 대신 느낌에 집중한다면, 즉 동물들 간의 사랑뿐 아니라 장소에 대한 사랑topophilia과 생명에 대한 사랑biophilia까지 포함해 모든 형태의 퀴어한 에로스를 계발하는 데 집중한다면, 아마도 우리는 행운을 누리게 될 것이다(이 표현의 두 가지 의미 모두에서 말이다).[4] 그 기획은 사람들로 하여금 그들의 가장 진심 어린 욕망과 접촉하게 할 수 있는 우리의 능력에 달려 있을 것이다(그러한 욕망이 웨딩드레스나 장인이 만든 치즈는 아닐 것이다). 그리고 이는 결국 우리 자신의 동물성에

4 'get lucky'에는 '행운이 따르다'라는 의미와 '성적 욕망을 충족하다'라는 의미가 공존한다. 이 구절에서 저자는 퀴어한 에로스의 계발이 욕망을 매개로 한 더 많은 비/인간의 연

대한, 그리고 동물성의 퀴어한 에로스에 대한 포용을 필요로 할 것이다.

감사의 말

내가 이 글을 쓰는 동안 많은 아이디어가 집단적 인지작용을 거쳐 탄생했다. 2002년에서 2010년까지 진행했던 '동물 해방을 퀴어링하기' 워크숍의 모든 참가자, 2011년과 2012년에 메트로폴리탄 주립 대학교에서 개설했던 'GLBT 섹슈얼리티의 문화정치' 수업을 들은 모든 학생에게 거듭 감사드린다. 또한 이 글의 초고나 그 일부에 대한 유용한 조언을 해 준 캐럴 J. 애덤스, 레베카 배리Rebecca Barry, 가드, 그루언, 미리엄 존스Miriam Jones에게도 감사를 전해야겠다. 진정한 해방이 어떤 모습일지, 우리가 어떻게 함께 그곳에 도달할 수 있을지 상상하려고 노력할 때마다 함께했던 비인간 동물들이 있다. 이 동물들에게 얼마나 큰 빚을 지고 있는지에 대해서는 이루 다 말로 표현할 수 없다. 가능하다고 밝혀질 것들에 대해 놀랄 준비가 되어 있어야 한다고 내게 집단적으로 가르쳐 준 과거 달걀 공장에 수감되어 있던 모든 동물에게 이 글을 바친다.

결을 가능케 할 것이며, 이를 통해 퀴어한 에로스에 기반을 두는 돌봄의 에토스가 구축될 수 있으리라고 주장하는 듯하다. —옮긴이.

7.1 수나우라 테일러, 〈닭과 함께 있는 자화상Self-Portrait with Chicken〉, 15.24x10.16cm, 2012, 펜, 종이와 색연필.

이 그림은 비전형적인 신체를 가진 한 여성이 다리를 쭉 뻗은 채 나체로 앉아 있는 옆모습을 담고 있다. 그의 등은 종이의 오른쪽 수직 방향과 평행하고 몸은 왼쪽을 향해 있으며, 앞으로 뻗은 다리에는 털이 많이 나 있다. 이 인물은 위쪽을 바라보고 있다. 그의 한쪽 다리 위에는 털이 뽑힌 닭 한 명이 마찬가지로 옆모습을 보이며 걸터 서 있다. 닭은 인간 여성과 같은 방향을 바라본다.

이 둘은 모두 잘못되었다. 여기 이 닭은 우리가 새들이 가장 원하는 것, 우리에게 영감을 주고 부러움을 불러일으키는 행위를 할 수 없다. 즉 날 수 없다. 털이 뽑힌 어색한 모습의 이 닭은 깃털이 듬성듬성 나 있고 다리는 너무 길며 날개는 작은 돌기 정도로 줄어들어 있다. 우리는 이 새가 고기나 깃털로 가공되던 중에 탈출한 것인지, 그에게 어떤 상처가 남아 있는 것인지 궁금해진다.

여자도 잘못되긴 마찬가지다. 그는 옷을 벗고 있지만 성적 자극을 불러일으키기 위한 자세를 취하고 있지 않다. 그의 마르고 털 많은 다리는 그를 자연에 가까운 존재이자 문화에 반하는 존재로 보이게 한다. 날지 않는 닭처럼 이 여성의 다리는 걷는 데 쓸모가 없어 보인다. 그의 손은 작은 돌기처럼 줄어들어서 무언가를 잡고 조작하는 데에는 한계가 있겠지만, 찻잔 모양으로 오목하게 오므려져서 무언가를 받을 준비가 되어 있다.

이들은 개별적인 표본으로서 잘못되었고 짝으로서 두 배로 잘못되었지만, 이들은 혼자가 아니며 부끄러워하지 않는다. 닭에게 여자가 친숙하고 잘 어울리듯이 이 닭은 여자에게 친숙하고 잘 어울린다. 둘은 나체로 몸을 드러낸 채 위로부터 무언가를 기다린다. 그 무언가가 무엇인지는 설명되거나 그려져 있지 않지만, 그것은 마치 구름처럼 모든 것을 덮고 있다.

어쩌면 그들은 두려워해야 할지도 모르지만, 그들은 두려워하지 않는다.

이는 사색과 동반자의 이미지, 신체적 유비의 이미지, 취약성의 이미지, 차이보다 유사성이 왜 중요한가에 대해 질문을 던지는 이미지다.

7장. 상호의존적인 동물

페미니즘 장애 돌봄 윤리

수나우라 테일러

돌봄받는다는 것

페미니스트들은 오랫동안 상호의존과 돌봄의 중요성을 알고 있었다. '의존적인 자들'을 돌보는 일을 역사적으로 (특히 유색인) 여성들이 떠맡아 온 사실을 비판하는 쪽이든, (돌봄이 정의라는 개념에 있어 핵심 역할을 해야 한다고 말하며) 돌봄 윤리에 주목하는 쪽이든, 페미니스트들은 인간(과 종종 비인간)을 서로 돌보고 의지하는 상호의존적 존재로 이해하는 세계관을 이론화해 온 오랜 전통을 가지고 있다. 그러나 페미니즘 이론은 **돌본다는 것**의 의미를 이론화하기 위해 많은 노력을 기울였던 반면, **돌봄받는다는 것**의 의미에 대해서는 비교적 말을 아껴 왔다.

나는 돌봄과 복잡한 관계를 맺어 왔다. 장애인으로서 나는 (돌봄을 핵심 요소로 하는) 상호의존 철학을 지지하면서도, 동시에 (특히 호의, 자선, 누군가의 진심 어린 친절의 형태를 띠는) 돌봄이 어떻게든 나에게 더 해방된 삶을 살도록 해 줄 것이라는 서사에는 저항한다. 유아화infantilizing되거나 억압적인 경험을 하는 것까지는 아니더라도, '돌봄받는다는 것'은 숨 막힐 정도로 갑갑함을 느끼게 한다(이는 물론 돌봄을 제공하는 경우에도 해당될 수 있다). 크리스틴 켈리Christine Kelly는 「접근 가능한 돌봄과의 연결: 장애학, 페미니즘 돌봄 윤리학, 그리고 그 너머Building Bridges with Accessible Care: Disability Studies, Feminist Care Scholarship, and Beyond」에서 "장애학의 이론 작업은 암시적으로 또 명시적으로 돌봄을 다층적 형태의 억압으로 위치 지었다. 이 억압에는 학대와 강제, 물리적이고 은유적인 시설화의 역사, 행위성의 부정이 포함된다"고 말한다(Kelly 2013, 786). 역사적으로 장애 권리 옹호자들은 돌봄받기를 원하지 않으며, 그 대신 권리와 정의, 그리고 자신들의 참여와 기여를 제한하거나 불가능하게 하지 않는 접근 가능한 사회를 원한다고 선언해 왔다.

하지만 최근 수년간 페미니즘 장애학자들을 비롯해 여러 학자가 위와 같은 복잡한 문제들을 연결하고, 돌보고 돌봄받는 일의 가치뿐만 아니라 이에 따르는 억압의 역사를 인식하는 돌봄 이론을 구축하고자 노력해 왔다(Kittay 2002; Nussbaum 2006; Kelly 2013). 이러한 작업은 역사적으로 돌봄받는다고 여겨진 존재, 즉 의존적인 자나 짐이라는 딱지가 붙은 존재가 그들의 관계, 사회, 그리고 더 넓은 세계에 기여하는 바를 고려한다는 점에서 중요한 기여를 할 수 있다.

돌봄과 상호의존 이론은 동물 윤리, 특히 동물을 향한 페미니즘 돌봄 윤리를 둘러싼 대화에서도 다양한 방식으로 그 모습을 드러냈다. 이는 동물과 인간이 상호의존적인 관계로 얽혀 있다고 이해하며, 동물이 종종 취약하고 인간의 돌봄에 의존한다는 점을 인정한다. 『동물 윤리에서 페미니즘 돌봄 전통』에서 캐럴 J. 애덤스와 조세핀 도노반은 동물권 이론이 “평등한 자율적 행위자들의 사회를 전제”하지만, “동물들은 인간과 평등하지 않으며 특히 가축 동물은 생존을 위해 인간에게 거의 의존하는바, 이러한 상황은 이 같은 불평등을 인정하는 윤리를 요구한다”고 주장한다(Donovan and Adams 2007a, 6).

페미니즘 돌봄 윤리의 틀 안에서 (특히 가축화된) 동물의 의존성과 취약성은 동물에 대한 인간의 책임을 가중한다. 많은 동물옹호자들이 동물을 단지 보호를 필요로 하는 취약한 피해자로 보는 반면(종종 그들은 스스로를 ‘목소리 없는 존재들을 위한 목소리’라 선언한다), 페미니즘 돌봄 윤리는 의존성이라는 개념을 복합적으로 이해하는 잠재성을 가진 정의의 틀을 제시한다(아마 장애학도 유사한 부류에 해당할 것이다). 이는 동물을 행위성이 없는 의존적 존재로 보는 것이 아니라, 오히려 이 세계의 필수적인 참여자이자 기여자로 본다.

애덤스와 도노반은 누가 목소리와 주체성을 부여받는가에 관한 장애학의 핵심 철학 중 하나와 공명하면서, “어떤 돌봄 윤리 이론가들은 인간이 동물에 대해 무엇을 말하는지가 아니라 동물이 우리에게 무엇을 말하는지에 주의를 기울여야 한다고 강조한다”고 말한다(Donovan and Adams 2007a, 4). 어떻게 동물의 말을 들을 수 있을지에 관해서는 다양한 질문이 존재하지만, 그중에서도 돌봄 윤리는 어떻게 온정주의와 유아화 없이 동물을 돕고 돌볼 수 있을지에 대한 급진적인 질문을 제기한다. 유사한 맥락에서 뒤얽힌 감정이입을 논한 철학자 로리 그루언의 작업은 (특히 비인간 동물이라는) 타자에 대한 우리의 감정이입적 응답이 그들의 고통을 그저 동정하는 것이 아니라, 개별 동물이 무엇을 원하고 필요로 하고 소통하는지 고려하는 데 어떻게 도움이 될 수 있을지 생각해 보기를 요구한다.

그루언은 다음과 같이 쓴다. "윤리적인 관계를 맺는다는 것은 부분적으로 누군가의 필요, 이해관계, 욕망, 취약성, 희망, 관점 등을 이해하고 이에 응답할 수 있다는 것과 관련된다. 이는 단지 자기 자신의 관점에서 그것들이 무엇이고 무엇이어야 하는지 가정하는 것이 아니라, 타자의 관점에서 파악하려고 노력하는 것을 의미한다."(Gruen 2013, 224) 그루언과 애덤스, 도노반이 요청하는 종류의 감정이입적 이해와 주의의 기울임은 장애를 둘러싼, 특히 지적 장애를 둘러싼 대화와도 깊이 연관되어 있는 듯 보인다. 나는 여기서 동물과 장애인을 비교하는 것이 아님을 분명히 밝혀 둔다. 오히려 나는 비장애 신체와 정신을 가진 인간이 역사적으로 가치를 부여해 온 방식으로 의사소통하지 않는 다른 존재를 이해하기 위해서는, 각 개체에 주의를 기울이고 이들의 행위성과 선호를 인식할 수 있도록 이들로부터 배워야 한다고 주장한다. 이는 동물 해방과 장애 해방에 대한 대화가 고통과 의존에 관한 제한된 서사에서 벗어나, 접근 가능하고 차별적이지 않은 공간을 만듦으로써 그 사회에서 개체와 공동체가 번성할 수 있도록 하는 더 급진적인 논의로 나아가기 위한 중요한 단계다.

장애학은 의존성에 관한 부정적인 인식을 비판하고 상호 이익을 넘어서 상호의존을 이해한다. 그리고 동물이 말하고 원하고 기여하는 바가 무엇인지 고려하기를 요구하는 동시에 그들 자신에게 돌봄받는다는 게 어떤 것일지 생각하려 노력함으로써, 페미니즘 동물 윤리학자들이 해 온 작업에 보탬이 될 수 있다.

장애가 있는, 가축화된, 의존적인

일반적으로 장애인은 의존적이라고 받아들여진다. 우리는 신체적 안녕을 위해 돌봄 제공자에게 의존하고, 종종 경제적 안녕을 위해 정부에 의존한다. 그리고 가축화된 동물 역시 일반적으로 의존적이라고 받아들여진다. 그들은 먹이, 주거지, 건강 관리, 심지어는 종종 출산과 성교 시에 보조를 받기 위해 인간에게 의존한다. 야생동물도 매우 다른 방식으로지만 인간에게 의존한다. 그들은 서식지나 식량 공급의 문제, 개체로서 사냥이나 밀렵을 당하게 되거나 때때로 종으로서 미래에 살아남을 수 있을지의 문제 등에 관해 내려지는 인간의 결정에 취약하다.

자유지상주의자였던 나의 할머니는 언젠가 나에게 내가 "숲속에" 혼자 남겨지면 "죽을 것"이기 때문에 장애인으로서 내가 가진 모든 것에 대해 감사해야 한다고 말한 적이 있다. 할머니의 말은 내가 '자연 상태'에 놓였을 때 내가 전적으로 누군가에게 의존할 수밖에 없으리라는 의미였다. 누군가가 내게 친절하게 열매를 나누어 주거나 (할머니의 말처럼) 고기를 주지 않는다면 나는 금세 굶어 죽게 될 것이다.

이제부터 하려는 말은 할머니에게는 다소 심기를 거스르는 말이겠지만(나의 할머니는 한 성격 하셨다), 사실 할머니가 말한 기본 논지는 널리 받아들여진다. 장애인은 오직 다른 사람들의 선한 마음에 의해 살아남을 수 있다는 생각은 역사적으로 오래되었으며 널리 퍼져 있다. 그런데 나의 할머니가 놓친 지점은 나의 비장애인 형제자매 역시 다른 인간의 도움이나 도구 없이 숲속에 혼자 남게 된다면 결국 죽게 될 것이라는 사실이다. 그렇게 되기까지 나보다는 더 오래 걸릴지도 모르지만, 그리 오래지 않아 죽게 될 것이다.

가축화된 동물도 마찬가지로 이러한 생각에 직면해 있다. 그들은 인간에 의해 만들어졌고 부자연스러우며, 전적으로 의존적이고 야생에 부적합하다고 이해된다. 다양한 환경주의자, 동물복지론자, 동물옹호자 들은 가축 동물을 이러한 방식으로, 즉 비극적이며 심지어 기괴할 정도로 의존적인 존재로 그려 왔다. 장애인과 가축화된 동물은 의존성을 굴욕적으로 여기는 가정뿐만 아니라, 부자연스러운 것과 비정상적인 것이 무엇인지에 관한 많은 사람들의 고정관념에 짓눌려 있다.

하지만 진실은 우리 모두가 의존적이라는 사실이다. 인간 존재는 태어나면서부터 다른 이들에게 의존하며, 대부분 다른 이들에게 의존하며 삶을 마친다. 그러나 의존은 종종 착취의 변명거리가 되며 지극히 부정적인 함의를 가지고 있다. [그리하여—옮긴이] 어느 누구도 의존적이고 싶어 하지 않는다.

미국에는 자립과 자급자족을 매우 강조하는 수사적 경향이 있다. 미국은 모두가 '자립'할 수 있는 기회를 가진 나라다. 미국에서 자립은 다른 모든 것들 중에서도 가장 상찬받는다고 할 수 있는데, 장애인에게 이는 우리의 삶이 비극적으로 의존적이라고 자동적으로 치부되리라는 사실을 의미한다(Taylor 2004). 그러나 이것은 과연 얼마나 진실에 가까운가?

장애옹호자들은 우리가 모두 서로에게 의존적이라고 주장한다. 많은 장애인 활동가와 학자 들이 의존을 이해하는 방식이 사회의 나머지 구성원들이 의존을 보는 방식과 다른 점은 개인의 신체적 자율성을 그다지 강조하지 않는다는 데 있다. 여러 측면에서 자립은 개인이 완전히 자급자족을 할 수 있는가가 아니라, 자신이 받는 서비스(교육, 배관, 전기, 의료, 식사 혹은 사적 돌봄)를 스스로 통제할 수 있는가를 의미한다(Oliver 1990). 이는 장애인뿐만 아니라 누구에게나 해당하는 진실이다. 이 세상에서 정말로 자립적인 사람은 (만약 있다 해도) 매우 소수에 불과하다.

의존성의 부정적인 결과는 주로 경제적 권리 박탈, 사회적 소외, 감금, 사회적·문화적·건축적 장벽 등을 통해 만들어진다. 여러 면에서 장애인에 대한 대우 방식은 모든 사람이 처한 조건을 더 뚜렷하게 드러낼 뿐인데, 비장애인도 마찬가지로 사회경제적 틀을 통해 의존적 존재가 되기 때문이다. 중요한 점은 비장애인과 장애인이 똑같이 의존적이라는 것이 아니라, 자립과 의존이라는 이분법이 허구라는 데 있다.[1] 그 구분이 사소해 보일지도 모르겠으나, 줄곧 의존적이고 짐스러운 존재라는 꼬리표를 달고 살아온 많은 장애인에게 자립의 경계가 흔히 생각하는 것보다 훨씬 선명하지 않다는 깨달음은 매우 중요하다.

하지만 모든 장애인이 자신의 삶을 통제하거나 결정할 수 있지 않다는 점 또한 진실이다. 마이클 베루베Michael Bérubé가 썼듯, "자율성과 자기표현은 심지어 (혹은 특히) 장애를 가진 사람들에게도 매력적인 이상

1 예를 들어 사지마비 장애인의 경우 비장애인과 같은 방식으로 신체적으로 자율적이지는 않지만, 이것이 반드시 그 사람을 의존적으로 만드는 요인은 아니다. 그 사람이 활동보조 서비스나 접근성이 있는 주택, 이동 수단에 접근하기 어렵다면, 최악의 경우 요양소에 갇힌 채로 평생을 살거나 기껏해야 자신의 상황을 거의 바꿀 수 없는 채로 가족이나 자원봉사자의 기분에 맞추어 살아야 한다. 하지만 그 사람이 자신이 바라는 대로 살기 위해 필요한 사회적 서비스에 접근할 수 있고, 자신을 보조할 수 있는 존재를 선택하거나 고용할 수 있으며, 자신이 생활하고 일할 수 있는 접근 가능한 환경을 이용할 수 있다면, 그의 삶은 의존적이기보다 상호의존적이 될 것이다.

이다."(Bérubé 2010, 102) 베루베는 생존의 모든 측면을 다른 존재에게 의존하며 신체적 자립뿐만 아니라 자신의 삶을 선택할 수 있는 능력이 없는 사람들이 있다는 사실을 짚는다.

의존성은 실재한다. 우리 모두가 의존의 스펙트럼 안에 존재한다는 의미에서 그러하다. 우리는 의존성을 단순히 부정적이거나 부자연스러운 것이 아니라, 살아 있음의 필수적인 요소로 이해할 필요가 있다. 에바 페더 키테이Eva Feder Kittay는 다음과 같이 쓴다.

> 나는 우리가 장애를 (항상은 아니지만) 때때로 의존이라는 결과를 야기하는 것으로 보기 바란다. 그렇지만 이는 우리 모두가 어느 시점에 경험하게 되는 의존의 한 종류이며 우리 모두는 이에 취약하다. 마찬가지로 조력을 필요로 하는 장애인에 대한 돌봄은 많은 사람이 수많은 종류의 의존적인 자에게 행하는 돌봄의 한 형태일 뿐이다. 내가 이처럼 차이점 대신 공통점을 강조하는 까닭은 우리 사회가 의존에 대한 공포와 혐오를 끝내야 한다고 믿기 때문이다. 우리는 우리의 의존성을, 또 의존할 수밖에 없다는 취약성을 종적 특징으로 볼 필요가 있다.(Kittay 2002, 248)

인간으로서 우리가 서로에게 의존하는 것은 사실 우리의 전체 의존 중 극히 일부에 불과하다. 우리는 동물에게 크게 의존할뿐더러 우리의 환경에 여러 방식으로 엄청나게 의존한다. 동물은 그들의 공동체, 서식지, 생태계에 의존한다. 어느 누구도 실제로 자립적이지 않다. 이 행성 전체가 상호의존적이다.

이러한 사실에도 불구하고 장애인은 의존의 상징이 되었다. 많은 비장애인이 자립이라는 환상 속에서 살아갈 수 있지만(물론 아프거나 다치거나 나이 들기 전까지만 말이다), 장애인은 종종 의존적이고 짐스러운 존재로 낙인찍힌다. 이 때문에 장애인이 가족, 공동체, 문화에 기여하는 바는 흔히 무시된다.

의존성은 인간과 비인간 동물 모두에 대한 소외와 착취를 정당화하는 데 사용되어 왔다. 템플 그랜딘Temple Grandin은 『동물이 우리를 인간으로 만든다Animals Make Us Human』에서 다음과 같이 쓴다.

> 나는 네브래스카주의 한 도축장에 중앙 트랙 컨베이어 구속 장치를 설치한 다음 날을 생생하게 기억한다. 그날 나는 높이 세워진 좁은 통로 위에 서서 발밑의 축사 안에 있는 거대한 소 떼를 내려다보고 있었다. 이 동물들은 내가 설계한 시스템 속으로 들어가 죽을 예정이었다. 나는 울기 시작했고, 그러다 내 머릿속에 한 가지 생각이 번쩍 떠올랐다. 이 도살장의 어떤 소도 인간이 번식시키거나 기르지 않았다면 태어나지 않았을 것이다. 그들은 애초에 살 수 없었을 것이다.(Gradin and Johnson 2009, 297)

이처럼 의존성은 동물을 죽이는 것에 대한 흔한 논거로 나타난다. 우리가 소비하는 동물들은 바로 그 존재 자체를 우리에게 의존한다. 그들을 먹음으로써 우리는 그들에게 호의를 베푸는 셈이다.

슬로우푸드 USA는 "200개가 넘는 맛있는 음식이 멸종할 위기에 처했다"며 "미국 맛의 방주" 리스트를 짰는데, 이 중 대다수는 동물이며 보호 품종이었다.[2] 슬로우푸드 USA의 조쉬 비어텔Josh Viertel은 미국공영라디오방송 NPR에 출연해 "동물을 구하기 위해서는 먹어야 한다"

고 말했다. 그들의 슬로건은 "소중한 음식을 보호하자"[3]다. 슬로우푸드 USA의 "구하기 위해 먹어야 한다"는 논리는 여러 의미에서 소비자 행동주의의 정점에 있다. 보호 품종을 먹음으로써, 말 그대로 상품화된 한 개체를 소비/섭취함으로써, 소농을 돕고 지역 농업을 지원하며 생물종 다양성을 증진할 뿐 아니라 동물들을 구하기까지 한다는 것이다! 그러나 우리가 구하는 것은 정확히 누구인가?

그랜딘과 슬로우푸드 USA는 멸종이라는 논거를 다른 의미에서 사용한다. 그랜딘은 이를 (대량 생산업자까지 포함해) 일반적인 의미의 동물 도살을 정당화하기 위해 사용하고, 슬로우푸드 USA는 소농들을 지원하기 위해 사용한다. 그러나 두 경우 모두에서 이 패러다임은 특정한 동물(즉 가축화된 동물)을 착취당하는 것에 의존해서만 살 수 있는 존재로 제시한다.

의존성은 노예제, 가부장제, 식민화, 장애 억압을 정당화하는 근거로 사용되어 왔다. 의존성이라는 말은 이를 사용하는 사람들이 마치 자신이 걱정한다고 하는 존재들을 계속 착취하면서도 이들을 염려하고 공감하고 돌본다고 들리게 하는 훌륭한 수사적 도구다. 농부이자 작가인 휴 펀리-위팅스톨Hugh Fearnley-Whittingstall이 동물이 가축화되면 평생 우리에게 의존할 것이므로 그 동물을 죽여야 한다고 했던 것을 떠올려

2 Allison Aubrey, "Heritage Turkeys: To Save Them, We Must Eat Them", www.npr.org, November 23, 2011, http://www.npr.org/blogs/thesalt/2011/11/23/142703528/heritage-turkeys-to-save-them-we-must-eat-them(accessed October 14, 2013).

3 "Ark of Taste in the USA", *Slow Food USA*, http://www.slowfoodusa.org/ark-of-the-taste-in-the-usa(accessed October 14, 2013).

보라. 그는 다음과 같이 쓴다.

> 우리가 영향을 끼치는 모든 생명체 중에서 우리가 고기를 얻기 위해 길러 죽이는 동물만큼 종으로서의 번성과 개체로서의 건강 및 안녕 모두를 우리에게 깊이 의존하는 생명체는 없다. (…) 이 의존성은 우리가 모두 채식주의자가 된다 해도 중단되지 않는다. 만약 음식을 얻기 위해 식육용 가축 종을 죽이기를 멈춘다 해도 이 동물들은 야생으로 돌아가지 못할 것이다. (…) 우리 관계의 본성은 변하겠지만 관계 자체는 끝나지 않는다. 우리는 그들의 복지를 위한 도덕적 책임감으로 가득 찬 그들의 후견인으로 남을 것이다.(Fearnley-Whittingstall 2007, 16)

의존성을 부정적이거나 짐스러운 것으로 여기는 비장애중심주의적인 생각에 기반한 논리를 펼치면서, 펀리-위팅스톨은 우리가 동물을 도살하지 않는다 해도 여전히 그들에 대해 책임을 가질 것이기에(왜냐하면 그들은 우리에게 의존하기 때문이다), 우리는 그들을 먹어야 한다고 주장한다. 그들의 의존적 삶은 야생적이고 자립적인 삶에 비해 가치가 떨어진다는 이유에서 말이다.

가축화된 동물은 사실 먹고 살기 위해 인간의 도움을 필요로 하는 짐처럼 여겨질 뿐 아니라 인간에 의해 만들어져 환경파괴를 일으키는 '부자연스러운' 존재로 그려진다. 또한 그들은 '자연적'이고 '야생적'인 짝패에 비해 우둔하다고 반복적으로 묘사된다. 에코페미니스트인 마티 킬은 그의 책 『자연 윤리Nature Ethics』에서 환경주의자 존 뮤어John Muir가 "야생 염소의 품위를 묘사할 때 '용감하고 우아하며 생명력으로 빛난다'고 묘사한 것과 달리 가축화된 염소에 대해서는 '반만 살아 있다'고 묘사함으로써 가축화된 동물에 대한 흔한 경멸을 드러낸다"고 짚는다(Kheel 2008, 5). 이러한 진술은 장애인을 불완전하다고 보는 통념이나 장애인은 "반쪽짜리 인간"[4]이라는 제리 루이스Jerry Lewis가 남긴 유명한 말과 놀랄 만큼 유사하다.

비슷한 맥락에서 철학자이자 환경주의자인 J. 배어드 캘리컷은 가축화된 동물이 "온순하고 순종적이고 멍청하고 의존적인 존재로 길러져 왔다. 그들을 해방해야 한다는 주장은 말 그대로 무의미하다. 과장해서 말한다면 이는 논리적으로 불가능하다"라고 썼다(Callicott 1989, 30).

가축화된 동물의 의존성은 마치 그들이 "야생에서" 스스로를 돌볼 수 없다는 사실이 그들의 우둔함을 증명한다는 양 종종 그들이 "멍청하다"는 가정과 나란히 제시된다. 물론 동물행동학자들의 많은 연구는 인간의 잣대로 측정했을 때도 가축 동물이 전혀 "멍청하지" 않다는 사실을 보여 준다. 수대에 걸쳐 정신적 자극이 완전히 소거된 환경에서 가축화된 농장 동물이 겪은 잔인함을 고려한다면 사실 그들의 지능은 더욱 더 놀랍다. 하지만 설령 그들이 "의존적"이고 "멍청하다"고 할지라도 착취로부터 그들을 해방해야 한다는 주장이 "무의미"하다는 생각은 섬뜩할 정도다.

가축화된 동물을 향한 적대는 대부분 그들이 부자연스럽다는 생각, 그들이 가축화된 상태에서 해방되더라도 되돌아갈 자연 상태라는 게 존재하지 않는다는 생각에서 기인하는 듯하다. 가축화된 동물은 종종

---

4 Jerry Lewis, "What if I had Muscuar Dystrohpy?," *Parade*, September 2, 1990.

환경을 파괴하고 자연의 서식지와 잘 어울리지 못한다고 여겨진다. 이렇게 말한다고 해서 내가 동물 농업이 환경, 그리고 특히 지구온난화에 끼친 끔찍한 영향을 부정하려는 것은 아니다. 오히려 얼마나 많은 논의가 이 문제의 원인을 소에 대한 인간의 뿌리 깊은 착취 대신 '소의 탓'으로 돌리는지 보여 주는 사례를 제시하고 있을 뿐이다. 다시 캘리컷이 했던 말을 가져와 더 구체적인 예를 들어 보자. "가축 동물은 인간의 창조물이다. 그들은 살아 있기는 하지만 인공물이다. 그들은 인간이 생태계에 개입해 만들어 낸 것들의 연장선에 있는 또 다른 양태일 뿐이다. 대지 윤리의 관점에서 소, 양, 돼지 무리는 사륜구동 오프로드 차량 행렬만큼이나 혹은 그 이상으로 경관을 심각하게 망치는 요소다"(Callicott 1989, 30).

누군가는 캘리컷이 산책이나 하이킹을 하기 위해 전동 휠체어를 타고 나간 의존적인 장애인에 대해서는 어떻게 말할지 궁금해할 것이다. 앨리슨 케이퍼Alison Kafer는 환경운동과 자연을 다룬 글에 존재하는 비장애중심주의에 대해 쓰며, 자연에 관한 서사가 어떻게 "자연적인 것"을 매개 없이 경험할 수 있는 자에게만 열려 있는 것으로 끈질기게 제시되는지 밝혔다. 케이퍼는 다음과 같이 쓴다. "매우 특정한 종류의 체현된 경험이 환경과 관계 맺기 위한 전제조건[으로 제시된다.] (…) 사막을 알기 위해서는 사막을 걸어 봐야 하며, 기술의 매개 없이 그렇게 해야 한다는 것이다. 이러한 구조에서 이동과 관련된 손상을 지닌 신체가 환경적 실천에 참여할 수 있는 방법은 없다. 직립 보행 이외의 모든 양식은 불충분하고 심지어 의심스럽다고 여겨진다. 걷는 것이야말로 우리를 인간으로 만드는 것인 동시에, 자연과 하나 되게 해 주는 것이 된다."(Kafer 2013, 132)[5] 가축화된 동물 역시 그러한 의심을 받는다. 이들은 자연과 자연스러운 상호작용을 하지 못하고 자연을 훼손하는 기술과 동일시되며 부자연스러운 "인간의 창조물"로 이해된다.

그러나 그랜딘, 슬로우푸드 USA, 펀리-위팅스톨의 사례에서 보았듯이 더 널리 퍼져 있는—어떤 면에서는 모순적인—주장은 동물의 의존성을 부자연스럽다거나 환경에 나쁘다고 보는 것이 아니라(사실 가축화된 동물은 때때로 지속가능한 농업을 위해 반드시 필요하다고 말해진다), 동물을 음식으로 계속 사용하는 것을 정당화하는 근거로 본다. 예를 들어 『야생의 계약: 왜 동물은 가축화를 택했는가The Covenant of the Wild: Why Animals Chose Domestication』의 저자 스티븐 부디안스키Stephen Budiansky는 "누군가는 가축화된 동물이 인간에 대한 의존성과 인간의 과도한 친절함으로 인해 약해져 인간의 돌봄이라는 목발에 더 의존하게 된 퇴화된 존재라고 주장할 것이다. 그러나 그들이 '퇴화되었다'는 말이 우리가 그들을 고려할 가치가 없다는 의미는 아니다. 오히려 그들의 퇴화는 (…) 우리에게 더 큰 책임감을 요구한다"고 말한다(Budiansky 1999, 123). 동물을 향한 인간의 "과도한 친절"이라는 우습기까지 한 서술과 장애, 약함, 의존성이 본질적으로 부정적인 경험이라고 가정한 편견은 차치하고, 부디안스키는 동물의 "퇴화"가 인간의 경멸이 아닌 "책임"을 요구한다고 말한다. 하지만 여기서 동물에 대한 책임은 그들을 기르고 도살하고 먹는 것으로 표현된다.

---

5 앨리슨 케이퍼, 『페미니스트, 퀴어, 불구』, 이명훈 옮김, 오월의봄, 2023, 334쪽, 번역 일부 수정.—옮긴이.

이 모든 점들을 고려하면, 논의 대상이 되는 동물이 실제로 장애가 있는 존재일 때 의존성이 더욱더 노골적인 문제가 된다는 사실은 놀랍지 않다. 동물의 장애 사례에 있어 종차별주의와 비장애중심주의는 의존성을 동물에 대한 착취를 더욱 정당화하고 합리화할 수 있는 근거로 만드는 데 함께 작동한다. 동물이 장애를 얻게 되면 그들이 환경과 공동체에 지속적으로 기여하고 있는 바는 덜 중요하거나 불필요하거나 존재하지 않는 것으로 치부되고, 그들이 유일하게 기여할 수 있는 바는 고기가 될 그들의 살에 있다고 여겨진다. 예를 들어 최근 그린마운틴 대학에서 10년 가까이 학교의 경지를 경작하며 일해 왔던 두 명의 소 루와 빌의 도살을 둘러싼 논쟁이 있었다. 친환경적이고 지속가능한 사업을 수행한다고 잘 알려진 그린마운틴 대학은 두 명의 소가 장애를 얻고 나이가 들어 일할 수 없게 되자 이들을 음식으로 만들기 위해 도살하기로 결정했다. 이 결정이 내려진 것은 루가 마멋이 파놓은 구멍에 발을 헛디뎌 다리에 났던 상처가 악화된 후였다. 루는 이미 '의학적' 문제로 일할 수 없는 상태였으며, 이는 두 명의 소가 늙어 가고 있다는 사실과 함께 학교가 이들을 다른 방식으로 활용하기로 한 결정의 이유로 작용했다. 학교 농장의 부소장은 『뉴욕타임즈』에 "그의 삶의 질은 급속도로 저하되었고 지금은 그를 다른 목적으로 이용하기 위해 논리적으로 합당한 시기"라고 말했다. 두 명의 소의 노동 가치와 생산성에 대한 주목이 말해 주는 것은 동물들이 더 이상 노동을 통해 밥벌이를 하지 못할 때 그들의 몸이 다른 방식으로 유용하게 기능할 수 있도록 만들어져야 한다는 사실이다. 『뉴욕타임즈』 기사는 농장 감독관의 말을 인용한다. "'캠퍼스에 있는 자원을 소비하는 것은 타당하다'고 애커만-라이스트Ackerman-Leist

가 말했다. 그는 농장의 목적은 인도적이고 지속가능한 방식으로 식량을 생산하는 것이지 동물에게 보호처를 제공하는 것이 아니라고 지적했다. '우리는 농장 시스템 전체를 생각해야 한다'는 것이다."[6]

자급자족, 생산성, 자립이라는 낭만적이고 보수적인 개념은 동물복지와 지속가능성에 대한 동시대적 논의에서 복잡하게 얽혀 있다. 루와 빌이 비장애 동물처럼 수행할 수 있는 작업은 (잠시 동안만) 그들의 살 권리를 정당화했다. 그들이 늙고 장애를 얻게 되자, 농장은 '동물 생츄어리'가 아니라며 단호하게 선을 그었다. 그린마운틴 대학의 사람들은 루와 빌이 장애 동물로서 밥값을 할 수 있는 유일한 방법은 먹을 수 있는 고기가 되는 것이라고 믿었다.

의존적인 개체들이 공동체에 환원하는 가치가 없는 짐처럼 여겨져 가치가 떨어지고 따라서 착취가 더욱 정당화될 수 있다는 생각은 장애인의 경우에도 동일하게 길고 복잡한 역사를 갖는다. 루와 빌을 위기로 이끈 이러한 종류의 생각은 기여한다는 것의 의미가 제한적으로 이해된다는 사실을 드러낸다. 상호적인 도움과 원조에 대한 서구적 개념은 대부분 사회계약론과 같은 철학적 전통에 의해 형성되어 왔으며, 이는 덜 분명한 다른 형태의 원조보다 상호 이익의 개념을 특권화해 왔다.

철학자 마사 누스바움은 그의 책 『정의의 최전선: 장애, 국적, 종 성원권Frontiers of Justice: Disability, Nationality, Species Membership』에서 사회계약

---

6 Jess Bidgood, "Oxen's Fate is Embattled as the Abattoir Awaits," (*New York Times*, 2012), http://www.nytimes.com/2012/10/29/us/oxens-possible-slaughter-prompts-fight-in-vermont.html?_r=0(accessed March 24, 2013).

론 전통이 어떻게 전 세계 취약 계층 인구뿐만 아니라 장애인과 비인간 동물을 위한 정의의 실질적인 기반을 제공하는 데 실패했는지 보여 준다. 사회계약론이라는 철학 전통은 계몽주의 시대에 등장한 이론적 사유로, 개별적이고 자유로우며 합리적인 사람들이 왜 사회를 이루어 법으로 스스로를 통치하기 위해 함께 모이기로 선택했는지에 대한 질문에 답하려 노력했다. 사회계약론은 힘과 인지 능력에 있어 거의 동등한 사람들이 상호 이익을 위해 "자연 상태"를 벗어나 스스로 통치하기로 선택했다고 본다(Nussbaum 2006, 3). 그러나 누스바움은 이러한 영향력 있는 이론이 "[장애, 종 성원권, 국적을] 다루는 데 실패한 것은 이 이론이 "자연 상태"에서 계약 당사자들의 실제 정신적·신체적 힘이 거의 동등하다고 가정했기 때문"이라고 쓴다(Nussbaum 2009, 118).[7] 누스바움이 지적한 것과 같이 당연히 이러한 가정은 부유한 국가와 그렇지 않은 국가에서 태어난 자들 사이의 불평등뿐만 아니라 장애인과 비장애인, 인간과 비인간 간의 신체적이고 지적인 비대칭성을 고려하지 않는다.

마찬가지로 누스바움은 장애인과 동물이 상호 이익 자체를 반드시 제공하는 것은 아니며 사실 어떤 경우에는 불이익을 줄 수도 있기에, 상호 이익이라는 개념에 의지하는 사회계약론 전통이 어떻게 장애와 "종 성원권"을 다룰 때 결함을 보이는지 밝힌다. 이어서 누스바움은 정의에 관한 더 완전한 이론은 이 전통에 저항하고, 이익 외에도 협력을 가능케 하는 더 복합적인 근거들로 사랑, 공감, 존중과 같은 요소를 포함해야 한

7 마사 누스바움, 「정의」, 애스트라 테일러 엮음, 『불온한 산책자』, 한상석 옮김, 이후, 2012, 205쪽, 번역 수정. —옮긴이.

다고 주장한다.

흥미롭게도 사회계약론에 대한 누스바움의 비판은 또 다른 계약 이론, 즉 마이클 폴란Michael Pollan, 부디안스키, 펀리-위팅스톨이 육식을 정당화할 때 사용한 공진화 이론에도 그대로 적용될 수 있다. 이 이론에 따르면 인간 존재와 가축화된 동물은 사회계약론에서처럼 서로 계약 관계에 있으며 이는 대개 상호 이익이라는 개념에 근거해 있다. 이 이론은 인간이 동물의 노동service과 살을 얻는 대신 동물을 돌볼 책임을 지는 공진화적인 조약을 맺어 왔다고 말한다. 채식주의자 혹은 비건이 되는 일은 우리에게 가장 의존하고 있는 동물들을 포기하는 것을 의미한다. 이 이론에 따르면 그들을 내버려두는 것은 그들이 저녁 식탁에 오르는 것보다 더 불행한 운명에 처하게 한다(Taylor 2011).

이 이론은 진화론적인 관점에서 볼 때 가축화된 동물이 놀랄 만큼 잘 살고 있다고 말한다. 이들은 개체수가 많고 지구 전역에 퍼져 있으며, 음식과 주거지를 제공해 주는 인간이라는 또 다른 종과 함께 살아간다. 이 이론은 가축화를 통해 맺어지는 관계와 이에 수반되는 살해는 인간에게 그러한 것처럼 동물에게도 이익이 된다고 말한다. 앞서 언급했듯 우리가 그들을 먹지 않으면 그들은 존재할 수 없을 것이라는 게 이들의 주장이다. 폴란이 쓴 것처럼 "동물의 관점에서 인류와의 거래는 적어도 우리 시대까지는 크나큰 성공을 거두었다. 소, 돼지, 개, 고양이, 닭은 번성해 온 반면 야생에 남은 그들의 조상은 소멸의 위기를 맞았다."(Pollan 2009, 120)[8] 즉 우리는 상호 이익이 있으리라는 가정에 근거해 이 종들과

---

8 마이클 폴란, 『잡식동물의 딜레마』, 조윤정 옮김, 다른세상, 2008, 405쪽, 번역 일부 수

일종의 사회계약을 맺게 된 것이다. 우리는 그들을 부양하고 돌보며, 그 대가로 그들은 흙에 양분을 공급하고 우리에게 자신의 살을 준다. 동물을 먹는 행위를 그만둔다는 것은 이 관계에 등을 돌린다는 것이며, 이 의존적인 생명체를 굶어 죽거나 다른 동물에게 잔인하게 죽임을 당할 게 분명한 야생으로 돌려보내는 것을 의미한다.

다른 곳에서 내가 주장한 바와 같이(Taylor 2011) 이 이론에는 수많은 문제와 모순이 있다(예를 들어 종의 성공을 알려 준다는 높은 개체수는 이 이론의 저자들 모두가 반대하는 관행인 집약적인 공장식 축산의 결과다). 그런데 우리의 목적상 여기서 유용한 것은 자연 상태에서의 권력 비대칭성에 관한 누스바움의 비판이다. 상호 간에 맺어진다고 가정된 계약이 성립할 때 동물이 인간과 평평한 운동장에 있었다고 주장하는 것은 인간과 동물이 매우 다른 정신적·신체적 능력을 가지고 있다는 분명한 사실을 무시하는 것이기 때문이다. 이 합의는 "정신적·신체적 힘이 거의 동등"한 존재들 사이에서 이루어지는 것이 아니며, 권력을 가진 인간과 더 취약한 동물 사이에서 이루어진다. 이 계약은 명백히 자신들의 이익을 위해 더 권력을 가진 인간들이 작성한 것이다. 이 계약하에서 인간의 이익은 인간이라는 종뿐만 아니라 개체에게도 돌아가는 반면, 동물들의 (이 단어를 사용하는 것이 가능하다면) '이익'은 개체가 아니라 오직 종에게만 돌아간다.

동물이 자신의 생존을 위해 도살에 의존한다고 주장할 때 우리는 도살을 결정하는 것이 언제나 인간이라는 사실을 기억해야 한다. 우리가 그들을 죽임으로써 그들을 살게 하는 것이라고 말할 때 우리는 이 동물

정. — 옮긴이.

들이 우리에게 이용당한다는 단 하나의 목적만을 지닌다고 선언하는 셈이다. 우리는 동물을 판매하기 위한 시장이 없다면 곧 생산이 중단될 상품으로 그들을 볼 뿐이다.

공진화 이론 배후의 사고는 여러 측면에서 상호의존이라는 개념을 둘러싸고 구축된다. 즉 가축화된 동물과 인간은 함께 진화해 왔으며, 동물은 인간을 돕고 다시 인간은 동물을 돕는다는 것이다. 하지만 상호의존에 대한 이러한 해석에는 장애학적 관점이 결여되어 있다. 이러한 틀에서 논의되는 상호의존은 상호 이익과 원조를 얻는 한 방법일 수 있으나, 이는 동시에 더 약하고 의존적이라고 간주된 이들의 가치를 폄하하고 이들로부터 이득을 취한다. 장애학과 페미니즘 돌봄 윤리는 상호 이익을 정의하는 방법에 대한 더 섬세한 이해와 여러 측면에서 가장 취약한 존재를 책임진다는 것이 어떤 의미인지에 대한 더 긴요한 분석을 이 논의에 제공한다. 상호의존에 대한 장애학적 관점은 우리 모두가 취약한 존재라고 인식한다. 우리는 살아가는 동안 누군가에게 의존할 때도 그렇지 않을 때도 있으며, 돌봄을 주기도 받기도 한다(둘 다 하는 경우가 더 많다). 이 같은 기여는 단순히 상호 이익을 계산하는 것으로는 이해하기 어렵다. 우리가 이러한 렌즈를 통해 동물을 보게 되면, 우리는 동물이 토양에 양분을 주는 일부터 돌봄과 우정을 제공하는 일에 이르기까지 계산 가능하고 또 계산 불가능한 수많은 방식으로 기여하고 있음을 알게 된다. 예를 들어 루와 빌은 분명히 공동체에 매우 강력하게 기여했으며, 이는 그들에게 생츄어리를 제공하고 그들의 생명을 구하고자 했던 다양한 사람들을 통해 알 수 있다.

장애는 누가 '생산성 있는 사회의 일원'으로 셈해지는지, 또 어떤 종류의 활동이 생산적으로 여겨지는지에 대한 우리의 가정에 의문을 던지게 한다. 이는 우리가 당연하게 생각했던 우리의 합리성, 우리가 움직이는 방식, 우리가 세계를 지각하는 방식에 질문을 던질 것을 요구한다. 또한 동물 윤리는 누가 가치 있고 누가 착취당할 수 있는지와 같은 가정에 비판적으로 접근하고 세상에 기여한다는 것이 무엇을 의미하는지에 관해 다시 상상할 것을 요구한다.

장애가 있는, 가축화된, 가치 있는

놀랍게도 가축화된 동물이 부자연스럽고 품위 없고 의존적이라고 주장하는 것은 환경주의자와 동물복지론자 들만이 아니다. 동물옹호자들도 종종 이러한 주장을 한다. 일부 동물옹호자들은 가축화가 인간의 착취에 너무 취약한 존재들을 만들었고, 따라서 유일한 윤리적 해결책은 그들이 사라질 때까지 번식시키지 않는 것이라고 주장한다. 이러한 주장에는 개와 고양이뿐 아니라 농장 동물들도 포함된다. 가축화된 동물은 우리에게 의존한다는 의미에서만 취약한 것이 아니라 자신에게 해로울 정도로 부자연스러운 신체 변화를 겪었다는 의미에서 취약하기도 하다. 다시 말해 그들은 장애화된 것이다.

가축화는 동물을 향한 헤아릴 수 없을 만큼 많은 폭력으로 이어졌다. 수 도널드슨Sue Donaldson과 윌 킴리카Will Kymlicka가 2011년에 출간한 『주폴리스: 동물권에 관한 정치 이론Zoopolis: A Political Theory of Animal Rights』에서 쓴 것처럼 "많은 동물옹호자에게 [가축화는] 구제 불가능할 정도로 부정의하다. 인간이 계속해서 동물을 가축화한다면 이 세계는 정의로운 세계가 될 수 없다."(Donaldson and Kymlicka 2011, 73) 많은 동물옹호자들은 동물을 위한 최선의 길은 동물이 우리와 어떤 관계도 맺지 않는 것인데, 가축화된 동물은 생존을 인간에게 의존하고 인간사회에서 분리될 수 없는바, 차라리 아예 존재하지 않는 편이 낫다고 믿는다(2011, 78). 멸종을 주장하는 동물 착취 폐지론자들의 근거는 어떤 면에서 매우 단순하다. 우리가 그 동물들을 태어나게 하지 않는다면 인간에 의해 착취당하고 고통받을 동물도 존재하지 않으리라는 것이다. 일부 동물 활동가들은 가축화된 동물이 겪는 고통과 착취가 그들의 멸종에 대한 충분한 근거가 된다고 본다. 어떤 면에서 나는 왜 (우리가 우리에게 극도로 무방비하도록 길러 낸) 종들이 멸종할 것이라는 전망이 가축화된 동물의 문제에 있어 가장 책임 있는 결론으로 보이는지 이해한다. 우리가 해온 일들이 있는데, 우리가 어떻게 돌봄 제공자로서 신뢰받을 수 있겠는가?[9]

도널드슨과 킴리카처럼 나는 멸종에 대한 주장이 특히 얼마나 의존성, 자연스러움, 삶의 질에 관한 가정에 근거하는지 고려할 때 문제적이라고 본다(Donaldson and Kymlicka 2011; Taylor 2011). 예를 들어 동물옹호자

---

9 이 동물옹호자들은 동물들이 살아 있을 때 공감과 존중으로 대해야 할 심오한 책임이 우리에게 있다고 믿는다. 우리는 또한 이 동물들을 매해 수십억 명 사육하는 일을 멈춰야 할 책임이 있다. 결국 너무 많은 동물들이 있는 이유는 오직 인간이 이들을 번식시키기 때문이다. 그러나 이들에 따르면 어느 시점에는 가축화된 동물의 재생산을 멈추게 하기 위해 남아 있는 동물들을 중성화시킬지 혹은 재생산을 금지할지 결정이 이루어져야 한다.

게리 프란시오니Gary Francione가 쓴 다음 구절을 생각해 보자.

> 가축화된 동물은 그들의 삶에서 중요한 모든 것을 우리에게 의존한다. 언제 먹거나 마실지, 언제 어디서 자거나 쉴지, 사랑을 받거나 운동을 할 수 있을지 등을 말이다. 누군가는 인간 아이도 똑같다고 말하겠지만, 대다수의 인간 아이는 자율적이고 자립적인 존재로 성장한다.
>
> 가축화된 동물은 우리 세계 혹은 비인간 세계의 진정한 일부도 아니고 완전한 일부도 아니다. 그들은 모든 것을 우리에게 의존하며 그들이 전혀 이해하지 못하는 환경에서 해를 입을 위험에 처해 있는, 취약성의 지옥에서 영원히 살아가는 존재다. 우리는 그들을 순종적이고 노예적인 존재로, 혹은 우리에게는 만족스럽지만 그들 자신에게는 기실 해로운 특징을 가진 존재로 길러 왔다. 어떠한 의미에서 우리는 그들을 행복하게 하지만 이 관계는 결코 '자연적'이거나 '정상적'이지 않다. 그들은 우리가 그들을 얼마나 잘 대우하는가와 상관없이 우리 세계에 속하지 않는다.(Francione 2012)

프란시오니의 주장은 전술했던 편리-위팅스톨의 말과 놀랍도록 유사하지만, 실은 서로 정반대의 목적을 지닌다. 가축화된 동물의 의존성과 취약성이 동물에 관한 논쟁을 둘러싼 모든 입장을 매우 불편하게 하는 것은 분명해 보인다. 취약하고 의존적인 인간이란 태생적으로 나쁘고 심지어 부자연스러우며 비정상적이라는 가정이 여기서도 종의 경계를 넘어 작동한다. 이는 비장애중심주의가 동물의 삶에 관한 우리의 생각에 얼마나 많은 영향을 미치는지 보여 준다.

이러한 서사에서 야생동물은 서구 철학자들이 오랫동안 이상화해왔던 자립적이고 자연적인 주체로 제시되며 낭만화된다. 반면 가축화된 동물은 불쌍하게 여겨진다. 장애는 죽음보다 더 나쁜 것이기에 '차라리 죽는 편이 낫다'고 보는 장애에 대한 서사와 유사하게, 가축화된 동물은 '차라리 멸종하는 편이 낫다'고 여겨진다. 하지만 사람들이 장애와 관련해 삶의 질 문제를 심각하게 잘못 판단하는 경우가 많다는 사실을 고려하면, 어떤 삶이 살 만한 가치가 있는지에 대한 가정에 질문을 던지는 것이 왜 중요한지 분명해진다. 사실 나에게 우생학의 역사와 유산을 떠올리지 않고 멸종을 생각하기란 불가능하다.

사육과 우생학의 역사는 서로 복잡하게 얽혀 있다. 초기 우생학자들은 '더 나은' 형질을 갖도록 동물의 품종을 조작하는 방법에서 영감을 얻었다. 찰스 B. 대븐포트Charles B. Davenport는 20세기 초 미국 우생학 운동의 지도자이자 유전학, 유전, 교배에 관한 지식의 심화에 헌신한 미국육종가연합American Breeders Association의 회원으로, 우생학을 가리켜 "더 나은 교배를 통한 인류의 개선을 위한 과학"이라 묘사했다. 작가 찰스 패터슨Charles Patterson은 대븐포트가 "인간의 유전적 내력의 중요성을 강조했고, 목축업자가 혈통 없는 말이나 소를 골라 이들이 망아지나 송아지를 낳게 하지 않듯 여성이 생물학적-혈통적 역사가 알려지지 않은 남성을 더 이상 선택하지 않을 시대를 고대했다"고 썼다(Patterson 2002, 83).[10]

---

10 찰스 패터슨, 『동물 홀로코스트』, 정의길 옮김, 한겨레출판사, 2014, 122쪽, 번역 일부 수정. — 옮긴이.

우생학은 유전자 풀에서 '바람직하지 않은' 형질들을 제거함으로써 인구의 유전자 구성을 완벽히 하는 것을 목표로 삼았는데, 이 형질은 언제나 장애, 인종, 계급과 연결되어 있었다. 지난 세기 동안 우리가 농장 동물에게 해 온 일, 즉 우리의 목적에 맞게 그들을 유전적으로 완벽하게 만드는 일은 이미 우생학의 일종이다. 우리는 이 동물들을 더 나은 상품과 표본으로 만들기 위해 수세기에 걸쳐 선택적으로 교배시켰다. 인간의 경우 완벽하게 만드는 일이 장애와 같이 '원하지 않는' 특징들을 제거하는 것을 의미했다면, 동물의 경우에는 장애나 기형으로 쉽게 분류될 수 있을 정도로 어떠한 특징들을 강화하는 것을 의미하기도 했다.[11]

이제 이 가축화된 동물들은 우리와 함께 있다. 우리는 정말 이들의 삶이 야생동물의 삶보다 가치가 없다는 가정에 근거해 이들을 멸종에 이르게 함으로써 그 개체의 삶과 종에 대해 또 다른 강제력을 행사하기를 원하는가? 나는 가축화 문제를 해결하기 위해 우리가 해를 입힌 바로 그 동물들을 없애자는 주장이 심히 우려스럽다. 그보다는 애초에 이러한 부정의를 야기했던 착취적인 시스템을 우리가 어떻게 무너뜨릴 수 있을지 묻고 싶다. 그 방법에는 취약하고 의존적인 존재의 삶은 덜 가치

11 장애와 관련해, 내가 근육량이 지나치게 늘어 몸무게 때문에 뼈가 부서질 정도에 이른 동물들이나 젖을 너무 많이 생산해 뼈가 부서지고 감염증에 걸리거나 골다공증이 생기기 쉬운 동물들이 반드시 계속 존재해야 한다고 주장하는 것은 아니다. 번식, 가축화, 착취를 통해 생긴 거대한 윤리적 문제를 풀기 전에, 우리는 각기 다른 동물 종에 대한 우리의 책임에 관한 많은 복잡한 문제를 풀어야 하며, 다른 종들에서 장애가 무엇인지 또 동물이 장애와 어떻게 상호작용하는지에 관해 훨씬 더 숙고해야 한다. 핵심은 가축화와 번식에 있어 장애를 단지 멸종의 정당화 근거로 사용하는 것이 아니라 이에 대해 더 많은 사려 깊은 대화가 필요하다는 점이다.

있고 덜 소중하며 심지어 즐길 만하지 않다는 생각에 대한 비판이 포함된다.

이는 동물옹호자들이 우생학을 지지한다고 주장하는 것이 아니라, 스스로를 동물옹호자라고 생각하는 우리 모두가 어떤 존재가 멸종되기를 적극적으로 원한다는 것의 의미에 대해 깊이 생각해 보자고 제안하는 것이다. 우리는 동물이 '야생적'이지 않고 사실상 인간의 돌봄에 의존하면서도 동시에 자신의 삶을 가치 있게 여기고 즐기며 실제로 여전히 행위성을 가지고 있을 수 있다는 가능성을 진지하게 받아들여야 한다. 그 동물이 존재하지 않는 것보다 존재하는 것이 더 나을 수 있음을 고려해야 한다. 물론 나는 우리가 이 동물들에게 지나치게 끔찍하게 행동했다는 사실에 전적으로 동의하지만, 장애학자로서 나는 가축화된 동물이 취약하고 의존적이라는 이유로 멸종되는 편이 낫다는 주장에는 염증을 느낀다.

도널드슨과 킴리카는 "의존성은 본질적으로 품위의 손상을 포함하지 않지만, 우리가 의존성에 반응하는 방식은 명백히 그러하다"고 쓴다. 그들은 저녁을 달라며 밥그릇을 발로 툭툭 치는 개에 대한 통찰력 있는 예시를 든다. "우리가 의존성을 약함의 일종으로 여겨 경멸한다면, 개가 자신의 저녁 밥그릇을 툭툭 칠 때 (…) 우리는 아첨과 비굴함을 보게 될 것이다. 하지만 우리가 의존성을 본질적으로 품위 없는 것으로 보지 않는다면, 우리는 이 개를 자신이 원하는 것을 알고 그것을 얻기 위해 의사소통할 줄 아는 개체로 보게 될 것이다. 행위성, 선호, 선택을 향한 잠재력을 지닌 존재로 말이다."(Donaldson and Kymlicka 2011, 84) 인간의 돌봄에 동물이 의존하는 것을 피할 수 없이 부정적인 것으로, 그저 언제나 착취와 등치되는 특징으로 간주해야 하는가? 단순한 상호 이익의 계산을 넘어 우리가 함께 진화해 온 이 동물들의 가치를 인식하며 가축화된 동물과 관계를 맺는 일은 불가능한가? 가축화된 동물의 의존을 인간과 동물이 함께 공존할 수 있는, 농부들이 말하듯 착취를 받아들이지 않고 '공생'할 수 있는 기회로 여길 수 없을까?

동물을 윤리적으로 돌본다는 것은 동물이 받고 있는 돌봄과 받고자 하는 돌봄에 관해 동물이 우리에게 말하는 바를 경청하는 것을 의미한다. 그루언이 제안하듯 동물이 필요로 하고 원하는 바를 해석하는 일은 동물에 대해 적극적으로 감정이입하며 반응하는 과정만이 아니라 그들의 개체적 특징과 종적 행동 들을 배우는 데 우리의 에너지를 투자하는 것을 의미한다. 그루언의 제안을 진심으로 받아들인다면 우리는 가축화된 동물로부터 무엇을 배울 수 있을까? 우리가 그들의 말을 듣기 위해 더 노력한다면, 동물옹호자들이 동물을 그저 우리의 보호를 필요로 하는 '목소리 없는' 존재로 유아화했던 이미지에 저항할 수 있지 않을까? (개체적이며 종적인) 그들의 미래에 대한 우리의 서사는 변화할까? 도노반이 쓴 것처럼 이는 "(인간과 비인간) 어머니가 자신의 아이를 돌보는 것과 같은 문제라기보다는 동물의 말을 듣고 이에 감정적인 주의를 기울이며 이들이 말하는 바를 진지하게 받아들이는, 즉 관심을 기울이는 것"이다(Donovan 2006, 305).

그런데 가축화된 동물의 멸종에 대한 주장, 그리고 도살과 동물 착취를 지속하자는 주장이 둘 다 적절하지 않다면 우리에게 남겨진 것은 무엇일까? 나는 가축화된 동물의 의존을 장애학과 정의의 관점에서 보자고 제안했다. 이는 동물 착취를 둘러싼 질문에 새로운 답을 줄 수 있고,

또한 가축화된 동물에 대한 우리의 책임이라는 문제에 제3의 길을 열어 줄 수도 있다. 동물이 우리에게 의존적이라는 이유로 동물 착취를 계속하는 대신, 그리고 비거니즘의 잠재적인 대안으로서 이러한 동물들이 멸종에 이르도록 내버려두는 대신, 우리는 태어나는 데 우리가 일조한 이 동물들에 대한 책임을 깨달을 수 없을까? 우리가 공통적으로 지니고 있는 상호 간의 의존성과 취약성과 삶에 대한 충동을 인식할 수는 없을까? 도널드슨과 킴리카가 제안하듯 우리가 모두 이 공동체의 거주자, 즉 시민이라는 사실을 인식할 수는 없을까? 장애에 영향을 미치는 다음과 같은 중대한 질문들은 이 논쟁에도 마찬가지로 관련이 있는 것처럼 보인다. 어떻게 상호의존이라는 렌즈를 통해 이 문제들을 보는 일이 대화의 틀을 다시 짜는 데 도움이 될까? 어떻게 가장 취약해 보이는 존재 역시 유용하고 가치 있고 필요한 존재로 인식될 수 있을까? 어떻게 돌봄을 필요로 하는 존재들이 자신의 삶과 자신이 받고 있는 돌봄을 느끼는 방식에 귀 기울이기 시작할 수 있을까?

페미니즘 장애학자 켈리의 돌봄에 대한 설명은 이 지점에서 특히 중요해 보인다. 켈리는 돌봄을 "감정, 행동, 가치 사이의 불안정한 긴장 상태이자, 힘 기르기와 강압의 양쪽으로 동시에 끌어당겨지는 것"이라 설명한다. 그는 "돌봄은 역설"이며, 이 개념을 두고 수많은 정의가 팽팽히 맞서기 때문에 "무엇도 무시되어서는 안 된다"고 본다(Kelly 2013, 790). 켈리는 돌봄을 혼란과 책임으로 주장하는 분석을 제공한다. 우리는 돌봄과 돌봄을 필요로 한다는 것의 문제를 피하려 하기보다 이에 급진적으로 주의를 기울여야 한다.

좋든 나쁘든 가축화된 종과의 공진화는 생태적이고 감정적으로 우리와 깊이 얽힌 동물을 만들어 냈다. 이 동물들은 우리가 다른 동물들로부터 분리될 수 없는 '자연'의 일부라는 사실을 상기시킨다. 그러나 그들은 또한 우리가 심각한 강압과 착취를 할 수 있는 존재라는 사실을, 즉 의존적이고 취약하다고 간주하는 존재를 지나치게 자주 지배해 왔다는 사실을 상기시킨다. 또한 취약성과 의존은 친밀성, 공감, 자기 반성을 요구하는 상태이기 때문에 불안정할 수 있지만 존재와 도움, 소통의 새로운 방식을 실현할 잠재력을 지닌다. 종과 능력의 차이를 가로지르며 의미를 창출하는 새로운 방식을 말이다.

감사의 말

이 논문은 나의 책 『짐을 끄는 짐승들Beast of Burden』에 실린 글을 수정한 것이다. 이 글을 공유할 수 있도록 허락해 준 출판사 측에 감사를 전한다. 이 작업은 내가 이전에 쓴 두 논문에서 처음 정교화한 생각에 기초한 것으로, 그 두 논문의 내용 일부를 포함할 수 있게 해 준 『먼슬리 리뷰Monthly Review』와 『키 파를Qui Parle』에도 감사를 표한다. 나를 격려해 준 그루언과 애덤스에게 감사함을 전한다. 그리고 내게 사랑과 지지를 보내는 데이비드 월러스David Wallace에게 언제나 감사한다.

8.1 미국 동물권의 날 추모 행사에서 여러 활동가가 죽은 동물들을 안고 있다. 조-앤 맥아서 촬영, 위애니멀스미디어 제공.

8장. 죽음을 직면하고 슬픔을 실천하기

로리 그루언

멸종위기종 지정을 담당하는 기구인 국제자연보존연맹International Union for Conservation of Nature은 2013년 3월 아프리카흑코뿔소가 멸종되었다고 선언했지만, 이 사실은 거의 주목받지 못했다. 2018년 봄 지구상의 마지막 남자 북부흰코뿔소는 딸 나진과 손녀 파투라는 두 여자 북부흰코뿔소만을 남겨 두고 죽었다. 이 두 죽음 사이에 2015년 7월 짐바브웨에서는 불법 포획 전력이 있는 미네소타 출신의 백인 치과의사 월터 파머Walter Palmer가 세실이라는 이름의 사자를 다른 동물의 사체로 유인해 보호구역 밖으로 끌어 낸 후 석궁으로 쏘았다. 이 한 발로 저 장엄한 생명체가 죽지는 않았지만, 파머와 그가 고용한 두 현지인 노동자는 세실을 추격해 쏘아 죽였고 가죽을 벗겨낸 후 전리품 삼아 목을 베었다. 세실의 죽음은 엄청난 분노 여론을 촉발했다(Capecchi and Rogers 2015). 사람들은 매일 파머의 치과 앞에서 시위했고, 이 때문에 치과는 한동안 문을 닫아야 했다. 활동가들은 파머의 사냥 활동을 지속적으로 감시했으며, 2020년에는 파머가 몽골에서 멸종위기에 처한 남자 양을 죽였다는 사실을 보고했다(Dalton 2020).

사실 너무 많은 동물들이 멸종의 위험에 처해 있고 매해 수십억 명의 동물들이 길러져 죽임을 당해 먹히고 있기에, 한 남자가 사자를 살생한 것이 불러일으킨 이 격렬한 반응은 불균형하게 여겨진다. 어떤 죽음은 이 정도의 주목을 끄는 반면 다른 죽음은 거의 주목받지 못한다는 사실은 내게 혼란을 준다. 나는 죽음에 대한 반응이 이처럼 차이가 나는 이유 중 하나는, 지독하리만치 치명적인 인간의 관행을 종식시키기 위해 헌신하는 사람들이 동물과 함께 살고 죽는 것이 수반하는 바에 대해 매우 상이한 관점을 갖고 있기 때문이라고 생각한다. 죽음을 직면하는 일에 따르는 응당한 거부감과 결부된, 이같이 상이한 관점들은 특히 지구상의 존재에 대한 위협이 점점 증가하는 시기에 우리가 어떻게 슬퍼할 수 있는지에 관한 논의를 제한해 왔다. 우리가 맺는 관계의 깊이를 존중하는 하나의 방법으로서 공감하고 보살피는 슬픔의 실천이 의미하는 바에 대한 논의를 시작하기 위해, 나는 우선 타자와 함께 살고 죽는 것이 무엇을 의미하는지에 관한 엇갈리는 관점들을 분석하고 애도의 방법에 대해 논의하고자 한다.

에코페미니즘, 멸종주의, 절멸주의

어떤 사람들은 우리가 동물, 특히 가축화된 동물과의 관계를 끝내야 하며, 그럼으로써 그들의 고통과 죽음에 대한 우리의 책임에서 벗어날 수 있다고 주장해 왔다. 이러한 '폐지론자들abolitionists'은 [동물과 — 옮긴이] 우리의 관계를 본질적으로 지배 관계로 보고, 우리에게 의존하는 동물들을 인도적으로 돌보고, 불임 수술을 통해 그들이 더 이상 태어나지 않도록 함으로써 그 관계를 끝내야 한다고 생각한다. 이러한 관점은 '멸종주의extinctionism'[1]라 불려 왔다. 많은 에코페미니스트들은 이 관점에 반대하며 우리가 다른 인간 및 비인간 타자와 맺는 관계의 필연성과 특수성 모두에 주의를 기울이고 공감과 돌봄, 혹은 내가 **뒤얽힌 감정이입**이라 부르는 것으로 응답하는 일이 더 나은 삶과 관계로의 변화를 이끌 수 있는 중요한 대안적 실천이라고 주장한다.[2] (인간 및 비인간) 동물과 우리의 관계는 삶을 의미 있게 해 주는 핵심 요소이며, 관계를 끝내기보다 이를 개선하려 노력하는 것이 더 유익하다.

아이러니하게도 에코페미니스트들은 자신들을 일종의 멸종주의자로 오해하고 뒤얽힌 삶과 죽음의 복잡성을 이해하는 데 실패하는 일부 페미니스트들과 긴장 관계에 있음을 알게 되었다. 이러한 페미니스트

---

1 수 도널드슨과 윌 킴리카(2011)는 멸종주의적 관점을 다음과 같이 설명한다. "인간과 가축화된 동물 간 관계의 폐지를 추구하는 것으로, 가축화된 동물들은 그들 스스로 살아남기가 거의 불가능하기 때문에 이 조치는 결과적으로 가축화된 종의 멸종을 의미한다. (…) 폐지론/멸종주의의 관점에 따르면, 부정의의 참혹한 역사는 다음과 같은 불가피한 결론에 다다른다. 우리는 주인, 지배자, 관리인, 혹은 표면상의 공동계약자로 존재하는 상황에서 벗어나야 한다. (…) 우리는 학대 없이 가축화할 수 없다. 학대는 바로 가축화 개념의 본질이기 때문이다."(2011, 77-78) 도널드슨과 킴리카는 이러한 관점에 반대한다.

2 모든 에코페미니스트들이 여기에 동의하는 것은 아니다. 1990년대부터 인간 이외의 동물의 삶과 죽음에 주의를 기울이는 것에 관해, '동물 에코페미니스트animal ecofeminists'라고도 불린 '채식주의 에코페미니스트vegeterian ecofeminists'들과 다른 에코페미니스트들 간에 논쟁이 있었다.

들은 에코페미니스트들이 도덕적 순수성을 순진하게 받아들이고 에코페미니즘이 '절멸주의exterminism'[3]를 옹호한다고 곡해한다. 에코페미니즘이 멸종주의자들의 표적이 되는 동시에 절멸주의자라고 비판받는 것은 내가 생각하기에 동물과 맺는 복잡한 관계의 한 양상을 드러낸다. 즉 동물과 함께 살 때 필연적으로 수반되는 죽음과 상실에 대한 불안 말이다.

에코페미니즘 이론의 주요한 통찰 중 하나는 현 상태에 이론적으로 개입하는 다른 관점들과 공유하는 것으로, 지배 논리가 종속된 범주들을 가로지르며 권위의 행사를 상호 강화함으로써 힘을 얻는다는 것이다. 가부장제, 이성애규범성, 인종주의, 식민주의, 종차별주의 구조는 단순히 유사하다거나 은유적으로 연결되어 있는 것이 아니라, 종속된 '타자'의 구축을 통해 지배 계급이 얻는 권력을 공고히 하도록 (항상 혹은 동시에는 아니지만) 함께 작동한다. 이러한 교차적 억압에 관한 논의에서 정체성 정치는 일부 사람들에게 혼란을 주지만, 이 교차하는 억압은 권력의 **구조 혹은 시스템**이다. 개인들, 심지어 시스템 안에서 권력을 가진 개인들도 그들 스스로는 그 구조나 시스템을 창조하거나 무화할 수 없으며, 그러한 강력한 시스템에 맞선 집단 행동이 어떤 효력을 발휘할

---

3 도나 해러웨이Donna Haraway는 『종과 종이 만날 때When Species Meet』에서 '절멸주의'를 두 가지 다른 의미로 사용한다. 해러웨이는 데리다가 "동물에 대한 거대하고 체계화된 폭력"(2008, 78)의 공포를 말할 때 쓴 의미를 언급한 뒤, 이후 "우리가 절멸주의에 이르게 되는 것은 죽이기 때문이 아니라 죽여도 되게 만들기 때문"(80)이라는 점과 더불어 "도덕적 절대성은 절멸주의라는 말로 표현되는 것에 기여한다"(106)는 점을 인식할 수 있도록 희생의 논리를 확장한다. 해러웨이에 대한 강력한 비판은 Weisberg 2009 참조.[도나 J. 해러웨이, 『종과 종이 만날 때』, 최유미 옮김, 갈무리, 2022, 102, 105, 137쪽, 번역 일부 수정. —옮긴이.]

수 있는가에 대해서는 아직 결론이 나지 않았다.[4]

동물들을 걱정하는 에코페미니스트들이 '동물권' 담론을 비판해 왔던 이유는, 이 담론이 그러한 착취의 시스템과 이 시스템을 유지하는 데 일조하는 개념적이고 물질적인 힘들을 비판적으로 검토할 이론적 도구들을 제공하지 않는 일종의 개인주의에 기초해 있기 때문이다. 또한 동물권에 관한 법리적 논변은 우리가 맺고 있는 관계와 그 관계 속 개체들의 특정한 관심사, 이해관계, 연민, 감수성을 간과하는 경향이 있다. 더욱이 많은 동물권 문헌들은 다음 두 가지의 중요하고 때때로 문제적인 방식으로 종합과 추상화에 초점을 맞춘다. 특정한 개체들과 그들의 관계는 집단화된 용어, 예를 들어 농장 동물, 반려동물, 실험용 침팬지 등으로 뭉뚱그려지고 이들의 고통과 아픔, 죽음은 일반화된다. 이러한 일반적인 고통에 대한 주목은 종종 누군가의 삶이 가지는 다른 특징, 즉 다른 존재와 함께할 때의 커다란 기쁨이나 만족과 관련될 수도 있는 특징에 대한 탐구를 배제한다. 심지어 대부분의 삶이 극심한 착취 상태에 처해 있더라도 그 삶이 오로지 전부 고통으로 이루어져 있지 않을 수 있고, 특히 누군가와 의미 있는 관계를 맺는 경우라면 더욱 그러할 것이다. 기쁨은 때때로 끔찍한 공간에서도 발견된다. 또한 에코페미니스트들은 동물권에 대한 표준적인 접근법이 현재 발생하고 있는 문제에 대한 서술을 축약하고, 애초에 그 문제를 야기하고 영속화하도록 허용한 시

4 이는 우리가 이러한 시스템을 폭로하거나 약화시키기 위해 집단적으로 행동해서는 안 된다는 말이 아니다. 단지 그러한 시스템의 복합적인 힘과 시스템의 해체와 관련된 어려움을 알아야 한다는 말이다.

스템의 조건들에 대해 더 비판적인 질문을 던지는 데 실패한다고 주장해 왔다.[5]

많은 에코페미니스트들이 고통과 착취를 유발하는 시스템과 그 시스템을 변화시키려는 접근법들의 이론적 차이에 초점을 맞춰 오긴 했지만, 우리 역시 동물, 특히 반려동물과 맺는 특수한 관계를 분석하는 데 아직 충분한 성과를 거두지 못했다. 동물과 함께 사는 일이 인간을 통제자로, 비인간을 노예 혹은 기껏해야 의존자로 위치시키는 관계로 특징지어지는 것은 중대한 문제다. 인간은 비인간을 후견하는 관계에 있기에 친절하고 관대할 수 있지만 언제나 우월한 태도를 지닌다. 예를 들어 인간이 비인간 동물을 집으로 데려올 때, 비인간 동물은 그 집에 존재하는 인간의 의례과 관습에 순응하도록 강제된다. '주인'이 개와 고양이를 실내나 상자 안에서만 지내게 할 때, 혹은 개가 땅을 파거나 음식을 뒤지거나 이들이 찾을 수 있는 가장 악취 나는 물건 속에서 뒹굴지 못하게 할 때, 이들은 종종 자신의 자연적인 욕구를 완전히 표현하지 못한다. 물론 반려동물에게 제한을 두는 이유는 있다. 어떤 제한은 동물과 그들의 반려인 모두에게 돌아갈 이익과 관련이 있다. 하지만 가장 사려 깊고 공감적으로 길들여진 관계라도 반려동물이 우리의 문화적 기준에 맞춰 살아가도록 강제된다는 사실은 지워지지 않는다. 반려동물은 매우 실질적인 의미에서 우리의 포로다.[6]

---

5 동물권 담론에 대한 더 확장된 비판은 Donovan and Adams 2007, Kheel, 2008, Gruen and Weil 2012 참조.

6 개와 고양이, 그 외 동물들의 포획이라는 문제를 다룬 논의는 Gruen 2014 참조.

반려동물과의 관계는 아마 모든 관계가 그러하듯 일정한 도구화를 포함한다. 그러나 농장 동물과의 관계에서 권력관계는 명백하게 사용 관계다. 이러한 관계의 곤란함은 소위 지속가능한 농장 혹은 목초지 기반 농장에서 '유사-애완동물'로 불리며 길러진 동물들의 경우에 가장 노골적으로 드러난다. (공장식 축산농장에서 명백하게 드러나지만 소규모 농장에서도 나타나는) 음식으로 사용되는 동물들의 고통스러울 정도로 짧은 삶과 폭력적인 죽음이 동반하는 공포는 많은 사람들로 하여금 심히 문제적인 방식으로 개체들을 폭력적으로 도구화하고, 그들의 개성과 이익을 말살하며, 실제적이고 비유적인 의미 모두에서 그들을 먹잇감fodder으로 만드는 시스템에 참여하는 것을 거부하도록 이끈다.

우리 대부분은 우리의 식단에서 동물성 식품을 쉽게 제외할 수 있다. 그러나 에코페미니스트들은 여러 젠더적·인종적·식민주의적 맥락에서 영속화되는 폭력과 기후변화의 실상에 주의를 기울이면서, 모두가 어디에서나 '비거니즘을 도덕적 기준으로 삼아야 한다'는 하향식의 절대적이고 보편적인 판단을 지양한다. 대신 대부분의 에코페미니스트들은 비건 식단의 도덕적 중요성과 함께 타자를 직접적으로 죽이거나 이용하지 않고 살 수 없는 긴급한 상황적 맥락을 인정하며, "맥락적 도덕 비거니즘contextual moral veganism"을 주장한다(Curtin 1991).

어떤 이론가들은 이것이 도구화에 대한 수용 가능한 응답이 아니라고 판단하고, 대신 착취에 참여하지 않기 위해서는 우리가 (가축화된) 동물과 맺는 모든 관계를 끝내야 한다고 말한다. 이러한 멸종주의적 시각은 농장 동물뿐만 아니라 반려동물에게도 적용된다. 이러한 입장을 지지하는 대표적인 인물인 게리 프란시오니는 반려동물과 인간의 관계에 반대하며 다음과 같이 주장한다.

> 개와 고양이 같이 가축화된 동물은 취약하고, 필요한 모든 것을 우리에게 전적으로 의존한다. 그들은 인간 세계의 일부도 아니고 동물 세계의 일부도 아니기에 매우 부자연스러운 삶을 살아간다. 그러므로 우리가 비인간 반려를 얼마나 잘 대우하든 그 제도 자체는 도덕적으로 문제적이다.(Unferth 2011)

나는 이러한 시각이 인간의 취약성이나 의존성뿐만 아니라 동물의 행위성을 인정하지 않는다는 점에서 다소 오만하다고 생각한다. 더군다나 이러한 시각은 취약성과 의존성을 문제라고 암시한다. 의존성이 완벽히 극복될 수 있는 무엇이라는 환상은 오직 특권적인 위치에서만 가능하다. 우리는 만약 우리 중 일부가 죽음에 내몰리게 된다면 곧 파멸할 공동체에 함께 살고 있을 뿐만 아니라, (인간과 비인간) 타자는 우리가 누구이고 우리가 어떻게 우리의 정체성과 행위성, 생각과 욕망을 형성하는지를 함께 구성한다. 동물을 비롯해 다른 존재가 없는 삶을 생각하기란 불가능하다. 우리는 복잡하게 뒤얽힌 관계를 맺고 있다. 그 관계에서 벗어날 수 있는 양 불가능한 일을 달성하기 위해 애쓰기보다는, 우리가 깊이 얽혀 있는 관계를 어떻게 더 지각하고 그것에 응답할 수 있을지 생각해야 한다. 우리는 이미 필연적으로 그 관계에 속해 있으므로, 이를 끝내기보다 어떻게 더 좋고 의미 있고 서로 만족스러운 관계로 만들 수 있을지 생각하는 편이 낫다는 것이다.

우리가 동물과 취약성, 의존성, 심지어는 일정한 도구화로 가득 찬 관계를 맺을 수밖에 없음을 인식하고, 그 관계를 이해하고 개선하기 위해 노력하는 일은 착취를 용인하는 것이 아니다. 그러한 관계를 인정하는 일은 모든 관계가 동등하게 옹호된다거나 그 상태 그대로 유지되어야 한다는 것을 의미하지 않는다. 착취 혹은 완전한 도구화 관계는 정확히 에코페미니스트들이 변화시켜야 한다고 말해 온 종류의 관계에 해당한다. 그러나 멸종주의자들은 에코페미니즘이 제도화된 착취의 정당성을 전제하고 우리가 명시적으로 거부하는 그 위계를 받아들인다고 주장한다.

> 에코페미니즘은 비인간에 대한 인간의 우위를 유지한다. 인간은 '인격체'로 간주되는 반면 비인간은 '사물'로 간주된다는 점에서 비인간은 인간과 다르게 대우받는다. 이는 명백하게 권리 이론과 대조되는데, 권리 이론은 최소한 일부 동물들의 '사물'로서의 지위를 철폐하려 하기 때문이다. 아이러니하게도 에코페미니즘은 제도화된 착취의 전면적 거부를 그 자체로 위계적 입장으로 간주하기 때문에 동물의 이해관계를 체계적으로 평가 절하한다.(Francione 1996, 103)

이러한 주장은 에코페미니즘의 입장을 잘못 해석한 것일 뿐 아니라 지나치게 단순하고 이분법적이다. 보편적인 금지를 거부한다고 해서 인간을 비인간보다 우위에 놓는 가치 이원론을 받아들일 필요는 없다. 물론 맥락의 복잡성을 비위계적인 방식으로 다루는 데는 각별한 관심과 주의를 기울이는 일이 요구되지만 말이다.

멸종주의자들은 에코페미니스트들이 보편적 폐지론을 받아들이기를 거부함으로써 동물에 대한 지배를 용인한다고 주장해 온 반면, 이상하게도 일부 페미니스트들은 에코페미니스트들이 보편적 폐지론을 주장한다고 비판하면서 이를 절멸주의라고 불러 왔다. 예를 들어, 도나 해러웨이Donna Haraway는 에코페미니스트들이 이러한 '골치 아픈' 주장을 펼친다고 말한다. 그가 말했듯 절멸주의는 살해의 일종으로서 '함께 살고 죽는 방법에 대한 집단학살'이다. 해러웨이가 함께 살고 죽는 모든 방식이 존속하기를 원하는지는 분명하지 않다. (르완다, 보스니아, 나치 독일 등에서 일어났던) 실제 집단학살을 멈추는 일은 함께 살고 죽는 특정한 방식을 부정하는 것인데, 이러한 집단학살의 종식을 집단학살이라 부르는 것은 도착적이고 어쩌면 아이러니한 관점이라고 할 수 있다. 그는 동물과 함께 살고 죽는 다양한 방식이 실제로 존재하며 이 중 어떤 방식을 금지하는 것은 극단적이거나 절멸주의적이라고 생각한다. 그는 그 방식들이 어떤 것인지 분명하게 제시하지 않는다. 그의 주장에 따르면, 채식 기반 식사가 쉽게 가능한 세상 어딘가에서 동료가 사냥해 잡아 온 죽은 야생돼지를 학과 모임 자리에서 먹는 일은 비난해서는 안 될 일인 듯하다. 돼지를 굽는 활동은 우리의 갈등적이고 세계정치적인 관계 맺음 양상을 보여 주기 때문이다(Haraway 2008, 298–300).[7] 작업견을 기르고

7 해러웨이는 이 야생돼지들이 다른 곳에서 옮겨와 다른 생명체들이 본래 살아온 터전을 망가뜨리는 존재라는 점, 매우 사회적이고 감정적이고 지능이 높은 존재라는 점(따라서 사회성, 감정이나 지능의 유무가 어떤 존재를 죽여도 되는지의 기준이 되지 못한다는 점), 또한 자신의 동료가 동물옹호자이자 공장식 축산업 방식과는 다르게 돼지를 생태적인 방식으로 사냥했다는 점 등을 짚으며, 다른 동료들의 반대에 그 동료가 돼지를 사냥해 요리하지 않기로 한 선택을 내렸다고 말한다. 해러웨이는 이 선택이 결국 갈등 상황을 피하는 방식이었으며, 앞서 언급한 복합적인 진실들에 응답하는 세계정치적인 관계 맺음의 과정이

작업견과 함께 사는 일은 그러한 관계가 단순한 이야기의 소재가 되는 것을 막기 위해 유지해야 할, 혹은 적어도 관용해야 할 또 다른 관행이다 (2008, 105-106).

해러웨이는 만약 '타자'가 인간인 경우라면 이러한 종류의 세계정치적인 관계 맺음에 대해 같은 주장을 하지 않았을 것이다. 그렇다면 프란시오니가 에코페미니즘에 가한 비판은 해러웨이의 관점을 향하는 것이 더욱 적절해 보인다. 또한 해러웨이가 에코페미니스트들에게 가한 비판은 프란시오니식의 비건 폐지론을 향하는 게 더욱 적절해 보인다. 그러나 에코페미니즘은 양쪽 모두의 표적이 되고 있다.[8]

사는 것과 죽는 것

에코페미니스트들을 향한 절멸주의라는 비난은 빗나간 주장이지만, 그럼에도 해러웨이의 과도한 주장에서 이끌어 낼 수 있는 중요한 사항이 있다. 이는 멸종주의적 시각의 또 다른 문제를 보여 주는 핵심 통찰이다. 해러웨이는 다음과 같이 쓴다.

충분히 이루어지지 않았다고 설명한다(도나 J. 해러웨이, 앞의 책, 238쪽). — 옮긴이.

8 에코페미니즘이 왜 표적이 되어 왔는지에 관한 중요한 질문이 존재하며, 에코페미니즘이 왜 이런 방식으로 계속 곡해되는지 파악하기 위해 더 많은 작업이 수행될 수 있다. 나는 여기서 제시하는 바와 같이 죽음에 대한 불안이 그 하나의 대답이 된다고 생각하는데, 다른 대답들도 가능할 것이다.

> 우리는 먹을 때, 우리를 우리로 만드는 차이화하는 관계성 가장 안쪽에 있다. (…) 죽이지 않고 먹을 수 있는 방법, 우리가 설명책임을 가지는 다른 필멸의 존재와 함께하지 않고 먹을 수 있는 방법, 결백이나 초월 혹은 최종 평화를 가장할 수 있는 방법은 없다. 먹는 일과 죽이는 일이 깔끔하게 분리되지 않는다고 해서 먹고 죽이는 어떤 방법이든 그저 취향과 문화의 문제이니 괜찮다는 의미는 **아니다**[강조—해러웨이]. 다종적인 인간과 비인간의 살고 죽는 방식은 식사 관행에 따라 달려 있다.(2008, 295)[9]

우리는 죽이지 않고서는 살 수 없다. 내 생각에 이것은 비거니즘 논의에서 충분히 다루어지지 않은 문제다. 물론 동물에 관심을 기울이지 않거나 죽이는 관행을 지속하는 일을 반성하지 않는 사람들보다는 비건들이 적게 죽이지만, 심지어 그러지 않으려고 노력하는 동안에도 해를 끼치거나 죽일 수밖에 없다는 불가피함에 대해서는 좀 더 숙고할 필요가 있다.

오늘날을 살아간다는 것은 심지어 비건들에게조차 감응력 있는 개체들의 죽음에 자신도 모르게 동참하는 것을 수반한다. 우리는 비극적 운명을 맞이할 어떠한 이유도 없는 어마어마한 수의 생명체에 가해지는 대규모의 폭력에 격분할 수는 있어도, 우리의 정치적 헌신과 도덕적 분노가 우리의 손을 씻겨주지는 않는다. 우리는 음식이 생산되는 모든 과정에서 (인간과 비인간) 타자들에게 해를 끼친다. 농경지를 만들기 위해 땅을 개간할 때 오랑우탄과 같이 심각한 멸종위기에 처한 동물들을

---

9 도나 J. 해러웨이, 앞의 책, 363–364쪽, 번역 일부 수정.—옮긴이.

포함한 여러 존재가 쫓겨난다. 오랑우탄은 팜유를 생산하는 파괴적인 관행의 결과로 멸종에 가까워지고 있는데, 팜유는 다수의 '비건' 가공 식품에 흔히 들어가는 재료다. 밭을 경작하고 농작물을 수확할 때 동물, 새, 곤충 들은 죽임을 당한다. 농업 부문에서 발생하는 온실가스 배출로 인한 기후변화가 인간과 동물에게 끼치는 피해를 정확히 측정하기란 어렵겠지만, 이러한 피해에 기여하지 않으면서 먹는 것은 불가능하다. 물론 비건 식단은 동물성 생산물을 포함한 식단보다 덜 해롭지만, 그럼에도 피해와 죽음은 발생한다.

비건들은 농장 동물이 경험하는 비극에 주의를 기울여 왔지만, 우리 자신의 실천에 의해 발생하는 상실에 대해서는 대체로 주의를 덜 기울여 왔다. 우리가 살아가고 일하고 놀고 이익을 취하는 (혹은 적어도 우리가 속해 있는) 시스템은 동물들의 등 위에 세워져 있다. 우리가 다른 존재의 고통과 죽음에 연루되어 있다는 관점을 확립하고 어떻게 그 상실을 다룰 수 있을지 생각하는 일은 중요하다. 타산적인 착취자와 순수한 마음을 가진 비건, 혹은 '그들'과 '우리'를 구분하는 선명한 경계는 없다. 우리가 이러한 관계를 복잡한 인과관계망으로 생각한다면, 우리는 분명 동물의 몸을 소비하고 직접 죽이고 동물의 죽음으로부터 직접적인 이익을 취하는 사람들보다 그 망의 바깥쪽에 있지만, 우리는 여전히 그 망 안에 있으며 비난에서 벗어날 수 없다.

게다가 비건들이 스스로를 논비건보다 더 낫고 도덕적으로 우월하다고 본다거나, 비건들은 논비건을 가르치려 드는 성가신 존재라는 대중적인 인식이 커지고 있다. 그것이 사실이건 아니건 간에(때때로 보이는 것만큼 나쁘지 않을 것이라는 증거도 있다),[10] 비건들은 '누구도 완벽하지 않다,

하지만 비건은 완벽에 가깝다'라고 쓰인 티셔츠를 입기 전에 더 깊이 숙고할 필요가 있다. 죽음의 한복판에서 윤리적으로 사는 방법을 고려하고 불가피한 도구화를 인식할 수 있는 가능성을 고려하는 것은, 우리가 이와 동시에 어떠한 형태의 도덕적 보상에 참여할 수 있는 방법을 찾으려 할 때 더 까다로워진다(Walker 2006). 더 나은 관점을 갖는 일만이 다른 존재의 고통과 죽음을 적극적이고 효과적으로 줄이고, 죽은 존재들의 삶을 애도함으로써 그 죽음을 의미 있게 만드는 일을 도울 수 있다.

논쟁의 여지가 있겠지만, 산다는 것은 죽는 것뿐만 아니라 죽이는 것을 수반한다. 우리는 다른 존재를 죽이지 않고는, 혹은 적어도 죽게 내버려두지 않고는 살 수 없다. 예를 들어 우리가 특정한 고양이나 개와 산다고 할 때, 다른 동물들은 죽을 수밖에 없을 것이다. 분명하게도 함께 사는 동물을 먹이기 위해서 말이다.[11] 개와 고양이가 비건으로 길러진다고 할지라도, 이들은 기회가 있다면 다른 동물을 죽이고 먹을 것이다. 우

---

10 예를 들어 타니아 롬브로조Tania Lombrozo는 2012년 11월 27일 13.7 미국공영라디오방송 NPR 블로그에 다음과 같이 언급했다. "채식주의는 활발하게 연구되고 있는 분야로서, 심리학을 비롯한 여러 학문들은 채식주의자와 잡식주의자의 성격 특성과 더불어 채식주의자와 잡식주의자에 대한 사람들의 인식을 탐구하고 있다. (http://www.npr.org/blogs/13.7/2012/11/26/165736028/its-time-to-end-the-turkey-tofurky-thanksgiving-food-fight) 인도적 연구 위원회Humane Research Council가 보고한 공공 정책 여론조사에 따르면 "미국 유권자 중 49%가 채식주의자를 호의적으로 보고, 22%는 그렇지 않다. 대부분의 교차표에서 나타나는 패턴으로는, 약 10% 정도가 비건을 약간 호의적으로 보며, 38%가 호의적으로, 30%는 비호의적으로 본다는 결과가 나타난다."(http://www.humanespot.org/content/who-views-vegetarians-vegans-positively-new-polls-results) 이 문제에 관한 풍부한 논의는 Gruen and Jones 2015 참조.

11 개 특히 고양이를 위한 비건 식단의 영양상의 적절성에 관한 엄청난 논쟁은 여전히 지속되고 있다.

리가 그 가능성을 부정한다면 그들에 대한 우리의 권력이 얼마나 문제적인지 더욱 분명해진다. 우리가 모두 비건이라고 해도, 우리와 동물을 먹이기 위해 식물을 기르는 일은 다른 어떤 동물을 죽이는 일을 수반한다. 일부 비건이 다른 동물들이 살고 있는 땅을 이용하면서도 그 땅에서 동물들을 쫓아내지 않고, 밭을 불쑥 찾아오는 '동물 주민denizens'들과 음식을 나눌 수 있을 만큼 충분히 식물을 기르며, 그들이 경작하는 땅에 사는 동물들을 죽이지 않는 것과 같은 방식으로 식물을 조심스럽게 기를 수 있다고 하더라도, 이런 방식으로 식량을 생산할 수 있는 사람은 매우 극소수다.

모든 사람이 어려움에 처한 동물을 돌볼 여유가 있는 것은 아니며, 그럴 여유가 있는 사람이라도 모든 동물을 돌보는 것은 단언컨대 불가능하다. 미국에서는 매년 400만 명의 개와 고양이가 보호소에서 죽임을 당한다. 이미 많은 고양이와 개가 집을 필요로 하는 상황에서 반려동물을 구매하는 것은 문제가 있음을 점점 더 많은 사람들이 깨닫게 되면서 그 수는 줄어들고 있다. 그럼에도 매일 약 만 명의 개와 고양이가 죽는다. 더 많은 동물을 지속적으로 입양하면서 동시에 이미 자신과 함께 살고 있는 동물들을 적절히 돌볼 수 있는 사람은 없다. 더 많은 개를 나의 삶 안으로 들여올 수 있기를 바라지만, 내가 현재 함께 살고 있는 개인 타즈, 지니아, 일라이는 내가 감당할 수 있는 최대치다. 내가 더 많은 개를 입양하지 않는 데는 몇 가지 이유가 있다. 그러나 그것이 아무리 타당한 이유일지라도 내가 입양하지 않았다는 사실은 누군가가 아마 죽을 것이며 내가 그 누군가를 구하지 못했다는 것을 의미한다. 나는 모든 것이 절망적이라는 생각의 구렁텅이에 빠져서는 안 되지만, 비건이라 하더라도 지배적인 종의 구성원들로서 우리가 책임을 지닌 죽음에 대해 더 깊이 숙고하는 일이 필요하다고 생각한다. 인간이 원치 않는다면 어떤 동물들은 결국 집 없이 버려질 수 있고, 어떤 동물들은 생존할 수 있는 최소한의 가능성만 제공되는 안락사 없는 보호소no-kill shelter에 수용될 수 있으며, 이러한 피해는 죽음보다 더 심각할 수 있다. 일부 안락사 없는 보호소는 보관 창고와 비슷하고 동물들은 그들 자신으로 존재할 가능성 없이 케이지cage 안에서 살게 된다. 만약 기쁨, 관계, 활동, 신선한 공기와 햇살 없이 존재하는 것과 존재하지 않는 것 사이에서 선택해야 한다면, 어떤 선택을 내릴지는 고통스럽지만 분명할 것이다.

이는 이러한 어려운 주제를 피하기보다 우리가 책임을 지고 있는 죽음에 대해 숙고해야 할 또 다른 이유다. 만약 반려동물이 그날그날의 기쁨을 경험할 것이라는 어떤 합리적인 희망이 없다면, 모든 점을 고려할 때 살지 않는 편이 어쩌면 더 나을 것이다. 나 자신의 죽음을 생각할 때 나는 내가 사랑하는 존재들과 함께하는 정말 좋고 행복한 하루를 보낸 후 존엄하게 죽기를 바랄 수 있을 뿐이다. 사람들은 너무나 자주 반려동물과 관련해 그러한 판단을 비교적 빠르게 그리고 너무 쉽게 내리는데, 이는 부끄러운 일이다. 그러나 어떤 경우에 그 어려운 마지막 결정을 내리는 것은 우리의 책임일 수 있으며, 그 결정을 내리지 않고 다른 사람에게 떠넘길 때 우리는 책임을 회피하는 것이다(Pierce 2012 참조). 우리가 결정을 내릴 때 우리는 이 사실을 인정하거나 [결정을 함께 내릴 ―옮긴이] 공동체를 찾기 어렵다. 우리는 우리의 결정을 '사적으로' 내리며 선택지와 결말에 대한 폭넓은 숙고를 거의 하지 않는다. 이는 죽음을 직면하지 않을 때 발생하는 또 다른 문제다.

심지어 행동주의 역시 무수히 많은 존재가 죽는 동안 일부를 살리는 방법에 주의를 기울일 수밖에 없다. 우리가 개별적이거나 집단적으로 내리는 결정에 따라 살고 죽는 온갖 종류의 동물들이 있다. 동물을 먹지 않는다는 것은 비건들이 동물들을 덜 죽인다는 의미일 뿐, 동물의 죽음에 전혀 연루되어 있지 않다는 의미가 아니다. 이 사실을 인정하기란 어렵겠지만, 이를 회피하기보다는 직면하고 우리가 상실한 삶들에 대해 슬퍼하며 동시에 다른 피해나 죽음의 발생을 최소화하도록 노력하는 편이 더 유익할 것이다.

물론 대부분의 비건들은 다른 존재의 죽음에 특히 민감하며, 너무 큰 슬픔의 근원에 주의를 기울이는 것은 스스로를 쇠약하게 만드는 일일 수 있다. 하지만 이를 인정하지 않는 것 또한 고통스럽다. 제임스 스타네스쿠James Stanescu가 다음과 같이 통렬하게 썼듯이 말이다.

> 동물들의 삶을 가치 있게 여기는 우리는 다른 사람들과는 다른 이상한 평행 세계에 살고 있다. 매일 우리는 다른 사람들이 보고 듣지 않으려 무시하는 존재들을 돌본다는 사실을 떠올리지만, 사람들은 그 존재들의 유일한 삶의 흔적이 음식으로 만들어진 그들의 신체 부위, 고기로 변형된 살이라는 듯 살아간다. 눈물을 흘리거나 제 기능을 하는 데 어려움을 겪거나 죽음의 구역[식료품점의 육류 코너] 속에서 완전히 질식할 것 같은 순간을 느끼는 것은 사회적으로 전혀 이해받지 못한다. 대부분의 사람들은 우리에게 치료가 필요하다거나 우리가 진심일 리 없다고 반응한다. 그렇기에 우리 중 대부분은 애도하지 않으려 애써 노력한다. 제 기능을 하고 그럭저럭 살아가기 위해 애도를 거부한다. 그러나 이 사실은 우

리 대부분, 동물을 위해 싸우는 데 절대적으로 헌신하는 사람들조차도 [죽음을 — 옮긴이] 자주 부정해야 한다는 것을 의미한다.(2012, 268)

동물과 함께 살며 어떤 동물을 위해 투쟁하는 것이 다른 동물들은 불가피하게 죽는다는 사실을 의미하기도 한다는 것, 이는 몸을 가진 취약하고 연약한 동물이라는 사실에 따르는 죽음과 죽어 감, 슬픔과 애도를 받아들이는 법을 배우는 일이 중요함을 보여 준다.

슬픔을 실천하기

우리가 죽음과 죽어 감을 받아들이는 법을 배워야 한다는 주장은 있는 그대로의 현실을 지지하거나 현상 유지를 가능케 하는 수용적인 태도로 도피하는 것을 의미하지 않는다. 오히려 이는 겸손함의 표현이자 선한 의도의 한계를 인정하는 일이다. 진정한 도덕적 딜레마는 생각보다 적을 수 있지만, 우리가 어떠한 행동을 취하든 거기에는 대개 우리가 상실한 무언가, 즉 어떠한 도덕적 '잔여'가 뒤따른다. 상실을 인정하는 것은 주디스 버틀러가 "삶의 위태로움"이라 부른 것, 즉 공동체의 핵심에 있는 위태로움을 인식하는 데 도움을 준다. 우리가 고통받고 죽임을 당할 수 있다는 바로 그 이유에서 우리는 관계와 친족관계를 인식할 수 있다. 그가 썼듯 "삶을 다양하게 지속시키는 조건들 없이 삶은 있을 수 없으며, 그러한 조건들은 전적으로 사회적이다. 그 조건들은 인격체들 각각의 존재론을 수립하는 것이 아니라, 오히려 재생산 가능하고 지속적인 사회관계와 환경 및 비인간 삶의 형식과의 관계를 포함하는 인격체들 간의 상호의존성을 수립한다."(Butler 2009, 19) 우리의 위태로움과 취약성을 인식한다는 것은 우리의 상호의존과 뒤얽힘을 인식하는 일일 뿐만 아니라, 스타네스쿠가 말한 바와 같이 우리의 동물성을 존중하는 일이다.

동물과 함께 사는 것은 슬픔, 애도, 그리고 어쩌면 수치에 더 많은 주의를 기울이라고 요구한다. 이는 오늘날 인간의 상실을 애도하는 행위가 점점 개인화sequestered되고 있기에 이중으로 더 어려운 일이다. 샌드라 길버트Sandra Gilbert는 죽음과 슬픔이 사회적 중요성을 띠지 않는 것으로 치부되어 온 방식을 이야기하며 애도가 어떻게 병리화되었는지 설명한다.

> 모든 건강한 애도자가 잠재적으로 건강하지 않은 우울증자라는 점을 고려하면, 사별한 사람들이 당혹감, 불안, 심지어 수치심을 느낀다는 것은 놀랍지 않을 것이다. (…) 애도자 자신이든 애도자를 위로해 주는 사람이든 슬픔을 위해 문화적으로 합의된 절차에 의지할 수 없다는 것은 애도자의 당혹감을 강화하고 심지어 수치심을 더 심화시킬 수 있다.(2006, 257)

또한 애도는 여성화되고 집에서 이루어져야 하는 사적인 활동으로 간주된다. 인간의 경우에도 벽장 안에 슬픔을 가두고 죽음을 곱씹지 않도록 기대되기에, 동물의 죽음에 슬픔을 느끼는 사람들은 그 죽음을 애도하는 것은 고사하고 죽음을 인정하는 일조차 자신의 정신이 멀쩡한

지 의심하게 되는 상황에 놓인다.[12]

그러나 만약 우리가 슬픔의 일반적인 규범을 따라 애도를 회피한다면, 즉 우리가 동물과 죽음으로 얽혀 있다는 사실을 외면한다면, 우리는 그들의 삶을 인식 불가능한 것으로 만들어 버릴 뿐만 아니라 대체로 우리보다 수명이 짧은 동물과 함께 사는 일이 무엇을 의미하는지에 대한 이해를 폐제하게 된다. 동물과의 삶이 가지는 이러한 이면에 주의를 기울이기란 쉽지 않다. 인간우월주의 사회에서 이에 주의를 기울이는 일은 고통스러운 일이며 용기를 요구한다. 하지만 그렇게 함으로써 우리는 우리의 찰나적인 관계에서 의미를 찾는 새로운 방법을 발전시킬 수 있을지 모른다. 또한 이는 우리가 현재 동물과 맺는 이상적이지 않고 문제가 많은 관계에서 우리가 마주하는 몇 가지 딜레마를 숙고하는 데에도 도움을 줄 수 있다(DeMello 2016). 이는 특히 생츄어리와 보호소에서 동물을 돌보며 최전선에서 일하는 동물옹호자들에게 중요하다.[13]

동물의 고통과 죽음을 초래하는 관행은 괴로움을 야기하고 삶을 끝내기만 하는 것을 넘어 그러한 삶을 의미 없는 것으로 만들기도 한다. 이에 대항하는 애도의 관행을 발전시키는 일은 그러한 삶을, 그리고 무엇

12 Gruen and Probyn-Rapsey 2018 참조.

13 아마 다른 누구보다도 생츄어리의 돌봄 제공자들은 다른 존재들은 돌보는 동시에 자주 죽음, 죽어 감, 상실, 슬픔과 상대해야 하기에, 자신의 슬픔을 인정할 시간이 없을지도 모른다. 다행히도 일부 생츄어리에서는 직원과 방문자 들이 애도할 수 있는 추모 공원이나 구역을 만들어 왔다. 때때로 부고 형태의 글이나 개인적인 회고를 담은 글이 출판되기도 한다. 하지만 슬픔은 여전히 개인적인 활동에 해당하며, 슬픔의 공적인 실천이 이루어질 때 이는 페이스북이나 다른 소셜미디어에 올라오는 댓글의 형태를 취하는 듯하다.

보다도 이미 떠나가 버린 존재에 대한 우리의 관계를 인식할 수 있도록 도와준다. 하지만 동시대 사회에서는 인간에 대한 슬픔의 관행조차 거의 눈에 띄지 않기 때문에 인간 이외의 동물을 위한 의미 있는 애도의 관행을 고안하는 일은 더욱 어렵다. 어떤 동물들은 우리가 애도 의례라 생각할 만한 것을 만들어 온 듯 보이는데, 우리는 어쩌면 이로부터 무언가를 배울 수 있을 것이다.

여러 보고에 따르면 돌고래, 유인원, 원숭이 어미들은 죽은 아이를 데리고 다닌다. 케이티 크로닌Katie Cronin은 야생에서 태어나 잠비아의 침펀시 야생동물 고아원Chimfunshi Wildlife Orphanage Trust에서 15년 동안 살았던 18살의 침팬지 마샤가 갓난 딸의 죽음에 어떻게 반응하는지 영상으로 촬영했다. 마샤는 다른 두 딸을 길러 냈는데, 그중 메리라는 딸은 동생이 죽었을 때 해당 사회집단에 속해 있었다. 마샤는 이틀 동안 죽은 아기의 시체와 다양한 방식으로 교감했다. 첫날에는 아이를 붙들고 데리고 다녔는데, 이는 포획되거나 야생에 있는 다른 많은 종에서 관찰되어 온 행동이기도 하다. 이튿날에 마샤는 죽은 아기를 내려놓았지만 아기를 반복적으로 살폈다(Cronin et al. 2011). 다른 연구자들의 보고는 어떤 어미들은 아이를 더 오래 데리고 다닌다는 것을 보여 준다.

신시아 모스Cynthia Moss 등은 코끼리의 애도 의례를 설명한다. 코끼리는 죽은 코끼리에게 경의를 표하고 종종 가족 중 하나가 죽은 장소로 돌아가기 위해 몇 마일을 걷기도 한다. 일부 사례에서는 다른 가족 집단의 구성원이 존중을 표하기 위해 찾아오기도 한다. 그리고 코끼리들은 가족이 죽은 후에도 오랫동안 그들의 뼈를 어루만진다. 모스가 암보셀리에서 거의 40년을 관찰했던 놀라운 가모장 에코는 딸 에린을 창에 찔

린 상처에 의한 감염으로 잃었다. 에린에게는 어린 아들이 있었는데, 에린이 죽어 가는 동안 에코가 손자를 데리고 음식과 물을 구하러 다녔고 아마 이 때문에 손자는 자신의 엄마인 에린의 죽음을 보지 못했을 것이다. 그러나 가족들은 이후에 돌아와 에린의 뼈를 만지고 느꼈다. 연구자들은 "아프리카 코끼리들은 다른 코끼리들의 시체에 극적으로 반응할 뿐만 아니라 그들이 마주하는 뼈와 상아를 체계적으로 살피는 것으로 확인된다는 점에서 독특하다"고 썼다(McComb et al. 2006, 26). 그들은 코로 상아를 집어 들고 다니기도 한다.

데보라 버드 로즈Deborah Bird Rose는 한 쌍의 인간과 한 쌍의 알바트로스가 알바트로스의 알을 잃은 것을 애도했던 슬픔의 다종적 경험을 들려준다. 남자와 여자 알바트로스는 한쪽이 먹이를 구하기 위해 나가면 다른 한쪽이 번갈아 가며 알을 품는다. 남자 알바트로스는 5주 간 알을 품다가 여자가 돌아오지 않자 몸이 약해져 음식을 먹어야 했다. 루이스와 릭이라는 인간 커플은 알에 무슨 일이 있지 않을지 걱정하다가 남자와 여자 알바트로스 모두 돌아온 뒤에야 안심했다. 그러나 상황이 좋지 않다는 것이 분명했다. 아래는 그들이 알이 부서진 것을 알아차렸을 때 무슨 일이 있었는지 묘사한 것이다.

> 정말 슬펐다. 우리는 거의 종일 울기만 했다. 마카나와 쿠파가 저기 밖에서 울며 애도하고 있었기 때문이다. (…) 우리는 모두 울고 있었다. 그들의 소리가 평소와는 다르다는 것을 알 수 있었다. 그들은 하늘을 향해 울부짖고 있었는데, "우, 우"가 아니라 "아, 아" 소리를 내며 울고 있었다. 슬펐다. 끔찍했다. 정말 끔찍했다. (…) 마카나가 계속 알 위에 앉으려하자,

쿠파가 마카나에게 말을 거는 것 같았다. 그는 마카나의 몸을 그루밍하기 시작했다. 마카나는 알에 문제가 생겼음을 깨닫기 시작한 것처럼 보였고, 그들은 슬퍼하기 시작했다. 마카나는 자신의 아이를 잃었다는 그 사실을 받아들이기 위해 정말 노력했다.(Rose 2013, 7)

로즈의 보고서에 따르면 루이스와 릭은 그들이 경험하고 있는 것을 인간중심주의적인 용어로만 설명할 수 있다는 것을 인정했고 "비록 그들의 해석이 틀렸다고 하더라도" 명백한 행동의 변화가 있었다고 확신했다. 루이스와 릭, 마카나와 쿠파는 모두 함께 그들이 결국 받아들여야 할 상실을 경험했다.

마샤, 에코, 마카나와 쿠파, 혹은 다른 동물들이 정말 슬퍼했는지 정확히 알기는 어렵다. 루이스와 릭의 경우에서처럼 우리는 우리와 다른 행동 방식을 분석할 때 그들의 독특한 실천에 단순히 인간중심주의적인 해석을 투사하지 않기 위해 조심할 필요가 있다. 그리고 중요한 것은 슬픔을 경험하는 다양한 방식에 주의를 기울이는 것이다. 일부 침팬지, 개, 암탉 들은 집단 구성원의 상실을 애도하는 것처럼 보이는 데 반해 다른 동물들은 그 정도로 신경 쓰지 않는 것처럼 보인다. 또한 인간이 슬픔을 실천하는 방식은 다른 동물과 꽤 다르지만, 이것이 인간의 실천이 반드시 더 심오하거나 의미가 있다는 것을 시사하지는 않는다. 바버라 킹Barbara King은 『동물은 어떻게 슬퍼하는가How Animals Grieve』에서 다음과 같이 언급한다.

침팬지들은 우리처럼 조부모와 부모에 관한 정교한 이야기를 자식과 손주 들에게 전승하는 이야기꾼은 아니다. 누군가 이 사실이 우리의 슬픔이 침팬지의 슬픔보다 심오하다는 것을 의미하냐고 묻는다면, 이는 요점을 벗어난 질문이라고 할 수 있다. 모든 동물에게는 각자의 존재 방식이 있으며, 우리는 슬픔을 표현하는 저마다의 방식에 따라 함께 묶이는 동물들이다.(2013, 148)[14]

애도하는 동물들에게 슬픔의 행동이 어떤 의미이든지 간에, 우리는 그들로부터 우리 자신의 애도 관행을 발달시키기 위한 배움을 얻을 수 있다. 23년 동안 함께한 반려묘 리캣스너가 죽었을 때, 나는 그의 시체를 화장하고 난 잔해에서 몇몇 뼛조각을 발견했고 이 작은 뼛조각들로 팬던트를 만들었다. 알고 보니 이같이 화장된 '애완동물'로 장신구를 만드는 가내 수공업은 규모가 큰 산업이었다(꽤 수익성이 높아 보였다). 리캣스너의 일부를 지니고 다니려는 욕망은 충족되었지만, 이는 공동의 애도 실천은 아니었다. 팬던트를 찬다고 해서 내가 다른 슬퍼하는 존재들과 연결되는 것은 아니었다. 사실 내가 누군가에게 말하지 않는 한 누구도 이 팬던트를 추모를 위한 물건으로 보지 않을 것이다.

우리가 사랑하고 잃은 반려자뿐만 아니라 우리가 슬퍼하는 모든 동물들을 애도하기 위한 공동의 가능성을 창조하는 일은 슬픔을 벽장 밖으로, 우습거나 미쳤다고 여겨지는 영역 밖으로 꺼낼 수 있고 동물의 삶과 죽음을 가시적이며 의미 있는 것으로 만들 수 있다. 시위에서 이루어

14 바버라 J. 킹, 『동물은 어떻게 슬퍼하는가』, 정아영 옮김, 서해문집, 2022, 294쪽, 번역 일부 수정. —옮긴이.

지는 공적인 애도의 몇 가지 모델이 있는데, 그중 액트업ACT UP과 반전 시위는 개인적인 상실을 집단적인 애도로 전환한다. 이스라엘 활동가들에 의해 시작된 한 캠페인은 269번 귀 인식표를 단 송아지에 대한 연대의 의미로 (소인이나 문신을 통해) 몸에 숫자 269를 영구히 새겼다. 이는 공동체의 슬픔을 드러내기 위해 고안된 캠페인은 아니었지만, 그럴 수 있는 가능성을 품고 있었다. 269번 송아지와 동일시하고 수십억 동물들의 삶을 파괴하는 치명적인 관행에 저항하며 몸에 269를 영구히 새기는 것은 애도의 한 형식으로 생각될 수도 있는 것이다. 이러한 행위는 생명을 잃은 존재를 추모하고 드러내 보이며, 연대의 뜻으로 몸에 숫자를 새긴 사람들을 공동체로 묶어 준다.

공적인 애도의 또 다른 형태로 도살장에 끌려가는 동물들을 지켜보고 증언하거나 죽은 동물의 추도식을 여는 것이 있다. 2010년 토론토에서 창립된 단체인 '동물구호운동Animal Save Movement'은 비질vigil을 정기적으로 시행하며 도살장으로 향하는 돼지들을 위해 슬퍼한다. 이러한 평화로운 시위는 전 세계적으로 이어져 900개가 넘는 단체에서 동물의 고통, 착취, 죽음을 목격하고 증언하는 정기적인 비질을 열고 있다.

기후 비상사태에 대한 경각심을 높이기 위해 비폭력 시위를 진행하는 활동가들의 탈중심화된 전 지구적 네트워크인 '멸종반란' 또한 공적인 애도 의례를 거행해 왔다. 그들은 거리에서 슬픔을 드러내는 의식을 치른 후 장례 행렬을 이어 갔다. 런던에서 열린 한 추모 행사는 수만 명의 사람을 불러 모았다. 그들은 멸종으로 인한 상실을 기억하기 위해 인형, 깃발, 현수막 같은 것들을 가져오도록 권유했다. 주최측은 참여자들에게 "여러분 문화의 애도 의례에 따라 자신을 표현하세요. 자연에서 시작해서 자연에서 끝내세요. 우리는 지구상의 생명체를 위한 슬픔, 분노, 사랑으로 뭉칩니다"라고 말했다.

너무도 많은 존재들이 고통을 겪고 죽으며 그들의 죽음은 우리를 괴롭게 하지만, 인간과 동물, 그리고 인간과 인간의 관계가 오직 애도에만 그쳐서는 안 된다. 상실이 발생하면 감정적이고 신체적으로 그 상실을 받아들이고 처리하는, 즉 소화하는 과정이 필요하다. 빙하가 녹고 서식지가 파괴되면서 죽는 동물뿐만 아니라 공장식 축산농장과 실험실에서 고통받다 죽는 동물들에 대해 우리는 공동으로 소화할 필요가 있다. 어쩌면 우리는 우리의 슬픔을 공유하고 죽은 자들을 추모하며 애도하기 위해 비건 축제 관행이라는 의례를 발전시킬 수도 있다. 집단적인 슬픔은 우리의 뒤얽힌 삶의 위태로움과 연약함을 기리는 한 방법을 제시한다.

감사의 말

나는 내가 2011년 웨슬리언에서 공동 주최한 섹스/젠더/종 컨퍼런스에서 인상적인 발표를 해 준 스타네스쿠에 대한 응답으로 이 문제에 관해 생각하기 시작했다. 슬픔과 애도에 대한 성찰을 지속하도록 자극해 준 스타네스쿠에게 감사한다. 마티 킬의 죽음, 그리고 이를 슬퍼하는 동안 에코페미니스트들과 나눈 지지는 내 생각이 구체적으로 나아가도록 했으며, 특히 킬의 상실을 애도하는 동안 나를 보살펴 준 캐럴 J. 애덤스에게 감사를 전한다. 이 글의 첫 번째 버전은 퍼지에게 바쳤었다. 삶의 기쁨, 한없는 사랑, 그리고 초판 편집이 마무리 될 무렵 겪은 가슴 아픈 죽음으로 퍼지는 내게 지대한 영감을 주었다. 그 후로 나는 사랑하는 매기를 잃었고 매기를 위한 애도를 계속하고 있다. 나는 생츄어리가 슬픔을 실천하는 방법에서 많은 것을 배웠다. 애도하면서 동시에 진심 어린 돌봄을 계속할 수 있는 강력한 모델을 보여 준 바인 생츄어리의 인간과 비인간, 침프 헤이븐Chimp Haven의 침팬지와 인간 들에게 감사한다.

수지 곤잘레스, 〈어머니Mother〉

제2부 맥락

제2부 '맥락'에는 맥락이 바뀔 때 우리의 윤리적·정치적·인식론적 헌신이 어떻게 도전받고 변화하는지 탐구하는 글들이 담겨 있다. 맥락에 대한 관심은 에코페미니즘 이론과 실천에서 중요한 부분이다. 우리의 사회적·역사적·문화적 믿음과 가치가 변화하면 상황을 분석하는 방식과 행동 전략도 반드시 변해야 한다. 그러한 중요한 변화를 보여 주는 최근의 한 사례가 바로 '그he'와 '그녀she' 이외에도 단수형 대명사로서 '그they'를 사용하는 것이 받아들여졌다는 것이다. 우리가 에코페미니즘의 렌즈를 통해 작업을 계속해 온 30년 넘는 시간 동안 섹스와 젠더에 관한 우리의 이해는 상당히 변화해 왔다. 에코페미니즘은 고정적이거나 독단적인 관점이 아니라, 근본적으로 변화하는 맥락에 주의를 기울이는 관점이다. 에코페미니스트 마티 킬이 주장했듯 환경 윤리와 동물 윤리에서 흔히 제시하는 보편적 입장은 문제가 어떤 특정한 맥락에서 발생했는지 질문하는 더 큰 서사를 축약한다. 맥락에 대한 의식은 해방 투쟁을 특징짓곤 하는 보편화라는 처방에 대한 중요한 대항책이 될 수 있다.

이 글들은 원칙과 특수성, 보편주의와 맥락주의, 그리고 인종, 섹스, 젠더, 섹슈얼리티, 종의 이데올로기가 만들어 낸 복잡성에 관한 질문을 다룬다.

제2부의 저자들이 사용한 방법론은 '응용 윤리'나 그와 유사한 것들과 혼동되어서는 안 된다. 에코페미니즘은 이론에서 출발해 구체적이고 맥락적인 관심사로 나아가는 것이 아니기 때문이다. 이 글들을 '맥락'이라는 이름으로 엮은 구성이 이러한 문제들이 추상적인 이론의 실천적 적용을 나타낸다는 오해를 불러일으키지 않기를 바란다. 우리는 에코페미니즘을 이론과 실천practice이 항상 상호적으로 영향을 미치는 프락시스praxis의 한 유형으로 간주한다.

9장. 동물 상호 간의 도덕적 갈등과 도덕적 보상

행동에 대한 맥락화된 에코페미니즘적 접근

캐런 S. 에머먼

인간과 비인간 동물 간의 이해관계 갈등(내가 동물 상호 간의 이해관계 갈등이라 부르는 것)에 대한 전통적 접근은 일반적으로 오직 한쪽만이 이길 수 있는 시나리오에서 인간의 이익과 비인간 동물의 이익이 충돌하는 딜레마를 제시하는 데 집중한다. 일반적으로 이 딜레마는 예측 가능한 과정을 따르는데, 문제를 보는 관습적인 방식에 기초해 매우 명확히 정의된 두 선택지가 제시되고, 우리는 이 두 선택지 중에 하나를 택해야 한다. 예를 들어, 우리는 알 수 없는 이유로 정원을 초과한 구명정 안에 이름도 서사도 없는 미지의 개와 인간 들과 함께 있다고 가정된다. 우리가 할 일은 도덕적 추론을 통해 어느 쪽을 배 밖으로 밀어내 다른 탑승자들의 지속적인 삶을 보장할지 결정하는 일이다.

에코페미니즘 동물 이론가들은 도덕적 숙고에 대한 이러한 지배적인 접근 방식에 오랫동안 불만을 표현해 왔다.[1] 이 이론가들은 맥락과

1 내가 '에코페미니즘 동물 이론'이라는 표현을 사용하는 이유는 모든 에코페미니즘 이

1988년 『힘을 가진 여성: 페미니즘, 영성, 정치 잡지(Woman of Power: A Magazine of Feminism, Spirituality, and Politics)』가 "자연" 호를 출간했다. 동물권에 대한 잉그리드 뉴커크(Ingrid Newkirk)의 글과 함께, 빅토리아 모런의 아이를 채식주의자로 키우기 위한 가이드라인이 실렸다. 이 글에서 그는 동물을 돕는 최선의 방법은 폭넓은 에코페미니즘적 가치관을 받아들이는 것이라고 주장했다.

서사의 필요성을 강조하며, 동물 상호 간의 갈등이 사회적·경제적·문화적·정치적 배경 조건 안에서 일어난다는 사실에 주목한다. 이러한 배경 조건이 제공하는 정보가 소거된 딜레마를 고려하는 일은 마티 킬이 썼듯 "추상화의 폭력"(1993, 255)에 관여하는 것이다. 여러 에코페미니스트들과 마찬가지로 킬은 우리가 그러한 질문들에 관여하기를 단호히 거부해야 한다고 제안한다(259). 나는 이처럼 추상적인 양자택일의 방식으로 사례에 관해 이야기하는 것은 오로지 두 가지 선택지에만 집중하고 애초에 우리가 어떻게 특정한 딜레마에 처하게 되었는지와 같은 잠재적으로 중요한 세부사항을 무시함으로써 부실한 논의를 부추긴다는 데 동의한다. 게다가 동물 상호 간의 이해관계 갈등에 관한 논의는 인간의 이해관계가 비인간 동물의 이해관계보다 중요하다는 우리의 직관을 이끌어 내려는 목적 아래 이 두 이해관계를 대립하는 것으로 설정하는 경향이 있다. 하지만 이러한 방법론은 그 정도의 추상화를 통해 사례에 접근하는 것이 도덕적으로 문제가 없다는 의심스러운 관념에 기초한다.[2] 에코페미니즘적 접근은 갈등을 이처럼 추상적이고 비현실적인 방식으로 묘사하는 것에 저항하며, 대신에 어떤 사례와 관련된 모든

론이 동물에 대한 관심을 포함하는 것은 아니기 때문이다. 그레타 가드는 동물의 억압을 에코페미니즘이 다루어야 할 필수 문제로 여기는 에코페미니즘 이론을 분명히 표현하기 위해 '채식주의 에코페미니즘'이라는 용어를 사용한다(2002). 이 글 전반에 걸쳐 나오는 표현인 '에코페미니즘적 접근'은 에코페미니즘 동물 이론적 접근이라는 긴 단어의 약칭이다. 나는 내가 동물의 이해관계를 진지한 숙고에 포함시키는 에코페미니즘 분석을 제시한다는 것을 독자들에게 분명하게 밝힌다.

2 로리 그루언은 구명정 사례를 통해 윤리적 탐구를 시도할 때의 문제점을 논의한 바 있다(1991, 352). Francione 2004, 133; Mellon 1989 제3장 참조.

특징에 주의를 기울일 것을 요구한다.[3]

이것이 동물 상호 간의 갈등에 관한 논의가 어떻게 수행되어야 하는지에 대한 지적이라면 나는 이에 전적으로 동의한다. 맥락화된 설명을 하는 에코페미니스트들은 허구적인 이분법에서 비롯되거나 서사 없이 제시되는 질문에 관여하기를 단호히 거부한다. 하지만 나는 애초에 우리가 어떻게 그 혼란스러운 상황에 처하게 되었는지에 관한 물음에 집중하기를 원하는 경향을 따르지 않을 것이다. 이러한 경향은 갈등의 구체적인 사례에 대한 논의가 앞으로 나아가도록 하는 데 실질적인 지침이 되지 않을 수 있기 때문이다. 우리는 각각의 의사결정을 내려야 하는 지점에 놓일 때, 우리의 직접적인 통제권 훨씬 너머에서 작동하는 시스템 안에 이미 속해 있다. 이 시스템은 사안에 관심을 가지는 시민들보다 권력을 쥔 로비스트들에게 더 반응하는 정부와 거대하고 대체로 초국적인 기업의 탐욕에 의해 추동된다.[4] 이러한 조건 아래에서 우리가 어떻

1988년 반다나 시바(Vandana Shiva)의 『살아남기(Staying Alive)』가 출간되었다.

---

3 하인츠 사례에 관한 캐럴 길리건의 논의 참조(1982, 25–31). 하인츠가 값을 치를 여유가 없는 약을 훔치거나 약 없이 아내가 죽어 가는 것을 두고 보아야 하는 상황에 놓였을 때, 많은 여성들은 왜 하인츠가 약값을 벌기 위해 일을 할 수 없었는지, 약사에게 외상을 부탁할 수는 없었는지 등과 같은 추가 정보를 원했다. (약을 훔치거나 아내가 죽게 내버려두는) 두 선택지만이 제시된 상황에서, 응답자들은 더 많은 정보를 요구한 것이다.

4 이는 동물 실험이 잘못되었다는 피터 싱어와 톰 리건의 주장은 특정 상황에서 우리 대부분이 어떻게 행동해야 할지 지침을 주지 않는다는 로잘린드 허스트하우스Rosalind Hursthouse의 말과 어느 정도 상통한다(2006). 실제 생체해부자들과 실험실 기술자들을 제외하고, 동물 실험을 하지 않기로 선택하는 것이 우리에게 무엇을 의미하는지는 불분명하다. 물론 우리는 동물 실험을 거쳐 생산된 제품 등의 사용을 삼갈 수 있으나, 의료 산업 복합체가 우리보다 훨씬 더 강력하고 우리의 선택을 상당히 제한하는 한 동물 실험의 특정한 양상을 선택하지 않는 것은 때때로 불가능하다. 수십 년간 병원에서 삽관을 받은 이른둥이는 수년간 소아과 수련병원에서 페럿과 같은 작은 동물에게 행해지는 기

게 이 같은 혼란에 빠지게 되었는지 질문하는 것은 분명 중요하다. 돼지의 심장 판막과 딸의 생명 사이에서 재빨리 결정을 내려야 하는 어떤 부모에게 왜 돼지의 판막이 유일하게 가능한 선택지인지 고민하는 일은 어떤 선택지가 가능하고 그 이유는 무엇인지에 관한 보다 광범위한 논의의 일부분으로서 중요성을 가진다. 그렇지만 그 결정의 순간에 부모는 [실질적으로—옮긴이] 무엇을 해야 하고 이를 어떻게 느껴야 할지 알 필요가 있다.

에코페미니즘 동물 이론은 허구적인 이항 대립 딜레마와 축약된 서사에 초점을 맞춘 동물 상호 간의 이해관계 갈등에 대한 전통적인 접근 방식에서 벗어나 논의를 전환하는 원동력이 되어 왔다. 이후 에코페미니즘 문헌들은 구체적인 사례에 관여하는 것을 피하는 경향을 보여 왔다. 이 글에서 나는 이러한 경향을 극복하고 동물 상호 간의 이해관계 갈등에 관한 에코페미니즘적 접근 방식이 특정한 갈등 사례에 직면했을 때 어떻게 작동하는지 보여 주고자 한다. 우리는 축약된 서사와 허구적인 구명정 딜레마에 관여하기를 전적으로 거부해야 한다. 그리고 착취와 주변화에 관해 맥락적인 세부사항이 드러내는 것은 무엇인지, 또한 그것들이 우리가 직면한 딜레마를 만들어 내는 데 어떤 영향을 미쳤

관 내 삽관술 실습의 혜택을 받았다. 이러한 실험은 다행히도 비동물 모형에 행해지는 것으로 바뀌고 있다. 그러나 실제로 결정을 내려야 하는 순간에 신생아집중치료실에 있는 부모 입장에서는 동물 실험에 반대해야 한다는 일반적인 지침을 가지고 어떻게 해야 할지 알기 어렵다. 허스트하우스가 짚었듯 행동주의와 인식 제고의 선택지는 풍부하지만, 우리는 종종 우리가 처한 직접적인 상황에서 특정한 관행을 완벽히 벗어날 수 없다는 문제가 여전히 남아 있다.

는지에 주의를 기울이는 일 역시 중요하다. 동시에 비인간 동물을 사용하고 남용하는 일이 아주 흔히 일어나기 때문에 갈등의 사례는 예외적이지 않고 일반적이다. 우리는 우리가 이미 아는 것을 알려줄 뿐인 극적인 구명정 사례가 필요하지 않다. 우리는 동물이 겪는 불필요한 고통을 끝내는 데 굳게 헌신하는 이들조차 자신에게 가능한 모든 선택지가 어떤 방식으로든 동물에게 해를 입히게 되는 상황에 종종 부딪힌다는 사실을 알고 있다.[5] 동물 상호 간의 이해관계 갈등에 관한 에코페미니즘적 접근은 그러한 딜레마를 만들어 낸 세계관에 주의를 기울이도록 독려해야 한다. 그렇지만 이에 더해 실제 사례에 적용되는 에코페미니즘 이론은 우리가 무엇을 해야 하는지, 우리의 도덕적 선택에 대해 어떻게 느껴야 하는지, 우리가 최선을 다해 선택을 내렸더라도 어떤 다른 도덕적 작업이 남아 있지는 않은지에 관해 맥락이 말해 줄 수 있는 것들을 알게 해 준다. 이러한 이론적 렌즈는 활동가들에게도 유용할 수 있는데, 우리가 어떤 특정한 방법을 추구하는 데 충분히 헌신하기만 한다면 동물 상호 간의 갈등에서 완벽히 깔끔하게 벗어날 수 있다고 주장하는 활동가 공동체의 경향을 억제하는 것을 도울 수 있다는 점에서 그러하다.[6]

행동에 관한 에코페미니즘적 접근 방식을 고찰하기 전에, 나는 동물

5 Curtin 1991 참조.

6 여기서 나는 수년 전 비건 리스트서브에서 받았던 조언을 떠올리고 있다. 나는 비타민 D3의 비건 공급원을 아는 사람이 있는지 물었는데, 내가 들은 대답은 비건 보충제는 없으며 한낮에 자외선차단제를 바르지 말고 밖에 나가 햇볕을 쬐라는 것이었다. 또한 그 사람은 사람들이 자외선차단제를 사용해야 한다는 것을 지나치게 심각하게 받아들인다고 말했다. 이 말은 비건 D3 보충제가 없는 상황에서 발생하는 진정한 도덕적 딜레마가 있을 수 있다는 현실을 고의적으로 부정하는 것처럼 느껴졌다.

1989년 바버라 노스케(Barbara Noske)의 『인간과 동물: 인류학의 경계를 넘어서(Humans and Other Animals: Beyond the Boundaries of Anthropology)』가 출간되었다.

상호 간의 이해관계 갈등에 관한 그러한 접근 방식의 주된 특징을 언급하고자 한다. 여기서 이러한 특징들을 강력하게 옹호할 여유는 없다.[7] 우선 나는 그 특징들이 무엇인지 간단히 설명할 것인데, 이로써 우리는 그 이론이 실제로 어떻게 작동하는지를 생각해 볼 수 있다. 여느 이론적 접근 방식과 마찬가지로 인간/동물의 상호작용을 사유하는 에코페미니즘 방법론을 정의하는 단일한 특징은 없다. 내가 여기서 제시하는 관점은 모든 에코페미니즘 이론을 대변하는 것이 아니다.

다른 많은 에코페미니즘 동물 이론가와 마찬가지로, 동물 상호 간의 이해관계 갈등에 관해 내가 지지하는 접근 방식은 비위계적이고, 도덕적 중요성에 관해 다원주의적이며, 가능한 한 모든 당사자의 이해관계가 담긴 전체 그림을 얻기 위해 갈등과 연관된 특징들 사이를 이동하는 것과 같이 맥락적이다(Emmerman 2012).[8] 이 과정은 다른 무엇보다도 인간과 비인간 동물의 이해관계에 대한 세부적인 설명을 포함하며, 그 세부사항을 역사적·정치적·사회적 맥락에 위치시키고, 우리가 어떻게 처음부터 그 갈등 상황에 들어서게 되었는지와 같은 어려운 질문을 던진다. 이는 또한 서로 맞물려 있는 억압, 우리의 숙고에서 특권이 기능하는 방식, 그리고 주의 깊은 문화횡단적 소통의 필요성에 대한 깨달음을 포함한다. 이는 맥락화된 관점이 무엇을 의미하는지 보여 준다. 이 접근

---

7 내가 언급한 에코페미니즘적 접근의 전체 논의와 그 특징에 대한 옹호는 Emmerman 2012 참조.

8 동물 윤리에 관한 다원주의적이고 맥락적이고 비위계적인 접근에는 많은 사례가 있다. Curtin 1991; Donovan and Adams 2007; Donovan 1990; Gaard 1993, 2001, 2002; Gruen 1993, 2004, 2011; Kheel 1985, 1993; Luke 1995, 2007; Slicer 1991 등 참조.

은 다양한 원천(감응력, 자기 자신의 안녕, 사랑과 돌봄의 관계 등)에서 발생하는 도덕적 중요성을 인정한다는 점에서 다원주의적이다. 전통적인 도덕 이론 안에서 작업한 초기 동물 이론가들(예컨대 피터 싱어나 톰 리건)이 오직 이성에만 의존해 동물의 도덕적 고려 가능성을 설명하는 반면, 에코페미니즘적 접근 방식은 무엇이 도덕적으로 중요한지 결정하는 데 있어 감정이 틀림없이 중요한 역할을 한다고 주장한다.[9] 마지막으로 이 접근은 어느 한 종류의 이익이나 생명체에 중심적인 위치를 부여하지 않기 때문에 비위계적이다. 나의 관점은 주어진 갈등을 고찰하기도 전에 미리 감응력 있는 생명체나 이익의 유형들을 서열화하는 도덕적 위계를 상정하지 않는다.[10] 이는 인간의 생명이 동물의 생명보다 명백히 더 가치 있는 것은 아니라는 사실을 의미한다. 물론 어떤 갈등 상황에서든 다양한 이해관계들 중에서 어떤 이해관계가 더 우선하는지 고려해 결정을 내려야 한다. 여러 이해관계나 생명 형식과 관련해 보편적으로 구속력을 지니는 위계구조를 지지하기보다 나는 그러한 고정된 서열화 없이 차이를 인식하는 방법론을 선호한다. 종과 개체에 따른 차이는 그들의 욕구와 능력을 이해하도록 도울 뿐, 그러한 종과 개체 들을 도덕적 중요성의 수준에 따라 서열화하는 것을 정당화하지 않는다.[11]

---

9 동물 윤리에 관해 이성만을 강조하는 접근으로 Singer 1990, 1994; Regan 1983 참조. 내가 전통적인 동물 이론이라 언급할 때 나는 이러한 종류의 관점을 말하는 것이다. 도덕적 숙고에 있어서 감정의 중요성에 관한 훌륭한 논의는 Donovan 1990; Gaard 2002; Gilligan 1982; Gruen 1991, 1993, 2004; Held 1995; Luke 1995, 2007; Kheel 1985, 1993; Slicer 1991; Walker 1989, 1995 참조.

10 그러한 위계에 의존하는 이론의 두 가지 예는 Varner 2012, Warren 1997 참조.

11 추후 나는 감응력 없는 생명체에 대해서는 어떻게 말해야 할지 더 생각해 보려 한다. 나

1989년 도나 해러웨이(Donna Haraway)의 『영장류의 시각: 근대 과학 세계에서의 젠더, 인종, 자연(Primate Visions: Gender, Race, and Nature in the World of Modern Science)』이 출간되었다.

동물 상호 간의 갈등에 대한 나의 에코페미니즘적 접근은 또한 도덕적 잔여를 인식하는 일과 우리가 해를 끼쳤을 때 도덕적 보상moral repair을 하는 작업에 주의를 기울이는 일의 중요성을 강조한다.[12] 우리의 이해관계가 때때로 다른 누군가의 이해관계와 충돌한다는 것은 인간으로 산다는 것 자체에 따르는 대가다. 우리는 자주 다른 존재에게 해를 끼칠 것이다. 우리의 선택에서 우리가 궁극적으로 정당화되건 아니건 간에 이러한 선택이 도덕적으로 중요한 타자들에게 부수적인 피해를 입히는 것은 피할 수 없다. 그러한 피해를 인식하고 그것이 정말 무엇인지 살피며 그에 대해 우리가 할 수 있는 것은 무엇인지 직시하는 일은 동물 상호 간의 갈등을 다루는 데 있어 핵심적인 부분이다. 우리의 선택과 행동의 결과로 때로는 비인간 동물이 손해를 보게 될 것이고, 때때로 우리가 알지 못하는 인간들이 손해를 보게 될 것이며, 때로는 우리가 사랑하고 아끼는 인간이나 비인간이 손해를 보게 될 것이다. 우리는 피해를 축소하려 최선을 다할 때조차 도덕적 잔여가 종종 도덕적 삶의 일부로 존재한다는 사실을 받아들여야 한다. 이는 인간 상호 간의 영역에서만큼이나 동물 상호 간의 영역에서도 진실이다.[13] 주어진 선택지 중 최선의

는 한 형태의 위계를 다른 형태의 위계로 대체하는 일의 위험성을 뚜렷이 의식하고 있으며, 그렇게 하기를 정말 피하고 싶다(이 위험성은 킬의 글(1985)에 친절하게 서술되어 있다). 그렇지만 나는 감응력 없는 생명체에 대해 정확히 어떻게 말해야 할지 아직 잘 모르겠다.

12 나는 '도덕적 보상'이라는 표현을 Walker 2006에게서 빌려 왔다.

13 도덕적 중요성의 수준에 따라 감응력 있는 생명체들을 서열화하는 도덕적 위계의 문제는 한편으로 그것이 동물과의 상호작용과 관련된 잔여를 보지 않도록 가르친다는 데 있다. 만약 우리가 인간보다 고양이를 도덕적으로 덜 중요하다고 생각하면, 고양이

선택지를 골랐다는 사실이 우리가 가능한 최선의 대안을 고르면 '말끔히 해결되었다'고 말할 수 있게 된다는 것을 보장하는 경우는 거의 없다. 도덕적 작업은 아마도 남아 있을 것이다. 마거릿 어반 워커는 다음과 같이 말한다.

> 만약 도덕적 삶이란 것이 도덕적 이해 과정에서 관계를 구성하고 관계에 반응하며 관계를 재구성하는 조직으로 보인다면, 우리는 잔여물과 나머지를 예외가 아닌 통상적인 것으로 예상해야 한다. 누군가의 선택이란 보통 여러 불완전한 응답 중에서 하나를 고르는 것이고, 이는 결코 모두 충족될 수 없는 여러 요구 중 일부에 대한 응답일 뿐이다. 따라서 완수되지 않은 일과 진행 중인 일, 보상compensation과 배상, 지연과 회귀도 흔히 있을 것이다.(1995, 145)

동물 상호 간의 이해관계 갈등에 대한 다원주의적이고 비위계적이며 맥락화된 접근은 갈등의 **모든 측면**에서 이해관계의 복잡성과 복수성을 인식하는 데 도움을 주고, 다른 존재들에 대한 처우를 더욱 정직하게 바라보도록 강제한다. 도덕적 삶은 대개 잔여를 예외가 아니라 표준으로 인식하는 것과 관련된다.[14]

동물 상호 간의 이해관계 갈등에 대한 모든 접근법은 이러한 현실을

의 이익보다 인간의 이익을 우선하도록 허용하는 게 더 정당하다고 느낄 것이다. 이 정당하다는 느낌은 결국 갈등 상황에서 고양이의 이익이 좌절될 때 고양이와 관련해 이루어질 수 있을 더 많은 도덕적 작업을 살피지 못하게 한다.

14 나는 **언제나** 도덕적 잔여가 있다고 주장하지 않는다. 내가 친구와 약속을 하고 그 약속

1989년 마조리 스피겔(Marjorie Spiegel)의 『두려운 비교: 인간과 동물 노예제(The Dreaded Comparison: Human and Animal Slavery)』가 출간되었다.

진지하게 받아들여야 하며, 잔여라는 문제를 정면으로 다루어야 한다. 그렇지 않은 관점은 현실과 동떨어져 있는 것이다.[15] 버지니아 헬드가 주장했듯 이론은 실제의 살아 있는 경험lived experience에 의해 검증되어야 한다(1995). 도덕 이론은 우리가 그럴 수 있다고 말할지라도, 살아 있는 경험은 많은 경우 우리가 단순히 선을 극대화하거나 합리적 행위성을 존중하거나 애정 어린 관심을 보이며 손쉽게 다음 단계로 나아가지 않는다고 말한다. 우리는 직접 경험했기에 도덕적 잔여가 도덕적 삶의 일부임을 안다. 적절한 이론이라면 이를 단지 결벽증적이거나 감상적이라 생각하는 것을 넘어 이 경험에 대해 말할 수 있을 것이다.

에코페미니즘적 접근 방식의 이러한 특징을 염두에 두면서, 이제 이러한 접근이 갈등의 구체적인 상황에 대해 무엇을 말할지 생각해 볼 수 있다. 물론 여기에는 방법론적 긴장이 존재한다. 에코페미니즘적 설명의 주된 특징은 이해관계를 사회적·정치적·문화적·경제적·관계적 맥

을 지키기로 한다면 그 과정에서 나는 어떤 도덕적 잔여도 만들지 않을 것이다. 하지만 동물 상호 간의 갈등 상황에서 도덕적 잔여는 예외가 아니라 표준일 가능성이 더 높다. 우리는 우리가 직접적으로 통제하기 극히 어려운(혹은 불가능한) 착취의 시스템 안에 속해 있다. 따라서 우리가 심각한 해를 가하지 않고 동물 상호 간의 갈등에서 벗어날 수 있는 좋은 방법은 없을지 모른다. 게다가 동물의 이해관계에 강력히 주의를 기울이는 일이 여전히 일반적인 도덕성의 주변부에 있다는 점을 고려하면, 특히 사랑하는 사람이나 공동체의 일원으로 이루어진 인간 상호 간의 영역에서 문제를 일으키지 않고 동물에 주의를 기울이는 일은 어려울 것이다(Emmerman 2019). 비건들이 명절에 관해 쓴 블로그 글을 읽어 보기만 해도 이 사실을 확인할 수 있다.

15 샤론 비숍Sharon Bishop은 원칙에 기반한 이론이 어떻게 후회와 죄책감의 감정을 다루는(데 실패하는)지 철저히 논의했다(Bishop 1987). 나는 비숍이 비판한 종류의 관점에서 벗어나 후회를, 그리고 용서나 보상 행위의 적절성을 더 쉽게 인정할 수 있는 관점으로 나아가고자 한다.

락에 놓인 것으로 다룬다는 데 있다. 이는 불가피하게 축약된 가설적인 사례에 대한 지나친 논의가 이러한 접근 방식과 대립한다는 것을 의미한다. 나는 내가 맥락적 복잡성을 가능한 한 많이 이해하는 자전적인 사례에 초점을 맞춤으로써 이 미묘한 균형을 다루기로 선택했다. 나는 축약된 서사를 사용할 필요가 없다. 나는 나의 갓난 아들을 먹이는 일의 딜레마를 논의하려 한다. 그 사례는 다음과 같다.

2006년 나는 임신 33주차에 아무런 전조 증상 없이 아들을 조산했다. 나는 아이에게 모유 수유를 하고 싶었지만, 아이를 조산한 다른 몇몇 엄마들처럼 그럴 수 없었다.[16] 나는 병원에서 유축기를 받고 수유 컨설턴트의 상담을 받았다. 하지만 2주간 밤낮으로 세 시간마다 모유를 짜내는데도 아무 결과가 없자 컨설턴트들은 내게 다른 선택지를 찾아볼 것을 제안했다. 그 2주 동안 아들은 분유를 먹고 있었다. 나는 비건이고 나의 아이도 비건으로 기르기로 결심했기 때문에 신생아집중치료실 NICU 측에 아들에게 콩으로 만든 분유를 제공해 달라고 요구했다. [그러나 — 옮긴이] 2006년에 비동물성 원료에서 비타민 D3를 얻는 것은 불가능했다. 비타민 D3가 함유되지 않은 영유아용 분유는 없었다. 나는 양의 라놀린[17]에서 추출한 D3가 들어 있는 콩 분유를 찾을 수 있었고, 내가 할 수 있는 최선의 선택을 내렸다.

나는 다른 살아 있는 존재에게 폭력을 가하지 않는 삶을 살기 위해 가

16 내가 처했던 상황은 아들이 일찍 태어났다는 점과 무관한 생리학적인 문제로 복잡했었다. 이른둥이를 둔 많은 엄마들은 적절한 도움을 받아 모유 수유에 성공할 수 있다.

17 양털 표면에 붙어 있는 지방질 분비물을 정제한 기름으로, 연고와 화장품, 그리고 비타민 D3 보충제를 만드는 데 자주 사용된다. — 옮긴이.

능한 한 최대한 노력하는 사람이다. 양모를 위해 길러지는 양은 끔찍한 대우를 받고 살아 있는 동안 엄청난 고통을 겪는다.[18] 이 상황은 내게 상당한 괴로움을 안겨 주었다. 에코페미니즘적 접근 방식은 이 상황에 대해 어떻게 말해야 할까?

이 접근 방식은 비위계적이기 때문에, 나는 아들이 먹을 분유를 만들기 위해 이용되는 양보다 내 아들이 더 도덕적 중요성을 지닌다고 이 갈등을 축소할 수 없다. 그는 나의 아들이고 나는 그의 엄마이기 때문에 내 아들은 **내게** 양보다 더 중요하고, 이는 분명 나의 결정에 영향을 미친다. 하지만 그가 단지 인간이라는 이유로 양보다 더 도덕적으로 중요하다고 할 수는 없다. 그러므로 인간 아이를 먹이는 것과 양을 해치는 것 사이의 갈등에서 그 아이가 양보다 도덕적으로 더 중요하기 때문에 우선해야 한다고 말하는 것은 옳지 않다.

그럼에도 라놀린에서 유래한 D3에 대한 항의의 표시로 아들에게 아무것도 먹이지 않기로 선택함으로써 그가 굶어 죽게 내버려두는 일이

---

18 진 바우어Gene Baur는 "양모 생산에서도 잔혹성은 나타난다. 메리노 양의 피부 주름에 꼬이는 파리 문제를 줄이기 위해 (…) 생산자들은 '뮬징mulesing'을 실행한다. 양의 다리 뒷부분과 엉덩이 부분을 매끄러운 피부로 만들기 위해 마취제나 진통제 없이 살점들은 말 그대로 잘려 나간다. 또한 파리 문제를 통제하기 위해 양의 꼬리를 자르는 일도 흔하다"고 말한다(2008, 79). 이러한 대우는 메리노 양에게만 국한되지 않는다(Farm Sanctuary 2021 참조). 또한 양모를 위해 사용되는 양과 식용으로 사용되는 양은 서로 연결되어 있다. 양이 양모를 생산하는 '나이를 넘어서면' 식용으로 사용되기 위해 도살되고, 양모 산업용으로 길러진 양에게서 태어난 새끼 양들은 식용으로 소비되기 위해 운반되고 도살되는데, 이들은 때때로 산 채로 매우 먼 거리를 이동하기도 한다. 양모의 수요가 줄자 양은 좋은 양털 생산과 양고기 공급이라는 이중 목적을 위해 유전적으로 변형되고 있다(Jones 2004).

선택지가 될 수 없음은 모두에게 너무나도 명백해 보이리라 나는 확신한다. 양과 마찬가지로 그 역시 (태어날 때부터 가능한 한) 다른 존재들과의 관계 속에서 살고 숨 쉬는 감응력 있는 존재이기 때문이다. 또한 그는 나의 아들로, 이는 나에게 그의 욕구를 살피고 가능하다면 언제나 그의 생존을 보장해야 할 책임이 있음을 의미한다.[19] 그가 나의 아들이라는 사실은 또한 그가 나와 무관한 낯선 사람이 아니라는 사실을 의미한다. 그는 우리가 몹시 기다려 왔던 사랑하는 나의 가족이다.

에코페미니즘 동물 이론가들은 여기서 몇 가지 질문들을 던지고 싶을 것이다. 예를 들어 D3의 비건 원료를 개발하는 데 왜 이렇게 오래 걸렸던 것일까? 혹시 이는 우리가 그러한 방식으로 양을 이용하는 것을 도덕적으로 문제가 없다고 당연하게 여겼기 때문이 아닐까?[20] 내가 애초에 조산아를 낳은 이유와 관련해 또 다른 종류의 도덕적으로 의심스러운 행동이 야기한, 꼭 다루어져야 할 환경적 원인이 있었던 것은 아닐까? 이 질문들은 타당하고 중요하다. 또한 동물 상호 간의 갈등에 대한 전통적인 접근은 이해관계를 단순하게 범주화하고 생명 형식의 도덕적 위계를 옹호하는 데 전적으로 집중하므로 위의 질문들을 조명하지 못했을 것이다. 이 질문들은 탐구되고 다루어질 필요가 있다. 그러나 상황의 긴급성을 고려하면 이에 대한 대답들은 나에게 도움이 되지 않았

1990년 조세핀 도노반(Josephine Donovan)의 「동물권과 페미니즘 이론(Animal Rights and Feminist Theory)」이 『사인스: 문화와 사회 속 여성 저널(Signs: A Journal of Women in Culture and Society)』에 발표되었다.

19 "가능하다면 언제나"라고 쓴 이유는 그가 불치병에 걸려 그의 생존을 보장하는 것이 불가능하거나 바람직하지 않은 경우가 있을 수 있기 때문이다.

20 공정하게 말해 태양은 D3의 비건 공급원이지만, 대부분의 영아들은 햇볕 쬐기를 선택할 수 없고 NICU의 인큐베이터에서 생활하는 신생아들에게는 틀림없이 그러하다. 비건 원료의 D3는 2011년쯤에 만들어졌다.

을 것이다.

당시 나는 아들에게 라놀린을 원료로 한 D3가 들어 있는 콩 분유를 주기로 결정했고, 동시에 그렇게 함으로써 양에 대한 존중과 관련된 도덕적 잔여를 남겼다는 사실을 인식했다. 그것은 내가 **실제로 했던** 일이지만, 나는 종종 그것이 내가 했어야만 했던 일인지 의문이 든다. 내 접근 방식의 지도 원칙은 우리가 감응력 있는 생명체에 해를 끼치지 말아야 한다는 것이다. 우리가 그러한 행위를 함으로써 그 생명체의 이익을 추구하거나 우리 자신을 보호하는 경우가 아니라면 말이다.[21] 따라서 라놀린에서 유래한 D3 분유의 사용은 심히 문제적이다. 이 접근 방식은 원칙과 세부사항 사이를 조율하기 위한 것이므로 이제 다음과 같은 사항들을 고려해야 한다. (1) 나는 아무리 최선을 다해도 모유 수유를 할 수 없었다. (2) 내 아들은 무언가를 먹지 않으면 죽었을 것이다. (3) 나는 과학적·문화적·종차별적인 이유로 완전한 비건 분유가 개발되지 않은 맥락 안에 놓여 있었다. (4) 나는 출산으로 지쳐 있었고 의학적으로 위태로운 상태여서 내 도덕적 힘의 정점에 있지 않았다. (5) 나는 구조적이고 감

---

21 도노반과 애덤스는 동물 윤리의 핵심 원칙을 다음과 같이 말한 바 있다. "감응력이 있는 생명체에게 나중에 더 큰 선이라는 결과가 돌아오지 않는 한 그들에게 해를 입히는 것은 옳지 않다. 직접적인 자기 보호나 자신이 개인적으로 책임을 지닌 누군가를 보호하는 것이 아닌 한 그러한 동물을 죽이는 것은 옳지 않다. 나아가 인간들은 어떤 이유에서든 스스로를 돌보지 못하는 동물들의 욕구와 소망을 최선을 다해 확인하고 자신의 능력 내에서 그 욕구와 소망에 따라 동물들을 돌볼 도덕적 의무가 있다. 마지막으로 사람들은 동물 학대에 일조하는 사람들에 반대하고 이들을 폭로할 도덕적 의무가 있다."(2007, 4) 내가 여기서 제안하는 관점은 도노반과 애덤스의 영향을 받았으나 원칙의 세부사항은 다소 수정했다.

정적인 문제가 얽힌 집중치료 시나리오의 맥락 안에서 이 결정을 내렸다. 이것들은 내가 그때 내린 결정을 돌아볼 때 과거의 나를 지나치게 비난하지 않는 이유다.

그렇지만 이것이 내가 아들에게 영양을 공급하기 위해 한 행위라면 무엇이든 정당화될 수 있다는 뜻은 아니다. 만약 의사들이 아들을 살릴 수 있는 유일한 방법이 옆 인큐베이터에 있는 아기를 죽이는 것이라고 제안했다면, 나는 이 선택을 받아들일 수 없었을 것이다. 우리가 사랑하는 존재를 위해 무엇까지 할 수 있는지에 대한 한계는 분명히 있다. 그러나 이는 당시 나의 판단에 있어 거리가 어떻게 영향을 미치는지에 관한 흥미로운 방식을 보여 주기도 한다. 만약 의사가 양을 방으로 끌고 와서 "자 이제 당신의 아들을 먹일 수 있도록 양모에서 라놀린을 가장 잘 얻어 내기 위해 마취 없이 양의 피부를 잘라 낼 예정입니다"라고 말했다면, 나는 다른 대안을 요구했을 것이다. 양의 도덕적 중요성을 존중하고 고통받지 않으려는 양의 욕망에 이입하는 마음이 그렇게 하도록 했을 것이다. 앞서 가정한 사례에서 옆 인큐베이터에 있는 낯선 아기에 대한 존중과 감정이입이 다른 대안을 요구하는 것처럼 말이다.

가장 분명한 대안은 인간의 모유 기부에 의지하는 것이었을 테다. 과거에 유모들은 자기 아이의 건강을 희생해 가며 종종 강압적이거나 강제적으로 더 부유한 가족을 위해 모유를 제공했어야 했는데(혹은 남북전쟁 이전 시기에는 '흑인 유모mammies'들이 노예 소유주들에게 모유를 제공했다), 이와 달리 현재 모유 기부는 완전히 자발적으로 이루어진다(Lubick 2020). 여분의 모유가 있는 여성들은 모유가 필요한 이들을 돕기 위해 모유를 기부하며, 이는 착취에 대한 걱정을 덜어 준다. 모유 기부라는 대안이 지금은 분명하지만, 내 접근 방식의 맥락적 특성은 도덕적 딜레마를 그것이 놓인 역사적 맥락 안에서 평가할 것을 상기시킨다. 2006년에 나는 내가 살던 지역사회나 내 아들이 치료받던 병원 중 어디에서도 모유 기부에 관한 이야기를 들어 본 적이 없었다. 아들이 있었던 NICU는 2012년 10월이 되어서야 인간 모유 은행을 활용하기 시작했다.[22] NICU가 정확히 왜 이른둥이를 위한 인간 모유 은행을 활용하지 않았는지는 불분명하다. 아마 비용과 관련된 우려, 주내州內의 부족한 모유 은행 수, 모유 수유 자체를 특별히 중요한 문제로 여기지 않았던 병원 직원들 등 복합적인 이유가 작용했을 것이다.[23] 병원이 공식적인 모유 은행 시스템을 통해 기부된 모유를 제공했더라면 나는 그것을 받아들였을 것이라 생각한다. 또한 기부자가 선별되고 모유가 살균된 것이 보증되었다면 나는 모유의 안전성에 마음이 놓였을 것이다.[24] 물론 그렇다 하더라도, 이른둥이지만 상대적으로 건강 상태가 양호한 내 아들은 기부 은행에서 모유를 받을 자격이 없었을지도 모른다. 기부 은행의 모유는 가격이 비싸고, 특정한 의학적 합병증에 걸릴 위험이 가장 높은 아기들에게만 제공

22 Ginna Wall, RN, MN, IBCLC, 저자와의 메일 교신, 2012. 12. 14.

23 2011년 모유 수유에 대한 공중보건국장의 보고서가 발표되고 나서야 기부 모유를 사용하라는 '공식' 권고가 나온 것으로 보인다(Wall, 저자와의 메일 교신, 2012.12.20.). 1974년부터 캘리포니아 모유 은행Mother's Milk Bank of California이 NICU에 기부 모유를 제공했으니, 일부 병원에게 이는 장벽이 아니었음이 분명하다(http://mothersmilk.org/about/).

24 물론 비건이 논비건 기부자로부터 모유를 받아도 되는가에 대한 문제는 답이 정해져 있지 않았다. 이 문제에 대해 일부 비건 육아 사이트에서 논쟁이 이루어지기도 했다(http://www.mothering.com/community/t/671974/vegan-infant-formula). 이 문제는 동물 상호 간의 갈등에서 완전히 벗어나는 것이 얼마나 어려운지 드러낸다.

된다.[25]

만일 여분의 모유가 있는 여성이 모유가 필요한 다른 엄마나 아기에게 모유를 기부하는 비공식적인 공유 시스템을 통해 모유가 제공되었다면 어떨까? 2020년에는 이러한 일상적인 모유 공유가 점차 일반화되고 있다. 지역사회 내에 여분의 모유가 있는 엄마들이 포스팅을 올리는 소셜네트워크 페이지들이 있으며 모유가 필요한 엄마들은 이를 통해 모유를 얻을 수 있다.[26] 2006년에는 모유를 기부하는 이러한 비공식적인 시스템이 내가 살아가는 양육 문화의 일부가 아니었다. 당시 누군가가 내게 모유 기부에 대해 묻는 일은 한 번도 일어나지 않았다. 하지만 일상적인 모유 기부를 선택하지 못한 것은 단지 역사적으로 그러한 시스템이 부재했기 때문만이 아니다. 거기에는 구조적이고 감정적인 장

---

25 모유 은행 시스템을 통해 얻을 수 있는 모유의 금액은 온스당 3달러에서 5달러 사이인데 비해, 분유의 가격은 온스당 0.15달러다. 2012년에 기부 모유는 "값비싼 의약품처럼 사용"되었다(Wall, 저자와의 메일 교신, 2012. 12. 17.). 2020년에도 기부 모유는 여전히 값비싼 의약품으로 여겨지지만, 내 아들이 치료받았던 NICU는 사용 지시를 확대했고 이전보다 많은 아기들이 기부 모유를 받을 수 있게 되었다(Josephine Amory, MD, 저자와의 메일 교신, 2020. 9. 1.). 내 아들은 더 값비싼 계약으로도 기부 우유를 받을 자격이 없었을지 모른다.

26 예를 들어 8만 명의 팔로워가 있는 '아기를 위한 모유Human Milk for Human Babies' 페이지 www.facebook.com/hm4hb/와 www.eatsonfeets.org가 있다. 두 그룹은 2010년에 시작해 지난 10년간 크게 성장했다. 어떤 여성들은 모유를 교환하기 위해 페이스북의 이웃 그룹이나 '소비하지 않기buy nothing' 그룹을 이용하기도 한다. 대부분의 비공식적인 모유 나눔에서는 돈이 오가지 않는다. 일상적인 모유 수유의 최근 추세에 관한 정보를 제공해 준 제니퍼 멘델슨Jennifer Mendelson과 조이 맥태비시Joy MacTavish, 국제모유수유전문가협회IBCLC에 감사를 전한다. 비공식적인 모유 나눔에 관한 인류학적 연구는 Lubick 2020 참조.

1990년 전미여성학회(The National Women's Studies Association) 에코페미니스트 테스크포스가 전미여성학회 학술대회에서 「음식 비폭력을 위한 결의안(Resolution for Dietary Nonviolence)」을 발표했다.

벽도 작용했다.

구조적인 층위에서 여러 NICU들이 검증되지 않은 기부 모유를 필요로 하는 가족들에게 응대하는 방식은 서로 상이하다. 내 생각에 2006년에 그러한 요구를 했다면 내 아들을 진료하는 의료진은 매우 강력히 반대했을 것이다.[27] 그런데 나의 경우에는 이러한 구조적 문제를 넘어서는 한계가 존재했을 수 있다. 만약 병원에서 내가 일상적인 기부를 통해 모유를 얻는 것을 허용했더라도, 내가 그 기회를 붙잡았으리라 상상하기 어렵다. NICU에서 아기를 키우는 일은 사람을 매우 두려운 상황에 처하게 한다. 아이의 예후가 좋다고 하더라도 그 환경에서 죽음과 생명의 연약함에 대한 생각은 불가피하다. 내가 아들의 생명에 대해 이미 두려움을 느끼고 있었다는 사실을 고려해 보면, 나는 그의 미숙한 면역 체계가 검증되지 않은 모유에 노출될 수 있을 잠재적 위험을 받아들이지 않았을 것이다. 그러한 맥락에서 내가 아들의 죽음을 야기할 수 있는 선택을 내릴지 모른다는 생각은 감당하기에 너무 버거웠을 테다.

나의 접근 방식의 맥락적 특성은 내가 처한 조건들에 의해 내 선택이 어떻게 제한되는지 드러낸다. 2006년에 내가 처한 상황에서 콩으로 된 분유는 나의 비건으로서의 가치관에 최대한 부합하는 방식으로 아들

27 최근 정책은 부모가 의료진으로부터 위험성을 안내받고 위험/편익에 동의하는 서류에 서명한 후에 일상적인 기부를 통한 검증되지 않은 모유를 받아 먹일 수 있도록 허용한다(Josephine Amory, MD, 저자와의 메일 교신, 2020. 9. 1.). 일상적인 기부는 허용되지만, 일부 병원이나 의사들은 검증되지 않은 기부 모유를 사용하는 것을 부모에게 권장하지 않는다.

을 먹이기 위한, 정말 유일하게 합리적인 대안이었다.[28] 내가 당시 내릴 수 있는 최선의 도덕적 결정을 내렸다고 말할 수도 있을 것이다. 동시에 이 접근 방식은 내 결정에 의해 생긴 도덕적 잔여와 더불어 도덕적 보상의 작업을 들여다볼 필요성을 드러낸다.[29] 내가 앞서 제기했던 질문으로 돌아가야 한다는 사실이 분명해진다. 왜 우리는 비인간 동물을 자원으로 대우하는 세상에 살고 있는지, 왜 비건 분유는 쉽게 구할 수 없는지, 그리고 혹시라도 있을 환경적 요인이 애초에 조산에 기여하지는 않았는지와 같은 질문들 말이다. 나는 양에 대해서도 다시 생각해야 한다. 이러한 상황에서 나는 어떤 혹은 얼마나 많은 양이 영향을 받았는지 알 수 없다. 그러므로 바로 그 양(들)에게 어떻게 배상할 것인지 이야기하는 것은 설득력이 없다. 나의 상황과 자원을 생각한다면, 가축화된 양이 처한 조건을 개선하기 위해 일하는 단체나 구조된 양과 함께 지내는 생츄어리에 돈을 기부하는 방법이 있을 것이다. 상황의 구체적인 조건에 따라 어떤 배상이 적절할지에 대한 다양한 선택지가 있다. 하지만 내가 이 상황에서 피해를 입은 특정 동물에게 결코 배상할 수 없다는 사실

---

28 나는 물론 모유 기부에 관해 더 잘 알고 있으며 면역 문제를 덜 걱정하는 비건 엄마들의 경우 다른 선택을 했을 수 있다고 생각한다. 나는 다른 어떤 선택지도 합리적이지 않았다고 주장하는 것이 아니라, 그러한 상황에서 내린 나의 결정이 이해할 만하다고 말하려는 것이다.

29 여기서 더 깊이 들어갈 수는 없지만, 도덕적 보상 작업은 우리가 직면하는 딜레마의 종류에 따라 달라질 것이다. 어떤 딜레마들은 매우 견고히 자리 잡은 사회적·문화적 시스템에서 비롯하는 반면, 어떤 것들은 그러한 구조에 변화를 일으키는 것으로 해결되지 않는다. 내 상황은 이 두 가지에 모두 조금씩 걸쳐 있었다고 분석된다. NICU 환경에서 모유 기부의 허용과 사용 가능성에 관한 구조적인 한계, 그리고 복잡한 의료적 상황에 처한 많은 사람이 겪는 두려움과 의심과 같은 것으로 만들어진 한계가 있었다.

1990년 캐런 데이비스(Karen Davis)가 '가금류우려연맹(United Poultry Concerns)'을 설립했다.

을 깨닫고, 이를 진지하게 고려해야 한다. 이는 내가 결과적으로 죄책감과 고통에 사로잡혀야 한다는 말이 아니라, 내 아들의 생명이 다른 존재의 안녕을 희생함으로써 유지된다는 것을 인식하고 진지하게 이 상황에 접근해야 한다는 말이다.[30] 이 인정과 이해가 애초에 나를 이 딜레마에 몰아넣었던 여전히 작동 중인 메커니즘을 변화시키고 동물들의 삶을 개선하고자 노력하는 사람들을 지지하겠다는 나의 결심을 더욱 굳건하게 할 수 있기를 희망한다.

내가 생각하는 도덕적 보상 작업은 우리의 도덕적 결함을 상쇄하거나 균형을 맞추기 위한 방법이 아니다. 이는 우리의 잘못을 씻어주지도 배상을 제공하지도 않는다. 대신 이 글에서 논의한 유의 갈등 상황에서 도덕적 보상은 우리가 가한 해를 인정하고 행동을 통해 그 인정을 실체화하는 일이다. 이 도덕적 보상 작업은 종 간의 갈등을 만드는 억압적인 시스템에 도전하기를 종종 요구할 것이기에, 이를 수행하는 것은 비인

30 이러한 종류의 인식을 명료하게 표현하기는 어렵다. 맥락적 도덕 채식주의에 관한 딘 커틴의 논의는 내가 여기서 말하려고 하는 바를 명확히 하는 데 도움을 준다. 그는 일부 문화에서는 극한의 기후 조건 때문에 채식주의적 삶의 양식을 따르기 어렵다고 논의하며, 해를 입거나 죽임을 당하는 동물에 경의를 표하는 의례가 치러지는 경우가 많다고 언급한다. 그는 "일부 문화에서 비인간 생명에 대한 폭력은 음식의 실체를 알 수 있게 하는 방식으로 의례화된다"고 말한다(Curtin 1991, 70). 이러한 의례들은 때때로 우리가 내려야 하는 선택에 따라 다른 존재에 가해지는 결과에 유념하고 있음을 보여 준다. 어떤 의례는 신이나 우주에 감사를 표하지만, 잘못된 일이 일어났다는 생각은 반영하지 않을 수 있다. 나는 의례의 두 의미를 모두 생각하고 있다. 후회하는 태도를 나타내는 것과 감사하는 마음을 표현하는 것. 유념하는 것 혹은 "실체를 알 수 있게끔" 하는 것은 도덕적 잔여와 관련해 가져야 할 적절한 사고방식의 중요한 부분이다. 산업화된 국가에서 이루어지는 최근의 관행에는 인간의 목적을 위해 희생되는 동물들을 향한 존중도 감사도 반영되어 있지 않다.

간 동물의 고통을 줄이기 위한 굳센 헌신을 보여 줄 것이다. 비인간 동물에게 해를 가하고 우리의 선택을 제한하는 체계화된 동물 착취를 끝내기 위해 노력을 경주하는 것은 이 시스템과 관련된 모든 존재들의 삶을 개선할 것이다. 도덕적 보상은 우리의 도덕적 결함을 속죄하는 공허한 몸짓이 아니라 우리가 가한 해를 인정하고 세상을 바로잡기 위한 진정한 헌신이다.

에코페미니즘 동물 이론은 역사적으로 맥락의 중요성을 주장해 왔는데, 한편으로 이는 도덕적 갈등이 진공 상태에서 발생하지 않는다는 것을 명확히 하기 위함이다. 모유 수유를 할 수 없는 전 세계 많은 비건 양육자가 비인간 동물에게 폭력을 가하지 않는 삶에 대한 헌신과 아이를 먹일 가능성 중에서 하나를 선택해야 하는 위치에 놓이는 데는 여러 이유가 있다. 그 이유는 다른 무엇보다도 우리가 인간의 목적을 위해 비인간 동물을 체계적으로 착취하는 사회에 살고 있다는 사실을 지적하는 것으로 설명될 수 있다. 따라서 에코페미니즘 동물 이론가들은 허구적이고 이분법적인 딜레마가 동물 상호 간의 도덕적 갈등에 대한 우리의 생각을 형성하는 것에 정당한 비판을 가해 왔다. 그럼에도 내가 이 글에서 보여 주고자 했던 것은 동물 상호 간의 도덕적 갈등에 대한 에코페미니즘적 접근 방식이 우리가 애초에 어떻게 이 갈등에 빠졌는지에 관해 논의하고 축약된 서사를 거부하는 것 이상으로 나아갈 수 있다는 점이었다.

맥락에 주의를 기울이는 일은 우리의 선택을 제한하는 근본적인 정치적·사회적·문화적 힘을 드러낼 수 있다. 그것은 우리가 개인의 도덕적 입장에서 할 수 있는 것의 한계에 도달했을 때, 우리의 도덕적 실패에

1991년 『히파티아: 페미니즘 철학 저널(Hypatia: A Journal of Feminist Philosophy)』에서 에코페미니즘과 동물에 초점을 맞춘 여러 에세이가 실린 생태주의 페미니즘 특집호를 발간했다.

분노하고 자책하기보다는 억압과 착취를 유지하는 시스템에 우리의 에너지를 향하게 할 필요가 있음을 알려 준다. NICU에서의 경험 이후 14년이 지난 지금도 나는 아들에게 논비건 분유를 먹여야 했던 것에 대해 슬픔과 부끄러움을 느낀다. [그렇기에 ―옮긴이] 억압의 시스템이 우리의 선택지를 제한하는 상황에서 우리 자신이 아니라 그 시스템으로 주의를 돌려야 한다고 상기시키는 에코페미니즘의 조언은 너무나도 중요하다. 마지막으로 맥락에 주의를 기울이는 일은 도덕적 잔여를 확인하고 도덕적 보상 작업을 수행하는 데 도움을 줄 수 있다. 우리가 직면하는 동물 상호 간의 이해관계 갈등은 때때로 우리가 지닌 정의의 감각이나 공감과 돌봄 같은 감정을 만족시키는 방식으로 해결되지 않을 수 있다. 나의 접근 방식이 이러한 통찰을 포착하는 사고방식을 제공하며 그 갈등 상황에서 우리를 한 걸음 더 나아갈 수 있게 하길 바란다. 이는 우리의 도덕적 삶에서 도덕적 잔여와 도덕적 보상이 수행하는 중요한 역할을 강조함으로써 가능해질 것이다.

2020년 후기

내가 이 글을 쓰고 있는 2020년 9월에는 비건 D3 보충제를 시중에서 쉽게 구입할 수 있게 되었다.[31] 미국에는 비건 분유를 개발해 미국식품

---

31 이 보충제들이 사용 가능해지기 전에, 이것들이 모두 엄격하게 비건인지에 관한 의견 차이가 있었다. 2012년부터 비건 D3 보충제에 관해 잭 노리스Jack Norris이 웹사이트에

의약국FDA의 기나긴 승인 과정을 무사히 통과하기를 바라고 있는 회사가 적어도 한 곳 이상 존재한다.[32] 미국이나 영국에서는 비건 분유가 널리 사용되고 있지 않다. 승인된 모든 브랜드들이 라놀린을 원료로 한 D3에 여전히 의지하고 있기 때문이다.[33] 몇몇 지역에서는 온라인 유아용품점을 통해 프랑스에서 생산된 비건 분유를 구매할 수 있다. 그러나 가격이 온스당 약 2.30달러로, 많은 가정에 이는 구매하기 어려운 가격이며 때때로 그 공급품 역시 신뢰하기 어려워 보인다.[34] 식물성 D3로 전환하도록 분유 회사에 압력을 가하는 것은 다른 생명체를 착취함으로써 생명을 유지할 수 있었던 아이를 키워 낸 사람들을 위한 도덕적 보상 작업이라는 나의 개념에 들어맞을 것이다.

서 이루어진 논의는 다음 주소를 참조. http://jacknorrisrd.com/?p=2081. 노리스는 비건 영양학자이자 비건 아웃리치Vegan Outreach의 설립자다.

의견 차이는 점차 줄었고, 2020년에는 시장에서 몇몇 비건 비타민 D3 보충제를 구할 수 있게 되었다.

32 http://elsenutrition.com/pages/faq. 그들은 FDA의 승인이 최소 3년 이상 걸리리라 예상한다.

33 이 글이 처음 발표된 2014년 비건 분유에 관한 연구를 도와준 푸드 임파워먼트 프로젝트Food Empowerment Project의 로렌 오넬러스Lauren Ornelas에게 감사한다. 채식 분유를 만드는 회사들이 분유 성분을 지금은 가능해진 식물성 D3로 바꾸지 않는 이유는 불분명하다. 나는 그 이유가 가격, 정부 기관을 통해 승인 과정을 거치는 일의 번거로움, 동물 착취가 널리 받아들여지는 현실과 관련된다고 생각한다.

34 프랑스의 비건 분유 베베 만돌레Bébé Mandorle는 비타민 D3의 원료를 이끼에서 얻는다(저자와의 메일 교신, 2020.9.2.).

1991년 트리샤 램 퓨어스틴(Trisha Lamb Feuerstein)과 마티 킬(Marti Kheel)이 '동물권을 지지하는 페미니스트들' 참고문헌을 편찬했다.

10장. 마이클 빅, 인종, 동물성

클레어 진 킴

2007년 4월 25일, 서리 카운티 보안관 부서는 버지니아주 스미스필드 근처 문라이트 거리 1915에 위치한, NFL 스타 마이클 빅Michael Vick이 소유한 약 1만 8,000평 크기의 사유지에서 수색 영장을 집행했다.[1] 수사관들은 50명 이상의 개들과 번식대('강간대'), 트레드밀, 브레이크 스틱, 스테로이드 주입용 주사기 등 투견에 사용되는 일반적인 용품들을 발견했다. 개들 중 상당수는 흉터가 있거나 부상을 입은 상태였다 (Strouse 2009).

그렇게 빅의 스펙터클한 몰락이 시작되었다. 빅은 버지니아주의 한 공영주택단지에서 초라하게 시작해 NFL 슈퍼스타에 등극한 인물이었다. 그는 NFL 드래프트에서 (2001년 애틀랜타 팰컨스에 의해) 1순위로 지명

1 이 글은 2013년 4월 4일 텍사스 대학교 오스틴 캠퍼스 미국학과의 후원으로 열린 학술대회 '아메리칸드림을 다시 상상하기'에서 같은 제목으로 발표한 기조 강연문을 수정한 것이다.

1991년 캐슬린 맥과이어(Cathleen McGuire)와 콜린 맥과이어(Colleen McGuire)가 독서·토론·운동 단체인 'EVE(Ecofeminist Visions Emerging, 에코페미니즘 비전의 부상)'를 결성했다. 이 단체는 뉴욕시에서 3년 동안 모임을 가졌다.

된 최초의 아프리카계 미국인 쿼터백으로 리그에서 가장 재능 있고 유망한 선수 중 하나였다. 몰락하기 직전 그는 팰컨스와 10년간 1억 3,000만 달러 상당의 계약을 맺었고 나이키, 코카콜라, 리복 등 여러 브랜드와 후원 계약을 체결하며 상승 가도에 있었다(Laucella 2010). 그러던 중 빅의 사촌 한 명이 마리화나 소지 혐의로 체포된 뒤 자신의 주소지로 문라이트 거리 1915를 말했고, 이는 곧 빅의 불법 투견장 운영에 대한 경찰 수사로 이어졌다. 검찰은 배드 뉴즈 케널스Bad Newz Kennels로 알려진 주州간 투견 도박장 운영과 관련해 빅과 그의 친구 세 명을 몇 가지 연방 중범죄 혐의로 기소했다. 몇 달간 빅은 자기 친구들이 자신의 사유지에서 투견을 벌였다는 사실을 몰랐다며 수사관들에게 거짓말을 했다. 하지만 그의 진술을 반박하는 증거가 하나둘 발견되면서 그는 NFL 선수 자격을 정지당했고 후원 계약을 해지당했으며 파산 신청을 하게 되었다. 결국 그의 세 친구가 그에게 불리한 증거를 제공할 준비가 되었다고 진술하자 빅은 유죄를 인정했고 23개월의 징역형을 선고받았다. 그런데 무일푼에서 벼락부자가 되었다가 다시 무일푼이 된 이 이야기에는 한 번의 반전이 더 기다리고 있었다. 18개월을 복역한 후 2009년에 출소한 그는 NFL 매니지먼트와 기업 스폰서, 그리고 대중의 눈에 다시 들기 위해 노력했다. 빅은 여러 멘토와 일곱 명 이상의 홍보 담당팀과 함께 일하면서 자신의 이미지(그는 미국 휴메인소사이어티에서 투견에 반대하는 대변인으로 활동했다)와 경력(그는 2009년 필라델피아 이글스에 입단했고 나이키와 재계약을 맺었다)을 부활시켰다. 또한 그는 그가 보여 준 용기와 스포츠맨십으로 에드블록상Ed Block Award을 받았고, AP통신이 선정한 올해의 NFL 복귀선수상을 수상했다.

아메리칸드림은 열심히 노력하면 성공할 수 있다는 단순한 관념으로, 그 성공은 중산층 이상의 지위를 획득하는 것으로 매우 구체적으로 정의되며 단독주택의 소유로 상징된다. 이때 형용사 '아메리칸'은 다른 곳에 사는 사람들은 다른 꿈을 꿀 수도 있음을 인정하는 겸손함의 표시가 아니라, [미국—옮긴이] 예외주의를 표현하기 위한 수식어다. 이 꿈은 오직 여기에서만 이루어질 수 있으며, 여기에서 완벽하게 이루어져 왔다. 반전을 거듭한 빅의 이야기는 여러 평자들과 빅 자신에 의해 아메리칸드림의 증거로 해석되었다. 한동안 프로스포츠는 미국에서 성공적인 인종 통합의 현장이자 흑인의 성취와 포스트인종성postraciality의 극장으로 선전되었고 빅의 이야기는 이러한 렌즈를 통해 해석되어 왔다. 첫 성공을 거둔 후, 자신의 내면의 악마에 의해 다시 겸손함을 깨달은 그는 NFL 스타덤과 부를 되찾기 위해 싸웠다. 빅은 오직 미국에서만 그의 이야기를 한 번이 아닌 두 번 써 내려갈 수 있었다.

나는 빅의 이야기에 대한 이러한 해석에 도전하고자 하며, 이 해석이 무엇을 고의적으로 왜곡해 망각하는지 묻고 싶다. 우리가 면밀히 주의를 기울이면 빅의 이야기는 자유와 기회의 맥락에서 자아실현을 이룬 이야기가 아니라, 오히려 인종, 종, 젠더와 같은 권력의 분류 체계가 어떻게 그것이 생산하는 신체들을 제약하고 실제로 감금하는지에 관한 이야기라는 것을 알 수 있다. 빅의 이야기는 아메리칸드림을 입증하는 것이 아니라 그것이 신화라는 사실을 드러낸다. 1800년대에 아메리카가 약속했던 가능성은 순종적인 노동자와 시민을 만들어 내기 위해 초기 자본주의하의 인종적·계급적 불평등의 모순을 관리하는 데 사용되었다. 현 신자유주의 시대에 이러한 모순이 더 명확해지면서 그 어느 때

1991년 PETA가 "모피를 입느니 차라리 벌거벗겠다(I'd Rather Go Naked than Wear Fur)" 캠페인을 시작했다. 이에 대한 페미니즘적 비판이 즉시 제출되었다.

보다 아메리칸드림이라는 신화는 사회적으로 더욱 필요해졌으며, 경험적으로 더욱 진실이 아님이 드러나고 있다.

2007년 빅의 체포는 텔레비전, 라디오, 사이버공간에서 이루어지는 미디어 논평과 공적 토론에 불을 붙였다. 처음부터 빅의 옹호자들은 인종이 그 기소를 촉발했다고 주장했다. 대부분 백인인 동물옹호자들은 이를 강하게 부인하면서, 이 사건은 "인종과 아무런 관련이 없"으며 빅은 오직 개에 대한 그의 잔혹한 대우 때문에 비난받고 있는 것뿐이라고 주장했다. 미국공영라디오방송 NPR의 프로그램 〈토크 오브 네이션Talk of the Nation〉의 한 청취자는 "나는 빅의 피부가 검은색이든, 하얀색이든, 초록색이든, 보라색이든 신경 쓰지 않는다. 나에게 이것은 피부색에 관한 이야기가 아니다"라고 말했다. 또한 PETA의 블로그는 빅의 사건에 대해 다음과 같이 명확하게 진술했다. "이는 인종 문제가 아니다. 우리는 그의 피부가 주황색이어도 상관하지 않는다. 이는 인종 문제가 아니다. 투견을 하는 백인도 처형되어야 한다. 이는 인종 문제가 아니다."[2]

우리가 지금 살고 있는 역사적 시대를 고려하면, 빅의 사건이 인종에 관한 것인지 아닌지가 핵심적인 문제로 부상한 점은 놀랍지 않다. 에두아르도 보니야-실바(Eduardo Bonilla-Silva 2009)가 "몰인종적 인종주의colorblind racism" 시대라 부르고 패트리샤 힐 콜린스(2005)가 "신인종주

2 "Race Played Factor in Vick Coverage, Critics Say," Neal Conan's *Talk of the Nation*, National Public Radio, August 28, 2007. http://www.npr.org/templates/story/story.php?storyID=14000094. PETA Files. 2007. "Vick at the Office, Part 2." http://blog.peta.org./archives/2007/10/vick_at_the_off.php.

의" 시대라 부르는 이 시대는 공식적인 인종중립성의 모순과 몰인종적 초월성 담론에 의해, 다른 한편으로는 계속되는 인종화에 의해 특징지어진다. 인종이 어디에나 있고 어디에도 없는 시대. 미국 최초의 아프리카계 미국인 대통령이 코카인 거래상, 소수인종 우대정책 수혜자, 외국 태생의 무슬림 테러리스트, n으로 시작하는 단어n-word, 침팬지라 비하되는 동시에 포스트인종성의 상징으로 제시되는 시대. 이런 시대에 인종 정의 옹호자들은 전업 탐정이 되어 점점 더 미묘한 형태로 위장하는 인종차별을 색출해 폭로하는 반면, 많은 백인들은 이것이 상황에 '인종 요소를 더하거나' '인종 카드를 꺼내는 일'에 가까울 뿐 인종차별을 밝히는 것이 아니라고 반박한다.

인종은 빅의 이야기 어디에나 있다. 우리는 인종적 의미가 우리의 생각, 말, 행동에 한껏 스며들어 어디에나 널리 퍼져 존재하는 사회에서 살고 있다. 동물옹호자들은 빅의 사건이 "인종과 아무런 관련이 없다"고 주장하면서, 인종을 괄호치고 인종적 함의 없이 동물 학대에 관한 보편주의적 서사를 옹호할 수 있다고 말한다. 하지만 이는 일종의 인종적 결백이라는 불가능한 개념에 관한 주장이다. 인종으로부터 자유로운 공간은 없다. 빅을 비판하는 이들은 그의 피부가 초록색이든 보라색이든 주황색이든 신경 쓰지 않는다고 했지만, 미국에서 그러한 피부색을 가졌다는 이유로 노예가 되거나 경매에 부쳐지거나 린치를 당해 본 사람은 없다. 인종은 빅이 자란 곳과 같은 도시 빈곤층 거주 지역을 형성하면서 이야기의 맥락을 설정했다. 그러한 곳에서 (불평등한) 기회 구조는 사회 이동을 어렵게 하고, 적대적인 사법 시스템은 감옥에 가기 쉽게 만들며, 스포츠는 운이 좋은 소수만을 위한 탈출의 방안으로 제시된다. 루스

1991년 9살 비건인 넬리 맥케이(Nellie McKay)가 '동물권을 지지하는 페미니스트들'에 동물을 대변하는 자신의 행동주의에 대한 기록을 보냈다. 불과 몇 년 만에 작곡가, 가수, 공연가로서의 커리어를 쌓은 맥케이는 페미니즘, 시민권, 동물권을 비롯해 자신이 깊이 공감하는 여러 진보적 이상들을 대변하는 발언과 지지를 이어갔다.

길모어(Ruth Gilmore 2007)의 잊을 수 없는 말처럼, 인종은 여전히 때 이른 죽음에 이를 가능성을 차등적으로 부여하는 취약성을 의미한다. 흑인이면서 운전하는 일, 흑인이면서 걷는 일, 흑인이면서 숨 쉬는 일은 경찰뿐만 아니라 때때로 과격한 (자경단원) 시민들에 의해 종종 죽음에 이르는 처벌을 받을 수 있는 범죄로 여겨진다. 우리는 다음과 같은 더 넓은 정치적 배경에서도 인종적 요소를 확인할 수 있다. 셸비 카운티 대 홀더 판례(2013)에 뒤이어 「투표자신분확인법」을 통과시키거나 다른 방법을 동원해 투표권을 축소하려는 노력(스칼리아Scalia 대법관은 이 투표권을 "인종적 자격"이라 부른다)이 강화되고 있는 것이다.

나는 빅의 이야기를 관통하는 인종적 의미, 구체적으로 인종적 의미가 종적 의미를 이용하며 이와 뒤얽히는 방식에 초점을 맞추고 싶다. 빅의 사건이 그토록 폭발적인 반응을 불러일으켰던 이유 중 하나는 그것이 인간과 동물의 경계, 인종과 종 분류 체계의 교차, 그리고 특히 흑인 남성성과 동물성의 관계에 관한 질문을 제기하기 때문이다. 빅을 비판하는 이들이 종종 그의 개들을 처형당했다거나 구원을 경험했다는 등의 인간의 용어로 표현했다는 사실은 무엇을 의미하는가? 비판자들 일부가 빅이 중성화neuter되어야 한다고 요구했다는 사실은 무엇을 의미하는가? 풍자하길 좋아하는 사람들이 빅이 그의 개들보다 더 동물 같았다며 종종 빅과 그의 개들의 위치를 역전시켰다는 사실은 무엇을 의미하는가? 서구 문화를 지탱하는 핵심적인 이원론, 즉 주인/노예, 남자/여자, 인간/동물, 백인/비백인, 이성/자연, 문화/자연, 문명/야만, 정신/신체, 주체/객체 등을 떠올려 보자. 비판적 인종 이론가, 에코페미니스트, 그리고 다른 많은 사람은 이러한 차이가 고립적으로 생산되는 게 아니라, 공동으로 구성되거나 매우 상호의존적인 방식으로 작동하는 권력의 효과로서 생산된다고 설득력 있게 주장해 왔다(McClintock 1995; Plumwood 1993). 흑인 남성은 시너지 효과를 일으키는 권력의 분류 체계를 통해—비백인으로만이 아니라 야만, 자연, 타자, 신체, 객체, 이방인, 노예, 그리고 동물로—만들어진다.

중세시대부터 유럽인들은 흑인들을 인간의 가장 낮은 유형으로, 존재의 대사슬에서 유인원의 바로 윗자리를 차지하는 존재로 보았다. 유인원과 흑인 사이의 경계는 매우 흥미롭고 치열한 토론 거리였으며, 흑인 남성은 수세기에 걸쳐 다양한 방식으로 유인원 그 자체거나 유인원과 닮았거나 유인원에 가장 가까운 존재로 특징지어졌다. 윈스롭 조던(Winthrop Jordan 1968)은 16세기 초 영국의 탐험가들이 아프리카인과 유인원을 동시에 처음 마주했으며, 아프리카인들을 꼬리가 없고 직립보행을 하는 유인원이라 묘사하기 시작했다고 설명한다. 토머스 제퍼슨Thomas Jefferson은 『버지니아주에 관한 비망록Notes on the State of Virginia』(1794)에서 '오랑우탄oran-ootans'(침팬지를 가리킨다)이 흑인Negro 여성을 좋아하는 것과 같은 정도로 흑인 남성은 백인 여성을 좋아한다며, 각 종의 남성들의 성적 욕망은 존재 사슬의 상위 존재를 향한다고 썼다. 수십 년 후 인류학의 '미국 학파' 기수들인 조사이아 놋Josiah Nott과 조지 글리던George Gliddon은 『인류의 유형Types of Mankind』(1855)에서 명시적으로 아프리카인들을 유럽인과 유인원의 중간에 위치시켰다. 새뮤얼 조지 모튼Samuel George Morton과 함께 그들은 인종에 순위를 매기기 위해서뿐만 아니라(백인이 제일 위, 인도인이 중간, 흑인이 제일 아래에 위치했다) 그들이 완전히 다른 종이라는 것을 주장하기 위해 두개측정학 연구의 데이터

1992년 '동물들의 친구(Friends of Animals)', '동물권을 지지하는 페미니스트들', 그리고 페미니즘 잡지 『온 더 이슈(On the Issue)』가 후원하는 '여성과 동물: 1990년대의 힘 기르기(Women and Animals: Empowerment in the 1990s)' 컨퍼런스가 워싱턴 D.C.에서 열렸

를 사용했다.

한 세기 반이 흐르면 버락 오바마를 만나게 된다. 우리는 과연 지금 위와 같은 흑인 남성성에 관한 생각이 더 이상 존재하지 않는 포스트시민권과 포스트인종주의 시대를 살고 있을까? 나는 최근 우리가 2008년 대통령선거 캠페인에서 무언가 새로운 현상을, 즉 오바마가 외국 태생의 무슬림 테러리스트로 끊임없이 그려지는 데서 알 수 있듯 흑인성이 이국성foreignness으로 되살아나고 있는 현상을 목도했다고 주장한 바 있다(Kim 2011). 그러나 오바마에 대한 철 지난 동물화의 사례 역시 상당하다. 2012년 미국 몬태나주 지방법원의 리처드 세불Richard Cebull 연방판사는 "어머니의 사랑"이라는 제목의 이메일을 돌렸는데, 그 내용은 어린 남자아이가 "엄마, 왜 나는 검고 엄마는 하얘요?"라고 묻자 엄마가 "아서라, 버락! 내가 그 파티에 대해 기억하기로 네가 짖지 않는 것만 해도 다행이다!"라고 대답하는 이야기다. 2008년 대선 캠페인에서는 오바마를 호기심 많은 조지Curious George[원숭이 캐릭터—옮긴이]로 묘사한 티셔츠와 장난감뿐만 아니라 오바마 원숭이 인형도 인터넷에서 팔렸다. 2009년 2월 『뉴욕포스트』에 실린 션 델로나스Sean Delonas의 만평은 대통령의 경기부양책을 둘러싼 논쟁과 코네티컷에서 경찰이 애완용 침팬지를 사살한 사건을 참조하며, 두 명의 경찰관이 죽은 침팬지를 향해 연기가 피어오르는 총을 겨누고 서서 "그들은 다음 경기부양책을 만들 다른 사람을 찾아야 할 거야"라고 말하는 장면을 그리고 있다. 2011년 4월 오렌지카운티 공화당 중앙위원 메릴린 대븐포트Marilyn Davenport는 친구들에게 침팬지 '가족' 사진을 메일로 발송했는데, 이 사진 속 아기 침팬지의 몸 위에는 오바마의 얼굴이 합성되어 있었다.[3]

미국에서 스포츠는 정치와 마찬가지로 인종적 의미가 생산되고 순환되는 강력한 장소에 해당한다. NBA, NFL, 나이키, 게토레이와 다른 기업들은 아메리칸드림을 달성하고 운동 능력을 통해 인종을 초월한 사례로서 마이클 조던, 빅, 그리고 다른 슈퍼스타들을 패키지로 만들어 판매하며 이익을 추구해 왔다. 그런데 현재 우리에게는 프로스포츠, 특히 NBA와 NFL이 백인우월주의의 패턴을 재기입하는 방식을 제시하는 풍부한 학문적 성과가 있다(Coakley 1998; Leonard and King 2011; Leonard 2010; Andrews 2001). 스태킹(인종에 따라 팀 내 포지션을 할당하는 것)과 백인 코치, 매니저, 구단주의 수적 우세, 경기 시 팬들이 보여 주는 인종차별 외에도, 우리가 흑인 선수에 관해 말하고 생각할 때 사용하는 담론에는 수세기에 걸친 인종적 상상력의 흔적이 새겨져 있다. 존 호버만(John Hoberman 1997)이 주장했듯 우리는 흑인이 우월한 운동 능력을 타고났다고 이야기하지만, 이는 흑인의 선천적인 지적 열등함을 암시하는 발언이다. 우리는 백인 야구선수들에 대해서는 똑똑하고, 재치 있으며, 뛰어난 판단력이나 결단력을 가지고 있다고 말하는 경우가 더 많다. 이는 명예 백인 선수들에 대해서도 마찬가지다. 「황인들의 위대한 희망The Great Yellow Hope」에서 나는 (과거 뉴욕 닉스 소속이었다가 현재 휴스턴 로키츠 소속인) 아시아계 미국인 제러미 린Jeremy Lin이 그의 지성, 근면성, 조

---

3 "Richard Cebull, Montaga Federal Judge, Admits Forwarding Racist Obama Email." http://www.huffingtonpost.com/2012/03/01/richard-cebull-judge-obama-racist-email_n_1312736.html. "Racist Obama Email: Marilyn Davenport Insists It Was Satire." http://www.huffingtonpost.com/2011/04/20/racist-obama-email-marilyn-davenport_n_851772.html.

직력과 준비성과 같이 모범적인 소수자가 지닌 특징들로 크게 칭찬받는다고 주장했다.[4] 반면 흑인 남자 선수의 경우 계속해서 좋은 흑인이거나 나쁜 흑인으로, 초월적인 조던이거나 구제 불능의 라트렐 스프리웰Latrell Sprewell이라는 식으로 만들어진다(Ferber 2007). 두 경우에서 모두 그들은 금방이라도 통제력을 잃을 수 있는 짐승으로 묘사된다. 2003년 나이키의 텔레비전 광고는 도심을 배경으로 벌어지는 치열한 농구 경기 장면과 핏불과 로트와일러가 서로 맞붙는 싸움 장면을 병치했다. 흑인 남자 선수에 대한 이러한 상상은 다양한 영역에서의 인종적 '진보'의 위협에 대한 집단적인 불안을 표현하는 동시에, 흑인의 신체를 공포와 욕망의 장소로 전시함으로써 더 많은 물건을 팔고자 하는 신자유주의적 명령을 만족시킨다. 토머스 오츠(Thomas Oates 2007)에 따르면, 우리는 NFL 드래프트 자체를—젊은 유망주 선수들이 반바지만 입은 채 몸무게를 재고 스카우트 담당자와 언론 앞에서 자기를 선보이는 관습적인 사전 행사와 더불어— 이러한 젊은 남성들을 여성화하고 동물화하며 백인들의 소비를 위해 흑인성을 안전한 것으로 만드는 규율 의례의 일종으로 볼 수도 있다.

데이비드 레너드David Leonard는 "흑인들의 몸, 심지어 '아메리칸드림'을 살아가며 100만 달러짜리 상품으로 기능하는 몸조차 위험하고 위협적이며 비체적이고 범죄적인 존재로 갇혀 상상된다"고 쓴다(2010, 259). 덧붙이자면 그들은 동물로 상상되기도 한다. 여러 만화가들은 빅

---

4 "The Great Yellow Hope." http://www.wbez.org/blog/alison-cuddy/2012-03-08-jeremy-lin-great-yellow-hope-97098.

의 이야기를 인간/동물의 역전이라는 주제를 통해 접근했다. 한 만화에서 빅은 투견 옆에 그려져 있고 거기에는 다음과 같은 설명이 쓰여 있다. "깜짝 퀴즈: 진짜 동물을 찾아라." 다른 만화에서는 갓길에 앉아 있는 개 한 명이 '동물관리국'이라고 적힌 밴에 실려 가고 있는 빅을 향해 가운뎃손가락을 들어 보이는 장면을 묘사한다. 또 다른 만화는 빅이 [투견으로서 자질이 ―옮긴이] 부족하다고 생각되는 개들을 감전사시켰다는 사실을 환기하면서, 개가 전선을 들고 물통 속의 전기의자처럼 보이는 것에 앉아 있는 빅을 향해 다가가는 장면을 보여 준다. 우리는 이 이미지들을 어떻게 이해해야 할까? 이 예술가들이 프로파일링부터 체포, 기소, 판결, 선고, 선고 후 심의에 이르는 미국 형법 시스템의 면면에 인종이 끼치는 영향에 대해 무지한 것일까? 이들은 사형이 어떻게 인종차별적인 방식으로 집행되는지를 두고 격화되었던 격렬한 공적 논쟁에 대해 전혀 알지 못하는 것일까? 저널리스트 터커 칼슨Tucker Carlson이 〈폭스 뉴스〉에서 빅이 개를 학대한 이유로 사형되어야 한다고 말했던 것은 어떠한가? 빅에 관한 이러한 말들을 어떻게 이해해야 좋을까?

빅을 옹호하는 많은 사람들은 백인들이 유명하고 부유한 흑인 남성, 특히 운동선수들의 몰락을 너무나도 고소해한다고 주장한다. 마이크 타이슨Mike Tyson, O. J. 심슨O. J. Simpson, 코비 브라이언트Kobe Bryant, 배리 본즈Barry Bonds, 그리고 지금의 빅. 그들은 미국 흑인에 대한 잔혹한 경찰 폭력의 역사와 차별적인 형법 시스템을 지적하며 빅의 사건에서도 성급하게 판단하고 가혹하게 비난하려는 경향이 나타났다고 주장한다. 이 때문에 일부 흑인들은 빅을 위해 단합할 필요가 있다고 말하기도 했다. 미국흑인지위향상협회NAACP 애틀랜타 지부장인 R. L. 화이트R.

1992년 "시설에서 승인하지 않은 행위를 할 목적으로 거짓으로 위장하여 동물 시설에 접근하는 행위"를 범죄화하는 어그개그(AgGag) 법안이 미주리주에서 최초로 통과되었다.

L. White는 빅에 대한 지속적인 지지를 표명했고, 남부기독교지도자회의Southern Christian Leadership Conference 의장 찰스 스틸Charles Steele도 마찬가지로 "증거가 어떻게 밝혀지든 상관없이 우리는 그를 지지해야 한다"고 말했다고 전해진다. 몽고메리 버스 보이콧Montgomery Bus Boycott을 비롯해 여러 시민권 투쟁에 오래 몸담았던 목사 조셉 로워리Joseph Lowery는 설교 시간에 "빅은 나의 아들이다. 나는 그를 만난 적이 없지만, 그는 나의 아들이다"라고 말했다. 랠프 애버내시Ralph Abernathy의 아들 콰메 애버내시Kwame Abernathy는 빅에게 일어난 일을 "사이버 린치electronic lynching"(Thompson n.d.)라고 불렀다. 여론 조사에 따르면, 미국 흑인들은 빅에 대한 처벌이 지나치게 가혹했다고 생각하며 그가 출소 후 NFL에 복귀하는 것을 지지하는 경우가 백인들보다 더 많았다. 물론 미국 흑인들이 이 문제에 대해 모두 동일한 입장을 취했던 것은 아니다.

우리는 인종을 고의적으로 왜곡해 망각했을 때만 빅의 이야기를 아메리칸드림에 관한 이야기로 읽을 수 있다. 하지만 빅의 이야기에서 중요한 의미를 가지는 권력의 분류 체계는 인종만이 아니다. 종이라는 요소 역시 중요한데, 이때 종은 종의 본성을 특징짓고 자연을 개량하는 방식뿐 아니라, 우리가 인간과 다른 모든 동물 사이에 긋는 범주적 경계를 의미한다. 인종과 마찬가지로 종은 신체적 차이를 정치화함으로써 구성된 권력의 시스템이다. 또한 인종과 마찬가지로 정치적 목적을 가진 분류 행위다. 종의 의미는 우리가 인간으로서 스스로에게 정신, 이성, 주체성, 도덕적 고려, 권리를 부여하고, 다른 모든 감응력 있는 생명에 대해서는 이러한 특성을 부정하는 도구로 사용되어 왔다. 버지니아 앤더슨(Virginia Anderson 2006)은 17세기 체서피크 지역의 알곤킨어를 사용하는 인디언 부족들은 '동물'을 이르는 하나의 단어를 가지고 있지 않았으며 이 세계를 무한히 다양한 생물들의 세계로 인식했다고 지적한다. 그런데 제임스타운에 정착한 영국의 식민지배자들은 '동물'이라는 분류적 용어를 인간에 미치지 못한다고 여겨지는 생물들을 가리키는 데 사용했다. 비인간 동물들은 물론 아메리칸드림에서 전혀 중요하지 않다. 아마 집이나 나무 울타리와 함께 중산층을 표상하는 애완동물 상품을 제외하면 말이다(특히 빅이 부를 되찾은 후에 가장 원했던 것은 집에서 기르는 개였다). 아메리칸드림은 두 가지 의미에서 인간중심주의적이다. 하나는 그것이 오직 인간의 안녕, 필요, 욕망에만 관심을 가지기 때문이며, 다른 하나는 그것이 인간의 번영을 다른 종 및 자연의 안녕과 무관하다고 상상하기 때문이다. 즉 아메리칸드림은 인간의 삶과 노동이 이루어지는 생물학적·생태학적 맥락을 간과한다.

빅을 옹호하는 사람들 대부분은 동물 문제와 인종 문제가 마치 경쟁적인 제로섬 관계인 것처럼—인종이냐 종이냐, 흑인이냐 동물이냐—동물 문제가 인종 문제에 대한 주의를 분산시킨다고 이를 다루기를 거부한다. 그들은 투견은 잘못되었지만, 결국 투견용 개는 그저 동물일 뿐이라고 말한다. NPR에서 두 명의 아프리카계 미국인인 호스트 앨리슨 키스Allison Keyes와 학자 마이클 에릭 다이슨Michael Eric Dyson이 나눈 대화를 살펴보자.

> 다이슨: 〈래시Lassie〉는 15년 동안 방송되었는데, 냇 킹 콜Nat King Cole은 그의 쇼를 6개월 이상 진행할 수 없었어요. 아프리카계 미국인에 비해 (…) 개와 동물은 상대적으로 더 큰 존중과 관심을 받았죠. 허리케인 카

1992년 독일의 에코페미니스트이자 녹색당 정치인인 페트라 켈리(Petra Kelly)가 사망했다.

트리나가 강타했을 당시 버스에 개와 동물이 가득 찬 유명한 사진이 있었죠. 이들이 미국의 일등 시민으로 대우받는 동안 흑인들은 물에 빠져 있었고요. (…) 이는 지구라고 불리는 인간의 공간에서 우리와 공존하는 다른 감응력 있는 동물의 요구를 무시하기 위한 말이 아닙니다.

키스: 저를 불편하게 하는 건 백인들이 시민권 운동 시기에 우리에게 했던 것과 똑같은 행동을 [노예제의] 유산을 물려받은 아프리카계 미국인들이 개들에게 할 수 있다는 생각이에요.

다이슨: 맞아요. 그건 분명합니다. 그런데 그거 아세요? 우리는 개가 아니에요. 동물이 아닙니다. 우리는 아프리카계 미국인인 인간이에요. (…) 그[빅]가 했던 행동은 비난받을 만한 일입니다. (…) 하지만 개와 동물을 흑인과 나란히 놓고 이야기하는 것은 노예제라는 유산의 연장이지 모순이 아닙니다.[5]

키스는 빅의 인종차별 경험과 개에 대한 그의 잔혹함 사이의 아이러니한 연결을 짚은 반면, 다이슨은 그의 언급을 무시하고 당면한 중요 사안이라 생각하는 인종 문제로 돌아온다. 2008년 9월 방영된 〈레이트 쇼 위드 데이비드 레터맨Late Show with David Letterman〉에 출연한 코미디언 크리스 락Chris Rock도 빅은 세라 페일린Sarah Palin이 피 흘리는 사슴을

5 "'Supporting Our Own': Blacks Split on Michael Vick." National Public Radio, August 22, 2007.

안고 있는 사진을 보고 '내가 왜 감옥에 있어야 하지?'라고 생각했을 것이라며 다이슨과 같은 취지의 발언을 했다. 물론 사냥은 허가하고 투견은 범죄화하는 것이 자의적이라는 락의 지적은 옳다. 그러나 락은 여기서 동물들에 대한 걱정에 열을 올리고 있는 것이 아니며, 우리에게 사슴 사냥에 대해 보다 비판적인 시각을 갖자고 촉구하는 것도 아니다. 대신 그는 인종적 이중잣대라는 문제를 중시하고 있다. 이러한 사례 모두에서 인종에 초점을 맞추는 일은 다른 종류의 도덕적 주장을 흡수하고 왜곡하며 궁극적으로는 부정한다. 달리 말해 인종은 이 사례들에서 가장 중요한 위치에 놓이며, 동물 문제는 인종주의로 환원되고 묵살된다. 빅의 옹호자들은 백인우월주의에 맞선다는 명분으로 인간우월주의를 받아들인다. 콰메 애버내시가 빅에게 일어난 일을 "사이버 린치"라고 불렀을 때, 이는 물론 클래런스 토머스Clarence Thomas가 1991년 상원 법사위원회 청문회를 "하이테크 린치"라고 불렀던 것을 상기시키는데, 이 표현은 토머스가 아니타 힐Anita Hill을 성추행했는지에 관한 문제를 압도하고 미국 대법관 자리를 지킬 수 있게 한 수사적 표현이었다. 빅의 사건에서 린치라는 은유는 부정의의 또 다른 형태—여기서는 남성의 지배가 아닌 인간의 지배—로부터 주의를 돌리기 위해 다시 한번 쓰인 것일까?

우리는 수천 년 동안 우리가 원하는 대로 우리 자신을 상상할 수 있도록 동물을 동물화하거나 그들을 우리가 필요한 모습으로 만드는 프로젝트를 진행해 왔다. 게리 슈타이너(Gary Steiner 2010)에 따르면, 동물은 전적으로 인간을 위해 존재한다는 스토아학파의 주장과 마찬가지로, 플라톤과 아리스토텔레스가 우월한 존재임을 나타내는 능력으로 '이

1992년 미국에서 동물기업보호법이 통과된 결과, 동물 행동주의에 대한 형사 처벌이 늘어났다.

성'을 떠받든 것은 이러한 과정에 있어 중요한 발전이었다. (구약과 신약) 성경에는 인간이 영혼을 소유했기 때문에 다른 동물보다 우월하며 이 사실이 (본래 그렇게 강하지는 않았지만, 인류의 타락 이후 더 가혹해진) 동물에 대한 인간의 지배를 정당화한다고 명시되어 있다. 그리고 17세기에 글을 썼던 데카르트가 있다. '나는 생각한다. 고로 나는 존재한다'라는 말에서 알 수 있듯 데카르트에게 인간은 영혼, 정신, 사고, 언어로 정의된다. 반면 동물은 기계, 순수한 물질, 영혼이나 정신이 깃들지 않은 몸으로 설명된다. 데카르트는 동물이 의식이 완전히 깨어 있는 채로 해부되어 울부짖을 때 이는 고통을 느끼거나 표현하고 있는 것이 아니라, 마치 시계 내부 장치가 특정한 방식으로 작동될 때 소음을 내듯 기계적 소음을 내는 것일 뿐이라고 주장했다. 18세기 공리주의 철학자 벤담이 동물에 대한 도덕적 고려 가능성을 주장하기 위해 동물의 감응력을 지적했을 때—잘 알려진 그의 말을 떠올려 보자. "문제는 그것들이 **이성적으로 사고할** 수 있는가도 아니고 그것들이 **말할** 수 있는가도 아니라, 그것들이 **고통을 느낄** 수 있는가다"(Bentham 1939)[6]—그는 서구 신학과 철학의 조류를 거스르며 반대로 나아가고 있는 것이었다.

동물의 종속에 관한 공식적인 원칙이 수세기 동안 작동했음에도 불구하고 전복의 미세한 기미들은 존재했다. 무엇보다도 인간은 언제나 동물과 다른 모든 것들에 대한 모순적인 관념을 유지하는 데 능했다 (Ritvo 1998). 키스 토머스(Keith Thomas 1983)의 주장에 따르면, 18~19세

---

6 제러미 벤담, 『도덕과 입법의 원칙에 대한 서론』, 강준호 옮김, 아카넷, 2013, 558쪽, 번역 일부 수정.—옮긴이.

기 동안 다양한 발전의 결과들—린네의 『자연의 체계Systema Naturae』(1735–1768)에서와 같이 덜 인간중심주의적인 분류 체계의 등장, 도시 중산층 계급의 애완동물 문화의 부상, 도시화와 산업화에 따른 전원 생활양식과의 유리, 천문학·지질학·식물학·동물학 분야 등의 확장—은 인간과 동물의 연속성을 전경화하는 한편, 동물과 관계 맺고 동물에 관해 생각하고 동물을 위해 느끼는 새로운 방식을 만드는 데 함께 작용했다. 동물옹호론은 19세기 초 영국의 저명한 주요 노예제 폐지론자이자 영국 동물학대방지 왕립협회RSPCA의 설립자인 윌리엄 윌버포스William Wilberforce에 의해 처음 제시되었으며 곧 미국으로 이어졌는데, 미국에서도 노예제 폐지론과 동물옹호론은 긴밀하게 연결되어 있었다. 다윈의 『종의 기원On the Origin of Species』이 1859년 출간되면서 당시 진행되고 있던 인간과 동물의 경계를 재고하는 논의에 과학적인 원동력을 불어넣었음은 물론이다.

미국에서는 지난 수십 년 동안 동물의 상품화와 도구화가 심화되었는데, 이는 소비자의 수요에 의해 추동되고 기술 혁신에 의해 가능해진 것이었다. 그리고 바로 이 시기에 동물이 착취로부터 보호받을 내재적 권리가 있는지에 관한 논의가 넓어지고 깊어지기도 했다. 이 둘은 동시적이자 모순적인 현상이었다. 동물에게 지금은 최악이자 최고의 시대다. 니콜 슈킨(Nicole Shukin 2009)의 용어를 빌리자면, "동물 자본"은 전례 없는 규모의 공장식 축산부터 유전자 이식 쥐의 생산에 이르기까지 자본주의 경제에서 그 어느 때보다 중요해졌지만, 동물의 능력과 도덕적 지위에 관한 우리의 관심도 마찬가지로 증가하고 있다는 것은 의심의 여지가 없다. 지배가 강화되면서 그러한 지배에 대한 의심도 커져 왔던

1993년 그레타 가드(Greta Gaard)가 엮은 『에코페미니즘: 여성, 동물, 자연(Ecofeminism: Women, Animals, Nature)』이 출간되었다.

것이다. 에리카 퍼지(Erica Fudge 2000)의 표현을 빌리면, 우리는 언제나 불안을 느끼는 인간중심주의자였지만, 이제는 이뿐만 아니라 양가적인 인간중심주의자가 되었다. 즉 비인간 동물에 대한 지배를 **어떻게** 유지할지 걱정하는 것만이 아니라, 과연 **그래야 하는지**에 대해서도 고민하게 된 것이다. 유전학 연구는 인간이 침팬지와 DNA의 98.7%를 공유하고 있다는 것을 보여 주었고, 동물행동학 연구는 동물의 놀라운 인지적·감정적·도덕적 삶을 증명해 오고 있다. 또한 다양한 법적·철학적 주장들은 동물을 향한 정의를 촉구하고 있으며, 여러 탐사 보도들은 사육장과 도살장의 잔혹한 관행을 폭로해 왔다. 학문 분야로서 동물 연구가 부상하기도 했고, 미국의 주요 로스쿨에서 동물법 관련 강좌가 급증했으며, 동물복지와 동물권 단체들은 동물옹호에 헌신하고 있다. 그리고 동물 해방 단체의 초법적 실천 역시 계속되고 있다. 이 모든 발전들이 모여 하나의 문화적 전환을 열어젖혔다. 동물 문제가 부상하고 있다.

투견은 이 모순적인 상황 안에 위치해 있다. 대중들의 정서는 투견에 단호하게 반대하는 것으로 변화했다. 한때 영국 왕들의 스포츠였던 투견은 현재 미국의 모든 50개 주에서 중범죄에 해당한다. 빅의 사건은 이전에는 투견이 경범죄였던 주에서 투견이 중범죄가 되고 처벌이 강화되도록 하면서 투견의 범죄화를 확대하는 데 기여했다. 동시에 사법당국은 미국에서 투견이 오히려 증가 추세에 있다는 조짐이 보인다고 설명하는데, 투견의 전통적인 근거지였던 백인이 주로 거주하는 남부 시골 지역뿐만 아니라, 특히 빅이 살았던 곳과 같은 도시의 흑인 거주 지역에서도 투견이 활발히 이루어지고 있다(Burke 2007; Mann 2007). 투견은 나이키의 농구화 광고와 랩—예컨대 DMX의 〈그랜드 챔프Grand

Champ〉 앨범 커버나 제이지Jay-Z의 뮤직비디오—에 등장하고 있다. 100개가 넘는 웹사이트에서 투견 장비를 팔고 있으며 투견 현장을 기록하는 수십 개의 저널이 있다(여기에 쓰인 모든 설명은 허구에 기반한 것이라는 단서와 함께 말이다). 현재 미국의 투견용 개는 성견이 4만 명, 성견이 되기 전 강아지들이 10만 명 정도가 있다고 추산된다(Peters 2008). 적게는 쌈짓돈부터 많게는 수만 달러에 이르기까지 베팅이 이루어지는 이 5억 달러 규모의 산업에는 도박, 불법 마약, 무기, 동물 학대가 폭발적으로 모여든다.

크레이그 포시스와 론다 에반스(Craig Forsyth and Rhonda Evans 1998)가 보여 주었듯 투견 참여자들은 학대 혐의를 부인하면서 핏불들이 싸우기를 선택했다고, 싸움은 그들의 본성이며 그들은 싸움을 즐긴다고 주장한다. 투견 참여자들은 그들 자신을 코치에 빗대고 그들의 개는 권투선수에 빗댄다. 그러나 개들이 싸우기를 선택했다는 말은 무엇을 의미하는가? 우리는 어떻게 이러한 맥락에서 개의 자유의지와 선택을 판단하는가? 공격하기 전에 경고의 신호로 으르렁거린다거나 자기가 다치거나 다른 개가 복종의 신호를 보일 때 싸움을 멈추는 개들의 일반적인 행동을 유전적으로 변화시켜 교배하는 투견의 세계를 생각해 보자. 교배를 거부하는 여자 개가 움직이지 못하게끔 '강간대'에 결박시켜 남자 개의 생식기를 삽입시키는 경우를 생각해 보자. 어릴 때부터 평생을 바깥에서 사슬에 묶여 다른 개들에 의해 화가 돋워질 정도로만 가깝게 지내되 결코 그들과 접촉하지 못하는 개들을 생각해 보자. 투견 참여자들이 개들의 공격성을 높이기 위해 지속적으로 개를 도발하고 굶기고 약물을 주입하면서, 살생과 피에 대한 욕구를 만들기 위해 고양이, 작은

1993년 발 플럼우드(Val Plumwood)의 『페미니즘과 자연의 지배(Feminism and the Mastery of Nature)』가 출간되었다.

개, 토끼(그중 일부는 가족으로 길러진 애완동물을 훔쳐 온 것이다)와 같은 동물들을 '미끼'로 사용하는 것도 생각해 보자. 이런 식으로 교배되고 길러진 후에도 어떤 개들은 싸우려는 성향을 거의 혹은 전혀 드러내지 않아 공격성 테스트를 통과하지 못한다. 이러한 개들은 즉각 살해된다.

개들은 90센티미터 높이의 울타리로 둘러싸인 약 0.7~1.5제곱미터 크기의 흙구덩이에 놓여 죽을 때까지 서로 덤벼든다. 투견은 보통 몇 시간 동안 지속되며, 한 명의 개가 죽거나 싸움을 지속할 수 없거나 하려고 하지 않을 때까지 이어진다. 싸움에서 죽지 않은 개는 대부분 골절, 자창, 출혈, 쇼크, 탈수, 감염 때문에 몇 시간 혹은 며칠 안에 죽는다. 투견은 음지에서 이루어지기 때문에 투견 참여자들은 그들의 개를 수의사에게 데려가는 대신 개의 상처를 방치하거나 직접 꿰맨다. 베테랑 범죄 수사관들은 투견 운영 현장에서 충격을 받았다고 말한다. 그들은 피로 가득 찬 웅덩이, 개들의 시체, 수십 개의 벌어진 상처를 입고 털의 절반이 사라진 개들, 몸 대부분이 흉터 조직으로 덮인 개들을 목격했다.

어느 투견 잡지에 실린 아래의 글은 이와 관련된 폭력의 감각을 전달한다.

> 그의 얼굴은 어깨나 목과 마찬가지로 깊게 베인 상처로 가득했다. 앞다리가 모두 부러졌지만 빌리 베어는 포기할 생각이 없었다. 심판의 신호를 따라 그의 주인은 그를 풀어주었다. 그는 앞다리로 자기 몸을 지탱할 수 없어 가슴을 바닥에 대고 튼튼한 뒷다리의 힘으로 버티며 피와 오줌으로 얼룩진 카펫을 가로질러 그에게 돌진하는 적을 향해 기어갔다. 본능과 강도 높은 훈련, 그리고 자기를 이 순간까지 키워 준 주인에 대한 사

> 랑에 이끌려 빌리 베어는 고통스럽게 자신을 향해 돌진해 오는 개에 맞섰다. (…) 20분도 채 지나지 않아 다른 개 때문에 쓸모없어진 빌리 베어는 고통으로 배가 움츠러든 채 그의 주인 옆에 누워 있다. 그는 링을 향해 머리를 돌려 마치 머리에 총을 맞은 것처럼 눈을 게슴츠레 뜨며 상대편 개에게 마지막 눈길을 주었다.(C.M. Brown, "Pit," *Atlanta Magazine*, 1982, 66; Gibson 2005, 7–8에서 재인용)

투견에게 가장 중요한 자질은 '불굴의 용기gameness', 혹은 죽음을 불사하는 싸움에의 의지다. 이것이 주인의 남성적 힘을 반영한다고 여겨지기 때문이다. 앨런 던디스Alan Dundes가 투계를 두고 "얄팍하게 위장된 상징적인 호모에로틱한 자기도취성의 남근 결투이자 승자가 거세나 여성화를 통해 패배자를 무력화emasculate하는 결투"(1994, 251)라고 설명한 것은 투견에 관해서도 적절한 설명이다. 에반스 등은 "투견이라는 스포츠에서 실제로 싸움에 참여하는 개들은 그들 각각의 주인의 **상징**으로 복무하며, 따라서 개의 특성은 그들이 대리하는 인간/남자의 특성으로 여겨진다"(Evans et al. 1998, 832)고 쓴다. 그렇기에 상대가 공격해 올 때 외면하고 마는 소위 똥개cur는 가장 멸시받는 개가 된다. 똥개들을 즉각적으로 무참하게 죽이는 일은 주인의 굴욕감을 완화하고 그의 훼손된 남성성을 복구하는 데 도움을 준다. 개는 눈에 보이지 않게 되었지만, 그는 처음부터 가시적이었던 적이 없다. 투견에서 표현되는 인간우월주의는 정신적·육체적으로 개를 말살하기 때문이다.

빅은 여덟 살 때 처음 투견을 보았지만, 그가 막 유명세를 얻기 전까지 이에 심각하게 연루된 적은 없었다. 그가 애틀랜타 팰컨스에 입단한 달

1993년 짐 메이슨(Jim Mason)의 『비자연적 질서: 우리는 왜 지구와 서로를 파괴하는가(An Unnatural Order: Why We Are Destroying the Planet and Each Other)』가 출간되었다.

에 그는 친구들과 투견장 운영을 시작하기로 결심했으며 이를 목적으로 버지니아주 스미스필드 근처 약 1만 8,000평의 외딴 부지를 매입했다. 그의 친구들은 그 사유지에 살며 투견장을 운영했고 빅은 (그가 쉬는 날인) 매주 화요일마다 상황을 감독하기 위해 그곳을 찾았다. 빅과 그의 친구들은 그들이 충분히 사납지 않다고 간주한 개들을 죽이기 위해 아래와 같은 방법을 사용했다.[7]

1. 두 나무 사이에 못을 박아 설치한 2×4 사이즈의 구조물에 개들을 나일론끈으로 매달기
2. 약 19리터들이 물 양동이에 개들의 머리를 넣어 익사시키기
3. 머리에 총쏘기
4. 점퍼 케이블을 귀에 부착시키고 수영장에 던져 감전사시키기
5. 땅바닥에 반복해서 내리치기

빅의 사유지에 묻힌 채 발견된 개의 시체들에 대한 법의학 보고서에 따르면 개들에게는 안면 골절, 매달림으로 인한 목뼈 골절, 다리뼈와 척추뼈 골절, 심각한 뼈 타박상이 발견되었다. 대부분의 사체에는 아마도 망치 때문으로 추정되는 두개골 골절이 있었다(Gorant 2010).

2013년 봄 ESPN 〈퍼스트 테이크〉의 해설 위원 스티븐 A. 스미스

7 "Bad Newz Kennels, Smithfield Virginia" Report of Investigation, Special Agent-in-Charge for Investigations Brian Haaser. August 28, 2008. USDA Office of Inspector General-Investigations, Northeast Region, Beltsville, Maryland.

Stephen A. Smith는 폭력의 위협 때문에 빅의 북 투어 일부가 취소되었다는 사실에 격분했다. 그는 그의 동료들이 빅을 용서하지 않으려 하는 동물옹호자들을 두고 '미쳤다'거나 '싸이코'라 부르는 것과 같은 맥락에서 빅을 '모범 시민'이자 '롤모델의 전형'이라고 언급했다. 혹자는 빅의 책 제목이 '마침내 얻은 자유Finally Free'가 아니라 '계속되는 부자유Never Free'여야 했다며 빈정대기도 했다. 동물옹호자들은 쉽게 조롱의 대상이 된다. 이들이 도덕적으로 제정신이 아니며 지나치게 열성적이고 광신적이라는 사회적 관념은 미국 문화에 매우 깊이 뿌리박혀 있다. 인간중심주의라는 렌즈를 통해서 보면 동물옹호는 말 그대로 미친 생각이다. 이 사람들은 왜 인간의 문제에 주의를 기울이지 않는가? 홈리스 문제는? 아동 문맹률은? 청소년 당뇨 문제는 어떠한가? 이러한 질문들의 배후에는 인간이 우선시되어야 한다는 가정, 동물들보다 인간이 더 중요하다는 가정이 놓여 있다. 그러나 이러한 주장의 근거는 우리가 생각하는 것만큼 견고하지 않다. 모든 동물로부터 모든 인간을 구별하는 단 하나의 **결정적인** 특징, 즉 인간에게만 고유한 특징을 찾으려는 시도는 지난 수천 년 동안 끈질기게 이어져 올 정도로 결실이 없었다. 이성, 언어, 자의식, 시간이나 미래에 대한 감각과 같은 것들이 제시되어 왔지만 모두 충분한 답이 되지 못했다. 인간이 다른 동물보다 더 지적인가? 만약 우리가 지능을 인간이 지닌 특정한 유형의 인지적 능력으로 정의하고 다른 종의 지능을 무시한다면 분명 그렇다고 대답할 수 있다. 하지만 피터 싱어(2009)의 주장처럼 모든 인간이 모든 동물보다 이러한 종류의 지능을 더 많이 가진 것은 아니라는 사실을 인정한다면 지능으로 경계를 나누려는 시도마저도 실패한다(어떤 침팬지는 정신적 손상을 가진 어느 인

1993년 마리아 미스(Maria Mies)와 반다나 시바(Vandana Shiva)의 『에코페미니즘(Ecofeminism)』이 출간되었다.

간보다 어떤 면에서 더 지적일 수 있다). 1세대 한국계 미국인인 우리 아버지에게 처음으로 내가 동물 문제에 관심이 있다고 말했을 때, 그는 나에게 왜 중국에 있는 탈북자들의 곤경을 해결하기 위한 일을 하지 않느냐고 물었다. 나의 아버지에게 혈통, 민족, 국가에 관한 주장은 다른 어떤 주장보다도 우선한다. 나에게 그의 질문은 어떤 투쟁의 대의를 선택하는 데 있어 작용하는 근본적인 자의성을 상기시켰다. 사랑과 헌신을 지배하는 규칙은 누가 쓰는 것이며 어디에 게시되어 있는가?

어떤 동물옹호자들에게 빅의 사건은 핏불에 대한 미국인들의 생각을 변화시킬 수 있는 기회였다. 핏불은 부분적으로 도시의 투견을 연상시키기 때문에 부당한 평가를 받고 있다. 실제로 그들은 도시의/흑인 같은/위험한 존재로 인종화되어 왔다. 그리고 그 결과 그들은 죽어 가고 있다. 핏불은 미국에서 투견용 개로 선택받는 개이며, 투견장 운영 과정에서 죽거나 투견 중에 싸우다 죽는다. 그들은 무더기로 버려지고 결국 입양되지 못해 보호소에서 안락사를 당한다. 핏불은 현재 보호소의 개들 중 30~60% 정도의 비율을 차지한다고 추정되며, 미국에서 가장 자주 안락사되는 견종에 해당한다(Muhammad 2012). 핏불은 품종 전체가 비난을 받고 있는데 BDL, 즉 품종차별법에 의해 미국의 수많은 지역에서 [번식이 — 옮긴이] 규제되고 심지어 금지된다. 개 구조자들은 핏불이 가족으로 길러지는 가장 사랑 넘치는 개 중 하나이며, 아이들과 잘 지내고 충성스러우며 기쁘게 해 주는 것을 좋아한다는 것을, 교배와 환경의 조합으로 인해 일부는 위험하지만 대부분은 그렇지 않다는 것을 대중이 알기를 바란다. 빅의 사건은 핏불이 희생자로, 도덕적 고려와 연민의 대상이자 구원될 수 있는 존재로 여겨지는 드문 기회였다. 구원은 빅의 사유지에서 데려온 개들에 관한 이야기의 주된 서사였다(Gorant 2010). 유타주 캐나브에 있는 동물 생츄어리인 베스트프렌즈는 빅의 개들 중 22명을 데려와 "빅토리Vicktory 개"라고 명명하고, 이들이 한 개체로서 힘겨웠던 과거를 극복하기 위해 분투해 나가는 과정을 지켜볼 수 있도록 대중에 공개한다. 그중 일부는 아이가 있는 가족과 함께 떠나 잘 살고 있다. 몇몇은 자신들이 직면한 어려움 탓에 생츄어리를 결코 떠나지 못할 것이다.

동물을 객체, 노예, 몸, 상품으로 만드는 권력의 분류 체계는 투견을 궁극적으로 정당화하는 근거를 제공하고, 투견의 관행에서 개들 자신의 필요와 욕망, 이익은 무시된다. 물론 누군가는 인간중심주의적이면서도 투견을 반대할 수 있다. 내 생각에 이는 많은 사람들이 취하고 있는 입장—개는 개일 뿐이지만 투견은 잘못되었다—이다. 하지만 우월주의적인 분류 체계에 따른 사고방식은 개들이 더 열등한 존재라고 간주하며, 이는 흑인이 더 열등한 존재라는, 여성이 더 열등한 존재라는, 동성애자가 더 열등한 존재라는 사고방식과 긴밀히 연결된다. 이 지점에서 나는 크리스 락의 경우로 돌아가 묻고 싶다. 투견은 왜 잘못되었는가? 사냥, 경마, 아쿠아리움, 동물원, 육식, 그리고 동물을 사용하는 다른 제도화된 형태와 투견 사이에는 어떠한 차이가 있는가? 이것들은 모두 다른 동물을 상품화하고 인간의 목적을 위한 도구로 환원하는 것과 관련되며, 동물에 대한 심리적·신체적 폭력을 가하는 극단적인 수단들을 포함한다. 이는 동물법 교수 게리 프란시오니(2009)가 "우리는 모두 빅이다"라고 말할 때 의미했던 바다. 어쩌면 빅의 잔혹함을 인식하는 일은 우리 자신의 잔혹함을 인식하게 할 수 있다. 어쩌면 우리는 그를 괴물로

1993년 '블러드루트 콜렉티브(Bloodroot Collective)'의 『다년생 정치적 미각: 세 번째 페미니스트 채식주의자를 위한 요리책(Perennial Political Palate: The Third Feminist-Vegetarian Cookbook)』이 출간되었다.

만드는 대신 우리 자신 안에 있는 그를, 그 안에 있는 우리 자신을 인식할 수도 있다. 어쩌면 인종과 종의 긴밀한 뒤얽힘을, 인종이 동물성을 측정하는 데 어떻게 기여하는지, 권력의 두 분류 체계가 어떻게 서로를 활성화하고 강화하는지 인식하는 일은 두 의미 체계가 승인하는 일상적인 관행을 다시 한번 살펴보도록 할 것이다.

동물옹호자들은 몰인종성과 인종적 결백에 대한 주장을 넘어서서 인종 문제가 상존한다는 사실, 또 자신들의 작업에 인종적 함의가 있다는 사실과 정직하게 싸워야 한다. 동시에 해를 가하는 사람이 인종화된 소수자건 백인이건, 심각한 피해를 입고 있는 동물들을 외면해서는 안 된다. 빅은 인종차별적 관행으로부터 강력히 보호받을 자격이 있지만, 그렇다고 동물을 해칠 수 있도록 허가받은 것은 아니다. 한 영역에서의 종속이 다른 영역에서의 도덕적 면제로 번역될 수 있는 것은 아니다. 만약 그렇게 생각한다면, [소수자기 때문에—옮긴이] '죄를 물어서는 안 된다get out of jail free'는 식의 논리를 결론으로 삼는다면, 오직 부유한 백인 이성애자 남성만이 비판받을 수 있으며 나머지는 그렇지 못할 것이다.

백인우월주의, 이성애 가부장제, 인간우월주의, 자연에 대한 지배 등 여러 지배의 형식들은 복잡하게 얽혀 있으며 각각이 지속되기 위해 서로에게 매우 의존하기 때문에 함께 지탱되거나 함께 무너지게 될 것이다. 짐승이 존재하는 한, 흑인 짐승Negro brute도 존재할 것이다. 과연 우리는 백인우월주의만 사라지고 인간우월주의, 이성애 가부장제, 행성의 파괴는 계속 존재하는 세계를 상상할 수 있는가? 우리는 그러기를 원하는가? 아마 아닐 테지만, 우리는 여전히 대부분 각자의 분리된 진지에서 서로에게 눈길도 주지 않으며 각자의 싸움을 해 나가고 있다. 우리는 이론적인 견지에서 교차성을 수용하지만, 교차성이 우리에게 정치적으로 요구할지도 모르는 것을 받아들이고 있는가? 만약 지배, 착취, 도구화의 일반화된 태도가 우리를 생태적 파멸의 벼랑 끝으로 몰고 갔다는 발 플럼우드(1993, 2002)의 주장이 옳다면, 우리는 어떻게 이 벼랑 끝에서 뒤로 물러설 수 있을까?

마지막으로 아메리칸드림에 관한 논의로 돌아가 보겠다. 현재 하나의 신화로서 아메리칸드림은 그 어느 때보다도 강력한데, 아마도 이는 경제적 계층 이동의 현실적인 전망이 위축되고 있는 신자유주의하에서 신화에 대한 필요성이 그만큼 커지기 때문일 것이다. 하지만 한 인간으로서 성공한다는 것의 의미에 대한 그토록 좁고 왜곡된 정의를 우리는 어떻게 받아들이게 되었는가? 아메리칸드림은 엄청난 정치적 힘을 지닌 개인주의적·물질주의적·소비주의적·국가주의적·예외주의적 환상이다. 이것은 개인적인 부의 축적에만 지나치게 집중해서 경제적 양극화, 빈곤과 기아, 전쟁, 동물 착취, 자연 파괴, 지구온난화, 다른 국가들의 권리, 다른 세대들의 권리와 같이 더 큰 문제들을 보지 못하는 시민들을 만들어 내려 한다. 어쩌면 지금이야말로 새로운 꿈을 꿀 때다. 우리가 만들고 싶은 세상을 상상하고 거기에 어떻게 다다를지 생각할 때다. 우리가 우리의 정체성을 재고하고, 제로섬 경쟁의 반복되는 루프에서 벗어나 우리 모두를 구속하는 우월주의적 사고와 관행의 구조에 도전하는 데 우리의 집단적인 에너지를 집중시키는 변혁 정치에 참여할 때다. 지배가 아닌 다른 방식으로 서로와 동물과 지구와 맺는 관계를 다시 상상할 때다. 다인종적·다종적 세계의 정의. 어쩌면 지금이야말로 새로운 꿈을 꿀 때다.

1993년 그레타 가드(Greta Gaard)와 로리 그루언(Lori Gruen)의 「에코페미니즘: 전 지구적 정의와 행성적 건강을 위하여(Ecofeminism: Toward Global Justice and Planetary Health)」가 『사회와 자연(Society and Nature)』에 발표되었다.

그림 **11.1** 잡식은 어떤 맥락에서 상찬되며 또 어떤 맥락에서 중단되어야 하는가? 톰 쇼Tom Shaw의 조각품 〈디오니소스의 의례The Rites of Dionysus〉를 캐네스 앨런Kenneth Allen이 촬영한 사진. (영국 콘월주 에덴 프로젝트) (Creative Commons Attribution-ShareAlike 2.0 license).

11장. 배려하는 식인자와 인간/인도적 축산업

종차별주의를 위한 맥락적 섭식가능성의 시험

랄프 아캄포라

이런 시나리오를 상상해 보라. 어떤 역사적이거나 지리적이거나 우주적인extra-terrestrial 이동에 의해 당신은 알려지지 않은 수렵채집 부족과 접촉하게 된다. 부족의 생활 및 음식 관습은 온순한 측면과 착취적인 측면이 기묘하게 뒤섞여 있다. 정확히 인도적humane이라고는 할 수 없지만 대체로 인간적human인 것 같은 이 사람들은 대부분 그 생활 공동체에 상당히 적합한 구성원들처럼 보인다. 또한 그들은 실제로 서사, 기술, 춤, 음악, 과학 등과 관련해 아주 다양한 관행들과 성취들로 충만한, 꽤 발전된 문화를 가지고 있다. 마찬가지로 그들은 상당히 정교한 수준의 윤리 담론 및 도덕 발달을 보여 준다. 그들이 올바른 행동의 방식과 훌륭한 성품의 기준에 관한 다양한 이론과 논쟁에 대해 토론하는 모습도 종종 발견할 수 있다.

그러나 당신을 소름끼치게 하는 것이 하나 있다. 이 알려지지 않은 부족이 가끔 다른 인간들을 잡아먹는다는 사실이다. 그들이 같은 종족 공동체의 구성원들을 잡아먹지 않음은 확실하다. 대신 이 알려지지 않은

1993년 '농장노동자연맹(United Farm Workers)'의 공동 설립자이자 시민권과 동물권 운동가였던 세자르 차베스(Cesar Chavez)가 사망했다.

부족주의자들tribalists은 자신들이 살고 있는 나라와 인접하거나 살짝 겹치는 영토를 가진 부족 및 국가의 사람들 혹은 홀로 떠돌아다니는 사람들을 잡아먹는다. 사냥이 수행되고 살해가 완수되며 인간의 살은 포식된다. 어떤 측면에서 볼 때, 이 알려지지 않은 부족을 마냥 비난할 수 없는 것도 사실이다. 왜 그리고 언제 그랬는지 누구도 더 이상 기억할 수 없을 정도로 아주 먼 옛날부터, 그들은 원인류hominid가 살 수 있는 가장 외딴 오지에서 살았다. 식물은 희박했고 다른 동물조차 매우 드물게 발견될 따름이었다. 따라서 그들은 추가적인 '보충물'을 통해 필요한 영양소를 충족시켜야 했다.

더욱이 이 알려지지 않은 부족이 자신들이 먹는 다른 사람들에 대해 경이와 존경을 느끼며, 이를 핵심으로 한 정교한 의례, 신화적 설화, 그리고 일종의 연민적 영성까지 발달시켰다는 사실은 감탄과 함께 주목을 요한다. 이 부족은 자신들이 사는 대륙의 다른 곳들에서 발견되는 더욱 포식적인 종과 토테미즘적 믿음을 결합시킴으로써 정체성을 구축한다. 예컨대 사자 혹은 호랑이와 동일시하는 사람, 곰 혹은 늑대와 동일시하는 사람, 매 혹은 맹금과 동일시하는 사람, 범고래 혹은 상어와 동일시하는 사람들이 존재하는 것이다. 그리고 이러한 동일시 자체는 이 생물권의 (혹은 어떤 대안적 생물권의) 사분면과 시대를 차지하는 종속영양유기체heterotrophic organism가 이용할 수 있는 다양한 종류의 기본적 수단 및 생태적 환경에 대한 애착에 의해 미묘하게 뒷받침된다. 현재 종의 분포도를 살펴보면 이 토템들의 실제 지시대상 중 다수는 [이 부족과—옮긴이] 상당히 멀리 떨어져 있다. 그러나 이 알려지지 않은 부족의 과거를 그들이 '매우 현실적realissimo'이라 여기는 상상된 진화적 동족과 연결시키는, 혹은 그들의 공통적인 본질에 관한 진짜 현실과 연결시키는 풍부한 구술적·문자적 전통이 남아 있다. 이 디아스포라 부족이 집단적인 이주 과정에서 동물 친족을 멀리 떠나보내기 전의 전통 말이다.

그리하여 다른 인간들을 사냥할 때 이 알려지지 않은 부족주의자들은 복잡한 심리적 메커니즘과 종교 의식을 통해 피식자와의 가상적 교감이라는 어떤 트랜스trance적인 상태에 진입하게 된다. 사실상 그들은 선택한 토템과 원인류 조상 간의 과거 스릴 넘치는 추격전을 재연하는 것이다. 출정하기 전 그들은 사냥에 관한 경전을 암송하고 거대한 생명과 죽음의 그물망을 찬양하는 노래를 부른다. 성공적인 사냥꾼은 마음에 잔혹함이 없고 최소한의 아픔이나 고통을 가하면서 살해를 완수하는 사람으로 간주된다. 그는 자신의 살해에 대해 경험적 고유성을 확보하고, 섭취 의식에서 핵심적인 역할을 부여받는다(이 의식은 직접 사냥을 수행할 만큼의 충분한 체력을 더 이상 갖추고 있지 않은 장로들이 적절한 절차에 따라 관장한다). 이 의례에서 가장 중요한 순간은 실제로 희생된 생물을 향한 용서와 감사의 기도다.

이러한 속죄의 표시가 끝난 후에 모든 부족원은 향연에 참석할 수 있고, 그들의 비밀스런 '신진대사 교리'에 암호화되어 있는 지혜를 증언하는 텍스트, 즉 '위대한 변신transfiguration의 서'를 서로 다른 참여의 단계에 따라 낭독하는 자리가 마련된다. 이 교의와 이에 기초한 관련 주석 및 교육은 잡아먹힌 피식자의 생명이 토템화된 포식자로서의 사냥꾼의 생명과 통합된다고 설명한다. 여기에서 우리는 이 알려지지 않은 부족의 충격적인 '배려하는 식인주의caring cannibalism' 관습의 개념적·정동적 차원을 관통하는 심오한 역설을 발견하게 된다. 즉 그들은 한편으로 이 전통을 정당하다고 생각하는 듯하면서도, 다른 한편으로 다른 인간을 죽이고 먹는 것에 대해 사죄의 뜻을 표하는 제의를 수행할 정도로 (아마도 잠재의식 층위에서겠으나 충분히) 부끄러움을 느낀다. 그럼에도 이를 명확히 표현하는 것에 저항하는 신비주의적 직관의 힘으로 그들은 이 관습을 지속할 수 있도록 경험의 층위에서 어떻게든 이 긴장을 해소한다.[1] 모순적으로 보이는 것에 대한 이 형언할 수 없는 해결책은 기실 너무나도 성공적이어서, '최초의 섭취'에 대한 성례sacrament는 이 알려지지 않은 부족의 청소년 구성원이 통과하는 가장 자랑스러운 단계에 해당한다(그리고 이는 가족들에게 커다란 기쁨을 안겨 준다).

이 가상의 시나리오를 우리는 어떻게 이해해야 할까? 위에서 언급한 '배려하는 식인자caring carnival'는 단지 시간적으로 혹은 공간적으로 우리와 멀리 떨어져 있다는 의미에서 알려지지 않은lost 부족인 것일까? 아니면 그들은 도덕적인 태도까지 잃어버린lost 것일까? 이 상상 속 우화란 소위 사고실험을 좋아하는 특정 (부류의) 철학자들을 훈련시키는 황당한 수수께끼에 불과한 것일까? 아마 그럴지도 모른다. 그러나 어쩌면 방금 스케치한 이야기는 맥락적 도덕 채식주의contextual moral

1 이는 그러한 긴장이 완전히 해소된다고 말하는 것이 아니다. 육식 신념에 대한 러셀 위너Russell Weiner의 글을 참고할 것. "잡아먹힐 때 (…) [먹히는] 존재들은 아름다운 것에 대한 경험과 유사한 초월적인 경험, 내가 맛있는 것the Delicious이라고 부를 경험을 야기할 수 있다. 이러한 경험을 통해 [피식자는] 비체적 특수성을 초월해 보편적인 것을 위한 수단이 된다."(2012) 또 먹이사슬에 갇혀 있는 것에 대한 페리 패럴Perry Farrell의 서정적인 고백/수수께끼도 참조할 것. "누군가는 그 앞에서 자유로이 활보하는 다른 존재를 잡아먹어야 한다/ 그것들을 곧장 그의 입 속으로 넣어라/ 그의 움직임이 갖는 아름다움을 상상하면서/ 네 스스로 뺨을 때리는 것과 다르지 않은 감각을 느끼면서."(1990)

vegetarianism, CMV의 성찰을 위한 어떤 비옥한 토대를 제공하고 스스로 문제를 해결해 나가도록 돕는 비유로 기능할 수도 있을 것이다. 우리의 현재 목적을 위해, 돌봄 윤리에 기초하거나 적어도 돌봄 윤리와 제휴해 이론화를 시도한 대표적인 몇몇 에코페미니스트들의 관점에서 이를 고찰해 보자. 예를 들어, 캐런 워렌은 "[돌봄에 민감한] 맥락적 도덕 채식주의에서 핵심은 동물과 관련된 음식 관행이 억압적인 개념틀과 그러한 개념틀이 승인하는 행위들에서 비롯해서는 안 된다는 점, 혹은 그것들을 반영하거나 영속화해선 안 된다는 점"이라고 결론짓는다(Warren 2000, 143). 이러한 주장을 비/도덕적 섭식 가능성에 관한 어떤 기준을 제시하는 명제로, 즉 억압을 떠받치는 관행들은 비윤리적이며(그렇게 간주되어야 하며) 억압을 떠받치지 않는 관행들은 윤리적으로 허용 가능하다는(그렇게 간주되어야 한다는) 명제로 받아들인다면, 특정한 인간 동물에 대한 배려하는 식인자의 섭취는 시험을 충족하므로 승인 가능한 음식 관행으로 보일 수 있다. 이는 우리가 기준의 결합, 즉 음식 관행은 개념적이고 행위적인 억압 **둘 다를 모두** 촉진하거나 그것들에 의존해서는 안 된다는 것을 엄밀히 받아들였을 때의 결과일 것이다(배려하는 식인주의는 오직 행위적 억압하고만 관련될 뿐 개념적 억압과는 관련이 없다). 그러나 더욱 너그럽게 우리가 예의 기준을 분리 가능한 것으로, 즉 두 부분으로 이루어진 판단 수단으로 받아들인다면, 식인자의 행위는 경멸할 만한 것이지만 그들의 배려라는 개념은 상찬할 만하다고 말할 수도 있다. 왜냐하면 그들의 개념은 워렌이 맹비난하는 "상하를 구분하는 위계적 사고"(2000, 139-140)를 의식적으로 이용하지 않는 평등주의의 얼굴을 하고 있을 수 있기 때문이다(즉 우월주의 이데올로기를 반드시 수반할 필요가 없

1993년 델로라 와이즈문(Delora Wisemoon)이 텍사스주의 오스틴에서 매 맞는 여성의 반려동물을 보호하기 위한 프로그램을 시작했다.

기 때문이다). 따라서 인간의 식인주의는 극악무도한 잘못이라는 공통의 직관을 우리가 공유할 경우, 워렌의 CMV는 터무니없는 것으로 축소될 수 있다(위의 첫 번째 해석에 의해 전적으로, 두 번째 해석에 의해 부분적으로 말이다).

이 축소를 드러내는 또 다른 방식은 "지배의 논리"[2]에 대한 워렌의 비판을 통해 앞서 기술한 가상의 시나리오를 살펴보는 것이다. 간단히 말해, 제대로 된 에코페미니즘 철학이라면 이러한 이론적·실천적 논리를 바탕으로 하는 모든 사례들을 포착하고 거부할 것이라는 게 에코페미니즘에 대한 그의 견해다. 그의 분석에 따르면, 지배의 논리는 네 가지 주요한 태도들로 이루어져 있다. 첫째, 지배의 논리는 타자성을 마주할 때, [타자가 드러내는—옮긴이] 차이를 액면 그대로 [주체와의—옮긴이] 상이함으로 받아들이는 것이 아니라, [타자의—옮긴이] 다름을 [주체에게—옮긴이] 이미 익숙한 어떤 특질과 정반대되는 것으로 이원화한다. 둘째, 지배의 논리는 위계의 은유적 수직축을 따라 이 양극단을 배치한다. 즉 하나(자아/동일한 것/익숙한 것)를 "위"에, 다른 하나(낯선 것 혹은 이원화된 차이)를 "아래"에 놓인 것으로 간주한다. 셋째, 지배의 논리는 이 위치들에 착취를 수사적으로 정당화할 수 있는 가치론적 의의를 부여한다. 즉 "상층부"에 위치한 개체들이 "하층부"에 위치한 개체들보다 "더 낫다"는 식인데, 이는 아래에 놓인 존재들이 위에 놓인 상관적correlative 존재들의 목적을 위한 수단으로 정당하게 이용될 수 있음을 의미한다. 마지막으로 넷째, 이러한 합리화는 위에 놓인 존재들이 아래에 놓인 존

2 특히 Warren 2000의 제3장 참조.

재들을 대상으로 착취적 관행을 자행하는 것을 강화하고 그것에 동기를 부여한다(이를 억압이라고 부르는 것은 피착취자가 선택권이나 선택지를 가질 수 있는 존재이며 적어도 이 선택권이나 선택지 중 일부가 실제로 착취자에 의해 짓밟힐 경우에만 정확하다).

위에서 서술했듯이 알려지지 않은 부족의 부도덕한 행위를 워렌이 말한 의미의 지배의 논리에 도전하는 관점에서 판단하는 것은 윤리적 명확성을 확실히 제시하지 않는 어려운 작업이 된다. 배려하는 식인자가 그들의 인간 피식자에 대한 억압적인 착취자라는 사실은 부정할 수 없지만, 그들이 얼마만큼 지배의 논리에 참여하는지는 결코 명확하지 않다. 가장 확실한 것은 배려하는 식인자가 분명 자신들이 먹는 사람들을 인간 이하의 하찮은 존재가 아니라, 동등한 혹은 대등한 존재로 이해하리라는 점이다. 먹히는 사람들은 먹는 사람들에 의해 먹을 수 있는 존재로 만들어진다는 점에서 확실히 차이를 가진다. 그러나 이러한 교묘한 전환이 그러한 차이를 서로 정반대되는 것으로 치환하는 태도를 수반할 필요는 없으며, 차이를 열등한 것으로 구성하는 태도를 필연적으로 함의하지도 않는다. 이 지점에서 배려하는 식인자는 아마존의 구아자Guaja족과 비교될 수 있는데, 구아자족은 자신들이 동일시하는 원숭이에 대한 상징적 식인주의를 수행한다. 이 관행은 "모든 생물들 사이의 친족관계"를 인정하며 "동족은 원래 동족을 잡아먹는다"고 믿는 우주론에 의해 보증된다. "구아자족에게 원숭이를 먹을 수 있는 존재로 만드는 것은 인간과 원숭이 사이의 근본적이고 관찰 가능한 유사성이다."(Hurn 2012, 94) 그렇다면 배려하는 식인자와 그들의 피식자 사이의 극도의 유사성(분류학적 동일성)을 감안할 때 구아자족 식의 원칙이 (단지

1994년 캐럴 J. 애덤스(Carol J. Adams)의 『인간도 짐승도 아닌(Neither Man nor Beast)』이 출간되었다.

상징적인 것이 아니라) 실제적인 식인주의를 승인할 수 있을지 여부가 궁금할 수 있다. 그 원칙이 실제적인 식인주의를 승인하지 않는다 하더라도 알려지지 않은 부족은 식인주의적 착취를 정당하다고 느끼는데, 이들의 시각에서 식인주의 관행의 정당화는 억압을 합법화하는 어떤 존재나 가치의 위계질서가 아니라 필요성(에 대한 인식)에 근거한다. 이러한 맥락에서 그들은, 조난을 당하거나 무인도에 고립된 위급한 상황에서 식인을 용서하는 우리의 특정 해군법과 자신들의 행동이 다르지 않다고 생각한다. 그렇다고 한다면 배려하는 식인자의 도덕성이 어떠한 중대한 의미에서든 워렌 유의 에코페미니즘이 겨냥하는 지배의 논리에 의존할 필요는 없는 듯 보일 것이다.

이제 우리의 관점을 워렌의 관점에서 발 플럼우드의 관점으로 전환한다고 가정해 보자. 그는 동물의 살점을 음식으로 이용하는 모든 행위가 반드시 존중이나 배려를 결여한 것은 아님을 근거로 보편적 채식주의를 거부한다. 그의 입장은 생명을 위협하는 바다악어에게서 살아남았다는 상당히 강렬하고 거의 유일무이한 경험에 영향을 받은 것으로서, 이 경험은 그에게 다른 존재의 먹잇감이 되는 것이 무엇을 의미하고 어떻게 느껴지는지를 가르쳐 주었다(1995).[3] 이 경험은 "인간(과 동물)의

---

3 이 일화가 (마티 킬이 거짓된 거룩함이라며 비판했던) "신성한 사냥꾼들"과 대조적으로 그에게 보다 공정한 경험적 배경에서 생명-생태적 착근성bio-ecological embeddedness에 대해 말할 수 있는 자격을 부여한다는 점은 주목에 값한다. "신성한 사냥꾼들"은 위험을 감내하거나 피식자 위치 혹은 역할에 따른 취약성을 가정함으로써 자신들의 세계관의 균형을 맞추려는 어떠한 노력도 없이 포식적 관행을 받아들이는 생태몰입적eco-immersive 미덕을 극찬하곤 했다.

포식 및 포식자 정체성을 악마화"하는 "존재론적 채식주의"에 대한 거부로 이어졌다(2000). 이러한 맥락에서 플럼우드는 종속영양과 인간 섹슈얼리티 사이의 유사성을 주장한다. 그에 따르면, "지구적 타자들을 먹을 수 있는 존재로 규정하는 존재론이 그들을 '고기'로 부당하게 취급하는 행위에 책임이 있다고 말하는 것은 인간 타자들을 성적 존재로 규정하는 존재론이 강간이나 성적 학대에 책임이 있다고 말하는 것과 다름없다."(2000, 295) 여기에서 핵심은 두 주장이 각각의 사례들에서 필요조건과 충분조건을 혼동하고 있다는 것이다. 물론 공정을 기한다면 거의 모든 육식과 온화한 섹슈얼리티 사이의 비유사성을 지적할 필요가 있다. 즉 후자는 일반적으로 상호 합의를 포함하는 반면, 전자는 그렇지 않다는 것이다. 여기에서 합의라는 개념이 언어를 사용하지 않는 존재들에게 적용될 수 없다는 반론이 제기될 수도 있지만, 잡아먹히는 동물들이 [잡아먹히는 상황을—옮긴이] 피하려 노력한다는 사실 자체가 그들이 자발적으로 피식자가 된다는 식의 해석을 거부한다. 결국 보편주의적 채식주의자는 비인간 동물에 대한 혹은 비인간 동물에 의한 본능적인 포식과 성숙한 인간성이 지닌 도덕적 행위성에 수반하는 식단에 대한 책임을 서로 구별해야 할 것이다.

플럼우드와 같이 CMV를 대신해 취할 수 있는 또 다른 방향은 상상적 혹은 실제적 육식 사례나 육식 실천이 어떤 도덕적 주체(먹는 존재)가 어떤 도덕적 객체(먹히는 존재)를 **단지** 자신의 목적(예컨대 영양섭취)을 위한 수단으로 대우하는 것에 해당하지 **않기에**, 칸트의 정언명령 시험을 (그것의 목적론적 형식에서) 충족시킴으로써 존중/배려를 수반한 이용으

1994년 문화 이론가 실비아 윈터(Sylvia Wynter)가 「인간이 관련되지 않음: 동료들에게 보내는 공개서한(No Humans Involved: An Open Letter to My Colleagues)」을 집필해 인종과 종 사이의 연결에 대한 분석을 제시했다.

로 간주될 수 있다는 주장일 것이다.[4] 이에 따르면 그러한 육식은 특정한 (예컨대 톰 리건의) 동물권 옹호 담론을 뒷받침하는 근거와 양립 가능한 의무론적 관점에서의 비판을 피할 수 있을 것이다. 왜냐하면 "**무제한적으로 또는 총체적으로** 타자를 수단으로 이용하는 것, 즉 타자를 [전적으로] 수단으로 환원하는 게 금지되는 것"(Plumwood 2002, 159, 강조—인용자)이지, 타자를 이용하는 모든 행위가 금지되는 것은 아니기 때문이다(모든 이용을 금지하는 것은 생태적 맥락에서 스스로를 무능력하게 만드는 것이자 어쩌면 자살적인 것이다). 플럼우드는 "우리가 서로를 이용하는 것을 포기할 수는 없"지만 "이용/존중의 이원론[상호배제]은 포기할 수 있으며, 이는 윤리적이고 존중적이며 고도로 제한적인 이용 형태를 향한 노력을 의미한다"고 결론짓는다(2002, 159).

배려하는 식인자가 인간을 음식으로 이용하는 것은 이제 실제로 존중적인 것으로(존경을 표하는 기도, 가치를 인정하는 의례 등의 측면에서), 그리고 어쩌면 심지어 제한적인 것으로(식인이 드물게 그리고/또는 소량으로 이루어진다면) 특징지어질 수 있다. 그러나 잡아먹히는 개체에게 자신들을 죽이는 육식 관행에 양이나 빈도에 대한 제한이 있는지 여부는 확실히 중요하지 않으며—또한 보편적 인권을 지지하는 모든 이들은 그러한 기도나 제의적 행위가 실제로 살해당하거나 잡아먹히는 존재에게 이익을 제공하지 않는다고 반대할 것이며, 우리가 살펴볼 수 있듯이 비인간 동물의 경우에도 기도나 제의는 중요하지 않다—따라서 종차별주

4 플럼우드가 강경한 동물권 이론의 "이용 배제 가정"이라고 부르는 부분에 대한 비판을 제기할 때, 그 자신도 이 방향에 동의한다(2002, 156ff.).

의가 야기하는 고통과 관련해 우리는 어떠한 육식이든 존중적이거나 도덕적으로 허용할 수 있는 것으로 판단해서는 안 된다(적어도 자명한 것으로 판단해선 안 된다). 이러한 결론은 먹는다는 것은 문자 그대로 일종의 소비이며, 어떠한 몸some-body을 **다 써서 없애는 것**—그리하여 더 이상 존중하거나 돌보거나 관심을 기울일 잔여물조차 남아 있지 않은 것—이라는 점을 고려할 때 더욱 확실해질 수 있다. 적어도 동물의 경우, 플럼우드는 (워렌(2000, 138)에 따르면) 먹는 존재가 적절한 때에 (즉 죽은 뒤에 자신의 몸을 주변 생태계의 에너지 순환 구조나 먹이사슬에 제공함으로써) 은혜를 갚을 것이라는 약속을 존중적인 육식이 명시하거나 함축한다고 대답할 준비가 되어 있다. 또한 플럼우드의 거침없는 태도와 확고한 신념을 알고 있다면, 배려하는 식인자와 관련된 이 사항에서 그가 꺼려질 만한 주장을 감수할 (즉 그들이 보답을 위한 비슷한 노력을 한다면 그들의 식인주의는 정당화될 수 있다고 단언할) 준비가 되어 있었을 것이라는 말이 설득력 있게 다가온다. 여기에서 나의 논점은 두 가지다. 첫째, 우리 대부분은 플럼우드와 똑같은 주장을 펼치고 싶어 하지 않을 것이다. 둘째, 우리 중 일부가 플럼우드의 편에 함께한다고 하더라도, 먹이사슬이나 에너지 순환 구조—**네트워크나 시스템**—를 통한 포식하는 존재의 사후적 재순환이 **개체**로서의 이전의 피식자에게 은혜를 갚는 것이라는 관념에는 생태윤리적 범주 착오가 존재한다(왜냐하면 후자는 전자와 다른 부류의 존재이며, 나아가 지금 문제가 되는 이 가정에서 후자는 이미 더 이상 현존하지 않기 때문이다!).

알려지지 않은 부족의 이야기에서 제기된 종차별주의 문제를 (완벽하게) 해결할 수 있는 유형의 CMV를 우리는 아직 발견하지 못했다. 그

1994년 로즈메리 래드포드 루서(Rosemary Radford Ruether)의 『가이아와 신: 지구의 치유에 대한 에코페미니즘 신학(Gaia and God: An Ecofeminist Theology of Earth Healing)』이 출간되었다.

러나 고려할 만한 두 가지 추가 설명이 존재한다. 이 설명들은 앞의 것들보다 훨씬 낫다. 이 설명들이 문제를 정면으로 해결하기 때문이 아니라, 하나(딘 커틴의 설명)는 **문제를 없앰**으로써 해결한다면dissolve 다른 하나(마티 킬의 설명)는 **대책을 제시**함으로써 해결하기resolve 때문이다. CMV에 대한 전자의 입장(Curtin 1992, 특히 제4절)을 읽으면, 커틴이 내 사고실험이 파 놓은 함정에 빠지고 말았다고 언뜻 여겨질 수도 있다. 그는 "이해와 감사의 태도를 견지하는" 육식에 대한 웬델 베리Wendell Berry의 옹호에 찬성하면서 그 말을 인용한다. 그는 "산다는 것은 폭력을 저지르는 것"임을 강조한다. 또한 그는 "어떤 문화, 즉 음식을 통해 영적인 자기정의를 내리는 문화는 음식을 얻기 위해 죽이고 고통을 가한 데 대한 도덕적 부담을 중재하는 문화적 의례를 가지고 있음"을 인정한다(1992, 130ff). 이 모든 사항들은 그가 배려하는 식인자의 살인적 식습관을 반드시 승인해야 할 것처럼 보이게 한다. 그러나 커틴은 또한 이렇게 쓰고 있다. "다른 동물들을 음식으로 취급하는 선택이 이국적인 문화나 '제3세계'나 극단적인 맥락에서 도덕적으로 정당화될 수 있다고 (…) 내가 암시하려는 것은 아니다."(132) 어떻게 그는 (앞선 언급들에서 드러나듯) 문화다원주의를 지지하는 동시에, 방금 인용한 맥락들(과 추측건대 내 사고실험)에서의 육식을 찬성하는 것으로부터 멀어질 수 있었을까? 이는 그다지 명확하지 않다. 그렇지만 그의 행간을 읽으면서, 나는 커틴이 "음식에 대한 진정한 참여"라고 부른 것을 이해하는 열쇠란 종속영양적 삶의 불가피한 "폭력은 특정한 문화적 서사 안에서 이해될 필요가 있다"는 점이라고 확신하게 되었다(132). 그렇다면 그는 나의 이야기가 더 많은 세부사항들(예컨대 이 먼 지역에 사는 원인류 피식자는 어떻게 스스로 먹고사는

지와 같은 상상)을 채우려고 하면 결국 [성립—옮긴이] 불가능한 것으로 밝혀지는 축약된 이야기라고 말할 수 있을 것이다. 또한 그러한 이국적인 문화나 극단적인 맥락에서 실제로 존재하는 육식 서사가 [식인이라는—옮긴이] 주제를 설명할 수는 있지만 정당화할 수는 없다고 말할 수도 있다(혹은 비트겐슈타인적 관점에서, 이러한 문화나 맥락은 도덕적 정당화/규탄의 언어 게임이 간단히 말해 적합하지 않기 때문에 작동되지 않는 삶의 형식이나 생존의 위급성을 나타낸다고 말할 수 있다). 이로써 논의 중인 문제 자체가 사라지게 된다. 다른 동물을 먹는 행위도 인간을 먹는 식인주의도 **모두** 도덕적인 것으로 간주되지 **않기** 때문이다.

이러한 가설적인 해소dissolution가 나름대로 충분히 잘 이루어진다고 하더라도, 문제를 직시하는 것이 아닌 회피한다는 측면에서 아쉬움을 남길 수 있다. 우리는 식단의 다양성에 대한 다문화적 관용이 윤리적 채식주의를 향한 동물옹호의 요구와 어떻게 그리고 얼마나 공존할 수 있는지 알고 싶어 한다. 이 지점에서 커틴은 마침내 우리를 킬의 작업을 고찰하는 데로 이끈다. 그는 "음식에 대한 진정한 참여는 다른 [문화적/서사적] '세계들'에서 스스로를 다르게 표현한다"고 말하면서도, 동시에 "동물의 살로 만든 음식을 대체로 다른 존재들로부터의 소외와 다른 존재들에 대한 지배를 표현하는 맥락에서만 접하게 되는 서구의 산업화된 국가들"에서 비진정성을 발견한다(1992, 132). 따라서 커틴은 그러한 사회-역사적 위치에 살고 있는 우리들에게 CMV가 "자신이 맺고 있는 결정적인defining 관계를 가능한 한 비폭력의 방향으로 바꾸기 위한 신체적 헌신이 될 수 있으며 (…) 이는 [순수성이라는] 도덕적 상태가 아니라 [사회개선론적인meliorist] 도덕적 방향으로 이해되어야 한다"

1994년 린다 버크(Lynda Birke)의 『페미니즘, 동물, 과학: 성깔 있는 여자라는 명명(Feminism, Animals and Science: The Naming of the Shrew)』이 출간되었다. 이 책은 페미니즘 관점에서 동물이라는 관념—옮긴이이 어떻게 구성되는지를 다룬 최초의 생명과학 저서이다.

고 역설한다(131). 킬은 이 주제에 대한 자신의 섬세하게 균형 잡힌 담론에서 이처럼 채식주의/비거니즘을 열망의 벡터로 보는 관점을 취한다. 킬 버전의 CMV를 활성화하는 것은 특정한 종류의 보편화 충동이다. 그는 자민족중심적 판단주의judgmentalism를 유통하는 종류의 도덕주의를 실제로 멀리하고자 한다. 그럼에도 그는 또한 자신이 "자연 윤리"라고 부른 것에 관심을 보이는 모든 사람에게 비거니즘이 하나의 **규제적 이상**으로서 무한히 확산되어야 한다는 생각을 고수했다(Kheel 2008, 235–236).

킬의 이 위태로운 줄타기를 따라가면서, 나는 자연 윤리학자가 배려하는 식인자의 음식 관행에 반대하는 **동시에** 종차별주의의 오염 **없이** 자신의 CMV를 유지할 수 있을지 궁금해졌다. 여기에서 핵심은 채식주의/비거니즘이 언급되는 수사적 방식에 주의를 기울이는 일인 듯하다. 킬에게 도덕 철학이 명령을 통한 행위나 신념의 강요를 목적으로 하지 않는다는 점은 확실하다. 오히려 그가 주장하는 자연 윤리는 초대와 감화를 좌우명으로 하는 독려의 교화 담론을 추구한다(2008, 14, 266 n.154). "어떤 문화에 채식주의 혹은 비거니즘을 어렵게 하는 환경적·기후적 요소가 존재할 수 있음을 인정하더라도, 채식주의나 비거니즘을 이상으로 독려하는 것에 본질적으로 억압적인 측면은 존재하지 않는다"고 그는 주장한다(236). 그렇다면 킬이 말하는 자연 윤리는 내가 제시한 가상의 알려지지 않은 부족(과 먹고살기 위해 다른 동물을 사냥하는 실제 사람들)에게 계속해서 채식을 옹호하면서도, 맥락적 **진실성bona fides**을 유지할 수 있는 듯 보인다. 왜냐하면 비거니즘이라는 이상은 관념적으로 혹은 원칙적으로 보편화할 수 있는 것이지만, 그러한 이상을 실질적으로 추구할 때의 표현 방식은 생태적/지리적 조건과 사회역사적 조건에 따라 변화할 수 있다고 전제하기 때문이다.[5] 이는 그러한 옹호가 아마도 비판 정신이 투철하며 반대 의견을 제시하는 관련 집단의 구성원들에게 가장 잘(가장 존중을 표하면서 가장 효과적으로) 전달되고, 이후 그들에 의해 실행되리라는 것을 의미한다. 또한 거꾸로 "동물 학대의 대다수는 서구 선진국이 소유·운영하는 공장식 축산농장에서 일어나는바, 서구에 사는 채식주의 옹호자들은 주된 비판의 방향을 이러한 형태의 학대 쪽으로 맞추는 편이 가장 적절"함을 뜻한다(267 n.161).

킬의 이 마지막 논점은 농업 윤리 문제를 제기하며, 이제 이 문제를 좀 더 깊이 고찰해 보는 편이 유익할 듯하다. 아마도 우리는 어떤 굴절된 형태의 CMV가 공장식 축산업을 배척하는 것이 실제로 소위 인도적 축산업 관행을 요청하거나 최소한 용인하는지 여부가 궁금할 것이기 때문이다. 비록 스스로를 CMV 옹호자로 정체화하면서 소규모, 방목형, 유기농 축산업을 비롯한 여러 다른 동물복지 축산업[6]을 명시적으로 지지하는 사람을 나는 알지 못하지만, CMV가 어떻게 [인도적 축산업 관행을

5 예컨대 267쪽 161번 각주 참조: "개인들이 언제, 어디서, 어떻게 자신의 이상을 표출하는지는 맥락적인 윤리적 접근법을 위한 중요한 고려사항이다."

6 다시 말해, 내가 알기로 위에서 논의한 이론가들 중 그 누구도 이 입장을 명시적으로 옹호하지 않았다(이들은 모두 에코페미니즘 그리고/또는 돌봄 윤리 진영에 속한다). 그러나 적어도 저명한 동물 윤리학자 한 사람이 종종 비산업적 동물 농업을 관용하거나 심지어 낙관하는 듯 보인다는 점에 주목할 필요가 있다. 그런데 비록 버나드 롤린Bernard Rollin이 맥락적 도덕 채식주의자로 적절히 여겨질 수 있을지는 몰라도, (아리스토텔레스의 생물학에 뿌리를 둔) 그의 동물목적론 담론, 그리고 그것이 종종 드러내는 과거의 목축 관행에 대한 아마도 가부장제적인 향수를 감안하면, 이 논문의 주된 초점인 에코페미니즘적/돌봄윤리적 사유를 보여 주는 계열에 그를 포함시킬 수는 없을 것이다.

1994년 '동물권을 지지하는 페미니스트들'이 PETA의 "모피를 입느니 차라리 발가벗겠다" 캠페인에 대한 두 개의 응답을 출간했다.

지지하는 데—옮긴이] 이용될지는 확실히 상상해 볼 수 있다. 이를테면 농장 동물들은 적절한 돌봄을 받을 것이다(소비자의 건강이나 안전뿐 아니라 동물들의 안녕well-being을 염두에 두는 수의학적 관심으로). 그들의 종/품종 전형적 이해관계도 다루어질 것이다(적절한 생활 조건을 보장받음으로써). 환경 및 노동에 관한 우려도 불식될 것이다(지속가능한 사육 방법, 공정한 임금, 템플 그랜딘이 정식 승인한 도살 기술을 통해). 양심의 가책에서 나온 이 모든 조치들의 종합은 일견 채식주의가 의무가 아닌 선택이 되는 맥락, 잡식이 아무런 거리낌 없이 마음껏 행해질 수 있는 맥락을 구성하는 듯 보인다. 그러나 모든 점을 고려할 때, 대부분의 CMV 지지자들은 지배의 논리에 대한 워렌의 비판을 빌려 와 인도적 축산업을 거부할 가능성이 높다. 즉 여전히 독재적인 상태로 남아 있으며 억압적인 형태로 역행하기 쉬운 동물 농업 체계에 의존하면서, 은밀한 성차별주의 맥락에서 종차별주의적 위계를 영속화하는 점이 바로 인도적 축산업의 도덕적 문제라고 주장할 수 있다는 것이다.

인도적 농업은 압제적인 종차별주의의 혐의를 벗을 수 있을까? 한 가지 방안은 인도적 농업의 지지자들이 **인간** 축산업이라는 가설을 울며 겨자 먹기로 받아들이는 것이다. 이를테면 조너선 스위프트Jonathan Swift의 「겸손한 제안A Modest Proposal」(1729)에서처럼 말이다. 인구 과잉 상태의 아일랜드가 직면한 빈곤과 기근의 어려움을 자세히 설명한 뒤, 스위프트는 "잘 키운 한 살짜리 건강한 어린아이는 끓이든 굽든 찌든 삶든 가장 맛있고 영양가 높고 건강에 좋은 음식"이라고 말한다. 또한 그는 아일랜드 아이들 일부를 "번식을 위해 비축"해 두는 한편, 섭취와 부산물("시체의 피부를 벗겨 낸 뒤 가공하면 숙녀들을 위한 훌륭한 장갑이나 멋진 신사들을 위한 여름용 부츠를 만들" 수 있을 것이기 때문이다)을 위해 대부분의 아일랜드 아이들이 "판매용으로 제공"될 수 있을 때 인육의 지속가능한 수확이 실시될 수 있으리라고 주장한다.[7] 물론 이는 악명 높은 풍자적 제안(단호한 혹은 냉담한 결과주의라 부를 수 있는 것에 대한 악의적인 패러디)인데, 여기에서 또 다른 종류의 치명적인 위계가 작동하고 있음을 저자의 페르소나를 통해 알아차리기란 어렵지 않다. 즉 권력을 쥔 앵글로색슨Anglo-Saxon족의 입과 손에 의한 켈트게일Celto-Gaelic족의 착취를 합리화하는 자민족중심주의가 드러나는 것이다(영국의 "선한 개신교 신자"를 보호하고 유지하기 위해 천주교 신자들의 인구를 감소시켜야 한다는 스위프트의 언급을 보라). 그렇다고 할 때, 이 (말하자면) 맬서스주의적인 육식에 관한 시도는 인도적 축산업에 대한 진정한 정당화로서 실패한 듯 보인다. 적어도 CMV의 개념과 기준에 따라 그러한 정당화 조건을 이해한다면 말이다.

CMV의 승인 도장을 받기 위해 필요한 듯 보이는 것은 사람들이 자신과 동등한 사람들을 수확하는 어떤 시스템일지도 모른다. 〈로건의 탈출Logan's Run〉(Anderson 1976; Noland and Johnson 1967)에 그려진 사회 같은 것에다 도태된 사람들도 [음식으로—옮긴이] 소비된다는 설정을 추가한 그런 시스템 말이다. 자원이 희소한 미래를 배경으로 하는 이 SF 작품에서 희소성이라는 조건이 특정 연령 이상의 사람들을 몰살시키는 정책을 낳았다는 것을 상기해 보라(소설은 21세, 영화는 30세). 지정된 연령 제한에 다다른 사람들은 대부분 사형 집행을 생명을 앗아가는 것이

7 조나단 스위프트, 「겸손한 제안」, 『책들의 전쟁』, 최수진 옮김, 느낌이있는책, 2011, 56–58쪽, 번역 일부 수정.—옮긴이.

1995년 캐럴 J. 애덤스와 조세핀 도노반이 함께 엮은 『동물과 여성: 페미니즘 이론적 탐색(Animals and Women: Feminist Theoretical Explorations)』과 『동물권을 넘어서: 동물의 대우에 대한 페미니즘 돌봄 윤리(Beyond Animal Rights: A Feminist Caring Ethic for the Treatment of Animals)』가 출간되었다.

자 동시에 숙명적인 것으로 받아들이는데, 아마도 이는 사형이 고통 없이 집행되며 희생제의에 의해 가치를 부여받기 때문일 것이다. 그러나 몇몇 반항적인 정신의 소유자들은 그 관행을 거부하고, 때 이른 죽음을 피하기 위해 "성역sanctuary"을 찾아 나선다. 이러한 설정은 불합리한 차별의 한 형태로서 연령주의ageism 문제를 제기하고, 이 서사에 독특한 디스토피아적 분위기를 선사한다. 물론 누군가는 젊은이들로만 구성된 어떤 불균형한 사회에서 이루어지는 죽음의 강제와 관련해, 모든 [연령—옮긴이] 스펙트럼의 인구를 위한 충분한 자원이 존재하지 않는다는 점, 또 인구학적 균형을 유지하기 위해 적절히 계산된 일정 연령에 도달한 사람들이 얼마가 됐든 지속가능한 기간을 이미 누렸던 것이 사실이므로 그들보다 어린 사람들에게도 동일한 기회가 마땅히 주어질 필요가 있다는 점을 지적하면서 죽음의 강제에 대한 옹호를 상상해 볼 수도 있다. 하지만 영화 버전과 소설 버전 모두에서, 정해진 운명으로부터 벗어나려 시도하는 "탈출자"들은 사회적 지속가능성을 위한 죽음학thanatology에 대한 묵인을 전복하길 꾀하는 영웅적 아우라에 감싸여 있다. 이에 따라 도망치는 것이 정해진 시기에 죽는 것보다 더 나은 선택이 되는 한, 로건적인 사회를 유지하는 원동력은 축산업이라기보다 사냥에 가까워질 것이다. 그렇다면 우리의 논의는 위에서 검토한 고찰들(즉 배려하는 식인자에 대한 사고실험과 관련된 고찰들)로 다시 돌아가게 될 것이다.

그러나 인간/인도적 축산업 모델에 더 가까운 설정을 가진 또 다른 SF 작품이 있다. 바로 영화 〈소일렌트 그린Soylent Green〉(Fleischer 1973)이다.[8] 세기말(원작소설) 혹은 그 직후(영화)를 배경으로 하는 이 작품에서 우리는 다시 한번 인구과잉 및 자원희소성이라는 조건을 마주한다. 이러한 상황하에서 미국의 식량 생산자들은 처음에는 콩과 렌틸을 농축시켜 만든 식물성 빵을 제조해 대량분배하려 시도했다가, 이후 플랑크톤 파이 시장으로 이동했으며, 결국에는 농업의 최후 수단으로서 인간의 시체를 이용해 빵을 만드는 것으로 등장하는데, 이 빵은 비인간 식품으로 광고되고 모양 또한 비슷하다. 세부적인 설정이 명확히 드러나지는 않지만, 그 수확 과정은 농업과 수렵채집 사이의 불분명한 경계에 놓여 있는 듯하다. 인간 시신의 공급은 자발적 안락사나 조력 자살 등의 번창하는 사업과 자연사를 통해 충당된다고 암시된다(몇몇 사람들은 미래가 너무 암울하고 절망적이어서 차라리 미리 죽는 편이 낫다고 생각했다). 이 산업화된 형태의 식인주의가 순수하게 죽은 고기만을 섭취하는 우발적인 일을 넘어 수요를 맞추기 위해 실제로 죽음을 촉진한다면, 이는 일종의 농업으로 간주될 수 있다. 충분히 밀어붙일 경우 어떤 공리주의자들은 이러한 농업을 받아들여야 할지도 모른다. 그러나 CMV 지지자들이 공리주의자들과 마찬가지로 그러한 농업을 받아들여야 할까? 적어도 커틴의 CMV에 따르면 그렇지 않다. 왜냐하면 커틴의 CMV는 "음식에 대한 진정한 참여"라는 개념에 뿌리를 두는데, [인육으로 만든—옮긴이] "소일렌트 그린"의 마케팅은 진짜로 새빨간 거짓말whopper이기 때문이다(버거킹에 양해를 구하지 않은, 의도된 말장난이다)! 이와 마찬가지로 CMV 옹호자들은 또한 '크루얼티 프리'[9]하다고 광고하는 기업들을 부지런히 조사함으로써, 비인간동물에 관한 이른바 인도적 농업을 지지하는 것을

8 이 영화는 해리슨(Harrison 1966)의 소설을 원작으로 하지만 설정은 꽤 다르다.

9 동물복지 농장에 대한 폭로는 http://www.chooseveg.com/freerange.asp 참조.

1995년 알렉산더 콕번(Alexander Cockburn)이 서문을 쓴 수 코(Sue Coe)의 『죽은 고기(Dead Meat)』가 출간되었다. 이 책은 육식이 동물과 도살장 노동자에게 미치는 영향을 포착한다.

피할 수 있다.

지금까지의 고찰들을 살펴보면, 적어도 특정한 유의 CMV는 이런저런 양상의 식인주의에 초점을 맞춘 사고실험의 도전에도 불구하고—비록 종종 가상의 이론적 대응을 통해서긴 하지만—종차별주의를 피할 수 있는 듯 보인다. 그렇다면…… 우리의 논의는 아무것도 아닌 것은 아닐지라도 아주 작은 것에 관한 공연한 야단법석에 해당했던 것일까? 이에 대한 대답으로, 나는 어떠한 관점을 시험하는 것, 그리고 이를 통해 그 관점을 강화하는 것은 언제나 가치 있는 일이라는 점을 독자들에게 상기시키고 싶다. 그럼에도 내가 CMV뿐 아니라 독자의 인내심까지 시험하고 있었을지 모른다는 점을 어느 정도 걱정스레 인지하고 있다. 매우 심오한 금기를 부당하게 악용하면서 신랄한 비판을 해 대는, 일련의 터무니없는 환상들처럼 보이는 것에 대한 독자의 인내심 말이다. 결국 섭식가능성의 한계를 강조함으로써가 아니라 그러한 경계를 무너뜨림으로써 종차별주의를 피하는 것은 여전히 상상할 수 있는 선택지로 남아 있다. 즉 금기라는 마법을 깨부수고 돌봄 혹은 존중이라는 특정한 조건 아래에서 식인주의를 수용하는 선택지, 그리하여 생존 사냥 및 인도적 축산업을 옹호하는 선택지가 존재하는 것이다. 그러나 실제로 그러한 입장을 취하는 사람이 존재할까? 이제 곧 밝혀지듯이, 최근에 이와 매우 유사한 어떤 작업을 보여 주고 있는 동물 연구 이론가가 실제로 존재한다…….

「동물 연구에서 식인주의, 섭취, 그리고 친족관계Cannibalism, Consumption, and Kinship in Animal Studies」(2011)라는 글에서, 아날리아 비야그라Analia Villagra는 섭식가능성에 관한 특정한 토착적 개념이 "다른 존재

[잡아먹힌 존재]를 신성하게 만드는 변형력"(2011, 47)이 먹는 행위에서 비롯된다고 이해한다는 사실에 주목한다. 그는 "'친족 간 유대가 존재하지 않기에'라거나 '친족 간 유대에도 불구하고'가 아니라, 유대적인 친족관계를 맺고 있다는 바로 그 이유에서 동료 동물들에 대한 섭취를 승인하는 더 도전적인 친족관을 주장하고 싶다"고 선언한다(50). 대담한 이론적 전략에서 비야그라는 "식인자 되기"를 옹호하는 주장을 펼친다(52ff.). 먼저 "인간의 사회성을 더 넓은 자연 세계에 다시 집어넣으려면 관계를 설명하는 더 많은 동물의 용어를 이용할 필요가 있다." 이를 통해 "다른 동물들의 친족으로서 우리가 그들을 섭취할 때, 우리는 우리가 그토록 두려워하던 식인자가 되는 것인지도 모른다는 관념을 우리는 직시해야 한다." 그런데 "'식인주의를 진지하게 받아들이는 것'은 무자비하고 비인간적인 살인자에 관한 문화적 신화(한니발 렉터 신화)로부터 우리를 해방시키고, 식인주의의 심원한 변혁적 양상을 인정하는 것을 수반한다."[10] 실제로,

> 식인자 정체성을 받아들이는 것에는 어떤 정직함이 존재하며, 식인적 섭취는 우리가 현재 동물을 섭취하는 방식보다 확실히 더 생산적이고 고결하다. (…) [우리가 동물을-옮긴이] 전 지구적 자본주의 시장에 놓여 있

---

10 내가 이 장을 쓰고 있을 때, 한 전직 NYPD 경찰관이 여성들의 인육을 먹을 음모를 꾸민 혐의로 재판을 받고 있었다. 피고 측은 범인으로 지목된 경찰관이 그저 판타지 롤플레잉에 참여했을 뿐이라고 주장했다. 내가 알기로 그들은 종교적 면제exemption나 다른 영적 면제를 토대로 무죄를 주장하는 캠페인을 벌이지 않았다. 배심원단은 유죄 판결을 내렸고, 피고 측은 변호의 근거를 크게 바꾸지 않은 채 항소를 진행하고 있다.

1995년 『사인스(Signs)』에 실린 캐스린 팩스턴 조지(Kathryn Paxton George)의 페미니즘과 비거니즘 관련 논문에 대한 페미니스트 비건들의 응답이 발표되었다.

는 공장식 축산농장의 상품화된 고깃조각으로 취급하고 있다[고 할 때-옮긴이] 식인적 섭취는 소외가 아니라 통합을 추구하는바 (…) 하나가 다른 하나를 지배하는 양상을 드러낸다기보다, 몸과 몸 사이의 어떤 결합을 나타내게 되기 때문이다.

인용한 주장과 동일한 맥락에서, 우리의 대담한 저자는 거의 스위프트적인 분위기를 풍기는 이 글의 마지막 대목에 이르러 자기 곁에 있는 반려동물, 즉 "내 맛있는 애완동물"을 먹는 것을 옹호한다. "섭취된 친족은 (…) 축어적[신진대사적]이고 은유적인 식인주의 행위로 유동적으로 통합되면서 더욱 친족답게 만들어지기" 때문이다. 비야그라는 "친족관계가 섭취와 교차하고 결합하는 방식을 진지하게 탐구하기 위한 하나의 방법으로서, 우리는 식인이라는 불편한 영역에 들어갈 필요가 있다"는 센세이셔널한 제안을 한 뒤, 다음과 같은 도전적인 결론을 제시한다. "식인주의에 대한 제안이 불러일으킬 수 있는 본능적인[!] 역겨움에 굴복하는 대신, 동물을 주체로 친족으로 음식으로 봄으로써 발생하는 많은 긴장을 해결해 줄 수 있는 형상으로서 우리는 식인자를 포용할 수 있다."

식인주의에 대한 금기에 정면으로, 어떤 두려움을 모르는 방식으로 맞서기 때문에 비야그라의 글은 수사적으로 황홀감을 선사하며 지나치게 소심하거나 옹졸해 보일 수 있는 반론을 억제하는 효과를 가질 수 있다. 그렇지만 이 글이 하지 **않은** 바를 강조하는 것은 중요하다. 이 글은 **결코 인간이 인간을 잡아먹는 종 내부의 식인주의를 찬양하지 않는다.** 아니, 비야그라는 그러한 관행을 멀리하고, 식인주의가 상징적으로 나타날 때나 아니면 **비인간** 집단의 확장된 친족을 잡아먹을 때에만 오직 식인주의를 상찬하는 데 만족한다. 그러한 금기가 단지 (비야그라(2011, 53)가 말하듯) "전형적인 북아메리카의 친족 간 유대"를 유지하는 어리석고 자민족중심주의적인 미신인 것만은 아닐 수 있지 않을까? 식인주의를 삼가는 것이 오히려 친족관계라는 바로 그 관념을 부분적으로 구성하고 있는 어떤 거의 보편적인 누락을 드러낸다면, '우리 부류'(이 표현이 아우를 수 있는 범위가 어느 정도든 간에)를 섭취하는 것에 대한 옹호란 그 자체로 [식인주의와 - 옮긴이] 사회규범이라는 모순된 대상을 하나로 결합하는 것과 유사한 것일 수 있지 않을까? 누군가 이 질문들에 '그렇게 말할 수 있다'고 대답한다면(나도 그러고 싶다), 비야그라의 글은 결국 실제로 먹지는 않으면서도 인육으로 만든 빵cannibal-cake이라는 개념은 원하는 것으로 보일 것이다. 다시 말해, 식인풍습anthropophagy 없는 인간중심주의로 환원되면서, 그의 글이 시도했던 도전의 비판적 대담함을 잃어버리고, 결과적으로 (인류학적으로 정교하긴 하지만) 인류-독점적homo-exclusive 육식에 대한 또 하나의 합리화처럼 들리게 될 것이다. 따라서 나는, 죽음을 기리는 특정한 관행들을 아마도 제외한다면[11] 반종차별주의적인 CMV는 식인주의를 관용할 필요가 없다고, 또 식단의 도

11 (인간종에 대한) 실제 식인주의를 조사·입증하기란 힘든 일이다. 서구 문명의 정신병적 사건들에 대한 드문 일화들을 차치하면, 이러한 관행을 담고 있는 토착 문화의 많은 이야기들은 출처가 불분명한 것으로 드러났다. 가장 확실히 입증된 사례들은 최근에 사망한 친족에 대한 의례적인 섭취를 특징으로 하는 것으로 보인다(그 친족이 식인을 위해 의도적으로 죽임을 당한 것은 아니다). 어떤 주어진 예시에 관한 세부사항들에 따라, 누군가는 커틴의 음식에 대한 "진정한 참여"라는 개념에 입각해 그러한 예시를 옹호하는 변론을 펼칠 수도 있을 것이다.

덕성에 대한 문헌들에서 흔히 등장하는 생존 사냥이나 인도적 축산업 시나리오를 수용해서는 안 된다고 이 장을 결론지을 준비가 되어 있다.

> 그렇다면 이러한 관점에서 역겨움은 놀라움의 일종으로, 즉 윤리의 기저에 있는 생산적인 것으로 간주되어야 한다. (강조—아캄포라)
>
> Avramescu 2010

감사의 말

이상한 이론 취향을 받아들이고 지적인 동지애를 함께 키웠으며 구성상의 자유를 허락해 준 캐럴 J. 애덤스와 로리 그루언에게 사의를 표한다.

12장. 에코페미니즘과 비거니즘

보편주의 문제 다시 보기

리처드 트와인

이 장은 에코페미니즘적 동물옹호 맥락에서 보편주의의 복잡한 문제를 검토한다. 이와 관련된 일련의 논의들은 '동물옹호 운동'[1]에 있어 큰 중요성을 가지며, 채식주의 혹은 비거니즘을 비판하는 수단으로 자주 착취된다.[2] 이러한 논의들을 고찰한 에코페미니즘의 역사가 이미 존재한다는 점을 염두에 두면서, 이 장은 이 문제에 대한 교차적인 에코페미니즘의 사유가 보다 엄격한 해방의 로드맵을 가진 더 광범위한 동물옹호 운동을 제안한다는 점에서 가치가 있다고 주장한다.[3]

1 나는 이를 동질적인 것으로도, 특정한 지역에 한정된 것으로도 제시하고 싶지 않다.

2 나는 '동물권 운동'이라는 용어를 사용하지 않는데, 이는 내가 이론적으로 정확한 묘사를 고수하는 것을 선호하기 때문이다. 정치적·윤리적 사유의 다양성을 고려하면, 엄격히 말해 동물을 옹호하기 위해서 반드시 권리의 관점을 견지할 필요는 존재하지 않는다. 에코페미니즘의 관점에서 볼 때, '동물 문제'는 인간들끼리의 권력관계와도 교차하는바 고립된 '동물옹호 운동' 같은 것은 존재할 수 없다는 점도 언급할 만한 가치가 있다. 결과적으로 비거니즘은 비록 중요하긴 하지만 통합적인 에코페미니즘의 정치적 실천의 한 부분일 따름이다.

1996년 그레타 가드(Greta Gaard)의 영화 <지금 에코페미니즘!(Ecofeminism Now!)>이 개봉했다.

보편주의라는 주제와 이에 대한 자민족중심주의라는 비난은 동물옹호나 에코페미니즘과 관련된 많은 영역들에서 제기될 수 있지만, 이러한 담론들이 가장 빈번히 겨냥하는 대상은 보편적 채식주의 혹은 비거니즘[4]의 문제다. 보편주의라는 혐의를 제기하는 이들은 그러한 비난이 비건 실천을 도매금으로 폄하하는 것을 부추기고 누구나 비건이 되는 것의 가치를 의문에 부친다고 가정하곤 한다. 부분적으로 이러한 비난은 동물 소비에 대한 확고한 사회규범을 위협하는 것에 대한 방어적 반응으로 간주될 수 있다. 그러나 나는 비거니즘을 비판하는 모든 담론을 이러한 유의 반응으로 환원할 수 있다고 주장하고 싶지 않으며, 그중에

---

3 이 장은 학술지 『컨피규레이션스Configurations』에 실린 가축화에 대한 내 논문 「생명공학은 동물의 가축화를 해체하고 있는가?: '해방'을 향한 운동들」(Twine 2013)과 관련이 있다. 두 글은 동물 해방에 대해 비판적으로 사고하고, 다른 동물의 "해방"이 정말로 무엇을 의미할 수 있는지를 탐구하기 위한 노력이라는 점에서 관련성이 있다. 『컨피규레이션스』에 실린 글은 구체적으로 가축화된 동물의 맥락에서 해방이 무엇을 의미할 수 있는지 고찰한다. 나는 이것과 보편주의 문제가 동물옹호 운동의 엄격함을 위한 가장 도전적인 질문들에 속한다고 본다.

4 1990년대에 에코페미니즘 내부에서는 에코페미니스트가 채식주의자가 되어야 하는가라는 문제에 대한 논쟁과 맥락적 채식주의 개념을 둘러싼 논쟁이 격렬하게 벌어졌다. 특히 '비거니즘' 대신 '채식주의'라는 용어가 주로 쓰였는데, 여기에는 세 가지 이유가 있었다고 나는 주장한다. 첫째, 나는 일부 북미 저자들이 채식주의라는 말을 쓰면서 실은 비거니즘이라는 뜻을 의도했다고 추측한다. 둘째, 나는 1990년대 이후 동물옹호 운동 내부에서 채식주의가 일관된 윤리적 입장으로서의 신뢰를 상당히 잃어버렸지만, 당시까지만 해도 채식주의가 여전히 신뢰할 만한 것으로 여겨졌다고 주장한다. 셋째, 이와 관련해 특히 서구 국가들에서는 21세기의 첫 10년 동안, 비거니즘을 동물옹호자들이 할 수 있는 더 일관적이고 선호할 만한 실천으로 보는 윤리적 전환과 문화적 규범화가 이루어졌다. 오늘날 락토-오보 채식주의를 찬성하는 에코페미니스트가 신뢰성 문제로 고통을 겪을 정도로 말이다.

는 우리가 응답해야 할 사안들도 존재한다고 생각한다. 에코페미니즘의 경우, 이는 1990년대 에코페미니즘의 특징이었던 본질주의에 대한 논쟁에 수반하는 내부적인 자기비판 과정의 일부였다. 이 논쟁은 너무 오래 지속되어 다른 논의들을 마비시키기도 했지만, 반드시 필요한 논쟁이었다(Gaard 2011). 에코페미니즘이 (일례로 폭력에 대한 인본주의적 개념에 의존하는 페미니즘을 비판한다는 측면에서) 주류 페미니즘에 상당히 위협적인 존재였기에, 에코페미니즘은 특히 본질주의 및 보편주의라는 중요한 주제들과 관련해 스스로에게 끊임없이 질문을 던지는 매우 자기반성적인 방식으로 발전해 왔으며, 아마도 이는 에코페미니즘의 독특하고 고유한 특성일 것이다.

이 글은 크게 네 부분으로 구성되어 있다. 우선 나는 음식 관행 및 보편주의에 관한 문제가 그 어느 때보다도 긴급한 사안이 되었음을 주장한다. 다음으로 동물, 국가nation, 인종화가 서로 교차하는 다양한 방식들을 검토한 뒤, 동물옹호와 보편주의의 관계에 대해 에코페미니스트들이 쓴 구체적인 논의들로 넘어간다. 마지막으로 "맥락적"이라는 말을 사용하는 에코페미니스트들 사이의 차이, 즉 다양한 정치적 비전들을 낳는 강조의 정도 차이에 주목하면서 이 글을 끝맺을 것이다. 나는 예컨대 젠더와 종이 공동으로 형성된다는 점과 배제를 재기입하는 분석들의 위험성을 인정하는 에코페미니즘 같은 교차적 접근법이 대규모 동물 소비 규범의 자유방임적인 전 지구화와 극명히 대조되는, 음식과 보편주의의 복잡한 지형을 숙고하는 귀중한 도구와 논의들을 제공해 왔음을 보여 줄 것이다.

1997년 노엘 스터전(Noel Sturgeon)의 『에코페미니즘적 자연들: 인종, 젠더, 페미니즘 이론, 정치적 행동(Ecofeminist Natures: Race, Gender, Feminist Theory and Political Action)』이 출간되었다.

왜 지금 보편주의인가?

나는 몇 가지 이유에서 지금이 비거니즘과 보편주의 문제를 다시 살펴보기에 좋은 시기라고 주장한다. 첫째, 동물옹호 운동 내의 몇몇 유명한 지지자들은 문제를 먼저 면밀히 검토하기도 전에 보편적 비거니즘을 하나의 목표로 상정하는 듯 보인다. 예를 들어, 게리 프란시오니의 "세상은 비건이다! 그대가 원한다면The World is Vegan! If you want it" 온라인 캠페인[5]은 비폭력을 실천하는 하나의 방법으로서 비건이 되는 선택권을 가지고 있다고 사람들에게 상기시킴으로써 사회적 변화를 고취하려는 시도다. 그의 웹사이트는 많은 국가의 활동가들이 이 캠페인의 슬로건을 퍼뜨릴 수 있도록 하기 위해 다양한 언어로 번역된 슬로건을 탑재하고 있다. 프란시오니의 캠페인은 분명 칭찬할 만한 일이지만, 몇 가지 측면에서 비판받을 수 있다. 비거니즘 내에는 많은 다양성이 있으며, 비거니즘은 언제나 비폭력을 위한 선택이라고 단순히 가정해선 안 된다. 인간 노동자도 음식 상품의 물신화fetishization에서 전형적인 부재지시대상으로 존재하는데, 교차적 렌즈를 통해 보았을 때 비건 선택은 분명 여전히 다양한 형태의 착취와 밀접히 관련이 있을 수 있다. 이처럼 정치적으로 비거니즘은 끝이 아니라 시작인데, 음식과 의류 선택은 인간과 비인간 동물을 함께 착취하는 더 넓은 경제 체계의 일부이기 때문이다. 선택은 또한 물질적 수단, 지식에 대한 접근성, 기술의 발전도, 사회적 규범의 준수 등 온갖 방식으로 사회적 제약을 받는다. 따라서 비건

---

5 http://www.abolitionistapproach.com 참조.

보편주의의 윤리를 다루려고 시작하기도 전에, 우리는 개인의 선택들이 어떠한 종류의 변화를 가져올 수 있는지의 문제와 음식 관행 영역의 사회학적 복잡성에 대한 인식 등을 둘러싼 반성의 필요에 이미 직면하게 된다.

둘째, 소셜미디어 시대에 동물 착취에 저항하는 캠페인은 일반적으로 국경을 넘어 확장되며 그 결과 문화와 차이의 문제들을 표면화한다는 점에서도 지금은 보편주의 문제를 다시 살펴보기 위한 좋은 시기다. 지리적으로 멀리 떨어진 세계의 여러 지역들에서 이루어지는 관행들에 대해 알고, 의견을 제시하고, 저항할 수 있는 유례없는 기회가 이제 존재한다. 중요한 것은 현대의 통신 기술과 새로운 이동 형식 **또한** 문화를 뚜렷한 경계가 있는 독립체로 보는 시각을 더욱 약화시키고 있다는 점이다. 헤게모니적 가치**와** 대항헤게모니적 가치 **모두** 점점 더 초문화적transcultural인 것이 되고 있다. 예를 들어 문화적 형태, 관행, 정체성 들은 (국제적인 동물옹호 운동, 페미니즘 운동, 흑인의 삶은 소중하다 운동과 같이) 전통적인 국가의 경계를 초월하는 새로운 사회성을 고취하고 있다.

셋째, 주장컨대 보편적 비거니즘이라는 목표를 향한 비판적 검토는 지극히 중요하지만 음식 관행과 보편화 경향을 둘러싼 현재의 흐름을 고려할 때 희비극적인 분위기를 띠고 있다. 따라서 (비건 보편주의를 향한 열망을 비판하는 이들과 비건들 모두에게) 중요한 것은 비건 보편주의를 둘러싼 논쟁을 오늘날 서구 음식 관행의 보편화라는 더 넓은 맥락 안에 위치시켜야 한다는 것이다.[6] 여기에는 아시아와 라틴아메리카 등지를 비롯

6 비거니즘이 보편주의를 제안한다고 상정하는 비판이든, 아니면 보편주의에 대한 중요

한 육류 및 유제품 소비의 전 지구적 증가 추세가 물론 포함된다. 이러한 지적이 맥락적 도덕 채식주의와 보편주의에 대한 에코페미니즘 논쟁들의 중요성을 폄훼하는 것은 아니지만, 그러한 논쟁들이 당면한 경험적 현실을 반영하기보다, 교차적인 정치적 비전을 끌어내려는 목적에 부분적으로 복무한다는 점은 분명하다.

이처럼 이론적인 비건 보편주의와 관련된 구체적인 논의들은 육류 및 유제품 소비를 다량 포함한 식단의 현대적 보편화와 함께 이루어지고 있으며, 이 역시 교차적 에코페미니즘 분석의 긴급한 주목을 요한다. 그렇다면 규모의 측면에서 음식 식민주의와 음식 강요에 대한 동시대적 비판은 또한 반드시 세계 다른 지역에서의 높은 육류 및 유제품 소비율과 관련 맺고 있는 지속 불가능한 서구화를 향해야 한다. 하지만 보편주의 논쟁이 이론적 측면만을 가지고 있는 것은 아니라는 사실을 지적하는 것이 중요하다. 우리가 보게 될 것처럼, 인종주의와 문화적 차이에 관한 문제들이 비거니즘과 동물옹호 내에서 표면화될 수 있으며 실제로 동시대의 산 경험을 반영하고 있다는 것은 명백한 사실이다. 이것들은 에코페미니즘의 교차성 비전의 일부로서 계속 다루어져야 한다(예컨대 Gaard 2001; Harper 2010a; Kim 2007 참조). 클레어 진 킴, 그레타 가드, 마티 킬을 비롯해 보편주의를 탐구하는 교차적이고 에코페미니즘적인 선행 논의에 기대면서, 이 장은 이러한 비전에 있어 중요한 몇몇 핵심적인 문제들에도 초점을 맞추고자 한다.

초기의 특징은 에코페미니즘과 채식주의/비거니즘을 둘러싼 논쟁

한 에코페미니즘의 논쟁들이든 마찬가지다.

들에서 발견된다. 리스트서브[7], 책, 학술지 등을 통해 개진된 1990년대 담론(예컨대 Adams 1990, 1993, 1994a, 1995a; Bailey 2007a; Donovan 1995; Gaard and Gruen 1995; George 1994, 1995, 2000; Lucas 2005)은 에코페미니즘을 규정하거나(에코페미니스트는 반드시 채식주의자여야만 하는가?) 페미니즘에 도전을 제기하는 데(페미니스트는 채식주의자여야 하는가?) 초점을 맞추곤 했다. 여기에서 후자는 부분적으로 주류 페미니즘의 인간중심성과 인간중심주의에 대한 에코페미니즘의 도전에 역점을 두었다. 이를 통해 이 담론들은 젠더를 중심화하고 '여성'을 언제나 백인-중산층-이성애자-잡식인으로 상정하는 (학술적) 페미니즘에 대한 기존의 비판들과 같은 맥락에 **놓일 수** 있었다. 즉 페미니즘에 대한 에코페미니즘의 도전은 그 자체로 **페미니즘의 보편주의**(구체적으로 인간으로 존재하는 어떤 보편적 방식)에 대한 도전이자, 페미니즘이 특히 인간/동물 관계와 같은 (젠더 너머의) 다양한 관계들을 착취적이거나 정치적이거나 주의를 기울일 만한 것으로 명명할 만큼 **충분히** 교차적이지 못하다는 점에 대한 도전이라고 할 수 있었다.

이러한 논쟁들은 해방을 향한 투쟁의 발전 과정이 종종 새로운 권력 관계의 재생산으로 귀결될 수 있는 방식과 관련된다. 그렇다고 할 때, 문제가 (에코페미니스트 혹은 페미니스트의 채식주의/비거니즘 문제에서 사회 및 문화 전반에 걸쳐 채식주의/비거니즘을 주장하는 문제로) 확장됨에 따라, 보편주의

7 콜로라도 대학교 서버에 토대를 둔, 에코페미니스트는 채식주의자여야 하는가라는 주제에 대한 "에코펨ecofem" 리스트서브에서 진행된 1990년대 중반의 열띤 논쟁에 참여했던 것을 나는 확실히 기억한다. 지금 돌이켜보면 이는 꽤나 나이브했던 것 같다(이 글 각주 4번 참조).

라는 혐의가 증폭될 수 있다는 점은 주목을 요한다. 에코페미니스트 또는 일반적으로 동물옹호자가 비건 보편주의를 발전시키는 과정에서 이러한 보편주의의 문제를 엇비슷하게 반복할지 모른다고 볼 수 있을까? 전술한 프란시오니의 사례에서처럼 몇몇 동물옹호자들은 문화를 가로지르는 보편적인 비거니즘을 주장해 왔지만, 이 경우에도 비건 아웃리치vegan outreach가 지구상의 모든 지리적 위치에서 실제로 추구되거나 제안될 가능성은 희박한 듯하다. 에코페미니스트들은 프란시오니의 캠페인의 수사보다 훨씬 분명하게 신중한 태도를 취했고, 그들은 자신들의 비건 윤리에 맥락성에 대한 감각을 도입하는 경향을 보여 왔다. 그러나 일각에서는 (학술대회 케이터링이라는 문화적으로 특정한 사례에서조차) 비건식에 대한 옹호를 자민족중심적이거나 배제적이거나 심지어 인종주의적이라는 함의를 가진 것으로 이해해 왔다.

동물, 국가, 인종화의 교차

이 문제를 다루기 전에 우선 동물 착취나 동물옹호 사안이 문화, 국가주의nationalism, 인종주의, 인종화 등의 문제와 교차하는 다양한 방식들에 대한 언급을 개괄하는 편이 유용할 것이다.

국가의 상징이나 요리와 관련해, 동물들은 '브리티시 불독'의 경우나 사자를 활용하는 영국의 도상학에서처럼 아마도 힘과 남성성을 강조하는 방향으로 국가의 본질적인 특성에 대한 신화를 구축하는 데 이용되어 왔다. 재산과 교환의 문화정치경제에서, 동물은 자연화된 상품으로서 국가 또는 지역과 관련지어진다. 경제성장계획을 위해 '**영국** 소고기British beef'를 소환하는 것처럼 말이다. 덱카가 지적하듯이, 남성성의 수행을 위해 고기를 활용하는 것은 국가주의적이고 애국주의적인 도상학과의 교차와 분리될 수 없다(2012, 139-140).

에코페미니스트들(예컨대 Adams 1994b; Twine 2001)은 동물 및 동물성 개념이 인종화(즉 '인종'의 유표화) 과정에 동원되는 방식에서 동물 착취와 인종주의 사이의 중요한 교차가 발견된다고 지속적으로 주장해 왔다. 인종화와 탈인간화 과정에서 어떤 사람들을 동물화하는(즉 다른 동물로 재현하고 다른 동물과 비교하는) 것은 동시에 '백인'이라는 인종적으로 유표화되지 않은 범주를 '인간'과 '문명인'으로 구성하는 오래된 비유다. 이는 식민지배, 노예제, 제노사이드 등 여러 경우에 이용되었는데, 아프리카인에 대한 강제 노예제, 아일랜드인에 대한 영국의 탄압, 유대인에 대한 나치의 생각 등은 이를 명백히 보여 주는 사례에 해당한다. 그것은 오늘날 인종주의 담론의 일상적인 레퍼토리의 일부로 남아 있다. 많은 논자들이 분명히 밝혔듯이, 이러한 인간/동물 이원론의 활용은 그것의 젠더화와 마찬가지로 동물의 열등함에 대한 인간중심주의적인 가정에 기대고 있으며, 따라서 이에 대한 이해는 에코페미니스트들이 지적하는 권력의 광범위한 교차를 이해하는 데 있어 중요한 일부다.

나는 앞에서 육류 및 유제품을 다량으로 포함한 서구 식단의 보편화가 현재 진행되고 있음을 언급한 바 있다. 동물 착취의 확대, 이와 관련된 탄소발자국[의 증가—옮긴이], 지역에 강요되는 토지 이용의 변화, 그리고 이러한 흐름이 공중보건에 미치는 영향 등은 서구 식단의 보편화를 음식 식민주의의 한 형식으로 위치시키며, 또한 물과 같은 희소한

1998년 브라이언 루크(Brian Luke)의 「폭력적 사랑: 사냥, 이성애, 인간의 포식의 성애학(Violent Love: Hunting, Heterosexuality, and the Erotics of Men's Predation)」이 『페미니즘 연구(Feminist Studies)』에 발표되었다.

자원을 낭비하는 지속 불가능한 전 지구적 식량 체계의 일부로 위치시킨다. 이는 식량 불안정 상태를 장기화하며, 기후위기 및 생물다양성 위기를 악화시키고, 서구의 초국가적 식품 기업의 이익에 복무한다. 이러한 변화에 대한 감시는 존재하지 않는다. 이 변화는 일반적으로 '발전'과 '자유'시장의 불가피한 일부로 여겨지며 자연화된다. 나아가 이것은 사람들이 더 많은 가처분 소득을 가지게 된다면 고기를 먹고 싶어 할 것이라는 식의 관점에서 드러나듯 '인간'의 본질로까지 여겨지며(예컨대 나는 "영양 전환nutrition transition"이라는 개념하에 작성된 유엔 정책 문서들에서 이를 반복적으로 발견했다), 결과적으로 '인간'에 대한 특수한 모델, 즉 역사적으로 백인 서구적인 모델을 강화한다. 이는 보편주의에 대한 심문이 인간 본성 개념을 둘러싼 정치와도 밀접한 관련을 맺고 있다는 점을 명확히 보여 준다. 많은 '개발도상국'이 상대적으로 (더) 낮은 수준의 동물 소비를 보이는 것은 식품 기업들에게 적자로, 그리하여 성장 및 투자 기회로 여겨진다. 교차에 대한 이 두 사례는 꽤 잘 알려져 있으며, 동물 착취**와** 인종주의 **모두**에 저항하는 옹호의 정치와 분명 잘 조화된다. 이 예시들은 두 사회운동을 공통의 목표와 이해관계를 가진 것으로 명백히 제시하는 듯하다.

이 장의 더 주된 관심은 동물옹호가 반인종주의와 갈등하는 것처럼 보일 수 있는 예시들이다. 이에 대한 특히 두드러진 예는 할랄과 코셔 도살에 반대하는 극우단체의 캠페인에서 발견된다. 허위적인 동물복지주의라고 더 잘 설명될 수 있는, 영국국민당British National Party, BNP[8]과

8 http://www.bnp.org.uk/news/regional/halal-protest-sunderland-25th-aug-2012 참조.

같은 단체들은 현재 동물에 대한 우려를 가장해 할랄·코셔 등 종교적 도살에 반대하는 시위들을 조직하고 있다. 이러한 방식으로 그들은 인종화된 야만성과의 대비를 통해 구성된 백인 문명성civility의 담론적 역사를 이용하려 시도한다. 구체적으로 이 경우 BNP의 전제란 무슬림은 "진짜 영국인"이 아니라는 것이다. 영국의 맥락에서 동물옹호 단체들은 이를 간파하고 **모든** 형태의 도살에 반대한다고 주장해 왔다. 그러나 친동물 단체와 반파시즘 단체 간의 교차적인 정치적 동맹을 위한 기회는 아직 실현되지 않고 있다.

이 예시는 킴이 캘리포니아의 '이주민' 동물 관행에 대한 사례 연구(2007)에서 설명한 바와 유사하다. 인종화를 위한 통로로 동물복지를 착취하는 극우단체 대신에, 그는 진정한 동물옹호자들의 구상과 표적이 어떻게 인종주의 정치에 함몰될 수 있는지 논의한다. 실제로 인종주의 사회에서 친동물 캠페인이 소수자의 관행에 초점을 맞출 때 그러지 않을 때보다 더 광범위한 지지를 얻을 수 있다는 것은 가능한 일이다. 따라서 옹호자들이 이주민의 관행이나 다른 나라의 관행을 유독 표적으로 삼는 것은 우려할 만한 일일 수 있다. 그러나 킴은 다문화주의 담론이 동물 윤리에 관한 논의를 비판적으로 개시할 수 있는 기회를 어떻게 협소하게 만들 수 있는지에 특히 관심을 가진다. 나는 뒤에서 다시 그의 분석으로 돌아올 것이다.

인종주의 혹은 식민주의와 동물옹호 사이의 잠재적 교차는 마카Makah족의 고래 사냥에 대한 기존 분석(Gaard 2001; Hawkins 2001)을 상기시킨다. 보다 최근의 논의에서 킴(2020, 76)은 마카족의 포경에 반대하는 환경주의자들과 행동을 함께한 우익 공화당 정치인들의 역할을 조명

1998년 몬태나주의 미졸라에서 '에코페미니즘: 21세기를 위한 실천적 환경 철학(Ecofeminism: A Practical Environmental Philosophy for the 21st Century)' 학술대회가 개최되었다.

한다. 나아가 디네쉬 와디웰(Dinesh Wadiwel 2012)은 세간의 관심을 집중시켰던, 인도네시아 도살장이 산 채로 수출되는 '호주의' 소를 대우하는 방식에 반대하는 호주인들의 사례를 검토한 바 있다. 와디웰은 비거니즘 자체를 비판하기보다 "비거니즘이 실천되는 인종화된 맥락"(1)을 더욱 명확히 밝히는 것을 목표로 한다. 즉 비거니즘과 동물옹호가 인종화된 지정학적 맥락 안에서 백인 문명성을 구성하는 과정의 일부가 될 수도 있다는 것이다. 비뚤어진 소유권 국가주의proprietorial nationalism는 이 경우엔 인종화된 타자에게 위협을 받는 '호주' 소로 코드화된 동물들에 대한 외견상의 우려를 강화하는 방향으로 작동할 수 있다. 와디웰이 주장하듯 "그 기저에 놓여 있는 메시지란 우리는 우리의 동물들을 문명화된 방식으로 도살하지만 **그들**은 그렇지 않다는 것이다."(2) 이는 위에서 논의한 BNP의 사례와 비슷한 근거이며, 주장컨대 '인도적' 도살에 대한 복지주의 및 서구 담론 일반의 근거이기도 하다. 하퍼(Harper 2010a, 2010b)나 구스먼(Guthman 2008) 등의 논자들과 마찬가지로 와디웰은 백인 특권을 재기입하는 장소로 기능할 수 있는 방식을 비판적으로 고려하는 대체 식품 담론, 동물옹호, 비건 실천을 원한다. 비거니즘은 확실히 습관적인 인간중심주의에서 벗어나 인간을 재개념화하려는 시도이지만, 그 자체로 인종이나 계급에 관련된 배타적인 인간 개념과 뒤얽히게 되지 않는 것은 아니다. 그렇다면 그러한 가능성은 도덕적 비거니즘의 맥락에 대한 분석을 형성하는 교차적 반성에 반드시 포함되어야 한다.

동물옹호와 보편주의를 논하는 에코페미니스트들

이 글의 나머지 부분에서 나는 에코페미니즘적이거나 교차적인 관점의 주장을 담은 핵심 문헌들을 참조해 이 문제들을 보다 깊게 탐구할 것이다. 앞에서 언급했듯이 에코페미니스트들은 역사적으로 보편주의에 대해 신중한 태도를 보여 왔다. 이러한 신중함은 동물 윤리의 공리주의 이론과 권리기반 이론 모두에 대한 에코페미니즘의 비판에 의해 형성된 것이다(예컨대 Donovan and Adams 1996 참조). 전통적인 윤리 이론이 보편주의적으로 표명되는 경향이 있다는 지적은 일상적 삶과 괴리된 윤리와 감정성에 대한 부정 등에 강한 의혹을 던지는 더 광범위한 비판의 일부였다. 예를 들면, 킬은 구체적으로 보편주의를 남성성에 대한 자신의 이해와 관련짓는다(2008, 3). 그리하여 보편주의는 다르게 위치 지어진 사람들의 삶의 맥락을 예민하게 고려하기 위해 피해야 할 어떤 것으로 인식된다.

커틴은 모든 상황에서 육식을 금지하는 절대적인 도덕규칙에 반대하면서, 돌봄 윤리 및 맥락적 도덕 채식주의[9]와 관련된 에코페미니즘 문헌에 초기 기여를 했다(1991, 69). 커틴에게는 동물을 죽이지 않고 살아가려는 선택이 생태와 기후에 의해 제약을 받는 듯 보이며, 개인의 맥락적 관계들(본질적으로 일어날 가능성이 희박한 위급 상황들)과 지리적 맥락들도 [육식을 할 수 없는—옮긴이] 적절한 이유가 되는 것 같다. 이러한 맥락들에도 불구하고 나는 커틴의 채식주의가 보편주의적 경향과 그리 다르

9 이 글 각주 4번 참조.

1999/2000년 "인권과 동물권… 유일한 차이는 무지다!"를 모토로 내세운 '동성애자-이성애자 동물권 연합(The Gay-Straight Animal Rights Alliance, GSARA)'이 솔트레이크시티에서 결성되었다.

지 않다고 생각한다. 다시 말해, 그의 에코페미니즘적 돌봄 윤리는 대부분의 상황에서 동물 소비에 반대한다. 맥락적 도덕 채식주의를 둘러싼 논쟁은 1990년대와 21세기 초에 캐런 워렌, 발 플럼우드, 가드, 캐럴 J. 애덤스 같은 이들에 의해 계속 진행되었다.

이 논의들을 살펴보기 전에, 인종과 종의 교차에 관한 킴의 보다 최근의 작업에 먼저 초점을 맞추려 한다. 일부 캘리포니아 '이주민'[10]의 동물 관행에 대한 사례 연구에서, 그는 멕시코 차레아다(로데오)에서의 호스 트리핑horse tripping 관행과 샌프란시스코 차이나타운의 생축시장live-animal-market 노동자들의 관행에 관한 논란에 집중한다. 이러한 관행들이 이주민 공동체의 타자성에 대한 재현을 강화하는 데 착취될 수 있다는 점을 명지하면서도, 킴은 그 관행들에 대한 동물옹호 진영의 반대를 가리켜 인종주의적이라며 단순히 비난하는 태도에 비판적이다. 그는 또한 공동체의 필수 요소인 전통이라는 식으로 그 관행들을 옹호하는 태도에도 회의적이다. 더 구체적으로 그의 비판은 다문화주의가 인간중심주의적 틀이라는 점, 또 그가 보기에 그것이 이러한 논쟁들에서 제국주의적 방식으로 활용된다는 점에 중점을 둔다. 이 관행들에 대한 법적 문제 제기를 자세히 살펴보면서 그는 다음과 같이 주장한다.

> 이주민 동물 관행을 옹호하는 사람들의 반응은 동물에 대한 이러한 개입을 백인이 힘없는 유색인 이주민을 공격해 왔던 오랜 역사 안에 위치

---

10 이는 '백인'으로 분류되지 않는 모든 사람을 '이주민'이라는 용어로 지칭하는 인종주의적 융합을 의도하는 것이 아니다.

> 시키는 다문화주의적 해석틀을 환기시키는 것이었다. 이러한 시각에서 볼 때, 이주민 소수자 문화를 잘못되고 결함 있는 것으로 평가한다는 점(자민족중심주의), 지배적인 문화적 가치관을 주변화된 문화에 강요한다는 점(문화제국주의), 이 국가의 의미 있는 구성원으로부터 타자를 배제하려는 현재의 시도를 강화하고자 '자아'와 '타자' 사이의 극복할 수 없는 인종적 차이를 공언한다는 점(인종주의 및 선주민주의)에서 다수자majority는 유죄다. 동물옹호자들은 다수자들 자신의 잔혹한 동물 관행을 무시하면서 외국에서 태어난 소수자들을 표적으로 삼는 "이중 잣대"를 가지고 있다고 일컬어진다.(Kim 2007, 2)

일부 옹호자들이 실제로 그러한 이중 잣대를 가지고 있을 수도 있지만, 킴은 동물에 대한 대우를 둘러싼 중요한 윤리적 문제들을 차단하려는 방어적 입장을 비판한다. 어떤 면에서 그의 비판은 동물 착취를 변명하려 '문화 차이'를 주장하는 것의 문제와 다문화주의의 인간중심주의[문제—옮긴이]의 핵심을 모두 간파하고 있다. 교차적 혹은 에코페미니즘적 관점에서 나온 이러한 주장은 '문화'라는 개념을 단순히 액면 그대로 받아들일 수 없다. 에코페미니즘의 윤리적 전통은 문화를 배타적인 인간의 영역으로 상정하는 담론 생산에 의문을 제기해 왔다. 따라서 우리는 다문화주의의 "다多"는 충분히 다양하지 않으며 '문화 차이'의 영역은 인간 너머로 확장되어야 한다는 점에 반드시 주목할 필요가 있다. 많은 이들이 '문화'란 다른 동물에 적용하기에는 '너무 지나친' 용어라고 계속해서 생각하겠지만,[11] 이러한 용어가 없더라도 우리가 동물과 사회적·육체적으로 공유하는 특성은 도덕적 고려 가능성의 인간/동물

2000년 '이스턴 쇼어 생츄어리(Eastern Shore Sanctuary, 현재의 바인(VINE))'가 설립되었다.

이원론을 넘어서기에 충분할 것이다.

킴의 두 가지 추가적인 논점(2007, 7)은 보편주의와 문화 차이에 대한 논쟁을 풍부하게 하는 것과 관련이 있다. 동물에 대한 착취적 관행을 변호하기 위해 다문화주의적 틀을 활용하는 것은 문화를 순수하게 인간적인 것으로 본질화할 뿐 아니라, 다수자 문화와 소수자 문화를 일관된 통합적인 전체로 재현한다(가드(2001)도 유사한 지적을 한 바 있다). 다른 문화를 존중해야 한다는 호소는 주어진 관행을 어떤 문화의 전체와 혼동할 위험, 그리고 그 문화를 고정된 것으로 물화할 위험을 가진다. 다음으로 그것은 "별개의 독립체들을 모두 '지배 집단'으로 뭉뚱그림으로써 동물옹호자, 주류 미디어, 정치인, 그리고 다른 사람들 사이의 이데올로기적·수사적·전략적 차이들을 삭제한다."(7) 이는 동물옹호가 서구 문화의 지배적인 부분을 대표한다고 할 수 없다는 점에서 중요한 지적이다. 논비건적 복지주의 형태의 동물옹호의 경우에도 이는 사실이 아니다. 더욱이 채식주의나 비거니즘을 실천하는 이유의 문화적 다양성을 인정해야 한다고 하더라도, 채식주의는 분명히 중요한 측면에서 비서구적 관행이기도 하다(Kheel 2004, 335; Spencer 2000). 사회운동으로서의 동물옹호는 지배적인 서구의 문화 관행과 제도에 대한 급진적인 변화를 주장하면서 대항 정치의 일부를 이룬다. 이러한 점이 대안적 소수자(친동물) 정치가 예컨대 이주민 집단이나 다른 문화를 향해 억압적으로

---

11 이 문제의 복잡성은 이 글에서 다루는 범위를 넘어선다. 말할 필요도 없이 동물 문화에 대한 많은 논의들이 그간 제출되어 왔으며, 인간과 동물의 문화가 서로 거의 다르지 않다는 점은 문화가 순수하게 인간적이라는 가정에 의문을 제기한다.

행동할 가능성을 배제하는 것은 아니지만, 이는 대안적 소수자 정치를 지배적인 서구 문화제국주의 역사 안에 위치시키려는 시도를 문제적으로 만든다. 주장하건대 이를 인식하는 것은 교차적 연합의 가능성에 도움을 준다. 동물옹호자와 차별받는 공동체는, 동물화와 인종화라는 서로 뒤얽힌 유산을 통해 구성된 인종, 계급, 종에 따른 자본주의의 도구화에 반대한다는 공통의 이해관계를 가지고 있기 때문이다.

킴은 보편주의 문제에 대해서도 명확하고 구체적인 입장을 제시한다. 그는 "모든 주장에 대해 문화특정성culture-boundedness을 지적하는 유의 설명은 그 자체로 보편적 형태를 상정한다는 점에서 어리석은 것"(2007, 12)이라는 점을 환기시킨다. 킴은 "채식주의를 하나의 이상으로 옹호하는 모든 견해가 본질적으로 제국주의적이라는 시각은 그 자체로 정당화되지 않은 보편적 주장"(2008, 267 n.159)이라고 말하면서 이와 비슷한 지적을 한다. 비록 이것이 보편주의와 남성성의 결합에 관한 그 자신의 주장과 모순된다고 여겨질 수도 있겠지만 말이다. 그렇다면 보편주의의 모든 사례가 예컨대 자민족중심주의적이라거나 제국주의적이라거나 남성주의적이라는 주장들에 대해 우리는 좀 더 세심해질 필요가 있을 것이다. 킴은 소수의 보편적 가치들에 대한 인정이 도덕적으로 필수적이라는 시각[12]을 취하면서(2010, 59), (동물 및 인간에 대한) 잔혹 행위의 금지가 그러한 보편적 가치 가운데 하나일 것이라고 주장한다(2007, 12). 다시 말하지만 인간/동물 이원론은 '잔혹 행위'나 '폭력'의 담

12 보편주의에 대한 킴의 생각은 다문화주의 이론가인 비쿠 파레크Bhikhu Parekh에게서 영향을 받았다.

2000년 클리프턴 플린(Clifton Flynn)의 「여성의 가장 좋은 친구: 매 맞는 여성의 삶에서 애완동물 학대와 반려동물의 역할(Woman's Best Friend: Pet Abuse and the Role of Companion Animals in the Lives of Battered Women)」이 『여성에 대한 폭력(Violence Against Women)』에 발표되었다.

론을 활용함으로써 도덕적 고려 가능성을 형성하는데, 이러한 담론은 어떤 의미에서 동물에 대한 착취가 일반적으로 덜 심각하게 받아들여지는 것을 수반한다. 이는 인간/동물 이원론이 모든 인간 문화에서 정확히 동일한 형태로 존재한다는 말이 아니다. 그러나 인간중심주의는 그 역사, 궤적, 경험에 있어 문화적 특수성을 드러내긴 하지만, (가부장제처럼) 상당히 모든 문화에 걸쳐 있다cross-cultural[13]고 보인다.

킴의 사유는 더 이른 시기에 가드가 수행한 중요한 에코페미니즘 작업과 공명한다. 두 사람은 이 같은 문화횡단적 논쟁들을 다루기 위한 불가피한 전략으로서 대화의 형식을 옹호하는데, 이에 대해서는 뒤에서 다시 다룰 것이다. 가드(2001)는 마카족의 고래 사냥, 즉 워싱턴주 북서부에 사는 마카족이 고래 사냥을 재개하는 것이 옳은지 아닌지를 둘러싼 20세기 후반에 불거졌던 논란에 초점을 맞춘다. 킴의 사례 연구와 마찬가지로 마카족의 상황 역시 오랫동안 인종주의에 예속되어 있던 주변화된 집단을 반영했다. 그러나 이 관행의 중요한 차이점은 마카족이 1913년 이후로 고래를 사냥하지 않았으며 그 관행을 **재개**하려고 했다는 점이다. 나아가 그러한 재개가 생계유지를 이유로 한 것이 아니었다는 점은 국제포경위원회International Whaling Commission, IWC의 "원주민 포경" 기준에 부합하지 않음을 의미했다(Gaard 2001, 5–6). 그럼에도 미국 정부는 1998년부터 2002년까지 마카족이 고래를 죽일 수 있도록

---

13 나는 "문화횡단적cross-cultural"이라는 이 용어가 하나의 문화를 명확히 경계 지어진 독립체라고 상정하는 것처럼 읽힐 수 있다는 점에서 문제적이라 생각될 수 있음을 인정한다.

IWC로부터 승인을 얻어 냈고, 1999년 5월 첫 번째 고래가 살해되었다. (사실상 일부) 마카족의 사냥을 찬성하는 주장들은 고래 같은 동물에 대한 과학적 지식과 환경 규제, 그리고 폭넓은 문화적 감수성이 지난 100년 동안 상당히 바뀌었다는 문제에도 직면했다.

킴과 가드는 인종주의와 경제적 주변화에 맞서 살아남으려 발버둥쳤던 공동체들의 특정한 역사적 맥락에 예민하다. 동시에 두 사람은 동물옹호를 신식민주의적이라고 단순하게 매도하는 이들에 맞서 동물의 고려 가능성을 위한 윤리적 공간을 열 수 있기를 원한다. 나아가 두 사람의 분석은 그러한 공동체들을 동질화하는 경향에 비판적이다. 가드가 마카족의 사례에서 지적하듯이, 마카족 문화의 회복을 위한 하나의 방법으로서 포경을 옹호하는 의견이 드러내는 전통적 젠더화에 관해 여러 근거를 제시하며 포경에 반대하는 견해는 공동체 내에서 상당했다. 그는 "마카족의 사례에서 특정한 엘리트 남성 집단의 고래 사냥 관행이 전체 문화의 관행으로 둔갑되어 정체성을 대체하게 되었다"고 주장한다(2001, 17). 에코페미니스트에게는 왜 특정한 관행들이 추구되는지 그 맥락을 더 잘 파악하기 위해 문화 혹은 공동체 내 젠더나 다른 구분들에 대한 분석을 무시하지 않아야 할 책임이 분명 존재한다. 공동체를 획일적이고 동질적인 것으로 파악하는 접근 방식은 공동체에 대한 대상화를 강화할 뿐이다(Plumwood 1993 참조). 나아가 이는 또한 궁핍한 사회학을 구성하며, 어떤 논란의 복잡성을 적절히 파악하기 위해 현실에 기반을 둔 경험 연구를 수행하는 에코페미니즘 같은 교차적 접근 방식의 필요성을 강조한다. 에코페미니즘 윤리학이 추상화와 거리를 두면서 시작했다 하더라도, 가드와 킴의 작업 같은 분석들은 역사적이고 사회학

2000년 캐런 워런(Karen Warren)의 『에코페미니즘 철학: 개념과 그 중요성에 대한 서구적 관점(Ecofeminist Philosophy: A Western Perspective on What It Is and Why It Matters)』이 출간되었다.

적인 분석을 통해 에코페미니즘이 더 풍요로워질 수 있음을 보여 준다. 교차성은 현실과 유리된 철학자여야만 이해하기를 바랄 수 있는 그런 것이 아니다. 비슷한 주장이 페미니즘 생명윤리학 내에서도 제기되어 왔는데, 마찬가지로 많은 논자들은 윤리적 분석에서의 추상화를 가리켜 철학적이라고 비판했다(Twine 2010a 참조). 앞서 언급했듯 킴(2020) 자신도 최근 마카족 문제에 대해 글을 쓴 바 있다. 그는 반식민 입장과 반포경 입장 간의 협력이 얼마든지 가능하다고, 또 반포경과 생태식민주의를, 혹은 친마카와 친포경을 결합시키는 것을 거부하면서 추구할 만한 입장이 존재한다고 주장하는 길고 세심한 분석을 제시했다.

가드와 킴의 접근 방식이 서로 유사하기는 하지만, 가드는 좀 더 말을 아낀다. 예를 들어, 그는 제한된 의미의 보편주의를 명시적으로 옹호하지 않으며, 마카족 논란과 관련해 다음과 같이 진술한다. "역사적·정치적·문화적 맥락들의 이 특정한 교차에서 우리가 어떤 것을 주변화된 문화의 억압적 특징이라고 인식할지라도 이에 도전하는 것은 비선주민 페미니스트 및 에코페미니스트의 자리가 아니다. 오직 특정 문화의 구성원들만이 전통적인 문화 관행에 대해 주도적으로 질문할 수 있는 위치에 있다."(2001, 18) 그러한 원칙은 특히 주도적 질문이 일종의 배신으로 여겨질 수 있는 경우, 어떠한 공동체 구성원도 그 일을 하고 싶어 하지 않을 수 있다는 점에서 어려운 문제들을 제기한다. 여기에서 우리는 "주도적"이라는 말을 축어적으로 해석해, 가드의 주장이 비판의 목소리를 내려면 반드시 특정 문화의 구성원이어야 한다는 의미가 아니라고 가정해 볼 수 있다. 그는 문제의 관행과 관련된 특정 문화 및 맥락에 대해 배울 책임이 에코페미니스트에게 있다고 보는 탈식민적 에코페미니즘 관점을 지지한다. 이는 개재적embedded이고 근접적proximal인 방법론의 필요성을 더욱 강조한다. 즉 가드는 상이한 관점과 공간 사이를 가로지르는 "경계 횡단자" 역할을 수행할 수 있는 사람들이 상호존중적인 대화의 장을 마련하는 데 필수적이라고 주장한다(19–22).

그렇다면 이는 그러한 갈등에 대한 킴의 견해와 아마 그리 멀지 않은 듯하다. 가드가 제한된 보편주의를 옹호하는 것은 아니지만, 그는 예컨대 에코페미니즘이 "윤리적 행동을 위한 어떠한 최소 조건"을 추구하며 어떠한 "기본 원칙"을 지원하고자 한다고 말한다(2001, 3; Kao 2010, 626도 참조). 킴도 이와 유사한 대화, 즉 양측이 서로를 세심히 고려하는 동시에 면밀히 검토하는 방향의 대화를 지지한다. 이 글에서 언급한 영국, 캘리포니아, 워싱턴주, 호주 등과 같은 사례들에서 다수자의 동물관행 역시 비판의 대상이 되어야 한다. 일반적으로 다수자의 관행은 규모와 효과 측면에서 결국 훨씬 체계적이다. 킴은 다음과 같이 결론짓는다. "이주민들은 문화제국주의와 선주민주의로부터 보호받을 필요가 있지만, 도덕적 비판을 주고받는 것과 도덕적 관심사에 대한 토론에 타자들을 참여시키는 것은 도덕 공동체 성원권의 중요한 일부다. 이 공동체의 외부로 간주되는 것의 위험은 포함되는 것의 위험보다 더 클 것이다."(2007, 14) 가드와 킴은 서로 다른 권력관계들의 교차에 대해 책임지는 방식을 구축하기를 원하는 동시에, 교차성을 전통적인 인간중심주의적 용법을 넘어서는 개념으로 확장하기를 원한다(Twine 2010b 참조). 내가 주장했던 바처럼, 사회적·문화적·역사적 맥락의 복잡성을 설명하는 방법론과 정치학을 획득하기 위해 노력한다면 에코페미니즘은 위와 같은 분석을 실현할 수 있을 것이며, 그리하여 우리는 특정한 관행들이 어떻게 자리 잡기 시작했는지 더 잘 이해할 수 있게 될 것이다.

"맥락적"을 둘러싼 경합

이 글을 마무리 짓기 위해, 에코페미니스트들이 '맥락적'이라는 말을 활용하는 방식을 좀 더 면밀히 검토해 보려 한다. '맥락적'이라는 표현은 주로 두 가지 방식으로 사용된다. 첫 번째는 어떤 관행의 맥락들을 이해하는 것의 중요성을 강조하기 위해서이고, 두 번째는 실제로 동물을 이용하는 것이 불가피한 것으로 간주될 수 있는 특정한 맥락들을 조명하기 위해서다. 특히 우리는 두 번째 의미를 둘러싼 관점의 차이에서 이를 살펴볼 수 있다. 즉 플럼우드가 비판했던 몇몇 에코페미니스트들, 대표적으로 애덤스나 킬의 관점과 플럼우드 자신의 관점 차이 말이다. 나는 보편주의 문제에 대한 킬의 구체적인 입장을 고려해, 주로 킬에 초점을 맞춘다. 킬은 헌신적인 비건임에도 비건 보편주의를 옹호하지 않도록 신중을 기한다. 앞서 킴과의 긴장 관계를 논의하며 언급했듯이, 킬은 보편주의를 남성주의적인 것으로 본다. 이러한 입장과 그의 기반인 에코페미니즘의 영향으로, 킬은 추상적 규범과 보편적 규칙을 경계한다. 대신 킬은 자신이 채식주의로의 "초대의 접근법"(2004, 328)이라 부르는 것을 주장한다.[14] 킬은 "채식주의의 이상을 초대하는 씨앗을 심을 공간

14 킬은 실제로는 '비건'을 의미하면서 '채식주의자'라는 용어를 사용하는 저자들의 한 예다. 이에 대해서는 그의 설명을 참조할 것(2004, 338 n.1).

을 확보"(329)하기 위해, 에코페미니즘이 규범화된 동물 소비 관행을 허물고 그 자리에 정당화의 책임을 설치하는 데 초점을 맞추기를 원한다. 그러나 킬의 입장이 갖는 복잡성을 이해하는 것이 중요하다. 그를 단순히 보편주의에 대항하는 맥락적 에코페미니스트라고 묘사하는 것은 부정확하다. 실제로 그는 일부 맥락적 에코페미니스트들에 대해 확실히 비판적이었다(334).

앞에서 살펴봤듯이 커틴의 접근법은 불가피한 동물 이용의 잠재적 예시들로 지리나 응급상황과 관련된 맥락들을 설명했다. 그러나 플럼우드 같은 다른 이들은 "맥락적"이라는 말에 대한 더 광범위한 이해를 지지하고 반비건 입장을 옹호한다(Plumwood 2000, 2003a, 2004 참조). 대신 플럼우드는 "준채식주의자semi-vegetarian" 입장을 취하는데, 이는 동물 살해 자체가 아니라 공장식 축산업에 반대하는 것이다(2004, 53). 그는 '인간'이 생태학적 용어로 다시 위치 지어지기를 바란다는 점에서 옳았지만, 비거니즘이 그 가능성을 배제한다고 프레이밍한다는 점에서는 옳지 않았다(Plumwood 2003a, 2 참조). 단지 비건들이 동물성 생산물을 먹지 않는다고 해서, 그들이 먹는 다른 모든 것이 (비건인) 인간을 어떠한 식으로든 자연의 일부로 포함시키지 않는 것은 아니다. 그가 주장하는 것처럼, 비건들이 인간도 동물도 결코 먹을 수 있는 것으로 생각되어선 안 된다고 고집하는 것도 아니다(2003, 2). 인간의 죽음과 매장에 대한 근본적 재편은 예를 들어 인간 섭식가능성의 생태적 이익을 제고하는 하나의 방법일 수 있다. 인간 포식 자체(포식자이자 피식자가 되는 것)는 생태적 번성을 위한 전제조건이 결코 아니다.

애덤스와 킬 같은 저자들의 작업에 대한 허수아비식 비판에서, 플럼우드는 비건 에코페미니스트를 보편주의적이며 포식 일반에 반대하는 이들로 묘사한다. 서구 도시에 사는 비건들은 자신의 음식 선택이 세계 다른 지역에서도 그대로 이루어질 수 있다고 상정해선 안 된다는 플럼우드의 지적은 선택권과 관련해 유용한 통찰을 주지만(2000, 306), 그의 이후 작업은 환경주의자와 동물옹호자 사이의 분리를 재강조하는 불필요하고 도움 되지 않는 주장을 펼친다. 킬과 애덤스를 비롯한 비건들은 포식이 지나치게 강조되어 인간들의 고기 소비를 자연화하는 데 이용되어 왔다는 점을 강력히 주장하고자 했다. 그러나 플럼우드는 이를 동물의 포식성 일반을 부정하는 의견으로 바꾸어 놓았다. 더욱이 플럼우드가 제기한 일종의 보편주의 혐의가 타당함을 보여 주는 증거는 부족했다.[15]

킬은 자신의 초대의 접근법을 다른 문화에 특정 관행을 강요하려는 접근법과 구별함으로써, 그러한 비난을 빗나간 것으로 만든다. 여기에서 비거니즘은 하나의 이상으로서, 더 돌보고 공감하며 살아가는 삶의 긍정적 양상으로 제시된다(2008, 246). 이는 동물 소비에 대한 규범 및 기대의 자의성과 그것이 초래한 피해를 반성케 하는 비판적 자극과 함께 사람들에게 제안될 수 있다. 맥락적 채식주의의 몇몇 판본에 반대하면서 그는 다음과 같이 주장한다.

---

15 애덤스와 킬을 비판하는 플럼우드의 글에 대한 잘 논증된 응답에 대해서는 Eaton 2002 참조. 비거니즘의 가치를 둘러싼 플럼우드의 작업에 개입해 비판적으로 숙고하는 최근의 작업에 대해서는 Montford and Taylor 2020a 참조.

일반적으로 맥락적 접근법은 더 큰 문화 안에 존재하는 하위문화의 맥락을 검토하지 않은 채, 특정 문화의 전반적인 맥락 내에서 육식을 이해하고 존중하는 것의 중요성에 초점을 맞춘다. 다른 문화를 이해하고 적절한 경우 존중하려 노력하는 것이 중요하긴 하지만, 이것이 그 관행들의 기저에 놓여 있을 수 있는 문화적 연관성, 특히 남성적 자아정체성과 육식 사이의 문화적 연관성에 대한 더 심층적인 분석을 가로막아서는 안 된다.(2004, 335)

특정 문화 혹은 공동체 내의 사회적 분화를 이해하려 노력하는 데 실패하는 빈약한 분석을 지적한다는 점에서, 킬은 가드와 킴의 시각과 의견을 같이한다. 킬은 자신의 저서 『자연 윤리』에서 비거니즘에 대한 옹호가 에코페미니즘의 맥락적 접근법과 완벽히 일치한다고 주장한다(2008, 235). 그는 다른 **인간들**을 죽이지 않는 이유에 대해 사람들이 일반적으로 합리적 논변을 원용하지 않는 것과 마찬가지라고 주장하면서, 명시적으로 비거니즘에 대한 합리적 논변을 구축하지 않는다(235). 이는 사회규범에 대한 그의 관심을 강조한다. 다른 인간들을 죽이지 않는 것을 합리적으로 정당화하는 공적 담론은 거의 없는데, 이는 그것이 당연시되는 사회적 규범, 즉 사회질서의 근본 원리이기 때문이다. 동물 소비와 인간중심주의는 비슷하게 작동한다. 인간이 다른 동물을 먹고 죽이는 것은 우리가 다른 인간을 죽이지 **않는다**는 점을 이해하는 것만큼이나 정상적이다. 비거니즘은 사회규범이 아님을 예리하게 인식하면서, 킬은 비거니즘을 하나의 보편적 명령으로 규정하는 것을 의도적으로 삼간다. 킬은 자신이 생각하기에 동물의 신체에 대한 사회의 접근권을 보장하는 방식으로 작동하는 동물 소비 규범을 근본적으로 교란하는 데 주된 초점을 맞추고자 하기 때문이다(236). 어떤 이들은 이러한 움직임을 보편주의라는 '위험한 영역'에서 후퇴하는 것으로 읽을 수도 있겠지만, 여기에서 킬의 전략은 내가 앞서 비건 보편주의를 둘러싼 논쟁의 회비극적 특성이라고 불렀던 것과 일치한다고 나는 주장한다.[16]

사회적 규범이 고정되어 있는 것은 아니지만, 비건 보편주의가 임박한 시일 내에 실현될 가능성은 존재하지 않는다. 20세기 서구 문화의 특수한 발전과 관련된 대량 동물 소비의 자민족중심주의적 패턴과 흐름은 현재 세계의 다른 지역으로 보편화되고 있는 중이다. 따라서 가장 먼저 책임을 물을 대상은 바로 이 관행들과 이를 지탱하는 그 이해관계들이어야 공정할 듯하다. 나아가 문화적으로 강요되는 음식 관행에 대한 모든 현실적인 검토는 대다수의 인간 문화에서 동물 소비가 하나의 규범으로 대규모 규정되고 있다는 점에 관여해야 하며 동시에 그에 대한 역사적·사회적·경제적 이유에 주의를 기울여야 한다. 한편 육류/유제품 소비의 높은 비율은 점점 더 전 지구화되고 있는 관행이긴 하지만, 이 관행을 조직하는 특정한 역사적 배치(Shove and Pantzar 2005, 57–58 참조)는 그 관행의 장기 지속과 대안적 관행이 자리 잡을 전망 모두를 고찰

---

16 킬은 보편주의에 대한 자신의 직접적인 생각을 매우 분명하게 표현하기에, 그를 회피적이라고 비난할 순 없다고 나는 생각한다. 그의 입장은 커틴의 입장과 그리 다르지 않다. 예를 들어 킬은 다음과 같이 말한다. "어떤 문화에 채식주의 혹은 비거니즘을 어렵게 하는 환경적·기후적 요소가 존재할 수 있음을 인정하더라도, 채식주의나 비거니즘을 이상으로 독려하는 것에 본질적으로 억압적인 측면은 존재하지 않는다. 이상을 옹호하는 것은 자신의 신념을 다른 사람이나 다른 문화에 강요하려는 것과 동일하지 않다."(2008, 236)

하는 데 있어 중요하다. 동물 소비에 대한 보편주의는 공간적으로 작동할 뿐 아니라, 시간적으로 혹은 세대적으로도 작동한다는 점은 간략히 언급할 만한 가치가 있다. 세대적 보편주의는 사회적 규범의 재생산을 공고화하는데, 최근에 들어서야 비건 육아(Phillips 2019), 비판적 동물 교육(Dinker and Pedersen 2016), 그리고 비판적 동물 연구에서의 아이에 대한 관심(Ankomah 2018; Bray et al. 2016; Stewart and Cole 2014) 등의 담론적 실천들을 통해 논의되기 시작했다.

이 글에서 나는 (에코페미니즘의) 비건 보편주의 문제를 더 넓은 맥락 안에 위치시켰다.[17] 에코페미니즘적 비건 윤리의 출현은 다른 유형의 동물 윤리와 에코페미니즘 사이의 더 넓은 관계, 그리고 주류 페미니즘 사유의 인간중심주의에 대한 그것의 도전 안에 놓일 수 있다. 식사 관행의 대규모 변화를 옹호하는 모든 시도는 윤리학만으로는 존속할 수 없으며, 식사와 인간/동물 관계의 사회학적·역사적·문화적 차원을 반드시 명지해야 한다.

에코페미니즘 사유가 보편주의와의 긴장에 관한 숙고를 통해 형성되어 왔음에도, **비건** 보편주의에 대한 논의는 (사소한 것이 되진 않았지만) 높은 동물 소비율의 경제적·문화적 전 지구화의 그늘에 상당히 가려져 있다. 보다 비판적인 담론이 자민족중심주의 및 식민주의와 얽혀 있는, 문화를 가로지르는 이 중요한 변화를 향한다면 어떻게 될까?

분명히 말하건대 나는 친동물 정치가 새롭거나 오래된 배제에, 즉 백

---

17 대체로 나는 음식을 위해 착취되는 동물들에게 초점을 맞췄다. 동물 윤리와 맥락에 관한 더 폭넓은 철학적 논의에 대해서는 Palmer 2010 참조.

인성의 새로운 구성에 함몰될 수 있는 방식에 대해, 또 '기회주의적 동물옹호'에 동참하는 인종주의자들에게 포섭될 수 있는 방식에 대해 관심을 쏟는 일의 중요성을 깎아내리는 데 이 논점을 이용하지 않는다. 이는 정확히 그러한 전개들을 반성하는 교차성의 포스트휴머니즘적 형식이 지닌 과제다. 이 글의 범위를 넘어서는 것이긴 하지만, 나는 인간/동물 관계의 출현과 그 지속성을 형성하는 다양한 맥락들을 이해하기 위해 적절히 활용될 수 있는 연구 방법론을 좀 더 신중히 고민해야 할 필요가 있다고 주장했다. 기실 이는 어떻게 교차성을 실천할 것인가에 관한 더 일관적인 접근 방식을 말한다.

동물옹호와 보편주의라는 특정 문제에 대한 에코페미니즘적 혹은 교차적 문헌은 크게 네 가지 입장을 보인다. 첫째, 플럼우드는 동물 소비 자체보다 공장식 축산업에 대한 반대에 더 가까운 준채식주의를 주장했다. 나는 비거니즘에 대한 그의 비판이 여러 측면에서 부족하며, 애덤스와 킬과 같은 저자들에게서 무비판적 보편주의를 읽어 내는 그의 인식은 부적절하다고 주장했다. 둘째, 커틴과 아마도 대부분의 에코페미니스트들은 내가 "유사 보편주의near universalism"라고 설명한 맥락적 도덕 채식주의를 옹호했다. 이는 대부분의 맥락에서 인간들은 비건이 될 수 있고 되어야 한다는 주장을 분명 함축한다. 셋째, 나는 킴의 입장이 이와 유사하지만, 특히 잔혹 행위에 대한 반대에 기초한 보편적 가치관의 제한된 모델을 가지고 있다고 해석했다. 넷째, 킬의 다소 상이한 접근 방식은 비거니즘에 대한 "초대의 접근법"을 구축하기 위한 것으로서, 동물 소비를 보편적인 것으로 규정하는 규범의 강제성을 비판할 필요가 있다는 점에 초점을 맞추었다. 이 같은 입장들은 해방의 로드맵을 위한 중요한 반성적 도구들을 광범위한 동물옹호 운동에 계속해서 제공할 것이다. 나는 또한 에코페미니스트들이 (인간의) 문화 차이에 기초한 특정한 인간/동물 관계를 단순히 변호하는 태도를 받아들이지 않는 데 관심이 있다고 설명했다. 정확히 이들은 인간중심주의적이고 비시간적인 '문화' 개념을 상정하지 않는 것에 관심을 가지고 있기 때문이다. 예컨대 '문화'의 측면에서 투우와 같은 관행에 찬성하는 것은 종차별주의적 관계를 영속화하기 위해 종차별주의적 틀과 용어를 이용하는 것이다. 에코페미니즘과 이와 관련된 교차성 설명의 정치적 핵심은 동물을 중시하며 포함하는 문화를 만드는 것일 뿐 아니라, '문화'를 정확히 동물 착취 규범에서 분리시키는 것이기도 하다.

13장. 왜 돼지인가?

인종, 성별, 노예제, 그리고 종의 교차를 드러내는 '누워 있는 누드'

캐럴 J. 애덤스

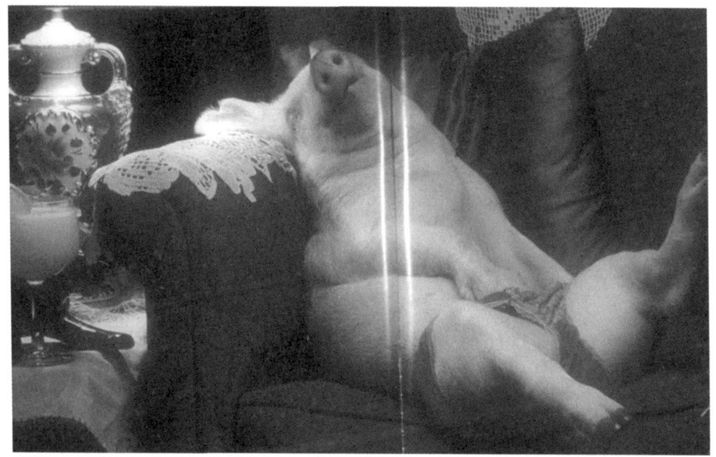

13.1 『플레이보어Playboar』에 실린 〈어슐라 햄드레스Ursula Hamdress〉. 이 이미지는 『짐승: 반격하는 잡지The Beast: The Magazine that Bites Back』 제10호(1981년 여름호) 18-19쪽에 처음 수록되었다. 이는 아이오와 주 페어에 "핀업 사진"으로 걸려 있던 것을 동물옹호자인 짐 메이슨Jim Mason이 촬영한 것이다(『플레이보어』의 더 최근 호들은 "어슐라"를 "태피 러블리"로 재명명했다).

비판 이론에 관한 몇몇 근작들은 서구에서 여성의 아름다움이나 성적인 이용 가능성을 묘사하는 전통적인 방식을 연구하며 특히 그것이 '누워 있는 누드'의 포즈에서 잘 드러난다고 보았다. 물론 그 비판 이론은 이러한 묘사를 추적하며 20세기 후반에까지 이르지만, 이러한 전통이 구체적으로 어떻게 인간의 몸을 뛰어넘었는지는 인식하지 못한다. 나는 이 글에서 나를 30년간 괴롭혀 온 이미지로 돌아가 이것이 인간 이외의 몸에 부과된 '누워 있는 누드'의 예시임을 밝히고자 한다. 문화 이론은 인종적이고 성적인 재현을 살펴볼 때 반드시 종의 위계와 태도에 대한 고려를 포함해야 한다. 그렇지 않으면 그것은 빈약한 이론에 그칠 것이다. 인간 이외의 몸에 계속해서 부과되는 성별과 종에 대한 태도는 퇴행적이고 억압적이어도 괜찮다고 여겨지며, 인간의 몸에 부과된 재현이었다면 마땅히 따랐을 어떤 종류의 면밀한 분석이 이루어지지 않는다. 나는 이를 변화시킬 방법을 찾고 있다.[1] 구체적으로 나는 '어슐라 햄드레스Ursula Hamdress'〈그림 13.1〉라는 이미지에 주목한다. 나는 이 이미지를 1980년대 초에 처음 마주했다. 중서부 지역에 머물렀던 짐 메이슨은 1981년 3월 미주리주 캔자스시티에서 열린 전국 돼지고기 생산자 회의에 가기로 결정했다. 그는 480명의 출품자들과 1만 5,000명의 방문객으로 가득 찬 박람회를 둘러보았다. 그곳에는 분만틀(갓 출산한 여자 돼지를 가두는 틀), 케이지, 우리, 틈바닥, 먹이공급장치 등 돼지를 사육하는 현대적인 도구들이 있었다. "헤스앤클락, 화이자, 다우케미칼, 엘랑코, 아메리칸사이안아미드 등은 여기서 무수한 종류의 항생제, 살균제, 성

1 이 에세이는 인종과 비판적 동물 이론에 대한 생각을 이어 간 것이다. 이전에 발표한 에세이는 Adams 1994b, 2004, 2007, 2012 참조.

장촉진제, 영양제를 비롯해 다른 공장식 축산용 약물과 공급품을 전시하고 있었다." 그 당시 공장식 축산농장을 여러 번 방문한 경험이 있던 메이슨은 이곳에 먼지, 거름 냄새, 축축하고 매캐한 공기, 그리고 "빽빽하게 찬 돼지들의 비명소리"가 없다는 것을 알아차렸다(Mason 1981).

그는 웅성거리는 소리를 들었고 많은 사람들이 무언가의 주위를 둘러싸고 있는 것을 보았다. 사람들은 모두 **어슐라 햄드레스**의 사진을 들여다보고 있었고 이에 관해 이야기를 나누고 있었다. "팬티를 입고 의자에 널브러져 있는 돼지의 사진. 나는 사진을 찍는 동안 돼지가 움직이지 않게 하려고 수의사가 어떻게 돼지에게 진정제를 투여했는지 설명하는 한 남자의 말을 엿들었다."(Mason 1997, 68)

"어슐라"라는 이름은 초기 제임스본드 영화 시리즈에서 맡은 역할로 인해 (1960년대 용어인) '섹스 심볼'이 된 배우 어슐라 안드레스Ursula Andress에서 따왔다. 1965년에 그는 잡지 『플레이보이』의 모델이 되었다. 페디큐어를 칠한 발에 빅토리아시크릿 풍의 빨간 팬티를 입은 〈어슐라 햄드레스〉는 잡지 『플레이보어』[2] 즉 돼지 농장주들의 『플레이보이』의 센터폴드 페이지를 장식했다.

1980년대 초 나는 어슐라 햄드레스에 두 가지 '계보'—포르노그래피와 가축화된 농장 동물—가 결합되어 있다는 것을 알아챘다. 포르노그래피적 측면에서 "어슐라 햄드레스"는 포르노 잡지의 센터폴드 모델인 양 포즈를 취했다. 사진 속 그의 옷차림은 19세기의 사창가를 환기시키는 방식으로 꾸며져 있었지만, 보통 그러한 환경에서 찾아볼 수 있거나

2 'boar'는 남자인 돼지 혹은 야생돼지를 뜻한다.—옮긴이.

센터폴드 모델로 서는 이들과 분명한 차이점이 있었다. 바로 돼지라는 점이었다.

다른 계보는 농장 동물의 삶에 관한 것이었는데, "어슐라"는 그러한 농장 동물의 삶을 벗어나 자신의 무대와 의상이 갖춰진, 인간이 만든 환경 속으로 격상되었다. 1980년에 메이슨과 피터 싱어의 책 『동물 공장Animal Factories』이 출간되고 나서 여기 실린 사진과 글을 비롯해 "어슐라 햄드레스"의 사진을 보게 되었던 한 동물 활동가도 어슐라 햄드레스에게서 분명한 차이점을 발견했다. 그는 자기의 자매 돼지들 대다수가 견뎌야 했던 특정한 종류의 삶을 살았다는 어떠한 흔적도 보여 주지 않았다. 그는 상처 하나 없이 깨끗했다. 다른 어떤 돼지들도 그를 물어뜯지 않았으며 밀집된 조건이 주는 스트레스 때문에 서로를 먹어 치우는 상황에 던져지지도 않았다.

1990년대가 되면서 상징적인 섹스 심볼로서의 안드레스의 지위는 점차 흐려져 갔다. 『플레이보이』의 어슐라 안드레스가 『플레이보어』의 "어슐라 햄드레스"가 된 '농담'에서 대부분 소비자들은 그 지시 관계를 잊어버렸다. 하지만 시각적 지시 관계는 남아 있었다. 『플레이보어』는 단 한 가지 변화를 줌으로써 이 철 지난 연상을 피해 갔다. 돼지의 이름을 바꾼 것이다. "어슐라 햄드레스"는 "태피 러블리"가 되었다. 그들이 이 농장/학교/형제애 유머로 가득한 잡지—이 유머는 지배 권력에서 유래한 것이다—를 위해 갱신한 것은 진정제를 투여한 돼지의 이름을 바꾼 일뿐이었다.

그 점을 제외하면 잡지가 가진 문제는 완전히 그대로였다. 다른 시각적·언어적 농담과 성적인 함의가 있는 중의성은 변함이 없었고, 이는

20세기의 도상학과 함께 매끄럽게 21세기로 옮겨 갔다. 『플레이보어』의 편집자들에게 1960년대에서 21세기에 이르기까지의 소비자들은 변함없는 집단이라는 감각이 있었고, 그 소비자들은 돼지 농장주만이 아니었다.

'누워 있는 누드'의 계보

"어슐라 햄드레스"에 들어맞는 또 다른 계보는 최근 몇몇 중요한 문화 비평가들을 통해 밝혀진 것인데, 이 계보에 대한 그들의 논의에서 "어슐라"가 다뤄지지는 않는다. 나는 그것이 다뤄져야 한다고 주장하려 한다.

내가 고찰하려는 세 가지 작업 중 하나는 데이비드 하비David Harvey의 『포스트모더니티의 조건The Conditions of Postmodernity』(1997)으로, 이 책은 권리와 진보의 목적론을 강조하는 모더니티에서 유동성, 다양성, 복수성의 만개로 특징지어지는 포스트모더니즘으로의 이행을 서술한다. 다음으로 마이클 해리스Michael Harris의 『인종화된 그림: 인종과 시각적 재현Colored Pictures: Race and Visual Representation』(2003)은 인종차별적 이미지에 대한 흑인 예술가들의 대응을 탐색한다. 마지막으로 넬 페인터Nell Painter는 『백인의 역사The History of White People』(2010)를 통해 서구 문화에서 백인성과 관련이 있는 비가시적이고 보편적인 관점을 가시화하고 특수화한다. 각각의 저자들은 책에서 '누워 있는 누드'라고 불리는 포즈의 진화를 보여 주는 데 집중한다. 인종 만들기, 재현, 모더니티에서 포스트모더니티로의 이행에 관심을 기울이는 학자들은 모두 (아마도 죽은 것으로 보이는) 돼지의 포즈의 선구이자 모티프가 되었던 이미지에 이끌린다. 이들이 분석하는 더 큰 문화적 전통 안에 이 (아마도 죽은 것으로 보이는) 돼지를 위치시키는 일은 중요하다.

하비의 『포스트모더니티의 조건』

『포스트모더니티의 조건』의 제3장에서 하비는 큰 위험을 감수한다. 그는 나체의 여성이 등장한다는 구체적인 정보를 언급하지 않고 이미지들을 고른다. 그는 "모더니즘과 포스트모더니즘 사이의 도식적 차이"(43)[3]를 설명하는 하산Hassan의 도표를 소개하면서 논의를 시작한다. 포스트모더니즘의 이분법은 존재하면서도 동시에 존재하지 않는 것과 같다. 왜냐하면 이분법은 모더니즘 프로젝트의 잔여물이면서도, 이러한 도식적 차이에 본질주의나 보편주의적인 의미는 실려 있지 않기 때문이다. 그와 하산이 확인한 이분법의 예시는 아래와 같다.

모더니즘	포스트모더니즘
형식	반형식(분열적, 개방적)
의도	우연

---

3 데이비드 하비, 『포스트모더니티의 조건』, 구동회·박영민 옮김, 한울, 1997, 66쪽. — 옮긴이.

위계	무질서
거리두기	참여
중심화	분산
의미론	수사학
기의	기표
형이상학	아이러니

인종, 성별, 종은 하산이 제시하는 "도식적 차이"가 아니다. 다른 이분법 중에서도 위와 같은 이분법이 12페이지에 걸쳐 논의된 후—그 12페이지 안에서 젠더는 이론화되지도 검토되지도 않는다—등장하는 페이지에는 데이비드 살레David Salle의 그림 〈집처럼 타이트한Tight as Houses〉(1980)이 실려 있다. 이 그림은 한 페이지 전체를 차지하도록 허용된 유일한 이미지다. 이 그림 속 세부사항을 '읽기'란 쉽지 않다. 한 여성의 통통한 나체를 담은 사진 위에 (음화된 사진 위에 그린 듯한) 스케치가 겹쳐져 있다. 이 스케치는 "해체주의자의 충동이란 한 텍스트를 위해 다른 텍스트의 내부를 들여다보는 것, 한 텍스트를 다른 텍스트로 용해시키는 것, 혹은 한 텍스트를 다른 텍스트에 내재시키는 것이다"라는 하비의 말을 그림으로 그려 놓은 것처럼 보인다. 하비에 따르면 "서로 다른 존재론적 세계의 충돌과 중첩은 포스트모던 예술의 주요 특징이다."(50)[4] 이 이미지는 충돌의 장소이자 하나의 텍스트 위에 다른 텍스트를 겹쳐 만든 이미지다. 이 텍스트가 여성의 몸이라는 사실은 명백하면서도 이

4 위의 책, 75–76쪽, 번역 일부 수정.—옮긴이.

론화되어 있지 않다.

네 페이지를 넘기면 여성의 나체 이미지는 더 빈번하게 나타난다. 티치아노Titian의 〈우르비노의 비너스Venus d'Urbino〉에서는 태연한 시선을 하고 손으로 자신의 음부를 수줍게 가린 나체 여성이 우리를 맞이한다. 이 비너스는 "서구 미술사에서 누워 있는 누드화의 초기작 중 하나"로 원래는 소유자가 붙인 이름인 "라 돈나 누다la donna nuda, 즉 벌거벗은 여성"(Harris 2003, 128)으로 불렸으며 하비가 언급하듯(두 번씩이나!) 마네Manet의 〈올랭피아Olympia〉를 포함해 많은 후속작을 낳았다. 페이지를 넘기면 올랭피아를 만날 수 있는데, 그는 자신감에 차 있고 건방져 보이기까지 하며 우리와 눈을 마주치고 오른쪽 다리 위에 올려놓은 손으로 음부를 가리고 있다.

〈올랭피아〉의 옆에는 라우센버그Rauschenberg의 〈퍼시몬Persimmon〉(1964)이 거울을 통해 감상자를 쳐다보고 있다. 하비는 "라우센버그의 선구적인 포스트모더니즘 작품인 〈퍼시몬〉은 직접적인 참조 대상인 루벤스Rubens의 〈비너스의 단장Venus at her toilet〉을 비롯해 여러 테마를 콜라주한 것"[5]이라고 말한다(57). 〈올랭피아〉와 함께 병치된 〈퍼시몬〉은 마네와 티치아노의 작품 또한 재창조한 것으로 보이는데, 밖을 향하던 얼굴이 안쪽을 향하게 되었지만, 거울을 통해 시선의 응시는 다시 회복되고 있다. 로버트 휴즈Robert Hughes의 『새로움의 충격The Shock of the New』에 따르면 라우센버그는 "자신이 만든 이미지에 아이러니한 음란

5 위의 책, 83쪽, 번역 일부 수정. — 옮긴이.

함을 집어넣는 것을 좋아했다."(1980, 335)[6]

하비는 이 그림들을 **직접** 고르면서, 아이러니한 음란함을 자아내는 데 어떠한 흥미를 느꼈던 것 같다. 해당 장의 마지막 부분에서는 시티즌 시계Citizen Watches의 광고 이미지 속 한 젊은 나체 여성이 우리를 응시한다. 그는 광고 속에서 시계를 찬 점 외에는 발가벗고 등을 전면을 향하고 있다는 점에서 〈퍼시몬〉을 연상시킨다. 내가 『육식의 포르노그래피The Pornography of Meat』에서 이미지를 활용하며 언급했듯 시계는 지배의 태도를 새기는 주요한 수단이다(Adams 2020, 202–203). 포스트모던 시대에 광고 전략과 예술은 이미지들을 중첩하고 별개였던 영역을 가로질러 지시 관계를 창조하면서 서로에게 영향을 미친다.

포스트모더니티로 진화하는 예술을 설명하기 위해 여성의 몸을 재현하는 그림을 사용했던 하비의 결정은 역효과를 낳았던 것 같다. 책의 초판이 출간된 후 하비가 제시한 이미지의 계보는 금세 비판받았다. 페미니스트들은 거기서 폭력과 누락의 행위를 모두 분명하게 발견했다.

논평자 중 한 명인 D. 매시Massey는 「유연한 성차별주의Flexible Sexism」에서 하비의 분석이 페미니즘 이론의 통찰을 전적으로 무시하는 암묵적인 성차별주의와 제3장 속 삽화가 드러내는 노골적인 성차별주의에 대해 신랄하게 비판했다. 그는 다음과 같이 쓴다.

> 그의 논의는 존재론적으로 다른 세계의 중첩이라든지 마네와 라우센버

6 로버트 휴즈, 『새로움의 충격』, 최기득 옮김, 미진사, 1995, 329쪽, 번역 일부 수정. — 옮긴이.

그 간의 차이에 대해 숙고하지만, 무엇이 재현되는지, 또 그것이 누구의 관점에서 어떻게 재현되는지, 나아가 그러한 재현의 정치적 효과가 무엇인지는 염두에 두지 않는다. 살레의 〈집처럼 타이트한〉이 가장 명백한 사례인데, 여기에서 하비는 자신이 그 제목의 단순한 말장난과 명백한 성차별적인 내용을 알아차렸다는 단서를 전혀 남기지 않고 있다. 이 그림은 누구의 시선에서 그려지며 누구의 시선을 위해 그려지는가? 누가 이 '농담'을 이해할 수 있는가? 하비는 테일러(Taylor 1987)를 인용해 어떻게 "여럿 가운데 하나를 고르는 대신 양립할 수 없는 요소들"(Harvey 1997, 49)[7]을 콜라주하는지 살피며 이 그림을 매우 진지하게 다루었다. 그 그림 안에 잠재적으로 [여성으로서—옮긴이] 존재하며 전혀 다른 눈으로 이 그림을 바라보는 나는 "자, 여기 여전히 나체의 여성을 외설스럽다고 생각하는 오만한 남자 예술가가 또 있네"라고 반응한다. (…) 이 그림은 공모하는 남성 관객을 가정한다.(Massey 1991, 44–45)

하비는 매시와 같은 비판자들에 대한 대답으로 페이퍼백 판본의 해당 장 마지막 부분에 메모를 달아 둔다. 그는 그러한 비판에 기분이 상한 듯 보인다. 그는 아래와 같이 쓴다.

이 장에 사용된 삽화들은 포스트모더니스트인 일부 페미니스트에 의해 비판을 받았다. 이 삽화들은 전근대, 근대, 포스트모던으로 구분될 수 있는 것들을 비교할 수 있게끔 의도적으로 선택된 것이다. 티치아노

---

7 데이비드 하비, 앞의 책, 74쪽, 번역 일부 수정.—옮긴이.

의 고전주의적 누드는 마네의 모더니즘적 올랭피아의 작품에서 재활성화되었다 (…) 이 삽화들은 모두 특정한 메시지를 새기기 위해 여성의 몸을 사용했다. 내가 말하고 싶었던 또 다른 논점은 부르주아적 계몽주의 관행의 여러 "문제적인 모순" 중 하나였던 여성의 종속이 포스트모더니즘에 호소한다고 해서 특별히 완화되리라 기대할 수 없다는 사실이다.(Harvey 1997, 65)

하비는 여성을 대상화하고 남성 관객으로 가정된 특권적 위치를 강화하는 이미지를 사용하는 것에 대한 분명한 대답이 필요함을 인식하는 데 실패했다. 또한 그는 (시티즌 시계 광고를 누가 만들었는지는 분명치 않지만) 오직 백인 남성 작가의 작품들만 제시하기로 선택했다. 그에 대해 반대한 목소리는 어떠한 논평이나 더욱 해방적인 이미지들의 적극적인 병치를 요구했던 것이지만 말이다.

해리스의 『인종화된 그림』

해리스의 『인종화된 그림』은 하비의 침묵에 대신 답한다. 그는 20세기의 '누워 있는 누드'의 계보를 새로 작성할 때 인종적·성적 재현을 예민하게 의식한다. 또한 이 계보에서 인종이 굴절되는 방식을 명시적으로 검토한다. 해리스는 "흑인 공동체 내에서조차 검정색은 부정적인 기표"라고 말한다. 그는 "유대인성이나 아일랜드인성과 달리 흑인성은 주로 시각적"이라는 점을 짚는다. 그는 이 같은 흑인성의 시각적이고 부정적인 속성에 대해 다음과 같이 상술한다. “인종 담론은 권력 담론이긴 하지만 권력을 쥔 자들이 내부자와 외부자를 구별하는 비가시적인 실재를 재현하기 위해서는 가시적인 몸을 반드시 사용해야 한다는 점에서 궁극적으로 시각적인 것에 의존한다.”(Harris 2003, 2)

토니 모리슨Toni Morrison은 『어둠 속의 유희Playing in the Dark』에서 부정적인 기표로서의 흑인성에 대한 해리스의 견해를 다음과 같이 잘 설명한다. 그는 자유와 같은 관념을 개념화하는 데 있어서 어떻게 19세기 미국의 백인들이 “자유롭지 않은” 흑인들을 “‘나’가 아닌” 존재로 재현할 필요가 있었는지 설명한다(Morrison 1992, 38). 그는 이렇게 쓴다. “이는 단지 노예들이 구별되는 피부색을 지녔다는 말이 아니다. 이는 이 색깔이 무언가를 ‘의미’한다는 것을 뜻한다.”(49) 모리슨의 이러한 생각은 『허클베리 핀의 모험』에서 짐이 자유로워지지 않은 결말에 대한 논의로 이어진다. 그는 “백인이 지닌 자유의 기생적 본성”(57)을 짚는 것이다.

마네의 〈올랭피아〉는 이 같은 기생적 본성에 반하는 것일까? 한 매춘부가 티치아노의 〈비너스〉를 대체했다. 마네는 티치아노의 그림 속 백인 하녀의 자리에 백인 여성의 뒤에서 그를 돕는 아프리카계 여성을 위치시킨다. 백인 여성은 그림 바깥의 감상자 쪽으로 시선을 향하고, 아프리카계 여성은 백인 여성을 쳐다보고 있다.

마네가 인종을 그의 그림에 도입하는 방식 때문에 해리스의 논평은 하비의 ‘노 코멘트’ 방법론이 침묵으로 남긴 공백을 채운다. 해리스는 하비가 시각적으로 제시한 계보를 신중하게 해석한다. 하비가 자기 독자들이 할 것이라 믿었던 것을 해리스는 우연—이나 해석—에 맡기지 않는다. 나아가 그는 분명하게 거기에 새겨진 인종적 헤게모니를 확인한다. 「제저벨Jezebel, 〈올랭피아〉, 그리고 성애화된 여성」이라는 장에서 그는 "흑인의 음탕함에 대한 신화가 다른 성적 관념과 얽히게 되면서 19세기 예술에서 흑인 여성의 몸은 다른 무엇보다 섹슈얼리티의 기표가 되었다"고 기술한다(Harris 2003, 126).

흑인 하녀는 단지 섹슈얼리티의 기표일 뿐만 아니라 "비백인 여성에 대한 본질주의적 고정관념의 일부"였던 연상인 질병의 기표이기도 하다. 나아가 "19세기에 유색인 여성은 자연, 통제되지 않은 정념, 문란함과 연관되었다."(Harris 2003, 126)

유색인 여성이 가축화된 동물이 아닌 야생적인 존재로 자주 묘사됨으로써 자연, 통제되지 않은 정념, 문란함과 연관되었던 것이 19세기의 일만은 아니었다는 점에 주목하자. 아넷 고든-리드Annette Gordon-Reed는 "흑인 여성의 섹슈얼리티를 본질적으로 타락한 것으로 묘사하는 것은 노예제와 백인우월주의의 산물이며, 이는 노예제의 주된 유산 중 하나이자 백인우월주의의 지속적인 프로젝트 중 하나로 존속하고 있다"(2009, 319)는 것을 상기시킨다.

〈올랭피아〉에 대해 해리스는 "백인 남성의 응시가 이루어지는 특권화된 공간 안에는 흑인 주체가 뒤편에 자리하고, 그는 자기가 시중드는 벌거벗은 매춘부보다 사회적으로 열등하면서도 성적인 기표이자 기호다. 그는 존재만으로도 올랭피아의 나체 상태에 대응된다."(2003, 126) 그는 그림에서 "'나'가 아닌" 대상으로, 그에게 전가된 타락한 섹슈얼리티는 다른 종류의 "자유롭지 않은" 지위를 암시한다.

해리스는 여성 누드화에 대해 논의하며 마네의 〈올랭피아〉에서 티치아노의 〈비너스〉로 시대를 거슬러 올라간다. 그리고 그는 서구 미술의 이 유명한 고전적 주제에서 다음의 세 가지 양상이 반복되는 것을 발견한다. 하나는 가부장적 구조의 증거, 다른 하나는 백인 남성 관점의 보편성에 대한 가정, 마지막으로는 여성 몸의 전유가 그것이다(2003, 126).

해리스는 티치아노의 그림에서 이러한 세 가지 특징이 작동한다는 것을 발견하는 데서 나아가 19세기의 다양한 예술 작품에서도 이를 밝혀낸다. 그는 특히 질 주변의 영역을 아래쪽으로 가르는 수직선과 같이, 묘사되는 여성의 시각적 이용 가능성을 강조하는 구성 전략을 짚는다. 해리스는 이러한 수직선이 나체 여성의 음부를 강조한다고 지적한다. 사실 티치아노와 마네의 그림들의 구성에는 여성의 팔에 의해 만들어지는 수평선도 포함된다. 이 선도 마찬가지로 백인 여성의 음부를 향해 뻗어 있다. 이 장소는 바로 수직선과 수평선이 교차하는 곳이다(이러한 구성은 어슐라 햄드레스의 경우에도 반복된다).

티치아노와 마네가 대상의 눈을 묘사하는 방식에 대해 말하자면, "각각의 여성이 감상자의 시선과 눈을 마주친다는 것은 두 여성 모두 성적 의미에 공모하고 순응한다는 것을 의미한다."(2003, 129)

해리스는 이어 식민주의/제국주의가 성적으로 소비되는 여성의 이미지를 굴절시키는 방식에 대한 논의로 방향을 돌린다. 그는 장 앵그르Jean Ingres의 〈오달리스크와 하녀Odalisque with a Slave〉에 대해 그것이 유럽 밖에서 발견되는 "원시적인 섹슈얼리티"를 어떻게 묘사하는지 다룬다. 그에 따르면 "하렘 여성들의 모든 누드화는 유럽인 남성으로 암시되는 감상자의 시각적 소비에 이용될 수 있다."(2003, 130)

린다 노클린Linda Nochlin은 앵그르의 것과 같은 그림들이 어떻게 "여성에 대한 남성의 권력, 그리고 더 어두운 피부색을 지닌 열등한 인종에 대한 통제를 정당화하는 백인 남성 우월성이라는 권력의 두 가지 이데올로기적 가정을 구체화하는지"(Chadwick 1990, 199에서 재인용)[8] 언급한다.

오달리스크화에 관해 말하자면 당신이 보는 것이 곧 당신이 취하는 것이다. 서구의 제국주의적 관행에 복무하고 이를 강화하는 시각적이고 문자 그대로의 성적인 소비 말이다. 해리스는 "모든 누드화는 남성 후원자들의 소유나 사적 소비를 위한 공예품으로 이용 가능했으며, 이를 통해 땅, 자원, 사람들의 전유를 비롯해 그러한 식민지적이고 제국적인 모험이 연습되거나 반복되었다"(2003, 130)고 쓴다.

이제 해리스의 계보에 폴 고갱Paul Gauguin의 〈지켜보고 있는 망자의 혼Spirit of the Dead Watching〉이 들어선다. 해리스는 이 그림을 두고 "흑인 하녀와 [여기서는 엎드린 채] 누워 있는 여성은 한 몸이 되었다"(2003, 131)며 이를 〈올랭피아〉의 전도된 버전으로 해석한다. 누워 있는 여성은 사춘기 소녀다. 그는 더 어리고 더 조신하며 시선은 덜 노골적이고 전적으로 순종적이다. 흰색 침구는 티치아노의 그림을 상기시킨다.

파블로 피카소Pablo Picasso의 〈아비뇽의 처녀들Les Demoiselles d'Avignon〉(1907)은 해리스의 계보에서 다음 차례에 놓인다. 백인 매춘부들은 아프리카풍의 가면을 쓴 것처럼 묘사되어 있으며 이들은 대부분 선 채로 다양한 포즈를 취하고 있음에도 불구하고 그 포즈는 '누워 있는 누

8 휘트니 채드윅, 『여성, 미술, 사회』, 김이순 옮김, 시공아트, 2006, 245쪽, 번역 수정. — 옮긴이.

드'를 떠오르게 한다. 몇몇 매춘부들에게 아프리카풍의 가면 같은 얼굴을 씌움으로써 피카소는 "원시화된 백인 여성과 상상 속의 음란한 흑인 여성을 하나의 몸에" 통합시켰다. 피카소의 그림은 흑인의 비가시성을 창조한다. "가면의 형태는 흑인의 존재를 암시했지만 동시에 그 존재를 백인 여성에게 종속시켰으며, 이 백인 여성에 대한 성적인 소비는 아프리카를 식민지화하는 물리적 소비와 연결되어 있었다."(2003, 131)

'누워 있는 누드'에 대한 해리스의 계보는 1894년 캘리포니아 겨울 국제 박람회California Midwinter International Exposition에 전시된 사진 〈한겨울 점포에서의 남태평양 같은 낮잠A South Sea Siesta in a Midwinter Concession〉에서 끝난다.[9] 이 사진에서 비앵글로색슨계 여성은 매트 위에 누워 있는 모습을 보여 주는데, 가슴은 드러나 있고 음부는 가려져 있다. "이 사진은 남성 지배적 담론에서 흔히 나타나는 포즈를 취한 여성을 보여 주는데, 그가 기꺼이 순응했다는 증거는 없다."(2003, 132) 거절하는 것은 사진 찍히는 주체이자 대상subject의 권력이다. [그러나—옮긴이] 앞선 그림들과 시티즌 시계 광고 속 대상들이 자신의 응시를 통해 이러한 통제력을 행사한다 하더라도 그들은 자신의 응시가 재현되는 방식을 통제할 순 없었다.

그런데 만약 피사체에게 거절할 권력이 없다면 어떨까? 피사체가 진

9 해리스는 이 사진이 전시되었다고 생각하지만, 그 여성이 그곳에 전시되었다는 것이 확실하지는 않다. 이 행사는 시카고 세계 콜롬비안 만국박람회Chicago World's Columbian Exposition의 전시 일부를 따라 하거나 재-현했던 것으로, 시카고에서처럼 비지배 문화권의 사람들을 전시하려 했던 것으로 보인다. 그러니 이 여자의 사진은 캘리포니아 박람회에 전시된 것일 수도 있다.

정제를 투여받았거나 죽은, 인간 이외의 동물이라면? 그의 눈은 감길 테지만, 이 행위에는 저항의 의미가 없다.

해리스는 성과 인종, 그리고 이 둘이 어떻게 교차하는지와 관련된 억압적 태도라는 맥락 안에 '누워 있는 누드'의 계보를 위치시키는 데 도움을 준다. 그를 통해 우리는 병치와 중첩이 어떻게 예술적 전략으로서뿐만 아니라 억압적인 상황을 복잡하게 만들고 확인시켜 주는 것으로 작동하는지 알 수 있다.

페인터의 『백인의 역사』

교차성은 항상 발생한다. 백인성에 대해서도 마찬가지다. 백인성은 오랫동안 충분히 이론화되지 못했기 때문에 그것을 조명하기 위해서는 다른 무언가가 필요할 뿐이다. 『플레이보어』가 분홍빛 돼지를 고전적인 '누워 있는 누드화'에 위치시켰을 때 나는 이것이 어떻게 백인성이 작동하(지 않)는지 조명할 수 있도록 하는 바로 그 "다른 무언가"가 되었다고 주장하려 한다.

페인터는 『백인의 역사』에서 백인성이 권력, 위신, 아름다움을 의미하게 된 과정을 탐구한다. 백인성의 유지력은 놀랍지만(Roediger 2008), 권력과 위신을 부여받게 된 방식은 결코 단순하지 않았다. 페인터는 백인성도 마찬가지로 "'나'가 아닌", 그리고 "자유롭지 않은" 요소를 가지고 있었음을 밝힌다. 그는 18세기 '인종학' 학자들의 인류학 작업에서 두 종류의 노예제를 포착한다. 아프리카인이나 타타르인과 같이 가혹한 노동을 수행하도록 강제된 노예들은 흉측한 모습으로 재현되었다. 하지만 화려한 노예들도 존재했는데, 그들은 "성적으로 가치가 있고 여성으로 젠더화"[10]되었으며 인간의 아름다움을 표상하는 존재가 되었다(Painter 2010, 43). 페인터는 **오달리스크**라는 용어(와 그에 수반되는 용어)가 어떻게 "육체적 매력, 복종, 성적 이용 가능성의 아우라—한 마디로 여성성"을 풍기는지 묘사한다. "그는 자유로울 수 없는데, 억류된 상태와 하렘이라는 위치는 그의 정체성의 핵심부에 있기 때문이다."(48)[11]

페인터는 '코카시아인Causasian'의 아름다움이라는 개념이 어떻게 이동했는지, 그것이 어떻게 영불해협을 가로질러 영국으로 퍼져 나갔는지를 살핀다. 논란의 여지가 없는 사실은 아름다움이 노예들에게 존재했다는 것이다. 그루지아인Georgian, 체르케스인Circassian, 코카시아인은 모두 호환 가능한 이름이었고, 1864년 P. T. 바넘Barnum이 그의 유럽 대리인에게 자신의 뉴욕 박물관에 전시할 "'아름다운 체르케스 소녀' 혹은 소녀들을 찾아 달라"고 요청했을 때, 페인터에 따르면 "미국의 맥락에서 인종적 순수성의 개념은 분명히 몸의 아름다움과 섞여 있었다." 그런데 그들이 도착했을 때 바넘의 "체르케스 노예 소녀"들은 모두 "흰색 피부에 매우 곱슬곱슬한 머리"를 가진 밝은 피부의 흑인들의 외양을 하고 있었다. 이 하얀 피부의 곱슬머리 여성들은 "아름다움(즉 백인성)과 노예(즉 흑인성)라는 충돌하는 미국적 개념"을 조화시키는 방법을 제공

10 넬 어빈 페인터, 『백인의 역사』, 조행복 옮김, 해리북스, 2022, 65쪽, 번역 일부 수정.—옮긴이.

11 위의 책, 71–72쪽, 번역 일부 수정.—옮긴이.

했다(Painter 2010, 51).[12]

백인 노예가 미의 이상으로 진화해 온 역사와 인종학은 남성 예술가들에게 매력적인 주제가 되었다. 페인터가 말한 것처럼 "19세기 유럽과 미국 미술에서 '오달리스크' 혹은 백인 노예 여성들은 보통 젊고 발가벗고 아름다우며 성적으로 이용 가능한 존재로 나타났다."(2010, 43)[13]

오달리스크를 논한다면 앵그르를 거치지 않을 수 없기에 해리스와 마찬가지로 페인터도 그의 그림에 주목한다. 앵그르의 작품은 "소프트 포르노그래피의 일종으로, 나체의 젊은 여성은 순수예술 관음증자들에게 적합한 눈요깃거리다."(52)[14] 페인터는 "오달리스크는 미술사에서 여전히 나체로서의 자기 역할을 수행"하는 반면 "백인종의 과학사"에서 그가 차지하는 부분은 "대부분 잊혀졌다"고 언급한다(2010, 43).[15]

이어 페인터는 장 레옹 제롬Jean-Léon Gérôme의 〈노예 시장Slave Market〉을 검토한다. 이 그림 속 나체의 어린 소녀는 판매를 위해 전시되고 있다. 그의 자세는 피카소 그림 속 매춘부들의 자세를 연상시킨다(혹은 앞질러 보여 준다). 그의 골반은 살짝 기울어져 있거나 돌아가 있다(이는 이용 가능성뿐만 아니라 복종을 암시한다[Adams 2004, 106을 보라]).

페인터는 노예제가 오늘날에도 존재한다고 언급한다. 이 문제는 니콜라스 크리스토프Nicolas Kristof와 셰럴 우던Sheryl WuDunn이 그들의 책 『절망 너머 희망으로Half the Sky』의 첫 번째 장(「21세기 노예들을 해방시키

12 위의 책, 74–75쪽, 번역 일부 수정.—옮긴이.
13 위의 책, 65쪽, 번역 일부 수정.—옮긴이.
14 위의 책, 77쪽, 번역 일부 수정.—옮긴이.
15 위의 책, 65쪽, 번역 일부 수정.—옮긴이.

기』)에서 고투했던 문제이기도 하다. 보수적으로 어림잡아 300만의 여성과 소녀(그리고 소수의 소년) 들이 성매매를 통해 노예가 된다고 그들은 추산한다(2010, 10).

하비와 해리스처럼 페인터는 모더니즘으로 나아가는 이미지의 계보를 찾는다. 최근에 나온 에드워드 사이드Edward Said의 『오리엔탈리즘Orientalism』과 앤 맥클린톡Anne McClintock의 『제국의 가죽Imperial Leather』은 표지 그림으로 모두 백인 노예 도상을 사용했는데, 정작 두 저작은 백인 노예 문제에 대해 숙고하지는 않는다. 이에 관해 페인터는 "20세기 후반 미국 학자들에게는 제롬에게서 벗어나거나 전형적이지 않은 비흑인 노예와 직면하는 일이 불가능했던 것처럼 보인다"고 말한다(2010, 56).[16]

검다는 것 외에 또 다른 부정적인 기표로는 무엇이 있을까? 바로 동물성이다. 동시대 사회에서 여성, 소녀, 그리고 몇 명인지 모를 소년 들을 제외하고 누가 노예로 살아가는가? 바로 다른 동물들이며, 그중 대다수를 차지하는 것은 농장 동물들이다. 우리가 해리스나 하비, 페인터 중 어느 쪽을 따라가든 그렇게 우리는 "어슐라"에 도달하며, 흑인도 인간도 아닌 노예와 마주한다.

나는 아래와 같이 '누워 있는 누드'의 계보를 추적하는 도표를 만들었다.

16 위의 책, 81쪽, 번역 일부 수정.—옮긴이.

〈표1〉 '누워 있는 누드'의 계보와 젠더, 인종, 종에 관한 문화적 언급

	하비	해리스	페인터	애덤스
살레의 <집처럼 타이트한>	V			
티치아노의 <우르비노의 비너스>	V	V		V
마네의 <올랭피아>	V	V		V
앵그르의 <오달리스크>		V<오달리스크와 하녀>(1840)	V<그랑 오달리스크>(1819) V<터키탕>(1862)	V
파워스의 <그리스 노예>			V(조각)	
제롬의 <노예 시장>			V	V
고갱의 <지켜보고 있는 망자의 혼>		V		V
피카소의 <아비뇽의 처녀들>		V		
<남태평양 같은 낮잠>		V(사진)		
마티스의 <오달리스크>			V	
라우센버그의 <퍼시몬>	V			
시티즌 시계	V(사진)			
어슐라/태피				V(사진)

하비가 드는 예시는 모두 백인 여성이다. 해리스는 '누워 있는 누드'

가 그려지는 방식과 더불어 아프리카 여성들이 동물성을 재현하게끔 인종적·젠더적 태도가 함께 새겨지는 방식을 누군가가 바라볼 때 무슨 일이 일어나는지 보여 준다. 페인터는 백인의 아름다움이라는 특정한 종류의 묘사에 주목하는데 이는 백인 여성의 노예화와 관련이 있기 때문이다. 나는 젠더와 인종이 종의 경계를 뛰어넘어 한 돼지가 티치아노의 〈우르비노의 비너스〉와 그 후계들 속 여성들과 유사한 포즈를 취하며 '누워 있는 누드'로 재현되기에 이른 방식을 살피고자 한다. 해리스는 "대중문화와 순수예술 사이의 유동성은 19세기 중반에 활성화되어 21세기 초에는 당연한 것으로 받아들여졌다"고 언급한다(Harris 2003, 11). 『플레이보어』는 꼭 들어맞는 예시다.

하비와 해리스, 페인터의 비판은 중요하지만 이들 비판(물론 하비의 '노코멘트'가 비판인지 아닌지는 논쟁의 여지가 있다)이 실수한 것은 이 계보에 어떤 종류의 (인간에 기반한) 종착점이 있다고 믿었다는 데 있다.

특히 '누워 있는 누드'의 경우처럼 여성의 아름다움에 대한 전통적인 서구의 묘사 방식을 탐구하고 20세기 말에 이르기까지 이러한 묘사가 이어진 방식을 살핀 비판 이론은 특히 이러한 전통이 어떻게 여성과 가축화된 동물을 향한 퇴행적이고 억압적인 태도를 재기입하는 인간 중심적 개념을 뛰어넘는지/벗어나는지/초월하는지 인식하는 데 실패한다. 나는 이러한 계보를 추적하는 일이 성공할 수 있다고 생각하는 비판 이론가들이 오직 호모사피엔스의 묘사, 특히 인간 여성의 묘사에만 주목할 때 이 계보의 흥미롭고 중요한 측면을 놓치게 된다고 주장한다. 이러한 측면은 여성의 '아름다움' 혹은 성애화된 여성 몸의 재현에 있어 종의 경계를 넘어 탐구하는 일이 어떻게 여성뿐만 아니라 가축화된 동물의 소비 구조를 드러내는지 보여 준다. 이는 인종, 성, 계급의 재현 양상을 버리지 않으면서도 인간의 경계로부터 벗어남으로써 그러한 소비를 정상화하고 자연화한다. 인간중심주의적이지 않은 문화 이론은 몸들을 성애화하고 여성화하는 방식이 어떻게 종 간 경계의 모든 면에서 억압을 강화하는지 인식해야 할 것이다.

동물화와 인종화의 기능: 왜 돼지인가?

돼지 "어슐라"가 여성의 자리를 대신하게 된 방식은 '젊음'을 동물화하고, 성애화하고, 인종화하고, 형상화하는 겹겹의 부재 지시대상들이 어떻게 상호작용하는지를 보여 준다.

티치아노와 마네의 그림에서 캔버스의 중앙에 있는 백인 여성과 나란히 존재하는 [동물에서—옮긴이] 동물화의 기능을 발견할 수 있다. 티치아노의 그림에서 비너스의 발치에는 강아지가 있고, 마네의 그림에는 흑인 하녀와 검은색 고양이가 있다.

『플레이보어』가 이 계보에 개입해 여자 돼지를 사진 속 무대의 중앙 한복판에 위치시켰을 때, 동물화의 기능은 주변에서 중앙으로 이동했다. 티치아노와 마네의 그림에서 분리되어 있던 동물화와 성애화 기능이 하나로 합쳐진 것이다.

해리스와 페인터가 제공하는 근본적인 통찰을 통해 우리는 "어슐라"를 처음 생각할 때 알아차리지 못했을 수 있는 것을 알아차린다. 이는 "어슐라"가 하얀 피부로 유표화되어 있다는 것이다. 성적으로 소비 가능한 백인 노예, 즉 오달리스크는 말 그대로 소비/섭취 가능한 '하얀' 피부의 여자 노예가 되었다.

돼지의 분홍빛 피부가 어떻게 백인 노예제를 상기시키는지 알아차리게 되면 우리는 돼지의 '인종적' 특성이 왜 중요한지 깨닫게 된다. 그의 흰 피부색은 인간중심주의와의 연결고리다. 내가 『육식의 포르노그래피』에서 논했듯 '유색' 돼지가 있다면(물론 다양한 색의 돼지가 있을 수 있다), 비지배적인 연상(젠더, 종, 그리고 인종)이 너무 강해서 인간중심주의적으로 보일 여지가 없었을 것이다. 서구 문화에서 인종 간 위계는 여전히 공고하기 때문에 재현되는 대상이 격하되고 있다는 의미가 가능한 한 강하게 전달될 수 있도록 흰 돼지가 필요했던 것이다(즉 돼지와 연관된 흰색은 보통이라면 인종적 격상을 의미했을 테지만 여성, 동물, 노예라는 연상이 이를 압도하며 억제하게 된다). 게다가 '유색' 돼지는 오달리스크나 그와 같은 백인성의 형상화 전통을 상기시키지 못했을 것이다. 여성혐오와 대상화의 대중문화적 현현인 "어슐라 햄드레스"를 고려할 때 우리는 그것이 의존하고 동시에 왜곡하는 백인의 아름다움에 대한 인종주의적 형상화를 무시할 수 없다. 여기서 핵심은 백인의 아름다움이 노예화와도 결부된 역사를 지닌다는 것이다.

해리스의 계보는 나의 경우와 마찬가지로 하나의 사진에서 끝이 난다. 그의 것은 "낮잠 자는 사람"이고 나의 것은 "어슐라"다. 해리스는 그 이 사진이 "예술적 누드의 기존 전통에 기여하려는 사진작가의 의지"를 암시하며 "이 전통이 미국 예술에는 거의 부재했지만 원시적인 비백인 여성의 나체는 백인 여성의 나체보다 더 잘 받아들여졌다"고 말한다(Harris 2003, 132).

왜 그럴까? 원시적인 비백인 여성의 사진이 더 쉽게 받아들여진 이유는 무엇일까? 해리스는 그것이 "백인의 도덕적 우월성을 보여 줄 수 있는 무대를 제공"하기 때문이라고 말한다(2003, 134). 또한 시각적 소비는 이 위험하고 성적인 에너지로 가득한 여성으로부터 거리를 두면서도 쾌락을 취할 수 있도록 해 준다.

돼지도 마찬가지다. 여기서 도덕적 우월성은 인간 남성의 도덕적 우월성을 가리킨다. 시각적으로 소비되는 것은 백인성과 (웃음거리가 된) '아름다움'이다. 이 사진에 등장하는 것은 매우 친숙하지만 성적인 에너지로 가득한 돼지로, 이는 앞의 경우와 마찬가지의 거리와 쾌락을 제공한다. 그렇게 누드화의 전통은 백인성을 비인간으로 이전시킨다. 사진작가와 그 사진을 만들고 연출하는 데 기여한 모든 사람들은 "어슐라"를 통해 냉소주의를 표현하는 동시에 분리와 쾌락을 획득한다.

"어슐라 햄드레스"는 아마 의인화 포르노그래피anthropornography의 기초가 되는 이미지 중 하나일 것이다. 의인화 포르노그래피는 에이미 햄린Amie Hamlin이 만든 신조어로, 특히 가축화된 동물이 음식으로 소비될 때 동물을 성애화하고 여성화하는 특정한 방식을 가리키기 위해 『육식의 포르노그래피』에서 소개한 바 있다. 결박된 동물들, 특히 농장 동물들은 '자유로운' 것처럼 보이는데, 이들은 '아름다운' 여성이 '자유로운' 것처럼 묘사될 때와 같은 방식으로 묘사되며, 마치 자신의 유일한 욕망이란 자기를 바라보는 자가 자기의 몸을 원하는 것인 양 성적 이용 가능성을 표현하는 자세를 취한다(특히 그러한 자유가 거짓인 경우에 말이다). 이들은 '자유롭지 않은 자유로운' 존재가 된다. 『플레이보어』는 노예화, 여성혐오, 인종주의의 극악무도하고 매우 모욕적인 역사를 함축하는 육식을 하나의 이미지로 구체화해 보여 준다. 의인화 포르노그래피는 위와 같이 함축된 의미와 이미지가 대중문화에 그리고 대중문화를 통해 전파되는 또 다른 길을 열어 준다.

해리스는 관음증에 관해 논하며 지배 문화를 대표하는 예술가들이 제시한 '누워 있는 누드'에 대한 논의를 끝맺는다. 그는 "관음증적으로 여성을 응시하는 것은 남성들이 자신들의 정력과 그것이 함의하는 모든 힘과 사회적 가치를 경험 혹은 재경험하거나 환상 속에서 경험할 수 있는 수단이다. 관음증은 어떤 의미에서든 분리, 소격, 거리 두고 보기를 암시한다"고 주장한 데이비드 루빈David Lubin의 작업에 기댄다(2003, 134).

해리스는 루빈의 통찰을 확장시킨다. "흑인/원시적인 여성에 대한 관음증적 연루는 감상자를 그러한 여성의 위험성으로부터 안전하게 분리시키며 받아들여질 수 있는 경계 안에 있는 그의 지위를 강화한다. 그는 백인이며 비백인성의 스펙터클과 위험성을 응시하는데, 그는 남성적 특권과 권력의 행사로서 자기와 분리된 비백인성의 영역을 실제로 침범할 수 있는 선택권을 가지고 있다. 비백인 여성의 몸을 스펙터클로 이용하는 것이 (…) 백인의 도덕적 우월성을 선보이는 무대를 제공할 수 있는 이유는 이국적인 여성은 음탕하고 성적으로 위험한 존재로서 백인 사회가 정복해 온 대상이기 때문이다."(2003, 134)

이는 디모인에서 열린 전국 돼지고기 생산자 회의와 여기서 "어슐라"를 둘러싸고 일었던 사람들의 웅성거림에 대한 이야기로 다시 우리를 데려간다.

"어슐라"를 마주한 관음증적인 경험을 통해 얻을 수 있는 것은 무엇인가?

다음과 같은 것들이 있다.

대부분 남성이었던 참석자들이 마주했던 것은 포르노그래피화된 돼지로, 이들은 흔히 포르노그래피를 통해 사적으로 하던 것[관음—옮긴이]을 공공장소에서 할 수 있었다.

그들은 이 돼지가 자신들이 소유한 공장식 축산농장에서의 고된 삶을 겪지 않았다는 사실을 알았을 것이다. 그래서 그들에게 "어슐라"의 묘사는 '도망자'들에 대한 지배 문화의 유머에서 자양분을 얻는다. 그들은 그처럼 멍이 들지 않은 피부를 가진 돼지가 실제로는 거의 없으리라는 냉소적인 지식을 가지고 있었을 것이다.

"어슐라"에게는 비백인 (인간) 여성의 몸이 아니라 (표면적으로) 하얀 (비인간) 여성의 몸에 대한 관음증이 작동한다.

"어슐라"의 재생산 노동은 미래의 새끼 돼지들을 위한 필수적인 노예 노동으로서 "어슐라"야말로 진짜 "돼지고기 생산자"였을 수 있다.

『플레이보어』는 공적인 자리(전국 돼지고기 생산자 회의)에서 팔렸고 참여자들은 이 잡지를 집에 가져가 사적인 자리에서 소개할 수 있었기 때문에 어슐라/태피의 지위로부터 이득을 취하는 인간 남성 예외주의는 더욱 강화되었다. 특권화된 남성 소비자는 자신이 결코 노예로서 소비되지 않을 것이라는 사실을 알았다.

하비는 여성의 대상화가 포스트모더니즘이 도래했다고 해서 해결되지 않을 것이라 말했다. 지난 40년은 육식이 남성성과 퇴행적으로 연관되어 온 시기이기도 했다.

포스트모던한 재현은 해리스가 인식한 억압적 틀의 세 가지 지점(가부장적 태도, 정상적/규범적 감상자로서의 백인 남성, 여성 몸의 전유)과의 공모에 저항할 수도 있고 그렇지 않을 수도 있다. 하비는 분명히 그것이 이에 저항한다고 믿지 않았고 포스트모던한 개입이 그중 어떠한 억압도 경감시키지 않을 것이라고 말했지만 말이다. 의인화 포르노그래피는 저항하지 않는다. 이는 여성을 재현하는 억압적인 방식과 공모할 뿐만 아니라 그러한 공모를 숨기는 동시에 기리며, 그 자신을 우스갯거리로 만들면서도 그러한 형상화에 결코 진정으로 저항하지 않는다. 이러한 형상화는 소비는 소비일 뿐이며 서구 주체를 구성하는 "육식적 정력carnivorous virility"(Derrida 1991, 113)은 문제가 없다고 말하는 것과 같다.

이로써 현 상태는 단지 재기입되는 것이 아니라 확장되며, "육식적 정력"이 야기하는 이중의 상호작용에 의한 강등을 통해 폄하된다. 이때 '육식성'은 그 핵심에 있다. 그 메시지는 명백하게 '이 존재는 소비 가능하다'고 말한다. 이 존재가 정확히 누구인지는 정력적인 육식주의자 감상자를 기쁘게 하기 위해 살짝 감추어진다.

아마 바비큐의 이미지만큼 인종, 성, 종 간의 교차를 재현하는 영역은 없을 것이다. 그레이스 엘리자베스 헤일Grace Elizabeth Hale은 『백인성 만들기Making Whiteness』에서 20세기 초 "신남부New South"에서 흑인 중산층 계급의 성장에 대한 반응으로 (짐크로우법에 의해 강화된) 백인성이 하나의 정체성으로 구성되었다고 주장한다. 해리스나 페인터와 마찬가지로 그의 작업은 인종 만들기와 관계가 있다. 흰 피부에 살집 있는 몸을 가진 여성이 성적 존재로 그려지는 이미지가 바비큐에 활용되는 것은 이러한 구성된 백인성의 기이한 유산이다. 바비큐 광고 이미지에서 당신이 보는 것은 당신이 취하는 것이다. 여성의 살집 있는 몸을 시각적으로, 그리고 말 그대로 소비/섭취하면서 말이다. 이들은 "어슐라"의 자매들이며 그의 운명을 공유한다.

하비의 비판적 의식 결여를 지적했던 매시는 다음과 같이 말한다. "모더니즘이 다른 감각에 비해 시각을 특권화했으며 권위적이고 특권적이고 남성적인 관점에서 보는 방식을 확립했다는 것은 이제 페미니스트들 사이에서 잘 알려진 주장이다. 나아가 이 주장은 페미니스트가 아닌 이들에게도 그 설득력을 발휘하고 있다."(1991, 45) 이어 이렇게 말한다. "시각의 특권화는 감각적 지각의 다른 형식들을 박탈하며 우리를 빈곤하게 했다." 그는 이제 이리가레를 인용한다. "우리 문화에서 후각, 미각, 촉각, 청각에 대한 시각의 우세는 신체적 관계의 빈곤을 초래했다. (…) 시각이 지배하게 되는 순간 몸은 그 물질성을 잃어버린다."(46)

매시는 그 이상의 것이 있다고 말한다. "이러한 주장의 관점에서 더 중요한 것은 시각을 특권화하는 이유가 정확히 시선에 함축된 분리 때문이라는 점이다."(46)

이는 어슐라의 포즈와 사진이 최종적으로 도달하는 곳이다. 즉, 모든 의미가 비워진 채 물질성이 전부인 몸으로부터의 분리로, 그 몸의 역할은 소비되기 위해 자라나서 결국 그 자체로 소비되고 마는 것이다.

해리스 역시 감상자의 관음증의 계보가 함축하는 바를 인식한다. 그에 따르면 보는 행위는 "성적인 행위와 동등하다. 그는 나체의 여성을 시각적으로 애무할 수 있다."(2003, 129)

돼지고기 생산자들이 "어슐라"를 보고 웃은 후, 즉 시각적으로 애무를 한 후, 그들은 집으로, 즉 자신들이 만질 수 있고 인위적으로 임신시키고 죽이고 소비할 수 있는 돼지들에게로 돌아갔다.

감사의 말

이 에세이는 2010년 온타리오주 킹스턴의 퀸즈 대학교에서 열린 '동물과 동물성 대학원생 학술대회'의 기조 연설문으로 처음 쓰였다. 나를 초청해 준 퀸즈 대학교의 학생들과, 매우 흥미로운 대화를 나눌 수 있게 해 준 참가자들에게 감사를 전한다. 또한 2012년 2월 나와 함께 어슐라 햄드레스의 이미지를 처음 보았을 때를 되짚으며 대화를 나눈 메이슨에게도 감사한다.

14장. 새로운 생태남성성, 생태젠더, 에코섹슈얼리티를 향하여

그레타 가드

에코페미니즘 실천과 조화를 이룰 수 있는 남성성은 존재할까? 에르네스토 라클라우Ernesto Laclau와 샹탈 무페Chantal Mouffe는 사회운동 행위자들 간의 "급진적 상동성의 연쇄"를 급진민주주의적 사회운동 형성의 핵심 기제라고 주장한 바 있다(1985). 이 기제를 통해 조직화를 시도했던 수년간의 시간을 거치면서 생태정의 활동가들과 연구자들은 지배적 주인 자아Dominant Master Self의 역할을 탈구축하고, (인종, 젠더, 계급, 섹슈얼리티, 국적nationality 등을 경유해) 그렇게 지배적인 존재로 구성된 이들도 급진적인 생태적 비전을 받아들이며 지구상의 억압받는 다수의 위에 서는 것이 아닌 그들의 편에 함께 설 수 있는 위치location를 제시하는 일의 가치를 깨닫게 되었다. 에코페미니즘이 가능하다고 주장하는 종류의 평등주의적인 사회경제적·생태정치적 변혁은 생태정치적 지속가능성과 생태적 젠더들의 인식 및 수행을 요구한다. 이를 위해서는 개인과 제도가 오직 백인, 남자, 남성의 특성과 행동, 직업, 환경, 경제적 관행, 법률, 정치적 관행 등에만 지나치게 가치를 부여하는 데서 벗어나야 할 필요가 있다. 그런데 다양한 생물학적 정체성, 젠더, 섹슈얼리티를 가진 연구자-활동가들이 에코페미니즘 이론과 실천을 계속해서 표명해 왔음에도, 자신들의 체현과 에코페미니즘적 실천 사이의 교차점을 이론화한 경우는 드물었다. 이성애남성성heteromasculinity을 중심에 두지 않는 미래를 생각하고 더욱 포용적이며 실제적인descriptive —반생태적인 젠더 구성을 거부하는 이들을 함께 창조적으로 다시 상상하고 교육하고 동원하기 위한 전략과 위치를 제공하는—에코페미니즘을 만드는 과정에서 생태남성성eco-masculinity에 관한 고찰은 유용한 출발점이 된다.

(산업자본주의자부터 에코페미니스트와 환경주의자에 이르기까지) 인간은 젠더화된 성적 존재이며 젠더는 많은 사람의 성애적 표현에서 핵심적이기에, 헤게모니적 남성성은 에코페미니즘적인 재사유를 필요로 한다. 연구이자이자 활동가로서 나는 생태남성성을 탐구하는 데 관심을 두고 있다. 나의 퀴어적이고 동물적이며 펨적인femme 에코섹슈얼리티eco-sexuality가 나에게 그렇게 하도록 촉구하고 있는 까닭이다. 나 자신의 에코페미니즘에서 젠더와 에로티시즘은 이 지구에 대한 나의 사랑과 뒤얽혀 있다. 나는 암벽 등반을 할 때 내 손가락 밑 유문암과의 부치적butch 공명을 가리키는 말을 원한다. 내가 집에 돌아왔을 때 출입문과 의자 다리에 몸을 문지르며 다가왔다가 서서히 멀어지는, 그러면서도 끝까지 나를 바라보는 고양이의 인사에서 일어나는 성애적 끌림을 위한 언어를 원한다. 팔다리가 긴 나무향이 나는 연인을 호흡하고 싶은 욕망을 위한 이론을 원한다. 그리고 나는 이러한 젠더, 종, 자연의 생태성애적인 브리콜라주에 있어 내가 혼자가 아님을 안다. 버지니아 울프

Virginia Woolf의 『올랜도Orlando』(1928)에 등장하는 트랜스젠더 주인공부터 지넷 윈터슨Jeanette Winterson의 『육체에 새겨지다Written on the body』(1992) 속 이름과 젠더가 드러나지 않는 서술자에 이르기까지, 퀴어 페미니스트 작가들은 다양한 섹슈얼리티를 아우르고 다양한 성적 실천을 상연하면서, 성적 생물학에 얽매이지 않는 생태남성성을 상상하고 있다.[1]

애니 스프링클Annie Sprinkle은 『바이 다른 어떤 이름Bi Any Other Name』에서 다음과 같이 말한다. "나는 보통의 이성애자 여성으로 시작했다. 그 후 나는 양성애자가 되었다. 이제 나는 양성애자를 넘어섰다. 오직 인간만을 성적으로 느끼는 것이 아니라는 뜻이다. 나는 폭포, 바람, 강, 나무, 식물, 진흙, 건물, 인도人道, 비가시적인 사물이나 영혼과도 말 그대로 사랑을 나눈다."(Sprinkle 1991, 103)[2] 과거 성노동자이자 포르노배우였다가 이제 스스로를 "에코섹슈얼"로 설명하는 스프링클의 위치부터 모르몬교도 이성애자 아내라는 테리 템페스트 윌리엄스Terry Tempest Williams의 잘 알려진 위치에 이르기까지, 생태성애와 생태젠더의 표현은 생태남성성을 고찰하기 위한 풍부한 정보를 제공한다. 문학의 영역

1 이러한 젠더벤딩gender-bending 문학에 관한 에코페미니즘적 생태비평의 논의는 Justyna Kostkowska, *Ecocriticism and Women Writers*, Palgrave Macmillan, 2013 참조.

2 내가 스프링클의 문장에서 이 부분을 발췌한 이유는 그가 "다른 행성에서 온 존재, 지구, 그리고 바로 동물"을 포함시키면서 자신의 목록을 완성하는 것이 동의에 관한 중요한 문제와 다른 종의 동의를 어떻게 확인할 것인가라는 물음을 제기하고 있기 때문이다. 동의는 모든 급진적 섹슈얼리티와 성적 행위에서 결코 타협할 수 없는 전제다. Annie Sprinkle and Beth Stephens, *Assuming the Ecosexual Position: The Earth as Lover*, Minnesota UP, 2021 참조.

에서 윌리엄스는 『사막 4중주Desert Quartet』(1995)를 통해 인간 여행자와 4대 원소 사이의 생태성애적인 마주침을 묘사한다. 유타주 시더 메사 고원에 위치한 좁은 협곡에서 서술자의 손바닥이 "바위의 맥박을 더듬어 찾는" 동안 그의 몸은 "엉덩이가 간신히 통과할 수 있는 장소를 발견한다." 그때 "이 신성한 통로에 사는 침묵이 나를 짓누른다. 나는 긴장이 풀린다. 항복한다. 눈을 감는다. 소유욕이 강한 다리 사이의 근육이 조이고 풀어지면서, 내 호흡의 흥분이 마치 음악처럼, 사랑처럼, 내 안에서 일어난다. 고요함을 주고받는 순간 속에서 나는 바위에 다가간다. 거기에는 나의 몸과 지구의 몸 사이를 가로막는 장벽이 존재하지 않는다."(Williams 1995, 8–10) "동이 트고 불과 한 시간 남짓 지났을" 때, 그랜드캐니언의 물길을 따라 협곡을 오르던 서술자는 "옷이라는 허물"을 벗어 둑에 놓아둔 채 물에 등을 대고 누워 부유하기로 결정한다. "잔물결 너머로 유령처럼 오직 내 얼굴만이 드러난다. 물과 함께 놀기. 내가 감히 그럴 수 있을까? 다리가 벌어진다. 세차게 흐르는 물이 내 몸을 뒤집고 지치지 않는 빠른 손놀림으로 나를 만진다. 나는 기꺼이 받아들인다. 시간. 서두를 필요는 없다. 그저 느끼면 된다. 나는 내 안에서 시간을 느낀다. 시간은 현재라는 흐름에서 발산되는 무한한 쾌락이다."(1995, 23–24) 이 생태성애적인 마주침에서 바위와 물은 젠더화되는가? 아니면 생태성애적인 것은 젠더를 포함하고 초월하는가?

아마도 에코페미니즘 관점에서 대안적인 젠더와 특히 생태남성성을 상상해야 할 시간이 (진작에) 도래한 것 같다. 생태주의적 남성성을 재정의하거나 재사유한다는 것은 무엇을 의미할까?

생태남성성을 향하여

많은 에코페미니즘 철학자, 남성운동 저술가, 동물 연구와 문화 연구 학자들은 서구 유럽의 문화적 구성물인 남성성에 대한 다양하면서도 서로를 강화하는 비평들을 제출해 왔다. 이 비평들은 지배, 정복, 직장 내 성공, 경제적 축적, 엘리트적 소비 패턴과 행위, 신체적 강인함, 뛰어난 성적 능력, 동물 '고기'의 사냥 그리고/또는 섭취, 승부욕 등에 기반한 남성의 자아정체성 및 자존감과 함께 분리로서의 성숙이라는 주제에 입각해 남성성을 이야기한다. 이러한 구성물은 여성이 떠맡은 상보적이고 왜곡된 역할, 즉 백인 이성애-인간-여성성과의 대비를 통해 발전했다(Adams 1990; Buerkle 2009; Cuomo 1992; Davion 1994; Plumwood 1993; Schwalbe 2012). 남성 라이프스타일 잡지에 묘사된 헤게모니적 남성성에 대한 최근의 연구는 헤게모니적 남성성이 흔히 외모(힘과 덩치), 정동(근면함과 감정적 강인함), 섹슈얼리티(이성애자 대 동성애자), 행동(폭력적이고 독단적인), 직업(가족이나 집안일보다 커리어를 더 중요하게 여기는), 지배(여성과 아이의 예속화) 등의 담론을 경유해 재현된다는 사실을 확인시켜 준다(Ricciardelli, Clow, and White 2010, 64–65). 연구자들이 예상했던 것에 비해 이러한 재현 양상은 이성애자 중심의 남성 잡지와 동성애자 중심의 남성 잡지 사이에서 그리 큰 차이가 없었고, 이는 국적과 섹슈얼리티를 가로지르는 헤게모니적 남성성의 끈질긴 힘을 재확인시켜 주었다.

2003년 "올해의 단어"로 선정된 용어(Danford 2004)는 **메트로섹슈얼리티metrosexuality**로서, 이는 대중매체적 텔레비전 쇼인 〈이성애자 남자를 위한 퀴어 아이Queer Eye for the Straight Guy〉와 마이클 플로커Michael

Flocker의 『메트로섹슈얼 가이드북The Metrosexual Guide to Style』(2003)을 통해 부상한 단어였다. 이 두 작품은 이성애자 남성을 위한 "게이"의 조언을 내세우면서 "자기표현, 외모, 그루밍"을 강조했다(Ricciardelli, Clow, and White 2010, 65). 연구자들은 메트로섹슈얼리티라는 "부드러운" 남성성의 기저에 동일한 헤게모니적 남성성이 존재하며, 이는 일반적으로 여성성과 더불어 그와 결부된 게이 남성에게도 강제로 부과되었던 명령들, 예컨대 소비주의와 젊음에 대한 집착, 그리고 외모에 대한 강조(Pharr 1988) 등에 의해 영향을 받고 또 공고해진다고 지적했다. "헤게모니적 남성성이 도전을 받을 때마다 새로운 헤게모니적 형태가 출현"하며, 이에 따라 "헤게모니적 남성성은 변화를 거부하고 그것에 적응하는 능력으로 말미암아 기실 더욱 강력해진다"는 것이다(Ricciardelli, Clow, and White 2010, 65).

비키니 왁싱부터 콜라겐 주사, 쇼핑에 이르기까지(Frick 2004) 메트로섹슈얼들은 소에 대한 소비를 통해 곧장 헤게모니적인 이성애남성성으로 다시 소환되었다. C. 웨슬리 버클C. Wesley Buerkle은 버거킹의 "남성주제가Manthem" 광고를 젠더에 관한 하나의 텍스트적 서사로 분석하면서, 먹는다는 행위 자체가 남성성과 관련이 있으며 육식은 남성적인 자아를 확인하는 행위라는 캐럴 J. 애덤스(1990)의 주장을 다시금 확인시켜 준다.[3] 버거킹이나 하디스 같은 패스트푸드 프랜차이즈 기업은 광고 이미지와 영상을 통해 햄버거 소비를 남성의 본질이라 가정되는 것, 즉 개인적·관계적 독립성, 비여성성, 정력적인 이성애 등으로의 상

3 이 광고는 현재 유튜브에 공개되어 있다. http://www.youtube.com/watch?v=R3YHrf9fGrw.

징적 귀환으로 묘사한다. 마티 킬에 따르면, 헤게모니적 남성성은 "인간 이외의 동물이나 친화적인 유대관계에 의해 재현되는 [여자로 이미지화된] 생물학적 영역을 초월하는 것을 이상화"하고 "개체적 존재에 대한 감정이입과 돌봄을 더 거대한 인지적 관점이나 '전체'에 종속시킨다."(Kheel 2008, 3) 이러한 방식은 헤게모니적 남성성의 반생태주의적 토대를 드러내는 것으로서, 후속 연구들은 이러한 킬의 비판을 지지하는 더 많은 증거들을 입증하고 재확인시켜 준다. 버거킹과 하디스에서 판매되는 패스트푸드 소고기 햄버거를 위해 도살될 가능성이 높은 [다 써서 더는 쓸모없는—옮긴이] "폐기용spent" 젖소들과 다른 송아지들이 지구온난화를 가속화하는 데 기하급수적으로 기여하고 있다(FAO 2006)는 언급되지 않는 사실은 소고기를 먹는 헤게모니적 남성성의 반생태주의적 영향을 분명히 보여 준다.

그러나 남성성이 언제나 생태주의와 대립한다고 규정되어 온 것은 아니다. 자연에 대한 기독교의 인간중심주의적 지배에 관한 린 화이트(Lynn White 1967)의 비판이 최초이자 가장 잘 알려진 것이겠지만, 로즈메리 래드포드 루서(1983, 1992), 캐럴 크라이스트(Carol Christ 1997, 1979), 샬린 스프레트낙(Charlene Spretnak 1982), 엘리자베스 도슨 그레이(Elizabeth Dodson Gray 1979) 같은 페미니즘 및 에코페미니즘 신학자들은 하늘신을 숭배하면서 지구의 영성과 신성神性을 배제하는 유일신교적이고 가부장제적인 종교에 대한 중요한 비판을 제기하면서 화이트의 주장을 넘어 논의를 더욱 진전시켰다. 우리의 발 아래에는 지옥이 있고 하늘에는 천국이 있다는 식의 구획과 남성에 대한 신격화, 그리고 남성과 결부된 특성들을 여성·아동·비인간 동물·자연의 가치·특성·신체보다 우위에 두는 가치 설정 등을 수반하는 종교들을 비판했던 것이다. 그러나 가부장제적이고 유일신교적인 종교 이전의 역사와 고고학은 여성, 자연, 풍요, 그리고 지구의 순환에 다른 가치가 부여되었음을 보여 준다. 페미니즘 신학자들을 따라 신화와 원형에 관심을 기울였던 남성운동 연구자들은 "전능한 [그리고 종종 노기등등한] 하늘신의 이름으로 통치"하며 남성성을 "상승의 여정"으로 정의하는 데 복무하는 "천하무적의 젊은 남성 영웅과 늙은 지배자 남성이라는 호전적인 하늘신 원형들" 사이의 중요한 차이를 밝히고, 이를 지구신과 대비시켰다. 그에 따르면 "남성성을 지구와 연관시키는 원형적 이미지들", 즉 "하강의 움직임을 나타내는 다른 여정, 많은 남성들에게 슬픔으로 처음 경험되는 침잠"을 보여 주는 이미지들 또한 존재한다(Finn 1998). 애리조나주와 뉴멕시코주에서 믿었던 지구신은 굽은 등을 가진 피리 부는 신 코코펠리Kokopelli로 풍요, 재생, 음악, 춤, 장난을 상징하는 3,000년 된 호피Hopi족의 신이다. 유럽에서 믿었던 지구신은 그린맨Green Man으로 입, 귀, 눈에서 식물을 뿜어내는 이미지로 묘사되었다. 뱀이나 용, 위대한 여신Great Goddess, 신성한 나무와 관련지어지기도 했던 그린맨의 이미지는 로마 정복 이전 켈트족의 예술이나 기원후 1세기 로마 조각가의 작품으로까지 거슬러 올라가며 오시리스, 디오니소스, 케르눈노스, 오케아누스 같은 신들의 형상에서 나타나기도 했다(Anderson 1990).

그러나 많은 페미니즘 영성 단체가 지적했듯 대부분의 사람들은 역사를 거슬러 올라갈 수 없으며, 고대의 전통으로 다시 돌아가 이를 되살리려는 노력은 부적합할 뿐 아니라 동시대의 생태사회적 문제들에 대한 지침이나 해결책을 제공하는 데 실패하는 것으로 여겨질 수 있다. 하지만 전통의 가치는 기실 남성성이 생명을 살리고 보살피는 생태주의적 특성과 관련되기도 했다는 사실을 증명한다는 데 있다. 즉 헤게모니적이고 반생태적인 남성주의에 대한 대안이 다시 가능해질 수 있음을 보여 주었다는 점에서 가치가 있는 것이다. 그러나 2021년 이후에 생태주의적 남성성을 재구축하기 위해서는 지난 세기의 생태정의 운동, 철학, 행동주의의 영향과 통찰력을 반드시 참조할 필요가 있다.

확실히 중대한 침묵이 존재해 왔던 것이 사실이며, 이는 반드시 다루어져야 한다. 마크 앨리스터Mark Allister가 『생태적 남성』에서 설명했듯 "생태비평 분야의 젠더 연구를 지배해 온 것은 페미니즘에 대한 관심이며, 남성학은 자연을 바라보지 못하고 있었다." 그는 이러한 주장을 뒷받침하기 위해 남성학 분야의 가장 중요한 선집인 마이클 키멜Michael Kimmel과 마이클 메스너Michael Messner의 『남성의 삶Men's Lives』을 인용한다(Allister 2004, 8–9). 그러나 『생태적 남성: 남성성과 자연에 대한 새로운 관점들Eco-Man: New Perspectives on Masculinity and Nature』은 도발적인 부제나 "에코페미니즘의 동반자 역할을 하고자 한다"는 표면적 의도에도 불구하고, 그 내용을 떠받치는 "일관된 토대"라든가 "남성성의 (…) 보편적인 해체" 따위를 제시하지 않는다(2004, 8). 비슷한 맥락에서 퀴어 생태학 분야의 첫 번째 책인 『퀴어 생태학』(Mortimer-Sandilands and Erickson 2010)은 인간의 퀴어 정체성과 다른 종들의 퀴어한 성적 실천들에 충분히 주의를 기울임에도, 비건 레즈비언들에게 영감을 받은 실천들과 조직들, 퀴어 채식주의자들을 위한 수많은 웹사이트 및 리스트서브의 존재와 그 의미, 비건 섹슈얼리티가 이성애규범적 남성성에 도전한다는 주장(Potts and Parry 2010) 등에는 주목하지 않는다. 나아가 이 책에서 젠더에 대한 논의는, 남성성과 여성성이란 "동성애 금지라는 맥락에서 동성애적 애착의 **강제적 상실**을 통해", 즉 "본질적으로 우울한 성격"을 가진 상실을 통해 "사회적·정신적으로 생산된 불확실한 도달점들"이라는 주디스 버틀러(1997)의 설명을 요약하는 각주에 한정되어 있다(Mortimer-Sandilands and Erickson 2010, 356 n.10). 요컨대 생태비평, 남성학, 퀴어 생태학, 그리고 (지금까지의) 에코페미니즘을 막론하고 생태남성성의 잠재성을 이론적으로 정교하게 설명하려는 시도는 이루어지지 않아 왔다.

아마도 이러한 누락은 성 역할이 보편적으로 억압적인 성격을 띤다며 그것을 거부했던 제2물결 페미니즘에 뿌리를 두고 있는 듯하다. 준 싱어June Singer의 『양성성Androgyny』(1977)과 같은 제2물결 페미니즘의 급진적 텍스트는 플라톤의 『향연Symposium』부터 성경의 창세기에 이르는, 또 유대교 신비주의 사상인 카발라Kabbalah부터 힌두교의 탄트라 관행에 이르는 다양한 종교적·철학적 전통을 살피면서, 남성적 특징과 여성적 특징은 모두 온전하고 건강한 마음psyche(영혼과 정신의 의미를 모두 포함한다)의 일부이며, 자아를 실현하는 인간으로서 우리의 임무는 젠더를 "초월"하고 "대립하는 특성들 사이를 그저 부유하는" 것과 관련이 있다고 결론 내린다(Singer 1977, 332). 하지만 매우 오랜 역사를 가진 젠더 정체성이라는 구성물은 이후 에코페미니스트들이 이론 구축과 포용성을 제한한다며 거부했던 본질주의에 일조하면서(Davion 1994; Cuomo 1992) 이원화·양극화된 젠더적 특성이라는 관념을 영속시키고 있다. 양성성이라는 이상을 통해 이성애적으로 왜곡된 남성적·여성적이라는 이분법적 성 역할을 영속화하거나 (면도와 화장부터 경쟁과 웨이트 트레이닝까지)

모든 젠더화된 문화적 관행을 거부함으로써 젠더가 지워질 수 있다는 양 구는 대신, 페미니스트 생태남성성 이론가들은 젠더를 재사유할 필요가 있다. 우리는 젠더를 떨쳐 낼 수 없기 때문이다. 젠더는 성애적인 것에 대한 일차적 관문으로서 다양하게 표현되고 자유롭게 직조될 때 더욱 매력적인 것이 된다. 나아가 젠더를 탐색하는 것은 곧 섹슈얼리티를 탐색하는 것으로 이어지면서, 생태남성성뿐 아니라 생태젠더, 에코섹슈얼리티, 생태성애에 대한 가능성을 열어젖힌다.

잭 핼버스탬Jack Halberstam이 자신의 기념비적인 저서 『여성의 남성성Female Masculinity』(2018)에서 설명하듯, 19세기의 트리바드tribade와 여자 남편들부터 20세기의 도착자invert, 부치, 트랜스젠더 부치, 드랙킹에 이르기까지 시스젠더 여성들이 남성적 젠더 정체성을 다양한 방식으로 표현해 온 데는 오랜 역사가 존재한다. 그러나 **생태주의 페미니즘**의 정치 및 실천과 이러한 여자 남성성들 사이의 결합은 충분히 이론화되지 않았으며, 이 결합은 폭넓은 범위를 아우른다. 일부 드랙킹이나 트랜스남성에게서 가장 뚜렷이 발견되는 어떤 여자 남성성의 표현이 성차별주의를 경유해 억압적인 남성성의 표현을 영속화하고 남성 특권을 행사하며 여성을 대상화하는 데 반해, 또 다른 트랜스젠더(와 페미니스트)의 남성성 표현은 매년 진행되는 카스카디아 트랜스 및 여성 행동 캠프Cascadia Trans and Womyn's Action Camp가 예증하듯 "에코섹슈얼 하이킹"부터 "밧줄 등반", "석탄 반대 연대", "비폭력 행동 훈련", "교차적 틀을 통해 본 인종주의", "자전거 여행자를 위한 자기돌봄"에 이르는 온갖 것들과 관련을 맺고 있다(Trans and Womyn's Action Camp 2012). 핼버스탬의 연구는 여자 남성성의 체현을 수행과 정체성으로 이야기하면서 여자 남성성에 대한 지적 형태들(즉 이론 구축이나 미디어 기업에 대한 개입/비판)에 보다 많은 관심을 기울일 수 있게 하는 토대를 제공한다. 예를 들어 부치 정체성과 비거니즘 사이의 생태정치적 관계라든가 경제적으로 소외된 여성, 유색인, 퀴어, 비인간 동물의 물질적 현실과 기후정의의 관계를 탐구할 수 있게 해 주는 것이다. 핼버스탬조차도 저서의 결론부에 해당하는 장에서 "나는 우리가 젠더 없는 사회로 꾸준히 나아가고 있다거나 그것이 욕망할 만한 유토피아적 사회라고 생각하지 않는다"고 쓰고 있다(2012, 272).[4] 오히려 젠더 및 섹슈얼리티 다양성의 생태주의적 표현을 이론화하는 것이 동물과 생태건강성의 물질적 차원을 살피기 위한 보다 전략적인 방법일 수 있다. 레즈비언 펨과 이성애여성적 젠더 역시 생태적 교차점을 가지고 있긴 하지만, 남성적 젠더 정체성이 매우 반생태주의적으로 구성되어 왔고 그에 대한 심문과 변혁이 매우 중요해 보인다는 점에서, 나는 생태남성성을 탐구하는 쪽에 더욱 끌린다. 더불어 이 탐구를 위한 도구들은 손을 뻗으면 닿을 만큼 가까운 곳에 있다.

에코페미니즘 이론에서 말하는 "경계 조건"을 변형함으로써 생태남성성을 설명하기 위한 예비적인 토대를 마련해 볼 수 있다. 예를 들어 캐런 워렌이 말한 페미니즘 윤리의 여덟 가지 경계 조건을 생태남성성에 적용해 보자. (1) 어떠한 사회적 지배의 '주의ism'도 촉발하지 않을 것. (2) 윤리를 맥락적으로 위치시킬 것. (3) 다양한 여성의 목소리를 한데 집중시킬 것. (4) 윤리 이론을 시간의 경과에 따라 변화하는 과정 중의 이론

4 주디스 핼버스탬, 『여성의 남성성』, 유강은 옮김, 이매진, 2015, 385쪽, 번역 일부 수정. ─옮긴이.

으로 재사유할 것. 맥락주의적이며 다원주의적인 구조를 가진 과정 중의 이론으로서 페미니즘 윤리와 마찬가지로 생태남성성 역시 (5) 억압받는 모든 젠더, 인종, 국적, 섹슈얼리티를 가진 이들의 경험과 관점에 응답하기 위해 분투할 것이다. 또한 (6) 피억압자를 결집시키는 것이 더 나은 당파적 관점bias을 제공한다는 것을 명심하면서 객관적 관점을 제공하려 하지 않을 것이다. 페미니즘 윤리처럼 생태남성성은 (7) 전통 윤리학에서 흔히 잘못 설명되는 가치들(돌봄, 사랑, 우정, 적절한 신뢰)을 중심에 놓을 것이다. 무엇보다 중요한 것은 생태남성성이 (8) "무의미하거나 현재로선 옹호될 수 없는 **인간, 윤리, 윤리적 의사결정 등에 관한 모든 젠더중립적이거나 젠더에서 자유로운gender-free 묘사**를 거부"하는 바 인간으로 존재한다는 것의 의미를 재사유하리라는 점이다(1990, 141, 강조—인용자). 추상적인 개체주의를 거부함으로써 페미니즘적 생태남성성은 모든 인간 정체성과 도덕적 행위가 "역사적이고 구체적인 관계들의 네트워크나 그물망의 측면에서" 가장 잘 이해될 수 있음을 인식하게 될 것이다(141). 워렌의 이론에 기반한 생태남성성은 특정 인종, 지역, 민족ethnicity의 특권화에 맞서는 다문화적이고 문화횡단적인 관점에서 탐구되어야 한다. 동시대 산업자본주의 문화의 대부분을 형성한 것은 가부장제이며, 따라서 생태남성성은 정체성을 틀 짓는 산업자본주의의 경제구조, 인종/계급/젠더/연령/종/섹스/섹슈얼리티의 위계에 기반을 둔 산업자본주의 고유의 보상, 그리고 끊임없는 노동·생산·경쟁·성취를 닦달하는 산업자본주의의 암묵적 요구를 인식하고 또 거부해야 한다. 에코페미니즘적 가치를 중심에 두는 생태남성성은 단순히 이성애젠더화된 특징, 가치, 행동의 이분법에 대한 거부를 넘어 발전해 나갈 것이다. 생태남성성/들은 생물다양성과 생태정의, 상호종적interspecies 공동체, 생태에로티시즘, 생태주의적 경제, 유희성, 그리고 기업자본주의의 생태파괴에 저항하는 직접행동 등을 기리고 지속시키기 위한 다양한 생태주의적 행동들을 실천할 것이다. 그러한 발전은 이미 진행 중에 있다.

폴 풀레(Paul Pulé 2007, 2009)는 (합리성, 환원주의, 권력과 통제, 자신감, 자만심, 이기심, 승부욕, 정력 등과 같은 지배적인 남성적 가치들에 기반한) "대담함daring의 윤리"를 (사랑, 우정, 신뢰, 공감, 고려, 호혜성, 인간 및 인간 너머의 생명과의 협력 등의 가치와 관련된) 자신과 사회와 환경에 대한 "돌봄caring의 윤리"로 대체하는 "생태적 남성주의"를 발전시키는 데 지금까지 가장 앞장서 왔다. 풀레는 일곱 가지 "좌파 정치와 공명하는 해방의 이상"과 정치적 스펙트럼을 가로지르는 여덟 가지 핵심 개념틀을 제시하면서, 이것이 "헤게모니적 남성성에서 벗어나 장기적인 생태적 지속가능성으로 향하는 전환"을 뒷받침할 수 있으리라 낙관적으로 전망한다. 그는 생태남성주의가 "이 전환에 중요한 기여를 할 수 있다"고 주장한다(Pulé 2007).[5] 풀레의 작업이 이러한 논의에 진입하기 위한 입구를 제공하기는 하지만, 그는 자신이 제시한 여러 핵심 개념틀과 해방의 이상에 대한 플럼우드(1993), 워렌(1994, 1997, 2000), 살레(1984, 1997) 등 많은 기존 에코페미니스

---

5 풀레의 여덟 가지 개념틀은 진보좌파에서 보수우파까지를 아우르는 것으로서 사회주의적, 동성애/퀴어적, 친페미니즘적, 흑인적(아프리카계적), 신화적Mythopoetic, 남성권리적, 도덕적 보수주의적, 복음주의적 틀을 가리킨다. 그의 일곱 가지 해방의 이상은 페미니즘적 사회생물학, 심층생태학, 사회생태학, 생태심리학, 가이아 이론, 포함성inclusionality 이론, 일반체계 이론을 말한다.

트들의 비판을 누락시키고 있다. 이 비판들은 이러한 개념틀 다수가 생태주의를 지향하는 젠더에 관한 **페미니즘적** 재상상과도 본질적으로 부합하지 않음을 증명한다. 나아가 각주를 제외하면 풀레는 인종, 계급, 섹슈얼리티, 문화가 남성성의 구성에 강력한 영향을 끼친다는 사실을 고려하지 않는다.

진정으로 생태주의적이고 페미니즘적인 남성성을 발전시켜 나가는 과정에서 남성성의 헤게모니적 구성에 내재되어 있는 이성애주의는 새로운 퀴어 생태학의 통찰과 질문 들을 바탕으로 반드시 거부될 필요가 있다(Gaard 1997; Hessler 2021; Mortimer-Sandilands and Erickson 2010). 생태트랜스남성성eco-trans-masculinity은 어떤 모습일까? 모든 '레즈비언 레인저스Lesbian Rangers'는 생태부치eco-butch일까, 아니면 국립공원관리청에서 레즈비언 남성성을 불쑥 드러내는 생태펨eco-femme도 존재할까?[6] 우리는 생태호모eco-fag, 즉 에코섹슈얼한 정의를 위해 춤추고 플러팅하고 단체를 만드는 급진적인 페어리들faeries[7]을 상상할 수 있을까?

실제로 우리는 상상할 수 있다. 동성애 섹슈얼리티, 영성, 생태아

6 브루스 에릭슨(Bruce Erickson, 2010)은 레즈비언 레인저스를 다음과 같이 소개한다. "쇼나 뎀시Shawna Dempsey와 로리 밀런Lorri Millan은 국가의 경관에 레즈비언 존재를 기입하고자 1997년 '레즈비언 국립공원관리청Lesbian National Parks and Services'을 설립했다. 제복을 갖춰 입은 퍼포먼스 아티스트들은 대중과 상호작용하고, 인간 및 비인간 맥락에서의 이성애의 자연화 및 성차별주의와 더불어 자연환경에서의 레즈비언 동식물의 번성을 가로막는 잠재적 위험 요소들을 지적했다."(Erickson 2010, 328 n.3) "일벌레eager beaver" 단체로 묘사되는 레즈비언 레인저스는 풍부한 자료를 담고 있는 웹사이트를 보유하고 있다. http://fingerinthedyke.ca/index.html (접속일: 2012.10.16.).

7 'fairy'는 게이 남성을 가리키는 속어다. —옮긴이.

나키즘 정치, 젠더퍽genderfuck의 교차를 드러내는 방법을 모색했던 1960~1970년대 동성애 해방 운동가들은 '래디컬 페어리스Radical Faeries'라는 단체를 결성했다. 래디컬 페어리스는 스스로를 "게이와 레즈비언을 우리만의 문화와 존재/되기의 방식과 영성을 가진 분리된 별개의 사람들로 생각하는 호모 농부, 노동자, 예술가, 드랙퀸, 정치활동가, 마녀, 마법사magickian, 시골 및 도시 거주자들의 네트워크"로 묘사하면서, "자연과 지구의 신성함"을 믿고 "영성, 섹스, 정치, 문화의 상호연결성을 존중했다."(Cain and Rose n.d.) 해리 헤이Harry Hay, 윌 로스코Will Roscoe, 미치 워커Mitch Walker 같은 전설적인 퀴어 선구자들이 이 단체에 참여했는데, 이들의 역사와 비전은 아서 에반스Arthur Evans의 『마법과 게이 대항문화Witchcraft and the Gay Counterculture』(1978)에 잘 나타나 있다. 각 지역에 위치한 공동체와 연례 모임에서 래디컬 페어리스는 섹슈얼리티를 존중하는 지구 기반적 영성을 기리고, 이를 활용해 동시대의 비헤게모니적 생태남성성을 표현하는 작업을 전개했다. 스스로를 "비남성", "여성스러운 남자sissy", "페어리" 등으로 묘사하는 래디컬 페어리스의 "선언문"에는 페미니즘에 관한 서술이 매우 짧게만 나온다. "페어리로서 우리는 우리의 자매들이 말해야 하는 것에 매우 깊은 관심을 가지고 있다. 페미니즘 운동은 의식의 아름다운 확장이다. 페어리로서 우리는 이 운동의 성장에 참여하는 것에 즐거움을 느낀다."(Cain and Rose n.d.) 유감스럽게도 이어서 이 페어리들은 지구를 여자로 묘사하는데, 에코페미니스트들이 보여 주었듯 이러한 젠더화는 (남성이 버린 유독성 쓰레기를 깨끗이 치우며 이들을 보살피는 어머니, 허리케인 등의 '나쁜' 날씨를 가져오는 다루기 힘들고 못된 여자broad, 혹은 유린당할/식민화될 처녀 등으로서의 지구 같은)

유럽중심적인 젠더 고정관념을 영속화하는 경향이 있을 뿐, 여성과 자연을 위한 현실의 물적 조건을 개선하지 않는다(Gaard 1993). 그럼에도 래디컬 페어리 운동은 지난 40년 동안 발전해 왔던 퀴어 생태남성성에 대한 탐구를 촉발했다.

뉴욕시의 연례 드랙 축제를 다룬 다큐멘터리 〈위그스톡Wigstock〉(1995)에서 사회자인 레이디 버니Lady Bunny는 드랙퀸이라는 위치에서 훌륭히 제시될 수 있는 생태남성성과 젠더퍽 사이의 결합을 드러내면서, "나는 어머니 자연이 분명 드랙퀸일 거라고 생각해요"라고 말한다. 과거 플루토늄 생산시설이었던 콜로라도주의 로키 플래츠를 정화하고 이 지역을 야생동물 보호구역으로 바꾸어 놓은 노력들에 대해 관심을 촉구하는 화려한 공연을 펼쳤던 "방사능" 드랙퀸 뉴클리어 웨이스트Nuclia Waste를 생각해 보라(Krupar 2012). 세 개의 가슴과 반짝이는 수염, 그리고 빛나는 녹색 머리카락을 가진 드랙퀸 뉴클리어 웨이스트는 "신체와 환경의 다공성porosity, 그리고 원자력 사업에 의해 인간과 비인간이 돌이킬 수 없는 변화를 겪는 방식"을 가시화한다(2012, 315). 그의 디지털 퍼포먼스는 유독성 폐기물, 돌연변이 섹슈얼리티, 대중문화를 재통합하면서 "핵가족을 퀴어링"하고 감상자들에게 "미국 전역이 핵경관nuclear landscape"이며 "일상생활에 핵폐기물"이 만연해 있다는 사실을 생각하게 한다(316). 고정관념적인 남녀의 기표들을 뒤섞음으로써 뉴클리어의 드랙은 자연/문화, 폐기물/인간 이분법에 대한 불온한 비판을 상연하고, 순수성의 불가능성을 강조하며, 인간을 "자연과 문명 중 어느 하나에 완전히 소속될 수 없는 경계적 생명체"로 퀴어링한다(317). 나아가 그의 작업은 '야생동물', 즉 핵폐기물이 산적된 이 현장의 외관을 정화하기 위해 인간이 다시 이곳에 살게 만든 인간 너머의 동물들이 처한 현실의 물적 조건을 다루는 데 더 많은 일을 할 수 있을 것이다. 요컨대 뉴클리어의 퍼포먼스는 생태젠더와 에코섹슈얼리티에 대한 에코페미니즘적 재고에 있어 매우 중요한 체현된 생태정치를 제시한다. 그리고 상호종적 생태학은 이러한 재고의 중심이 되어야 한다.

다마얀티 바너지Damayanti Banerjee와 마이클 M. 벨Michael M. Bell은 "생태젠더"라는 용어를 소개하면서 "오랫동안 여성과 남성은 그렇게 하려는 의식적인 노력 없이 **여성과 남성으로서** 환경과 상호작용해 왔다"고 주장한다(Banerjee and Bell 2007, 3). 그들의 연구는 섹스/젠더 이원론을 받아들이긴 하지만, 동시에 에코페미니즘에 대한 환경사회과학의 비판을 보여 주기도 한다. 이는 생태남성성을 구축하려는 이 기획에 도움을 준다. 그들은 "전前 자본주의 사회에 대한 머천트[1980]의 관점은 봉건적 위계질서의 잔혹성을 쉽게 무시한다"거나, 비서구 사회들에서도 여성, 비지배자 남성, 아동, 인간 너머의 동물과 자연을 지배하는 패턴들이 쉬이 발견됨에도 "플럼우드[1993]는 서구 바깥에 존재하는 지배의 논리를 규명하지 않는다"고 주장한다. 나아가 "여성을 환경적 매개자로 간주하는 멜러[Mellor 1992, 1997]의 시각은 여성의 경험을 동질화하고 잠재적 매개자로서의 남성을 불필요하게 배제"하며, "살레[1984, 1997]는 남성과 남자의 노동이 상품화되는 문제를 직시하지 않는다"고 비판한다(Banerjee and Bell 2007, 37–38). 바너지와 벨은 "남자도 억압받고 있다!"라는 식의 반페미니즘적 불만을 드러내는 것이 아니라, 소수의 엘리트 남성을 격상시키는 것이 다른 덜 지배적인 남성, 여성, 아동, 동물, 환경 등을 희생시키면서 이루어져 왔다는 사실을 우리에게 상기시킨다. 워렌의 경계 조건이 보여 주는 것처럼 종속된 집단의 억압을 배제하거나 간과하는 해방 이론이 억압 체계의 논리와 작용에 대한 총체적 설명을 제공하거나 억압 체계의 변혁을 위한 효과적인 전략을 제시하기를 바라기는 힘들다. "젠더는 그 자체로 관계적 구성물이며, 따라서 여성과 남성의 체현된 환경적 경험은 서로 분리되어 있는 것이 아니라" 역사적·문화적으로 위치 지어진 것으로 이해되어야 한다는 인식에 기반해, 바너지와 벨은 "젠더, 사회, 환경의 관계성에 대한 대화적 성격"을 탐구하고 "이러한 상호작용을 제약하는 억압의 패턴"을 밝히는 생태젠더 연구를 제안한다(2007, 14). 비록 섹슈얼리티와 종 간 관계에 대한 고려를 누락하고 있기는 하지만, 동시에 그들의 연구는 에코페미니즘 이론을 환경사회과학에 도입하기 위한 포괄적 접근법으로 생태젠더를 제시하면서 헤게모니적 남성성에 대한 킬의 비판을 직접적으로 다루고 있기도 하다.

이러한 다양한 접근법을 종합하는 것은 젠더와 섹슈얼리티 모두의 생태적 함의에 대한 질문을 제기한다. 세레나 안데를리니-도노프리오Serena Anderlini-D'Onofrio는 양성애 관점에서 생태젠더에 접근하면서, "동성애와 이성애의 구분이 없는 세계로 나아가는 문"으로 기능하는 양성애 실천이 우리의 "현재 성애혐오적erotophobic 문화 풍토"에 균열을 일으킬 수 있으며, 기후 불안정과 다양한 인간 건강 위기에 대해 더 생태적으로 효과적이며 사랑을 담은 응답을 가능케 하는 "변혁의 힘"을 가진 성애애호erotophilia를 해방한다고 주장한다(Anderlini-D'Onofrio 2011, 179, 186 등). 침실을 넘어 사회정치적인 것으로, 혹은 성애적인 것에서 생태성애적인 것으로 나아가기 위해서는 이 성애애호가 생태-아나

카-페미니즘eco-anarcha-feminism의 정치적 접근법과 연결될 필요가 있다.[8]

문화적으로 구성된 남성성들 대부분이 가진 인본주의적(킬이라면 '인간중심주의적', 더 구체적으로는 '**남성**중심주의적'이라고 말했을 것이다) 지향은 분명 반드시 심문되어야 한다. 안데를리니-도노프리오 등과 같은 퀴어 연구자들이 제안하는 것처럼 생물학적 섹스, 젠더 표현, 성 역할, 성적 지향, 성적 실천을 구분하면서, 환경정의, 종 간 정의, 기후정의를 위해 적극적으로 노력하는 동시에 젠더를 가지고 노는 다양한 에코섹슈얼리티를 우리는(규정하는 것이 아니라) 묘사할 수 있을까? 젠더에 대한 퀴어한 상호종적 고찰은 인간의 생태남성성과 에코섹슈얼리티에 대한 새로운 상상을 어떻게 이끌어 줄 수 있을까?

생태남성성과 에코섹슈얼리티, 그리고 그 동시대적 표현들

생태남성성과 생태성애적인 것의 예를 살펴보기 위해 우리는 "자연의 소년" 에덴 아베즈eden ahbez, 생태비평가 짐 타터Jim Tarter, 사미계 미국인Sami-American 예술가 커트 시버그Kurt Seaberg의 음악과 가사에 주목해 볼 수 있다.[9] 1947년 에덴 아베즈(항상 자신의 이름을 소문자로 썼다)는 로

8 차야 헬러(Chaia Heller 1999)는 생태-아나카-페미니즘적 성애정치학의 일부로서 사회성애적인 것의 다섯 가지 차원을 관능성, 연합, 차이화, 발전, 정치적 반대 등을 향한 인간의 욕망으로 설명한다.

9 로버트 블라이Robert Bly의 남성주의적·반페미니즘적 작업은 에코페미니즘 정치를 발

스엔젤레스에 있던 냇 킹 콜의 매니저를 찾아가 곧 유명세를 얻게 될 노래 〈자연의 소년Nature Boy〉의 곡과 가사를 건네주었다. 파라마한사 요가난다Paramahansa Yogananda의 묵언 명상 수행 제자였던 아베즈는 삼베 바지와 샌들을 착용하고 할리우드 사인 아래에서 야외 취침을 하며 채식주의 식단을 지키는 등 경제적·생태적으로 소박한 삶을 살았다. 이후 그는 자신과 생각이 비슷한 다른 요가 수행자들과 함께 로럴 캐니언에서 공동체를 이루어 살았으며, 재즈 뮤지션인 허브 제프리스Herb Jeffries와 함께 〈자연의 소년 모음곡Nature Boy Suite〉을 컬래버레이션했다. 1960년대 히피 운동이 있기 이전에 이미 아베즈는 로스엔젤레스 지역의 라이브 커피하우스에서 봉고, 플루트, 시 낭독 공연을 했다. 내가 태어난 1960년도에 아베즈는 델파이 레코즈에서 나온 그의 유일한 솔로 LP 〈에덴의 섬Eden's Island〉을 녹음했다. 1960년대 로스엔젤레스 교외 지역에서 성장기를 보낸 나는 아베즈의 앨범 〈에덴의 섬〉을 들으며 자랐고 월트 휘트먼Walt Whitman의 시를 연상시키는 가사로 생태주의적 경제와 생태영성을 표현하는 〈보름달Full Moon〉과 〈바다La Mar〉를 몇 번이고 반복해서 재생했다.[10] 나는 성인이 되고 나서야 아베즈를 조사해 보았고 내가 어릴 때 살던 집에서 2마일 떨어진 곳에 그가 살았었다는 사실을 알게 되었다. 그곳에서 그는 나보다 앞서 생태적·영적·정치경제적 윤리를 실천했으며 에코페미니즘 윤리에 대한 나 자신의 비전을 위한

전시키지 않기에 일부러 생략했다.

10 아베즈의 전체 가사 목록을 보려면 다음을 참고하라. 시간을 들여 살펴볼 가치가 충분하다. http://plus1plus1plus.org/Resources/eden-ahbez-lyrics.37806.indb.

공간을 예비해 두고 있었다.

페미니즘적 생태남성성의 또 다른 강렬한 예시는 생태비평가 타터의 삶에서 찾아볼 수 있다. 『환경정의 독본The Environmental Justice Reader』(2002)에 실린 글에서 타터는 그의 악성 림프종 호지킨병 투병과 그의 자매인 캐런의 난소암 투병을 이야기한다. 경력으로 인정받을 수 있는 직장을 그만둔 뒤 타터는 캐런과 함께 살기 위해 이사했고 캐런의 마지막 6개월 동안 주요 동거 돌봄자가 되었다. 그들은 함께 샌드라 스타인그래버Sandra Steingraber의 『먹고 마시고 숨쉬는 것들의 반란Living Downstream: An Ecologist Looks at Cancer and the Environment』(1997)을 읽었고, 미시간주의 새지노 강변에서 보낸 유년기의 유독한 환경과 그 근처의 제너럴모터스, 다우케미칼, 시멘트 공장들을 가족들의 암 투병과 연결시키게 되었다. 캐런을 돌보고 함께 스타인그래버를 읽으며, 타터는 체지방에 저장되는 가장 위험한 발암 물질을 통해 여성의 재생산 기관(유방, 자궁, 난소)을 공격하는 암이 여성의 신체에 영향을 미치는 방식을 살펴보면서 암은 페미니즘 환경정의 문제라는 것을 깨달았다. 캐런이 사망한 후에도 타터는 아이다호주에서 이 새로운 문제에 관한 강의와 생태비평 연구를 계속해 나갔으며, 선주민 학생들을 가르치고 페미니즘 관점을 연구에 도입하기 위해 노력했다.

석판화가, 목수, 정원사이자 유머러스한 배우이며 생태활동가 작가인 시버그는 미시시피강 근처에 아프리카계 미국인 시인 루이스 알러메이후Louis Alemayehu와 공유하는 듀플렉스 하우스를 마련했다. 시버그는 진입로와 뒷마당 전체를 자신이 먹을 많은 음식을 재배할 수 있는 지속가능한 정원으로 바꾸었고, 집 앞과 옆을 둘러싸도록 토종 잔디를 심었다. 창살과 처마 사이에 둥지와 모이통을 놓아둔 그의 정원에서 벌과 벌새는 똑같이 환영받았고, 쥐는 그의 퇴비통에서 먹이를 찾았다. 기후변화에 대한 통찰력 있는 응답으로서 시버그는 자전거를 교통수단으로 사용했고, '미시시피강의 친구들Friends of the Mississippi River', '미니애폴리스 점령Occupy Minneapolis', '타르샌드 행동Tar Sands Action'과 같은 지역 활동가 단체에 참여했으며 '선주민 환경 네트워크Indigenous Environmental Network'를 지원했다. 녹색당 지지자이자 한때 남성 단체에 참가하기도 했던 시버그는 자신의 작업과 창의적이고 퍼포먼스적인 예술 활동, 그리고 강력한 공동체적 유대관계에 사회적·생태적 정의에 대한 비전을 도입했다. 그는 작가의 말에서 이 작업을 다음과 같이 설명한다.

> 예술가의 임무 중 하나는 우리의 힘과 권력이 어디에 놓여 있는지를 우리에게 상기시키는 것이라고 나는 느낀다. 이는 아름다움과 공동체와 장소감sense of place에 놓여 있다. 자연은, 특히 내가 자연에서 발견한 영적 속성은 언제나 내 작업의 주제이자 영감의 원천이었다. 생동하는 세계에 살고 있다는 신비로움을 생각할 때마다 내 안에서 일어나는 느낌을 내 예술이 똑같이 불러일으킬 수 있었으면 하는 것이 나의 바람이다. 내가 정말로 신성하다고 믿는 것 앞에서의 겸손, 감사, 경이를 말이다.(Seaberg 2010)

에코페미니즘적이고 퀴어 생태학적인 이론, 문학, 체험에서 나온 이 다양한 예시들에 기반할 때 생태남성성, 생태젠더 그리고/또는 에코섹슈얼리티의 급진적 가능성을 표현하는 가치, 특성, 행동이란 무엇일까?

마이클 슈발베Michael Schwalbe가 우리에게 상기시키듯 헤게모니적 남성성의 재구축은 개인적인 것과 제도적인 것을 연결하는 중요한 실천을 요구한다. 예컨대 그는 지위, 권력, 타자에 대한 지배에서도, 복종이나 무조건적 순종에서도 만족을 추구하지 않는 새로운 정신을 아이들에게 길러 주어야 한다고 제안한다. 또한 "소모품으로 취급받는 남성들을 계속해서 공급함으로써 유지되는 착취적인 경제적·정치적 배치를 종식시키"기 위해 노력해야 한다고 제언한다(Schwalbe 2012, 42). 타자를 지배하고 통제할 필요가 없다면, 또 협동적인 경제적·민주적 기업이 계속해서 생겨나고 존재한다면, "자본주의 아래에서 발전한 것과 같은 종류의 남성다움은 더 이상 필요 없을 것"이다(2012, 44). 『생태적 남성』에 실린 글에서 패트릭 D. 머피Patrick D. Murphy는 생태남성성의 또 다른 중요한 특성을 이야기한다. 그는 "남성은 창조에 기여한 것으로 인정받지만 그들이 창조한 것을 양육nurturing해야 한다는 기대를 받지는 않는다"는 데 주목하면서, "양육이란 남성에게 거의 적용되지 않는 개념이자 충분히 연구·논의·강조되지 않은 남성 관행의 지대"라고 탄식한다(Murphy 2004, 196–197). 머피의 글은 아이와의 대화를 통해 "통제의 환상을 포기"하는 법을 배우고 아버지 자신의 감정에 주의를 기울이면서 아버지가 아이를 양육할 수 있는 몇몇 방식들을 탐구한다(2004, 208). 생태적 지속가능성을 육성nurturing하고, 인간과 인간 너머의 반려자들을 육성하며, 생태애호적인 생태성애를 육성하고, 종 간 정의와 생태 정의를 육성하는 것, 이것들은 페미니즘적 생태남성성이라는 기획의 일부다.

탐색으로의 초대: 생태-성애애호-아나카-페미니즘적 남성성들

에코페미니즘 연구와 학제를 가로지르는 연구자와 활동가 들의 연구는 자본주의적 이성애남성성이 근본적으로 반생태적이라고 주장한다. 킬의 『자연 윤리』가 중요한 의미를 가지는 것은 **모든 환경 윤리는 젠더의 렌즈를 통해 구성된다**는 그의 통찰력 때문이다. 환경 윤리학자와 활동가 들이 이 렌즈에 대해 보다 의식적인 선택을 하고 싶다면, 우리는 생태남성성뿐만 아니라 생태펨과 생태트랜스 정체성 같은 다양한 생태젠더와 에코섹슈얼리티의 표현들을 상상해야 한다. 우리의 문화와 마찬가지로 우리의 물질적이고 성애적인 동물 신체는 탐구되어야 할 지식의 현장location이다.

감사의 말

여자 (생태)남성성을 탐구해 보라고 제안해 준 로리 그루언과 크리스 쿠오모에게 각별한 감사를 전한다.

수지 곤잘레스, 〈성장Growth〉

제3부 기후

제2판에 새로 추가된 제3부 '기후'의 글들은 기후위기와 더불어 에코페미니즘의 사상과 행동이 받아들여지는 분위기를 모두 살핀다. 각 글은 동물 연구에서 페미니즘적 통찰이 포함/배제되는 문제, 환경주의에서 흑인 페미니즘 사상이 포함/배제되는 문제, 전 지구적 범위의 집약적 동물 농업과 그것이 동물, 인간, 환경에 끼치는 영향의 문제, 그리고 젠더 및 섹슈얼리티 개념의 변화가 어떻게 사회운동과 환경운동에 창조적인 가능성을 열어젖히는가에 대한 문제를 탐구한다.

기후 재앙에 직면한 지금, 동물의 말에 귀를 기울인다는 것과 현존하는 불평등 관계에 대해 숙고하는 것의 의미를 탐구하는 일, 또 피해가 불균형하게 분배되는 방식을 탐구하는 일은 그 어느 때보다 중요해졌다. 동물 농업을 에코페미니즘 사상에 매우 명확한 방식으로 도입하는 것부터 동물과 관련된 문제에 대해 글을 썼던 여성 작가들이 동물 이론에 대한 서술에서 사라지는 것에 대한 탐구를 비롯해 에코페미니즘적 실천에 대한 성찰에 이르기까지, 우리는 우리가 살아가는 여러 기후/분위기climate를 강조한다.

에코페미니즘의 분위기는 항상 자기성찰적이다. 무엇이 가려지는가? 우리가 무엇을 놓쳤는가? 누가 혹은 무엇이 배제되는가? 누가 보일 수 있는가? 누가 말하는가? 누가 누구를 대신해 말하는가? 사태를 새롭게 보려면 어떤 작업이 필요한가? 누가 듣는가? 다른 존재를 배제하지 않고 어떻게 누군가에게 주의를 기울일 수 있는가? 이러한 종류의 질문들은 언제나 에코페미니즘적 사고과정의 일부이며, 우리의 헌신에 대해 숙고할 때 반복해서 제기된다. 에코페미니즘은 여러 의미에서 '우리 대 그들'이라는 이원론을 분석하는 작업, 즉 '우리'의 범주에 누가 속하는지, 그리고 그러한 범주에 속한 존재들의 생각과 행동이 어떻게 '그들'에게 영향을 미치는지 묻는 작업으로 간주할 수 있다. 제3부의 글들은 이러한 이원론의 위험성을 파악하는 데 도움을 주고 이를 어떻게 해체할 수 있는지에 관한 통찰을 제공한다.

15장. 계집애 공포 대 동물 애호

동물 연구에서 젠더를 추적하기

수전 프레이먼

1967년 제인 구달Jane Goodall은 야생 침팬지와의 유대관계를 담은 첫 번째 책을 발표하면서 영장류학을 대중화할 뿐 아니라 재창조하는 데 기여하게 될 경력을 시작했다. 구달 이후 영장류에 대한 현장 연구에 착수한 여성의 수가 늘어났으며, 그 결과 (여성 해방의 기치 아래에서 인간사회에서의 여성의 역할에 대한 관심을 비롯해) 영장류 사회에서 여자의 역할에 대한 관심도 증대되었다.[1] 1975년 피터 싱어는 동물권 운동의 토대가 된 텍스트 중 하나로 알려져 있는 『동물 해방』을 통해 현대 동물권 운동에

1 구달을 둘러싼 다양한 문화적·정치적 의미에 대해서는 Donna J. Haraway, *Primate Visions: Gender, Race, and Nature in the World of Modern Science* (Routledge, 1989), pp. 133–185; Marianne DeKoven, "Women, Animals, and Jane Goodall: Reason for Hope," *Tulsa Studies in Women's Literature* 25 (Spring 2006): 141–151; Susan McHugh, "Sweet Jane," *Minnesota Review* 73–74 (Fall 2009–Spring 2010): 189–203 참조. 영장류학의 발전에 있어 구달과 다른 여성 과학자들의 역할에 대해서는 *Primate Encounters: Models of Science, Gender, and Society*, eds. Shirley C. Strum and Linda Marie Fedigan (University of Chicago Press, 2000) 참조.

2001년 야생 칠면조와 가축 칠면조가 모두 어떻게 인간의 성적 폭력의 대상이 되는지 보여 주는 캐런 데이비스(Karen Davis)의 『식사 이상의 것: 역사, 신화, 의례, 현실 속의 칠면조(More Than a Meal: The Turkey in History, Myth, Ritual, and Reality)』가 출간되었다.

활기를 불어넣었다. 같은 해에 출간된 『레즈비언 독본』에는 캐럴 J. 애덤스의 논문 「육식의 성정치」가 실렸는데, 이는 이후 1990년에 출판된 책의 영감이 된 글이었다. 애덤스의 연구는 1980년대 초에 부상한 여성, 동물, 환경에 대한 에코페미니즘 작업의 증대에 기여했다. 애덤스는 페미니즘과 채식주의의 관계를 이론화하는 여섯 권 이상의 책을 집필하거나 편집하는 일을 홀로 계속해 나갔다. 새천년이 도래하기 이전 여러 학제를 가로질러 나타났던 동물에 대한 혁신적인 형성 단계의 작업을 이처럼 빠르게 스케치하는 과정에서 세 권의 책을 더 언급할 수 있다. 동물훈련사이자 철학자인 비키 헌Vicki Hearne의 『아담의 과업Adam's Task』(1986), 역사학자인 해리엇 리트보Harriet Ritvo의 『동물 재산The Animal Estate』(1989), 페미니즘 과학사학자인 도나 해러웨이의 『영장류의 시각Primate Visions』(1989) 등이 그것이다.[2]

그리고 자크 데리다Jacques Derrida가 있다. 미국에서 후기구조주의

---

2 다음도 참조. Peter Singer, *Animal Liberation: A New Ethics for Our Treatment of Animals* (New York Review Books, 1975). 또 다른 중요한 텍스트로는 Tom Regan, *The Case for Animal Rights* (University of California Press, 1983). 다른 참고문헌으로는 Carol J. Adams, *The Sexual Politics of Meat* (Continuum, 2000), 아래에서 이 책을 언급할 경우 *SPM*으로 축약한다; Vicki Hearne, *Adam's Task: Calling Animals by Name* (Alfred A. Knopf, 1986); Harriet Ritvo, *The Animal Estate: The English and Other Creatures in the Victorian Age* (Harvard University Press, 1989); Haraway, Primate Visions 참조. 번거로움을 피하기 위해 이하에서는 '비인간 동물'을 의미하는 표현으로 **동물**을 사용할 것이다. 또한 **동물 연구**를 가장 광범위하고 동시대적인 의미로, 즉 동물성 연구나 인간-동물 연구라고 알려진 폭넓은 다학제적 분야를 가리키는 의미로 사용할 것이다. 이러한 의미의 동물 연구는 동물과 관련된 실험 연구를 가리키는 과학적 용법과 혼동해서는 안 된다. 나는 인문학의 영역 안에서 이루어지는 동물 연구에 특히 초점을 맞출 것이다.

의 첫 전성기가 이미 지나간 지금까지도 그의 이름은 이론적 정교함의 대명사처럼 여겨진다. 하이데거Martin Heidegger에 대한 1989년의 작업이나 1991년의 인터뷰에서 동물성에 대한 관심을 짧게 드러내긴 했지만, 이 주제에 일관되게 천착하는 데리다의 논평은 후기 작업에서 비로소 수행되었다. 「L'Animal que donc je suis (à suivre)」는 1997년 세리지-라-살레Cérisy-la-Salle의 연속 강연 중 첫 번째로 발표된 강연의 원고다. 이 원고는 이후 2002년 학술지 『비판적 탐구Critical Inquiry』에 「동물, 그러니까 나인 동물(계속)The Animal That Therefore I Am (More to Follow)」이라는 제목으로 게재되었고, 강연 전체의 영역본은 2008년에 출간되었다.[3]

3 Jacques Derrida, "The Animal That Therefore I Am (More to Follow)," trans. David Wills, *Critical Inquiry* 28(2002): 369–418, 아래에서 이 글을 언급할 경우 "A"로 축약한다. 전체 강연집은 다음을 참조. *The Animal That Therefore I Am*, trans. Wills, ed. Marie Louise Mallet (Fordham University Press, 2008). 라캉이 동물을 다루는 방식에 관한 데리다의 주장은 다음을 참조. Derrida, "And Say the Animal Responded?" trans. Wills, in *Zoontologies: The Question of the Animal*, ed. Cary Wolfe (University of Minnesota Press, 2003), pp. 121–146. 동물에 대한 데리다의 초기 논평은 다음을 참조. *Of Spirit: Heidegger and the Question*, trans. Geoffrey Bennington and Rachel Bowlby (University of Chicago Press, 1989); "'Eating Well'; or, the Calculation of the Subject: An Interview with Jacques Derrida," interview by Jean-Luc Nancy, trans. Peter Connor and Avital Ronell, in *Who Comes after the Subject?* eds. Eduardo Cadava, Peter Connor, and Jean-Luc Nancy (Routledge, 1991), pp. 96–119. 이론적 개입은 아니지만 그동안 데리다의 글에 등장했던 크리터critter들의 목록에 대해서는 "A"의 결론부 "동물-자기-삶-서지학zoo-auto-bio-biblography"(pp. 402–406) 참조. 동물성이라는 문제가 그의 작업에 어디에서 어떻게 오랫동안 영향을 주었는지에 대한 더 진전된 사유는 다음을 참조. Derrida and Elizabeth Roudinesco, *For What Tomorrow...: A Dialogue*, trans. Jeff Fort (Stanford University Press, 2004), pp. 62–76. 한편 매튜 컬라코는 항상 동물이라는 문제를 가장 중요하게 여겼다는 "A"에서 데리다의 주장이 기묘하다는 점을 시인하면서도, 적어도 함축적으로나마 이 문제와 관련이 있는 데리다의 텍스트들에 대한 유용한 개요를 제공

2002년 이스턴 쇼어 생츄어리(Eastern Shore Sanctuary)가 PBS 시리즈 〈인 더 라이프(In the Life)〉의 에피소드에 등장해 퀴어 해방과 동물 해방 사이의 연결고리를 보여 줄 기회를 잡았다.

동물의 예속화에 대한 그의 주장이 가진 진실성과 중요성, 그리고 예리함에는 의문의 여지가 없다. 그러나 이 문제에 대한 데리다의 주장이 데리다 자신의 글 전체나 심층 동물 연구의 거대함과 비교할 때 상대적으로 작은 비중을 차지한다는 점을 고려하면, [동물 연구의 전개에 관한—옮긴이] 이러한 서사에 데리다를 포함시키는 것은 일견 부적절해 보이기도 할 것이다. 육체보다 언어를 특히 더 중시하는 사상가가 단 한 번 했던 말 앞에서 멈춰 서게 되는 까닭은 무엇인가? 내가 멈춰 선 이유는, 데리다가 21세기 초에 다양한 학제를 가로질러 뻗어 나가면서 '포스트휴머니즘'이라는 이론적 기획과 접속된, 극적인 변신을 겪은 새로운 판본의 동물 연구의 아버지로 거론되기 때문이다. 한때 모호하고 특이한 하위분야로 취급받았던 동물 연구는 2009년을 기점으로 세간의 주목을 받는 정당한 인문학 연구의 영역으로 새롭게 다시 태어났으며, 특집호와 학술대회, 그리고 우수 학회들에서 발행한 논문의 급증에 의해 그 위상이 입증되고 있다. 내가 이러한 사실에 처음 주목한 사람은 아니지만, 이러한 문화 자본의 급속한 증가는 많은 이들에게 '새로운' 동물 연구라고 인정받는 몇몇 작업들이 데리다에게 권위를 부여하려 한다는 사실과 서로 밀접하게 관련이 있는 듯하다.[4]

한다. Matthew Calarco, *Zoographies: The Question of the Animal from Heidegger to Derrida* (Columbia University Press, 2008), pp. 103 – 106 참조.

4 Haraway, "Science Stories: An Interview with Donna J. Haraway," interview by Jeffrey J. Williams, *Minnesota Review* 73 – 74 (Fall 2009 – Spring 2010): 133 – 163 참조. 아래에서 이 글을 인용할 경우 "SS"로 축약한다. "데리다는 훌륭한 일들을 했지만, 그가 동물 연구를 열어젖힌 것은 아니다. 유명 이론가들이 최근 동물 연구의 특정한 양상에 어떠한 명성/특징cachet을 빌려준 것에는 의문의 여지가 없으며, 이것이 반드시 데리다나 들뢰

이 가운데 가장 인정받는 연구자는 캐리 울프로서 학술지 『PMLA』의 2009년 동물 특집호에 실린 그의 개관이 자주 인용되곤 한다는 사실은 이 분야에서의 그의 위치를 보여 준다. 얼마 후 『고등교육신문The Chronicle of Higher Education』은 『PMLA』를 본떠 동물 관련 지면을 신설했는데, 그 서언은 다음의 네 가지 사항을 명시적으로 드러낸다. 즉 동물 연구의 공식적 도래, 이 새롭게 형성된 분야 안에서 울프의 중요성, 기원적 인물로서 데리다의 위치 설정, 그리고 이 셋의 상호연관성을 드러냈던 것이다. 제니퍼 하워드Jennifer Howard는 울프를 "동물 연구를 이끄는 이론가 중 하나"로 소개하면서, 「동물, 그러니까 나인 동물(계속)」은 "주장컨대 동물 연구의 짧은 역사에서 단 하나의 가장 중요한 사건"이라는 『PMLA』에 실린 울프의 주장을 인용한다. 데리다를 으뜸으로 여기

즈Gilles Deleuze의 잘못인 것은 아니다."("SS," p. 157) 이어서 해러웨이는 캐리 울프가 "현장에서 매우 헌신적으로 동물을 아꼈던 사람"으로서 "대학원에서 실험용 개를 산책시키곤 했다"며 울프의 작업을 따스하게 변호한다("SS," p. 157). 나는 "명성"에 관한 해러웨이의 지적을 정교화하면서 데리다에 기대는 울프의 작업을 보다 비판적인 관점으로 바라볼 것이다. 나의 논의가 울프라는 한 **개인**에 관한 것이 아니라는 점은 췌언을 요하지 않는다. 나는 울프가 실제 삶에서 동물과 어떠한 관계를 맺고 있는지가 아니라, 울프의 이론적 기획(과 일상의 개 산책과는 분명 구별되는 이론적 기획의 정식화)에 관심을 가지고 있다. 또한 나의 주제는 그의 작업에 대한 수용, 즉 해러웨이가 말했듯 저자의 통제와 책임을 초과하는 수용 양상과도 관련이 있다. 들뢰즈와 과타리Ferix Guattari의 『천 개의 고원』은 데리다의 "A"와 다른 방식으로 명성/특징을 부여하는 역할을 한다. Gilles Deleuze and Félix Guattari, *A Thousand Plateaus*, trans. Brian Massumi, vol. 2 of *Capitalism and Schizophrenia*, trans. Massumi et al. (University of Minnesota Press, 1987) 참조. 이 책의 "동물-되기" 부분에 대한 해러웨이의 냉철한 시각에 대해서는 *When Species Meet* (University of Minnesota Press, 2008), pp. 27–30 참조. 아래에서 이 글을 인용할 경우 *W*로 축약한다. 이와 비슷한 또 다른 시각에 대해서는 Xavier Vitamvor, "Unbecoming Animal Studies," *Minnesota Review* 73–74 (Fall 2009–Spring 2010): 183–187 참조.

2002년 요리사이자 식량 정의 활동가인 브라이언트 테리가 '비-헬시!(청소년을 돕기 위한 건강한 식습관과 생활방식의 형성)'를 설립했다.

는 것은 『동물지: 하이데거부터 데리다까지 동물의 문제Zoographies: The Question of the Animal from Heidegger to Derrida』(2008)의 저자인 매튜 컬라코 Matthew Calarco에 의해 반복되는데, 그는 하워드에게 데리다가 "거의 혼자 힘으로 많은 학제의 사람들에게 [동물] 문제를 흥미로운 것으로 여기게 만들었다"고 설명했다.[5] 다른 맥락에서 울프와 컬라코는 지나가는 말로나마 1980년대까지 거슬러 올라가는 동물 연구의 중요한 작업을 언급한 바 있다. 그러나 여기에서 보았듯 두 사람은 동물 연구의 탁월한 원천이자 후원자로 **오직** 데리다만을 **선별**하며, 컬라코는 데리다가 이제 막 그늘에서 벗어나고 있는 이 연구 영역에 관심을 집중시켰다며 노골적으로 그에게 공을 돌린다. 앞에서 언급했듯 데리다주의 동물 연구라고 불릴 만한 이 매혹적인 부분집합은 더 크고 오래된 간학제적인 전체의 한 부분에 지나지 않는다. 그러나 특히 인문학에서 이 부분집합은 점점 더 동물 연구를 대변할 것을 요청받고 있으며 전문가들에 의해 명성을 부여받고 있다.[6]

---

5 Jennifer Howard, "Creature Consciousness," *The Chronicle of Higher Education*, 18 Oct. 2009, chronicle.com/article/Creature-Consciousness/48804/. 아래에서 이 글을 인용할 경우 "CC"로 축약한다.

6 Wolfe, "Human, All Too Human: 'Animal Studies' and the Humanities," *PMLA* 124 (Mar. 2009): 564 – 575 참조. 이하에서 이 글을 인용할 경우 "H"로 축약한다. 울프와 컬라코 외에도 다음을 참조. David Wood, *Thinking after Heidegger*(Polity Press, 2002); Leonard Lawlor, *This Is Not Sufficient: An Essay on Animality and Human Nature in Derrida*(Columbia University Press, 2007). 또한 이 대목과 관련해서는 *Derridanimals*, ed. Neil Badmington, special issue of *Oxford Literary Review* 29(2007) 참조. 데리다와의 대화를 통한 더 많은 동물 작업에 대해서는 울프가 엮은 미네소타 대학교 출판부의 '포스트휴머니티 시리즈Posthumanities Series' 도서들을 참고할 것.

데리다주의 동물 연구가 동시대 학계를 독점할 준비가 되어 있는 듯 보인다면, 나는 그렇게 수정된 역사에—2002년에 시작되는 기원 설화가 데리다의 글이 영어 화자들의 관심을 받기 훨씬 이전부터 존재했던 위에서 간략히 언급한 동물 연구의 실체를, 거의 40년을 거슬러 올라가는 숱한 저서들을 덮어 가리는 방식에—다소 곤란함을 느낀다. 이 선구적인 작업들 대부분은 여성과 페미니스트에 의해 수행된 것이며—이 중 상당수는 에코페미니즘의 자장 아래에 놓여 있다—모두 제2물결 여성운동을 비롯한 20세기 후반 해방 운동과의 대화 속에서 산출된 것들이다. 그렇다고 할 때, 싱어가 **종차별주의**라는 용어를 도입했다는 점이나 동물 연구가 인종주의 및 성차별주의의 반대자들이 주도해 형성한 지식에 자주 비유되곤 한다는 점은 그리 놀랍지 않다. 그러나 『고등교육신문』에 실린 글이 정확히 짚고 있듯이 오늘날 동물 연구자들은 동물권 운동과 공개적으로 제휴할 의지가 있는지 여부에 따라 구분되어 있다. 데리다를 원용하는 연구자들은 일반적으로 자신들의 기획을 동물옹호와 구별할 뿐 아니라, 젠더 연구나 특정한 정치적 헌신을 원동력으로 삼는 다른 영역들과도 구별한다. 앞으로 살펴볼 바와 같이 울프는 주로 자신의 동물 작업을 포스트휴머니즘이라는 더 광범위하고 이론적인 자장 아래 위치시킴으로써 이러한 구별 짓기를 수행한다. 그러나 『고등교육신문』 등에 실린 그의 논평은 이론적인 관심사뿐 아니라 제도적인 관심사를 드러내기도 한다. 학문 수용의 젠더화된 논리를 사실상 환기하면서 울프는 내가 아래에서 입증할 바를 앞질러 보여 준다. 하워드가 인용한 발언에 따르면, 울프는 여성학 모델이 "게토화"로 이어질 것을 우려했고, 컬라코 역시 동물 연구가 "또 다른 소수자 연구 중 하

2003년 폭행 피해를 입은 반려동물을 위탁해 돌보는 SAAV 프로그램('학대 피해 동물 보호')이 위스콘신주에서 시작되었다.

나"가 될까 걱정스럽다고 인정했다("CC").

물론 동물 연구가 종에 대한 관심으로 정의되기는 하지만, 이 글에서는 동물 연구가 남성성, 여성성, 페미니즘에 관한 관념들로 가득 차 있기도 하다는 사실을 살펴보고자 한다. 심지어 (혹은 특히) 이러한 범주들과 표면적으로 관련이 없는 듯 보일 때조차 말이다. 이어지는 논의에서 나의 목표는 곤란함을 유발하는 서로 관련된 두 경향의 젠더 정치학을 밝히는 것이다. 데리다를 창시자founding father로 설정하는 경향과 동물 연구를 젠더, 인종, 섹슈얼리티와 감정적·정치적으로 관련을 맺는 것과 대비되는 작업으로 틀 짓는 경향이 바로 그것이다. 나는 각각 데리다와 영장류학자 바버라 스머츠에게서 인용한 두 가지 동물 일화를 대조하면서 글을 시작할 것이다. 데리다를 [동물 연구의—옮긴이] 소수자화minoritization에 대한 방지책으로 인용하는 대신, 여기에서 나는 젠더의 효과를 정식화하기 위해 데리다를 소환한다. 데리다와 스머츠는 나에게 '원초적 장면들'을 제공하는데, 나는 이를 다른 종을 마주칠 때의 '남성적' 양태와 '여성적' 양태에 대한 알레고리로 제시한다. 이 글의 중간 부분은 울프의 동물 연구를 데리다적 전회를 보여 주는 중요한 예시로 고찰한다. 이러한 독해들은 울프뿐만 아니라 여성적인 것으로 유표화된 연구를 평가 절하하곤 하는 학계의 프로토콜을 겨냥한 비판을 정교화한다. 나는 동물과 동물 연구에 대한 서로 구별되는 접근법을 한 번 더 유머러스하게 드러내는 두 가지 일화를 추가로 소개하면서 글을 마무리하고자 한다. 애덤스와 해러웨이의 텍스트를 병치하면서 이 글의 마지막 부분은 또한 울프의 포스트휴머니즘적 언어에 대한 대안 모델을 제공할 것이다. 애덤스와 해러웨이 사이에는 여러 의견 차이가 있지만,

두 사람은 페미니즘의 영향을 받았으며 감정에 열려 있고 솔직하게 사회 변화에 힘쓰는 동물 연구의 한 예시를 보여 준다.

이 수치심은 왜인가?

동물 연구에서 젠더를 추적하기 위해 우선 「동물, 그러니까 나인 동물(계속)」에 나타난 데리다의 인상적인 일화에 주목해 보자. 물론 데리다는 처음부터 끝까지 선형적인 방식으로 이야기를 진행하기보다, 말장난과 반복과 사변과 여담이 복잡하게 뒤얽힌 다양한 설명으로 우리를 괴롭히려 한다. 시작부터 우리는 벌거벗음이 있을 것이라는 경고에 맞닥뜨린다. 다시 충분히 설명하겠지만 이 일화의 핵심은 우리의 철학자를 쳐다볼 기회를 가진, 구체적으로 말해 알몸으로 서 있는 그를 차분하게 관찰할 기회를 가진 한 고양이와 관련이 있다. 부끄러움을 모르는 이 생명체가 데리다를 똑바로 응시할 때 데리다는 당혹감embarrassment과 그렇게 당혹감을 느꼈다는 데 따른 수치심이 착종된 감정을 느낀다. "부끄러움에 얼굴을 붉히게 하는 이 수치심은 왜인가? 특히 이 점을 분명히 해야 할 텐데 만일 그 고양이가 벌거벗은 나를 얼굴을 맞댄 채 **정면에서** 바라보고 있다면, 또 만일 나를 머리부터 발끝까지 쳐다보는, 말하자면 그저 **보려고**, 보기 위해, 볼 목적으로 내 성기sex를 향해 물끄러미 시선을 집중시키기를 주저하지 않는 고양이의 눈앞에서 내가 벌거벗고 있다면 이 수치심의 정체는 무엇인가."("A," p. 373)[7] 이후 그는 문제가 되는 고양이에 대해 다음과 같이 규정한다. "내가 이야기하는 고양이는

2004년 환경운동가이자 흑인여성으로서는 최초로 왕가리 마타이(Wangari Maathai)가 노벨 평화상을 수상했다.

진짜 고양이다. 정말로 한 마리 작은 고양이다. 그것은 고양이의 형상figure이 아니다."("A", p. 374)[8] 우리는 단지 추측할 수 있을 뿐이지만, 이 장면에서 "성기"는 매우 상징적인 동시에 "실제적"이라고 할 수 있다. 나아가 이 "성기"는 구체적으로 남자의 성을 의미한다. 그것은 동물의 고정된 시선 앞에서 조금 움찔한다. 고양이가 만지거나 물지 않고 그저 바라보는 동안에도 데리다는 우리에게 "그러한 위협이 고양이의 입술이나 혀끝에 남아 있다"고 설명한다("A," p. 373).[9] 고양이의 응시와 인간/남성의 홍조는 글 전체에 대한 일종의 후렴구로, 말하자면 부담burden으로 반복될 것이다. 이어지는 설명에서 데리다는 일상적인 의례를 자세히 묘사한다. "그 고양이는 일어나면 욕실로 나를 따라 들어와 아침밥을 달라고 하다가, 벌거벗은 나를 보자마자 예의 그 욕실을 나가게 해 달라고 요구한다."("A," p. 382)[10] 이 구절은 동물의 시선을 인정하지 못하는 철학자들을 한데 묶는 데리다의 신랄한 분류법으로 곧장 이어진다. 이후 그는 동물의 시선이나 말 걸기를 받아들이지 않는 데카르트René Descartes 이후 철학자들의 이러한 부인否認을 동물에 대한 근대의 홀로코스트적 폭력과 연관 짓는다("A," pp. 394–395 참조). 데카르트, 칸트Immanuel

7 자크 데리다, 「동물, 그러니까 나인 동물(계속)」, 최성희·문성원 옮김, 『문화과학』 76, 문화과학사, 2013, 304쪽. 번역자는 데리다의 글이 강연문이라는 점을 고려해 경어체로 옮겼으나, 아래에서 이 글을 인용할 경우 평어체로 바꾸었으며 서지사항은 「동물」로 축약해 표기했다. 또한 이 국역본을 기초로 하되 번역을 일부 수정했다는 점도 아울러 밝혀 둔다. —옮긴이.

8 자크 데리다, 「동물」, 306–307쪽. —옮긴이.

9 위의 책, 304쪽. —옮긴이.

10 위의 책, 320쪽. —옮긴이.

Kant, 하이데거, 라캉Jacques Lacan, 레비나스Emmanuel Levinas를 이러한 범주에 속하는 예로 언급하면서, 데리다는 주목할 만한 단서를 삽입한다. "(이들은 모두 남자이며 모두 여자가 아닌데 여기에서 그 차이는 대수롭지 않은 것이 아니다)"("A," pp. 382–383).[11]

그렇다면 동물성 논의에서 작동하는 그 "대수롭지 않은 것이 아니"라는 젠더의 차이를 분명히 드러내려는 나의 노력을 시작하도록 신호를 준 사람은 다름 아닌 데리다 자신이라고 할 수 있다.[12] 글이 끝나 갈수록 젠더에 대한 데리다의 관심은 더욱 명시적으로 드러난다. 글의 마지막 페이지에 다다르면서 데리다는 "인간human"을 의미하는 대문자 "남성Man"에서 "그/그녀(s)he", "남성 혹은 여성", "그 혹은 그녀", "그 자신 혹은 그녀 자신" 등으로 표현을 바꾼다("A," pp. 416–417). 마지막 문단 부근

---

11 위의 책, 321쪽, 번역 일부 수정. — 옮긴이.

12 나는 성차의 표식에 관한 데리다 특유의 유희를 넘어 "A"를 구성하는 논리를 나타내기 위해 젠더를 사용한다. "A"에서 데리다가 종차뿐 아니라 성차에 대한 비판을 지속하는 데 실패했다는 것에 대한 본격적인 논의는 Lisa Guenther, "Who Follows Whom? Derrida, Animals, and Women," *Derrida Today* 2 (Nov. 2009): 151–165 참조. 데리다의 성차 개념에 대한 다양한 페미니즘적 시각은 다음을 참조. Leslie Wahl Rabine, "The Unhappy Hymen Between Feminism and Deconstruction," in *The Other Perspective in Gender and Culture: Rewriting Women and the Symbolic*, ed. Juliet Flower MacCannell (Columbia University Press, 1990), pp. 20–38; *Derrida and Feminism: Recasting the Question of Woman*, eds. Ellen K. Feder, Mary C. Rawlinson, and Emily Zakin (Routledge, 1997); *Feminist Interpretations of Jacques Derrida*, ed. Nancy J. Holland (Pennsylvania State University Press, 1997); Anne-Emmanuelle Berger, "Sexing Differences," *differences* 16 (Fall 2005): 52–67. 이 작업들이 보여 주듯 특정 텍스트에 대한 비판이 데리다의 개념이 페미니즘 이론가들에게 제공할 수 있는 것에 대한 이해를 배척하는 것은 아니다.

2005년 에이미 피츠제럴드(Amy Fitzgerald)가 『동물 학대와 가정 폭력: 학대 권력의 상호관계 연구(Animal Abuse and Family Violence: Researching the Interrelationships of Abusive Power)』가 출간되었다.

에서 그는 "완전히 벌거벗은 자신의 진실 속에서" 자신을 나타낼 수 있는 부끄러워하지 않는 '나'를 상상하는 데로 한 걸음 더 나아간다. "만약 그런 것이 있다면, 그 혹은 그녀의 성적 차이의, 그들의 모든 성적 차이들의 벌거벗은 진실 속에서" 자신을 드러내는 '나'를 이야기하는 것이다("A," p. 418).[13] 이분법적 성차를 넘어 복수적 성차로 나아가는 「동물」의 결론은 따라서 「안무들Choreographies」의 마지막에 나오는 잘 알려진 다음과 같은 몽상reverie과 공명한다. 「안무들」에서 데리다는 "나는 성적으로 유표화된 목소리들의 다수성을 믿고 싶다"고 말한다. "나는 군중을, 이 가늠할 수 없는 수의 뒤섞인 목소리들을, 이 동일시되지 않는 성적 표식들의 움직임mobile을 믿고 싶다."[14] 나 또한 이것을 믿고 싶다. 하지만 「동물」에 나타난 그러한 여러 탈-이분법적 움직임에도 나는 일찍이 실제성뿐 아니라 여성성이 명시된 고양이의 시선에서 수치심을 느끼는("A," p. 375 참조), 실오라기 하나 걸치지 않은 채 욕실에 서 있는 이 의식적으로 남성화된 인간의 이미지 앞에서 멈춰 서게 된다. 이 고양이와 마찬가지로 나는 서술자의 "성기" 쪽을 ("보기 위해, 볼 목적으로") 쳐다볼 수밖에 없다.

이 검토를 돕기 위해 데리다의 이야기를 이와 유사한 스머츠의 설명과 병치시켜 보자. 데리다와 마찬가지로 스머츠는 매우 개인적인 동시에 초기 단계에 있던 패러다임을 보여 주는 측면에서 인간과 비인간 동

---

13 자크 데리다, 「동물」, 377쪽. — 옮긴이.

14 Derrida, "Choreographies: An Interview with Jacques Derrida," interview by Christie V. McDonald, trans. MacDonald, *Diacritics* 12 (Summer 1982): 76.

물의 마주침에 대해 이야기한다. 케냐에서 개코원숭이와 함께 살며 연구하던 어느 날, 스머츠는 어린 개코원숭이와 손끝과 손끝이 닿는 경험을 하게 된다. 손을 바위 위에 놓아두고 있던 스머츠는 "데미언이라는 이름의 작은 친구"를 미처 알아차리기도 전에 느껴진 어떤 부드러운 손길에 깜짝 놀란다. 스머츠는 계속해서 다음과 같이 설명한다. "그는 마치 내가 그의 손길을 불쾌해하지는 않나 확인이라도 하듯 내 눈을 물끄러미 들여다보았다. 이윽고 그는 집게손가락으로 내 손톱을 차례대로 하나하나 매우 자세히 살펴봤다. (…) 모든 손톱을 만진 뒤에도 데미언은 자신의 손가락을 거두지 않은 채 몇 초 동안 나를 올려다보았다. 우리의 시선이 마주칠 때마다 나는 데미언이 나와 마찬가지로 우리의 손가락과 손톱이 그토록 닮았다는 깨달음의 의미를 생각하고 있는지 궁금했다."[15]

쉬이 알 수 있듯 스머츠의 이야기에서 고유명사는 서술자인 인간은 **여성**이며 그가 마주친 동물은 **남성**이라는 사실을 드러내는 역할을 한다. 이는 내가 데리다의 이야기 속 짝패를 가리켜 상대적으로 안정적이며 규범적인 젠더화라고 설명했던 것, 즉 화자의 인간성과 함께 남성성을 노출하고 암시하는 동시에 남성화된 인간과 여성화된 동물 사이의

15 Barbara Smuts, "Reflections," in J. M. Coetzee et al., *The Lives of Animals*, ed. Amy Gutmann (Princeton University Press, 1999), p. 113. 아래에서 이 글을 인용할 경우 "R"로 축약한다. 스머츠의 글은 쿳시의 소설이 상연하는 허구적인 동물권 논쟁에 대한 네 편의 "성찰" 중 하나다. 스머츠는 "등장인물 중 누구도 동물과 나눈 개인적인 접촉에 대해 언급하지 않았다"고 지적하면서, 과학자이자 애완동물 주인으로서 자기 자신의 경험에 기반해 이야기한다("R," p. 107). [바버라 스멋, 「'인간이 아닌 인격체'와 친구하기」, J. M. 쿳시, 『동물로 산다는 것』, 전세재 옮김, 평사리, 2006, 149, 157쪽, 번역 일부 수정. —옮긴이.]

2005년 바인(VINE) 생츄어리가 『월스트리트저널(Wall Street Journal)』의 일면 기사로 전국적 관심을 받게 된 이후 이곳은 최초로 투계를 재활시킨 곳으로 널리 알려졌다. 이들은 명시적으로 이러한 노력을 에코페미니즘적 프로젝트로 특징지었다.

일견 원초적인 대립을 상연하는 또 다른 효과를 가진 젠더화를 역전시킨다.[16] 나아가 두 이야기는 감각을 묘사하고 평가하는 데서 차이를 보인다. 데리다의 고양이에게 시선의 권력, 즉 전통적으로 인지cognition와 연결되고 인간을 위해 예비되어 있던 고유하고 통찰력 있는 '시점'이 부여되었다는 것은 사실이다. 그러나 화장실에서의 교류는 전반적으로—명시적으로 시각적(이고 시각적으로 명시적)이지만 확실히 촉각적이지는 않다—시각/정신/인지를 촉각/신체/감정보다 높게 평가하는 오래된 합리주의적 위계를 그대로 유지한다. 데리다의 고양이는 암묵적인 인본주의적 용어로써 잠정적으로 주체의 지위를 부여받는데, 이는 자주 비판받음에도 동물권 옹호 담론에서 흔히 목격되는 한 경향을 보여 준다. 이 인본주의적 용어는 직립보행종으로서 우리 자신이 더 '고등

---

16 데리다는 자신의 일화가 원초적 장면의 느낌을 준다는 것을 알고 있지만 이를 의도한 것은 아니라고 주장한다. "A", p. 380 참조. 데리다의 남성적 일인칭의 또 다른 효과는 엄밀한 의미의 "남성man"과 '인간human'을 뜻하는 잘못된 총칭적 의미의 "인간/남성Man" 사이의 미끄러짐이다. 이러한 미끄러짐이 발생하고 있는지 여부에 대한 불확실성은 마지막 세 페이지에 이르기까지 반복되는 "A" 자체의 특징인데, 이는 부분적으로 데리다가 속한 담론적 전통에서 기인한다. 이 모호성에 대한 보다 자세한 분석은 Guenther, "Who Follows Whom?" 참조. 이 문제는 데리다의 동물 담론에 대한 논평과 메타논평의 층위에서 더욱 심원해지는데, 데리다의 담론에서 인간의 전형으로 묘사되는 **인간/남성**은 너무나도 쉽게 재자연화된다. "생각하는 동물로서 인간/남성과 다른 모든 생명종"을 구분하는 것에 대한 데리다의 비판을 상찬하는 포덤 대학교 출판부의 『동물, 그러니까 나인 동물The Animal That Therefore I Am』 소개글을 참고할 것. 이러한 용례와 관련해 롤러Lawlor의 『이것은 충분하지 않다This Is Not Sufficient』는 자주 애매모호한 측면을 보인다. 하나 더 살펴보면 롤러의 책 뒤표지에 실린 데이비드 우드David Wood의 추천사는 이와 다르다. 우드는 "(다른) 동물에 대한 인간의 폭력을 고발하는" 데리다의 사유를 추적하는 롤러를 상찬한다(이와 대조적으로 컬라코와 울프는 잘못된 총칭어인 **인간/남성**의 사용을 피할 것을 강조한다).

한' 능력에 수여한 특권을 계속해서 반영한다. 반면 스머츠의 설명은 손끝의 마주침을 우선시할 뿐 아니라, 촉각과 시각의 대립을 허물고 이 감각들이 어떻게 서로 겹치고 결합해 개코원숭이와 생물학자 사이의 간극을 메우는지를 보여 줌으로써 이러한 위계에 효과적으로 도전한다. 스머츠가 사려 깊게 기록하듯 데미언의 시선은 접촉의 또 다른 층위를 추가하지만 촉각적인 만짐을 대체하지는 않는다. 데미언은 촉각적인 유대를 깨뜨리지 않는 동시에 눈을 들어 [스머츠를 — 옮긴이] 시각적으로 살펴본다. 이렇게 유지되는 친밀성은 결국 나를 두 동물 이야기 사이의 가장 뚜렷한 분기점으로 데려간다. 바로 그 이야기들을 주도하는 정동 말이다.

앞에서 살펴보았듯 데리다의 마주침은 불안으로, 또 그가 반복적으로 말하듯 이중의 수치심으로 가득 차 있다. 확실히 이는 동물을 죽여도 되는 존재로 정의해 온 우리의 역사에 대한 하나의 합리적인 반응이며, 스스로를 아이러니화하는 데리다의 에세이는 우리에게 책임을 묻고자 한다는 점에서 훌륭하다. 그럼에도 스머츠의 이야기에서 감정적·윤리적 강조점의 차이는 분명하다. 촉각적·시각적 접촉의 순간들을 자세히 묘사하는 스머츠의 서사는 현실의 시간이 흐르는 것과 같은 속도로 진행되며, 이는 그를 향한 데미언의 몸짓이 가지는 머뭇거림과 부드러움, 그리고 세심함을 형식적 측면에서 모방하고 또 그것에 화답하는 듯 보인다. 이것이 본보기로 제시하는 상호작용은 고도의 관심과 염려 모두의 의미에서 상호적인 돌봄에 그 토대를 둔다. 그것이 묘사하는 감정적 태도란 이완된 상태에서 상대를 궁금해하며 동물의 접근과 의미를 잘 수용하는 자세다. 이는 벌거벗은 몸을 가리고 싶어 하는 데리다의 긴장

2006년 마니샤 데카(Maneesha Deckha)의 「페미니스트 이론에서 종차의 중요성(The Salience of Species Difference for Feminist Theory)」이 『헤이스팅스 여성 법률 저널(Hastings Women's Law Journal)』에 발표되었다.

되고 당황스러운 충동에 대한 설명과 대조를 이룬다. 실제로 해러웨이가 지적하듯 노출에 대한 데리다의 걱정은 고양이 자체를 이내 완전히 잊게 할 정도다(*W*, p. 20 참조).[17]

관심에서 무관심으로 바뀌는 이 역동은 다른 이의 응시에서 벗어나려는 것이 바로 수치스러워하는 반응의 정의라고 이야기했던 실번 톰킨스Silvan Tomkins에게 전혀 놀라운 일이 아닐 것이다. 톰킨스가 설명하듯 수치심의 반응은 "쳐다보는 것을 멈춰 달라는 요청"으로서 눈을 내리까는 것으로 나타난다. 계속해서 톰킨스는 "이러한 방어적 행동은 낯선 누군가로부터 갑자기 시선을 받기 때문이거나, 다른 사람을 바라보고 그와 교감하려 하지만 그가 낯선 사람이기에 갑자기 그렇게 할 수 없기 때문일 수 있다"고 설명한다. 나아가 톰킨스는 "다른 모든 동물 중에서 인간은 직립보행을 강조하는 존재"인바 수치심에 눈을 내리깔고 고개를 숙이는 행동은 인간존엄성의 상실을 수반한다고 주장한다. 수치심을 느낀다는 것이 많은 경우 그 자체로 수치스러운 경험으로 인식되면서 원래의 효과를 더욱 복합적으로 만든다는 톰킨스의 주장을 포함

---

17 해러웨이는 서구 철학자들에 대한 데리다의 적절한 비판이 인문학 바깥의 영역에서 가능한 반례를 찾는 데 실패했다고 덧붙인다(*W*, p. 21 참조). 해러웨이는 나보다 먼저 이러한 한계를 극복할 수 있는 해결책으로 스머츠에 주목했다. 스머츠의 『개코원숭이의 성과 우정Sex and Friendship in Baboons』(Harvard University Press, 1999)을 인용하면서 해러웨이는 고양이에 대한 데리다의 제한된 호기심을 개코원숭이의 방식대로 그들과 사회적 관계를 맺었던 스머츠의 혁신적인 연구 방법과 대비시킨다. *W*, pp. 23–26 참조. 페미니즘 철학자로서 해러웨이의 명성에도 불구하고 *W*는 표면적으로는 젠더에 관심을 두지 않는다. 그러나 이 책은 페미니즘 정치와 이론에 대한 해러웨이의 공감을 확인시켜 주는 참고문헌들로 가득 차 있다.

해, 이 모든 사항은 데리다의 사례에도 적용 가능한 듯하다.[18] 결국 인간-동물 관계에 관한 한 데리다의 수치심은 서로 다른 두 측면을 모두 갖는다고 할 수 있다. 이 수치심은 네발동물과 교감하고자 하는 철학자의 **바람**에 의해 촉발되며, 나아가 인간의 우월성에 대한 감각을 약화시킴으로써 양자를 동물이라는 동등한 위치에 놓는 듯 보일 것이다. 동시에 수치심은 동물의 "낯섦"을 기입하면서 인간과 동물의 마주침을 돌연 중단시킨다. 그렇다면 개코원숭이와의 시각적·촉각적 교류에서 명백히 수치심을 느끼지 않는 스머츠에 대해 우리는 어떻게 생각해야 할까? 완전한 인간존엄성 및 권리에 관한 여성의 역사적 투쟁 관계를 고려할 때, 데리다가 자신의 작은 고양이에 대해 생각했던 것보다 스머츠가 데미언을 덜 낯선 존재로 여겼을 가능성이 있는 것일까? 또한 같은 이유로 손상된 직립성에 의해 초래되는 이차적 굴욕감, 즉 부끄러워하는 것에 대한 수치심에 스머츠가 덜 민감한 것일 수도 있지 않을까?[19]

"L'Animal que done je suis (à suivre)"라는 데리다 글의 프랑스어 제목은 "je suis"를 "나는 ~이다I am"와 "나는 따른다I follow"라는 이중의 의미로 사용한다. 이렇게 말함으로써 그는 스스로를 동물이라 명명하는 동시에 인간 동물이 다른 모든 동물보다 우선한다는 가정에 의문을 제기한다. 한편 스머츠는 매우 기동성이 뛰어난 개코원숭이 무리를 따라

18 Silvan Tomkins, *Shame and Its Sisters: A Silvan Tomkins Reader*, eds. Eve Kosofsky Sedgwick and Adam Frank (Duke University Press, 1995), pp. 134 – 136.

19 데리다 자신도 "A"의 후반부에서 수치심을 느끼는 그리스신화의 영웅 벨레로폰Bellerophon과 수치심을 느끼지 않는 여성들을 대조하며 이와 관련된 어떠한 암시적 발언을 한 바 있다. "A," pp. 413 – 414 참조.

2006년 살에 집착하는 사회에서 여성과 고기의 연관성을 탐구한, 태미 윌슨(Tami Wilson) 감독의 영화 〈살(Flesh)〉이 개봉했다.

잡기 위해 몇 년 동안 동분서주하는 시간을 보냈다. 이 두 인물에 대한 논의를 마치기 전에 나는 **동물을 따른다는 것**에 대한 그들의 공통된 헌신 사이의 차이를 간략히 설명하고 싶다. 동물을 따른다는 것에 대한 데리다의 반복적인 설명은 철학적 기록에서 동물을 추적하는 것, 동물에 대한 우리의 역사적 포식 관계를 인정하는 것, 인간으로서 우리의 시간적/존재론적 우선성에 도전하는 것 등을 포함한다. 아담이 "자기보다 앞서 창조된 동물들"에게 이름을 주었다("A," p. 384)[20]는 사실을 인용하면서 데리다는 후속적이고 파생적인 우리 자신의 동물성을 명확히 한다. 이 모든 사항은 이론적으로 설득력을 가짐에도, 데리다를 따라 화장실로 들어가고 아침식사를 부탁하며 데리다가 보다 추상적인 목표를 향해 떠난 뒤에 홀로 남겨질 따름인 고양이의 이미지와 상충된다. 이는 의도치 않게 데리다를 계속해서 알파 동물로 위치시키는 것으로 귀결된다. 즉 진정한 상호성을 희생시키면서 고양이보다 철학자를, 신체의 부름보다 정신의 부름을 더욱 우선시하게 되는 것이다.

물론 스머츠는 실제 동물과 함께하는 현장 연구에 몰두할 수 있다는 너무나도 용이한 이점을 가지고 있는지 모른다. 그러나 개코원숭이에 대한 그의 작업은 분명 문자 그대로 사바나를 가로질러 그들을 추적하는 것보다 훨씬 더 많은 것을 포함한다. 스머츠가 설명하듯 그는 개코원숭이들을 감정적으로 신뢰하고 그들의 방식을 인지적으로 따름으로써만 개코원숭이와의 신체적 속도를 맞출 수 있다는 사실을 배웠다. "나는 그들의 우월한 지식에 나 자신을 내맡기고, 스승에게 아프리카 유인

---

20 자크 데리다, 「동물」, 323쪽. — 옮긴이.

원으로 산다는 것이 무엇인지 배우는 겸손한 문하생처럼 지냈다."("R," p. 109)[21] 이러한 다양한 층위에서 동물이 이끄는 대로 따르는 것은 스머츠의 연구 방법의 전반적인 특징을 이룬다. 연구 대상과 "중립적인" 거리를 유지하라는 프로토콜을 무시하고 그는 개코원숭이의 손에 자신을 내맡기며, 개코원숭이의 전문지식에 항복하고, 개코원숭이에게서 생존뿐 아니라 사회성에 대한 가르침을 얻는다("R," p. 109). 다시 목장으로 돌아왔을 때 스머츠와 반려견 사피의 관계는 영장류와의 작업에 영향을 받아 바뀌었는데, 이 관계를 이끄는 것은 일반적인 인간의 지배가 아니라 협상과 상호 적응의 원칙이었다. 이에 대해 스머츠는 "오랜 시간 개코원숭이를 따라다니면서 비인간 동물이 야생의 장소에 대해 우리보다 훨씬 잘 알고 있다는 사실을 깨달았기 때문"이라고 말한다("R," p. 119).[22] 따라서 산책을 이끌고 냄새를 맡아 길을 안내하는 것은 종종 사피였고, 그동안 그의 반려인은 뒤에서 행복하게 그를 따라갔다("R," p. 119 참조). 요컨대 데리다에게 '따른다'는 것이 곧 서구 철학자들에 의한 동물의 비체화를 추적하는 것을 의미하는 반면, 스머츠에게 '따른다'는 것은 주도권을 넘겨주는 것, 더 가까이 다가가는 것, 동물의 앎과 존재 방식을 겸허히 배우는 것을 의미한다.

2006년 "SHAC 7"이 동물기업보호법에 따라 유죄 판결을 받았다. 동물기업테러방지법이 통과되며 테러의 정의가 확장되어 테러에는 재물 손괴뿐만 아니라 동물 기업을 "저지"하는 모든 행동이 포함되었다.

---

21 바버라 스멋, 「'인간이 아닌 인격체'와 친구하기」, 151쪽, 번역 일부 수정. — 옮긴이.

22 위의 책, 165쪽, 번역 일부 수정. — 옮긴이.

진짜 남자는 동물을 좋아하지 않는다

데리다와 스머츠의 이 동물 이야기가 가지는 차이는 분명 부분적으로 학제적 훈련과 성향에서 기인할 것이다. 철학자가 동물행동학자보다 실제 동물과 덜 접촉한다는 것은 놀라운 일이 아니라고 할 수 있다. 학제의 패러다임은 동물의 행동을 번식의 유리함과 자연스럽게 결부시키는 (개코원숭이 연구에서의) 스머츠의 가정을 설명해 주기도 한다. 나처럼 인문학 분야에 종사하는 페미니스트에게 사회생물학적 함의를 다분히 드러내는 스머츠의 진화론적 추론은 호소력을 거의 발휘하지 못한다. 오히려 나는 데리다의 작업이 정식화하는 데 기여한 젠더(와 정체성 일반)의 구성주의적 관점에서 훨씬 더 많은 자원을 취한다. 그러나 학제적 요소를 차치했을 때 내가 흥미롭다고 생각하는 것은 내가 젠더의 측면에서 분석하고자 하는 차이들이다. 내가 동물에 대한 데리다의 관계를 고정적으로 또 본질적으로 남성적인male 무엇이라고—혹은 이와 관련해 균일하게 '남성적인masculine' 논조를 띤다고—주장하려는 것이 아님은 굳이 언급할 필요가 없을 것이다. 또한 앞에서 말했듯 나는 데리다의 관계가 스머츠의 관계보다 획일적으로 덜 페미니즘적이라고 보지도 않는다. 나는 그저 데리다의 불안해하는 남성과 스머츠의 상호작용적인 여성의 예시를 남자 및 여자라는 생물학적 형태와 항상은 아니지만 자주 연계되곤 하는, 동물과 동물 연구에 대한 '남성적' 접근 방식 및 '여성적' 접근 방식의 차이를 나타내는 비유로 제시할 뿐이다. 또 나는 이 글을 마치기 전에 이러한 범주 내의 차이를 보여 주는 예를 언급할 것이다.

만약 생물학적인 것이 아니라면 데리다가 참조하고 어떠한 측면에선 진술하고 있는, 다른 동물과 관계를 맺는 인간에 관한 남성적·여성적 서사 사이의 잦은 차이를 어떻게 설명할 수 있을까? 고도로 이론화·역사화된 방식으로 이 질문에 자세히 응답하는 상당한 규모의 학문 분야를 찾기 위해서라면 우리는 멀리 내다볼 필요가 없다(그러나 많은 사람들은 반대로 하고 있다). 이 글을 시작하면서 내가 언급했듯—애덤스, 조세핀 도노반, 브라이언 루크, 코니 살라몬, 마티 킬, 앙드레 콜라드Andrée Collard, 딘 커틴, 앨리스 워커, 데보라 슬라이서, 그레타 가드, 로리 그루언, 린다 버크Lynda Birke, 캐런 워렌 등을 포함한—에코페미니스트 집단은 수십 년 전에 이미 젠더와 동물성에 관한 뿌리 깊은 인본주의적 가정에 도전하는 기획에 착수한 바 있다.[23] 대체로 이 가정들은 여성과 동물이 자연의 현신으로서 서로 연결되어 있다는 관념, 여성과 동물이 공통적으로 정신보다 신체, 이성보다 느낌, 주체보다 대상의 지위와 연관되는바 똑같이 미천하다는 관념, 남성은 합리적 주체이므로 여성과 동물을 지배하는 것이 자연스럽다는 관념, 남성성은 여성적·동물적·신체

23 에코페미니즘에 관한 포괄적인 개관에 대해서는 다음을 참조. 이 글은 에코페미니즘이 1980년대 행동주의에 뿌리를 두며, 폭넓은 연구자와 유물론을 비롯한 다양한 접근 방식을 아우르고, 지난 30년 동안 내부의 토론과 발전을 경험했다고 설명한다. Greta Gaard, "Ecofeminism Revisited: Rejecting Essentialism and Re-Placing Species in a Material Feminist Environmentalism," *Feminist Formations* 23 (Summer 2011): 26-53. 가드는 에코페미니즘 연구가 기여한 바가 다른 분야에서 전유되어 상찬받고 있음에도 정작 에코페미니즘 연구를 불신하는 사태에 대한 나의 분노를 공유한다. 내가 데리다주의 동물 연구에서 에코페미니즘이 무시되는 데 초점을 맞춘다면, 가드는 에코페미니즘이 페미니즘 학술 단체에서 '본질주의적'이라고 잘못 여겨지며 배척되는 유사한 상황을 다룬다.

2006년 메인주에서 최초로 반려동물을 보호 명령 대상에 포함하도록 승인하는 법안이 통과되었다.

적·감정적인 것과의 대비 속에서 생산되며 그에 의거해 행위된다는 관념, 남자다움의 정도는 신체성, 축어성literalness, 감상성, 취약성, 가정성domesticity 등과 같은 관련 범주들과 거리를 두는 정도와 서로 연관이 있다는 관념 따위를 아우른다. 이와 같은 이분법적 대립 일체에 균열을 일으키고자 하는 노련한 페미니스트나 후기구조주의자에게 이 가정들은 매우 익숙한 것에 해당한다. 그렇다고 할 때 여성화·동물화된 주변부와의 전략적 동일시로 잘 알려진 데리다 같은 이조차 「동물」에서 그의 작은 고양이가 함축하는 "위협"에 여전히 움찔한다는 것은 놀라운 일이다. 혹은 이 이원론적 논리에서 완벽히 벗어나는 것은 불가능하다는 우리의 한계에 대한 데리다 자신의 강조를 고려하면 이는 놀랍지 않을 수도 있다. 결과적으로 동시대 동물 연구 분야에 종사하는 남성들—동물의 편에 함께 서는 남성들—은 정말로 '거세' 위협을 느끼는지도 모른다. 이 여성화된 영역에 가까이 다가가는 것은 내가 (이브 세즈윅Eve Sedgwick에게 동의하면서) 계집애 공포pussy panic라고 부르고자 하는 일정한 젠더적/종적 불안을 유발할 수 있다.

그러한 공포에 대한 불가피하진 않아도 개연성 높은 반응은 남성화를 추동하는 것과의 관련성을 원칙적으로 긍정하는 동시에, 특히 감정과 같이 여성화를 추동하는 것과의 관련성 일체를 단호히 부인하는 것이다. 도노반은 1990년에 발표한 날카로운 글 「동물권과 페미니즘 이론」을 통해 동물 연구뿐 아니라 동시대 동물권 운동의 기반을 닦은 두 권의 책, 즉 전술한 싱어의 『동물 해방』과 톰 리건의 『동물권 옹호The Case for Animal Rights』(1983)에서 이러한 젠더 역학이 작동하고 있음을 명확히 지적한다. 도노반은 이 글의 초반부에서 싱어와 리건이 감정에 의해 동기 부여되며 쉽게 무시를 받곤 하는 "동물 애호가"들의 관심사로부터 신중한 추론과 학문적 신뢰성을 갖춘 채 동물을 옹호하는 자신들의 논의를 명시적으로 구별하면서 본격적인 논의에 착수하는 대목을 인용한다. 자신과 아내를 대변하면서 싱어는 "우리 부부는 한 번도 개, 고양이 또는 말을 다른 사람들이 좋아하는 식으로 좋아한 적은 없다"고 단언한다. 그는 동물권을 지지하는 시각에 전제되어 있다고 여겨지는 감상성이 동물권을 "진지한 정치적·도덕적 논의"에서 배제하는 결과를 낳았다고 지적하면서 "우리는 동물을 '사랑'하지 않았다"고 반복해서 말한다.[24] 마찬가지로 리건 역시 "'비합리적', '감상적', '감정적'이라거나 그보다 더 나쁜 피곤한 비난들"에 불안감을 느끼며 이에 적극적으로 대응하려 한다. 나는 그의 두려움이 어디에 놓여 있는지 드러내고자 노력했지만, 그는 무엇이 "더 나쁜" 것에 속할 수 있는지 구체적으로 밝히지 않는다. 결국 리건은 동물권을 옹호하는 연구자들에게 "우리의 감정에 휘둘리거나 우리의 정서를 전시하지 않도록 공동의 노력"을 기울여야 하며, "여기에는 합리적 탐구에 대한 지속적인 헌신이 요구된다"고 조언한다.[25,26]

도노반이 보여 주듯 두 남성은 명확히 여성적인 것으로 코드화된 과

---

24 피터 싱어, 『동물 해방』, 김성한 옮김, 연암서가, 2012, 15–16쪽, 번역 일부 수정. —옮긴이.

25 톰 레건, 『동물권 옹호』, 김성한·최훈 옮김, 아카넷, 2023, 76–77쪽, 번역 일부 수정. —옮긴이.

26 Josephine Donovan, "Animal Rights and Feminist Theory," in *Beyond Animal Rights: A Feminist Caring Ethic for the Treatment of Animals*, eds. Donovan and Adams (Continuum, 1996), pp. 34–35에서 재인용.

도한 느낌과 거리를 두는 한편, 마찬가지로 명확히 남성적인 것으로 유표화된 "진지한 (…) 논의"나 "합리적 탐구"를 지지한다. 도노반은 여성이 본질적으로 동물에게 더 친절한 것은 아니라고 설명하는데, 실제로 많은 여성들은 그렇지 않다. 그럼에도 동물의 편에 서는 이들은 동물을 옹호하는 감정적 측면을 더욱 기꺼이 인정하는 경우가 많다. 합리성의 영역 바깥에 배치된 외부자로서 (잃을 것이 더 적은) 여성들은 종종 합리주의적 틀 자체에 도전하고, 종속된 용어들—동물적인 것과 더불어 여성적인 것과 정동적인 것—의 배치를 회복시키는 데 앞장서 왔다.[27] 이와 대조적으로 젠더 규범에 따라 행동하는 리건과 싱어는 느낌을 악마화하는 모습을 드러내 보임으로써, 애초에 동물성을 배척했던 바로 그 합리주의적 도식 위에서 동물을 변호한다. 도노반은 "안타깝게도 동시대 동물권 이론가들은 계몽주의 인식론의 기계론적 전제에서 출발한 이론(리건의 경우 자연권, 싱어의 경우 공리주의적 계산)에 의존하고 감정적 지식을 억압/부정함으로써, 데카르트주의 혹은 객관주의가 가능케 했던 과학적 관행을 비판할 때조차 계속해서 데카르트주의적이거나 객관주의

---

27 Ibid., pp. 35–36 참조. 더 최근의 예시로는 Rosi Braidotti, "Animals, Anomalies, and Inorganic Others," *PMLA* 124 (Mar. 2009): 526–532 참조. 브라이도티가 설명하듯 "동물-되기와 소수자-되기는 (…) 나의 페미니스트 자아에 말을 건다. 이는 역사적으로 나의 섹스가 완전한 인간성으로 여겨진 적이 단 한 번도 없다는 점에서 부분적으로 기인한다. 따라서 그 범주에 대한 나의 충성은 기껏해야 협상 가능한 정도일 따름이다."(p. 531) 또한 Marianne DeKoven, "Guest Column: Why Animals Now?" *PMLA* 124 (Mar. 2009): 361–369도 참조. 브라이도티와 마찬가지로 드코벤은 동물에 대한 자신의 작업을 젠더에 따른 위치와 연결시키는 페미니즘 이론가다. "여성과 동물은 함께 간다"고 언급하면서 드코벤은 "부분적으로 그처럼 편재하는 문화적 연결" 때문에 동물 연구에 끌리게 되었다고 설명한다(p. 366).

적인 방법을 활용한다"고 결론 내린다.[28] 내가 도노반의 분석에서 얻은 것은 다음과 같은 격언, 즉 남성으로 정체화하는 연구자는 동물 해방에 헌신하면 할수록 동물을 사랑하지 않는다고 말해야 한다는 압박에 더 많이 시달리게 된다는 것이다. 울프로 넘어가면서 나는 이러한 논리의 흔적이라 생각되는 것들을 살펴보고자 하는데, 이는 싱어나 리건의 논의에서 시작하는 작업이나 때로는 젠더를 명시적인 분석 범주로 언급하는 작업에서도 나타난다.

『PMLA』의 개관 「인간적인, 너무나 인간적인: '동물 연구'와 인문학Human, All Too Human: 'Animal Studies' and the Humanities」과 더불어, 울프가 엮고 쓴 『동물존재론: 동물 문제Zoontologies: The Question of the Animal』(2003)와 『동물 의례: 미국 문화, 종 담론, 포스트휴머니즘 이론Animal Rites: American Culture, the Discourse of Species, and Posthumanist Theory』(2003)은 동물 연구에 대한 중요한 기여로 인정받고 있다.[29] 이 텍스트들에서 그

---

28 Donovan, "Animal Rights and Feminist Theory," p. 45. 싱어가 (동물권의 기준을 이성이 아니라 고통에서 찾았던) 제러미 벤담에 의존한다는 사실이 [합리주의를 향한 비판으로부터—옮긴이] 그를 면제해 주는 듯 보일 수 있다. 그러나 도노반은 공리주의는 여전히 널리 퍼져 있는 합리주의적 틀로서 존재한다고 주장한다. 다음 글의 291–292쪽도 참고할 것. Brian Luke, "Taming Ourselves or Going Feral? Toward a Nonpatriarchal Metaethic of Animal Liberation," in *Animals and Women: Feminist Theoretical Explorations*, eds. Adams and Donovan (Duke University Press, 1995), pp. 290–319.

29 Wolfe, *Animal Rites: American Culture, the Discourse of Species, and Posthumanist Theory* (University of Chicago Press, 2003) 참조. 아래에서 이 글을 인용할 경우 *AR*로 축약한다. 『포스트휴머니즘이란 무엇인가What Is Posthumanism?』(University of Minnesota Press, 2010)에서 울프는 데리다주의 동물 연구를 체계 이론systems theory에 대한 그의 오랜 관심과 접속시킨다. 울프가 공저자로 참여한 다음 두 권의 책도 참고할 것. Wolfe, "Exposures," in Stanley Cavell et al., *Philosophy and Animal Life* (Columbia University

2006년 애나 라페(Anna Lappé)와 브라이언트 테리의 『음식: 도시의 유기농 주방을 위한 아이디어(Grub: Ideas for an Urban Organic Kitchen)』가 출간되었다.

의 핵심 기획은 인본주의의 실체를 폭로하는 데 이론적으로 헌신하는 후기구조주의 작업이나 고정관념을 제거하기 위해 정치적으로 헌신하는 "문화 연구" 작업까지 포함해, 서구 사상이 계속해서 의존하고 있는 인간중심주의를 드러내는 것이다. 울프는 동물에 대한 잔인함을 가능케 하는 종 담론이 마찬가지로 동물화된 인간 집단을 향한 폭력을 정당화하는 데에도 복무한다고 덧붙이면서, 우리에게 비인간 주체를 진지하게 고려할 것을 주문한다(*AR*, p. 7; "H," p. 567 참조). 울프가 자신의 방식대로 아래와 같은 익숙한 부정을 제시하는 것은 표면적으로 이 후자의 이유(종차별주의 반대와 관련된 우리 인간의 이해관계) 때문이다. 『동물 의례』에서 강조 표시가 되어 있고 『PMLA』에서 반복되며 이 텍스트들을 논할 때 흔히 인용되는 이 구절은 이렇게 단언한다. "종차별주의적 제도에 대항하고 포스트휴머니즘적 주체 이론을 구축하는 일의 윤리적·철학적 긴급성은 **당신이 동물을 좋아하는지 여부와 아무런 관계가 없다.**"(*AR*, p. 7) 일찍이 울프는 「인간적인, 너무나 인간적인」에서 동물을 "(예컨대 계급, 인종 또는 젠더 관계가 동물성과 종차라는 상징적 수단을 통해 생성되고 협상된다는 식의) 은유, 유비, 재현 혹은 사회학적 자료"로 환원하는 학문과 동물 연구를 구별 지은 바 있다("H," p. 567). 인간의 동물화에만 초점을 맞추는 전자와 같은 작업은 동물 자체에 대한 관심caring과는 상당히 구분된 채 진행될 수 있다. 이와 대조적으로 울프가 옹호하는 작업은 두

Press, 2008), pp. 1–41; "Humanist and Posthumanist Antispecism," Paola Cavalieri et al., *The Death of the Animal: A Dialogue with Commentaries* (Columbia University Press, 2009), pp. 45–58.

개의 동기에 따라 다시 구별될 수 있다. 하나가 인간을 위한 사회정의와 더불어 결정적으로 구체적인 동물에 대한 관심, 즉 동물복지를 위한 노력이라면, 다른 하나는 애호liking라는 단어로 가장 잘 표현될 수 있는 동물과의 연대감이다.

앞의 서술을 반복하자면 [동물을—옮긴이] 사랑하지 않는다는 것에 대한 울프의 선언은 동물을 애호하는 것이 (『PMLA』에서 반복될 때 추가된 바에 따르면 "엄밀히 말해") 종차별주의에 대한 도전이라는 중차대한 과업과 **아무 관련이 없다**는 주장으로 정식화된다. 싱어와 리건을 상기시키는 이 '애호'를 배제하려는 움직임은 과장되고 솔직하지 못한 것처럼 느껴진다. 비록 제한적으로 도출된 결론으로 제시되긴 하지만, 이 움직임은 기실 위에서 언급한 전통적인 젠더 역학과의 관련 속에서 이해하지 않는 한 동물 연구에 대한 울프의 관점과는 논리적으로 무관하며 다소 당혹스럽기까지 하다. 앞서 살펴본 것처럼 아무리 논리적 측면에서 불필요하다고 해도 지적 신뢰성이 비-감정성 및 비-여성성과 밀접한 관계를 맺는다고 가정되는 상황에서 동물을 애호할 필요가 없다는 진술은 전략적 측면에서 분명한 이점을 가진다. 이러한 가정이 계속해서 지배적인 위치를 차지하고 있다는 것은 동물을 향한 애정뿐 아니라 여성적인 것으로 유표화되는 두 지적 구성체, 즉 에코페미니즘 및 동시대 젠더 연구와 관련지어지는 것을 차단하는 다른 몇몇 전략들에 의해서도 확인된다.

『PMLA』의 글은 대부분의 에코페미니스트를 전혀 언급하지 않지만 애덤스와 콜라드만은 이야기한다. 또한 『동물 의례』에서 애덤스는 여성과 동물을 소모품으로 만드는 기호 체계 안에서 양자가 자주 서로

2007년 건강하고 공감에 기반한 음식 선택을 장려하는 '푸드 임파워먼트 프로젝트(Food Empowerment Project)'가 설립되었다. 이 단체는 농장에서의 동물 학대, 천연자원의 고갈, 생산 노동자의 불공정한 노동 조건, 건강한 음식에 대한 저소득 지역의 낮은 접근성 문제를 조명한다.

를 코드화한다는 주장의 공로를 정확히 두 번 인정받는다. 그러나 각각의 사례에서 울프는 애덤스의 주장을 받아들이면서도 곧이어 애덤스의 기여를 깎아내리거나 다른 것으로 대체한다. 즉 조너선 데미Jonathan Demme의 영화 〈양들의 침묵〉에 대한 주목할 만한 장에서 울프와 공저자인 조너선 엘머Jonathan Elmer는 애덤스가 생태주의 페미니즘을 지지한다고 언급하는데, 이는 오직 애덤스의 주장을 부적절한 것으로 제쳐두기 위함일 따름이다. 이들은 "우리는 일견 데미의 영화에 대한 유력한 분석처럼 보이는 비판적 담론과 우리의 차이를 명확히 하고자 한다"고 쓴다. 애덤스의 주장의 요점을 인정하면서도 이들은 영화가 "더 세밀하고 복잡한 분석"을 요구한다고 주장한다(*AR*, pp. 104, 105). 애덤스가 언급되는 또 다른 대목은 울프의 서문에 나온다. 여기에서 울프는 『육식의 성정치』에 대한 통찰력 있는 개요를 제시하는데, 이 부분은 데리다를 향한 존경을 담은 미사여구로 끝이 난다. 울프는 애덤스의 시각이 "데리다가 최근 작업에서 '**육식**남근로고스중심주의**carno**phallogocentrism'라고 부르는 것에 모두 압축"되어 있다고 결론짓는다(*AR*, p. 8). 후기구조주의로 방향을 트는 이 결구를 통해 울프는 단 하나의 인터뷰(「잘 먹어야 한다Eating Well」)에서 빌려 온 사변적인 조어가, 내가 강조했듯, 1970년대 중반까지 거슬러 올라가는 애덤스의 책과 글의 핵심적인 관심사를 "압축"하고 사실상 능가한다고 설명한다. 애덤스를 데리다로, 에코페미니즘을 후기구조주의로 대체하는 것은 『동물 의례』 전체와 동물 연구에 대한 울프의 포스트휴머니즘적 접근법 일반을 틀 짓는 태도다.[30] 그가

---

30 에코페미니즘의 선례를 참조하지 못하는 것은 해러웨이가 각주에서 설명했듯 이미

애호를 경시하려 했음에도 울프가 데리다의 자장 아래에서 실제로 행하는 작업의 대부분은 기실 이전에 에코페미니스트들이 이미 했던 주장을 반복하고 있다. 이원론적 사고에 대한 심문, 특히 싱어와 리건이 제시하는 유의 여전히 자유주의적 인본주의에 침윤되어 있는 동물'권' 주장에 대한 이의 제기, 여성과 동물이 백인 인간 남성성이라는 지배적 범주를 생산하는 데 있어 서로 유비되기 쉬운 범주라는 주장 등이 그러하다.[31] 그러나 애덤스나 도노반 등과 연속성이 있음에도 『동물 의례』는 사실상 데리다를 특권화하고 에코페미니즘이 닦아 놓은 토대를 무시하는 식의 편향적이고 수정된 계보를 통해 이 책이 제시하는 종차별주의에 대한 비판과 동시대 동물 연구 모델에 권위를 부여한다. 울프는 페미니스트 선구자들과 관계를 맺기보다, 오히려 데리다를 따라 프로이

데리다에게서도 나타난다. "유감스럽게도, 데리다와 같은 철학자들은 내가 지금까지 주석에서 쓴 것 같은 많은 페미니즘 문헌을 철학으로서 읽거나 인용하거나 인정하거나 할 것 같지 않다. (…) 우리 또한 인본주의의 그물에 잡혀 있긴 하지만, 페미니스트의 작업은 종종 동물을 특이한 것으로 오인하는 덫에 가장 먼저 구속되었으며 또한 가장 적게 구속되었다."(*W*, p. 334) [도나 J. 해러웨이, 『종과 종이 만날 때』, 최유미 옮김, 갈무리, 2022, 406쪽, 번역 일부 수정. — 옮긴이.]

31 예를 들어, 헤밍웨이Ernest Hemingway의 『태양은 다시 떠오른다The Sun Also Rises』에 대한 울프의 예리한 독해에서 제이크의 손상된 남성성이라는 문제는 젠더의 영역에서 종의 영역으로 전치되며, 따라서 제이크는 동물에 대한 지배력(과 단순한 육욕에 대한 우월함)을 증명함으로써 자신의 '남자다움'을 회복할 수 있다고 설명된다. *AR*, pp. 138–139 참조. 애덤스의 주장과 공명하면서도 애덤스를 결코 인용하지는 않는 이 장에서 울프는 다시 한번 에코페미니즘의 주장을 전달하기 위한 약어로서 데리다를 소환한다. 울프는 "'육식남근로고스중심주의'가 지배하는 문화적 레짐에서 여성적인 것과 동물적인 것의 위치가 정확히 상응한다는 점을 기억할 때" 제이크가 겪는 최초의 여성화와 동물화는 놀랍지 않다고 설명한다(*AR*, p. 132).

2007년 미시간주의 그랜드래피즈에서 전 지구적 기아 현상, 풍요의 질병, 여성 착취, 인종 부정의, 환경 악화를 종식시키는 데 헌신하며 동물 친화적 옹호, 예술, 음식, 교육, 음악, 철학, 종교를 기념하는 풀뿌리 연례행사로서 '웨이크업 위켄드(Wake up Weekend)'가 시작되었다.

트Sigmund Freud와 비트겐슈타인부터 리오타르Jean-François Lyotard와 레비나스에 이르는 철학적 아버지들과 씨름하며 자신의 논의를 구축해 간다.

『동물 의례』는 이처럼 에코페미니즘과 거리를 둘 뿐 아니라 "문화 연구"라 싸잡아 폄하되는 것과 이 책의 기획을 구별 짓는다. 이 책의 가장 첫 문장은 "윤리적 담론과 정치적 담론 대부분의 기저를 이루는 근본적 억압"을 설명하기 위해 "우리가 문화 연구라고 부르는 것"을 소환한다. 즉 울프는 "문화 연구의 상투적인 요소stock-in-trade인 인종주의, (이성애) 성차별주의, 계급주의를 비롯한 다른 모든 주의에 대한 선의의 비판이 거의 언제나 **종차별주의**라는 숙고되지 않는 인식틀 안에 여전히 갇혀 있다"고 주장한다(*AR*, p. 1). 울프가 특정 주의에서 다른 주의의 혐의를 발견해 내려 했던 첫 번째 사람은 아니겠으나, 이미 널리 퍼져 있고 깊이 뿌리박혀 있는 종차별주의에 대한 비판을 개진하는 과정에서 [문화 연구라는—옮긴이] 이 특정한 지적/정치적 구성체를 언급해야 할 이유가 여기에 제시되어 있지는 않다(특히 이 책은 대체로 다른 지점에 초점을 맞추고 있기 때문이다). 그러나 "문화 연구"라고 다소 에둘러 표현되는 "정체성 정치"의 오염을 피하고자 하는 바람은 충분히 잘 전달된다. 이는 울프가 6년 뒤 「인간적인, 너무나 인간적인」에서 반복하고 정교화하는 바람이기도 한데, 이 글에서 그는 "문화 연구 모형"을 거부하는 데 여러 페이지를 할애한다("H," p. 568). 그가 제시하는 비판의 핵심은 연구 대상 목록에 동물과 종차별주의를 추가할 때조차 "문화 연구"는 그 전제와 과정에 있어 여전히 본질적으로 "인본주의적"이라는 것이다. 안일한 다원주의 및 "권리"에 대한 집중을 문화 연구와 등치시키면서 울프는 "자유주의적 인본주의" 전통에 대한 표준적인 후기구조주의의 비판을 원용하는데, 이때 그는 통합된 개별 주체를 인간으로 상정하는 고정관념을 강조한다. 문화 연구 일반을 가리켜 모호하고 일관적이지 않다며 비판하기 위해 다른 학자들에 전적으로 기대는 울프는 단 하나의 예시도 제시하지 않으면서, 이러한 특성들이 동물의 수사적 포함에도 불구하고 주체성에 대한 규범적 개념으로 남아 있는 것을 불명료하게 만드는 데 일조한다고 비난한다("H," p.568 참조). 그는 "이러한 측면에서 볼 때 동물 연구가 진지하게 받아들여진다면 이는 문화 연구의 특정 양상을 확장하거나 개선하는 것이 아니라 그것을 **종식시킬** 것"이라고 불길하게 예측한다("H," p.568; 강조—인용자).

울프는 두루뭉술하고 "자유주의적"인 문화 연구의 개념에서 구체적이고 마르크스주의적인 개념으로 갑자기 화제를 전환하면서 문화 연구에 대한 주장을 마무리 짓는다. 그람시의 "비판적 의식" 개념에 의해 뒷받침되는 문화 연구는 "비판적 반성과 자기성찰"이라는 명확히 인간적인 특성을 특권화한다고 이야기된다("H," p.570). 문화 연구는 "표면적으로 인간/동물 구분 너머를 지향하면서도, 결국 덜 가시적이면서도 더 근본적인 방식으로 그러한 인간/동물 구분을 복귀시킨다"는 것이다("H," p.570). 『PMLA』에 실린 글은 "포스트휴머니즘이라는 더 큰 문제틀과 교차하는" 동물 연구의 대안 모형을 제안하면서 끝을 맺는다("H," pp.571–572). 울프가 설명하듯 그의 궁극적인 지향점은 동물에 대한 소재적·윤리적 집중을 넘어 앎의 인본주의적 방식을 심문하는 포스트휴머니즘에 놓여 있기 때문이다. "단지 역사학자나 문학비평가가 비인간 동물이라는 주제나 소재에 관심을 기울인다고 해서, 익숙한 형태의 인본

2008년 발 플럼우드(Val Plumwood)가 사망했다.

주의가 앎의 주체와 그 주체가 가질 수 있는 지식의 종류에 관한 특정한 도식에 의존하는 학제 내부의 관행을 통해 유지되고 있지 않다는 의미는 아니다."("H," p. 572) 『포스트휴머니즘이란 무엇인가What Is Posthumanism?』(2010)에서 울프는 "포스트휴머니즘적인 것이 되기 위해서는 사유의 본성 자체가 바뀌어야 한다"고 반복하면서, 종차별주의에 대한 비판은 이 책의 제목을 통해 제기했던 '더 큰' 이론적 질문에 포섭되어야 한다고 더욱 강경하게 주장한다.[32]

이러한 일련의 주장들에 대한 나의 대답은 다음과 같이 요약될 수 있다. 먼저 지성주의intellectualism를 견지하는 수많은 이들 가운데 그람시를 겨냥하는 것은 기껏해야 자의적인 듯하다. 나아가 동물의 주체성을 인정하는 것이 필연적으로 우리 자신의 비판적 반성 능력을 악마화하는 데에 이르러야 하는가? 이외에도 나는 "문화 연구"의 특성을 부정확하게 설명하면서 이를 기각하는 울프의 논의에 심각한 문제가 있다고 생각한다.[33] 실제로 울프가 "문화 연구 모형"에 부여하는 모호성과 비일관성은 주장컨대 특정한 마르크스주의 패러다임부터 1970년대 이후 생산된 젠더, 섹슈얼리티, 인종 등에 관한 모든 연구를 아울러 지칭하기 위해 문화 연구를 상당히 폭넓고 유동적인 범주로 활용하는 그 자신의 용법에서 기인한다. 예를 들어, 좌파 학문에 대한 주류의 공격뿐만 아니라 "상투적인 요소"에 관한 논평과 공명하는 한 대목에서 울프는 "젠더

32 Wolfe, *What Is Posthumanism?*, p. xvi.

33 특히 형식적·이론적 사안에 주의를 기울이지 않는다면서 문화 연구를 지나치게 단순화하는 관점에 대해 논박하는 글에 대해서는 *The Aesthetics of Cultural Studies*, ed. Michael Bérubé (Wiley, 2005) 참조.

연구"부터 시작해 유사한 하위분야의 "끝없는" 목록과 "동물 연구"를 구별한다. "동물 연구가 진지하게 받아들여진다면 이는 제임스 챈들러James Chandler가 '하위학제 분야'라고 부르는 것, 즉 1970년대 이후 '연구studies라고 불리게 된 일련의 학문 분야 및 실천' 가운데 하나의 최신 유행이라고 여겨져서는 안 된다. 이 흐름에는 '젠더 연구, 인종 연구, 문화 연구는 물론이거니와 영화 연구, 미디어 연구, 재즈 연구 등'이 있는데, 그의 목록은 사실상 무한히 이어진다."("H," p. 569) 챈들러를 따라 울프는 고도로 발전되고 각기 다른 특성을 띤 상이한 여섯 개의 학문 영역들(리타 펠스키Rita Felski, 세즈윅, 가야트리 스피박Gayatri Spivak, 헨리 루이스 게이츠 주니어Henry Louis Gates, Jr., 스튜어트 홀Stuart Hall, 로렌 벌랜트Lauren Berlant, 매리 앤 돈Mary Ann Doane 등을 비롯해 이론적으로 다양한 입장을 가지는 수많은 이들을 아우르는 바로 그 영역들)이 그저 일시적인 "최신 유행"에 지나지 않는다고 깎아내리기 위해 그것들을 간편하게 뒤섞는다. "문화 연구"와 "자유주의적 인본주의"를 동일시하는 울프의 논의와 관련해 젠더, 섹슈얼리티, 인종에 관한 작업을 수행하는 연구자들—예컨대 후기구조주의 페미니스트, 페미니즘 법 이론가, 탈식민주의 이론가, 비판적 인종 이론가, 반정체성주의적 퀴어 이론가—이 기실 규범적인 "자유주의적 인본주의"의 주체를 몰아내는 데 가장 앞장서서 노력해 왔다는 사실을 굳이 지적할 필요는 없을 것이다.[34] 여기에서 더욱 중요한 것은 가장 먼저 계몽주의적 앎의 방

34 여러 가능한 예시 가운데 몇 가지만 꼽자면 다음을 참조. Frances Olsen, "Statutory Rape: A Feminist Critique of Rights Analysis," *Texas Law Review* 63 (Nov. 1984): 387–432; Judith Butler, *Gender Trouble: Feminism and the Subversion of Identity* (Routledge, 1990); Kimberlé Crenshaw, "Mapping the Margins: Intersectionality,

2009년 아프리카계 디아스포라 비건 전통의 옹호자인 브라이언트 테리가 토착 음식을 활용한 요리를 소개하는 그의 첫 저서 『비건 소울 키친: 신선하고 건강하고 독창적인 아프리카식 미국 요리(Vegan Soul Kitchen: Fresh, Healthy, and Creative African-American Cuisine)』를 출간했다.

식과 연루되어 있다는 점을 근거로 동물옹호에 대한 권리 접근 방식을 심문했던 이들이 도노반, 애덤스, 루크 같은 에코페미니스트들이었다는 사실을 기억하는 일이다.

요컨대 "문화 연구 모형"을 따르는 동물 연구는 이론적으로 나이브하다는—이전까지 배제되었던 정체성을 소재적으로 포함시키는 데 복무하며 학제 내부의 가정과 과정에 대한 자의식이 전혀 없다는—관점은 지나친 단순화에 불과하다. 그러나 나는 울프가 선호하는 "포스트휴머니즘" 모형과 그가 "문화 연구"라는 이름으로 폄하하는 모형 사이에 정말로 실질적인 차이가 존재한다고 주장한다. 그것은 인식론적 차이라기보다 정치적인 차이다. 두 접근 방식은 모두 동물의 배제에 저항하며 일반적으로 인본주의적 사유의 교리를 탈구축한다. 그러나 울프가 표면적으로 이론적인 목적에서 그렇게 하는 데 반해, 에코페미니스트 등은 명백히 정치적인 목적에서 그렇게 한다. 기실 울프는 젠더 연구 모형에 내재된 대립의 정치가 인권이라는 자유주의적 개념과 불가분의 관계를 맺고 있다고 간주하기 때문에, 비-데리다주의 동물 연구를 여전히 인본주의에서 벗어나지 못한 것으로 비판한다. 하지만 페미니스트들이 지적하듯 "육식남근로고스중심주의적"인 세계에서 비정치성을 표방하는 주장은 그 자체로 매우 정치적인 성격을 띤다. 인본주의

Identity Politics, and Violence against Women of Color," *Stanford Law Review* 43 (July 1991): 1241–1299; Wendy Brown, "Suffering Rights as Paradoxes," *Constellations* 7 (June 2000): 230–241. 페미니즘 이론 및 포스트모던 이론과 대립하기보다 이것들을 병치시키는 동물 연구에 관한 최근의 논의는 Kari Weil, "A Report on the Animal Turn," *differences* 21, no. 2 (2010): 1–23 참조.

의 모든 오염을 넘어 이론적 순수성을 지향하는 울프의 노력은 의심의 여지없이 선의의 의도를 갖지만, 그럼에도 암묵적인 가정과 제도적인 효과 양자에 있어 어쩔 수 없이 젠더화되어 있는 것이기도 하다.

간단히 요약하면 나를 가장 실망시키는 것은 동물 연구가 여성, 아프리카계 미국인, 퀴어 등 여러 주변화된 집단에 대한 연구와 불연속적이며 심지어 상반된다는 울프의 단호한 인식틀이다. 나는 적어도 부분적으로 이러한 인식틀이 파격적인 최신 유행을 좇는 무리에게 오염될까 봐 두려워하는 데서 기인한다고 생각한다. 주지하듯 울프는 『고등교육신문』과의 인터뷰에서 동물 연구가 "그저 또 다른 최신 유행"("CC")으로 여겨지지 않길 바란다는 희망을 여러 차례 내비친 바 있다. "진지하게 받아들여진다면" 동물 연구가 젠더 연구에 빗대어져선 안 된다는 주장은 다음과 같은 말로 더 정확하게 표현될 수 있을 것이다. 동물 연구가 진지하게 받아들여지기를 원한다면, 동물 연구는 젠더 연구를 닮은 모든 것들로부터 가능한 한 빨리 멀어져야 한다. 『동물 의례』에 부친 서문에서 W. J. T. 미첼Mitchell은 동물권 주제가 불러일으킨 "저항과 불안의 조합"에 주의를 기울인다.[35] 울프가 보여 주는 전략이 이 불안의 젠더화된 측면을 해소할 수 있을지는 몰라도, 여기에는 어떠한 대가가 뒤따른다. 즉 동물과 우리의 감정적 애착을 사소한 것으로 치부할뿐더러, 에코페미니즘의 선례를 경시하고, 좌파적 학문 작업의 단순화를 강화하며, 젠더화된 제도적 역학과의 연루를 도외시하고, 정체성의 다른 측면과 '종'을 엮어 내는 우리의 능력을 저해하는 대가 말이다.

35 W. J. T. Mitchell, "The Rights of Things," *AR* 서문, p. ix.

2009년 네키샤 알렉시스(Nekeisha Alexis)가 '웨이크업 위켄드'에서 「인종주의, 성차별주의, 종차별주의: 뒤얽힌 억압들(Racism, Sexism, Speciesism: The Intertwining Oppressions)」을 발표했다.

그러므로 우리가 따르는 페미니스트들

비인간 생명에 대한 우리의 관계와 의무를 이론화하는 데 있어 덜 불안함을 느끼는 접근 방식의 예를 발견하기를 희망하면서, 나는 우선 애덤스에 주의를 기울인다. 애덤스가 어떻게 페미니즘적·반인종주의적 노력을 동물옹호와 결합시키게 되었는가에 관해 자주 언급되는 이야기를 논의하기에 앞서, 애덤스의 주요 주장을 간략히 되짚어 보려 한다. 울프와 대조적으로 애덤스는 감정적 지식의 진가를 알아본다는 점, 그리고 동물 문제에 대한 자신의 관심이 돌봄에 기반한다고 기꺼이 언급한다는 점에서 대부분의 에코페미니스트들과 공통적이다. 애덤스는 도노반과 함께 『동물권을 넘어서』를 엮었는데, 이 책에서 그는 싱어와 리건의 패러다임에 대한 대안으로서 돌봄 패러다임을 정교화한다. 이 선집에 실린 다른 글들과 마찬가지로 애덤스의 글은 동물'권'에 대한 합리주의적 논변에 맞서면서, 젠더와 종에 관한 자신의 작업은 "정확히 내가 동물에게 마음을 쓰기care about 때문에" 개진된 것이라고 설명한다. 그러나 단순히 돌봄을 찬양하기보다 애덤스는 느낌과 이성을 이분법적으로 이해하는 관습적 사유에 도전하는 것을 목표로 한다. 그는 "감정과 이론은 서로 관련이 있다"고 주장한다. "정당한 이론을 제시하기 위해 감정적 내용과 성찰에 대한 이론을 제거할 필요는 없다. 또한 감정적 내용과 성찰이 이론적 사유를 근절하거나 방해하는 것도 아니다." 나아가 애덤스는 여성과 돌봄의 연결을 탈자연화하려 한다. 만약 돌보는 자로서 여성의 역할이 여성의 역사적 종속의 결과라면, 남성의 자족성 self-sufficiency이란 기실 여성의 감정 노동에 의해 유지되는 허구라는 것이다. 다시 한번 단순히 돌봄의 가치를 복원하기보다, 애덤스는 여성은 자연적으로 돌봄을 수행하며 남성은 선천적인 자율성과 합리성에 근거해 권리를 가질 자격이 있다는 대립을 해소한다. 결국 "돌봄이 여성의 '차이'를 이루는 본질이기 때문이 아니라 선한 것이기 때문에" 돌봄을 옹호하는 애덤스의 입장은 확실히 구성주의적이며, 이는 권리의 논리가 동물에게까지 확장되어 이원론적 사고에 대한 폭넓은 비판으로 운위되는 것을 향한 애덤스의 거부와도 관련이 있다.[36]

사실 (애덤스가 페미니즘 철학자들 간의 권리-돌봄 논쟁에 참여하기 이전에 발표한) 『육식의 성정치』는 돌봄을 이론화하지도, 애덤스와 동물의 교류를 상연하지도 않는다. 애덤스의 저서 중 가장 잘 알려진 이 책은 동물에 대한 우리의 폭력(특히 먹기 위해 동물을 죽이는 것)을 떠받치는 담론적 기반을 대담하게 비판하는 것에 해당하며, 이 점에서 이 책은 스머츠보다는 데리다나 울프의 논의에 대한 선례처럼 보인다. 주지하듯 애덤스는 동물을 폄하하는 데 젠더 코드가 이용되고 여성을 폄하하는 데 종 코드가 이용되며 규범적 남성성은 이 두 가지 모두와의 도구적 관계에 기초한다는 사실을 보여 줌으로써 새로운 이해의 지평을 열기도 했다. 나아가 애덤스는 어떻게 인종화된 집단이 동물화되는지, 또 거꾸로 어떻게 육식

36 Adams, "Caring about Suffering: A Feminist Exploration," in *Beyond Animal Rights*, pp. 171, 173. 초판이 나오고 20년이 흐른 뒤 『동물권을 넘어서』의 개정판이 『동물 윤리에서 페미니즘 돌봄 전통』이라는 제목으로 출간되었다. 비록 해러웨이가 돌봄을 매우 다르게, 예컨대 실험실 동물과의 제도적 관계까지도 포함하는 것으로 이해하고 있긴 하지만, 돌봄은 최근 해러웨이의 동물 관련 글에서도 윤리적 중요성을 띤 과업으로 제시된다. *W*, pp. 82–84 참조.

2010년 A. 브리즈 하퍼(Breeze Harper)가 엮은 『시스타 비건: 흑인여성 비건들이 음식, 정체성, 건강과 사회를 말하다(Sistah Vegan: Black Female Vegans Speak Food, Identity, Healthy, and Society)』가 출간되었다.

이—"문명화된" 사람들의 특권과 지위를 영양학적으로 드러내는 표지로서—인종화되고 젠더화되는지 검토한다.[37] 『인간도 짐승도 아닌 Neither Man nor Beast』(1994)에서 교차적 사유에 대한 필요성을 정교화하면서 애덤스는 다음과 같이 설명한다. "정체성은 가산적이지 않고 서로 맞물려 있기 때문에, 나는 억압받는 인간의 지위와 동물의 지위를 비유하는 일에는 교차점에 관해서만큼 관심이 있지 않다. (…) 백인 인종주의가 흑인을 두고 동물화 담론을 사용할 때, 이는 우월주의적 이데올로기가 어떻게 타자성(인종과 종)의 형태들을 교차시켜 더 선명하게 하는지 잘 보여 준다."[38]

교차하는 억압들에 대한 애덤스의 이해는 어떠한 주어진 텍스트가 반드시 이 모든 억압들을 균등하게 강화하거나 그것들에 저항한다는 것을 의미하지 않는다. 실제로 그의 주된 목표 가운데 하나는 고기로 묘사되는 여성에 대한 페미니즘 분석이 그 범주 자체에 내재되어 있는 동물에 대한 폭력을 인식하지 못한다는 점을 비판하는 것이다. 나아가 애덤스는 "페미니즘 이론이 채식주의의 통찰을 통해 보완될 필요가 있듯이, 동물권 이론은 페미니즘의 원칙을 수용해야 한다"[39]고 주장하기도 한다. 『육식의 포르노그래피』(2003)에서 애덤스는 PETA(People for the Ethical Treatment of Animals, 동물의 윤리적 대우를 지지하는 사람들)가 후원하

---

37 Adams, *SPM*, pp. 40–42 참조.

38 Adams, *Neither Man nor Beast: Feminism and the Defense of Animals* (Continuum, 1994), pp. 79–80. [캐럴 J. 애덤스, 『인간도 짐승도 아닌』, 김현지 옮김, 현실문화, 2022, 188–189쪽, 번역 일부 수정. —옮긴이.]

39 Adams, *SPM*, p. 26. [캐럴 J. 애덤스, 『육식의 성정치』, 류현 옮김, 이매진, 2018, 50–51쪽.]

는 광고 캠페인이—이제는 분명히 알 수 있는 이유로—이성애규범성을 뚜렷이 드러내도록 계산된 여성의 이미지를 활용해 동물을 변호하는 것을 비판한다.[40] PETA와 싱어/리건에 대한 비판이 보여 주듯, 애덤스는 나와 마찬가지로 종 담론의 젠더 정치학뿐 아니라 계집애 공포를 드러내곤 하는 동물 활동가와 연구자 들에게도 관심을 두고 있다. 2009년 『미네소타 리뷰』와의 인터뷰에서 애덤스는 "동물권 운동의 남성화"에 관해 유감을 표한 바 있다. 또한 애덤스는 야생동물을 강조하는 학계 내의 분위기가 드러내는 유사한 편견에 대해서도 숙고한다. "나는 사람들이 동물 문제에 발을 들여놓을 때 가축화된 농장 동물의 영역을 기피하는 듯한 느낌을 받는데, 그 기피의 이유는 농장 동물들은 너무 평범하고 너무 지위가 낮으며, 여자이거나 [인간—옮긴이] 여자와 동일시되기 때문이다."[41]

애덤스 자신은 특정 가축 동물에 대한 사랑과 슬픔을 통해 페미니즘 채식주의로 이끌렸다. 지미라는 이름의 말이 총에 맞은 사건을 통해 의식화에 이르게 된 경험을 서술하는 애덤스의 이야기는 그가 쓴 여러 글

40 Adams, *The Pornography of Meat* (Continuum, 2003), pp. 166–169 참조. PETA의 대변인은 "우리가 상냥한soft-hearted 마음씨를 가졌다고 해서 우리가 덜 거칠다soft-core는 뜻은 아니다"라고 자랑스레 말한다(Adams, *The Pornography of Meat*, p. 166에서 재인용).

41 Adams, "Vegan Feminist: An Interview with Carol J. Adams," by Heather Steffen, *Minnesota Review* 73–74 (Fall 2009–Spring 2010): 130, 124. 가축 동물을 향한 동물 연구 학자의 젠더화된 경멸에 대해서는 *W*, p. 30 참조. 실제 농업 관행에서 젠더 코드가 작동하는 방식에 대해서는 Erika Cudworth, "'Most Farmers Prefer Blondes': The Dynamics of Anthroparchy in Animals' Becoming Meat," *Journal for Critical Animal Studies* 6, no. 1 (2008): 32–45 참조.

2010년 바인은 (젖소였던 암소와 폐기용(cast-off) 수송아지를 포함한) 낙농 산업 생존자들을 받아들이며 활동 범위를 확장하기 시작했다. 이들은 이를 명백한 페미니즘적 프로젝트로 여겼다.

들을 통해 적어도 세 가지 상이한 맥락에서 약간씩 변주를 보인다.[42] 데리다를 지켜보는 고양이의 일화와 마찬가지로 이는 애덤스의 동물 작업에 관한 일종의 기원 설화, 감정적 시금석, 그리고 패러다임으로 기능한다. 애덤스에 따르면 1973년에 그는 이미 개인적 삶의 정치학에 주의를 기울이는 페미니스트였지만 여전히 고기를 소비했다.[43] 예일 신학대학원에서 1년을 마치고 작은 고향 마을로 갓 돌아온 그가 짐을 풀고 있을 때 시끄러운 노크 소리가 들려왔다. 한 이웃이 허둥지둥하며 애덤스가 사랑하는 조랑말이 총에 맞았다는 소식을 전했다. 집 뒤편에 있던 목장으로 달려간 애덤스는 지미가 바닥에 누워 입에서 피를 흘리고 있는 장면을 목격했다. "오래된 사과나무밭의 거름과 가시덤불을 맨발로 걸으며 나는 죽음의 얼굴을 마주하게 되었다"고 그는 회상한다. "그날 저녁, 조랑말의 죽음에 여전히 정신을 차리지 못하고 있던 나는 햄버거를 한입 베어 물었다가 문득 멈췄다. 나는 하나의 죽은 동물을 생각하면서 또 다른 죽은 동물을 먹고 있었다. 이 죽은 소와 내가 다음날 땅에 묻어 줄 죽은 조랑말 사이의 차이란 과연 무엇일까?"[44] 바로 이 순간부터 고기에 대한 애덤스의 관점은 근본적으로 바뀌게 되었다.

나는 애덤스의 이 이야기가 그의 기획 전반을 드러내는 상징이라고 주장하며, 이와 관련해 몇몇 견해를 제시하고자 한다. 이 이야기는 내가 앞에서 언급한 데리다 대 스머츠에 관한 젠더화된 일반화를 확인시켜

42 Adams, *Neither Man nor Beast*, pp. 162 – 163; "Caring about Suffering", p. 171에서의 간략한 언급; *SPM* 서문, pp. 11 – 12 참조.

43 Adams, *SPM*, p. 11 참조.

44 *Ibid*., p. 12. [캐럴 J. 애덤스, 『육식의 성정치』, 24 – 25쪽, 번역 일부 수정. — 옮긴이.]

주는 동시에 그것의 균열을 드러내며, 페미니즘적인 먹기에 대한 다른 이야기를 고찰하면서 글을 마무리 짓도록 해 준다. 애덤스의 깨달음은 무엇보다도 그가 받았던 신학 교육의 중단과 지속으로 나타난다. 애덤스는 페미니스트 신학자이지만 이 이야기의 피, 가시, 순교자 동물 등이 암시하듯, 그는 기독교의 가부장제적 측면을 거부하는 동시에 온유한 자들을 향한 돌봄과 이웃 사랑의 윤리와 더불어 고통의 도상학을 그대로 유지한다. 예일대에서 보낸 1년 간의 짐을 아직 풀고 있던 중 영적 변화를 겪게 된 그는 이 폭력적인 행위로 말미암아 학계의 의례보다 그의 뒷마당에서 제기된 정의 문제에 언제나 더 주의를 기울이는 독립 활동가-연구자로서의 소명을 절실히 깨닫고 집으로 돌아온다. 알튀세르적 방식으로 생각하고 싶은 유혹을 불러일으킬 수 있는 이 부름의 순간에 애덤스는 경찰관이 아닌 연민이 많은 이웃에 의해 불현듯 주체성의 부름을 받는데, 이 이웃은 애덤스가 순종하는 시민이 아니라 반대하는 시민으로서 호명되도록 영향을 미친다. 데미언과 손끝과 손끝이 맞닿는 fingertip to fingertip with Damien 경험을 했던 스머츠와 달리, 애덤스의 패러다임적인 동물과의 마주침은 그에게 "죽음의 얼굴을 마주하게face to face with death" 한다. 그리고 이는 애덤스의 모든 글에 걸쳐 진실이다. 애덤스의 글들에서 우리가 자주 마주치는 동물들은 [스머츠와 데리다의 글에서처럼 ―옮긴이] 현명한 반려동물도 외설적인 애완동물도 아닌, 우리가 고기라는 완곡어법을 통해 지칭하는 부패 중인 동물의 사체인 것이다. 그의 말이 총에 맞았던 바로 그날 밤 자신이 죽은 소를 먹고 있다는 사실을 문득 깨달은 애덤스의 첫 반응은 데리다의 반응과 유사하다. 동물의 "낯섦"에 부끄러움을 느끼며 움찔한 애덤스는 인간의 쓸모를 위해 동

2010년 온라인 리소스를 가진 멀티미디어 잡지 『아워 헨 하우스(Our Hen House)』가 설립되었다.

물을 살해하는 것을 정당화하는 부재화nonrecognition를 극적으로 드러내 보인다. 데리다와 마찬가지로 애덤스의 이후 작업은 비판적 태도로 진행된다. 동물과의 친밀성을 찬양하는 대신 애덤스 또한 동물을 향한 인간의 폭력을 승인하는 담론적 패턴을 추적하는 데 더 관심을 두는 것이다.

그러나 데리다와 대조적으로 애덤스는 자신의 수치심에 다시 부끄러움을 느끼며 얼굴을 붉히지 않는다. 대신 애덤스의 수치심은 재빨리 또 다른 추진력으로 전환된다. "또한 내가 나 자신을 변화시킬 수 있음을 알아차렸다. 동물 살점의 실체를 깨닫자 시체 섭취자가 될 필요는 없음을 알게 되었다. 관계적 인식론을 통해 형이상학적 전환을 경험했다."[45] 수치심에 노출된 애덤스는 자신을 덮어 가리는 것이 아니라 스스로를 성찰하고 재상상하는 것으로 나아간다. 애덤스가 실제로 채식주의로 전환하는 데에는 다시 또 1년이 걸릴 것이고, 그의 페미니즘-채식주의 비판 이론이 (말하자면) 완전히 무르익을 때까지는 약 17년이 걸릴 것이었다. 하지만 그 기반은 위에서 언급한 "형이상학적 전환", 즉 포식자가 아닌 피식자와 동일시하기 위해 육식인으로서의 정체성을 거부하고 동물의 편에 서는 전환에 놓여 있었다. 나는 이것이 1970년대 초 시민권 운동, 반전 운동, 여성 해방 운동이 주도한 변화와 불가분의 관계를 맺고 있는 전환이라는 데 주목한다. 래디컬 페미니스트로서의 의식 덕택에 애덤스는 수치심, 슬픔, 연민과 같은 감정을 지식의 원천으로 인식하고, 자율적 조건이 아닌 관계적 조건에서 자신을 상상하며, 인간-

45 Adams, *Neither Man nor Beast*, p. 163. [캐럴 J. 애덤스, 『인간도 짐승도 아닌』, 372쪽.]

동물 관계와 관련된 가부장제 구조에 대한 섬세한 분석을 제출할 준비를 갖출 수 있었다.

결국 애덤스에게 여성다움을 근거로 한 동물과의 신비한 동맹 같은 것은 미리 존재하지 않았다. 대신 1973년에 겪은 위기의 순간에 그는 에코페미니즘 인식론을 따라 동물에게 가르침을 받고 자신의 위치를 동물의 곁으로 재배치하기를 의식적으로 선택한다. 이후 그가 말하듯 "나는 어떻게든 여성이 동물과 '더 가깝기' 때문이 아니라 우리가 상호의존적인 억압을 경험하고 있기 때문에 동물을 귀히 여긴다."[46] 이와 달리 스머츠는 페미니즘 인식틀을 언급하지 않으며, 동물의 행위성과 종 간 상호성에 관한 그의 강조는 동물의 희생과 동물의 고통에 대한 인간의 슬픔이라는 애덤스의 초점과 반대되는 듯 보이기도 한다. 그러나 두 여성 사이에는 차이점뿐 아니라 유사점도 존재한다. 두 사람 모두 인간과 비인간 동물의 감상적 유대를 인정하고, 다른 동물에 대한 인간의 애호와 (모든 측면에선 아니지만 몇몇 측면에서의) 유사성을 주장한다. 스머츠에게 자신의 손과 데미언의 손의 유사성은 접촉을 통해 우리가 놓인 환경을 탐색하고 우정을 쌓을 수 있는 공통 능력을 드러낸다. 애덤스에게 자신의 대상화와 지미의 대상화 사이의 유사성은 특정한 담론적·정치적 맥락 안에서 여성과 동물이 타자의 위치를 공유하고 있는 방식을 보여 준다.

애덤스와 같이 해러웨이는 솔직한 감정과 강력한 분석, 정치적 헌신과 학문적 헌신, 동물 및 동물 애호가에 대한 관심care과 동물 연구에 대한 이론적 기여 등을 서로 결합하는 작업을 통해 이원론적 사유에 대한

46 Adams, "Caring about Suffering," p. 173.

에코페미니즘적이고 해체주의적인 비판을 설득력 있게 제시한다. 동물에 관한 그의 가장 최근 저서인 『반려종 선언The Companion Species Manifesto』(2003)과 『종과 종이 만날 때When Species Meet』(2008)가 젠더를 전경화하고 있는 것은 아니지만, 해러웨이는 기회가 닿을 때마다 자신이 오랫동안 개진해 온 페미니즘 논의와 더불어, 종에 관한 사유에서 페미니즘 연구의 선구적·지속적 중요성을 언급한다.[47] (『미네소타 리뷰』에 애덤스의 인터뷰와 나란히 실렸던) 2009년 인터뷰에서 해러웨이가 말했듯 "버크나 애덤스 등과 같은 이들은 일하는 동물이 얼마나 가혹한 폭력과 파괴에 노출되어 있는지에 천착하는 동물 연구의 측면에서 30년 넘는 기간 동안 페미니즘 이론을 구축해 왔다."("SS," p. 159) 포스트모더니스트로서 높은 명성을 구가하고 있긴 하지만 해러웨이는 실천적인 접근법을 취하는 또 다른 이론가이자 물질세계와 매우 밀접한 관계를 맺고 있는 사상가이기도 하다. 『종과 종이 만날 때』의 중간부에서 우리는 그와 그의 개 파트너인 카옌을 따라 도그 어질리티dog agility 훈련, 즉 대부분의 인간이 40세 이상의 여성으로 구성되어 있는 스포츠의 세계로 진입하게 된다. 여기에서 "접촉지대contact zone"는 코스의 기술적 측면을 가리킬 뿐 아니라, 해러웨이에게는 인간과 개 사이의 대칭적이진 않지만 상호적인 강렬한 신체적·문화적 교환의 장소로서 어질리티 훈련을 의미하기도 한다(*W*, pp. 208–216 참조). 여성 개 훈련사와 사육사 들의 하위문화에 대한 해러웨이의 감정적·신체적visceral이고 지적인 참여는 말하자

47 Haraway, *The Companion Species Manifesto: Dogs, People, and Significant Otherness* (Prickly Paradigm Press, 2003) 참조.

면 매 맞는 여성과 공정한 주택공급을 위해 노력하는 지지자들의 하위 문화에 대한 애덤스의 참여에 비견될 수 있다. 두 페미니즘 이론가는 문화 자본을 거의 가지지 못한 이 학계 외부의 여성중심적 공동체를 영감과 지식의 원천으로 여긴다.

그렇지만 해러웨이와 애덤스는 가장 복잡한 두 가지 동물 문제, 즉 육식과 동물실험에 대해 상당히 다른 관점을 보인다. 해러웨이는 공장식 축산업에 대해 매우 비판적이지만 채식주의보다는 인도적 축산업에 기대를 건다. 더 위험하고 불편한 사실은 해러웨이 자신이 인정하듯 그가 과학 연구를 위해 동물을 이용하고 또 심지어 살해하는 것을 조건부적으로 옹호한다는 점이다(*W*, pp. 68–93 참조). 특정 사안에 대한 의견 차이를 넘어, 해러웨이와 애덤스는 각자의 동물 텍스트의 일반적인 강조점과 정동에 있어 더욱 큰 불일치를 드러낸다. 거칠게 말해 애덤스의 강조점은 희생자로서의 동물에 놓여 있는데, 동물이 주체로 인정되지 않고 대상으로 여성화·파편화됨으로써 고기를 먹는 인간은 그들의 식탁 위에서 이루어지고 있는 폭력을 무시할 수 있게 된다. 앞에서 살펴본 것처럼 이러한 관점에 의해 애덤스 글에 나타나는 감정은 슬픔, 분노, 공감이 뒤섞여 있는 경향을 보인다. 한편 해러웨이의 강조점은 인간과의 불평등한 관계라는 맥락에서조차 상상력과 행위성과 영향력을 가진 생명체, 즉 노동자이자 협력자로서의 동물에 놓여 있다. 스머츠와 마찬가지로 해러웨이와 동물 사이의 상호작용에는 부끄러움이 개재되어 있지 않으며 대담하리만큼 촉각적이다. 경이로움, 과학적 호기심, 애정 따위로 가득 찬 해러웨이의 동물 글쓰기는 동물에 대한 찬양, 나아가 황홀감을 드러내는 경향까지 보인다. 그는 『종과 종이 만날 때』를 여는 글에

2011년 시골의 전통적인 가부장제 질서와 그와 관련된 여성혐오적 태도에 도전하기 위해 비건 페미니스트 사냥반대(Hunt Sab) 단체가 결성되었다.

서 "미즈 카옌 페퍼는 내 세포들을 모조리 식민지화하고 있다"(*W*, p. 15)고 선언한다.[48] 나아가 해러웨이에게 다른 "반려종"은 개념적 층위뿐만 아니라 세포적 층위에서 인간성의 경계가 잘못된 것임을 드러낸다. 그가 말하듯 "나는 내 몸이라는 세속적 공간을 구성하는 전체 세포 중 약 10%에서만 인간의 게놈이 발견된다는 사실이 기쁘다. 나머지 90%의 세포는 박테리아, 균류, 원생생물 등의 게놈으로 차 있다."(*W*, p. 3)[49] 해러웨이는 또한 지배력과 자율성에 대한 우리의 인본주의적 감각이 동물성뿐 아니라 기술에 의해, 즉 유기체 내적인 존재 방식뿐 아니라 인공적prosthetic 존재 방식에 의해 효과적으로 약화된다고 주장한다. 애덤스를 비롯한 대부분의 에코페미니스트들이 과학을 자연에 반하는 범죄로 규정하는 경향에 맞서 해러웨이는 과학의 창조적 활용과 파괴적 활용을 구분하면서 비인간 동물뿐 아니라 사이보그와의 반려 관계에 우리를 위치시킨다("SS," p. 155).[50]

그리고 이제 우리의 마지막 동물 이야기를 언급할 차례다. 해러웨이의 이 이야기는 『종과 종이 만날 때』의 마지막 장에 나오는 "이별의 식사

---

48 도나 J. 해러웨이, 『종과 종이 만날 때』, 27쪽. —옮긴이.

49 위의 책, 12쪽, 번역 일부 수정. —옮긴이.

50 영향력 있는 글인 「사이보그 선언문: 1980년대의 과학, 기술 그리고 사회주의 페미니즘」(*Socialist Review* 80, 1985, pp. 65–108)의 저자로서 해러웨이는 종종 "포스트휴머니스트"로 여겨지곤 한다. 실제로 울프는 철저한 "포스트휴머니즘적 포스트휴머니즘"을 대표하는 소수의 인물 중 하나로 해러웨이를 언급하기도 한다(Wolfe, *What Is Posthumanism?* p. 125). 그러나 해러웨이 자신은 "나는 포스트휴머니스트가 아니다"라고 주장한다(*W*, p. 19). [도나 J. 해러웨이, 『종과 종이 만날 때』, 32쪽, 번역 일부 수정. —옮긴이.] 마찬가지로 해러웨이는 데리다에게 관심을 기울이긴 하지만 자신은 "데리다주의자가 아니"라고 설명한다("SS," p. 157).

parting bite"에 관한 것이다(*W*, p. 293). 이는 다른 인간들과 멀리 떨어진 야생 지역에서 개나 개코원숭이와 친밀성을 나누는 스머츠식의 이야기가 아니라, 동료들과 함께 둘러앉아 저녁식사를 먹었던 일에 대한 이야기다. 때는 1980년, 해러웨이는 캘리포니아 대학교 산타크루스 캠퍼스에서 페미니즘 이론을 가르치기 위해 막 임용 면접을 마[치고 레스토랑에 간—옮긴이] 참이었다. 해러웨이의 말에 따르면, "페미니즘과 아나키즘이 충만한 이교적 사이버 마녀의 산"에서 열린 출산 축하 파티에서 막 돌아온 두 여성이 [뒤이어—옮긴이] 레스토랑에 도착했다(*W*, p. 293).[51] 산파가 주도하는 이 파티는 남편이 준비한 만찬으로 끝이 났는데, 양파 그리고…… 태반으로 요리한 음식이 제공되었다. 이윽고 저녁식사 자리에 있던 이들은 "누가 태반을 먹을 수 있는지, 먹어야 하는지, 먹어서는 안 되는지"를 둘러싼 강렬하지만 결론이 없는 논쟁에 완전히 사로잡혔다(*W*, p. 293).[52] 상충하는 인류학적, 마르크스주의 페미니즘적, 역사적, 영양학적, 철학적, 채식주의적 주장들이 활기차게 논의되었고, 몇 시간 뒤 해러웨이는 "드디어 자신에게 자양분이 되는 공동체를 발견했다"는 사실만을 분명하게 감각했다(*W*, p. 294).[53]

페미니즘적 먹기에 대한 해러웨이의 이야기는 우리 자신이 아닌 다른 종에 대한 언급을 표면적으로 하지 않으면서도, 어떻게 인간-동물 유대를 이론화하는 데 기여하는 동시에, 이 기획의 성정치를 드러낼 수

51 도나 J. 해러웨이, 『종과 종이 만날 때』, 361쪽. —옮긴이.

52 위의 책, 362쪽. —옮긴이.

53 위의 책, 363쪽, 번역 일부 수정. —옮긴이.

있을까? 무엇보다도 태반은 해러웨이가 우리의 생명체적인creaturely 삶의 한 근본적 양태로 간주하는 것의 형상이다. 즉 태반은 양육에 있어 우리가 출생 전과 출생 후 모두 우리 자신이 아닌 다른 몸에 의존한다는 사실, 동물로서 우리가 서로를 먹여 살릴 뿐 아니라 서로를 **먹어야** 하기도 한다는 사실, 임신을 했는지 혹은 육식을 하는지 여부와 관계없이 우리 안에서 요동치는 유기체들과 우리가 상호침투되어 있다는 사실, 요컨대 섭취와 잉태와 체현이 서로 중첩되어 있는 현상을 드러내는 상징이다. 이 모두는 말하자면 애덤스에겐 누구도 고기로 여겨져선 안 되는 이유이겠지만, 해러웨이의 이야기에서 이끌어 낼 수 있는 한 가지 교훈은 우리 모두가 누군가의 고기라는 사실이다. 우리가 [죽어서—옮긴이] 벌레를 위한 먹이가 되기 이전에도 말이다.

페미니즘적 먹기에 관해 제시한 위의 두 장면은 다른 방식으로도 대조될 수 있다. 애덤스에게 햄버거 섭취가 모든 질문에 명쾌하게 답을 주었던 데 반해, 해러웨이에게 태반 섭취는 그저 불확실성을 증폭시키는 것에 불과하다. 내 글의 맥락에서 그중 가장 중요한 불확실성이란 이 이야기에서 젠더가 어떻게 형상화되고 있는가 하는 난제다. (내가 상상한 모습처럼) 주걱을 들고 그릴 앞에 서 있는 남편을 우리는 어떻게 이해해야 할까? 이 남편은 당신이 생각하는 교외에 사는 평균적인 아버지와 같거나 다른가? 의례의 일환으로 비인간 동물처럼 [인간을—옮긴이] 출산/섭취함으로써 우리는 우리 자신을 더 혹은 덜 동물적으로 만드는가? 태반을 소화시키면서 우리는 다른 포유류와의 유사성을 생각해 보게 되는데, 아마도 이는 오직 음식적·가족적·학문적·서사적 프로토콜에 둘러싸여 있는 인간으로서 우리의 특수성을 상기하기 위해서일 따름일 것이다. 요컨대 하나의 기관으로서 태반이 자아와 타자, 내부와 외부를 혼란스럽게 만든다면, 태반을 **먹는** 것은 여기에 "생물학적"인 것과 "문화적"인 것, 그리고 이 범주들에 관한 우리의 인간적 관계에 관한 더 큰 혼란을 추가시킨다. 해러웨이는 "친족관계가 불분명해진다"(*W*, p. 293)[54]고 말하며, 나는 덜 분명한 젠더적 특성을 띠도록 변형된 이 서사가 확실히 "여자의" 일로 여겨지는 출산까지도 낯설게 하고 탈자연화한다고 생각한다. 만약 모두가 언젠가 태반 안에 있었다면, 남자든 여자든 그 파티의 하객 모두는 이제 그들 안에 태반을 가지게 되었다.

애덤스와 해러웨이 사이의 차이에도 불구하고, 두 사람은 공통적으로 동물에 대한 자신들의 작업과 관련해 1970년대에 있었던 페미니즘적 대화까지 거슬러 올라가는 이야기를 들려주는데, 이는 우연의 일치가 아니다. 이 글의 한 가지 목표는 단순히 역사기술적인 것으로서, 데리다주의를 동물 연구의 기원으로 설정하는 울프의 설명에 이의를 제기하고, 그러한 수용의 젠더화된 패턴을 설명하며, 에코페미니즘을 불편하게 여기는 원인을 탐구하고, 동물 연구가 에코페미니즘 작업에 지적으로 빚지고 있음을 밝히는 것이었다. 그 외에도 나는 일련의 '연구'들 ― 문화 연구로 뭉뚱그려지는 많은 접근 방식들과 더불어 과거·현재의 여성학women's studies ― 과 자신의 포스트휴머니즘적 기획을 구별하는 울프의 엄격한 정의에 의문을 제기하고자 했다. 지금까지 나는 이러한 움직임이 가진 젠더적 논리를 분석해 왔으며, 이제 우리가 이 논리로 인해 잃게 될 것에 관한 몇몇 추가적인 사유를 제시하면서 글을 마무리

54 위의 책, 361쪽, 번역 일부 수정. ― 옮긴이.

2011년 로리 그루언(Lori Gruen)의 『동물 윤리 입문(Ethics and Animals: An Introduction)』이 출간되었다.

하려 한다.

울프의 이론적 패러다임은—동물의 용어로 하면 차라리 영역적territorial 패러다임이라고 할 수 있을 텐데—젠더, 인종, 섹슈얼리티와 같은 문제를 다루는 연구자들이 제시할 것이 분명한 종에 관한 포스트휴머니즘 논의를 철저하게 배제한다. 하지만 내가 보기에 이 연구자들은 서로 특별히 관련된 두 지점에 있어 매우 중요한 기여를 했다. 첫 번째로 정체성에 관한 사유에 기여했다. 정체성이 '권리'를 요구하기 위한 수사적 기반이건, 교차적으로 또 상황적으로 꼭 필요한 담론적 범주이건, 탈신화화되고 부정되어야 할 레짐이건 말이다. 확실히 이러한 작업은 정체성에 관한 인본주의적 가정의 탈구축뿐 아니라 동물의 주체성, 동물성, 다른 지배적 담론들과 동물성의 중첩 등에 대한 질문들과 밀접한 관련이 있다. 두 번째로 감정에 관한 사유에 중요하게 기여했다. 동물 연구와 마찬가지로 사회정의를 위한 운동에서 촉발된 여성, 서발턴, 장애인 등에 관한 연구는 학문적 탐구에서 정치적·개인적 느낌이 하는 역할을 앞장서서 인정해 왔다. 주지하듯 페미니스트들은 자신들의 열정passion을 강력히 주장하고, 느낌과 이성 사이의 젠더화된 구분에 단호히 이의를 제기하며, 과학적 '객관성'에 대한 본격적인 비판에 착수해 왔다. 정동의 특성과 역할에 대한 최근의 활발한 연구는 연구 그 자체의 정동적 차원을 무시하는 일을 점점 더 어렵게 만들 것이다. 그런데도 울프는 「바로 그 관념The Very Idea」이라는 글에서 "인도적 옹호"에 대한 문화 연구의 헌신을 돌이킬 수 없을 정도로 인본주의에 오염된 것으로 매도하기 위해 다시 한번 데리다를 소환한다. 캠퍼스 밖의 동물 운동 경험을 이야기하면서 울프는 이 특정한 맥락에서 그러한 언어가 쓰일 수 있음을 인정한다. 동시에 그는 학계의 유행에 관한 이전의 우려를 상기시키면서, 대학 내의 청중들은 공공연한 정치적 호소를 이론적 나이브함의 징후로 조롱할 가능성이 높다며 경고한다.[55]

따라서 울프는 "엄밀한" 이론화와 열정적인 운동 사이의 경계를 계속해서 감찰하면서, 양자를 분리된 영역에 귀속시킨다(이는 내가 앞서 다룬 네 명의 인물이 모두 언급했던 개인적인 동물 이야기를 울프의 포스트휴머니즘 담론이 왜 기피하고 있는가를 설명해 줄 수 있다).[56] 그러나 해러웨이와 그의 동석자들이 주장할 수 있듯 이 영역들을 대화에 끌어들이는 일은 더 정직한 동물 학문뿐 아니라 더 효과적인 동물 운동에 기여하는 일이 될 수 있다.

2012년 급진적 퀴어 해방 단체 '배쉬 백(Bash Back)'이 퀴어 해방 투쟁과 다른 동물들의 저항 간의 연대를 비롯해 그들 자신의 해방이 해양 공원과 동물원 등의 장소에서 고통받고 있는 동물들의 해방과 직결되어 있다는 것을 인식함으로써 포획된 범고래들의 문제에 응답했다.

---

55 Wolfe, "The Very Idea," in *Species Matters: Humane Advocacy and Cultural Theory*, eds. Marianne DeKoven and Michael Lundblad (Columbia University Press, 2012), pp. 27–28 참조.

56 위의 책 참조. 이 글을 비롯한 몇몇 글에서 울프는 분화된 사회 체계와 어휘 등에 대한 니클라스 루만Niklas Luhmann의 논의를 인용하면서 이러한 구분을 합리화한다. 그러나 나의 논점은 철저한 이론적 일관성이 '여성적인' 감정의 종속에서 기인하고 이를 재생산하는 한 기실 애초의 반-데카르트주의적 목적과 불일치할 수 있다는 것이다. 이와 관련된 예상치 못한 반례로 나는 데리다와 엘리자베스 루디네스코Elizabeth Roudinesco의 대화를 떠올리고 있는데, 여기에서 데리다는 철학적 근거에서 데카르트주의적 권리 담론을 거부하는 동시에, 비인간 동물의 법적 구제를 추구하는 활동가들을 향한 "연민"을 드러내 보인다(Derrida, *For What Tomorrow*..., p. 67). 데리다는 자신의 연민을 차치하기보다 이론적 입장과 정치적/감정적 입장 모두의 주장을 되풀이해 말한다(그리고 동물옹호를 향한 연민을 결여하고 있음이 분명한 루디네스코 앞에서 더욱더 통렬하게 말한다). 울프 외에도 『종은 중요하다Species Matters』는 애덤스와 해러웨이를 비롯해, 동물 연구와 문화 연구 사이를 매개한다는 나의 목표와 다르지 않은 목표를 가진 다른 이들의 글도 포함하고 있다. **인도주의**에 내재된 인본주의의 위험성에 관해 울프와 동의하면서도, 드코벤과 런드블러드는 이 두 기획을 "인도적 옹호"의 자장 아래 통합하기를 희망한다. Lundblad and DeKoven, "Animality and Advocacy," *Species Matters* 서문, pp. 5–6 참조.

또한 나는 이것이 인간동물이 젠더 이분법에 따른 불안을 덜 느낄 수 있게 해 준다고도 생각한다. 이러한 맥락에서 정서를 학문적 정당성의 조건으로 인정하지 않는 것을 거부하는 최근 작업의 예로 캐시 루디Kathy Rudy의 『동물을 사랑하는 일: 새로운 동물옹호를 향하여Loving Animals: Toward a New Animal Advocacy』(2011)를 추천한다.[57] 동물을 향한 우리의 일상적인 사랑을 주장하는 루디의 충고는 윤리적이며 또한 전략적이다. 애완동물에 대한 사람들의 어마어마한 사랑을 활용해 그는 우리가 동물들 전체와 어떻게 연루되어 있는지에 대한 우리의 의식을 확장하고자 하는 것이다. 루디의 비전을 염두에 두면서 나는 좀 더 겸손한 것에서부터, 즉 동물에 대한 진지한 이론화가 동물을 **애호**하는 것과 관련될 수 있음을 인정하는 것에서부터 시작해 생명체적인 사랑으로 나아가자고 제안한다.

감사의 말

귀한 조언과 응원을 아끼지 않은 제프 스미스Jeff Smith, 펠스키, 루디에게 감사를 전한다.

57 Kathy Rudy, *Loving Animals: Toward a New Animal Advocacy* (University of Minnesota Press, 2011) 참조.

16장. 흑인 페미니즘 생태 사상 선언문

첼시 미카엘 프레지어

주류 영화와 책, 정치적 담론에서 발견되는 잘못된 관념 중 하나는 흑인 여성들과 그들의 공동체가 자연환경이나 지속가능성 혹은 자신의 건강을 신경 쓰지 않는다는 것이다. 이러한 고정관념이 주는 상처에 모욕을 더해 보자면, 흑인 페미니스트들의 목소리는 주류 환경주의나 이로부터 1990년대 초에 발원한 지적 운동에서 부재해 왔던 것처럼 보인다. 하지만 흑인 페미니즘 생태 사상은 (그 이름이야 이제 막 생겨났지만) 계속해서 존재해 왔고, 그것의 존재와 지적·창조적 힘을 대체로 인식하지 못하는 환경주의 사유 및 행동과 함께 계속 진화해 오고 있다.

문학과 예술, 환경의 관계에 관한 학문인 생태비평을 예로 들어 보자. 생태비평은 1990년대 초 공식적으로 결집하기 시작한 지적 운동이다. 이는 다음 사항에 주목케 하는 것을 목표로 한다. (1) 모든 것은, 특히 자연과 문화는 연결되어 있다. (2) 인간성에 관한 우리의 개념적 정의는 우리의 문화적인 규범과 언어에 뿌리를 두고 있다. (3) 자연환경의 건강과 안녕, 지속가능성에 헌신한다. 생태비평, 그리고 이와 유사한 담론인 에코페미니즘, 더 광범위하게는 환경주의까지 모두 초기부터 '모든' 사람

2012년 『히파티아: 페미니즘 철학 저널(Hypatia: A Journal of Feminist Philosophy)』에서 "동물 타자"를 주제로 한 특집호가 발간되었다.

들과 보편적으로 관련이 있으며 이들에 관심을 두고 있다고 밝혀 왔지만, 인종적·종족적·경제적·젠더적 다양성이 명백하게 부족해 어려움을 겪었다.

생태비평에서 다양성이 부족했던 이유 중 하나는 생태비평이 여가를 누릴 수 있고 땅과 금융자본을 소유한 (대부분 남성인) 백인 지식인에 의해 생산된 텍스트를 주로 강조해 온 경향 때문이다. 그리고 에코페미니즘이 환경 담론의 남성주의적인 주제와 원칙에 강력한 비판을 제출했을 때, 그러한 비판은 보통 백인 서구 페미니스트들의 지적 전통에 뿌리를 두고 있었다. 결과적으로 두 영역 모두 다른 것들에 비해 백인적이고 서구적인 가치를 은연중에 특권화했으며, 흑인 페미니즘 생태 사상과 같은 대안적 생태 사상 조류의 존재 그리고/또는 필요성을 인지하는 데 매우 오랜 시간이 걸렸다.

흑인 페미니즘 학자로서 내가 생태주의 비평의 작업에 착수하게 되었을 때, 나는 이 지적이고 정치적인 운동의 성격을 바로 알아차릴 수밖에 없었다. 생태비평과 에코페미니즘의 다양성이 우려될 만큼 부족하다는 사실은 흑인 페미니즘 사상과 같은 분야가 우선순위의 설정과 관련해 [생태비평이나 에코페미니즘과—옮긴이] 상당한 공통점을 보임에도 조화로운 협력의 방법을 찾기 어렵게 만들었다. 흑인 페미니즘은 흑인 여성의 경험에 역사적 뿌리를 두고 그로부터 도출된 다양한 사회적·정치적 실천과 이론을 가리키는 포괄적인 용어umbrella term다. 이 때문에 이 분야는 물적 자원의 불공정한 분배를 일으키는 구조적 불균형을 타파하는 데 관심을 가져 왔다. 게다가 디아스포라 흑인 아프리카계 여성은 일상적으로 환경 악화의 가장 극도로 해로운 결과 일부를 제일 먼저 직면하는 동시에 이에 맞서 싸우는 데 앞장선다.

흑인 페미니즘 학자로서 처음 나는 다음과 같은 지식을 잘 알고 있었다. (1) 디아스포라 아프리카계 여성들은 환경 악화의 더 극심하게 해로운 결과들을 일상적으로 직면한다. (2) 이러한 결과에 맞서 싸우는 것을 이끄는 흑인 여성 환경정의 옹호자와 그 조직의 몇 가지 사례가 있다. (3) 예술가와 사상가 들은 다양한 수단을 통해 앞의 두 생각을 창의적으로 기록하는 작업을 해 왔다. 그런데 생태비평과 에코페미니즘에서 이러한 지식들이 배제된다는 생각이 처음 들며 나는 자주 화가 났다.

하지만 나는 또한 글쓰기와 운동—혹은 운동으로서의 글쓰기—에 있어서 대담해졌고, 이를 통해 흑인 페미니즘 사상, 생태비평, 에코페미니즘과 같은 지적 운동이 서로에게 도움이 될 수 있고 도움이 되어야 하는 방법에 주의를 집중시키고자 했다. 특히 이런 모든 운동들은 물적 자원의 불공정한 분배를 야기하는 구조적 불균형을 명료히 밝히는 데 헌신한다고 주장했기 때문이다. 흑인 페미니즘 생태 사상을 발전시킨 기원과 이에 대한 내 최초의 헌신은 아프리카 혈통의 흑인 여성에 대한 경멸적이고 고정관념적인 믿음이 여러 분야에 걸친 환경 운동의 변혁적 가능성을 제한하는 방식에 관한 인식에서 비롯되었다. 나는 이러한 운동들이 흑인 여성들이 우연히 환경정의의 지도자였던 것은 아니며 그들의 고통이 단지 생태적 폭력의 결과만은 아니라는 근본적인 지식을 놓치고 있다는 것을 분명히 해야 한다는 점을 깨달았다. 흑인 여성들의 예술에 나타난 메시지의 일관성은 좀 더 깊은 앎을 제시한다. 흑인 여성들의 생태적 성향은 유럽중심적 중심에서 환경에 대해 생각할 때 머릿속에 먼저 떠오르는 것과는 전적으로 다른 대안적인 생태적 세계-감각

2012년 포용적인 에코페미니즘 이론과 실천을 향한 마티 킬(Marti Kheel)의 비전을 기리는 학술대회가 웨슬리언 대학교에서 개최되었다.

에 뿌리를 내리고 있다. 유럽중심적 중심 너머로의 전환은 생태적 불균형의 극악한 뿌리를 밝혀내는 생태적 세계-감각에 의존하고 이를 숭상할 것을 요구한다. 이러한 전환은 서구적인 '다양화'나 '개혁'이라는 개념에 우리의 노력과 자원을 지나치게 많이 집중하기보다 우리가 직면한 문제의 상호연관된 뿌리를 더 많이 인식하고 다룰 수 있도록 우리를 해방시킨다.

토니 모리슨의 소설 『자비A Mercy』는 이러한 대안적인 세계-감각의 대표적인 예를 제공하며, 생태적 불균형의 근원을 파헤칠 잠재력을 지닌다. 『자비』는 초창기 아메리카를 자세히 조명하며 1690년대 아메리카에 살았던 한 가족의 얽히고설킨 이야기에서 이 초창기 모습을 발견한다. 열여섯 살의 아프리카 소녀 플로렌스는 뉴욕 농촌의 한 농장에서 일하며 사는 노예다. 제이콥 바크는 네덜란드 노예 주인으로 플로렌스를 사들여 자신의 농장에서 일을 시킨다. 그의 아내 레베카 바크는 런던 태생의 영국인이며, 리나라는 이름의 아메리카 선주민 노예 역시 바크 농장에서 일하며 산다. 소설 전반에 걸쳐 농장 역시 농장의 구조, 사람들, 동식물과 함께 그 자체로 하나의 등장인물로서 기능한다. 어떤 경우에는 인물들의 변덕의 희생양이 되기도 하고, 때로는 불편부당한 배경이 되기도 하며, 인물들의 삶을 형성하는 사건들의 틀을 짜는 중심 환경이 되기도 한다.

이 서사에서 모리슨은 어린 흑인 노예 소녀인 플로렌스라는 인물의 죽음을 그의 환경, 즉 농장이 점차 제 기능을 하지 못하게 되는 임박한 상황과 병치시킨다. 이를 통해 우리는 모리슨의 『자비』를 흑인여성혐오misogynoir와 반토착성anti-Indigeneity이 단순히 사회적 수준에서 말끔하게 교정될 수 있는 도덕적 위반의 문제 그 이상이라는 점을 분명히 보여 주는 우화로 읽을 수 있다. 더 긴급하게 이 소설은 흑인여성혐오와 반토착성의 융합에 대한 광범위한 사회적·경제적·생태적 책임이라는 개념을 극적으로 드러낸다.

이러한 해석은 흑인 페미니즘 생태 사상에 의해 가능해진 종류의 해석이다. 흑인 페미니즘 생태 사상은 이러한 종류의 소설을 생태주의 예술Ecological Art이자 동시에 흑인 페미니즘 예술Black Feminist Art로서 인식하는 일의 중요성을 강조한다. 또한 흑인 페미니즘 생태 사상은 텍스트의 변혁적인 잠재성을 인식하기 위해 이러한 관점을 서로 엮는 일이 중요한 이유를 밝혀 준다. 이 경우에 변혁적인 잠재성은 흑인여성혐오와 반토착성이 초래하는 생태적 위해가 흑인 여성에게 가장 심하고 극단적으로 영향을 미친다는 사실, **그리고** 그러한 결과가 이에 직접적으로 책임이 있는 그리고/또는 간접적으로 연루되어 있는 모두에게 절망적인 파괴를 수반한다는 사실을 가리킨다.

흑인 페미니즘 생태 사상을 수행하는 작업의 또 다른 예로 우리는 맥아더 천재상MacArthur Genius 수상자인 라토야 루비 프레지어Latoya Ruby Frazier의 2016년 사진 작업 〈플린트는 가족이다Flint is Family〉를 살펴볼 수 있다. 대중문화에 퍼져 있는, 흑인 어머니가 주도하는 가족에 대한 일반적인 이미지에서 이러한 가족과 그 가족을 이끄는 흑인 어머니는 종종 제 기능을 하지 못하는 것으로 그려진다. 이에 반해 프레지어는 시인이자 사업가인 비혼모 셰이 콥Shea Cobb과 그의 가족을 제 기능을 하는 온전하며 잘 조직된 완전한 모습으로 표현한다. 나아가 프레지어의 이미지는 약간의 희망적인 멜랑콜리를 가미해 콥의 생태 윤리 이면의 동

2013년 카라 데이비스(Kara Davis)와 웬디 리(Wendy Lee)가 펴낸 『반항적인 딸들: 여성 21인의 예술, 행동주의, 동물 그리고 육식의 성정치(Defiant Daughters: 21 Women on Art, Activism, Animals, and The Sexual Politics of Meat)』이 발간되었다.

기, 즉 미시건주 플린트시에서 있었던 수질 위기의 유독한 결과로부터 그의 어린 딸을 보호한다는 애정 어린 목적을 강조한다. 프레지어의 이미지는 쿱 가족이 겪는 스트레스가 '부끄러운' 흑인 어머니라는 미국인들의 삶에 너무나 흔한 문법이 아니라 국가가 승인한 생태적 폭력에 자리한다는 사실을 되돌아보게 한다.

흑인 페미니즘 생태 사상은 프레지어의 경우처럼 흑인 어머니의 역할에 따르는 일상적 스트레스와 환경적 피해 사이의 관계를 숙고하는 이미지와 말, 이야기에 우리가 계속 관심을 가지도록 해 준다. 또한 흑인 페미니즘 생태 사상은 흑인 여성들이 환경 악화의 수동적인 피해자가 아니며 그랬던 적이 없음을, 그리고 '흑인 가족 일반'의 실패라고 말해지는 것이 흑인 여성들의 탓이 아니며 아니었음을 상기시킨다. 대신 〈플린트는 가족이다〉는 흑인 가족 **일반**이 아닌 **한** 흑인 가족을 재현하고 있으며, 이 가족은 온전하고 제 기능을 하며 완전하면서도 주도적인 흑인 여성과 소녀 들로 구성되어 있고, 플린트시 수질 위기라는 환경 부정의라는 깊은수렁에 강력히 대항하는 것으로 구상된다.

흑인 페미니즘 생태 사상은 고정되어 있거나 모든 것에 항상 보편적으로 관련이 있지 않다. 또한 흑인 페미니즘 생태 사상은 환경 이론, 에코페미니즘, 생태비평에 흑인 페미니즘의 원칙을 '추가'한 결과라기보다 차라리 그것들을 변형시키는 것이다. 해석적이고 창조적인 세계-감각으로서의 흑인 페미니즘 생태 사상은 젠더, 인종, 계급의 교차를 이해하는 데 헌신하고, 그 헌신을 문학, 예술, 문화에 대한 생태비평적 접근의 논의를 더 확장하는 데 사용한다.

흑인 페미니즘 생태 사상은 예술과 문학을 비판적으로 해석하고 창조하는 데 도움을 줄 뿐 아니라, 법률이나 경제적 감수성 혹은 물, 동물, 식물, 땅 같은 물적 자원과의 관계를 포함한 문화의 요소를 (필요하다면) 비판하고 다시 상상하고 창조하는 것에도 도움을 준다. 이는 흑인 페미니즘 생태 사상에의 헌신이 중심이 되고 에코페미니즘, 생태비평, 환경 담론의 동질성이 탈안정화될 때 어떤 새로운 생각과 세계가 가능해지는지 인지하는 것과 관련이 있다.

그러나 흑인 페미니즘 생태 사상을 실천하는 이들은 흑인 페미니즘 생태 사상을 에코페미니즘, 생태비평, 그리고/또는 주류 환경주의의 다양성 부족 그리고/또는 흑인 여성의 생태적 관점에 대한 무관심을 폭로하거나 분석하는 반응적인 작업에 국한하지 않도록 주의해야 한다. 흑인 페미니즘 생태 사상은 환경주의와 그 지적·정치적 결과의 유럽중심적 결함에 대한 반응적 응답이 아니다. 흑인 페미니즘 생태 사상은 다음의 사항을 밝히고 기록한다. (1) 흑인 여성 사상가들은 모든 것들과의 상호연결성에 대한 그들 자신의 대안적 이해를 항상 발전시켜 왔다. (2) 이러한 생태적 이해는 아주 오래전부터 디아스포라 흑인 아프리카계 여성들의 건강과 안녕, 지속가능성을 중심에 두어 왔다.

흑인 페미니즘 생태 사상은 환경적 피해와 이에 관한 담론이 어떻게 매우 미묘한 방식으로 흑인 여성들이 그들 자신과 가족, 환경과 맺는 복잡한 관계를 비난하거나 무시하거나 모호하게 만드는 경향이 있는지 우리 모두에게 계속 주시할 것을 요구한다. 하지만 흑인 페미니즘 생태 사상은 환경을 복구하기 위한 첫 단계로서, 망가진 우리 사회의 상호 연결된 지점을 이해해야 한다는 충고를 언제나 속삭여 왔다. 흑인 페미니즘 생태 사상의 목적은 생태적 치유 과정에 따르는 그 모든 멜랑콜리

2013년 페미니스트 테리케 하포야(Terike Haapoja)와 작가 로라 구스타프손(Laura Gustafsson)가 헬싱키 소 역사 박물관의 첫 번째 전시로 소와 인간이 공유해 온 역사를 소의 관점에서 소개하는 전시를 기획·제작했다.

와 가능성을 사려 깊게 직면할 수 있는, 혹은 조라 허스턴 닐Zora Hurston Neale의 말을 빌리자면 가지에 내려앉은 모든 "여명과 파멸"을 직면할 수 있는 더 많은 입구를 여는 일이다.

17장. 동물들이 외친다

기후위기에 귀 기울이기

피오나 프로빈-랩시

17.1 말라쿠타의 산불에서 살아남은 동부회색캥거루와 그의 아이. 말라쿠타 일대, 2020. 사진 촬영은 조-앤 맥아서/위애니멀스미디어.

동영상 속 까치는 아직 어른처럼 검정색 빛과 회백색 빛의 윤기가 흐르지 않는 것으로 보아 어려 보인다. 까치는 누군가의 집 대문 위에 올라앉아 노래를 부르고 있으며, 자신을 휴대폰으로 찍으며 다가오는 한 남

2014년 볼티모어 시티에서 매년 문화와 비건 생활 방식을 기념하는 비건 소울페스트(Vegan Soulfest) 행사가 처음 개최되었다.

자를 그다지 신경 쓰지 않는 것 같다. 그 남자의 뒤에서 누군가가 내가 보고 있는 장면을 찍고 있는데, 이 새의 영상이 바이럴을 타며 수십만 명의 사람들이 이 새가 호주의 "검은 여름" 산불을 애도하는 "최후의 노래 swansong"를 부르는 것을 듣고 또 지켜보았다. 까치의 노래는 긴급차량의 사이렌 소리와 같았는데, 마치 멀리서부터 오는 (소방차나 구급차와 같은) 차량이 곳곳에 불이 났거나 막 불이 나고 있는 지역을 통과하며 내는 소리처럼 고음과 저음을 오고 갔다. 까치는 실제로 사이렌 소리를 반복해서 들었을 것이며, 분명 **귀를 기울였다**.

(시드니에서 남서쪽으로 1시간 반 정도 거리에 있는) 군둥구라 지역의 덤불숲 근처에 살면서 우리는 인접한 화염에 대한 내성을 나타내는 건축 기준 [의 가장 높은 등급—옮긴이]인 '플레임존' 단계를 견딜 수 있게 집을 지었다. 잔화殘火가 옮겨 붙지 않도록 건물 외부 소재는 강철과 콘크리트로 이루어져야 했으며, 철망으로 된 창문은 멀리 있는 목조 주택도 불붙게 할 정도로 폭발적인 위력을 가진 화염폭풍에 저항할 수 있도록 해야 했다. 주 대부분이 불타고 있던 그해 여름, 우리는 두 대의 차에 짐가방을 실었고 피난처였던 20분 거리에 있는 친구의 집을 향해 곧장 떠날 준비가 되어 있었다. 이미 짐가방에는 크리스마스 선물이 들어 있었고 필요하다면 다른 집을 꾸리기 위해 필요한 것들이 가득 담긴 상자도 있었다. 아이들의 그림, 공예품, 하드드라이브도 빼놓지 않았다. 비록 우리가 지역의 자원봉사자들과 공동체 자치 소방대에게 소방훈련을 받았고 소방 장비(밝은 파란색 유니폼, 노란색 헬멧과 부츠, 소장용 디젤 펌프와 소방 호스)도 가지고 있었지만, 나는 지금 우리를 향해 다가오는 이 불과, 숲을 깡그리 불태우고 집을 녹이고 기상 현상을 만들고 있는 화염폭풍과 '싸

우지' 않기로 이미 결심했었다. 우리는 우리 집에 두 번 작별 인사를 했다. 바람의 변화로 먼 곳의 불길이 우리가 사는 계곡에서 멀어지며 방향이 바뀔 때마다 우리는 돌아왔다. 푸르스름한 회색빛 기름진 연기가 끝없이 이어지는 우중충한 나날들, 타 버린 나뭇잎, 그 사이를 떠다니며 형체를 알아보기 어려울 만큼 타 버린 생명의 조각들은 그 집에 대한 애착에서 우리를 멀어지게 했다.

마침내 (홍수를 동반한 폭우 이후) 1월에 불이 사그라들었을 때, 그 화재로 약 1,200만 헥타르(대략 아일랜드섬 크기에 해당한다)의 땅이 불탔고 그 땅에 남아 있던 코알라, 캥거루, 새, 도마뱀, 곤충, 그리고 고갈된 하천 시스템으로 흘러 들어간 재에 영향을 받은 물살이를 포함해 약 30억 명의 비인간 동물이 죽임을 당한 것이 확인되었다. 이 숫자는 닭, 양, 소와 같이 대피하지 못한 가축들은 포함하지 않은 것이었다. 이들의 죽음은 더욱 눈에 띄지 못하며, 오직 농산업에 끼치는 재정적 '손실'만을 표시하는 숫자에 감추어져 있다. 이 수십억 개체들의 존재를 "당신은 듣지 않는다".

> 당신은 능선을 따라 울리는 네 발의 총성을 듣지 않는다. 혹은 세 명의 말이 무너지는 육중한 소리를, 한 명이 두 번째 총탄에 맞아 쓰러지는 소리를 듣지 않는다. "호의에서 나온 행동"이었다고 그는 나중에 당신에게 말하고, 귀 기울여 줄 누군가에게 설명하려 애쓸 것이다. "나는 그들이 불타게 내버려둘 수 없었어요."(Bishop 2019, 194)

그들도 수많은 이름 없고 추모되지 않는 존재들처럼 불탔을 것이며,

2014년 캐럴 J. 애덤스(Carol J. Adams)와 로리 그루언(Lori Gruen)이 엮은 『에코페미니즘: 인간, 동물 지구와 교차하는 페미니즘적 시선들(Ecofeminism: Feminist Intersections with Other Animals and the Earth)』가 출간되었다.

비가 온 날 우리집에서 호스에 씻겨 내려간 회색의 기름진 유막의 일부가 되었을 것이다. 나는 우리 집에서 씻겨 내려간 다른 생명체들의 검은 잔해의 사진을 찍어야겠다고 생각했으나 그러지 않았다. 사진작가인 나의 파트너는 화재운火災雲을 찍은 사진 몇 장을 올리지 않기로 결심했다. "연기 기둥smoke plume"이라는 단어로는 그 화재운의 대륙적인 규모를 충분히 포착하지 못하기 때문이었다. 그 화재운은 모든 것을 화장火葬시켰다. 몇 주에 걸친 화장의 과정은 연기, 열기, 불더미로 된 기반구조를 구축했고 우리는 다른 모든 나라들과 동떨어져 고립되었으며 죽은 자들은 불어나고 늘어났다.

긴급차량의 사이렌 소리를 내는 새에게는 분명 무언가 말하려는 것이 있다. 문제는 이것이다. 과연 우리가 그에 귀 기울일 수 있을까?

'귀 기울이기'의 정치

귀 기울이기listening는 듣는hearing 행위와 질적으로 구분된다. 후자의 의미에서 호주의 새들을 **듣지 않기란** 어려운데, 해외에서 온 방문객들은 종종 "호주에서의 시간"의 (평화나 고요함이 아닌) 소음에 대해 언급한다. 팀 로우Tim Low에 따르면 (까치, 금조, 때까치와 같은) 호주의 노래하는 새들Australian songbirds은 지구상에서 가장 크고 시끄러운 새들로 이들이 이렇게 몸집이 커지고 큰 소리를 내도록 진화한 것은 당이 풍부한 꽃나무가 광범위한 영역성과 과시행동을 부추기기 때문이다(Low 2017). 호주 새들의 이러한 목소리는 잘 들리지만 로렌 코먼Lauren Corman

이 유용하게 설명한 바 있는 "자신의 주체성을 정의하고 주장하는 능력, 혹은 그것을 거부하는 사람들에게 자신의 주체성을 인정하게 하는 힘"(Corman 2016, 486)인 그들의 "정치적 목소리"는 잘 들리지 않는다. 우리는 영역성을 주장하는 까치의 경고성 노래를 쉽게 들을 수 있지만 그것의 사회적이고 정치적인 의미는 좀처럼 인식하지 못하는 것이다. "여기는 내 자리다! 나는 여기에 있다! 이 침입자들아!"

페미니즘 동물 연구에 있어서 귀 기울이기에 관한 코먼의 작업은 귀 기울이기가 어떻게 다른 동물과의 관계의 본성을 변화시키는가에 대한 탐구의 본보기에 해당한다. 그는 페미니즘이나 반인종주의를 포함한 사회운동에서 "목소리를 갖는 것"이라는 수사에 대해 갖는 애착을 인용하며 동물들이 "목소리 없는" 존재로 이해되기 때문에 자신들이 동물들의 "목소리"를 대변한다고 주장하는 동물옹호 단체가 20곳이 넘는다고 말한다. 코먼의 비판은 동물들을 묘사하는 데 "목소리 없는"이라는 단어가 정치적 편의를 위해 **남용**되는 것에 초점을 둔다. "목소리는 주체성을 강조하는 동시에 의도치 않게 삭제하기 때문에 (동물들은 목소리가 없으며 동물옹호자들만이 그들의 목소리라고 선언함으로써) 역설적으로 기능한다."(2016, 487) 목소리를 높이는 일 대신 귀 기울이기의 역할을 강조함으로써 코먼은 동물들의 저항 행동과 (동물들을 위한 것만큼이나) 그들과 함께 수행되는 옹호 활동에서의 동물들의 참여를 포함해 동물들이 가진 목소리를 인식해야 한다고 주장한다. "다른 종들과의 의미 있는 소통과 비위계적인 관계의 가능성을 발달시키고 싶다면 그 종들의 목소리에 주의 깊게 귀 기울이는 일이 필요하다. (…) 동물들의 목소리에 귀 기울이는 일은 구원 서사를 연대로 대체하는 첫 번째 걸음이다."(viii)

2014년 패트리스 존스(Pattrice Jones)의 『교차점에 선 황소들: 충돌(The Oxen at the Intersection: A Collision)』이 출간되었다.

귀 기울이기의 정치에 대한 주목은 "목소리를 높이"도록 장려되는 존재들에게서 들을 책임이 있는 존재들에게로 초점을 전환하고(Dreher 2010, 85), 포함의 정치적 프레임을 그것에 순응할 것이라 기대되는 존재들에게서 애초에 포함을 규정할 권력을 가진 존재들에게로 전환한다. 결국 코먼에게 동물과 목소리라는 문제에 관해서라면 "아마 문제는 '그들이 목소리를 가졌는가?'가 아니라 '그들의 목소리가 들리는가?' 혹은 더 정확히 '그들의 목소리가 권력을 가진 자들에게 들리는가?'"에 있다(Corman 2016, 487). 발 플럼우드는 "자연과 동물과의 관계에 있어서의 소통적 모델"이 "앞으로의 어려운 시대에 생존할 수 있는 더 나은 기회를 제공"한다며 그 중요성을 강조했다(2002, 190). 대화적 방법의 지지자로서 플럼우드는 동물들이 의도를 가진 행위자로 여겨져야 하며 "언제나 잠재적으로 소통 가능한 타자로서 대우"(190)받아야 한다고 주장한다. 동물들의 목소리에 귀 기울이는 일의 중요성에 대한 조세핀 도노반의 분석(그는 '동물들이 목소리를 가졌는가'라는 질문은 적합하지 않다고 여긴다; Donovan 2006, 322) 또한 귀 기울이기를 대화적 페미니즘 동물 돌봄 윤리의 핵심적 요소로 상정하며, 이것이 대화, 의사소통, 맥락적으로 형성되는 윤리적 관계를 요구한다고 말한다. 도노반은 이렇게 쓴다. "자신의 고통의 경험뿐만 아니라 가까운 동물 동료에 관한 지식은 상동성의 원리에 따라 먼 존재의 반응을 비교하고 유추할 수 있는 참조점을 제공한다."(310) 도노반의 아카이브는 어떻게 연민과 공감이 오랫동안 페미니즘 돌봄 윤리의 중요한 특성이 되었는지 보여 주며 이는 로리 그루언(2014, 2018)의 작업에서 더욱 정교화되는데, 여기서 감정이입은 행위의 근거로서 전략적이고 의미 있는 것으로 여겨진다.

도노반과 코먼이 모두 강조하듯 동물을 옹호하는 정치적 목소리는 귀 기울이기와 연결되어 있기에 근본적으로 (주체들 사이의) 관계적인 것이다. 이는 말하는 자와 듣는 자 사이, 그리고 주의 깊은 인식의 측면에서 존재한다. 귀 기울이기는 정치적이고 윤리적인 행동, 즉 소통을 위해 인간 이외의 존재의 언어를 사용하는 만큼 '목소리가 없지' 않은 존재들을 인식하고 그들에게 주의를 기울이려는 노력이다. 송아지와 떨어질 때 소의 고함 소리, 반감에서 나오는 으르렁거림, 닫힌 문을 향해 낑낑거리는 소리, 밥을 달라고 코를 비비며 부르는 소리, 관심을 끌기 위해 중얼거리는 소리, 애정과 놀이의 신호를 보내는 개의 미묘한 뉘앙스가 실린 목구멍의 리듬은 모두 소통의 전략으로서, 그 개성과 행위성의 체현된 표현을 포착하기에 우리가 가진 인간의 언어는 충분하지 않다. "체현된 행동을 읽는 일은 우리 삶의 일부분이며, 모든 체현된 존재들의 공통 언어다."(Plumwood 2002, 192) 그럼에도 많은 사람은 다른 동물과 관계 맺는 데 있어서 이 일에 실패한다.

귀 기울이기와 관련해, 새의 노래는 생물학적인 것(어떻게 듣는가)과 문화적인 것(무엇을 듣는가), 들을 수 있는 것(소리)과 알 수 있는 것(의미)의 분리 불가능성을 예시한다. 로우는 "음악을 닮은 모든 소리는 노래하는 새로부터 나왔다"(2017, 76)고 주장하며 직접적으로 새의 노래를 갖고 작곡한 여러 작곡가(베토벤, 하이든, 메시앙)를 인용한다. 호주의 작곡가이자 음악학자인 홀리스 테일러Hollis Taylor는 동시대의 사례를 제공한다. 얼룩무늬백정새와 그의 **공동** 작곡은 이 새들을 "실험대상이나 도구가 아니라, 음악 선생이자 동료"(2017)로 위치시킨다. 동물 연구가 전통적으로 어떻게 인간이 동물을 "보는가"에 관한 질문에 전념해 왔다면, 음악

2015년 로리 그루언(Lori Gruen)의 『뒤얽힌 감정이입: 동물과의 관계를 위한 대안적 윤리(Entangled Empathy: An Alternative Ethic for Our Relationships with Animals)』가 출간되었다.

성과 동물의 목소리에 관한 레이첼 먼디Rachel Mundy의 연구는 "우리가 소리와 목소리를 통해 자아와 타자성을 모두 듣도록 훈련받았음"(2018)에도 불구하고 우리가 그들에게 어떻게 귀 기울이는가에 관한 물음은 덜 다루어져 왔음을 보여 준다. 먼디는 인간이 어떻게 동물에게 귀 기울이는지에 대해 **귀 기울이기** 시작하며, 귀 기울이기에 대한 감각적 자각이 동물의 목소리에 대해 우리가 부여하(지 않)는 문화적 가치를 강조한다는 것을 발견한다.

> 다른 많은 민족지학자와 동식물학자naturalists들과 마찬가지로 나는 소리를 통해 감응력, 자아, 의미를 듣는 법을 배웠다. 그들을 보기 전에 나는 사슴이 덤불 속에서 발을 구르는 소리를 들을 수 있으며, 매의 새끼들이 음식을 달라고 애원하는 소리를 들을 수 있으며, 길 앞에 있는 다른 보행자의 존재와 같이 자기가 생각하기에 위험한 것을 내게 알려주기 위해 경고음을 내는 개똥지바퀴의 소리를 들을 수 있다.

먼디는 그가 "듣는 법을 배웠다"고 쓸 때 듣기와 귀 기울이기의 의미를 구분한다. 동물에게 귀 기울이는 법을 배운다는 것은 세심한 주의를 기울이는 활동이다. 또한 자신의 서식지, 영역, 친족 안에서, 그리고 그것을 가로질러 서로 의사소통하는 동물들의 중요성을 통해 사고하는 것에 열려 있는 일이다. "자기가 생각하기에 위험한 것"과 같이 우리가 그들에게 가하는 위협에 대해 서로에게 경고하는 동물의 소리에 귀 기울이는 법을 배우는 일은 비판적인 성찰을 위한 중요한 출발점이다. 궁극적으로 그것은 인간이 동물들의 요구와 이해관계의 표현을 고려하지 않고 행동해도 된다는 권리에 제한이 가해지기를 요구한다.

또한 동물 연구 작업을 수행함에 있어서 동물의 목소리에 귀 기울이는 일은 중요하다. 린다 버크(2014)가 본 연구들은 종종 **실제** 동물을 염두에 두거나 연구에 포함하지 않고 이루어졌다. 그는 우리가 다루고자 하는 실제 동물들의 삶, 종 특유 행동, 능력, 특징 들에 대해 아는 것이 얼마나 중요한지 강조한다. 문제는 이러한 지식 대부분이 동물을 착취하거나 동물에 해를 입히며 이루어진 실험과 연구에서 비롯된다는 것으로, 그들에 관해 '알려진' 지식은 권력 불평등과 분리되기 어렵다. 버크는 (동물 연구 분야의 학자를 포함해) 동물을 연구하는 모든 학자에게 동물에 귀 기울일 것을 요구하며, 실험 설계부터 자료 검토에 이르기까지 지식 생산에 있어서 동물의 이익을 위해 동물의 참여가 어떻게 강화될 수 있는지 고려하고 동물의 목소리를 연구의 적극적인 행위자로 포함할 것을 요구한다. 버크와 마찬가지로 플럼우드, 도노반, 그루언 같은 에코페미니즘 이론가들은 그러한 권력의 역학에, 또 앎의 주체로서 인간과 앎의 대상으로서 동물 타자라는 위계에 균열을 낸다.

과학 지식의 생산에 있어서 동물과 인간이 어떻게 얽히는가에 대한 문제도 있다. 여러 에코페미니스트 저자들(Gruen 1996 참조)과 페미니즘 과학 비평(Haraway 1986, 1988, 1989; Harding 1986)은 객관성과 같은 관념을 위해 인간-동물 관계의 제어 불가능한 특성을 '제외'하는 것이 아니라, 그러한 혼잡성을 고려하고 '우리'의 실험이 측정 대상으로 삼는 동물만큼이나 인간에 대해서도 많은 것을 밝힐 수 있는 방법에 대해 더 나은 설명을 발전시킬 때, 동물과 인간의 얽힘이 개선될 수 있다고 주장해 왔다. 더욱 최근에는 뱅시안 데스프레Vinciane Despret가 앞선 많은 에코페미니

2015년 클레어 진 킴(Claire Jean Kim)의 『위험한 횡단: 다문화 시대의 인종, 종, 자연(Dangerous Crossings: Race, Species, and Nature in a Multicultural Age)』이 출간되었다.

스트 저자들과 마찬가지로 자신이 인간과 동물에 대한 "탈-정념화된 지식"이라 부르는 것을 비판한 바 있다. 이는 "신체 없는 정신의 세계, 정신 없는 신체, 즉 마음·기대·감흥이 없는 신체의 세계, 낯설고 조용한 생명체를 관찰하는 데 열중하는 자동기계의 세계, 다시 말해 잘 절합되지 않(고 잘 절합하지 않)는 세계"(Despret 2004, 131)와 같다. 데스프레와 버크는 동물을 침묵하는 존재로, 말할 내용을 가지지 않은 존재로 보는 전통에 맞서는데, 이는 동물을 대상에서 주체로, "아둔한 동물"(Descartes 2007, 60)에서 우리와 공유할지도 모르는 세계를 표명하는 존재로의 전환을 이룩하는 식의 윤리적 귀 기울이기를 개진하기 위한 신호탄이라고 할 수 있다. 데스프레의 작업은 동물들에게 할 말이 있다는 것을 의심하지 않는다. 대신 소통을 틀 짓는 인간에게서 문제를 발견한다. 그의 책 제목이 말하듯, 『우리가 올바른 질문을 던진다면 동물은 어떤 대답을 할까 What Would Animals Say if We Asked the Right Questions?』(2016).

데스프레는 「킬러블의 케이K for Killable」라는 글에서 고기로 소비되는 가축 동물에 대해 말할 때 무게 단위를 사용하는 것("2009년에만 108만 3,632톤의 농장 동물이 죽었다"[2004, 81])은 "망각의 관행"(2016, 84)에 따라 동물의 주체성을 박탈하는 일인데, 왜냐하면 "데이터는 결국 석관石棺, sarcophagus의 논리, 즉 사고의 차단 및 망각과 유사한 역할을 하기 때문이다."(85) 데스프레는 동물 연구 학자들에게 이 데이터를 반복하지 말라고 경고한다. 이들의 생명을 숫자나 중량으로 수량화하는 것은 이들의 개별적인 생명을 다시 비가시화하는 것이며, 도살장이 동물을 사라지게 만드는 방법을 드러내기보다는 죽임의 과정을 분리하고, 죽어 가는 동물들이 보이거나 들리지 않도록 도시의 변두리로 그 죽음을 추방하며(Vialles 1994; Arcari et al. 2020), 의미론적이고 수사적인 수단을 통해 동물의 생명을 추상화하는 그 방법에 기여하는 것이다(Adams 2015). 데스프레의 이미지를 빌리자면 이 모두는 "석관"의 전략이다. 이 동물의 탈주체화에 대한 데스프레의 응답은 동물의 죽음을 기리는 인간의 관행을 찾는 것이다. 데스프레는 동물의 탈주체화에 대한 긍정적인 관행으로서, 동물을 죽인 것에 용서를 구하기보다는 "자신들의 동물"(2004, 87)에게 고마움을 표함으로써, 감사를 통해 동물을 개별화하는 농부들을 언급한다. 하지만 우리는 데스프레 자신의 작업에서 제기된 질문을 다음과 같이 바꾸어 말해 볼 수 있다. **우리가 동물의 죽임에 대해 올바른 질문을 던진다면 동물은 어떤 대답을 할까?** 감사는 도살자를 마주한 동물에 대한 올바른 응답일까? 동물들이 왜 자신이 희생될 필요가 있는지 혹은 누구를 위해 희생되는지 묻는 일이 가능할까? 도살장에 끌려간 동물의 저항, 공포, 분투에 '귀 기울이는' 일이 더 낫지 않을까? 그러한 종류의 귀 기울이기 또한 동물이 공정한 교환의 의미로 감사를 받아들이는지의 여부와 관련해 다른 질문을 위한 공간을 만들 수 있을까? 데스프레의 작업에서 동물의 정치적 목소리는 연구에 있어서의 행위자로 인식되기는 하지만 조건부적으로 들릴 뿐이다. 인간중심주의가 결국 그 목소리를 거부한다. 여기서 인간중심주의는 종의 입장('인간'의 관점)으로 작동할 뿐만 아니라, 오만한 자기 지시로 특징지어지는 정치적/철학적 접근법으로 작동하며(Probyn-Rapsey 2018), 이는 우리가 알고 행동할 준비가 되어 있는 것에 관해 "단순화하는 눈가리개simplifying blinkers"를 씌우는 인간의 우월성에 대한 플럼우드의 설명과 유사하다(2002, 189). 도노반은 다른 접근법을 취했는데, 그에 따르면 대화적 윤리

2015년 로리 그루언(Lori Gruen)이 인도의 뉴델리에서 열린 '마인딩 애니멀스(Minding Animals)' 학술대회에서 처음으로 마티 킬(Marti Kheel) 추모 강연을 했다.

에서 동물들의 소망은 인정받고 귀 기울여지며 따라서 행동의 근거가 된다. "누군가가 사냥꾼으로부터 도망치는 사슴의 몸짓 언어를 읽고 이에 주의를 기울여 자신이 죽거나 다치길 바라지 않는다고 하는 사슴의 의사 표현을 진지하게 고려한다면, 그는 사냥꾼이 총을 내려놓아야 한다고 결론 내릴 것이다."(Donovan 2006, 316)

동물의 의사 표현을 "진지하게 고려"하는 것의 함의는 에코페미니즘을 주제로 한 로라 진 맥케이Laura Jean McKay의 소설 『그 나라의 동물들The Animals in That Country』(2020)에서 놀라운 결과로 나타난다. 이 소설은 인간과 다른 동물 간의 상호적(이고 긍정적)인 '조율'에 대한 환상을 차단하며 인간이 동물이 말할/원할 것이라 생각한 것과 인간이 참고 들을 수 있는 것 사이의 차이에 주의를 기울이게 만든다. 소설에서는 "동물독감zooflu"이 나라를 휩쓸게 되는데, 독감의 증상 중 하나는 동물과 함께 듣고 느끼고 생각하는 능력을 얻게 되는 것으로 이는 처음에는 소설 속 두 주인공 진(야생동물 공원의 관리자)과 그의 손녀 킴에게 매우 매력적으로 다가왔다. 동물과의 의사소통이라는 병에 걸리고 싶다는 욕망은 그들이 이미 동물과 대화할 수 있고 그들의 우정과 사랑은 종의 경계를 넘어서는 상호적이고 호혜적인 것이라는 가정에 기초하고 있다. [그러나—옮긴이] 동물들이 그들에게 의사 표현해야 할 내용을 그들이 실제로 들을 수 있게 되면서 이는 곧 거짓임이 드러난다. 가령 소설 속 인물 앤지는 병에 감염되자 갑자기 새들을 이해할 수 있게 된다. 충격에 빠진 그에게 진은 "네가 그들의 친구라고 말해"라고 말한다. 하지만 앤지는 진에게 "나는 그들의 친구가 아니야. 나는 그들의 포식자야. 나는 그들의 먹이야. 그들은 나를 다시 사냥하러 올 거야"(McKay 2020, 87)라고 답한다.

새들이 이미 앤지에게 그렇게 분명하게 밝혔다는 것이다. 처음 병에 감염된 사람 중 한 명이었던 리는 "나는 이것이 굉장할 줄 알았지만, 그들은 모두 갇혀 있어. 머릿속이 엉망이야"(2020, 66)라고 말한다.

진이 "동물독감"에 걸렸을 때 그는 실험용 쥐로 길러졌다가 야생동물 공원 파충류들의 먹이가 되기 위해 가스로 죽임을 당하는 쥐의 말을 들을 수 있게 된다. "그들은 피비린내 나는 살생, 몰살, 케이지 안에서의 죽음과 벽 안에서의 죽음을 두고 비명을 지른다. 세상의 모든 어린아이들은 죽는다. (…) 병이 내 얼굴을 먹어 치운다."(2020, 75–76) 동물이 처한 조건이 다종적 관계 안에서 고려될 때, 그리고 인간이 다양한 형태의 지배와 통제(울타리, 약, 독, 음식)를 통해 그러한 관계를 관리한다는 사실이 분명해질 때, 우정 어린 만남에 기반한 상호 돌봄의 꿈은 완전히 뒤집힌다. 동물들은 인간 고문자의 손아귀 안에서 공포와 두려움을 표현한다. ""그는 나를 맛볼 수 있다. 나는 치명적인 소금과 같다. 나는 독이다. 그는 말했다……그는……" 리우가 다시 쳐다본다."(73) 마치 "우리"가 우리 자신이 가했던 잔혹함을 듣거나 보지 못하는 양 소설 전체에 걸쳐 인간의 말은 우리의 귀에 흡족하거나 적합하게 인간의 잔혹함을 재현하지 못하는 것으로 묘사된다. 귀 기울이기의 새로운 힘에 감염된 소설 속 인물들은 자신들이 인간의 "보호" 아래 놓인 "행복한" 동물들의 "친구"가 아니라 포식자라는 것을 강제로 듣게 된다. 앤지가 "동물독감"에 감염될 것이라 예감하며 말했듯 "우리가 동물에 관해 알고 있는 모든 것은 변하게 될 것이다."(51) 이것이 동물에 대한 귀 기울이기가 할 수 있는 일이다. 바로 우리가 아는 것을 바꾸고, 이로써 바라건대 우리가 어떻게 행동할지를 바꾸는 것이다.

2015년 캐스린 에디(Kathryn Eddy), L. A. 왓슨(L. A. Watson), 자넬 오룩(Janell O'Rourke)이 펴낸 『동물의 예술: 육식의 성정치를 탐구한 14인의 여성 예술가(Art of the Animal: Fourteen Women Artists Explore The Sexual Politics of Meat)』가 출간되었다.

잔해 속으로

산불 위기 당시 긴급 사이렌 노래를 불렀던 까치의 동영상을 올린 남자는 그 장면을 "내가 본 가장 멋진 것 중 하나"(Lim 2020)라고 묘사했는데, 이는 일차적으로 새가 흉내 내는 소리에 대한 놀라움이 반영된 반응으로 보인다. 동영상은 원래 그레고리 앤드루스Gregory Andrews가 호주의 토종새를 위한 페이스북 페이지에 올린 것이었다. 이것이 여러 번 공유되자 유튜브에도 업로드되었다. 앤드루스는 연방정부가 임명한 멸종위기종 위원회의 위원으로 일했는데(2014–2016), 이 당시는 호주의 동물 멸종률이 높아지던 때였고, 그는 정부와 너무 가까이 일하는 타협적인 위치에서 멸종을 끊임없이 "보기 좋게 꾸미고sugar coating" 어두운 면을 도려내 "윤색"(Borschmann 2017)한다며 비판받고 있었다. 위원회에서 일할 당시 그는 왕성한 소셜미디어 존재감을 유지했다. 이러한 배경 덕분에 그는 멸종의 특이한 전조를 보여 주는 이 동영상이 끼칠 영향을 알았을 것이다. 동영상이 바이럴을 타는 며칠 동안 이는 국제적인 뉴스가 되었고 산불 피해의 규모를 보여 줄 때 전주처럼 반복되었다. 소셜미디어라는 영역은 이 까치에게 세상에 둘도 없는 플랫폼을 제공했고, 이 확성기를 통해 전해진 새의 노래는 소셜미디어상에서 매우 다양한 반응을 불러일으켰다. 여러 코멘트들은 수천 명의 시청자들의 복잡한 감정을 증언했는데, 까치의 흉내에 대한 놀라움부터 호주의 노래하는 새에 대한 국가적 자긍심을 표현하거나 함께 겪은 하나의 경험에 대한 다양한 수준의 슬픔을 표현하기도 했다. "까치조차 이 긴급 상황을 인식한다." 여기서 까치의 인지 능력에 대한 인정은 '조차'라는 단어를 통해 누그러져 표현되었다. 이 단어는 인간의 인지 능력(정치인들이 보여 주어야 하는 종류의 것)이 언제나 동물의 그것을 능가하리라는 예상을 상기시킨다. [예컨대—옮긴이] "이 새는 총리보다 훨씬 더 사람들에게 경고하는 데 뛰어나다."(Andrews 2020)

산불 위기가 한창일 때 소설가 리처드 플래너건Richard Flanagan은 『뉴욕타임즈』에 호주의 정치 지도자들이 기후변화 문제를 다루는 태도와 관련해 "자살적"이라고 썼다. 석탄 수출은 계속되고, 재생에너지에 대한 투자는 부족하며, 이번 산불 위기에 대응하는 리더십이 눈에 띄게 부재했다는 것이다. 호주의 총리는 하와이로 휴가를 떠나 있었는데, 이는 산불 사태와 그것의 스펙터클한 파괴성을 기후위기의 일부로서 보려 하지 않는 정부라는 더 큰 서사에 들어맞는 것처럼 보였다. 플래너건에 따르면 거대 양당의 지도자들은 석탄 회사를 안심시키려는 의지를 보여 주었으며 이를 통해 기꺼이 "지옥의 문을 열고 나라가 기후 자살을 행하도록 이끌었다."(2020) 이러한 진술은 웬디 브라운Wendy Brown이 『신자유주의의 폐허에서In the Ruins of Neoliberalism』를 통해 트럼프주의Trumpism에 관해 "신자유주의의 폐허"라고 설명하며 특권을 유지하기 위한 과정에서 모두를 기꺼이 희생시켜도 된다는 국가의 모습을 보여 준다고 진단한 것과 공명한다. **내가 가지지 못한다면 누구도 가지지 못한다**는, "'순순히-저-밤으로-들지-말라'는 식의 남성적 지배"(Brown 2019, 7)[딜런 토머스Dylan Thomas 시구의 패러디—옮긴이]. 브라운의 설명에 따르면 신자유주의 국가는 "사적으로 소유되고 가족적인 것으로 형상화되며 대통령은 가장과 같다."(2019, 116–117) 백악관은 부자들이 그들 자신만을 구하기 위해 집단성을 거부하는 백인들의

2015년 로라 라이트(Laura Wright)의 『비건 연구 프로젝트: 테러의 시대 속 음식, 동물, 젠더(Vegan Studies Project: Food, Animals, and Gender in the Age of Terror)』가 출간되었다.

외부인 출입 제한 구역white gated community이 되는 것이다. 플래너건에게 호주의 정치 지도자들은 지옥문 앞에서 석탄을 투입하며 불을 더 지피는 존재들이다. 미국에서 브라운이 제시한 이미지와 호주에서 플래너건이 제시한 이미지는 모두 특권적인 공동체의 영토적 이미지로, 공동의 미래에 대한 이해할 수 없는 무시를 보이며, 기후변화에 귀 기울이거나 대처하는 것을 거부하면서 스스로 만든 정치적 재난의 폐허 속에서 특권을 고수하고 있다(이는 시간성과 미래적 사고가 인간의 고유한 특성이라는 가정에 반하는 것과 같다). "잔해"에 대한 브라운의 독해는 허무주의의 젠더화되고 인종화된 특성에 주목한다. 허무주의는 "종말론이 시대의 종교"(182)가 된 곳에서 "종에 전례 없는 참극과 행성에 파멸을 가져왔던"(181) "지배적인 사람들이 자신들의 지배력이 약화된다고 느낄 때"(175), 즉 "권좌에서 밀려난 데에 대한 분노"(177)를 가질 때 나타난다. 플럼우드(1993)가 생태적 존재들, 여성, 식민화된 존재들을 지배와 소유의 추출적 합리성에 종속시키는 "남성의 제국"과 주인 서사에 대한 초기 분석에서도 암시했듯 권좌에서 밀려난 자는 조용히 떠나기를 거부한다. 플럼우드와 브라운의 분석은 나라가 자멸로 치닫고 있는 중이라는 플래너건의 감각에 누락된 한 측면을 보충한다. 호주는 집단 자살로 내몰리고 있지 않다. 오히려 호주가 처한 상황은 살인자가 자신의 책임하에 있는 타자들이 자기의 도움 없이도 계속해서 살아갈 권리를 가진다는 사실을 부정한 이후에 [즉 그 타자들을 죽인 이후에 — 옮긴이] 비로소 스스로 목숨을 끊는다는 의미의 살해 후 자살murder-suicide에 가깝다. **나는 나 자신과 너의 목숨줄까지도 쥐고 있다**는 태도다. 게다가 이 죽음의 소용돌이death sprial는 동물, 환경, 동물군, 해양 생명체를 모두 집어

삼킨다. 즉 "절멸"(Celermajer 2020)이다.

주의

우리에게 경고하기 위해 사이렌이 울린다. 사이렌은 까치가 인간이 만든 재앙을 경고하기 위해 부르는 것이다. 기계적인 윙윙거림이 자연의 긴급한 레퍼토리로 전환된다.

자연의 소리와 기계의 소리를 모두 복제할 수 있는 호주의 노래하는 새들의 능력은 "세계적으로 잘 알려져 있다."(Low 2017, 74) 이는 금조의 경우에 특히 그러하다.

> 그들은 새의 노래를 따라 하는 것뿐만 아니라 비둘기의 날갯짓, 개의 울부짖음, 떼 지은 야행성 백조들이 떠도는 소리, 어린 까치의 울음소리, 흡연자의 기침 소리, 구급차의 사이렌, 코알라의 그렁거림, 나무가 삐걱대는 소리, 앵무새 깃털의 바스락거림, 쿠카부라의 부리가 딱딱거리는 소리, 코카투가 나무를 쪼는 소리를 기이할 만큼 정확하게 따라 해 들려준다. 알버트금조는 개에게 쫓겨 나무 위로 올라간 뒤 3주 동안 짖는다. 애완용 금조들은 쇠사슬의 부딪치는 소리, 바이올린, 피아노, 톱의 소리와 말과 마차가 삐걱대는 소리, 아이의 울음 소리, 도살되는 돼지의 비명을 흉내 냈다.(2017, 74)

여기서 금조들이 따라 하기를 선택하는 소리와 외침은 주의를 요구

2016년 세계 각지의 학자들과 활동가들을 웨슬리언 대학교로 초청해 어떻게 권력이 인종화되고 동물화된 주체들을 구성하는 데 작용하는지 고려할 때 제기되는 이론적인 문제들을 탐구하는 '인종과 동물 연구소(Race and Animals Institute)'가 열렸다.

하며, 실제로 그들의 선택은 **주의에 대해 주의**할 것을 시사한다. 에코페미니즘 돌봄 윤리 이론가들의 주장을 반복해 말하자면 주의는 다른 이에게 '무엇을 겪고 있는지' 묻고 대답을 듣는 것을 요구한다. 새들은 "도살되는 돼지의 비명", "아이의 울음소리", "울음소리", "사이렌"과 같이 주의를 요청하는 외침과 들리기를 바라는 욕망을 표현하는 외침을 배운다. 이러한 외침은 귀 기울이는 자가 돕고, 멈추고, 문제를 해결하고, 편안하게 해 주고, 옆에 서고, 지나가게 해 주고, 떠나보내고, 타자의 의지를 인식하고 존중하기를 요구한다.

우리의 주의를 경고와 도움을 위한 요청으로 향하게 하는 새들의 노래는 귀 기울이기에 관한 더 광범위한 문제를 날카롭게 만들어 준다. 예컨대 귀 기울이기의 중요성, 무엇이 들리고 무엇이 절실히 들리기를 바라는가에 관한 질문, 그리고 공간, 시간, 종을 가로질러 먼 거리를 이동하는 경고/울부짖음/울음소리의 역량, 우리 주위의 재앙의 규모에 적합하게 복제된 소리. 까치의 사이렌 소리는 우리의 멸종위기종 위원회 전 위원이 묘사했듯 "가장 멋진 것"이라기보다 단연 오싹한 것이다. 하지만 어떤 곡조가 이에 적합할 수 있을까? 새의 노래를 인간의 귀를 위한 음악에 통합시키기 위해서라면 작곡가는 "도살되는 돼지의 비명"이나 "아이의 울음소리"나 긴급 사이렌, 톱소리를 흉내 내는 새의 노래를 고르려 하지는 않을 것이다. 이러한 소리들은 우리에 대해, 우리가 안 들리는 체하고 있는 것에 대해 너무 많이 말한다.

정착민 식민주의

호주는 정착민 식민지 국가로, 이는 정착민 식민주의가 그 땅과 사람들에게 가한 모든 황폐화 과정이 인정됨으로써 잘 알려진 사실이다. 패트릭 울프Patrick Wolfe는 정착민 식민주의의 "삭제와 대체"라는 논리를 관찰한다. 브루스 파스코Bruce Pascoe는 호주에서 목축이 어떻게 이러한 방식으로 기능했는지 다음과 같이 짚는다. "농경지는 양과 소들이 장악해 사람들은 자신들의 농작물을 보호하고 활용할 수 없었다. 죽이는 것 외에 적을 약화시킬 수 있는 더 나은 방법은 없었다."(2014, 18) 정착민 식민주의는 고양이, 여우, 양, 소, 그리고 **목축**을 가져 왔고 이는 선주민의 토지와 생태계와 병합되며 동물의 서식지를 빠르게 변화시켰다. 호주의 보존 생물학자 위나스키Woinarski, 버비지Burbidge, 해리슨Harrison의 연구(2015)는 호주의 멸종률이 너무 높고 대부분 작은 포유류에 집중되어 있으며 이러한 현상이 거의 지난 225년간 발생했고 먼 야생지라 묘사되는 지역에서 일어났다는 주목할 만한 특이점을 발견하며 그 이상 현상을 조사했다. 연구팀은 호주의 높은 "포유류 손실"의 원인은 "풀리지 않고 이해하기 어려우며 논쟁적"이라고 말한다(Woinarski et al. 2015, 4534). 하지만 다른 한편으로 그들은 "감소를 추동"한 세 가지 "주요인"으로 고양이, 여우, 선주민의 화전 기반 토지 관리법의 상실을 꼽는다. 이 세 요인들은 "사실상 더욱 착취적이고 변형적인 토지 관리 관행으로 인해, 분명한 목적을 가지고 오랫동안 확립되어 왔던 선주민의 토지 관리 체제가 신속하게 대륙적인 규모로 대체된 현상"이라 부른 것과 함께 나타났다. 호주는 새 멸종에 있어서 세계적인 선도 주자이지만, 도시화의 맥락에서 크기가 큰 노래하는 새와 앵무새 들은 번성하는 데 성공했는데 왜냐하면 이들은 다른 새들이 의지하는 초원의 고갈에 영향을 덜 받았기 때문이다. 로우는 사람들이 이해하지 못하는 것이 있다고 말한다. 먼저 그에 따르면 "세상에서 가장 목소리가 크고 똑똑하고 화려한 색깔의 새들이 번성"했기에 이들은 "사람들이 보기에 승자"(Low 2017, 318) — "가장 멋진 것" — 이다. 하지만 목축, 삼림벌채를 가져온 산업, 서식지 상실, 기후변화 배출물, 그리고 사람들이 동물에게 귀 기울이지 않으려고 하는 데에 능통해진 것 때문에 더 작고 목소리가 작은 새들이 자신들의 서식지를 잃어버렸다는 사실은 간과된다.

목축은 현재 호주 대부분에 걸쳐 지배적인 토지 사용 방법에 해당한다. 이 시스템은 수로의 변화(물 추출, 오염, 하천 변경, 가뭄)뿐만 아니라 토지 개간, 서식지 파괴, 화전 농법의 종말, 캥거루나 코알라와 같은 동물의 박해, 오리너구리 같은 동물들의 "현저한 감소"를 가져왔다(Woinarski et al. 2015, 4536). 이는 모두 반디쿠트, 쥐캥거루, 빌비, 주머니쥐와 같이 작은 포유류들과 작은 새들의 상실을 설명하는 데 도움을 준다. 이들은 모두 호주에서 자라 여기서 식민화가 진행되기 전에는 고양이 없이 진화해 온 동물들이다. 연구팀은 100종이 넘는 작은 포유류가 멸종위기에 직면했다고 추정한다. 이들이 제시한 해결책은 울타리로 포식자들이 접근하지 못하게 만든 구역이나 섬에 멸종위기에 처한 동물들의 "고립화", 여우들에 대한 지속적인 미끼 제공, 생물다양성을 증진하는 화전 체제 복구를 위한 선주민 보호 구역 시스템의 구축, 초식동물과 가축 들의 제거, 호주 야생동물 보호국을 통한 사유지의 확대 등이다. 나아가 고양이와의 관계에 대해 연구팀은 "호주 포유류 동물군에 가장 큰 보존의 이익을 제공할 가능성이 있을 것 같"은 "광범위한 규모의 통제 메커니즘의 개발"을 제안한다(2015, 4538). 이 논문이 게재되고 두 달 후 연방정부의 멸종위기종 위원회 위원 앤드루스와 환경부 장관 그렉 헌트Greg Hunt는 고양이에 대한 "전쟁"을 선포했다. 이 선언은 아마도 너무 멍청해 보인다는 이유로 국제적인 뉴스가 되었다(『워싱턴포스트』의 경우 "호주는 실제로 2020년까지 200만 마리의 고양이를 죽이겠다는 고양이에 대한 '전쟁'을 선언했다"(Tharoor 2015)는 헤드라인과 함께 흰색의 복슬복슬한 집고양이의 사진을 내걸었다). 고양이는 호주에서 멸종의 희생양이다. [반면—옮긴이] 정착민 식민주의는 그 본성상 스스로를 '유해종'이라 선언하고 자멸하는 것이 불가능하다.

위나스키의 보존 연구팀은 "멸종 재앙"에 대한 호주 사람들의 "안일한" 태도를 언급하며 이들이 멸종에 별다른 감흥을 받지 않는 것처럼 보인다는 우려를 표한다(2015, 4533). 호주의 동식물학자 헤들리 핀레이슨Hedley Finlayson은 수십 년 전 "이러한 파국적 결과를 예견"하며 1945년에 이렇게 썼다.

> 종들이 가축의 도입으로 멸절되는 일이 충분히 자주 일어난다고 해도, 멸절의 더 큰 원인은 오랫동안 확립된 동식물군을 유지 및 관리하는 복잡한 균형이 심하게 교란되거나 심지어 완전히 파괴되고 있기 때문이다. 어떤 형태들은 타자를 희생한 대가로 정착한다. 습성들이 바뀌고 분포가 달라지며 그 지역 생명의 과거사의 많은 증거들은 일시에 어둠으로 빠져든다.(Woinarski et al. 2015, 4533)

1945년에 쓰인 이 인용문이 동식물학자들이 현재의 재앙을 예견한 증거로 제시된다는 것은 중요하다. 하지만 핀레이슨의 묘사는 이를 이해하는 데 주요한 걸림돌이 되는 하나의 사실에 주의를 기울이도록 만든다. 동물 농업은 정착민 식민주의와 동물 멸종의 문제에 있어서 중심화되면서도 탈중심화된다는 사실이다.[1] 핀레이슨이 썼듯 가축의 도입은 "복잡한 균형"에 근본적인 교란을 일으키거나 파괴를 가져오는 요인으로, 이 경우 고양이와 여우는 전반적인 시스템 붕괴의 **증상**이 된다. 핀레이슨은 (초식동물인) 소나 양이 직접 작은 포유류와 새를 잡아먹는 것이 아니기 때문에 동물 농업이 멸절의 직접적인 형태로 이해되어서는 안 된다는 점을 지적한다. 문제는 오히려 하나의 개별적 행위에 특정될 수 없는 효과를 따라 분산되어 있다. 물론 무거운 발굽은 토양에 영향을 미치고 먹는 행위는 작은 새와 포유류 들이 사는 초원의 생물다양성에 영향을 미치며 메탄가스 배출은 기후변화와 오염에 기여하고 울타리는 서식지와 영토, 포식자와 피식자의 관계에 영향을 미치며 선주민들이 땅을 관리하지 못하도록 배제하는 것은 그들이 설명하는 급속한 규모의 변화를 가져올 수 있지만 말이다.

이를 모두 고려하면 정확히 누구에게 책임이 있는가의 문제가 가장 중요한 물음으로 남겨진다. 소를 기른 농부인가, 산업을 지탱하는 소비자인가, 보조금을 준 정부인가, 목축 신화/먹을 수 있는 동물 신화를 재생산하는 문화적 메커니즘(문학과 영화 등, Boyde 2013a, 2013b 참조)인가? 목

---

1 가축들은 "가축 생산 그 자체 혹은 먹이 생산 때문에 서식지 변화(삼림 벌채, 수변림 파괴, 습지 고갈)를 일으킨 주된 요인이다."(Steinfeld et al. 2006, 186 – 187)

가적인 문학 형식에 대한 허건Huggan과 티핀Tiffin의 설명처럼 이러한 신화들은 비판을 어렵게 하고, 평화를 과장하기 위해 조금의 폭력은 인정할 만큼 기민하게 만드는 데 도움을 준다(2016, 101). 복잡하고 분산적인 시각의 정치에 의해 살해 행위 자체가 의도적으로 은폐되는 '육류 가공' 공장의 문제(Pachirat 2011 참조)는 분산적인 **청각의 정치** 역시 분명 포함하고 있으며, 따라서 이와 마찬가지로 도축장에서처럼 농경지에서도 "실제 살생"(Vialles 1994)이 일어나지 **않는 듯** 보이리라고 결론 내릴 수 있다. 즉 동물 농업과 같이 '눈에 잘 띄지 않는'(까치의 경우 '귀에 잘 들리지 않는') 거대한 무언가에 의한 절멸에서는 동물을 죽이는 행위가 전혀 일어나지 않은 듯 보이기도 한다. 만약 우리가 화재지역에서 발이 묶이거나 도살장으로 보내지는 가축의 집단적 죽음의 의미에 대해 생각해 보지 않는다면, 파괴된 숲에서 일어나는 동물들의 '부차적인' 죽음이 들리지 않고 프레임에서 밀려나고 침묵되는 것은 놀라운 일이 아니다. 이는 동물을 향한 폭력에 대한 무관심이 만들어지는 과정의 일부로서, **귀 기울이지 않도록** 장려되는 일이다.[2]

(호주나 미국 같이) 정착민 식민지 국가들은 특히 전유의 폭력을 **알고** 있지만 그것이 실제로 행해지지는 않았다고 부인하는 경향이 있다. 스탠리 코헨Stanley Cohen이 설명했듯 삭제와 대체의 전략은 기억과 지식의

2 플럼우드는 다음과 같이 쓴다. "동물의 경험에 관해 알아볼 수 있는 여러 완벽하게 좋은 방법들이 있다는 사실은 우리의 무지가 얼마나 계산되고 만들어진 것인지 드러낸다. 우리는 우리가 알고 싶어 하지 않기 때문에 비인간의 경험이 무엇인지 알지 못한다. 그것을 알게 되면 우리는 상품화된 동물들에게 엄청난 박탈을 가하는, 용인되고 수익을 좇는 관행에 도전할 수밖에 없게 되기 때문이다."(2002, 192)

2017년 마틸드 코헨(Mathilde Cohen)과 요리코 오토모(Yoriko Otomo)가 엮은 『우유의 탄생: 우리의 첫 음식의 과거, 현재, 미래(Making Milk: The Past, Present and Future of Our Primary Food)』가 출간되었다.

수준에서도 기능한다. 침묵과 부인에 관한 그의 논의는 우리가 아는 것과 우리가 부인하는 것을 구분한다. 우리는 기후위기에 대해 "알지만", 우리가 그에 대해 행동한다는 의미에서 그것을 알기 위해 신경 쓰는가는 다른 문제로, 이는 부인의 문제에 해당한다. 코헨에 따르면 부인은 "알지 않는 것"이 아니라 "알려고 하지" 않으며 우리가 아는 것에 근거해 행동하지 않는 경우에 가깝다.

호주는 선주민들과 조약을 맺지 않은 유일한 영연방 국가다. 2017년 호주 전역의 선주민들은 울룰루에서 만나 선주민들의 목소리에 귀 기울이는 일을 헌법상 의무로 만들기 위해 퍼스트 네이션First Nation[호주의 선주민들을 가리키는 용어—옮긴이]의 목소리를 의회에 전달하려는 목적을 담은 「마음에서 우러나온 울룰루 성명서」에서 **목소리, 조약, 진실**이라는 원칙을 고안했다. 연방정부는 이를 국민투표에 부치기를 거부하고 귀 기울이기를 향한 초대를 거부했다. 귀 기울이기의 실패와 거부는 무관심과 망각을 만드는 더 큰 맥락의 일부분으로, 삭제와 통합은 식민주의 논리의 일부이기도 하다(Plumwood 1993, 192; Wolfe 2006 참조). 이러한 거부는 정치적 대화의 중요성을 인정하고 선주민과 **대화를 수놓아 가는yarn**[3] 과정의 지속적인 실패를 의미한다. 이 과정은 타이슨 윤카포르타Tyson Yunkaporta가 묘사했듯 "구조화된 문화적 활동이자 (…) 장소와 관계를 참조하고 그러한 대화/수놓기yarning의 [바탕이 되는—옮긴이] 지역적 세계관에 따라 고도로 맥락화된 (…) 지식을 생산하는

3 yarn은 '실'이라는 뜻과 더불어 호주 토착어로 '담소를 나누다'라는 뜻을 지닌다.—옮긴이.

엄밀한 방법론"(2019, 130–131)이다. 윤카포르타의 작업은 정착민과 선주민 사이의 대화/수놓기가 정치적 고려와 더불어 생태적 생존의 관점에서 지식 자체(우리가 아는 것을 어떻게 아는가를 포함해)의 본성을 어떻게 변화시키는지에 대한 문제에 주의를 기울이게 한다. 비슷한 지적이 파스코(2014)와 토니 버치Tony Birch를 포함한 선주민 작가와 철학자들에 의해 이루어진 바 있다. 버치에 따르면 "우리는 이곳에서 수천 년 동안 이곳을 죽이지 않고 살아온 존재들의 목소리에 귀 기울일 필요가 있다."(2018)

"진심을 다해 귀 기울이기"

와니Waanyi족 출신 작가 알렉시스 라이트Alexis Wright는 소설 『백조의 책The Swan Book』(2013)에서 기후 붕괴, 부인, 식민지화의 분리 불가능성을 묘사한다. 서술자는 호주가 제노사이드에 대해 말하지 않는 것 위에 세워졌다고 말한다. "제노사이드 혹은 대량학살은 도덕적으로 비호주적인 것으로 생각된 범죄로, 그와 같은 일이 일어난 적이 있다는 것은 공식적으로 부인되었다."(Wright 2013, 309) 그 결과로 소설 속에 묘사된 종말 이후의 호주 대륙에 유일하게 남은 영어 단어들은 새들의 노래에서 들리며, 이 새들은 "지구온난화에 관한 새로운 국제적 차원의 언어"(2013, 329)를 창조한다. 새들은 한때 대륙 전역에 흔했던 영어의 흔적을 포함시키기로 택한다. "그저 짧은 단어들, **진실이 아닌**Not true과 같은 단어들"(330)을 말이다. 이 단어들은 "이 세계의 일부에서 거짓말을 물리치려

2017년 농장 동물 생츄어리의 돌봄과 목적에 관한 학술대회 '생츄어리: 보호소에 대한 성찰'이 바인 생츄어리와 웨슬리언 대학교 동물연구 협동과정의 주관 하에 웨슬리언에서 주최되었다.

할 때 가장 흔히 사용되었던, 당신이 들어 봤을 법한 단어들"(330)이다. "진실이 아닌"이라는 단어와 함께 미래의 새들은 영어가 호주에서 무엇을 열심히 하도록 만들어졌는지 기억한다. 그것은 부인이다. 제노사이드, 멸종, 체계적인 집단 살상의 부인. 이 모두는 "진실이 아닌" 것으로 만들어졌다. 에필로그에서 서술자는 우리에게 "그들[새들]이 무엇을 말하는지 진심을 다해 귀 기울여야 한다"(329)고 지시한다.

도살되는 돼지들의 비명을 상기시키는 금조가 있다. 그는 지금 일어나고 있는 폭력의 가까이에서 그것을 외친다. 태즈메이니아의 어떤 새들은 아마 멸종의 이유로 더 이상 그곳에 살지 않지만 다른 이들을 통해 그 소리가 살아남은 새들을 상기시키는 노래를 부른다. 어떤 까치들은 살아남기 위해 양과 소가 없는 초원을 필요로 했던, 이제는 사라진 새들의 침묵을 깨며 인간의 귀를 채우는 생생한 노래를 부른다. 이 생동하는 생태학의 문화적 전파는 기억의 행위이며 소리의 경관을 리마스터링하는 작업이기도 하다. 윤리적 귀 기울이기는 "진심을 다해 귀 기울이기", 즉 이해의 격차와 그들의 의미를 포착하지 못하는 실패, 그리고 길러진 무관심의 차단막으로 들을 수 없게 된 존재들에게 귀 기울이는 일을 의미할 것이다. 우리에 대한 그들의 평가(침입자, 위험, 포식자)에 귀를 기울이고, 그들이 인간에게 자신들의 죽음을 알려주고 인간이 다른 존재들을 죽이는 일을 경고하며 삶과 죽음의 문턱을 예고하는 소리에 귀를 기울여야 한다. 새의 사이렌은 이를 외치며 요구했고, 이제 우리는 "진심을 다해 귀 기울이"고 행동해야 한다.

18장. 폭력의 전 지구적 환경

에코페미니즘적 다종적 목격[1]을 통한 타자화의 지형 변화

캐스린 길레스피 × 야미니 나라야난

나(길레스피)는 워싱턴주 이넘클로의 경매장에 있는 진흙투성이의 주차장을 가로질러 갔다. 입구에 가까워지자 스트레스와 공포가 섞인 슬픈 합창 같은 닭 떼의 울음소리가 들려왔다. 마당에 놓인 녹슨 닭장은 그날 일찍부터 '가금류' 판매장에서 온 로드아일랜드레드 닭들로 빽빽해 경매장 문 한쪽을 막을 정도였다. 닭들은 눈을 크게 뜨고 마치 빠져나가려고 안간힘을 쓰듯 더러운 철망 사이로 머리를 쑥 내밀었다. 닭장 옆에 있던 어느 남자들 무리는 닭들이 안중에도 없는 듯 농담을 던지며 웃고 있었다. 새들로 가득 찬 닭장은 철사와 깃털이 뒤엉킨 모습의 머리가 여덟 개 달린 생명체처럼 보였다. 가까이서 보니 닭들의 몸과 날개는 깃털이 듬성듬성 나 있었고 깃털 없이 커다랗게 구멍 난 부분도 있었으며 뼈마디들은 다른 방향으로 돌출되어 있었다. 나는 건물 안에서 곧 경매가 시작된다는 안내 방송이 나오는 것을 들었다. 나는 그들의 얼굴을 기억

1 '목격'으로 번역하였으나 문맥에 따라 '증언'을 혼용했다. — 옮긴이.

2017년 아프 코(Aph Ko)와 실 코(Syl Ko)의 『아프로-이즘: 대중문화, 페미니즘, 흑인 비거니즘에 관한 두 자매의 에세이(Essays on Pop Culture, Feminism, and Black Veganism from Two Sisters)』가 출간되었다.

하려고 애쓰면서 그들을 한 번 더 쳐다보았다. 그들을 집단화해 가두는 추상화의 효과에 맞서 그들을 각각의 개체로서 기억하려고 노력했다. 그리고 나는 닭장 주위를 돌다 낙농 경매장에 참석하려 건물 쪽으로 서둘러 향했고, 일찍부터 그 울음소리가 들려오던 소들을 향해 빨리 관심을 전환했다. 나중에 경매가 끝난 후 돌아와 보니 닭들은 이미 사라지고 없었다.

***

내(나라야난)가 힌디어와 라자스탄어 사이를 빠르게 오가며 나의 일행인 동물복지 사무관과 자이푸르의 한 시립 도살장의 현장 관리인 사이의 열띤 대화에 집중하려 애쓰고 있을 때 내 뼈마디를 자르는 것 같은 날카로운 울음소리가 들렸다. 눈부신 사막의 태양을 등지고 염소, 양, 새끼 양을 실은 트럭이 천천히 소음을 내며 다가오고 있었으며 모든 것이 흐릿하고 기울어져 있는 듯 보였다. 하지만 다른 무엇보다 큰 소리로 울렸던 비명은 유독 내 의식을 뚫고 들어왔다. 나는 휘청거리며 염소, 양, 새끼 양으로 가득 찬 적재함 쪽으로 걸어갔고 구체적으로 누가 그러한 고통에 빠져 있는지 찾으려고 했다. 하지만 이는 불가능했다. 내가 동물들의 울부짖음과 고함치는 노동자들 틈에서 집중하려 애쓰는데도 거의 사람의 비명 같았던 소리는 계속해서 동시적으로 각기 다른 함에서 터져 나왔다.

젊은 염소 두 명이 창살 바깥을 향해 몸을 밀었다. 그중 아름다운 흰색과 갈색 털, 맑은 회색 눈동자와 둥글게 말린 작은 뿔을 가진 한 염소는 그의 머리를 바깥쪽으로 들이밀며 그와 그의 가족을 가둬 놓은 문 바깥의 자물쇠에 닿으려 애썼다. 그는 그의 뿔을 비스듬히 틀어 몇 초 동안 자물쇠 쪽으로 머리를 부딪쳤지만 헛수고였다. 그러다 멈춘 그가 나를 정면으로 바라보았다. 나는 간신히 그를 돌아보았다. 가까이 있던 나는 그 자물쇠를 쉽게 풀어 그를 도울 수 있었다. 그런데 그러고 나면 그는 어디로 가게 될까? 나는 무엇을 할 수 있을까? 나는 그때 스트레스에 줄담배를 피우고 있던 친구를 향해 천천히 걸어갔다. 그는 버팔로 도살 시설을 점검하는 일을 하지 못하도록 위협받고 있었다. 그는 거기에서 소들도 도살되고 있다고 의심했다. 이는 라자스탄주에서 형사 범죄에 해당했다. 오래지 않아 우리는 자리를 떠났고 나는 다시 적재함 앞에 멈춰 섰다. 그 염소는 어린 양들과 옹기종기 모여 몸을 웅크리고 있었는데, 모두 다음 날 도살되기를 기다리는 중이었다. 나는 둥근 등들이 모여 솟아오른 언덕 같은 모양을 바라보았고, 끔찍한 마음의 고통이 시작되었다. 그 아픔은 몇 년 동안이나 계속되고 있다.

서론

인도와 미국—둘은 상이한 지리적 맥락에 놓여 있지만 모두 낙농업에 있어 세계적인 선도국이다—에서 낙농품을 생산하기 위해 상품화되는 소와 버팔로에 관해 연구하며 우리는 그 과정에서 조우했던 개별 동물들에 대한 여러 이야기들을 글로 써 공유했다. 현장 연구 내내 수없이 많이 늘어선 소와 버팔로 사이를 가로지르며 우리 둘은 개별 동물에

2018년 로리 그루언(Lori Gruen)과 피오나 프로빈-랩시(Fiona Probyn-Rapsey)가 엮은 『애니멀레디스: 젠더, 동물, 광기(Animaladies: Gender, Animals, and Madness)』가 출간되었다.

집중하려 노력했다. 하지만 그 큰 숫자가 지닌 추상성과 낙농업 공간의 단조롭고 지루한 특성, 그리고 기실 **상품화** 그 자체 때문에 너무도 큰 고통의 바다에서 개체에 초점을 두기란 보통 어려운 일이 아니었다(Gillespie 2018). 이처럼 우유를 위해 착취되는 개체의 감정적이고 체현된 경험을 관찰하는 일은 때때로 우리의 연구**와 그들의 삶**이 펼쳐지는 더 넓은 다종적 맥락을 모호하게 하기에 고도의 집중력이 요구된다. 현장에서 우리의 관심은 일종의 환자 분류 과정을 포함했다. 가장 긴급한 환자들은 소와 버팔로였고, 우리의 원래 의도는 그들을 증언하는 것이었다. 그때 누가 보아도 절박한 상황에 놓인 다른 동물들—계속 시끄럽게 울며, 몸이 분명 다쳤거나 망가졌고, 명백히 관계 단절이나 상실을 겪은 동물들이 우리의 관심을 끌었다. 우리의 고르지 않은 관심은 동물과 조우하는 특정한 순간에 감정적으로 거기에 집중할 수 있는 우리의 능력뿐만 아니라 상당 부분 그들의 목소리, 몸, 관계에 대한 우리의 지각에 따라 결정되었다.

낙농업 공간에는 주로 소과科의 동물과 인간이 살고 있지만, 이 공간은 동물 착취와 고통에 기반한 다른 산업 및 장소와도 교차하는데, 이렇게 동물을 사용하는 네트워크를 가리켜 우리는 **폭력의 환경atmospheres of violence**이라고 부를 것이다. **환경**이라는 단어에 주목하면 동물 착취의 **지리학**—착취가 일어나는 공간, 폭력을 가하는 몸과 그 폭력이 가해지는 몸, 그 특징이 변화하고 진화하는 공간들의 관계적 성질—에 주의를 기울이게 된다. **지리학**이라는 단어에 주목하는 것은 곧 **맥락**에 주의를 기울이는 것으로, 이때 맥락은 에코페미니즘의 전형적인 관심사다. 왜냐하면 "[동물 착취의 특정한 형태와 같은] 윤리적 문제를 그것을 둘러싼 맥락과 분리시키는 것은 문제를 그 근원과 단절시키는 행위"(Kheel 1993, 255; Gruen 1993)이기 때문이다. 그러므로 그 문제를 이해하고 추적하고 근절하기 위해서는 그것을 둘러싼 맥락을 이해할 필요가 있다. 다르게 말하자면 그것의 환경을 이해할 필요가 있다. 경매장에 갇혀 있는 닭이나 도살장으로 끌려가는 염소와 양 들처럼, 낙농업 현장에서 다른 종들도 때때로 같은 환경에 존재한다. 오랫동안 우리는 우리가 연구 과정에서 조우했던 이러한 '다른' 동물들—우리의 연구 주제가 아니거나 분석의 틀에 맞지 않는 동물들, 그리고 심지어 그 짧은 조우의 순간에조차 주변부에서 나와 목격을 요구한 동물들—에 대해 고민해 왔다. 사실 이제 우리는 우리가 연구자로서 이러한 '다른other' 동물들을 일종의 **타자화othering**하고 있었음을 안다.

타자화는 이원론을 통해 유지되는 동시에 이원론적 질서를 강화하며(Plumwood 1993), "가치 이원론은 가치의 위계를 낳"(Gaard and Gruen 1993, 237)는다. 그 안에서 백인 비장애 시스젠더에 경제력을 가진 남성은 가장 상위에 위치하고, 동물은 "인간과 백인성의 반대편에 있는 비체"로서 최하위에 위치하는 방식으로 생명의 위계질서가 잡힌다(Ko 2017, 45; Deckha 2010; Kim 2015). 이러한 이원론과 위계에 따라 타자화는 종종 **돌봄**을 위계화하는 효과가 있는데, 특히 누가 돌봄을 받을 자격이 있거나 없다고 여겨지는가의 문제에 있어서 그러하다(Adams 2007, 22–23). 또한 이는 타자화되는 존재의 대상화를 통해 개체의 살아 있고 체현된 경험을 추상화하는 효과가 있기도 하다(Donovan 1993, 177). 하지만 타자화와 그것을 뒷받침하는 논리는 추상적이거나 비체현적이지 **않으며**, 오히려 "특정한 시공간에서 특정한 목적으로 행해지는 **관행**(과 그에 수

2018년 캐럴 J. 애덤스(Carol J. Adams)가 멕시코시티에서 열린 '마인딩 애니멀스(Minding Animals)' 학술대회에서 두 번째 마티 킬 추모 강연을 했다.

반되는 합리화)"(이 책 6장, 254)이다. 추상화의 과정은 동물 착취를 현 상태로 유지하면서 계속 재생산되는 **관행**의 방식을 모호하게 함으로써 이러한 특수성을 은폐한다. 에코페미니즘 접근법은 이와 달리 감정, 체현, 주체성에 초점을 두며 다른 실천을 요구한다. 추상화의 폭력적인 논리를 강력히 거부하는 실천, 그럼으로써 "추상화의 영역 바깥으로 나가고 일상적인 행동의 효과에 가까워지는"(Gruen 1993, 79) 실천 말이다. 그렇다면 에코페미니즘 **현장 연구**란 특히 생산과 상품화의 공간에서, 동물의 경험을 대상화하고 일반화하며 탈신체화하는 공간, 규범, 관계의 폭력성에 주의를 기울이고 저항하기 위해 헌신하는 체현된 연구의 실천이다.

워싱턴주 에버슨 경매장의 우리 안에서 기다리고 있는 소들의 붐비는 발굽 사이에서 바닥을 조심조심 쪼아 대는 외로운 수탉, 콜카타 고기시장의 소고기 카운터 뒤 얕은 물 양동이 안에서 몸부림치는 루이 물고기, 워싱턴주 퓨알럽에서 열린 주 박람회의 야외 좌석 뒤로 종종거리며 가는 쥐, 비사카팟남 서커스에서 다치고 쇠약해져 축산부의 수의사로부터 소와 버팔로와 함께 치료를 받으며 회복 중인 사자. 이 동물들의 삶은 짧은 순간일지라도 우리의 삶, **그리고** 소과 동물들의 삶과 교차한다. 지나고 보니 우리가 권력, 피해, 취약성의 구조를 완전하게 이해하기 위해 이러한 다른 동물들에 초점을 맞춰 일종의 회고를 통한 **다종적** 목격이라는 에코페미니즘 실천을 개념화하고 수행할 필요가 있었다는 것이 분명해졌다. 이러한 노력을 통해 우리는 현장에서 우리의 초점화된 주의에서 벗어났던 개체들, 우리가 지나가는 눈길로 힐끗 보았을 따름인 개체들을 인식하고 존중할 수 있게 되기를 바란다. 우리는 소과 동물을 증언할 때 사용한 우리 각자의 정동적이고 정치적인 노동을 모아 이러한 비질 활동을 동물 착취와 폭력의 전 지구적 분위기에 휘말린 이러한 다른 동물들 쪽으로도 전환할 수 있다.

우리는 각각 낙농 현장 연구에서 개별 동물들에 관해 공유해야 하는 많은 이야기들을 가로지르며 낙농품 생산을 위해 살거나 죽는 집단 경험의 구조를 밝히는, 고통, 취약성, 연결의 순간들을 모아 패치워크를 발전시켰다. 다른 동물과의 이 짧은 조우의 순간들은 개체, 체현된 경험, 그리고 동물 착취를 추동하는 전 지구적 논리 사이의 관계를 숙고하게끔 해 주었다. 하지만 이러한 이중 초점화는 달성하기 어렵기도 하다. 제럴딘 프랫Geraldine Pratt과 빅토리아 로스너Victoria Rosner는 묻는다. "체현된 개체의 기쁨과 고통에 대한 주의를 유지하면서 전 지구적 과정을 이론화하는 일이 가능한가? 우리가 세계의 더 확장된 연루 지점으로 관심사를 옮길 때 감정, 애착, 개체성, 신체에 대한 관심을 유지하는 방법을 어떻게 찾을 수 있을까?"(Pratt and Rosner 2012, 11) 이는 에코페미니즘 실천의 문제이자 이 장에서 우리가 달성하려는 목표 중 하나다. 즉 개별 동물의 위치를 폭력의 더 넓은 환경 속에서 숙고하기 위해 **전 지구성**과 **친밀성**을 함께 다루려는 것이다(Pratt and Rosner 2012). 에코페미니즘 이론의 핵심적인 헌신 중 하나는 다른 동물에 관해 생각하고 말하고 관심과 돌봄을 행할 때 일반화된 추상화를 피하는 일이다(Adams and Gruen 2014a, 3–4). 이러한 전통에 따라 우리는 동물 착취와 동물에 대한 폭력의 관행을 보편화하지 않도록 유념하면서, 우리가 조우하는 개체들과 그들을 둘러싼 환경이나 맥락의 **특수성**에 집중하는 것을 목표로 둔다(Gruen 2015, 26, 28). 하지만 그들의 경험은 장소와 규모를 넘나들며 동물

2018년 캐스린 길레스피(Kathryn Gillespie)의 『1389번 귀 인식표를 단 암소(Cow with Ear Tag #1389)』가 출간되었다.

착취를 구성하는 폭력의 환경에 대해 무언가를 말해 준다. 그리고 이는 낙농업과 교차하면서도 떨어져 있다. 낙농업과 같이 광범위하고 전 지구화된 산업의 경우 특정 생산지의 구체적인 관행에 너무 가까이 초점을 맞추는 일은 지리적 맥락을 가로질러 피해가 변화무쌍하게 확산되며 나타나는 방식을 흐릿하게 할 위험이 있다. 한 동물에 너무 가까이 초점을 맞추면 이러한 피해의 그물망에 갇힌 수많은 개체의 관계망을 간과할 위험이 있는 것이다.

그렇다면 우리는 이렇게 묻게 된다. 주로 낙농품 생산을 위한 소과 동물들을 판매하는 시장에서 겁에 질린 닭의 울음소리를 걸러 내려 하거나, 낙농장에서 몰래 불법적으로 도축하기 위해 길러지는 공작을 잊어버리려 하거나, 낙농장에 인접한 빈민가에 사는 가난한 낙농 노동자의 아이들의 발에 차이는 강아지들의 날카로운 울음소리를 무시하려 애쓰는 것은 낙농 자본주의dairy capitalism 자체에 대한 불완전하거나 심지어 부정확한 그림인가? 아마 낙농에 관한 에코페미니스트들의 작업도 마찬가지로—훌륭한 연구 실천으로서 칭찬할 만하지만—서로 복잡하게 지속적으로 교차하는 다중적인 동물 산업의 실상을 동질화하거나 흐리는 데 기여할 수 있다. **타자화**는 조직적인 논리로 농장, 시장, 도살장과 같이 폭력적인 동물 상품화의 현장에서 상당히 강하게 나타난다. 울타리, 가시 철조망, 우리를 비롯해 기실 누가 동물인가에 관한 지배적인 **개념들**조차 경계를 만드는 장치로 기능하며, 이는 페미니즘 연구에서조차 (어느 정도) 선별적인 목격/증언이 이루어지는 것을 가능하게 한다. 게다가 우리가 발견해 온 것처럼 가능한 한 '깔끔하게' 증언하려는 시도는 많은 (극심하기까지 한) 고통을 보는 동안 살아남아 이에 대처하려는 절박한 논리이기도 하다.

비판적 동물 연구와 심지어 비건 에코페미니즘 연구의 경우에도 우리가 의도하지 않았다고 생각하는 타자화의 과정은 우리 자신의 작업을 포함해 지금까지의 동물 민족지학에서 문제적인 역할을 계속해 왔다. 아르투로 에스코바르(Arturo Escobar 2020, 10)는 『다원보편적 정치 Pluriversal Politics』에서 "서발턴 집단이 지닌 '다른 지식'의 확고한 입장을 지지하면서 학문적 이해의 우위가 전복되는 상호인식론적 공간의 명시적 창조"를 요구한다. 낙농 과정에 얽매인 소와 버팔로의 생생한 현실을 이해하기 위해 노력하는 동안 우리가 들었던 다른 타자들의 목소리와 움직임—이를테면 매애 소리, 꿀꿀 소리, 신음과 울음소리, 쉭쉭거리고 꽥꽥거리는 소리 같은 것들—에 대해 우리는 무엇을 할 수 있었고 해야 했는가? 이러한 것들은 어떻게 전 지구적인 동물 착취의 전체화하는 본성을 밝히고 그 너머의 다원보편적이고 다종적인 가능성에 빛을 비출 수 있는가? 이 다른 동물들에 대한 주목은 비판적 동물 연구와 에코페미니즘 연구에서 어떠한 종류의 정치적 작업을 수행할 수 있는가?

이 글에서 우리의 목표는 첫 번째로 동물 착취의 핵심인 동물의 타자화를 유지하도록 유착하는 폭력의 환경으로서 낙농 현장을 이론화하는 것이다. 우리의 연구는 이러한 타자화를 비판하고 동물들 자체에 가까이 관심을 기울임으로써 동물의 경험을 개별화personalize하려 한다. 하지만 우리가 낙농 연구에서 개별 동물에 초점을 맞추더라도 이제 우리는 타자화의 문제가 지나친 주의로부터 발생할 수 있음을 알고 있다. 그러므로 두 번째로 우리는 타자화가 에코페미니즘 연구 실천에서 하나의 종에 대한 초점을 유지하는 결과로서 일어날 수 있는 방식을 따져

2018년 베네딕트 부아세옹(Bénédicte Boisseron)의 『아프로-독: 흑인성과 동물 문제(Afro-Dog: Blackness and the Animal Question)』가 출간되었다.

볼 것이다. 마지막으로 타자화가 지닌 이러한 문제가 에코페미니즘 연구에서 다뤄질 수 있는 방식을 검토함으로써 누가 어떠한 목적을 위해 **타자**가 되는지에 관해 변화하는 지형을 인식하고, 이러한 맥락에서 다종적 목격이라는 에코페미니즘적 실천이 제공할 수 있는 것이 무엇인지 상상해 보고자 한다.

폭력의 환경: 동물 타자 만들기

나(길레스피)는 워싱턴주 이넘클로의 다종적 경매장에서 소와 송아지가 경매장 링에 입장하기를 묵묵히 기다리며 사람들 사이에 앉아 있었다. 이 경매장에서는 낙농에 국한된 경매와 달리 염소, 양, 돼지, 소와 같은 여러 종이 판매된다. 경매장 링에 입장하는 문 뒤편에서는 동물들이 실랑이를 벌이는 소리와 끼익하는 비명 소리가 들렸다. 문이 열리고 다섯 명의 분홍색 새끼 돼지가 진흙과 배설물을 튀기며 링 안으로 뛰어들었다. 그들은 그들을 움직이게 하기 위한 패들에 얻어맞는 것을 피하려다 서로 부딪히며 비명을 질러 댔다. 각 새끼 돼지들의 엉덩이에는 숫자가 대충 쓰여 있었고, 이는 이들이 (집단이 아닌) 개체로서 각각 팔리게 될 것임을 의미했다. 경매인이 큰 소리로 값을 부르자 링은 순식간에 인간과 돼지의 몸이 뒤섞인 혼란스러운 쟁탈전의 장으로 변했다. 또 다른 노동자가 링 안으로 들어와 돼지들을 통제했다. 입찰이 끝나 각 돼지들의 운명이 결정되자, 이들은 마치 서로 다른 방향의 미래를 향해 이미 찢어진 것처럼 정신없이 흩어졌다. 노동자 중 한 명은 새끼 돼지 넷을 출구 바깥으로 내보내려 애썼지만 남은 한 명의 돼지가 링 주위를 정신없이 달렸다. 다른 노동자가 이 돼지를 쫓아갔고 자기 몸으로 돼지를 벽 쪽으로 밀어붙였다. 돼지의 작은 몸은 꼼짝할 수 없었고 울음소리는 더욱 커졌으며 노동자가 바닥 쪽으로 몸을 숙여 돼지를 거칠게 잡자 돼지는 눈에 띄게 몸을 덜덜 떨었다. 그는 마침내 돼지를 문밖으로 던졌다. 바닥에 떨어진 돼지는 다리를 심하게 절뚝이며 문밖으로 황급히 나갔다.

***

나(나라야난)는 당나귀가 내는 높은 음의 비명을 듣고 나서야 흥분하고 불안해하고 불평하는 것 같은 당나귀의 모습을 모두 볼 수 있었다. 나는 소 구조대vigilante를 따라 아메다바드에 있는 소 보호소이자 소들을 묶어 두고 숭배하는 사원으로도 쓰이는 가우샬라gaushala로 가는 길에 때 묻은 흰색의 마른 당나귀 한 명이 부러진 앞발굽이 허락하는 한 가장 빠른 속력으로 우리를 향해 달려오는 것을 보았다. 그 당나귀는 내 동료를 향해 계속해서 얼굴을 디밀고 비벼 대며 반가움의 표시로 거리낌 없는 기쁨과 안도를 표현했는데, 나는 이러한 표현을 오직 개한테서만 보아 왔었다. 소 구조대는 도살을 위해 불법적으로 운송되는 '폐기용 소'로 가득 찬 트럭을 압수하고 난 뒤였다. 가우샬라로 가는 길에 그들은 길에서 몸이 상해 피투성이가 된 채 수척해진 모습을 한 당나귀가 한 발자국도 걷지 못하는 모습을 보았다. 그는 아마 이전에 도시를 둘러싼 벽돌가마 지역에서 짐꾼으로 이용되다가 죽기 직전까지 과로했고, 넘어지면서 심하게 다치자 버려졌을 것이다.

2019년 C. 루 해밀턴(Lou Hamilton)의 『비거니즘, 성, 정치(Veganism, Sex, and Politics)』가 출간되었다.

가우샬라는 소 구조대와의 정치적 관계를 고려해 한발 물러서서 마지못해 그 당나귀를 받아들였다. 그렇지 않았다면 보통 경멸받을 만하다고 간주되는 동물은 그들의 '높은 카스트 계급' 공간을 모욕하는 것과 다름없었을 것이었다. 하지만 당나귀가 흥분에 차 계속 소리를 지르자—그는 "왜 이렇게 늦게 왔어?"라며 사랑하는 구조원에게 물어보는 듯했다—구조대는 필사적으로 그를 조용히 시키고자 했다. "쉿, 쉿, 괜찮아. 조용"하고 속삭였다. 그 당나귀는 가우샬라에 친구가 없었다. 다른 당나귀도 없었으며 소와 어울리도록 허락되지도 않았다. 관리인은 당나귀의 존재를 싫어했고, 그의 울음소리를 조롱하며 그를 인도의 유명한 전통음악 가수 중 한 명의 이름인 '라타'라고 부르며 놀렸다. 가마 지역에서의 시간에 여전히 몸이 아픈 듯한 당나귀는 관리인의 시야를 피해 있을 수는 있었지만, 그가 가우샬라에 계속 있을 수 있는지는 너무 불확실했기 때문에 그를 조용히 시킬 수밖에 없었다.

***

낙농업 공간은 동물 착취 산업이 교차하는 전 지구적 식민지-자본주의의 분위기를 이해하기 위해 사용하고 있는 용어인 **폭력의 환경**으로 특징지어질 수 있다. 이러한 산업들은 동물을 **자본**이자 **식민화 대상**으로 보는 근본적인 개념에 뿌리를 두고 있으며, 이는 태어날 때부터 폭력의 대상이 되도록 하는 논리다(Belcourt 2015; Collard 2020; Shukin 2009). **환경**에 주의를 기울이면 낙농업과 충돌하는 산업들이 겹쳐 있는 양상을 설명하는 데 도움을 줄 수 있다. 배터리 케이지에 닭을 가두는 계란 산업, 다음 날 도살될 양과 염소로 운영되는 우유와 고기 산업, 새끼 돼지가 자본으로 순환하는 전 지구적 돼지고기 산업, 인간과 동물의 권리를 엄청나게 침해해 활동가들은 그 생산품을 "피의 벽돌"이라고 부르는 남아시아 전역에 퍼진 가마 산업 등. 착취 현장의 동물들을 중심으로 유착되어 있는 폭력의 환경은 동물들이 견디고 있는 신체적이고 감정적인 피해의 여러 층위와 강도 들을 통합함으로써 성립된다. 폭력적 세계는 이러한 장소들 안팎에서 공기처럼 퍼지며 나타나며, 이는 이 특정한 환경을 정의하는 동시에 그것을 넘어 이동함으로써, 더 폭넓은 범위에서 동물에 대한 폭력을 정상화하는 관념과 관행을 형성한다. "환경이라는 용어는 그 자체로 다음과 같은 질문에 대한 응답으로 존재한다. 개별적인 신체들로 환원되지 않으면서도 그 신체들에서 발원하는 집단적인 정동에 어떻게 주의를 기울일 수 있을까?"(Anderson 2009, 80) 우리는 여기에서, 그리고 우리의 현장 연구에서 개별 동물들과 그들의 경험에 집중하고 있지만, 환경의 "집단적인 정동"은 이러한 형태의 폭력이 수행되고 유지되는 방식을 이해하는 더 많은 창구를 제공한다.

에코페미니스트들은 **타자**라고 간주되는 자들을 배제, 억압, 침해하는 타자화의 작동 방식에 각별한 주의를 기울여 왔다. 낙농업과 교차하는 산업들 속 동물들의 목격이라는 맥락에서 **타자화**는 다양한 영역에서 폭력의 환경에 기여한다. 동물들은 인간에게 있어서 비체적 타자로 개념화된다—이는 인종, 젠더, 장애 유무, 민족 혹은 계층의 분할선을 따라 위계화되는 이미 논쟁적인 범주다(Jackson 2020; Kim 이 책 10장, 2015; Ko and Ko 2017; Narayanan 2018; Taylor, 이 책 7장, 2017). 타자화는 체현되고 감정적이고 관계적인 동물들의 삶에 대해 우리가 이해하는 데 있어 근거

2019년 기후 활동가 그레타 툰베리(Greta Thunberg)가 『타임』지 "올해의 인물"로 선정되었다.

가 되며, 그들 존재의 이러한 타자됨은 그들을 열등하고 착취 가능한 것으로 만든다. 그들의 타자성은 그들을 취약하고 영속적인 위태로운 상태로 남겨 둔다(Butler 2009). 물론 모든 생명이 위태롭지만(Butler 2009), 인간 타자와 비인간 타자의 생명과 그 환경은 타자화를 통해 구조화·정당화되는 자본주의 아래에서 퇴거, 추방, 상품화, 생명 자체의 유전적 재구조화, 열악하거나 심지어 독성 물질이 있는 현장에서의 거주 등 수많은 고통의 형태로 점점 더 강렬하게 나타나고 있다. 시장의 경제적 논리는 사회정치적 타자화의 은밀하고 동일하게 폭력적인 형태와 복잡하게 맞물려 있다. 식민주의와 자본주의는 "타자성"의 소비/섭취에 기반하며, 이는 종종 정말로 문자 그대로의 의미를 가진다(Monguilod 2001, 189).

우리는 인간이 타자화와 배제의 경험에 감정적·신체적visceral 으로 반응한다는 것을 알고 있다. 스트레스에서 절망, 우울증, 불면증, 심지어 소화불량까지 말이다(Devadoss 2020). 동물들도 마찬가지로 **타자**가 되는 것의 결과를 예민하게 느끼며, 우리의 도덕적 고려와 돌봄에서 제외되거나 그것을 받을 가치가 없다고 간주될 때 신체적이고 정신적인 트라우마와 고통을 경험한다. 우리 둘은 모두 현장 연구 장소에서 예컨대 **소리**가 폭력, 타자화, 표현, 저항의 환경이 되는 방식과 크게 맞닥뜨렸다. 동물들의 소리와 목소리, 체현된 상태와 경험, 그리고 이러한 공간에서 펼쳐지고 난설되는 관계는 인간의 고함, 욕설, 일상적인 수다, 웃음과 충돌한다.

데바도스(Devadoss 2020)가 강조하듯 소리는 정치적이며, 동물들의 포효, 고함, 비명, 꽥꽥대거나 히잉 하는 울음, 짖음, 칭얼거림은 물리적이고 은유적인 경계와 국경을 넘어 이동한다. 어떤 동물들의 소리는 인간의 상상 속에서 경멸스럽거나 불쾌한 것으로 너무 깊이 뿌리박혀 있어 **누가** 들릴 수 있고 "누가 목소리를 가졌고 가지지 못했는지"(Taylor 2017, 61)[2]의 관념에 혼란을 초래한다. 인간의 경우 **청각적 타자화** 혹은 언어와 악센트를 통해 표현된 소리는 가장 중요하면서도 빈번하게 무시되는 미묘한 인종차별의 양상이다(Devadoss 2020). 영어가 문화를 특권화, 균질화, 동화하는 식민주의적이고 신식민주의적인 도구로 종종 사용되는 것과 마찬가지로(Devadoss 2020), 언어 자체의 **인간적** 형태—공포, 고통, 아픔, 저항의 표현 따위—는 비인간 타자의 목소리와 발화를 완전히 비합법화하는 방식이다. 심지어 많은 동물 보호 단체에서조차 "목소리 없는 자"들을 옹호한다고 주장한다(Voiceless 2020; Dave 2014 참조). 동물의 목소리 없음에 관한 동물옹호의 담론을 비판하는 수나우라 테일러(2017, 62)는 아룬다티 로이(Arundhati Roy 2004)를 인용하며 "'목소리 없는' 자란 존재하지 않는다. 오직 침묵을 강요받았거나 듣지 않으려 하기에 들리지 않게 된 자들이 있을 뿐"[3]이라고 말한다.

구조원을 다시 본 기쁨에 울음소리를 내던 가우샬라의 당나귀는 가우샬라 노동자들의 기분을 거슬렀다가 보호소에서의 이미 위태로운 지위마저 잃게 될까 봐 "침묵을 강요받았"다. 새끼 돼지들의 고통스러운 비명은 이들에게 집중하고 있는 관찰자에게는 고통스럽게 들리지

2 수나우라 테일러, 『짐을 끄는 짐승들』, 이마즈 유리·장한길 옮김, 오월의봄, 2020, 125쪽.—옮긴이.

3 위의 책, 127쪽에서 재인용.—옮긴이.

만, 경매인은 그저 목소리를 높여 돼지들의 소리는 "듣지 않으려 하기에 들리지 않게 된" 소리가 되어 묻히고 말았다. 도살장의 염소와 양이나 닭장 속 닭들의 울음도 "듣지 않으려 하기에 들리지 않게 된" 소리로 도살장과 경매장 마당의 배경음으로 녹아들어 사라진 것 같았다. 공간의 외부인인 우리들에게 새끼 돼지, 염소, 양, 닭의 울음은 그들의 고통이 생생하고 긴급한 것으로 느껴지게 했고, 당나귀의 흥분된 울음소리는 그러한 비체적 공간에서도 기쁨을 표현하는 것으로 들렸다. 이러한 동물들의 목소리는 그들의 스트레스, 공포, 고통, 기쁨, 연결의 경험을 표현하는 동시에 그들의 주체성을 인정하지 않는 맥락 속에서 그들을 타자로 만들었다.

이러한 공간에서 착취되는 동물들의 체현된 조건에 주의를 기울이는 일은 어떻게 "신체 그 자체가 타자성의 매개체로 이해될 수 있는지"(Iovino 2013, 193)를 강조해 보여 준다. 타자화는 동물들을 "그들의 생물학적 종 정체성이라 간주된 것이나 재생산 능력으로" 환원하고, "특히 인간에 의해 가축화/노예화되어 인간과의 관계에 들어서거나 그 안에서 태어난 동물들은 동물과 동물의 체현에 대한 우리의 관념에 의해 매개되는 삶을 산다."(Deckha 2012, 534) 동물들의 체현된 타자성은 모든 종류의 신체적 침해, 전유, 폭력, 살생의 정당화 근거가 된다. 동물들의 신체가 소비 가능하다는 지배적인 생각으로 이들의 주체성과 경험이 완전히 가려진다는 점에서 폭력의 환경은 이들이 "부재 지시대상"이 되는 방식으로 동물의 신체가 타자화되는 과정에 기반한다(Adams 1990). 경매장 마당에서 새끼 돼지의 신체는 미래의 고기로 이미 틀 지어지며, 그가 링 주위를 미친 듯이 달리자 그것은 관리와 이동의 문제가 되고, 그의 생기는 불편함을 주는 것으로서 폭력적인 취급에 직면했다. 가우샬라에서 만났던 당나귀의 몸은 극심한 노동으로 파괴되고 망가져 돌봄을 필요로 하는 불편한 몸이었다. 고기와 노동으로 이러한 개체들을 개념화하는 것은 그들의 신체가 타자화되는 것에 의존한다. 돼지와 당나귀는 전 지구적 맥락과 지리적으로 특정한 맥락 모두에서—불결하거나 비루하거나 '낮은 카스트'인—특히 비체적인 존재다.

타자화는 이러한 폭력의 환경에서 동물의 사회적이고 감정적인 관계를 도매금으로 부인하는 방식으로 작동한다. 그렇기에 연결과 다정함의 순간은 이러한 맥락에서 더욱 가슴 아픈 일이 된다. 경매가 끝난 후 새끼 돼지들은 추운 겨울 습한 곳에 있는 작은 진흙 우리 안에서 다친 돼지 주변에 모여 코를 부드럽게 갖다 대며 기다리고 있었다. 이는 서로 다른 구매자들이 그들을 찾아가기 전에 그들이 함께 있는 마지막 순간으로, 그들은 서로 온기를 나누고 안심시키기 위해 함께 옹기종기 모여 있었다. 진흙과 설사가 몸에 두껍게 덮인 작은 송아지는 그의 머리를 근처에 있는 우리의 울타리 바깥으로 내밀어 새끼 돼지 한 명의 몸을 핥아 주었는데, 이는 그 둘 모두를 놀라게 한 일처럼 보였다. 송아지는 이어 그의 우리 안에 있는 다른 송아지 한 명을 그루밍하기 시작했고, 이는 공간적으로 분리와 소외를 경험하도록 설계된 환경에서 서로에게 돌봄과 안락함을 주는 행위였다. 도살장에서 어린 염소는 그의 작은 뿔을 이용해 잠긴 문을 열고자 했을 때 너무 빨리 자라도록 거의 강제된 것처럼 보였다. 다른 두 염소는 뒤에 서서 눈을 떼지 않고 그를 바라보았고, 그들은 그 염소가 그렇게 절박하게 이루려고 하는 게 무엇인지 알고 있는 것처럼 보였다. 염소가 마침내 포기하고 문에서 멀어졌을 때 그는 털이 복슬복슬한 양들과 옹기종기 모여 자이푸르 사막의 더위 속에서조차도 안전과 안도감을 찾기 위한 본능적visceral이고 신체적인 요구를 드러냈다.

폭력의 환경은 그곳에 사는 동물들의 좌절, 외로움, 비통함으로 넘쳐흐른다. 다른 이들로부터의 소외는 타자화의 특유한 방식으로, 동물들은 다른 동물들과 주의 깊은 돌봄과 연결의 순간을 탈환함으로써 그것에 적극적으로 계속 저항한다. 물론 착취가 극심한 장소에서 이러한 순간들은 매우 드물게 일어나겠지만, 우리는 로리 그루언과 캐리 웨일Kari Weil이 경고했듯 "특정한 개체가 경험하는 고통에 집중할 때 우리는 그가 공동체에서 다른 존재들과 나눌지 모를 기쁨 같은 그 삶의 다른 면을 간과하는 경향이 있다"(Gruen and Weil 2012, 479)는 점을 유념해야 한다. 새끼 돼지와 송아지, 당나귀와 소 구조대 사이의 다정한 순간은 그들이 경험하는 고통과 고립 앞에서 더더욱 중요해진다.

이러한 환경의 체현적이고 감정적이고 경험적인 특징은 동물들이 당하는 폭력의 특성으로 심화될 수 있고, 동시에 목격과 돌봄을 통해 조우하고 애초부터 동물을 폭력의 대상으로 만드는 착취의 논리에 저항하며—순간적이나마—잠재적으로 변화될 수 있다. 우리는 연구 현장에서 동물들 간의 짧은 돌봄의 순간들을 여러 차례 목격했고 때때로 이는 인간과 동물 사이에서도 일어났다. 어떤 때 우리는 그러한 인간이 되지만, 그렇지 않을 때도 있다. 이는 이러한 폭력의 환경에서 타자를 만드는 데 저항하는 동시에 참여하는 우리의 문제적인 역할을 가리키는 것이기도 한데, 이제 이 문제를 다뤄 보고자 한다.

페미니즘 연구에서 동물의 타자화

워싱턴주 에버슨의 컬cull[4] 경매장은 '폐기용' 소들이 도살되기 위해 팔리는 곳으로, 회색 말 한 명이 소 무리를 가둔 큰 우리와 멀리 떨어진 구석의 작은 우리에 홀로 갇혀 있었다. 내가 다가가자 말은 긴 속눈썹 아래로 나(길레스피)를 쳐다보며 조용히 서 있었다. 나는 그의 앞쪽으로 다가갔다. 나는 그를 만지려고 하지 않았다. 인간들이 일상적으로 동물의 신체를 강제로 침해하는 공간에서 그의 몸에 대한 권리를 나에게 부여하지 않도록 주의했다. 이러한 상황에서는 부드러운 손길조차 모욕으로 느껴질 수 있었다. 우리는 거기 조용히 서서 서로를 마주 보았다. 나는 그가 숨 쉴 때마다 콧구멍으로 찬 공기가 드나드는 것을 볼 수 있었다. 그는 고개를 내 쪽으로 들어 눈을 더 똑바로 쳐다보았다. 그는 흰 반점이 있는 아름다운 회색 털에 밝은 색의 갈기와 꼬리를 가졌으며 몸 상태도 좋은 것 같았다. 나는 그가 왜 경매장에서 팔리게 되었는지, 어디에서 왔는지, 어디로 가는지, 여기에 있기까지 어떤 관계가 단절되었는지 알고 싶었다. 이런 생각들이 섬광처럼 스쳐 지나가는데, 고통스러워하는 소의 울음소리가 경매장 마당을 가로질러 울려 퍼졌고 이는 내가 왜 그곳에 있는지 그 이유를 상기시켰다. 나는 말 반대편으로 돌아서서 소를 살피고 경매를 보기 위해 움직였다. 나는 빠르게 그를 잊어버렸고, 나중에 현장 노트를 자세하게 적어 내려갈 때가 되어서야 스치듯 그를 떠올렸다.

4 도태되었다고 여겨지는 동물을 가리키는 단어. —옮긴이.

2020년 자키야 이만 잭슨(Zakiyyah Iman Jackson)의 『인간 되기: 반흑인 세계에서의 물질과 의미(Becoming Human: Matter and Meaning in an Antiblack World)』가 출간되었다.

* * *

서른 명의 당나귀가 등에 진 임시 자루에 실려 있던 아직 구워지지 않은 무거운 벽돌들 중 마지막 벽돌이 비워졌고, 자루들은 바닥에 내던져졌다. 거의 정오가 다 된 시각이었고, 당나귀들은 하루 중 가장 시원한 시간을 최대한 활용하기 위해 새벽 세 시부터 일하고 있었다. 당나귀 주인은 이 벽돌 가마 바로 옆에 있는 고속도로에 당나귀들을 먹이려 데려온 것 같았다. 플라스틱 쓰레기와 썩은 음식 더미가 고속도로를 따라 늘어서 있었고, 절박한 상황에 있던 당나귀들 각자가 앞으로 몇 시간 안에 먹이를 찾는 데 겨우 성공하면 그것으로 그날의 식사를 하게 될 것이다.

나(나라야난)는 내게 전혀 친숙하지 않았던 종인 당나귀를 일부러 목격하고자 거기 있었다. 지난 5년간 나는 소과 동물들과 작업하는 데 너무 빠져 있었고 그들의 가장 아름답지만 동시에 위험한 뿔로부터 내 안전을 지키기 위해 이 동물들의 앞쪽에 있는 것을 피하려 애쓰는 데 익숙해져 있었기 때문에, 그날 아침 일찍 당나귀 생츄어리를 방문했을 때 당나귀가 그의 동료를 차기 위해 엉덩이를 번쩍 들어올리는 것을 보고 놀라움을 금치 못했다. 나는 각 개체를 가능한 한 집중해서 목격하려 했는데, 이들을 조우할 때마다 마음이 저며 왔다.

고속도로의 풍경을 둘러보다 나는 갑자기 얼어 버렸다. 좀 더 아래쪽을 보니 12명의 홀스타인 소와 여덟 명의 버팔로가 말뚝에 묶여 있었다. 그곳은 고속도로 바로 끝에 있는 불법 낙농장이었다. '신이시여!' 나는 낙농 연구를 하는 몇 년 동안 가능한 한 열성적으로 모든 소, 버팔로, 황소, 송아지를 따라다녔고, 그들을 목격하는 것을 의도적으로 피한 적이 없었다.

나는 멈춰 서서 그 자리에 붙박인 채 조금 더 머물렀고, 그런 다음 등을 돌렸다.

마르고 어린 당나귀 하나가 코를 박고 근처의 쓰레기를 뒤지지만, 아무것도 찾지 못했다. 나는 나의 손을 꺼내 먼지와 모래가 수 킬로그램 쌓인 듯 거칠고 오돌토돌한 그의 털을 부드럽게 만졌다. '정말 미안해.' 나는 슬픔과 혼란스러운 마음으로 속으로 울부짖었다. '언젠가 나도 그를 타자화하게 되는 걸까?'

***

에코페미니스트들은 이러한 폭력의 환경에서 발생하는 추상화에서 비롯한 타자화의 관행에 대항하는 방법으로서 개체적이고 체현되고 특정한 단수적인 동물과 그의 살아 있는 경험에 초점화된 주의를 기울일 것을 요구해 왔다. 이러한 주의의 형태는 다종적 돌봄 관계 안에 있는 동물들에 대한 이해와 돌봄 윤리를 필요로 한다(Donovan and Adams 2007). 실제로 그루언(2015, 35)은 "'주의'는 돌봄 윤리의 가장 중요한 특징 중 하나로, 이는 동물 개체에 대한 주의는 물론이고 동물 간의 차이, 그리고 우리와 그들 사이를 분리하고 그 거리를 유지하는 더 큰 구조적 힘에 대한 주의를 말한다"고 설명한다.

특정한 개체에 그러한 주의를 기울이는 것을 통해 지금 여기에서 다른 동물 존재에 대한 연민을 폭넓게 확장하는 더 보편적인 실천을 상상할 수도 있다(Donovan and Adams 2007). '타자'에 대한 연민은 타자성을

2021년 마니샤 데카(Maneesha Deckha)의 『인간중심적 법질서에 대항하는 법적 존재로서의 동물들(Animals as Legal Beings Contesting Anthropocentric Legal Orders)』이 출간되었다.

완전히 사라지게 할 수 있으며 도노반은 그러한 이해가 "의인화된 것도 아니고 다른 유기체의 분리되고 서로 다른 현실을 부정할 필요가 있는 것도 아니"라며 중요하게 지적한다(Donovan and Adams 2007, 179). 그렇기에 당나귀의 흥분과 공포를 표현하는 높은 울음소리, 새끼 돼지의 공포심에 찬 비명, 버팔로와 소가 낙농장에서 부르짖던 울음소리 들은 모두 사실 종 특정적 표현과 거리가 멀며, 그에 대한 인간의 해독 불가능성은 표면적인 데 그친다. 도노반은 막스 셸러(1970, 11)가 말했던 "모든 표현 언어를 위한 (…) 보편 문법"이라는 개념을 활용해 차라리 인간은 다른 종의 **특정한** 개체에 대한 연민을 또 다른 앎의 타당한 형태로서 사용해 그러한 표현을 해독할 수 있어야 한다고 주장한다.

우리 둘은 모두 우리의 연구에서 이러한 돌봄 윤리를 적용했다. 현장에서 우리는 각 개체들에 집중하기 위해 애썼고, 이러한 공간의 조건에 따른 강력한 추상화에 저항하기 위해 끈질기게 노력했다. 우리는 연구 과정에서 마주하는 여러 개별 동물과의 짧은 조우에서 수집할 수 있었던 이들의 이야기를 공유하기 위해 자세히 기록했다. 우리는 이러한 개체들의 목소리, 체현된 상태, 다른 존재와의 관계 유무에 가능한 한 깊이 주의를 기울이려 노력했다.

그런데 이를 돌아보면 우리가 하나에 초점을 맞출 때 다른 것들은 초점에서 벗어나게 된다는 것이 분명해졌다. 소, 버팔로, 당나귀 등 하나의 종에 속한 개체에 초점화된 주의를 기울인다는 것은 그러한 초점화된 주의가 같은 착취의 공간에 살고 있는 다른 개체나 다른 종을 부인하는 것을 의미했다. 어떤 개체에 초점화된 주의를 기울이는 일은 그 개체가 얽혀 있는 더 넓은 구조에 초점을 유지하는 것을 힘겹게 만들 수도 있다. 일면 이는 한 번에 모든 것에 초점을 맞추는 것은 불가능하다는 식으로 단지 초점화된 주의의 본성 때문이라 설명될 수도 있다. 우리는 이에 동의한다. 물론 **그러하다**. 하지만 우리의 연구가 완전해지고 현장에서 우리가 조우한 동물들과 그렇지 않은 동물들, 그리고 앞으로도 만날 일 없는 동물들에 대한 설명에 책임을 다하기 위해서는 반드시 이 문제를 함께 다루어야 한다.

우리는 우리 각각의 지리적 연구 장소에서 일어나는 소과 동물들에 대한 착취의 특정한 양상을 꽤 분명하게 포착했을 수도 있다. 하지만 지금 이러한 다른 동물들을 향해 주의를 전환하고 나서 깨달은 점은 우리가 소과 산업의 중요한 특징을 놓친 것 같다는 것뿐만 아니라 낙농업 안팎의 동물 착취를 특징짓는, 복잡하게 공유된 폭력적인 환경에 대한 더 완전한 이해의 기회를 놓쳤다는 것이다. 예를 들어 당나귀**와** 소에 대해 **동시에** 숙고하지 않고 벽돌 가마와 낙농장 사이의 어떤 실질적인 전 지구적 상호관련성을 찾는 일은 어려울 것이다. 추출적 자본주의의 이 교활한 힘들은 매우 상호의존적이다. 벽돌은 인간이 건설한 문명의 기초적인 재료로, 그 벽돌은 낙농장을 짓거나 실제로 가우샬라나 동물 생츄어리, 동물병원을 지을 때의 재료로도 쓰였다. 인도의 벽돌 가마와 낙농장은 모두 허가받지 않은 불법 건축물임에도 불구하고 전 지구적 자본주의 그 자체를 뒷받침하는 전 지구적 비공식 경제의 일부에 해당한다(Narayanan 2019). 지역적 층위에서 보면 벽돌 가마의 노동자들은 우유를 마시기 위해 낙농장을 이용하며, 농장은 가마로부터 벽돌을 구입한다. 소와 당나귀는 유독성 폐기물을 두고 경쟁한다. 소가 낙농 착취의 긴 역사를 견디고 있는 동안 당나귀를 사용하는 새로운 혁신이 이제 그들의 젖을 사용한 화장품과 색다른 치즈 상품으로 나타난다.

그렇다면 비록 **서로 다른 종**에 속하지만 자본주의의 이러한 문제적인 힘의 핵심에 있는 여러 **개별 동물**들은 어떠한가?

우리의 과거 연구 현장으로 방향을 돌려 그때 있었지만 간과되었던 다른 동물들을 상기하는 회고적 목격을 통한 실천에 참여하는 일은 우리가 놓쳤던 동물들에게 일종의 배상을 하고 우리가 전 지구적 동물 착취에 대한 더 포괄적인 설명을 채워넣는 데 도움을 줄 수 있다. 우리는 착취의 공간에서 개별 동물이 겪는 곤경을 평생 연구하더라도 인간사회에서 동물의 비체화가 일어나는 깊이와 너비에 대한 진정한 이해에는 다다르지 못하고 그 표면만 건드리게 될지 모른다는 것을 안다. 하지만 이러한 종류의 회고적 목격에 참여하는 우리의 희망은 이를 통해 미래의 연구에서 더 총체적인 다종적 목격의 실천을 발달시키고, 식민지-자본주의 시스템에서 동물이 겪는 곤경에 대한 더 포괄적인 지식을 얻는 것이다. 우리는 우리가 조우했던 동물들의 타자화—처음에는 소과 동물이 아닌 동물들, 그 다음에 나라야난에게 충격을 주었던 **소과** 동물들 그 자체에 대한—를 숙고했던 것처럼 현장 연구에서의 기억이 모인 아카이브를 파헤쳐 거슬러 올라가는 과정에서 **이러한 타자들에게도 타자들이 있다**는 사실을 깨닫게 되었다.

경매장 마당에 있던 회색 말은 그러한 개체 중 하나다. 소의 울부짖는 소리와 인간의 고함소리가 만드는 불협화음 속에서 그는 침묵과 고요를 지키며 거의 완벽하게 눈에 띄지 않았다. 그는 여러 소들이 자기가 사랑하는 새끼를 빼앗겨 울부짖던 것이나 돼지들이 꽥꽥 소리를 내고 닭들이 울던 것과 달리 사랑하는 존재를 잃은 데 대해 소리 내며 울고 있지 않았다. 이 같은 표면적인 관찰은 그를 마음속에 담아 두고 그 순간에 바로 망설임 없이 다음 행동을 이어 가도록 했다. 그렇지만 이 말로 되돌아가 생각해 보면, 이 환경에서 그를 기억할 만한(심지어 **평범하지 않은**) 것으로 만든 것은 정확히 그러한 특징이었다. 그의 고요한 침묵은 움직임과 소음으로 정의되는 경매장 마당에서 이례적인 경우에 해당했다. 모든 소가 각기 다양하게 쇠약하고 기진맥진한 컬 경매장에서 그의 건강한 신체적 외양은 강한 대조를 이루며 눈에 띄었다.

어쩌면 그가 동물 자본의 폭력에 덜 심각하게 시달렸다고 말하고 싶을지도 모른다. 하지만 그의 침묵, 겉보기에 좋아 보이는 신체 상태, 고립을 수용한 듯한 모습을 그가 잘 살고 있다는 증거로 받아들이는 것은 실수다. 물론 다른 종들은—그리고 다른 **개체들**은 더더욱— 그들 자신을 다르게 표현하고 자신의 감정을 청각적이고 비청각적인 방식으로 표현한다. 그를 보기 위해 고작 몇 초 동안 멈춰 선 소 연구자에게 그의 진정한 건강과 신체적 안녕은 제대로 파악될 수 없다. 그 만남에서 그가 맺는 **관계**에 대해 아주 조금이라도 더 생각해 본다면, 말이 다른 말들과 함께 생활하며 번성하는 매우 사회적인 무리 동물이라는 사실을 알아차릴 수 있었을 것이다. 반면 이 말은 낯선 곳에서 홀로 있었다. 어쩌면 그의 침묵과 고요는 부분적으로 그 공간에서 그가 느낀 불편함이나 공포의 표현이었을 것이다. 가령 말들은 공포를 느낄 때 때때로 달아나지만 그 대신 그 자리에 멈춰 서서 얼어붙거나 이를 갈기도 한다. 그를 관찰하던 그 순간에 떠올릴 수 있었던 가정들은 그를 타자로 만드는 데 기여했다. 돌아보면 오직 그에 대해 궁금해하는 것만이 가능한데, 나는 그 순간 그의 곤경에 대해 완전히 인식하거나 몰입할 수 있는 기회, 그리고 그 경매장 마당이 놓인 폭력의 환경에 대해 더 배울 수 있는 기회를 놓쳤던 것이다.

벽돌 가마와 그 근처 낙농장에 가까이 있는 도로 한편에서 어미 당나귀는 고속도로에 쌓인 쓰레기 더미 근처에 조각상처럼 가만히 서 있었고, 작고 마르고 갈색인 그 당나귀는 거의 자기만큼 큰 새끼에게 젖을 먹이고 있었다. 열 시간 이상의 고된 노동 후에 명백하게 굶주려 있음이 분명한 근처의 몇몇 당나귀들은 몹시 불안에 떨며 먹이를 찾고 있었다. 게다가 이 어미 당나귀는 수유 때문에 신진대사상 극심한 허기를 경험하고 있었다. 그럼에도 어미 당나귀는 자신과 마찬가지로 이 시간 동안 아무것도 먹지 못했을 자신의 새끼가 자기 젖을 빠는 동안 꼼짝도 하고 있지 않은 것이 분명했다. 이 어미와 새끼가 안겨 준 슬픔에 빠져 있던 나(나라야난)는 나 자신도 모르게 고속도로의 낙농장으로 걸어가고 있다는 것을 알아차렸다. 그곳에 도착했을 때 내 눈은 인도 낙농의 지리를 빠르게 훑고 있었다. 아니나 다를까 말뚝에 묶인 소들의 줄 맨 끝에는 굶어 죽을 것 같은 남자 송아지 세 명의 작은 몸뚱이가 포개져 있었다. 이들이 죽으려면 4~5일은 더 걸릴 것 같았고, 그 순간에 젖이 무거운 이들의 어미는 사슬에 묶여 3미터도 채 안 되는 거리에서 울부짖고 있었다.

수유 트라우마는 보통 벽돌 가마에 있는 동물들과 관련지어지지 않는다. 동물활동가조차 당연하게도 동물들의 과중한 노동으로 인한 심각한 부상과 고통에 주로 관심을 둔다. 우리는 소와 버팔로가 그들의 새끼와 수유로 맺어진 관계가 붕괴되며 겪게 되는 고통에 초점을 맞추지만 당나귀와 그의 새끼도—그리고 우리가 결코 알지 못할 사연을 가진 홀로 있던 말이나 엄마와 떨어져 겁에 질려 있던 새끼 돼지들도—일상적으로 비슷한 공포에 직면한다. 사실 자기가 가진 재생산 능력으로 아주 공공연하게 상품화되지 않는 동물들이 겪는 재생산 폭력과 관계적 단절의 트라우마를 이처럼 좀 더 완전하게 목격할 수 있었던 것은 최근의 낙농 연구 덕분이다. 낙농 생산의 트라우마 자체는 이미 대부분 가려져 있고, 이러한 은폐는 **젖을 생산하지 않는** 동물들에 대한 재생산 폭력의 경우에 더욱 극대화된다. 우리가 특히 관심을 갖고 [근절하기 위해—옮긴이] 옹호하려는 고통은 자본주의하에 애초에 동물이 놓이는 **사용**의 구조와 얽혀 있는 경우가 많다. 그리고 우리가 그들의 고통을 이해하기 위해 우리가 직접 목격하는 시선에만 의존한다면 우리는 동물이 상품화된 노동으로 겪는 고통의 다층적이고 복잡하게 얽힌 측면에 대한 더 완전한 설명을 놓칠 수 있다.

결론: 변화하는 지형의 다종적 목격을 향하여

우리가 우리의 과거, 현재, 미래의 연구와 목격을 통한 설명/책임 가능성의 실천에 관해 깊이 생각할 때, 다음과 같이 묻는 일은 매우 중요해진다. '타자화'와 '동일성'의 기준을 결정하는 것이 바로 **우리**인 이 공간에서 작업하는 에코페미니스트로서 **우리**는 어떻게 해야 하는가? 어떻게 특정 산업에서 일어나는 착취의 특수성에 주의를 기울이는 동시에 다종적 목격의 복잡성과 상호연결성에도 주의를 잘 기울일 수 있을까? 어떻게 소과 동물에 초점을 맞추면서도 **소과 동물이 아닌 존재들**에게도 적절하고 사려 깊은 관심을 쏟을 수 있을까? 실제로 우리 시야에서 벗어난 바로 그 존재들을 목격한 결과, 종종 우리의 연구가 소과 동물이 아닌 종의 개체들에 대한 지속적인 관심을 요구하는 새로운 길로 펼쳐지자 다음 질문이 생겼다. 어떻게 소과 동물들에 대해서도 계속해서 설명/책임을 다할 수 있을까? 소수의 끝없는 탐욕과 이익에 봉사하기 위해 이 무고한 개체들의 삶을 피폐하게 하고 죽은 뒤에도 그들에게서 필요한 것이라면 모조리 추출하는 자본주의의 사슬에 대해 우리는 어떻게 완전한 설명을 제공할 수 있을까?

벽돌 가마와 낙농장 사이에서 얼어붙었던 것과 같이 우리 의도에 따라 다른 타자화가 일어나거나 일어나려 하는 불가피한 상황에서 겪게 되는 깊은 도덕적 망설임의 순간, 우리는 스스로에게 우리의 관심과 헌신을 한 종에게만 쏟는 것이 낫지 않겠냐는 질문을 던지게 된다. 확실히 더욱 남성주의적인 접근 방식의 동물 윤리 대부분에 퍼져 있는 이성에 대한 찬양은 오랜 기간에 걸쳐 한 종을 연구함으로써 계속 발전할 수 있는 종 특정적 지식과 같은 실용성을 강조할지 모른다. 우리는 또한 소와 버팔로를 설명해야 할 깊은 책임감을 느끼는데 다른 종에 초점을 돌리는 것은 이들로부터 **등을 돌리는** 뜻을 함축한다고 느끼기 때문이다.

하지만 계속되는 타자화에 있어서 이 한 종에 전적으로 그리고 미래에도 계속 집중하기를 요구하는 것은 실현 불가능하다는 게 거의 바로 명백해졌다. 캐스린 베일리(Cathryn Bailey 2007b, 357)는 이성을 내세워 여성, 유색인, 장애인의 목소리를 무효화했던 길고 억압적인 흐름을 토대로 무언가 **합리적**으로 보이는 것은 다른 동물들을 "침묵시키는" 효과적인 방식이 될 수 있다고 지적한다. 이성은 인간중심주의와 가부장제를 뒷받침하는 이분법을 만드는 일을 정당화한다. 베일리가 경고하듯 "이성"은 "정돈되지 않고 혼란스러운 현실을 가지고 이를 다룰 수 있고 논쟁할 만한 문제로 다듬어 낼 수 있다고 약속한다."(347) 지나치게 많은 감각적 자극을 주는 현장에서 **이성적**으로 목격을 실천하는 것은 연구자의 감정적 자기보호에 도움이 된다는 측면에서도 유혹적일 수 있지만, 사실 이는 다수의 타자들을 침묵시키고 억압하고 지우는 공모 계약을 체결하는 일일 수 있다.

게다가 연구의 초점을 조직화하는 논리로서 종에 의존하는 것조차 발 플럼우드(1993, 42)가 "이원론의 덫"이라 불렀던 것으로 이해될 수 있다. 이 덫에서 우리는 타자화의 작업을 영구화하는 일종의 이원론적 경계 만들기를 유지하는 데 무심코 기여하게 된다. 예를 들어 소과이거나 소과가 아닌 동물이라는 식으로 우리의 연구 대상을 생각하는 것은 현장 연구에서 소외되는 타자(소과가 아닌 동물)를 발생시킬 수 있는 이원론을 만들어 낸다. 종과 같은 이원론적 경계를 해소하는 에코페미니즘 연구의 헌신은 타자화의 이러한 문제를 피하는 데 도움을 주며, 우리가 동물 착취 산업에서 서로 구별되거나 분리된 것이라 종종 틀 지었던 것들 간의 연결을 좀 더 분명하게 드러내는 데에도 도움을 준다. 본질적으로 **환경**에 주의를 기울이는 **다종적** 목격의 실천은 더욱 심원한 수준에서 **에코페미니즘적**이다.

우리는 우리가 반복해서 겪었던 것들을 부인할 수 없다. 송아지와 돼지가 짧은 순간에 나눈 위로, 당나귀든 소든 **어머니**로서 겪는 불안, 낙농 경매장의 현기증 나는 분주함과 폭력 속에서 홀로 있던 말의 고독 등을 말이다. 그렇다면 다른 종에 집중하기 위해 소과 동물에게서 등을 돌릴 필요는 없다. 대신 우리는 초점의 전환과 변화를 허용하는 다종적 목격에 참여하면서 이러한 다양한 종의 개체들에 대한 주의를 유지할 수 있다. 이렇게 변화하는 지형은 사실 **환경**의 특징이다. 앤더슨(Anderson 2009, 79)이 썼듯 "환경들은 신체들이 서로 간의 관계 속에 들어서게 되며 영구적으로 형성되고 허물어지고, 나타났다가 사라진다. 환경은 결코 끝나거나 멈추거나 쉬지 않는다."

우리는 이제 **우발적인 타자화**와 **의도적인 타자화** 사이에 미세한 경계선이 있다는 것을 안다. 감정적·윤리적 힘이 너무 강력해 빠져나오기 힘든 현장에서는 우리가 최대한으로 주의 깊이 목격을 한다 해도 우리가 내리는 결정은 신중하게 계획되기보다 본능적으로viscerally 체현된 것일 경우가 더 많다. 사실 우리의 본능적instinctive이고 종종 비자발적인 반응에서도 우리는 인간/동물의 타자화가 근본적인 방식으로 해소된다는 것을 알게 되었다. 우리는 동물에게 **타자**가 아니다. 우리**가** 바로 동물이다. 낙농업의 폐허에서 소와 버팔로를 따라가다 마주한 이분법과 타자화를 해소하는 과정에서 우리는 주변부적 시야가 제공할 수 있는 완전한 관점을 깊이 이해하게 되었다.

주변부적 응시는 목격의 '더 사소한' 실천이 아니다. 또한 이는 우리가 소과 동물을 연구하려 현장에 들어섰을 때 우리가 생각했던 초점화된 주의와 같은 것도 아니다. 우리는 동물들의 몸의 풍경과 착취의 장소들이 차지하는 지형을 **타자로** 인식하거나, 혹은 원래 집중하던 존재로부터 **타자에게로** 초점을 전환하는 일에 대해 우려했지만, 이제는 응시의 변화가 허용하는 변화무쌍한 프리즘을 가치 있게 여긴다. 이를 통해 우리는 추출적 자본주의의 다양한 갈래나 서로 관련 없어 보이는 갈래 간 관련의 가능성과 복잡성을 더 잘 이해할 수 있게 되었다. 응시의 변화는 덜 집중하는 것이 아니라 다르게 집중하는 것으로, 주의 그 자체의 한 종류다. 우리는 동물의 삶과 신체의 가장자리나 가장 바깥쪽 경계 지대를 목격함으로써 지금 여기에 대한 가장 적합한 감각을 가질 수 있다. 실제로 예를 들어 소에 대한 좁은 시야는 우리의 응시를 기꺼이 변화시키는 감정적으로 위험한 노동보다 소에 대해 **적게** 아는 것을 감수하는 일일 수 있다.

그럼에도 우리가 뒤를 돌아보고 또 앞을 내다볼 때, 그리고 회고적 목격과 성찰에 계속 참여할 때 우리는 무심코 우리의 작업에 '타자'를 '동화'하는 실수를 하지 않는 데에도 주의를 기울여야 한다. 동화는 인종적·문화적·종교적 혹은 **종적** 다양성을 흡수해 보편화하고 동질화하는 과정을 가리키며 이를 통해 서발턴과 같은 '타자'의 본질적이고 구별되는 특성은 서서히 흐려지거나 사라지게 된다. 다시 말해 그 '타자'는 동화를 통해 즉 **타자가 아닌** 것으로서만 존재할 수 있는 것이다. 그러므로 '타자화'와 '동화'는 인종 정치에서 끊임없는 긴장 관계에 놓여 있다(Tanyas 2016). 그루언과 웨일(2012, 481)이 썼듯 "하나의 정체성이 다른 존재들에 영향을 미치는 유동적이고 가변적인 상호의존성으로 용해되면서, 그리고 동물의 타자성이 모든 종들의 안과 사이에 점점 더 위치하게 되면서, 특정한 비인간 동물의 특수한 곤경과 필요, 즉 그들의 차이(들)는 다시 사라질 위험이 있다."

우리는 이제 주변부적 응시가 더 명확히 대안을 찾는 데 중요하다는 것을 알고 이를 깊이 이해한다. 실제로 별로 관계가 없어 보이는 것들을 부인하는 일은 자본주의를 받치는 경계 지대를 침범하는 것을 꺼리는 태도가 될 수 있다. 자본주의의 폭력에 대한 여러 대안적 세계를 찾는 과정에서 에스코바르(2020, 2)는 "다른 가능성은 가능하다"고 자신한다. 공존의 다원보편적인 방식을 상상하며 에스코바르는 우리가 "무엇이 실제이고 따라서 무엇이 가능한지에 대한" 대담하고 돌봄에 기반한 새로운 대안을 구체화하는 방식을 "**느끼면서 생각**sentipensar"해야 한다고 강조한다(2). 달리 말해 **실제** — 그러므로 **가능한 것** — 는 쉽게 주어지지 않는다. 상품화의 폭력적인 구조에서 철저히 **객관적으로** 동질화되는 낙농업, 그리고 우유의 형태로 동질적인 상품을 계속 생산하기 위해 교배되는 동물들의 종류는 어쩌면 우리가 그것에 대한 우리의 관념을 대담하게 "느끼면서 생각"할 때 해체되고 무너질 수 있다. 그리고 아마도 **다종적인** 동물 상품의 폭력적인 세계를 에코페미니즘적으로 목격하는 일은 여러 눈을 통해 보고 여러 귀를 통해 듣고 다른 피부, 비늘, 깃털을 통해 느끼기를 요구할 것이다. 어쩌면 에코페미니즘 연구를 뒷받침할 것임에 틀림없는 새로운 관계적 존재론을 향한 길은 주의를 다해 비질을 계속 이어 가는 일, 그리고 언제나 이미 다종적이었던 세계와 그에 대한 목격이 이루어지는 환경을 위한 공간을 확보하는 일일 것이다.

19장. 최대치의 약탈

동물 농업의 전 지구적 맥락과 다양한 위협

미아 맥도널드

30년 넘는 기간 동안 에코페미니스트들은 동물 농업에 대한 분석을 제시해 왔다(예컨대 애덤스, 가드, 그루언 등). 이들은 집약적 동물 농업과 그것이 환경, 노동자, 동물에 미치는 영향을 고찰하면서 인간/동물, 문화/자연, 자본/원자재 등과 같은 가치 이원론이 억압적 관계를 승인·강화하는 방식에 대한 통찰력을 제공했다. 이 시기 동안 대규모 동물 농업—흔히 공장식 축산농장이라 불리는 동물 밀집 사육 시설Concentrated Animal Feeding Operation, CAFO과 이 동물들에게 먹일 콩, 옥수수, 기타 곡물의 재배를 위한 토지의 대규모 용도 변경—은 글로벌 노스global North의 산업화된 국가에서의 시작 단계를 넘어 점차 글로벌 사우스global South로 알려진 광대한 지리적·정치적 영역 안에서 식량 체계의 중심으로 자리 잡게 되었다. CAFO의 확장은 생물다양성이 위협받고 부정의와 불평등이 만연하며 사실이 공격받는 지구온난화 현실에서 인간사회와 비인간 세계가 직면한 거대한 도전을 보여 준다.

이러한 확장을 주도하는 힘들에는 생산의 모든 측면을 상품화하는 환원주의적 경제 모델, 수직적 통합과 합병을 이루었으며 막강한 정치 권력을 휘두르는 다국적 거대기업, 동물이라는 형태로 국가의 물, 표토, 곡물을 해외로 운송(하거나 이를 동물들을 먹이기 위해 사용)해 돈을 벌어들인 뒤 그 돈으로 식량을 수입하는 편이 국내의 기아를 감소시키는 것보다 더 낫다는 생각을 받아들인 순응적인 정부 등이 포함된다. 그 결과 중 하나는 일반적인 논리를 거부하는 복잡한 비체계적 수입·수출의 방식으로 사료 원료feedstock와 고기 및 유제품이 전 세계로 운송된다는 점이다. 이를테면 미국과 유럽연합에서 중국으로 향하고, 브라질에서 유럽연합과 중국과 미국으로 향하며, 또 브라질, 중국, 라틴아메리카 국가들에서 미국으로 향하는 등의 방식으로 말이다. 또 다른 결과는 마케팅과 브랜딩의 힘에 의해 뒷받침되는 가치사슬 전반에 걸쳐 동물 및 노동자의 권리와 안녕이 능동적 혹은 수동적으로 도외시되는 현상이다.

현재 전 세계에 걸친 대규모 동물 농업의 확장에도 불구하고, 비용의 암울한 계산법은 마침내 백일하에 드러나게 되었고, 공장식 축산업을 기록해 그에 대한 경각심을 불러일으키려는 활동가와 연구자 들의 작업은 유럽, 미국, 호주, 뉴질랜드에서, 또 점점 더 많은 글로벌 사우스의 국가들에서 주변부를 벗어나 (비록 그 내부는 아니지만) 주류 담론을 향해 나아가고 있다. 기후변화, 동물권, 식량정의 등의 분야에서 일하는 활동가와 채식주의자/비건 들은 브라질, 중국, 인도, 파라과이, 태국, 남아프리카공화국 등지에서 동물 농업의 산업적 '모델'에 대한 강력한 비판과 의식 제고를 위해 노력하고 있다.

지난 수십 년 동안 에코페미니즘 분석은 이러한 종류의 참여를 예비하고 있었다. 현재 코로나19 팬데믹의 여파로, 동물 농업과 고기·유제품·사료작물 중심의 식단 및 식량 체계가 미래의 팬데믹과 맺고 있는 관련성은 더욱더 분명하고 긴급한 사안으로 여겨지고 있다(United Nations Environment Program 2020). 동물 농업을 향한 지속적인 투자와 동물 농업의 확장이 인간, 동물, 지구에 미치는 결과에 관한 더 많은 정보가 생산되고 있는 국면에서, 에코페미니스트들은 이러한 새로운 전개를 분석에 반드시 통합시켜야 한다.

기후위기로 인해 여전히 지속되고 있는 기상이변 현상과 2020년 코로나19 팬데믹의 발발은 이윤을 최우선시하는 식량 체계의 취약성, 비효율성, 기괴성을 극명하게 드러냈다. 팬데믹은 인종 불평등과 부정의에 관한 명백한 새로운 증거들뿐 아니라, 누가 그리고 무엇이 '필수적인' 것으로 여겨지는지에 새롭게 초점을 맞추도록 했다. 인수공통감염병과 기후온난화의 만남은 대단히 불평등한 관계를 더 증폭시킨다.

내가 활동하고 있는 단체인 '브라이터 그린Brighter Green'은 기후위기, 동물 농업의 전 지구화, 그리고 식량 안보food security의 교차점에서 전 세계 다른 시민 사회 단체들과 10년 넘게 협력해 왔다. 이 글은 인간과 인간의 관계에서의, 또 인간과 비인간 세계의 관계에서의 불평등을 다루는 데 기반을 둔 작업의 몇몇 사례를 조명한다. 진정으로 지속가능한 미래를 원하는 이들이 사유하기에 광대하고 상호연결된 맥락들은 지나치게 압도적인 것일 수 있기 때문에, 나는 구체적인 특정 이야기와 지역을 활용한다. 이 글 끝에서 나는 인간 공동체들 간의, 그리고 다른 종 및 생물군과의 정의와 호혜성에 기반을 둔 정책과 실천 모두에 있어 이러한 관계 맺음을 새롭게 상상하는 방식을 제안한다. 나는 포스트코로나 세계에 대한 증거와 근거를 제시하는 한편, 다소 사변적이면서도 정보에 입각한 자유로운 사고를 보여 주고자 한다. 포스트코로나 세계에서 우리는 권력의 불균형과 불평등을 부정하는 게 아니라 에코페미니즘적 맥락에서 그것들을 인정하고 숙고하며, 새로운 무언가를 창조하기 위해 노력할 것이다.

가라앉는 배

2019년 미국의 추수감사절 연휴를 며칠 앞둔 어느 날, 루마니아에서 사우디아라비아로 향하던 화물선 퀸하인드호가 지중해에서 전복되었다. 배에는 승무원들이 탑승하고 있었고 이들은 모두 신속히 구조되었다. 약 1만 5,000명의 양도 이 배에 타고 있었지만, 호황을 누리고 있는 세계 무역 시장에서 상대적으로 적은 수에 해당했던 이 '살아 있는 수출품들'은 대부분 빠른 속도로 바다에 삼켜지고 말았다. 군대, 경찰, 소방서, 루마니아 해안경비대, 동물복지 단체에서 나온 구조대가 양의 익사를 막기 위해 노력할수록 손실이 광범위할 것이라는 사실이 분명해졌다(BBC News 2019).

한데 빼곡히 모여 있는 동물들이 탈출을 위해 미친 듯이 발버둥치는 이 끔찍한 이미지는 전 세계를 충격에 빠뜨리면서 관심을 집중시켰다. 비인간 동물에게는 거의 적용되지 않았던 언어를 사용해 이례적인 곳들에서 분노와 자책감이 발화되었다. 루마니아 축산 업체 협회인 ACEBOP의 성명서는 "아무런 뚜렷한 이유 없이" 죽은 "수천의 무고한 영혼"을 잃은 데 애통함을 표했다(Yeung 2019).

필사적인 구조 노력이 계속되는 동안 포토저널리스트 조-앤 맥아서와 나는 동물 자체에 독자/감상자의 시선을 집중시키는 포토 에세이를 함께 만들었고, 독자/감상자에게 수천 명의 양을 불행히도 원래의 의도대로 소비자들에게 도달하지 못한 단순한 산업 "재고품"이 아닌, 살기 위해 고군분투하거나 깊은 바다에 굴복하고 마는 한 개체로 **보자고** 요청했다(MacDonald and McArthur 2019). 만약 사람들이 그렇게 볼 수 있다면, "영혼"이 아니라 무역 규모가 우선시되는 전 지구화된 식량사슬의 잔인하고 무자비한 계산법 속에서의 고통의 맥락에 대해 더 많이 배울 수 있을 터였다. 우리는 그 모든 양을 죽게 만든 수학이 존재해야 할 것을 보기 어렵게 만들고 있다는 인식이 퍼져 나가기를 바랐다.

동물들이 살았든 죽었든, 혹은 아프든 건강하든, 그 동물들을 트럭, 기차, 배 등에 실어 먼 거리로 수송하는 일은 이러한 체계 내에서 효율적인 식량 운송 과정으로 여겨진다. 이에 따라 수백만 명의 소, 양, 염소가 거대한 컨테이너들에 빼곡히 실린다(Osborne 2020). 수일에 걸쳐 수천 마일을 이동하는 여정도 존재하며 일부 선박에는 약 8만 5,000명 상당의 동물이 실리기도 한다(Compassion in World Farming n.d.). 그중 특히 양, 소, 아주 어린 송아지는 산 채로 운송되는데 이는 도축 때까지 살을 찌우기 위함이거나, 혹은 종교적 도살 관행을 충족시키거나 고기를 냉동해 다른 항구나 센터로 보낼 수 있도록 도착 즉시 도살하기 위함이다. 위에서 언급한 양들처럼 많은 수가 이 과정에서 사망한다(Evershed 2018).

19.1 경매장에서 트럭에 실리고 있는 양. 호주, 2013. 조-앤 맥아서/위애니멀스미디어 제공.

결과적으로 구조대는 퀸하인드호 사고에서 254명의 양을 구했지만, 부상이나 탈진으로 인해 그중 70명이 얼마 안 가 사망했다. 결국 배를 타고 있던 양 가운데 약 1%만이 살아남았다(McGrath 2020). 이 운 좋은 양들은 상품이 아닌 개체로 여겨지는 혜택을 누리게 되었다. '포포즈Four Paws'와 그 파트너인 루마니아의 '아르카Arca'는 해운 회사로부터 양들의 관리권을 넘겨받았고 비건이 운영하는 농장 생츄어리에 양들을 입양시킬 계획을 세웠다. 이들은 주로 루마니아에 위치한 생츄어리를 염두에 두었는데 이는 양들이 또 다른 긴 여정을 감수하지 않아도 되게끔 하기 위함이었다(BBC News 2020).

일각에서는 노후 선박에 지나치게 많은 양을 실은 것을 원인으로 지목했지만, 양들과 그들을 태운 선박이 불행한 결말을 맞게 된 원인에 대한 조사결과는 사고 1년 뒤에도 대중에게 공개되지 않았다. 『가디언』의 후속 탐사는 농장 동물을 운송하는 선박들은 다른 화물선에 비해 좌초 혹은 침몰되는 비율이 두 배 이상 높았으며 더 노후되어 있는 경향도 있었다고 결론지었다. 조사관들은 또한 공무원들에게 실제 숫자를 제대로 알리지 않고 더 많은 양들을 수송할 수 있게 하는 비밀 갑판을 퀸하인드호 내부에서 발견하기도 했다(Kevany 2020).

사고 당시 ACEBOP의 대표인 메리 파나Mary Pana는 "우리 협회는 이 사고에 큰 충격을 받았다"고 말했다. "장거리 수송 중에 가축을 보호할 수 없다면 우리는 장거리 수송을 전면 금지해야 한다"고도 덧붙였다(BBC News 2019). 그러나 '살아 있는 수출품' 즉 생축生畜 체계는 좀처럼 침체될 기미가 보이지 않는다. 루마니아는 중동에서 도살될 운명을 가진 양들의 인기 있는 승선 장소가 되었으며, 유럽연합의 농장 동물 생축 수출 가치는 2000년 이후 세 배 이상 증가했다(van der Zee 2019). 퀸하인드호와 수천 명의 양의 "영혼"을 "잃은" 그 이듬해, 『가디언』은 200만 명 이상의 살아 있는 동물이 루마니아를 떠나 북아프리카 혹은 중동 국가로 향했다고 보도했다(McGrath 2020).

이 이야기에 대한 공명과 반응 대부분은 마침내 그 동물들을 **보고** 그 잔혹성을 인정하는 것에 달려 있다. 하지만 수십억 명의 동물들은 여전히 배가 좌초되지 않거나, 기차가 선로를 이탈하지 않거나, 트럭이 고속도로에서 전복되지 않거나, 축사 혹은 도축 라인에서 탈출하지 못했다는 이유로 계속해서 죽어 나가고 있다. 실제로 생축 산업은 계속 확장되고 있으며 2020년 기준 **매일** 220억 달러 규모의 가치, 약 500만 명의 동물들이 운송되었고 그중 가장 많은 수를 차지한 동물은 돼지였다(Nair

2021). 적어도 항공의 경우 코로나19는 기실 이러한 무역을 강화했는데 인간 승객 수가 급감함에 따라 항공사들이 수익성이 높은 비인간 화물을 찾게 되었기 때문이다. 2020년 말 『월스트리트저널』은 "코로나19로 황폐해진 전 세계 항공 산업의 몇 안 되는 긍정적인 측면 중 하나는 생축 화물 항공편의 증가였다"고 보도했다. "올해 화물 수송기는 수천 마리의 돼지, 염소, 알파카, 고양이, 개를 싣고 국제 비행을 했다."(Craymer 2020)

그러나 동물들이 실제로 겪고 있는 끔찍한 현실에 대한 깨달음이 전면에 등장하면서 이제 이러한 비가시성의 경계가 약화되기 시작했다. 그동안 지속되어 온 동물 착취에 대한 이 오래된 이야기가 서서히 밝혀지면서, 우리가 직면할 수만 있다면 결코 무시할 수 없을 복잡하게 뒤얽힌 사실들을 담은 새로운 서사가 그 모습을 드러내고 있기 때문이다. 익사 혹은 질식사로 숨을 거둔 양들의 생생한 이미지가 우리의 화면에 당도했던 바로 그날, 유엔은 2100년까지 기온 상승을 산업화 이전 수준 대비 1.5°C 이하로 유지한다는 파리기후협정의 목표를 각국 정부와 산업이 얼마나 달성하지 못하고 있는지 설명하는 또 다른 보고서를 발표했다(Sengupta 2019). (현재 2100년까지 3.6°C가 상승할 것으로 추정되고 있다.)

고기로 사용되는 한 살 이하의 새끼 양은 파운드당 가장 많은 온실가스를 배출하며, 그 배출량은 소고기보다 50% 더 높다(Hamerschlag 2011). 전 세계적으로 동물 농업은 상당한 양의 온실가스를 배출하고 있다(적어도 전체 온실가스의 14.5%를 차지한다). 또한 가축 사육에 요구되는 사료용 작물 재배나 목초지 조성을 위해 숲과 기타 식물을 개간하는 등의 토지 이용 변화는 동물 농업을 막대한 생물다양성 손실을 일으키는 주요 요인으로 만들기도 한다. 맥아서와 내가 썼듯 "지구라는 '우주선'에 대한 퀸하인드호의 교훈은 이보다 더 명확할 수 없다. 우리는 이 우주선을 돌려야 한다!"(MacDonald 2019)

퀸하인드호 침몰 소식이 전해진 지 일주일 후, 제25차 유엔 기후정상회의COP25를 위해 각국 정부 대표단이 스페인의 마드리드에 모였다. 그들의 임무는 수년간 그래 왔듯 전 지구적 기후위기의 대처를 둘러싼 진행 상황과 걸림돌을 평가하는 것이었다. 이전에 열린 여러 국제 포럼에서 수년간 요구해 왔던 것처럼 브라이터 그린은 이 기후정상회의에서 식량 체계, 특히 동물 농업과 육류 및 유제품 소비가 기후에 끼치는 영향을 인정하고 과학적 증거가 보여 주는 기후 문제의 어마어마한 규모에 어울리는 정책과 규제를 마련할 것을 각국 정부에 촉구했다. 정상회의를 위해 준비한 정책 브리핑에서 우리는 다음과 같이 썼다.

> 우리가 식량 체계를 바꾸지 않는다면 지구의 대기 온도 상승을 1.5°C로 유지할 수 없고, 생물다양성의 막대한 감소를 멈출 수 없으며, 금세기 후반의 세계 인구로 추정되는 90억 혹은 100억 명의 사람들을 먹여 살릴 수 없다. IPCC[기후변화에 관한 정부간 협의체]의 토지 보고서에 참여한 100명의 과학자에 따르면, 현재 전 세계 식량 안보가 위험에 처해 있으며 농업은 지구의 산림과 토양에 심각한 피해를 입혀 왔다. 보고서가 제시하는 구체적인 권장 사항에는 낭비되는 음식물의 양을 3분의 1 수준으로 대폭 줄일 것, 육류 및 유제품 중심의 식단에서 식물성 기반 식단으로 전환할 것 등이 포함되어 있다. (…) 동물 농업의 지속적인 확장과 온실가스의 획기적 감축의 필요성은 서로 모순된다.(Brighter Green 2019)

마드리드에서 열린 COP25가 마무리되고 있을 무렵, 각국 대표단이 기후위기 규모에 상응하는 행동을 합의하는 데 또다시 실패했다는 것에 대해 많은 이들이 낙담하고 있을 때(Vaughan 2019), 나는 베이징에 있는 동료로부터 이상한 폐렴에 관한 소식을 듣게 되었다. 그는 그 폐렴이 우한이라는 대도시를 비롯해 중국 각지에서 유행하고 있다고 했다. 얼마 안 가 우리 모두 거대한 신선 식품 시장에서 '고기'가 되어 팔리는 어떤 야생동물에게서 전염되었을 가능성이 높은, 중국에서 발생한 새로운 코로나바이러스에 대해 알게 될 것이었다.

브라질의 비극

2019년 브라질의 아마존 열대우림이 화염에 휩싸였다. 주요 화재 원인은 목장 운영을 위해 땅을 개간하는 과정에서 사용한 불이었다(Mufson and Freedman 2019). 목재업이나 광업, 기반시설 개발 등과 마찬가지로 다른 농업 형태들도 화재에 확실히 영향을 주었지만, 소고기 생산을 위한 목축업은 과거와 현재를 통틀어 아마존을 파괴하는 주된 화재 요인이다. 토양이 황폐화되고 목장들이 아직 숲이 남아 있는 지역으로 이동함에 따라 콩이 목축업을 잇는 또 다른 주요 화재 요인이 되고 있기도 하다. 삼림 손실은 인간 공동체, 특히 선주민 인구를 몰아내며 야생동물에게서 집을 빼앗는다. 또한 '세계의 허파'로 알려진 아마존의 경우, 삼림 손실은 숲의 토양에 저장되어 있던 막대한 양의 이산화탄소를 방출하고, 이는 기후온난화에 기여한다. 실제로 연구자 토머스 러브조이Thomas Lovejoy는 아마존 숲이 900억 톤의 탄소를 품고 있을 가능성이 높으며, 지속적인 개간으로 인해 울창한 열대우림이 초원지대로 변할 수도 있다고 주장한다(Mufson and Freedman 2019).

열대우림의 파괴는 하나의 재앙이다. 그러나 브라질의 여러 주에 걸쳐 펼쳐진 약 80만 평방마일의 지형으로서 지구에서 가장 생물다양성이 높은 사바나 생태계를 보유한 브라질의 세하도Cerrado에서 이루어지는 토지 파괴는 그다지 비극적인 것으로 여겨지지 않는다. 그 이유는 부분적으로 세하도의 현실이 그만큼 잘 알려져 있지 않기 때문이다. 세하도는 재규어, 갈기늑대, 푸른눈땅비둘기에게 서식지를 제공한다(Critical Ecosystem Partnership Fund n.d.). 브라질에 있는 강들의 약 80%가 세하도에서 발원하는 까닭에 세하도는 "모든 물의 시작"이라 불리기도 한다. 아마존과 마찬가지로 세하도 역시 급속도로 바뀌고 있다. 세하도의 초원, 습지, 고원, 협곡으로 농업의 경계가 확장되고 있는 핵심 동인은 매년 전 세계에서 사육·도살되는 수십억 명의 농장 동물을 먹이기 위해 더 많은 콩 생산량이 요구된다는 점이다(Brighter Green 2011). 세계 최대의 동물성 식품 생산국이자 소비국인 중국은 브라질의 콩 수확량 대부분을 구입하며 연간 구매량은 꾸준히 증가하고 있다(Donley 2020).

점점 더 높은 고지대에 울타리를 치고 경작을 하면서, 농업 기업의 이해관계가 선주민들, 즉 깜뻬시노campesino와 낄롬볼라(Quilombola, 아프리카계 브라질인)가 사는 작은 마을들이 위치한 협곡을 침범하고 있다. 이러한 움직임은 이 공동체들의 토지에 대한 공동의 권리와 생계, 그리고 물과 같은 천연자원의 지속가능한 활용 등에 심각한 위협을 가하고 있다. 산업형 농업의 확장을 위한 토지의 대부분은 투명하지 않은 과정—

"토지 수탈land grabbing"—을 통해 확보되어 왔는데, 여기에는 폭력과 협박, 비밀스러운 사설 경비대의 활용, 그리고 공동체의 인권 및 환경권 침해 따위가 포함된다(Sax and Angelo 2020).

세하도가 수풀이 우거진 지역은 아니지만 토지 개간은 여전히 기후에 상당한 영향을 미친다. 나무와 기타 사바나 식생은 깊고 광범위한 뿌리 시스템을 가지고 있기 때문에 토양 아래에는 많은 양의 식물 물질plant matter과 풍부한 미생물이 존재한다. 세하도가 불타면 지하의 뿌리 시스템에 저장되어 있던 이산화탄소가 방출된다. 따라서 세하도를 연구하는 일부 과학자들은 세하도의 파괴에 따른 온실가스 배출량이 아마존 지역의 삼림 벌채에 따른 배출량에 필적할 수 있다고 주장하기도 한다(Woodyatt 2019).

2020년에는 브라질의 우파 대통령 자이르 보우소나루Jair Bolsonaro의 발언과 정책으로 인해 선주민과 그들이 거주하는 땅에 대한 공격이 증가했다. 2018년에 선출된 뒤 환경이란 "채소만 먹는 비건들"(Garcia 2019)에게나 중요한 문제라고 말한 바 있는 보우소나루는 선주민의 땅과 숲을 보호하기 위한 장치를 없애는 정책을 도입했고, 환경법 집행을 무력화했으며, 소고기와 콩 등을 생산하는 농업 기업에서 지원을 받아 그들의 이해관계를 대변했던 "후랄리스타Ruralista" 로비를 통해 지지층을 강화했다(Sullivan 2019).

보우소나루는 그 결과에 대해서는 고려하지 않은 채 세하도와 아마존에 대한 침략을 장려하고 경제개발을 강력히 추진했다. 불안과 공포, 그리고 불확실성의 분위기가 팽배해졌다. 보우소나루는 또한 코로나19가 브라질에 상륙했을 때 이를 우려하는 이들을 조롱하기도 했다.

2020년 3월, 그는 코로나19를 "작은 독감"이라 부르며 만약 자신이 감염되면 아무 탈 없이 신속하게 회복할 것이라고 허풍을 떨었는데, 이는 세계 각지의 독재자들이 심심찮게 부리는 허세였다(Paz 2020). 보우소나루는 경제가 최우선이라며 공중보건 전문가들과 싸움을 벌이고 엉터리 코로나19 치료제를 퍼뜨렸다.

브라질에서 코로나19 감염 및 사망은 선주민과 흑인 공동체에 불균형적으로 영향을 미쳤다. 2021년 초까지 20만 명 이상의 브라질인이 사망했다(VOA News 2021). 실제로 브라질 아마존 지역의 주요 도시인 마나우스에서는 2021년 1월 말경 새로운 악성 코로나바이러스 변종이 나타나 도시의 인구와 의료체계를 황폐화시켰다. 의사들은 산소의 부족, 이미 수용 인원을 초과한 병원에게 외면당하는 환자들, 30분마다 "공동묘지를 향하는 장례 행렬"과 같이 처참한 상황이 벌어지고 있다고 보고했다(McCoy and Traiano 2021).

팬데믹 기간 동안 브라질의 육류 가공 공장은 미국(아래 참조)과 다른 여러 국가들에서처럼 감염 및 지역사회 확산의 중심지가 되었다. 세계에서 가장 큰 육류 포장 기업인 브라질의 JBS는 노동자의 건강이 "주요한 우선순위"라고 공개적으로 밝혔다. 그러나 2020년 9월에 발표된 연구에 따르면, 브라질의 일곱 개 주에 위치한 20곳 이상의 JBS 공장에서 수천 명의 노동자들이 코로나19에 감염되었다. 또한 미국에서와 마찬가지로 브라질의 JBS는 팬데믹 기간에 생산량을 늘려 1만 5,000명의 노동자를 새로 고용했으며 분석가들이 예상했었던 것의 거의 두 배에 이르는 분기 이익을 벌어들였다. 수출 증가가 "주요한" 이유였다. 한편 JBS가 노동자에 대한 보호와 코로나19 검사를 소홀히 했다며 브라질

검찰과 노조는 회사를 상대로 다수의 소송을 제기했다(Mano 2020).

로이터통신에 따르면 식품 노동자들의 조합인 '콘탁-쿳Contac-CUT'은 지역 지부의 설문조사를 토대로 브라질의 도살장에서 일하는 50만 명 중 최대 25%가 코로나19에 감염된 적이 있다고 결론지었다. '브라질 동물단백질협회Brazilian Association of Animal Protein, ABPA'가 이 수치는 추정치에 근거한 것이라며 비합리적인 "허위 정보"이자 가짜뉴스라고 비난했다는 사실은 놀랍지도 않다(Mano 2020).

브라질이 2020년에 삼림 벌채와 코로나19 감염 모두에서 선두 주자가 된 것은 필연적인 일이 아니었다. 그러나 잘못된 정보, 가장 소외되고 취약한 시민의 운명에 대한 무관심, 모든 자연 자본을 다른 곳으로의 운송을 위한 동물성 상품 혹은 생산물로 전환하려는 비열한 욕심 등의 유독한 조합은 감염의 가능성을 현저히 높였다. 선주민의 땅에 대한 갑작스러운, 현명하지 않은, 불평등한 접근과 높은 수준의 삼림 벌채는 2020년 브라질에서 "일정 수준의 — 평화적 혹은 폭력적인 — 사회적 상호작용"으로 귀결되었다. 삼림 벌채의 증가는 "선주민들에게 바이러스가 이미 존재하고 있을 지역으로 강제 이주하도록 압력을 가했고, 코로나19 사례를 포함해 호흡기 건강 위험을 더욱 악화시켰다." 움베르토 라우다리스Humberto Laudares는 으스스한 데이터 수치를 발표했다. 1km²의 땅이 벌목될 때마다 브라질 선주민의 코로나19 감염이 2주 이내에 9.5% 증가한다는 것이었다(Laudares 2020).

바이러스의 저항

2020년 봄, 내가 사는 뉴욕시는 코로나19로 큰 타격을 입었다. 감염률이 빠르게 증가했고 병원 침대가, 또 이윽고 영안실이 가득 찼다. 3월 15일 뉴욕주에서 첫 사망자가 발생한 이후 한 달 이내에 1만 1,500명이 사망했고, 30일 뒤 그 숫자는 두 배가 되었다(Elflein 2021). 자가격리 및 집합금지 명령으로 우리는 거리에 울려 퍼지는 구급차 사이렌 소리에서 듣는 것에 비해 팬데믹의 증거를 많이 보지는 못했다. 그러나 우리는 "필수 노동자"로 간주되는 이들이 증상을 경험하거나 (검사에 접근 가능할 경우) 양성 판정을받지 않는 한 여전히 도시에서, 전국에서, 전 세계에서 직장에 출근하는 것을 알았고 또 목격했다.

4월에 브라이터 그린은 미국에 기반을 둔 '생물다양성 센터Center for Biological Diversity'와 공동 구성하고 노동, 환경, 동물 보호, 기후, 식량정의 단체 54개가 서명한 서한을 의회 지도자들을 향해 발표했다. 우리는 향후 코로나19 경제 지원 자금이 어떠한 경우에도 공장식 축산농장을 지원해서는 안 될뿐더러 "대형 육류" 회사, "대형 유제품" 회사, "대형 사료" 회사에 보조금을 지급해서도 안 된다고 요구했다. 우리의 서한은 금지되기를 바라는 것(예컨대 산업형 동물 농업에 대한 긴급 구제 및 법으로 규정된 깨끗한 물과 공기에 대한 규제 조치의 면제)과 정책 입안자들이 서두르기를 바라는 것에 관한 의제를 제시했다. 여기에는 일선에서 근무하는 식품 노동자들을 위한 적절한 직장 내 코로나19 보호책 마련을 비롯해 기후와 양립할 수 있는 식물성 식품의 더 많은 재배와 중소 농민 특히 흑인, 라틴엑스, 유색인, 선주민 농민의 노력을 지원하기 위한 재정 및 입법 조치가 포함되어 있었다(Center for Biological Diversity 2020).

당시 우리는 코로나19 위기가 얼마나 오래 지속될지 알지 못했지만, 팬데믹은 기후위기와 생물다양성 손실 위기의 악화, 그리고 미국(공동 서한의 노력의 초점)과 글로벌 사우스(브라이터 그린의 노력의 초점)를 포함한 전 세계 수십억 명의 농장 동물과 수백만 명의 농업 및 식량사슬 노동자에 대한 지속적 착취를 막기 위해 식량 체계가 어떻게 전환되어야 하는지를 강조했다.

4월 말에 나는 코로나19가 식량 체계와 식량 공급에 영향을 미치는 방식에 관한 뉴스를 보고 듣기 시작했다. 미국 언론은 소, 양, 돼지의 신체를 가공한 브리스킷과 베이컨, 그리고 '콜드 컷cold cuts' 등과 같이 우리가 너무 오랫동안 당연하게 생각해 왔던 많은 것들을 팬데믹이 어떻게 뒤집어 놓았는지에 관한 두려움을 점점 키우면서, 반복적으로 게으르게 질문했다. "고기 칸이 텅 비게 되지는 않을까?"

4월 26일 일요일, 타이슨 푸드는 미국 주요 신문에 백악관에 보내는 공개 서한을 게재했다. 이 서한은 붕괴 직전의 식량 체계에 대한 심각한 묘사—육류 가공 공장의 폐쇄, 슈퍼마켓의 물량 부족—와 함께 즉각적인 정부의 조치가 필요하다는 내용을 담고 있었다(Gibson 2020). 그 언어는 노골적이고 선동적이며 어떤 부분에서는 잘못된 내용을 전달하고 있었다. 가시적이든 아니든 그 의도는 업계에 도움이 될 조치를 얻어내려는 것이었다. 타이슨은 돈을 효과적으로 사용했던 셈이다.

몇 시간 만에 트럼프 행정부는 육류 가공 공장이 경제에 필수적이며, 따라서 노동자들은 교대 근무를 해야 할 것이라고 선언했다. 나중에 나는 내가 여러 이유로 믿을 만하다고 생각하는 사람으로부터 그 편지가 단지 공개적인 호소이자 긴급함의 표시라는 말을 들었다. [그러나—옮긴이] 불과 2주 전에 미국 농무부United States Department of Agriculture, USDA는 농부와 목장주에게 160억 달러를 지원하겠다고 약속했었다(USDA 2020a). 그 돈이 어떻게 쓰여야 하는지에 대한 제한은 거의 두지 않은 채 말이다.

타이슨은 사적으로 백악관 관계자들과 접촉해 자사 및 다른 "대형 육류" 가공 공장이 필수적인 것으로 여겨지도록 로비했다. 고기 부족이라는 심각한 결과보다 더 타이슨과 JBS, 스미스필드, 카길 같은 다른 대형 가공업체들을 움직이게 한 동기는 훨씬 단순하면서도 중요했다. 주식 시장에서 자신들의 주식 가격이 떨어지고 있었던 것이다. 이들은 이익을 회복하기 위해 자신감을 회복해야 했다. 왜곡된 논리가 통했다. '고기 부족은 절대 안 된다! 노동자들은 다시 공장으로 돌아와야 한다. 코로나? 도축 라인에 있는 이 여성들과 남성들을 보호하기 위해 우리가 무엇을 할 수 있는지 한번 보겠다. 그러나 일단 생산을 계속하는 것이 가장 중요하다.'

음식과 농업에 관한 글을 쓰는 사려 깊고 부지런한 작가 리아 더글러스Leah Douglas가 데이터를 수집하기 시작한 것도 이 무렵이다. 그는 농장, 육류 가공 공장, 그리고 기타 식품 가공 공장 등에서 일하는 미국 식량사슬 노동자의 코로나19 감염 및 사망을 전수 조사해 지도를 작성했다. 그는 일련의 도표 및 그래프와 함께 이 지도를 식량환경보도네트워크Food Environment Reporting Network에 게시하고 매주 업데이트했다. 코로나19 긴급 구제 서한에 관여했었던 우리 중 많은 이들, 그리고 다른 식량 정의와 농장 동물 문제를 다루는 이들 사이에서 이 지도가 회람되기 시작했다. 전혀 놀랍지 않은 점은 더글러스의 지도에서 감염자 발생 수를 나타내는 버블은 JBS, 스미스필드, 카길 같은 거대 육류 기업의 공장들에서 가장 확대되는데, 그 크기가 타이슨 푸드가 운영하는 공장들에 비해서는 여전히 작다는 사실이었다(Douglas 2020).

사회적 거리두기를 실천할 수 없는 노동자들에 대한 이야기가 등장하기 시작했다. 도축 라인의 속도는 코로나19가 없던 시기만큼 빠르게 유지되었고, 일부 공장에서는 팬데믹을 감안하면 놀랍게도 속도가 최대 25%까지 증가했는데, 이는 트럼프 행정부가 추진한 산업 전반에 걸친 건강 및 안전 규제 완화와 관련이 있었다. 가금류 공장에서 이는 1분마다 175명 혹은 1초마다 거의 세 명의 새가 죽는 것을 의미했다. 또한 노동자들은 효과적인 개인 보호 장비가 지속적으로 부족하며 여전히 도축 라인에서 권장 사항인 약 2미터 간격보다 훨씬 더 가깝게 붙어 있어야 하고 식사시간에는 공동 구역에 사람들이 몰리게 된다고 보고했다. 지역 및 주 공무원들은 노동자 보호와 '확산 방지'를 위해 공장을 폐쇄하라는 압력을 점점 더 받게 되었다. 그러나 타이슨과 JBS 등은 검사와 감염 예방을 위한 프로토콜을 적절히 갖추고 있다고 주장하며 반발했다. 하지만 그들은 실제로 그러한 프로토콜을 가지고 있지 않았다. 특히 그해 봄에는 말이다. 그 결과 더글러스의 지도에서 코로나19 감염과 사망을 나타내는 둥근 버블은 계속 확대되었다.

대부분 최근에 이민을 온 흑인이나 브라운으로 구성된 이 노동자들의 자녀들은 적절한 개인 보호 장비가 없는 공장에서 일하는 부모들이 마스크와 한정된 비누, 손 소독제에 대한 비용을 지불하라고 요구받고 있고, 사회적 거리두기를 보장하기 위한 실질적인 노력이 거의 이루어지지 않고 있다며 목소리를 높였다. 또한 많은 부모들이 몸이 안 좋을 때조차 교대 근무를 놓친 것에 패널티를 주는 잔인한 벌점 시스템 때문에 계속해서 일을 나갈 수밖에 없다고 설명했다. 이들은 기업이 노동자를 보호해야 할 책임을 적극적으로 무시하지는 않는다고 치더라도 여전히 대부분 그 책임을 이행하고 있지 않다고 지적했다(Duffy and Saenz 2020). 트럼프 정권하의 많은 연방 규제 구조와 마찬가지로 육류 가공 공장의 노동자를 비롯해 필수 노동자를 위한 안전 지침은 그저 고용주가 최선을 다해야 할 영역으로 남겨졌다.

6월 말까지 미국 육류 가공 공장에서 거의 3만 명의 노동자—대부분 흑인, 라틴엑스, 이민자였다—가 코로나19에 감염되었다. 그중 100명 이상은 사망에 이르렀다(Douglas 2020). 더글러스는 2021년 1월 말까지 육류 가공 공장 노동자 5만 6,000명 이상이 코로나19에 감염되었고 277명이 사망했다고 기록했는데, 이는 식량사슬의 어떤 영역보다도 가장 많은 수다. 그는 또한 농장과 육류가 아닌 식품 가공 회사에서 일하는 노동자의 감염이 수천 건에 이르며, 2021년 1월 말까지 약 100명이 사망했다고 기록했다(Douglas 2020). "국방물자생산법Defense Production Act을 이용해 육류 포장 공장이 강제로 문을 열게 만든 트럼프의 결정은 많은 취약한 유색인 노동자들에게 사형 선고였다"고 작가/활동가인 아스트라 테일러Astra Taylor와 수나우라 테일러는 쓴다(Taylor and Taylor 2020).

백인 경찰에 의한 조지 플로이드의 타살 이후 흑인의 생명에 대한 가치 판단에 개재된 명백한 인종적 부정의와 더불어, 이 노동자들 사이의 감염률과 사망률은 "공장식 축산농장을 위한 코로나19 긴급 구제 반대" 프로젝트에 참여했던 우리 대부분을 분노케 했다. 기업들이 면죄부를 받은 듯 보인 것과 트럼프 행정부의 연방 산업 안전 규제 기관이 의무와 법령을 이행하지 않고 거의 완전히 무시한 것도 마찬가지였다. 우리의 집단적 분노와 불신은 타이슨 푸드와 다른 육류 포장 회사들을 향해 잠재적으로 생명을 구할 수 있는 개인 보호 장비를 모든 노동자에게 즉시 제공할 것을 촉구함으로써, 브라이터 그린이 노동자의 권리와 안전을 중심으로 노동, 동물 보호, 식량정의, 환경, 농업을 아우르는 100개 이상 단체의 연대체를 조직하는 데 도움을 주었다. 우리는 또한 피고용자의 유급 병가 보장, 현장 코로나19 검사, 감염을 줄이기 위한 물리적 거리두기, 도축 라인 속도 감소, 조직을 결성할 권리 등을 요구했다. 타이슨은 다른 어떤 육류 포장 회사보다 더 많은 공장의 더 많은 노동자가 코로나19에 감염된 기업이었기에 우리는 일주일 간의 활동을 타이슨 푸드에 초점을 맞춰 진행하기로 결정했지만, 다른 대형 육류 포장 기업들도 이 문제를 "내려놓지" 못하게 하기 위해 노력했다(Friends of the Earth et al. 2020).

동시에 타이슨과 JBS가 백인 직원들을 도축 라인이 아닌 관리직에 주로 종사하게 하는 데 반해, 흑인, 라틴엑스, 아시아인 노동자들은 코로나19 감염 위험이 더 높은 가공 공장에 배치하는 경우가 많다며 이들을 상대로 USDA에 민권 소송이 제기되었다. 노동자들을 계속 출근하게 하기 위한 작은 유인책의 일환으로 노동자들 가운데 일부에게 무료 스테이크를 제공하기도 했다는 사실은 거의 믿기 어려울 지경이었다(Khanna and Fuentes 2020).

식품상업노동자연합United Food and Commercial Workers, UFCW에 따르면, 많은 도살장과 육류 포장 공장이 계속 문을 열고는 있었지만 미국의 도축 능력은 코로나19로 인해 25~40% 감소했다. 실질적으로 이는 수백만 명의 동물들이 도축 무게를 넘을 정도로 성장해 버려서 업계의 도축 모델이 이들을 "가공/처리process"할 수 없다는 것을 의미했다. 기업 통합consolidation으로 인해 생산자들은 그것이 수반하는 수백만 명의 동물들을 죽일 마땅한 장소가 없었다. 그 결과 수백만 명의 돼지와 새끼 돼지, 닭과 병아리, 소와 송아지가 총살, 질식사, 둔기에 의한 외상, 공장식 축산농장 내부의 환기 시스템 차단 등으로 완곡하게 말해 "개체수가 축소depopulated"되는 또 다른 위기가 펼쳐졌다(Kevany 2020a).

얼마나 많은 동물이 살해되었는지에 대한 확실한 수치를 얻는 것은 쉽지 않으며 누구나 열람할 수 있도록 데이터를 제공할 의무는 업계에 부과되어 있지 않다. 그러나 우리는 그 규모를 짐작해 볼 수 있다. 전국 돼지고기 생산자 회의는 2020년 9월까지 천만 명 이상의 돼지가 "안락사"되어야 한다고 추산한 바 있다(National Pork Producers Council 2020). 여기에서 "안락사"란 공적인 투명성이나 공식적인 감독이 거의 부재한 상태에서 퇴비화하거나 실외 소각장에서 불태우거나 매립지에 폐기하는 것을 의미했다. 토양 및 지하수 오염과 야생동물 서식지 파괴, 그리고 인간 호흡기 질환을 야기할 가능성이 있음에도 이러한 폐기 방법과 그 장소는 공개적으로 지도에 표시되지 않는다. 미국 환경보호청의 코로나19 지침서는 이 개체수 축소depopulation에 대해 "부적절한 사체 관리는 환경 정화의 필요는 물론이고 대중의 우려와 향후 법적 책임의 가능성으로도 이어질 수 있다"고 인정했다(U.S. Environmental Protection Agency 2020).

이것은 유독한 조합이었다. 주주 이익을 보호하고 상황과 관계없이 가능한 한 많은 고기를 생산하려는 고삐 풀린 욕망을 가진 것으로 이미 알려진 육류 회사는 노동자들의 건강에 관심을 두지 않은 채 높은 전염성을 가진 질병의 확산을 환영했다. 이러한 반응은 브라질에만 국한된 것이 아니었다. 실제로 브라질 기업인 JBS는 미국에서도 막대한 이익을 거두었다. 위스콘신주 그린베이에 위치한 JBS의 한 시설은 위험 요소로부터의 보호라는 산업안전보건청Occupational Safety and Health Administration, OHSA의 "일반 의무 조항"을 위반한 데 대해 총 1만3,494달러의 벌금을 부과받았다(Demetrakakes 2020). 모욕감이 느껴질 만큼 적은 액수의 벌금이었지만, JBS와 스미스필드 푸드는 OSHA가 코로나19 관련 안전 지침을 발표하기 이전에 있었던 일에 대해 [법을 소급 적용해 — 옮긴이] 위반 혐의가 제기된 것이라고 주장하면서 이들과 싸울 계획이라고 밝혔다(Scheiber 2020).

이후 보도에 따르면 2020년 4월 스미스필드와 타이슨의 돼지고기 중국 수출은 역대 최고 수준에 도달했다. 바로 이 시기에 육류 산업은 미국인들에게 베이컨과 스테이크를 넣는 냉장고 칸이 텅 빌 수도 있다고 경고하고 있었으며, 가공 공장 노동자들 사이에서 코로나19가 급증해 노동자들은 임금이나 감염의 위험 중 하나를 선택하도록 강요받고 있었다(Corkery and Yaffe-Bellany 2020). 2020년 내내 "대형 육류" 회사는 사실상 미국 규제 당국의 감독 없이 계속 운영되었다. 이러한 상황은 2021년 1월 말 조 바이든 대통령과 카말리 해리스Kamala Harris 부통령의 새 행정부가 코로나19로부터 노동자를 보호하는 것에 관해 더 책임 있는 지침을 발표하면서 비로소 바뀌었다(Scheiber 2021).

경직된, 결함 있는, 그리고 취약한

대형 농장Big Ag과 육류 생산자를 "필수" 산업으로 만듦으로써 그들의 이익을 보호하려는 트럼프 행정부의 전례 없는 결정은 이 기업들이 정부를 들었다 놨다 할 수 있는 권력을 가지고 있음을 드러낸다. 그러나 이는 또한 코로나19가 보여 준 유의 충격, 기후위기가 심화되면서 더 잦아질 그 충격 앞에서 이 기업들이 얼마나 약한지를 드러내기도 한다.

감금된 환경 혹은 비자연적인 환경에서 인수공통감염병의 매개체가 될 수 있는 동물의 능력에 대한 부주의한 태도에서 부분적으로 기인하는 재앙에서, 산업화된 동물 농업은 그것이 경직되어 있고 결함이 있으며 매우 취약하다는 사실을 다시 한번 보여 주었다. 이는 산업화된 동물 농업이 노동자 복지와 동물복지 모두에 부응하지 않을뿐더러 (긴급 상황에서) 식량을 향한 사람들의 필요에도 부합하지 않는 기계화된 적기 공급 생산just-in-time 방식의 생산 공정 모델을 요구한다는 점과 특히 관련이 있다.

"세계를 먹여 살린다"는 대형 농장의 허황된fabled 약속에도 불구하고 여전히 소규모 농민들이 훨씬 더 적은 토지를 이용·통제하면서도 식량 생산자의 대다수를 차지하고 있다는 사실은 불합리함을 더욱 악화시킨다(GRAIN 2014). 또한 세계 식량 생산자의 다수는 가속화되는 기후위기 상황의 최전선에 놓여 있다. 그러나 이들은 공정한 몫의 정부 보조금, 양허성 대출concessional loans, 구제 금융을 거의 받지 못하고(Cohen 2020), 시장을 물색하기 위해 계속 고군분투하고 있으며, 수익률이 낮거나 아예 수익이 없는 상황과 씨름하고 있다(Michigan State University 2020).

유엔에 따르면 전 세계 8억 2,000만 명이 기아로 고통받고 있다(UN News 2019). 2020년 말까지 유엔 세계식량계획United Nations World Food Programme은 심각한 식량 불안정을 겪고 있는 이들이 팬데믹의 영향으로 인해 1억 3,500만 명에서 2억 7,000만 명으로 두 배 증가할 것으로 예측했다(United Nations 2020). 이들 중 대부분은 글로벌 사우스 출신이며 대부분 흑인이거나 브라운이고 어린이도 수백만 명에 이를 것이다. 대형 농장에 대한 투자는 식량 불안정을 강화하고 식량에 대한 개인의 권리를 축소시킨다. 2018년에는 전 세계에서 약 3억 5,000만 톤의 콩이 생산되었다(Soybean Meal Info Center 2018). 또한 2020년과 2021년 재배 기간에는 옥수수 수확량이 11억 6,000만 톤이라는 기록적인 수치에 이를 것으로 예측된다(Reuters 2020). 그럼에도 사람들은 계속 굶주린다. 그 이유는 무엇인가? 한 가지 이유는 콩과 옥수수를 비롯한 작물 칼로리의 최소 40%가 동물의 사료나 바이오 연료 생산에 사용되기 때문이다. 동물의 신체를 거치지 않고 인간이 직접 먹을 수 있는 식량을 재배하면 전 세계에서 사용할 수 있는 식량 칼로리가 70% 증가하고 40억 명을 먹일 수 있다는 연구결과가 나옴에도 사료작물에 대한 수요는 계속해서 증가 중이다(Cassidy et al. 2013).

산업형 동물 농업은 상당한 양의 온실가스를 배출하고, 생물다양성 손실과 토지 이용 변화를 일으키며, 마시기 적합한 물을 낭비하고, 수질 및 대기 오염으로 주변 환경을 파괴하는 등 일련의 나쁜 문제를 더욱 악화시키는 데 복무할 따름이다. 이는 결국 그러한 집약 농장 근처에 사는 이들, 대개 저소득층이거나 유색인인 이들의 건강을 악화시키고 권리를 침해한다. 글로벌 사우스와 글로벌 노스 모두에서 기후위기의 영향을 불균형적으로 받는 이들 역시 바로 이 공동체들이다(Germanwatch 2021).

아이러니하게도 코로나19의 발발과 그에 따른 봉쇄 조치는 많은 이들에게 더 깨끗한 하늘, 더 많은 새소리, 야생동물의 귀환, 우리의 지역 환경 전반에 대한 더 높은 의식 등의 가능성을 보여 주었다. 그러나 코로나19로 인한 세계 경제 위축에 따른 이산화탄소 배출량의 소폭 감소세는 2020년의 기록적인 이산화탄소 수치를 멈추기에도, 또 지구 기온 상승과 기상이변의 심화를 막기에도 역부족이었다(Freedman and Mooney 2020). 또한 변덕스러운 강우 패턴과 열 스트레스로 인한 농장 동물의 피해(Bernabucci 2019)와 작물 수확량에 관한 장기적 문제(The Conversation 2019)를 바꾸지도 못할 것이다. 나아가 지구 해양의 온난화와 산성화를, 그리고 수백만 명의 기후 난민들이 도시로 혹은 국경 너머로 피신함에 따라 발생하는 인도주의적으로 대처해야 할 재난humanitarian disaster과 전 지구적 안보에 대한 위협을 멈추지도 못할 것이다.

콜롬비아 대학교의 교수인 루스 데프리스Ruth DeFries는 팬데믹 와중에 발표된 저서 『자연은 무엇을 할 것인가What Would Nature Do?』에서 "우리 종이 새로운 질병, 새로운 기후, 불규칙한 정치적 변덕에 직면하게 됨에 따라 인류는 더 많은 시험을 겪게 될 것"이라고 쓴다. "우리는 지금 미지의 영역에 있다. 우리는 준비되지 않았다."(DeFries 2021)

새로운 비전

우리는 좀 더 준비를 잘 갖출 수 있을까? 이 위기의 시간이 우리가 더 나은 관계를 맺기 시작하는 때가 될 수 있을까? 코로나19 이전에 우리가 살았던 '정상적인normal' 세계에서 역시 지구상의 수십억 생명들이 위험에 처해 있었음에도 사실과 윤리와 연대가 급진적 변화를 가로막는 무수한 힘에 과연 대항할 수 있을까? 아스트라와 수나우라는 "다양한 면에서 다른 종에 대한 우리의 무시는 이 팬데믹을 초래하고 악화시켰다"고 쓴다. "이에 적절하게 대응하고 미래의 재난을 예방하기 위해 우리는 동물을 고려하기 시작해야 한다. (…) [코로나19] 팬데믹에 응답하기 위해서는 정치적 상상력을 확장해야 한다. 연대에 대한 우리의 개념은 종의 장벽을 넘어서야 한다."(Taylor and Taylor 2020)

우리 자신과 비인간 세계에 대한 이러한 다른 비전은 바람직할뿐더러 필수적이다. 파국적인 기후변화와 생물다양성 손실, 그리고 인류와 함께 지구에 살아가는 수십억 종과 인간사회에 닥칠 끔찍한 결과를 피하기 위해 이러한 비전은 착취가 아니라 상호성을 기반으로 비인간 세계와 새로운 관계를 구축할 것을 시급히 요구한다.

이 새로운 미래는 살기 적합한 환경에 대한 공동체들의 요구를 우선시하고, 신선한 음식과 건강한 삶의 방식에 쉽고 저렴하게 접근할 수 있도록 하며, 모든 시민에게 그들의 가치에 상응하는 보상을 제공한다. 그 사회는 더 공정하고 살 만할 뿐 아니라, 앞으로 20~30년 뒤 우리를 기다리고 있을 사회적·정치적·경제적 격변에서 살아남을 가능성이 더 높을 것이다.

2020년 말, 전 세계 약 200개 동물 보호 단체와 환경 단체가 함께 모여 「동물 선언문Animals' Manifesto」을 발표했다. 이 선언문은 코로나19의 기원과 영향—그리고 다음 팬데믹의 예방—은 인간 및 비인간 세계에 대한 새로운 헌신을 요구하며, 또한 야생동물과 가축화된 동물을 아우르는 공동 행동을 위한 새로운 의제를 요구한다고 주장했다. "우리는 평소와 같은 사업이 회복되어 조금도 누그러지지 않고 계속될 때의 실제적인 위험을 인식하고 있다"고 선언문은 말한다. "우리는 또한 그러한 접근 방식이 인간 공동체, 동물, 지구의 지원 체계support system에 심각한 결과를 초래한다고 주장한다. 지금은 코로나19가 부각시킨 거대한 난제에 잘 대처하고 모두의 안녕을 보장하기 위해 우리의 궤도를 함께 수정할 수 있는 기회의 순간이다. 시간이 절대적으로 중요하다."

내가 이 글에서 자세히 설명한 예시들에서 분명히 알 수 있듯 산업형 동물 농업은 자연 서식지, 물과 표토, 인간과 동물의 생명, 공중보건과 식량 안보 등으로 대가를 떠넘기는 비용의 외부화에 의존한다. 가스 산업과 석유 산업을 비롯한 공해 산업들이 환경을 오염시키고 사람들을 병들게 한 대가를 지불해야 하는 것처럼, 대형 농장은 사회에 지불해야 할 비용을 정부에 전가하는 것을 멈추어야 한다. 따라서 우선적으로 추진되어야 할 **첫 번째 정책**은 사료 원료 및 동물의 대량 상품생산을 가능케 하는 구제 금융, 보조금, 인센티브 제도를 폐지하는 것이라고 할 수 있다.

코로나19 위기가 보여 주었듯 [고기의—옮긴이] 대량 생산을 위한 해체 라인disassembly-line 모델에 기반한 산업은 경제적·환경적 혼란 등에 극히 취약하다. 정말로 필요한 것은 그 반대로서 유연하고 탄력적이며 분산된 식량 생산 모델이다. 따라서 **두 번째 정책**은 탄소집약도가 낮은 과일, 채소, 견과류, 씨앗류, 콩류, 곡물을 재배하는 더 작은 규모의 생물지역적bioregional 생산으로 농업을 재정향하는 것이다. 여기에는 옥상 텃밭과 공동체 텃밭, 수직 농업, 지역 농장 등 식품 유역을 다양화하고 녹색 공간을 장려하는 도시 환경이 포함된다.

전 세계 코로나19 위기와 도살장의 코로나19 위기가 분명히 드러내듯이 공중보건과 회복탄력성은 "필수" 노동자들이 공장의 소모품이 아니라 정말로 필수적인 존재로 대우받을 수 있도록 하는 데 달려 있다. 그러므로 **세 번째 정책**은 존엄성과 문자 그대로의 투자 및 사회적 투자를 제고하기 위해 식량사슬의 모든 노동자에게 공동소유권에 대한 적절한 기회를 제공하고 먹고 살 만한 임금을 지급하도록 규정하는 것이다.

동시에 우리는, 강제로 도살장에서 일을 하거나 공장식 축산농장 근처에서 살도록 강요받거나 건강한 음식물을 찾을 수 없거나 사회적 거리두기를 실천할 수 없거나 의료 서비스에 접근할 수 없는 등 유색인 공동체가 산업형 동물 농업과 코로나19에 의해 영향을 받는다는 점도 목도했다. **네 번째 정책**은 수세기에 걸쳐 자신들의 땅에서 강제로 쫓겨난 이들을 위한 공정과 정의를 조금이나마 회복하고 모두에게 접근 가능한 새롭게 상상된 [유통업체를 거치지 않는—옮긴이] '농장에서 식탁으로farm-to-table' 경제의 핵심으로서 여성, 소수자, 선주민의 주도권initiative을 우신시하는 것이다. 이러한 단계는 경제적·사회적 회복탄력성을 키우고 적정한 가격의 건강하고 지속가능하며 정의로운 식량을 늘릴 것이다.

미국의 옛 서부 지역이든 브라질의 야생 개척지이든 목장 문화는 인종화되고 신식민주의적이고 무법적인 멘탈리티와 밀접한 관련을 맺어 왔다. 야생 지역을 인간의 정착지로 바꾸거나 야생을 인간의 정착지로 가져온 결과로서 발생하는 인수공통감염병(사스, 메르스, 코로나, 조류독감, 에볼라 등)에 직면해 있음을 인류가 이제 알게 된 것은 지구의 숲과 토착성에 대한 파괴의 징후이자 결과이다.

그리하여 다섯 번째 정책은 재야생화와 보존, 그리고 공동체 관리를 통해 현재 소와 양의 방목과 사료작물 재배에 쓰이고 있는 공유지를 복원하는 것이다. 이러한 노력은 재삼림화, 탄소 격리carbon sequestration, 수역 보호, 생물다양성 증대(와 이를 통한 지구온난화에 대한 생물 회복탄력성의 증대), 수천 종이 살 수 있는 서식지의 형성 및 복원 등 많은 것을 가능케 할 것이다. 이는 땅과 자연 세계에 가치를 부여하는 방식에 대한 우리의 재조정을 반영하고 또 심화시킬 것이다.

2020년에 나타난 여러 파국의 합류는 우리의 현재 관행이 우리의 민주주의를 위태롭게 하고, 공중보건을 위험에 빠뜨리며, 모든 경제적 혹은 정치적 모델의 토대인 생명 체계를 파괴하는 방식을 강조한다.[1] 추출에서 복원으로, 단일 경작에서 복합 경작으로, 상품화에서 생물지역주의bioregionalism로, 권력의 집중에서 참여적 민주주의로, 초개인화되고

---

1 "장기적으로 이번 팬데믹이나 다음 팬데믹에 대해 우리가 무엇을 할지에 대한 이야기를 우리가 통제하거나 제어했다고 말할 수 있을까?" 2021년 초 작가이자 활동가인 알렉스 록우드Alex Lockwood는 질문했다. "내가 아는 것은 우리가 노력했다는 것이다. 그러나 우리는 [팬데믹을 계기로 동물 착취에 종언을 고해야 한다는—옮긴이] 이야기를 이끌고 우리의 목표를 향해 나아가기 위해 더 많은 자원, 더 깊이 있는 힘, 더 많은 소통의 인프라가 필요하다. (…) 문제는 다음 팬데믹이 이미 다가오고 있다는 것이다."(Lockwood 2021)

분열적인 사회 구조에서 공동체, 다양성, 공익을 존중하는 사회적·정치적 생태계로 전환함으로써, 우리—모든 종—는 집단적 생존의 가능성을 높일 수 있을 것이다.

감사의 말

유익한 토론과 아이디어, 그리고 사유와 행동을 위한 장소를 제공해 준 데 대해 마틴 로우Martin Rowe, 이시스 알바레스Isis Alvarez, 제시카 브리저스Jessica Bridgers, 재니스 콕스Janice Cox, 스테파니 펠드스타인Stephanie Feldstein, 캐스린 허먼Kathrin Herrmann, 맥아서, 그리고 제니퍼 몰리도어Jennifer Molidor에게 감사를 전한다. 퀸하인드호 침몰에 관한 이 글의 내용 중 일부는 맥아서와 함께 [온라인 출판 플랫폼—옮긴이] '미디엄Medium'에서 2019년에 발표한 포토 에세이를 수정한 것이다. 또 다른 일부 내용은 2020년 세계 환경의 날에 발표된 브라이터 그린의 성명서에 기초를 두고 있다.

20장. 경계를 전복하기

트랜스 퀴어 상호종적 에코페미니즘

리아 커츠

섹스, 젠더 또는 자연의 변함없는 '본질적' 특성은 존재하지 않는다.

— 캐롤린 머천트, 『자연의 죽음』[1]

트랜스의 신체는 신비롭다. 그것은 우리가 한 번도 들어 보지 못한 자연의 일부다.

— 루스 크루스Luz Cruz[2]

2017년 방영된 BBC 다큐멘터리 시리즈 〈블루 플래닛 Ⅱ〉의 첫 번째 에피소드는 일본에서 흔히 '코부다이瘤鯛'라 불리는 혹돔Semicossyphus

1 캐롤린 머천트, 『자연의 죽음』, 전규찬·전우경·이윤숙 옮김, 미토, 2005, 11쪽, 번역 일부 수정. — 옮긴이.

2 Luz Cruz, @harley_punxx. March 31, 2021. https://www.instagram.com/p/CNFp-hxjL3Q/.

reticulatus의 성전환을 다룬다.[3] 데이비드 애튼버러David Attenborough의 내레이션이 깔리고 동해의 사도가시마佐渡島 앞바다에서 촬영된 해저 장면이 펼쳐진다. 푸른색, 녹색, 붉은색 빛깔로 가득한 바닷속을 배경으로 두 명의 혹돔이 함께 헤엄치고 있다. 한 명은 반짝이는 녹색 비늘을 가진 날씬한 혹돔이고, 다른 한 명은 둥근 이마에 창백한 푸른색을 띤 비교적 더 큰 혹돔이다. 쾌활한 어조로 시작된 약 5분 길이의 편집된 장면은 어떻게 열 살 이상의 "소형" 혹돔이 이성과의 짝짓기를 중단하는지, 또 어떻게 "신체 크기의 임계점"에 도달했을 때 효소 및 호르몬 변화의 "극적인 전환"을 겪게 되는지에 관한 애튼버러의 설명을 기점으로 날카롭고 으스스한 분위기로 바뀐다.[4] 이어지는 에피소드의 내용은 SF 공포 영화를 떠오르게 한다. 더 작은 혹돔이 서식지인 바위 안으로 사라지면서 화면이 어두워지고 불길한 음악이 고조된다. 이윽고 번쩍이는 짧은 불빛이 깊고 그늘진 곳을 비추면 클로즈업된 혹돔의 뾰족하고 푸른 지느러미와 커진 아래턱, 두리번대는 눈이 몽타주 기법으로 드러난다. 카메라는 새롭게 돌출된 혹돔의 얼굴 곡선을 바짝 촬영하고, 과장된 애튼버러의 보이스오버가 겹쳐진다. 해설이 잠깐씩 멈출 때마다 무서운 배경음악이 깔린다. 애튼버러는 "불과 몇 달 안에 암컷 몸의 특정 효소들이 작용을 멈추고 남성 호르몬이 순환하기 시작한다"고 설명하면서, 성 변화를 발달단계의 중요한 사건이라기보다 효소의 기능장애로 프

3 "Blue Planet II – Episode 1: One Ocean." 2017. *BBC Media Centre*. https://www.bbc.co.uk/mediacentre/proginfo/2017/44/blue-planet-2.

4 "Blue Planet II: One Ocean." 2017. *BBC One*, https://www.bbc.co.uk/programmes/p04thmv7.

레이밍한다. 색과 크기가 눈에 띄게 바뀐 혹돔이 동굴 같은 골짜기 안에서 홀로 등장할 때, "시간이 흐르면서 암컷의 이마는 더 커지고 턱은 더 길어진다"는 애튼버러의 내래이션이 들려온다. 이윽고 애튼버러는 "암컷은 수컷으로 바뀌었다"고 선언한다. 이 장면은 "모든 암컷 혹돔의 몸 안에는 새로운 수컷이 기다리고 있다"는 말로 끝이 난다.

이 장면을 보는 일은 절망감을 안겨 준다. 제작진은 혹돔 사회에서는 평범한 것이지만 주류 텔레비전에서는 거의 비춰지지 않았던 생물학적 과정을 조명한다. 그러나 이 에피소드는 혹돔의 성 변화 가능성을 평범하고 매혹적인 것으로 그리기보다, 혹돔의 성 변화 능력을 무시무시하게 묘사함으로써 경멸적인 시스젠더 비유로 낙착된다. 혹돔에게서 성적 다양성은 일반적인 요소로, 이는 물살이 전반을 살펴보았을 때도 그리 예외적인 요소가 아니다. 모든 물살이의 최소 2%가 유동적인 성을 가지고 있으며, 이러한 물살이는 알려진 종만 500종에 이른다(Avise and Mank 2009). 특정 종의 도마뱀, 뱀, 상어, 칠면조 등과 마찬가지로 일부 물살이는 단성생식을 하는데, 이는 이 종들이 짝짓기 여부와 관계없이 무성無性 임신을 할 수 있으며 짝의 생식세포를 이용하지 않고도 (비록 복제되었을지언정) 건강한 자손을 양육할 수 있음을 의미한다.[5] 모든 개체가 여성으로 여겨지는 성을 가지고 태어나는 호전적인 버들붕어Macropodus opercularis의 경우, 성숙 이전에 이루어지는 성 분화의 결정적인 요인은 사회적 지위로, 이는 공동체 내 다른 개체들과의 "사회적 상호작

---

5 Melissa Hogenboom, "Spectacularly real virgin births." *BBC Earth*, December 22, 2014. http://www.bbc.com/earth/story/20141219-spectacular-real-virgin-births.

용의 직접적인 결과로서" 나타난다(Helfman et al. 2009, 155).

이성애규범적인 이분법적 섹스(와 이에 상응하는 젠더) 범주가 이러한 종들을 포괄하지 못한다는 점은 새로운 문제가 아니다. 이 책의 제6장에서 패트리스 존스가 설명했듯, 또 『퀴어 생태학』의 저자들이 강조했듯, 퀴어성은 "자연에 반한다"는 비난을 받지만 동시에 자연 안에서 계속 그 모습을 드러낸다. 스테이시 앨러이모Stacy Alaimo는 비인간들 사이에 존재하는 다양한 파트너십, 가족구성, 공동체, 비재생산적 쾌락, 상호의존적 돌봄의 양태들을 자세히 논한 바 있다. 그는 게이 큰뿔양(남성 개체 대부분이 이에 해당한다), 레즈비언 갈매기, 인터섹스 돼지, 그리고 균류와 박테리아가 지닌 수천 개의 서로 다른 성 등을 제시한다(Alaimo 2010, 66). 여기에서 앨러이모와 존스는 퀴어 종에 관한 수세기에 걸친 연구를 담은 퀴어 과학 저술들에 기대어(Bagemihl 1999; Roughgarden 2013; Hird 2004), 퀴어한 자연들을 경계 위반자로 위치시킨다. 과학자들은 자연 세계를 포괄할 수 있도록 이론을 확장하기보다 현상 유지를 위해 제도적 권력을 휘둘러 왔다. 권위 있는 과학 텍스트들은 이 세계에 엄존하는 생물다양성을 적절히 재현하는 것이 아니라, 당대 백인 이성애자 시스젠더 남성의 세계관을 반영하는 섹스, 젠더, 인종에 관한 환원주의적 이론에 자연을 끼워 맞추려 했다. 이 텍스트들은 수세기에 걸쳐 서로를 효과적으로 인용함으로써 자연이 여성, 퀴어, 젠더 비순응자, 인종화된 사람과 대립한다는 식으로 세계를 해석하는 이론들을 추동해 왔다. 결과적으로 이는 노예제, 재생산 통제, 식민지적 추출과 수탈 등의 경제적 기획들을 정당화해 왔다(Herzig 2015; Repo 2018; Schuller 2018; Sears 2015).

혹돔 에피소드가 방영된 후, 영국의 신문과 뉴스 매체 들은 혹돔에게

"트렌스젠더 물고기"라는 이름을 붙였고, 트랜스혐오적인 논평자들은 조롱과 경멸을 퍼부었다. 만약 물살이들이 물속에서의 자신의 물질성과 인간 트랜스젠더의 자기규정self-determination을 서로 뒤섞는 용어와 관련해 무언가 곤란함을 느낀다고 할 수 있다면, 우리는 물살이들이 젠더에 대해 어떻게 느끼는지 알지 못한다. 물론 그들은 인간의 남획과 해양 산성화에 따른 더 큰 문제를 안고 있지만, 그럼에도 우리는 퀴어의 렌즈를 통해 비인간과 인간 모두와 관련된 성적 다양성의 명명법을 검토해 볼 수 있다.

젠더의 발판을 마련하기

퀴어, 페미니즘, 에코페미니즘 이론가들이 오랫동안 주장해 왔듯이 젠더는 본질적인 생물학적 사실의 표현이 아니다. 주디스 버틀러는 정전의 반열에 오른 저서 『젠더 트러블』에서 젠더란 정치적으로 위치 지어진situated 문화적 장치라고 설명한다.

> 섹스 자체가 젠더화된 범주라면 젠더를 섹스의 문화적 해석으로 정의하는 것은 이치에 맞지 않는다. (…) 젠더는 섹스 자체가 구축되는 바로 그 생산 장치를 지칭하기도 한다. 따라서 섹스가 자연에 관계되듯 젠더가 문화에 관계되는 것이라고 생각해선 안 된다. 그리고 젠더는, '성차화된 자연'이나 '자연적 섹스'가 '담론 이전에', 문화에 앞서서, 그 위에서 문화가 행해지는 정치적으로 중립적인 표면으로 생산되고 구축되게 하

는 담론적/문화적 수단이기도 하다. (1990, 7)[6]

젠더 분류의 역사적 맥락은 생의학, 생명정치, 사회규범에 있어 성 분화의 존재론을 고려할 때 매우 중요하다. 여기에서 대자연™Nature™은 어떤 특성들을 수용 가능하고 불변하며 친숙하고 진실한 것으로 정당화하는 동시에, 다른 특성들을 부당하리만치 판독 불가능하고 무질서한 것으로 만드는 하나의 도덕적 이상으로 인정받는다. 발 플럼우드는 정신/신체, 이성/감정, 문명/야만 등과 같은 대립적 부정과 위계적 지배의 이원론을 주인 모델로 정의한다(Plumwood 1993). 주인 모델은 버틀러가 이성애 매트릭스라고 불렀던 것, 즉 "몸, 젠더, 욕망을 자연화하는 문화적 인식 가능성의 좌표"(1990, 151)[7]를 강화하면서 여성, 인종화된 집단, 퀴어, 동물, 그리고 자연 사이에서 이루어지는 상호적인 가치절하를 지속시킨다. 버틀러가 주장하듯 젠더는 정치적으로 중립적인 무대 위에서 행해지는 것이 아니라, 서구의 철학적·종교적·과학적 전통을 가로지르며 권력을 공고화하는 역할을 담당한다. 과학사 및 젠더사 연구자인 론다 쉬빙어Londa Schiebinger는 『자연의 몸: 근대 과학 형성에서의 젠더Nature's Body: Gender in the Making of Modern Science』를 통해 동식물 관련 과학 저술에 반영되어 있는 시스이성애 규범들을 추적한 바 있다. 그는 유럽의 박물학자들이 처음으로 식물에서 섹슈얼리티를 포착했던

---

6 주디스 버틀러, 『젠더 트러블』, 조현준 옮김, 문학동네, 2008, 97쪽, 번역 일부 수정. —옮긴이.

7 위의 책, 93쪽. —옮긴이.

1600년대 말까지 거슬러 올라가는데, 이 시기에 박물학자들은 (쾌락이 아니라 재생산을 목적으로 한다고 여겨졌던) 이성애 부부관계와 인간 생식계의 해부학적 구조를 본떠 식물의 재생산 체계를 다시 명명하고 분류하는 작업에 착수했다(Scheibinger 1993, 19). 자연을 묘사하는 이들은 언제나 남성이었다(여성 박물학자는 매우 드물었다).

캐롤린 머천트는 『자연의 죽음』에서 자연을 여성화한 뒤 이익을 위해 다시 자연을 기계화했던 역사에 관한 에코페미니즘적 분석을 수행한 바 있다(Merchant 1980). 초기 자본주의가 자급자족subsistence에서 자본주의적 생산 양식으로 전환하고 있던 산업화 이전의 유럽 문명을 변화시키기 시작하면서, 자연과 여성의 연관성은 모순으로 가득 차게 되었다. 한때 인간이 누릴 수 있는 무한한 자원을 가진 비옥하고 고요하며 수동적인 어머니로 자연을 묘사했던 언어는 이후 자연을 "인간종 전체의 이익을 위하여"(1980, 169)[8] 인간의 지배를 받아야 하는 무질서한 힘으로 표현하게 되었다. 습지 개간, 금속 채굴, 삼림 벌목 등의 계획은 "자연 자원의 착취를 정당화하는 실험을 통해 해부당하고 통제당하는 여성으로서의"(189)[9] 자연이라는 새로운 이미지를 창조했다. 자연 세계에서 자원을 추출하는 자본주의적 방식은 남성과 생계subsistence 노동을 동등하게 분담했던 여성들에게 매우 현실적인 젠더화된 결과를 가져왔다고 『여성, 인종, 계급Women, Race & Class』(1981)에서 앤절라 데이비스Angela Davis는 설명한다. 커먼즈commons에서 여성이 방직공, 비누 제조

8 캐롤린 머천트, 앞의 책, 262쪽. —옮긴이.

9 위의 책, 293쪽, 번역 일부 수정. —옮긴이.

자, 목수, 맥주 양조자 등으로서 가졌던 사회적 입지는 가혹한 작업 환경 하에서 저임금을 주며 여성의 전문성을 깎아내리는 개인 소유의 공장들의 몫으로 대체되었다.

산업자본주의는 여성성은 열등하다는 이데올로기를 강화했는데, 이는 공공경제에 참여하는 산업노동자로서 여성의 모습을 비가시화하면서 결과적으로 가정주부이자 어머니로서 여성의 역할을 공고화했다. 그러나 이러한 여성성의 상징은 공장 기계를 돌리거나 강압적인 노예제 상황에서 노동할 필요가 없었던 백인 중산층 여성만이 물질적으로 [체현—옮긴이] 가능한 것이었다. 여성지나 연애소설을 통해 이상적인 가정주부가 대중화되었지만, 데이비스가 쓰듯 "흑인 여성 노예들 사이에서 이 어휘는 어디서도 확인할 수 없었다. 노예제의 경제적 배치는 새로운 이데올로기 안에 포함된 위계적인 성역할과 서로 모순됐다."(1981, 12)[10]

서구 바깥에서 젠더는 과거에 그렇게 생각되었던 것과 달리 사회를 조직하거나 고유한 권력 역학을 설명하는 보편적인 범주가 아니다. 나이지리아의 젠더 연구자인 오예롱케 오예부미(Oyèrónkẹ́ Oyěwùmí 1997)는 나이지리아 서남부에 위치한 식민지기 이전 요루바족 사회의 경우 모든 젠더의 사람들이 지도자 위치에 오를 수 있었다고 말한다. 식민지배를 받기 이전의 요루바족 문화를 특징짓는 결정적인 요소는 젠더가 아니라 나이였다. 사회는 연장자와 연소자로 계층화되어 있었으며, 생

10 앤절라 Y. 데이비스, 『여성, 인종, 계급』, 황성원 옮김, 아르테, 2022, 41–42쪽, 번역 일부 수정.—옮긴이.

물학적으로 결정된 '여성'이라는 범주는 유럽의 식민지배가 젠더화된 정책과 관행을 강제했던 19세기 중반 이전까지 존재하지 않았다. 백인 식민지배자들은 여성으로 보이는 사람들이 공적 공간을 점유하고 통치자 역할을 수행하는 것에 충격을 받았다. 이는 백인들의 고향에 존재하는 젠더화된 지배 규칙을 위협했다. 젠더 이분법이 요루바족에게 강요되면서 삶의 모든 측면이 바뀌었고 남성이 아닌 사람들은 이등시민으로 강등되었다. 이들은 사회 서비스에 대한 접근이 금지되었으며 "지도자 역할을 맡을 자격이 없는" 것으로 치부되었다고 오예부미는 설명한다. "해부학적 특성에 의해 규정되고 모든 상황에서 남성에게 종속되는 여성이라는 식별 가능한 범주의 등장은 부분적으로 가부장제적 식민국 체제의 시행에 따른 결과였다. 여자들에게 식민지화는 인종적 열등화와 젠더적 종속이라는 이중의 과정이었다."(1997, 124) 요루바족에게 부과된 엄격한 젠더 규범은 나이지리아에서 백인의 가부장제 권력을 강화하는 구조적 수단으로 기능했다.

젠더 이분법이 아직 범주화되지 않았던 세계의 몇몇 지역에는 사랑, 욕망, 공적/사적 영역 등의 젠더화된 구분에 있어 유동성이 더 존재했다. 아프사네 나즈마바디Afsaneh Najmabadi는 『콧수염이 있는 여자, 턱수염이 없는 남자: 이란 근대성의 젠더와 성적 긴장Women with Mustaches and Men without Beards: Gender and Sexual Anxieties of Iranian Modernity』(2005)을 통해, 17세기 후반 이란의 카자르 제국에서 아름다움과 성적 결합에 대한 묘사는 "젠더에 따라 구분되지 않았다"고 설명한다(11). 서구 문화와 달리 이란에서 남성성과 여성성은 젠더 구분과 일치하지 않았다. 결혼이 사랑이나 낭만이 아닌 성적 재생산으로 격하되면서 사람들은 퀴어한 욕망을 추구할 수 있는 일정한 자유를 허락받았다. 페르시아의 시와 회화는 아름다운 중성적androgynous 인물들을 나이 많은 남성들의 욕망의 대상으로 묘사했다. 마찬가지로 여성들은 이성애의 가림막 뒤에서 자신들의 친밀한 관계를 동성사회적인homosocial 유대로 맥락화하는 자매애의 서약을 할 수 있었는데, 나즈마바디에 따르면 이는 "동성애를 위한 위장된 공간, 즉 피난처"를 제공했다. "이미 섹슈얼리티가 결여된 동성사회성의 표현으로 선언했기에" 여성들이 "공공장소에서 서로의 손을 계속 잡을 수 있"었다는 것이다(2005, 38). 사업과 여가를 목적으로 이란을 방문했던 유럽인들은 이란인들의 동성사회적 유대를 수치스러운 것으로 규정했다. 유럽인들에게는 동성사회성에 관한 문화적 맥락이 존재하지 않았고, 이란인들은 이에 반발했지만 종국에는 영향을 받게 되었다. 결국 "남성적과 여성적이라는 개념은 젠더 구분이 아름다움, 욕망, 사랑과 같은 관념들과 관련을 맺게 되었을 때에야 비로소 이 관념들을 구성하는 핵심 범주가 되었다."(59) 판독 가능한 젠더와 예측 가능한 섹슈얼리티에 대한 서구의 수출은 위계질서의 보편화를 가능케 하는 연결 장치로 기능했다.

이분화된 두 젠더 사이의 가시적인 차이는 젠더와 인종적 순수성의 신화를 공동구성하는 데 필수 요소가 되었다. 카일라 슐러Kyla Schuller는 『느낌의 생명정치: 19세기의 인종, 성, 과학The Biopolitics of Feeling: Race, Sex, and Science in the Nineteenth Century』에서 과학자들이 백인 남성과 백인 여성 간의 가시적인 차이를 인간 문명의 진화론적 종착점으로 내세웠으며, 인종화된 사람들은 성적으로 구별되지 않는바 원시적이고 동물에 더 가깝다는 근거를 들면서 백인우월주의를 촉진하는 데 그 차이를 이용했다고 말한다(2018, 102). 체모는 인종화-젠더화된 차이에 대한 분류법을 개발하는 핵심 요소였다. 오랫동안 턱수염은 지혜와 남성성을 나타내는 유럽적 상징이었는데(이는 4체액설四體液說, Humoral theory의 유산이었다), 린네는 이를 "남성과 여성을 구별하고자" 신이 남성에게 부여한 남성성의 표식으로 표현했다. 그리하여 턱수염을 가진 여성은 사람들에게 배척당하고 병리화되었다(125). 레베카 M. 헤르지히Rebecca M. Herzig는 2015년에 발표한 저서 『뽑히다: 제모의 역사Plucked: A History of Hair Removal』에서 아메리카 선주민에 관한 16세기 후반 정착민 식민주의적 신화로부터 발달한 근대 제모 산업의 역사를 기술한다. (토지 수탈과 집단 학살의 정당화를 위해 이용되었던) 이 신화는 20세기 초 인종주의적 우생학 기획의 일환이었던 임상적 모발 병리학으로 고착화되었고, 21세기에는 미국 제국주의의 대테러 고문 기술의 방식으로 나타나고 있다.

20세기 무렵 (지정성별 남성의 신체에 부재하거나 지정성별 여성의 신체에 존재하는) 체모는 철저히 병리화되었고, 그 후 퀴어, 트랜스, 인종화된 사람들을 원시적이고 사악하며 야생적이고 정신이 이상한 사람들로 분류하는 데 오랫동안 이용되었다. 이들은 측정되고 해부되고 벗겨지고 제모되고 병리화되고 살균되고 시설에 감금되었다. 체모는 인종화된 사람들을 인종적-젠더적 순수성을 위협하고 인류를 타락과 절멸에 빠뜨리겠다고 위협하는, 진화가 덜 된 위험한 인간 혹은 동물-인간 혼성체로 묘사하는 데 이용되었다. 성 역전sexual inversion 이론은 체모를 성적 일탈과 결합시켰다. 1938년에 발표된 한 연구 논문은 눈썹을 뽑고 손톱을 칠했으며 스스로를 여성으로 소개하는 (아마도 트랜스여성일) 한 젠더 비순응자에 대한 분석을 포함하고 있다. 이 논문은 남성들 사이에서 흔치 않은 제모와 여성들 사이에서 흔치 않은 얼굴의 체모란 그들이 "퀴어일 수 있음"을 의미한다고 가정했다(Herzig 2015, 110).

체모와 성호르몬에 대한 주목은 섹스의 고정성을 둘러싼 오랜 논쟁을 촉발했다. 호르몬 변동성이 성 발달에 있어 중요한 요소로 제시되었고, 잠시 동안 이는 젠더 이분법의 거짓됨을 폭로할 수 있는 가능성을 내비치기도 했다. 1939년에 나온 교과서는 섹스들 사이의 "불안정한 연속체"가 존재한다면서 "섹스와 같은 생물학적 실체는 없다"(2015, 104)고 선언했다. [그러나—옮긴이] 섹스의 유동성은 사실로 받아들여지지 않았으며, 이분법에서 해방되는 것이 아니라 오히려 이분법으로 통제해야 할 까다로운 힘으로 재해석되었다. 제모 강요의 폭력적 역사는 오늘날 표준적인 그루밍 관습에서 계속 그 모습을 드러내고 있다. 면도, 털뽑기, 왁싱, 스레딩threading을 비롯해 신체에서 털을 제거하기 위한 여러 기술들은 사회적 압력을 통해 규범화되어 있다. 캐럴 J. 애덤스는 『육식의 포르노그래피』의 개정판(2020)에서 털이 없다는 것이 어떻게 이데올로기적 순응의 상징으로 기능하는지 이야기했다. "군대에서 머리를 바짝 깎는 것은 음모를 미는 것처럼 개성을 드러내는 기호를 제거하는 것이다. 그렇다면 다리털을 미는 것은 어떨까?"(2020, 277) 퀴어 페미니스트와 래디컬 페미니스트 사이에서는 덥수룩한 겨드랑이, 다리, 사타구니가 더 일반적이지만, 털을 밀지 않은 혹은 뽑지 않은 형식 자체에 본질적으로 급진적인 요소란 존재하지 않으며, 털을 제거하는 것은 개인을 표현하는 기회로 작용하기도 한다. 많은 트랜스여성과 젠더퀴어, 논바이너리에게 제모는 디스포리아를 관리하기 위한, 또 트랜스적인 외모에 대한 가정에 기대지 않고 자신만의 미학을 구축해 가기 위한 중요한 기술로 작용할 수 있는데, 이러한 외모에 대한 가정은 괴롭힘과 폭력을 당하지 않을 자유를 침해하며, 특히 폭력적인 위해에 유독 노출되어 있는 흑인 트랜스여성의 자유를 침해할 수 있다. 헤르지히는 자신의 글 전반에 걸쳐 강제적 제모가 비인간 동물과 지구에 헤아릴 수 없는 피해를 가하는 동시에, 개인들을 인종화하고 병리화하고 비자발적으로 퀴어화하는 이러한 상호강화적인 분류법 안에서 강제적 제모가 어떻게 기능하는지를 보여 준다. 헤르지히는 이렇게 주장한다.

> 분비선 추출물 한 방울을 얻기 위해 도살되는 수십 명의 양과 돼지들부터 가정용 레이저 장치를 조립하기 위해 고용된 수천 명의 전자제품 공장 노동자들에 이르기까지, 또 화학적 제모제의 악취로 가득 찬 수로水路부터 석유정제 장치가 뿜어내는 연기로 오염된 공기에 이르기까지, 이 책은 특권층들 사이에서 점점 발달하고 있는 자기관리 습관이 어떻게 타자들의 삶을 소비하고 폐기하는 새로운 방식들에 의존하고 또 그것을 조장하는지 보여 준다.(2015, 189–190)

신체를 탈젠더화하기

> 우리가 신체를 그리는 선은 고정되고 보편적인 것이 아니라 문화적이고 특수한 것이다.
>
> — 알록 베이드-메논Alok Vaid-Menon[11]

레거시 러셀Legacy Russel은 『글리치 페미니즘 선언Glitch Feminism: A Manifesto』이라는 간결한 책에서 "'몸'이라는 관념은 다음과 같은 무기를 지닌다. 젠더는 몸의 윤곽을 결정지어, 한계가 없어지는 것으로부터, 무한의 방대함을 주장하는 것으로부터, 진정한 잠재성을 깨닫는 것으로부터 몸을 '보호'한다"라고 쓴다(2020, 8).[12] 세계의 대다수 개인들(퀴어, 트랜스, 여성, 흑인, 브라운, 노동계급, 비인간)은 이윤추구적인 자본주의에 복무하는 소수(백인, 이성애자, 시스남성, 엘리트)의 자기 잇속만 챙기는 이상ideal에 의해 한계를 부여받는다. 러셀의 선언문은 이분법으로부터의 급진적 해방을 위한 새로운 도구를 제시한다. 바로 글리치, 즉 시스템의 오류다. 각각의 장들은 실패의 새로운 양태들, 이분법에 소용되지 않으며 자본의 제약에 순응하는 데 의도적으로 실패하는 불안정한 젠더들과 무한한 우주적 자아들을 통한 새로운 디지털매체적 거부의 전략을 탐구한다.

젠더 이분법을 기각하는 것은 개인의 정체성을 삭제하는 것이 아니라, [타율적인—옮긴이] 지정assignation의 부담 없이 우리가 누구인지를 정의하는 개인적·집합적 잠재성을 확장하는 것이다. 디지털 반란의 힘을 강조하면서 러셀은 온라인에 접속해 있는 상태와 키보드 앞에서 벗어난away from keyboard, AFK 상태를 서로 대립적인 관계가 아니라, 퀴어 신체성이 새로운 해방의 틀을 모색할 수 있도록 공간을 제공하는 어떠

---

11 Alok Vaid-Menon, July 4, 2019. "Anatomy is not Destiny." https://www.alokvmenon.com/blog/2019/7/5/anatomy-is-not-destiny.

12 레거시 러셀, 『글리치 페미니즘 선언』, 다연 옮김, 미디어버스, 2022, 19쪽, 번역 일부 수정.—옮긴이.

한 회로로 재의미화한다. "모든 기술은 그 기술을 생산하는 사회, 그 사회의 권력 구조와 편견 모두 반영한다"는 사실을 이해하면서 말이다(2020, 23).[13] 간단히 말해 클라우드가 길거리보다 더 급진적인 것은 아니다. 주변화된 집단이 온라인에서 알고리즘 검열로부터 자유로운 공간을 가지기 위해 투쟁하는 것과, 집 밖에서 국가가 후원하는 폭력으로부터 자유로운 공간을 가지기 위해 투쟁하는 것은 서로 비슷한 힘에 의해 이루어진다. 『젠더 이분법을 넘어Beyond the Gender Binary』의 저자이자 복합미디어 퍼포먼스 아티스트인 알록 베이드-메논은 논바이너리로서, 자신의 신체성을 디지털 플랫폼에서의 젠더의 탈구축을 위한 장소로 활성화하는데, 이러한 방식은 러셀의 선언문을 보다 명확히 이해하고 그것을 이 장에서 이루어지는 더 폭넓은 대화에 적용하는 데 도움을 준다.

베이드-메논의 디지털 존재는 길거리에서의 성적 괴롭힘, 인종차별, 식민주의, 그리고 가족 트라우마 등의 경험을 자세히 이야기하는 시에 밝은 색, 여러 패턴, 반짝거리는 장신구, 색칠된 입술, 팔과 다리와 몸통을 화려하게 뒤덮은 꼬불꼬불한 숱 많은 체모 등으로 치장된 자신의 인상적인 이미지를 결합시킨다. 베이드-메논의 자화상은 사회 통념에 어긋나는 모습에 대해 수치심을 주고 이를 교정하겠다며 모욕을 퍼붓는 낯선 익명의 존재들로부터의 위협적인 독설 같은 소셜미디어의 상호작용을 통해 여러 층위의 의미를 가지게 된다. "짐승", "트랜스켄슈타

13 위의 책, 34쪽. — 옮긴이.

인", "으 신이시여 (…) 대홍수가 다시 필요합니다"[14] 같은 댓글들은 숨김 처리되거나 빠르게 삭제되는 게 아니라 오히려 전시된다. 공개 댓글로 작성되거나 개인 메시지로 전송되는, 지난 세기에 형성된 유사과학적 믿음을 떠오르게 만드는 이 내용들은 젠더화된 체모에 대한 관념과 이를 그 사람의 원시성, 인간성 결여, 정신질환 등에 연결시키는 관념을 물려받고 있다. 어둠 속에 보관해야 했던 것이 인터넷의 끊임없는 낮 속에서 하나의 본보기로 떠오른다. 토하는 이모지, 인종주의적 장광설, 동물화와 트랜스혐오를 내면화하기보다 베이드-메논은 이것들을 공적인 스펙터클로 전환시킨다. 이는 마치 언어폭력이 아니라 오직 막대기와 돌만이 우리를 부술 수 있다던 유년기의 속담을 전도시킨 것과 같다. 디지털 영역은 문자 그대로의 상처로부터 거리를 제공하지만, 매우 많은 측면에서 몸들에 대한 분류적 폭력과 언어적 삭제가 자행되는 또 다른 지대로 존재한다.

역사, 퀴어 이론, 그리고 패션은 각각 베이드-메논의 디지털 공간 위반에서 중요한 역할을 하며, 그는 재탄생을 추구하는 과정에서 자율적인 선택을 하는 트랜스, 특히 트랜스여성과 유색인 논바이너리를 향한 폭력에 대해 이야기하기 위한 하나의 기술로 패션을 활용한다. 신시내티 대학교 마이런 E. 울만 주니어 디자인스쿨의 영상 인터뷰에서 베이드-메논은 패션을 탈젠더화하는 자신의 작업을 일종의 정치적 행동으로 위치시키면서 인종-젠더 이분법의 맥락 인에서 패션을 역사화한

14 Alok Vaid-Menon, @alokvmenon, January 10, 2020, https://www.instagram.com/p/B7J576KhoOV/.

다.[15] 베이드-메논의 예리한 평가에서 젠더화된 의복의 불합리함이 여실히 드러난다. 그는 의복 같은 무생물 대상은 그것에 젠더가 부과되기 전에는 중립적이라는 데 주목하면서, "의복은 스스로를 어떤 젠더로 생각하거나 선언할 수 없다"고 설명한다. 계속해서 베이드-메논은 우리의 문화적 규범이 일치성을 요구하기 때문에, 사람들은 자신들이 남성적 형태를 가진 이로 범주화하는 누군가가 여성적 의류라고 생각되는 옷을 입고 있는 것을 보았을 때, "그것을 불일치로 판단하고 그리하여 폭력으로 반응한다"고 말한다. 패션을 탈젠더화하기 위한 그의 노력은 무엇보다도 반폭력 메커니즘에 해당한다. 모든 사람이 치마를 입거나 화장을 할 수 있는 문화에서 그러한 부조화의 감각은 사라질 것이며 이는 젠더에 기반한 폭력을 감소시킬 것이라고 베이드-메논은 주장한다.

패션의 탈젠더화가 가지는 또 다른 요소는 패션이 (체모와 마찬가지로) 범주화가 아닌 창조적 표현을 불러일으켜야 한다는 점을 우리에게 상기시키고 문화를 자극한다는 점이다. 『성과 정장Sex and Suits』(1994)의 저자인 앤 홀랜더Ann Hollander의 연구를 인용하여 베이드-메논은 정장이 어떻게 남성의 다리를 강조하고 이동하는 노동자mobile worker라는 남성의 이미지를 강화하는 부르주아적 상징이 되었는지, 그리고 반대로 드레스와 치마가 어떻게 가정뿐만 아니라 남성들이 여성들이 응당 있어야 한다고 상상하는 공간에 여성들을 가두어 두면서 여성성을 둘러싼 신비감을 만들어 냈는지 설명한다. 베이드-메논은 머천트와 데이비스

15 Alok Vaid-Menon, @alokvmenon. March 4, 2021. https://www.instagram.com/p/CMAYz6vBo4n/.

의 글에 새로운 층위를 추가함으로써 자신의 문화 비평에 역사적 깊이를 부여한다.

> 우리가 현재 여성적이라고 부르는 것들, 예컨대 가발, 화장, 하이힐, 레깅스, 깃털 장식, 레이스 같은 것들은 실제로는 유럽에서 남성들이 수백 년 동안 입었던 것들이며 (…) 레이스와 하이힐이 여성성과 연관되게 된 까닭은 계몽주의와 산업혁명 이후 남성과 여성을 분리하는 영역들이 도입되었기 때문이다. 남성은 생산 노동자가 되어야 했고, [중산층 백인] 여성은 집에 머물며 가정을 돌보아야 했다.

여성이 남성과 연관된 기능성 의복을 입는 것은 유행에 뒤떨어지거나 추문을 야기하는 일일 뿐 아니라 범죄로 규정되었다. 클레어 시어스Clare Sears는 『드레스 체포하기: 19세기 샌프란시스코의 크로스드레싱, 법 그리고 매혹Arresting Dress: Cross-dressing, Law and Fascination in Nineteenth-Century San Francisco』(2015)에서 19세기 중반 21개 주 34개 도시에 걸쳐 시행된 지방자치단체의 공공외설법의 부상이 지정성별에 맞지 않는 의복을 법으로 금지함으로써 트랜스여성, '페어리', 젠더 비순응자, 페미니스트 드레스 개혁론자가 공적 공간에 접근하는 행위를 불법화했다고 말한다(3).

처음에는 트랜스성transness과 젠더 비순응성의 가시화를 제한하기 위한 것이었지만, 복장 규정 단속을 통해 획득된 관심은 크로스드레싱을 훨씬 더 부각시키면서, 지역 신문의 1면부터 보드빌vaudeville 무대에 이르기까지 크로스드레싱을 공적 매혹의 한 대상으로 만들었다. 어떤 경우, 무대에서 퀴어와 트랜스를 패러디했던 바로 그 사람들이 거리에서 퀴어와 트랜스 들에게 위협적으로 말을 걸기도 했다. 샌프란시스코 경찰서장이었던 제시 브라운 쿡Jesse Brown Cook은 "연극적 드랙의 팬이었"지만 동시에 "도시의 거리에서 크로스드레싱을 한 사람들을 끈질기게 괴롭히고 체포했던 경찰력을 지휘했다."(2015, 99) 20세기 중반 스톤월 항쟁과 매우 유사하게 19세기의 퀴어들은 체포에 적극적으로 저항하고 괴롭힘에 맞서 싸웠다. 페르디난드 하이슈Ferdinand Haisch는 체포된 이후에도 계속 집에서 여성복을 착용했으며, 그는 이 집에 "수많은 방문객들을 초대했고, 그 집 창문 아래에 모여 있던 젊은 남성들 무리가 그를 괴롭혔을 때 물, 벽돌, 나무 따위를 집어던지며 맞서 싸웠다."(142) 1890년 딕 루블Dick Ruble은 바지와 셔츠를 입고 법원 심리에 참석해 당당한 태도로 증인석에 올라 "'여성인 것만큼이나 남성인' 사람"으로서 의복을 입을 수 있는 권리를 선언했으며, 그보다 20년 앞선 1870년대에 20번 넘게 체포되었던 잔 보네Jeanne Bonnet는 즉결재판소 판사에게 "당신은 원하는 만큼 나를 몇 번이고 감옥에 보낼 수 있을진 몰라도 결코 내가 다시 여성의 옷을 입도록 할 순 없다"고 말했다(142). 결국 지역의 법 집행은 샌프란시스코 항구를 겨냥한 연방의 이민 통제 증가와 맞물리게 되었고, 중국인배제법을 전후한 1800년대 후반 트랜스여성혐오transmisogyny의 수사에 물든 각종 악법들이 중국인혐오와 중국 남성의 여성화를 부채질하게 되었다. 어떤 사람이 크로스드레싱을 했다고 의심된다는 사실만으로도 경찰은 합법적으로 그 사람을 체포하고 알몸 수색하고 강제적인 의학 진단을 받도록 할 수 있었다. 이러한 형태의 경찰 활동은 아시아 이주민과 다른 유색인들을, 특히 그중 퀴어인 이들을 인종 프로파일링하는 데 이용되었다(143).

여성적인/약한/과도한/양식화된 비유를 남성적인/강한/기민한/합리적인 표준과 서로 대립시키는 이원론은 모든 사람이 이러한 특성들을 동시에 소유할 수 있다는 사실을 이해하는 데 실패한다. 월트 휘트먼의 표현을 바꾸어 말하면, 우리는 거대하다, 우리는 많은 것들을 내포하고 있다.[16] 한 강연에서 베이드-메논은 순응을 강제하는 미국 사회에서 자유의 수사가 만연한 현실, 나아가 이것이 자기표현을 혼란스럽게 만드는 현실에 대한 간략한 고찰을 보여 준 바 있다.

> 우리는 특정한 범주와 테두리에 자신을 끼워 맞출 것을 요구하는 견본template 문화에 살고 있으며, 사람들은 이처럼 미리 결정되어 있는 범주 및 테두리와 관련해서만 자기 자신이 누구인지를 안다. 실제로 당신이 사람들에게 어떻게 느끼냐고 질문할 때, 사람들은 그것을 설명하는 방법을 알지 못한다. 그러한 종류의 창의적인 단어들을 박탈당해 왔기 때문이다.

강제적인 동일성의 범주를 재생산하는 대신 우리의 포괄적인generic 차이와 유의미한 다름을 인식하고 받아들이는 것은 해방의 토대다. 디지털 영역에서의 자기규정에 대한 베이드-메논의 표현은 그의 단성생식 양태에 비유될 수 있다. 「해부학은 운명이 아니다Anatomy is not Destiny」라는 시에서 그는 "트랜지션이 나를 낳았고 나의 해부학적 구조를 만

---

16 Walt Whitman. 1904. *Song of Myself*, East Aurora, New York: Roycrofters. 69.

들었다. 이것이 우리가 그토록 박해받는 이유다. 죽음을 양산하는 세계에서 우리는 생명을 준다"[17]라고 쓴다. 이 지점에서 "글리치하는 자아 the glitched self"(Russell 2020, 47)[18]에 관한 러셀의 아이디어를 빌려 보면, 우리는 다양한 형태로 쉽게 드나들 수 있고 한 번에 많은 공간을 점유할 수 있는 클라우드 속의 세계와 키보드 앞에서 벗어난 세계를 통합시킴으로써 자기 자신의 재생산을 탐색할 수 있다. 젠더 비순응자를 강제로 공적 영역에서 축출해 벽장에 몰아넣으려는 충동은 누가 커먼즈에 존재할 수 있는가라는 더 큰 문제를 시사한다. 정치적 주체가 될 수 있는 이는 누구인가? 온라인 괴롭힘은 현실의 문제이고 트라우마를 유발하지만, 이는 차에 탄 낯선 사람들이 거리를 걷고 있는 누군가를 향해 쓰레기를 던지고 위협을 가하는 것과 같은 즉각적인 위험 — 많은 트랜스들에게 너무나도 흔한 경험 — 과는 상당히 멀리 떨어져 있는 문제이기도 하다. 기억해야 할 중요한 사항은 젠더 비순응 유색인이 커먼즈에 진입하거나 온라인에 자신의 사진을 올리는 행동 하나하나가 개인의 용감한 행동이라고 할 때, 이러한 맥락에서 스스로를 다시 태어나게 하는 일은 허영심이나 공허한 신자유주의적 개인주의에 복무하는 일이 아니라는 점이다. 젠더 이분법을 뒤집는 것은 모든 사람을 해방시키는 것이다.

17 위의 11번 각주 "Anatomy is not Destiny" 참조.

18 레거시 러셀, 앞의 책, 58쪽. — 옮긴이.

미래를 체현하기

> 지구와 비인간 동물은 우리를 미스젠더링하지 않는다.
>
> —턱 우드스톡Tuck Woodstock[19]

『급진주의자들을 위한 키워드: 후기 자본주의적 투쟁의 경합하는 단어Keywords for Radicals: The Contested Vocabulary of Late Capitalist Struggle』에서 연구자 테미 코비쉬Tammy Kovich는 모든 젠더 해방은 광범위한 "집단적 투쟁" 없이 이루어질 수 없으며 젠더에 대한 모든 진지한 고찰은 물질적·사회적 관계에 기반해야 하는바, "그 자체로 혁명적인 젠더 위반 같은 것은 존재하지 않는다"고 말한다(2016, 181). 우리는 데이비스의 가정주부 모델—여기에서 지배적 이상은 오직 일부에게만 물질적으로 [체현—옮긴이] 가능한데도 그에 관한 사회적 기대는 모든 사람에게 강제된다—을 퀴어링하고, 퀴어친화적인 무지개 자본주의가 어떻게 트랜스포용적trans-inclusive으로 되어 가면서도 동시에 기존의 위계를 재생산하는지 살펴볼 수 있다. 이는 트랜스들이 다른 사람들보다 훨씬 더 높은 비율로 여전히 일상적으로 공격받고 감금되고 살해되는 동안(Stanley and Smith 2015; Kirts 2020), 트랜스 미학이 인정이나 보상 없이 패션과 미디어에 흡수될 때 발생한다. 이처럼 자유를 향한 트랜스 퀴어적 비전은 자긍심이라는 상품화된 감성이나 미학에 안주하는 것이 아니라, 반

---

19 우드스톡과 관련된 인용문은 2020년 12월 16일에 이루어진 개인적인 연락(전화 인터뷰)을 통해 얻은 것들로서, 허락받아 사용했다.

자본주의적이고 반위계적인 해방의 정치에 그 토대를 둔다. 트랜스 연구자이자 활동가인 댄 어빙Dan Irving은 "이쪽에on the side of this"라는 뜻으로 움직이지 않음을 의미하는 시스cis와 반대로 라틴어 접두사 트랜스trans가 문자 그대로 "횡단하다"라는 뜻을 가졌음을 이야기하면서, 언제나 되어 가는 과정이라는 트랜스의 특성에 대해 고찰한다(2016, 423). 어빙은 트랜스성을 "젠더에 기반한 통치가 어떻게 자본주의, 국가주의, 식민주의와 서로 연결되어 있는지를 이해하기 위한" 역동적인 "횡단적 움직임trans-motions"으로 규정하면서, "정치적 집단들을 가로지르며 피억압자들 사이의 연대의 가능성을 창출할" 잠재력을 가진 게릴라 스타일의 전환과 함께, 트랜스의 투쟁을 "퀴어적·반자본주의적·반인종주의적 사회정의 조직화"와 연결시킨다(426).

스스로를 '퀴어 키친 브리게이드Cuir Kitchen Brigade'라 부르는 트랜스 논바이너리 라틴엑스 친구들의 소규모 단체는 사회정의를 향한 상호의존적인 정치적 투쟁이라는 맥락에서 트랜스성을 이해하는 것을 체현한다. 퀴어 키친 브리게이드는 허리케인 마리아가 푸에르토리코에 막대한 피해를 입혔다는 소식이 미국 본토에 도착했던 2017년, 뉴욕 브루클린에서 열린 공동식사 중에 결성되었다. 브리게이드의 창립 멤버들은 푸에르토리코인들로, 푸에르토리코인을 가리키는 타이노Taíno족 단어 보리꾸아Boricua와 퀴어성을 결합시킨 보리퀴어Boricuir로 정체화하는 이들이었다. 허리케인으로 인한 피해 규모가 확대되면서 루스 크루스, 올리 몬테스 데 오카Ollie Montes de Oca, 파오 레브론Pao Lebron 등의 브리게이드 구성원들은 씨앗 은행을 조직하고 인근 농장에서 기부받은 신선한 농산물을 조달해 현장 피해가 심각한 지역에 식량 구호품을 보냈다. 이 단체의 심장을 뛰게 했던 것은 푸에르토리코 안팎에서 기후 붕괴와 정치적 억압의 최전선에 놓여 있는 유색인 공동체와의 연대였으며, 이는 그러한 위기를 정치적인 것만큼이나 개인적인 것으로 만들었다. 푸에르토리코는 신선한 농산물, 육류, 곡물 공급의 85%를 수입에 의존하고 있었고, 이미 한계에 다다랐던 식량 접근권은 자연재해가 닥쳤을 때 빠르게 위협받았다.

첫 식량 수송 컨테이너가 지연된 후, 단체는 기부받은 어마어마한 양의 채소들을 수백 개의 유리 용기에 담는 작업을 위해 메이데이 스페이스 같은 브루클린의 커뮤니티 센터들에서 매주 통조림 제조 브리게이드를 주최했다. 섬의 파괴된 해안선을 넘어 농부들의 손과 상호부조센터Centros de Apoya Mutua에 도착하기까지 얼마가 걸리든 상하지 않을 수 있도록 생채소와 생과일은 발효된 피클, 마멀레이드, 아히 아마리요aji amarillo, 토마토 소스 등으로 변신했다. 한때 부유한 항구로 알려졌던 이 섬은 이제 세계에서 가장 오래된 식민지 중 하나로 더 유명하다. 이는 이 섬의 주민들이 "유럽에서 르네상스가 일어났던 무렵부터 스스로를 전적으로 통치하는 것이 허용되지 않았"음을 의미한다. 알리샤 케네디Alicia Kennedy는 폭넓은 내용을 다루는 4부작 「매력적인 섬Isla del Encanto」에서 "500년 동안 이 땅은 연이은 통치자들에게 착취당해 왔다"고 쓴다. 이 글에서 그는 푸에르토리코가 역사적으로 식량 주권을 가지고 있지 못했지만, 최근에는 농업생태학을 기반으로 자기결정권을 향해 나아가고 있음을 상세히 설명한다.[20] 케네디는 통조림 제조 브리게이드에

---

20 Alicia Kennedy, April 16, 2019. "Isla del Encanto." How We Get to Next. https://

관한 글을 발표한 최초의 음식 작가 중 하나였다. 구성원들은 씨앗 꾸러미와 피클 통조림으로 가득 찬 여행 가방을 들고 발효식품 수송 컨테이너를 따라 푸에르토리코로 떠났다. 그들은 과거에 잃어버렸던 것들을 재건하고 "미래의 되기"(Irving 2016, 430)를 향한 희망을 품은 채 그들과 함께 국경을 넘어 온 씨앗들을 뿌리는 것을 도울 준비가 되어 있었다.

2018년 12월, 크루스와 몬테스 데 오카는 미국과 멕시코의 국경을 넘는 또 다른 초국가적 브리게이드를 준비했다. 여행 자금을 마련하기 위해 그들은 핫소스를 팔고 비건 음식을 요리했다. 그들은 몬테스 데 오카가 직접 그린 유리 용기, 파프리카, 물결 모양의 긴 당근 일러스트레이션으로 표지를 장식한 발효 잡지 『당신도 할 수 있다! 퀴어 통조림 제조 가이드You Can Too! Un Cuir Canning Guide』를 만들었다. 그들은 기름값을 벌기 위해 하드코어 펑크쇼를 공연했고, 미국 입국 허가를 기다리며 캐러밴에 거주하는 이주민들의 허브인, 티후아나 국경에 위치한 엔클레이브 카라콜까지 국토를 가로지르는 8일간의 험난한 여정에서 일용할 음식을 마련했다. 그곳에서 브리게이드는 미국의 군산복합체에 항의하며 공공 공간에서 무료 비건 식사를 제공하는 국제 아나키스트 단체 '폭탄이 아니라 음식을Food Not Bombs' 지부의 동지들과 함께 주방 공간에 신선한 활력을 불어넣고 열 시간씩 교대로 식사를 조리해 5일 연속으로 매일 100명이 넘는 사람들에게 음식을 제공했다.

채식주의자인 크루스와 몬테스 데 오카는 현지 시장에서 찾을 수 있는 농산물 일체를 배제하고, 그들이 밴으로 가져온 발효된 채소를 활용

---

howwegettonext.com/isla-del-encanto-ab1c1420a6c5.

해 즉석 메뉴를 만들었다. "우리는 메르마merma, 즉 팔 순 없지만 먹을 순 있는 못생긴 채소들을 부탁할 수 있었다"고 몬테스 데 오카는 쓴다. "우리가 축적할 수 있었던 이 모든 농산물이 그냥 썩어 가는 대신 이렇게 많은 사람을 먹일 수 있었다는 사실을 보는 것은 정말 놀라운 일이었다."[21] 식사는 법적·의료적 지원을 기다리는 이주민들과 망명 신청자들에게 나누어졌고, 그들 중 많은 이들은 브리게이드 구성원들과 긴밀한 유대감을 형성했던 동료 퀴어들이었다. 크루스는 식량 접근권이 왜 급진적 변화를 위한 원동력인가에 대해 설명하면서 다음과 같이 말한다. "퀴어 해방과 트랜스 해방의 측면에서, 어떻게 행동하고 느껴야 하는지를 미리 규정하고 그 규정에 따라 당신을 판단하는 사회에 강제로 살 수밖에 없을 때, 또 우리가 바로 그 이유로 그렇게나 많이 죽임을 당할 때, 주변화된 신체로 살아가는 우리들에게 서로를 먹이는 일은 필수적이다. 만약 우리가 우리 자신을 먹일 수 없다면 어떻게 투쟁을 할 수 있을 것인가?"[22] 탈식민화와 트랜스 해방을 위한 운동은 특히 식량 주권을 중요한 공통분모로 하는 자기결정권self-determination을 향한 투쟁이라는 측면에서 많은 공통점을 지닌다고 크루스는 지적한다. 퀴어 키친 브리게이드는 이듬해에도 트랜스와 퀴어가 푸에르토리코 등지에서 주도한 농업생태학 프로젝트를 위한 지원을 조직화하는 일을 계속해, 도움이 필요한 곳에서 농업 브리게이드, 통조림 제조 브리게이드, 요리 브리게

21 2019년 8월 29일에 이루어진 몬테스 데 오카와의 개인적인 연락(이메일 인터뷰)에서 인용한 것으로, 허락받아 사용했다.

22 2019년 7월 29일에 이루어진 크루스와의 개인적인 연락(전화 인터뷰)에서 인용한 것으로, 허락받아 사용했다.

이드 등을 조직했다. 그들은 탈식민적 식습관에 관한 워크숍을 주최하고, 씨앗 비축 일러스트레이션 잡지를 만들었으며, 가장 최근에는 코로나19 팬데믹으로 타격을 입은 소외된 유색인 공동체에 무료 식료품, 기저귀, (배양토와 식물 묘목을 포함한) 도시 농업 보급품 등을 나눠 주는 작업을 진행했다.[23]

팬데믹은 키보드 앞에서 벗어난 삶을 바꾸어 놓았지만, 이분법적 패러다임에 균열을 일으키는 새로운 퀴어되기를 촉발하는 온라인의 가능성을 열어 주기도 했다. 예를 들어, "젠더 따위가 도대체 무엇인지에 관한 팟캐스트"인 턱 우드스톡의 〈젠더 리빌Gender Reveal〉은 트랜스의 구술사를 수집하는데, 각 에피소드는 젠더의 다차원성에 관한 현재진행형의 심문과 그것의 미래를 중심 화제로 삼는바, 답을 제시하기보다 계속해서 질문을 던진다.[24] 2018년에 시작된 이 팟캐스트는 취약하고 호기심 강하며 서로의 삶에 개입한다. 개인적이고 정치적인 변화에 관한 디지털 공간인 이 팟캐스트에서 각각의 대화는 예술가, 활동가, 언어학자, 과학자, 언론인, 배우, 영화제작자 등으로 살아가는 트랜스들의 삶을 담은 아카이브로 존재한다.

시스이성애규범적인 문화는 지정된 정체성이 어떤 사람이 스스로 선택한 정체성보다 더 정당하다는 관념에 의존하는 반면, 트랜스성은 "우리가 보고 싶은 미래를 살아갈 수 있도록 하는 것, 즉각적인 신체적

23 Cuir Kitchen Brigade, @cuirkitchenbrigade. Instagram. https://www.instagram.com/cuirkitchenbrigade/.

24 Gender Reveal. 2021. https://www.genderpodcast.com/.

안전 문제와 관련된 것이 아니라면 다른 사람의 개입을 제한하고 모든 사람이 자신이 하는 행동과 자신을 표현하는 방식에 대해 가능한 한 최대의 행위성을 가질 수 있도록 하는 것"과 관련된다고 우드스톡은 말한다. 오랫동안 비건으로 살아온 우드스톡은 신체적 자율성 개념에 비인간들 역시 포함되며, 비인간들도 "자신의 개성을 표현하고 이익을 추구하며 취미를 개발할 수 있어야 한다"고 설명한다. 우드스톡은 세븐이라는 이름의 인터섹스 논바이너리 고양이와 함께 트랜스 비건 가정에서 살고 있다. 세븐이라는 이름이 젠더를 특정하기엔 모호할뿐더러 젠더를 드러내는 가시적인 표지가 털에 가려져 있는데도 불구하고 (혹은 어쩌면 바로 그 이유에서) 손님들은 이 고양이를 자주 미스젠더링하곤 한다. 우드스톡은 "고양이들은 영어를 하지 못"하기 때문에 미스젠더링되는 것이 세븐을 기분 나쁘게 하지는 않으리라고 안심시키지만, 동시에 이는 우리가 미스젠더링 행위를 고찰하는 데 도움을 주기도 한다.[25] 우드스톡은 시스젠더인 사람들을 대상으로 정기적으로 젠더에 관한 전문 워크숍을 개최하고, 반려동물에게 'they/them' 대명사를 사용할 것을 독려한다. 이 연습은 동물을 젠더화하는 것과 관련된 게 아니라—왜냐하면 고양이든 혹돔이든 동물들은 인간과 동일한 젠더 개념을 가지고 있지 않기 때문이다—비인간들에게도 영향을 미치는 개별 주체의 행위성을 존중하기 위한 기본적인 수준을 인식하는 데 도움을 준다.

---

25 〈젠더 리빌〉은 논바이너리 언어학자인 커비 콘로드Kirby Conrod와 함께 트랜스 언어학을 이야기하는 13화에서 이 문제를 다룬다. 콘로드는 3인칭 대명사의 공시적·통시적 변형을 연구한 학자로, 왜 몇몇 사람들이 다른 사람들보다 단수형 대명사 'they/them'을 위한 투쟁에 더욱 애쓰고 있는지 설명한다.

비인간들을 지칭하기 위해 'they/them'을 쉽게 사용할 수 있는데도 비인간들은 자주 '그것/그것의it/its'라는 대명사를 통해 사물화된다. 단수형 'they/them'은 젠더 구별을 흐릿하게 하면서도 인격성을 유지할 수 있는 반면, '그것/그것의'는 (반대 의견도 존재하지만) 비인간을 사물화하고 주변화된 인간들을 동물화하는 동시에 사물화함으로써 그들을 의도적으로 비하하기 위해 활용되어 왔다. 패티 니만Patti Nyman은 2020년에 발표한 에세이 「이분법을 넘어서: 'they/them' 대명사의 상호종적 옹호Beyond Binaries: An Interspecies Case for They/Them Pronouns」에서 'they/them' 대명사가 표준이 되면 인간과 비인간 모두 이익을 얻을 수 있다고 주장했다.

> '그녀' 혹은 '그'에 포함되지 않는 '그것'의 성질it-ness은 임신한 사람들에게 '그것it은 남자애인가요 여자애인가요?'라고 묻는 흔한 질문에서 가장 두드러지게 나타난다. 이는 마치 '그' 혹은 '그녀'라는 대명사를 통해 의식의 세계에 진입해야만 인간으로 인식될 수 있다는 것과 같다. (…) 우리는 인격성을 획득하기 위해 이분법을 경유해야만 하는, 즉 도덕적으로 인식 가능한 존재가 되기 위해 젠더 범주화가 요구되는 이 기본적인 인식을 타기해야 한다.(2020, 226)

이 사례에서 'they'라는 대명사를 활용하는 것은 (대명사를 이해하거나 신경 쓰지 않는) 비인간이나 태아에 관련된 것이라기보다, 살아 있는 존재를 이분법에 끼워 맞추려는 충동을 거부하는 것과 더욱 관련된다.

어슐러 K. 르귄Ursula K. Le Guin은 1985년작 「그녀는 그들의 이름을 돌려주었다She Unnames Them」에서 남성중심적인 분류법이 과연 동료 생명체들에 대한 우리의 이해를 확장할 수 있는지, 당연시되는 권위적인 분류의 확정성이 기실 다른 생명체들 간의 혹은 우리와 그들 간의 유의미한 차이(와 유사성)를 납작하게 만드는 것은 아닌지에 관해 질문한다. "그들 대다수는 이름 없음을 완전히 무심하게 받아들였다"라는 문장으로 시작하는 이 단편소설에서 르귄은 지정된 정체성을 고수할지 아니면 포기할지를 둘러싼 동물 집단들 사이의 다양한 협상을 서술하는데, 이 정체성 중 다수는 처음에는 그리 중요하지 않은 것들이었다(1985, 27). 그들이 이름을 단념한 뒤의 서술을 살펴보자.

> 나와 그들 사이에 그들의 이름이 분명한 장벽처럼 서 있었을 때보다 그들은 훨씬 더 가까워 보였다. 그들에 대한 내 두려움과 나에 대한 그들의 두려움이 똑같은 하나의 두려움이 될 만큼 가까웠다. 그리고 우리 대부분이 느꼈던 끌림, 서로의 냄새를 맡고 싶은, 서로의 비늘과 피부와 깃털과 털을 느끼고 문지르고 애무하고 싶은, 서로의 피와 살을 맛보고 싶은, 서로를 따스하게 품고 싶은 욕망, 그 모든 끌림이 이제 두려움과 하나가 되었다. 사냥꾼은 사냥감과 구별될 수 없었고, 포식자와 피식자도 구별될 수 없었다.(Le Guin 1985, 27)

종 긴 관계에 대한 르귄의 상상력은 정치적 주체성을 무시하는 이름 없는 친밀성을 부각하면서, 궁극적으로 미묘한 차이를 사상시키고 모든 분류상의 차이를 흐릿하게 하며 특정한 투쟁과 역사를 삭제한다. 당신은 누군가와 연대하는 동시에 그 누군가를 먹을 수 있는가?

그렇다면 우리 트랜스 퀴어 상호종적 에코페미니즘이 그리는 미래는 어떤 모습일까? 애리얼 살레는 운동들 사이의 "공통 관심사"를 덧붙이는 것만으로는 충분하지 않으며, 중요한 것은 에코페미니즘의 방식을 유지하면서, 지배들 사이의(상호적) 그리고 지배들을 가로지르는(트랜스) 연결을 추구하는 동시에 "통합적인 서발턴적 입장을 발전시키는" 일임을 상기시킨다(1997, 192). 우리는 또한 "동물들 간의 사랑뿐 아니라 장소에 대한 사랑과 생명에 대한 사랑까지 포함해 모든 형태의 퀴어한 에로스를 계발"(이 책 6장, 258)함으로써 현재 우리의 대책 없는 자원 소비 과정을 바꾸어야 한다는 존스의 비전도 떠올려 볼 수 있으며, 인간들 사이에서 그리고 종을 가로질러서 급진적 돌봄을 주고받는 장소들에 주의를 기울이는 상호의존적 취약성에 관한 수나우라 테일러의 요청을 생각해 볼 수 있다(이 책 7장, 262-263, 288-289). 그레타 가드가 촉구하듯, 우리는 "다양한 생태젠더 (…)의 표현들을 상상"(이 책 14장, 481)할 수 있다. 상호의존과 총체적 해방을 위한 싸움을 요청하는 좋은 삶을 향한 우리의 정치적 투쟁 과정에서, 또 집단적 치유를 위해 우리의 세계와 상상력을 재야생화하는 과정에서, 순응이나 삭제를 거부함으로써, 우리는 우리가 꿈꾸는 생물다양성의 미래를 체현할 수 있을 것이다.

감사의 말

이 장을 쓸 수 있는 기회를 주고, 또 지도와 격려와 지혜라는 선물을 준 로리 그루언과 애덤스에게 감사를 전하고 싶다. 내 생각을 꼼꼼히 분석할 수 있게 도와주고 더 큰 질문을 던지도록 독려해 준 친구들, 특히 트로이 베테이세Troy Vettese에게 고맙다. 트랜스 에코페미니즘의 급진적 체현과 관련해 크루스와 퀴어 키친 브리게이드에게, 우리 주변의 젠더 탐정으로서 트랜스의 유산을 전하는 구술 아카이브와 관련해 우드스톡에게, 그리고 풍부한 해부학적 기쁨을 보여 주는 놀라운 예시와 관련해 베이드-메논에게 감사드린다.

옮긴이의 말

기후변화는 인류가 공동으로 짊어져야 할 초국적 현안이 되었다. 이 행성에 살아가는 수많은 비/인간 동물이 온몸으로 겪고 있는 기후변화의 현실을 '가짜 뉴스'로 치부하는 이들이 여전히 존재하지만, 기후변화에 대응해야 한다는 의제는 점점 더 보편적인 공감대를 확보해 나가고 있다. 그러나 이러한 보편적 공감대 형성의 이면에는 기후변화만큼 인식과 실천의 괴리를 보여 주는 의제 또한 드물다는 엄연한 진실이 자리한다. 한 개인의 실천은 거대한 시간적·공간적 단위의 변화—인류에 의한 지질학적 변형과 행성적 위기를 가리키는 시대 명명인 '인류세'를 떠올려 보자—를 가리키는 기후변화 앞에서 너무나도 사소하고 무력해 보인다. 더욱이 이 무력감은 개인에게 면책과 면죄부의 근거로 작용하기 쉽다. '인류'가 자초한 위기에 지금의 '나'가 한낱 피해자로 존재한다면, '나' 하나의 힘으로 과연 무엇을 바꿀 수 있겠는가? 현실의 문제에 대한 인식은 왜 그것을 타개하기 위한 실천으로 이어지지 못하는 것일까? 왜 인간은 자신이 아는 것만큼 행하지 못하는 것일까?

에코페미니즘 이론을 개괄하는 이 책은 기후변화를 둘러싼 인식과 실천의 괴리라는 문제를 정면으로 돌파한다. "에코페미니즘은 참여적이고 행동주의적인 뿌리를 가진 강력한 철학적 실천"(21쪽)이라는 첫 문장에서부터 실천적 이론으로서의 에코페미니즘의 성격이 강조된다. 이론과 실천의 결합을 표방한 여러 이론 중에서도 에코페미니즘은 페미니즘의 한 조류로서 자연에 대한 지배와 여성에 대한 지배가 어떻게 서로를 강화했는지 밝히는 인식론이자 이성애규범적인 가부장제 자본주의에 맞서는 운동으로 정의된다. 이 책에서 우리는 에코페미니즘의 이론적 바탕이 되는 페미니즘 이론, 동물 및 환경 연구, 젠더 및 퀴어 이론, 비판 이론, 비판적 인종 이론, 실천 윤리 등의 다양한 지적 유산을 확인할 수 있다. 동시에 이 책에는 그러한 이론의 원천이 되는 구체적인 경험이 드러나 있고, 활동가들의 현장 감각이 드러나는 비평적 에세이도 수록되어 있다.

기실 에코페미니즘의 이론적·실천적 유용성에 대해서는 페미니즘 내부에서도 비판이 계속 제기되어 왔다. 에코페미니즘이란 여성과 자연을 등치시키는 생물학적 본질주의에 뿌리를 두고 영성과 모성을 찬미하는 시대착오적 사상에 불과하다는 편견은 여전히 존재한다. 이 책에 실린 글들은 이러한 오해를 불식시키는 데 집중한다는 점에서 기존에 소개된 에코페미니즘 저작들과 차별성을 가진다. 캐럴 J. 애덤스와 로리 그루언이 서두에서 명확히 밝히듯이, 이 책의 저자들은 에코페미니즘을 성차별주의, 이성애규범성, 인종주의, 식민주의, 비장애주의가 종차별주의를 지지하고 또 종차별주의자에 의해 강화되는 다양한 방식을 "여성혐오, 이성애규범성, 백인우월주의, 식민주의, 비장애주의가 파괴적인 인간중심주의에 영향을 받는 방식과 인간중심주의를 지탱하는 다양한 방식"(15쪽)을 다루는 것으로 전제하고, 이 억압적 힘들의 교차 양상을 심문한다. 에코페미니즘은 남성/여성, 문화/자연과 같은 이분법에 갇히는 것이 아니라 그러한 이분법을 타파하는 것을 목표로 한다. 또한 제2판에는 아프리카, 호주, 인도, 브라질 등 각각의 지역적 위치성에 입각해 기후위기를 논하는 제3부 '기후'가 추가됨으로써 에코페미니즘 논의의 백인중심성에서 탈피하고 있는데, 이러한 구성상의 변화는 지금-여기 한국의 현실을 고려하며 기후위기를 논하는 데에도 이론적·실천적 영감을 준다. 나아가 한국에서 생산·수행되어 온 에코페미니즘적 지식과 실천의 역사를 뚜렷이 드러내는 일의 중요성을 상기시키기도 한다.

이 책에 실린 여러 글은 저마다 조금씩 입장 차를 보이기는 하지만, 크게 다음과 같이 에코페미니즘 이론의 공통된 문제의식을 개괄해 볼 수 있다. 에코페미니즘은 보편주의적 윤리를 거부하고 구체적인 상황적 맥락과 감정 및 정동의 차원을 중시하는 돌봄 윤리를 제시한다. 흔히 동물 윤리와 채식주의/비거니즘 윤리 이론의 계보는 『동물 해방』을 쓴 피터 싱어의 공리주의 동물 권리론과 『동물권 옹호』를 쓴 톰 리건의 의무론적 동물 권리론 사이의 논쟁사로 요약되고는 한다. 싱어는 동물에 대한 도덕적 고려 가능성을 주장하는 핵심적인 근거로 동물의 쾌고감수능력을 제시하며, 동물의 이익을 인간의 이익과 동등하게 고려해야 한다는 선구적인 주장을 남겼다. 그는 동물 착취를 통해 이루어지는 육식과 공장식 축산에 반대하며 채식주의를 실천적 지침으로 제안하기도 했다. 한편 리건의 경우 결과적인 효용을 근거로 도덕 원칙을 도출하는 공리주의 동물 권리론의 한계를 비판하며 칸트의 의무론에 입각한 동물권 이론을 주장한다. 그에 따르면 동물이 도덕적 고려의 대상이 되어야 하는 것은 동물이 지닌 내재적 가치 때문이다. 동물은 인간과 마찬가지로 삶의 주체로서 자기 삶을 영위하고 그 삶을 존중받을 권리가 있으며, 인간은 동물을 수단으로 사용하지 말아야 할 직접적인 의무를 지닌다.

이때 이 책은 위의 두 입장 간 대립으로 요약되는 동물 윤리 이론사가 그보다 앞서 존재했던 에코페미니스트들의 운동과 지적 실천을 누락해 왔다는 점을 지적하고, 두 입장이 근거한 공리주의와 권리 이론의 한계를 비판하며 페미니즘 관점에서의 동물 윤리를 제안한다. 책 전반에 걸쳐 선구적인 에코페미니스트 마티 킬에 대한 애도가 표현되는바 이 책의 필자들은 동물옹호 운동 및 동물 윤리 이론의 역사에서 여성의 존재가 지워지거나 백인 남성이 주도권을 쥐게 된 정황을 문제 삼으며 에코페미니스트 운동 및 지식의 지워진 계보를 복원하고 활성화하는 데 관심을 둔다. 동물옹호 운동의 가부장제적 방식은 이론 그 자체의 성격에서도 드러나는데, 공리주의와 권리 이론은 모두 (여성적인 특성으로 여겨지는) 감정이 아닌 (남성적인 특성으로 여겨지는) 이성과 수학적 계산을 특권화하며, 상황적 특수성에 구애받지 않는 추상적이고 보편적인 도덕 원칙을 주장한다는 공통점이 있다. 이에 따라 돌봄의 경험이라든가 연민이나 공감과 같은 감정은 논의에서 제외되었던 것이다. 반면 에코페미니스트들은 바로 그러한 구체적 경험과 상황적 맥락이 매우 중요한 윤리적·인식론적 자원이자 고려 대상이라는 점을 주장한다는 데 결정적인 차이가 있다.

이 글의 첫머리에 제기한 앞선 질문으로 돌아가 보자면, 이 거대한 중층적 위기의 시대에 우리에게 필요한 것은 실천과 괴리되지 않은 지식이자 지식과 괴리되지 않은 실천이라고 생각한다. “누가 식탁 위에 올라가고 누가 식탁에 함께 앉을 것인지”(222쪽)를 둘러싼 식탁의 윤리-정치성을 예민하게 의식하면서 ‘나’의 삶을 조금이라도 더 비폭력적인 방향으로 재정향하고자 하는 채식주의/비거니즘 실천은 때로 수많은 비/인간 동물의 살과 피 위에 세워진 이 사회의 구조적 문제를 근본적으로 타파하기 위해 노력하는 대신, 개인주의적이고 소비주의적인 특성을 가지는 한갓된 라이프스타일 정치에 집중한다고 비판받곤 한다. 그러나 우리는 인간중심주의와 복잡한 방식으로 뒤얽혀 있는 초국가적 자본주의 사회의 교차적 억압 체계를 혁파하기 위한 첫걸음이 바로 ‘나’ 자신의 변화에서 시작될 수 있다고 믿는다. 또한 이때 중요한 것은 구체적인 상황과 맥락 속에서 자신이 경험하는 느낌과 감정을 진지한 반성과 성찰의 대상으로 삼는 일이라고 생각한다. 고기가 동물의 살이라는 것을, 동물이 고기로 ‘가공’되는 과정에서 엄청난 규모와 강도의 폭력이 자행된다는 것을 모르는 이들은 거의 없지만, 이러한 앎이 육식 문화를 떠받치는 과정에서 희생되는 수다한 비/인간 동물의 삶과 존엄성을 지키기 위한 행동으로 자동적으로 이어지는 것은 아니다. 인지와 느낌/감정/정동을 이분법적으로 이해하지 않는 에코페미니즘은 지식과 실천 사이의 괴리를 이어 줄 수 있는 연결고리로 바로 이 느낌과 감정, 정동에 더욱 주의를 기울일 것을 요청한다.

역자로서 이 책을 번역하는 과정에서 에코페미니즘이 그러한 맥락과 감정을 중시하는 실천적 지식으로서 중요한 역할을 해 왔다는 사실에 설득되지 않을 수 없었다. 번역의 과정은 에코페미니즘 지식과 이론을 한국의 독자들에게 매개하는 과정이면서도, 모종의 감정적 공동체에 연루되는 과정이라는 생각이 들었다. 이 책은 그 공동체의 감정적 자원이 죄책감과 분노뿐만 아니라 기쁨과 연결감이 될 수 있다는 것을 가르쳐 주었다. 이 책을 읽는 독자들에게도 그러한 경험이 공유될 수 있다면 이는 번역자로서 바랄 수 있는 가장 큰 영광일 것 같다. 또한 동시대 한국 사회에서 기후변화와 젠더, 동물 윤리 의제의 논의가 진전되는 데 이 책이 증명해 보이는 에코페미니즘의 비판적·성찰적·실천적 역량이 귀중한 역할을 할 수 있기를 바란다. 마지막으로 이 책을 한국어로 옮기는 과정에서 여러 도움을 준 친구들에게 각별한 고마움을 전한다.

저자 소개

랄프 R. 아캄포라는 미국 호프스트라 대학교 철학과 부교수이다. 『육체적 공감: 동물 윤리와 몸 철학Corporal Compassion: Animal Ethics and Philosophy of Body』(2006)을 썼고, 『동물원의 변신: 노아 이후 동물과의 조우Metamorphoses of the Zoo: Animal Encounter After Noah』(2010)와 『니체적 동물우화A Nietzschean Bestiary』(2003)를 (함께) 엮었다. 최근에는 동물원 관람의 해석학, 생명공학적 환경 등 건축 환경의 도덕적 문제, 자연의 존재론적 지위에 관심을 두고 있다. 육식과 잡식에 열광하는 지배 문화 속에서 비건으로 살고자 노력하는 채식주의자로서 (어떤 종에 속하든) 친구, 애인, 가까운 친족을 먹지 않는다.

캐럴 J. 애덤스는 초기작 『육식의 성정치』(1990)를 비롯해 『버거Burger』(2018), 『저항의 부엌Protest Kitchen』(2018) 등 다수의 저서를 출간했다. 페미니즘 이론과 동물에 대한 여러 선집을 함께 엮었다. 가정폭력, 인종차별, 홈리스 문제 등에 저항하는 활동가이자, 재생산 정의와 공정한 주택공급 관행을 지지하는 활동가이기도 하다. 『반항적인 딸들: 여성 21인의 예술, 운동, 동물, 그리고 육식의 성정치Defiant Daughters: 21 Women of Art, Activism, Animals, and The Sexual Politics of Meat』(2013)와 『동물의 예술: 육식의 성정치를 탐구한 14인의 여성 예술가The Art of the Animal: 14 Women Artists Explore The Sexual Politics of Meat』(2015)는 애덤스의 작업에 대한 새로운 세대의 페미니스트, 예술가, 활동가 들의 응답이다. www.caroljadams.com.

딘 커틴은 미국 구스타부스아돌퍼스 대학 교양학부 핸슨-피터슨 교수이자 철학과 명예교수이다. 인도에서 안식년을 보내며 이 책에 실린 글을 쓰는 동안 달라이 라마의 요청으로 두 가지 프로젝트를 지휘했다. 다람살라에 있는 티베트문헌기록도서관에서 서양철학의 주요 텍스트를 티베트어로 번역하는 작업을 최초로 시도했다. 또한 방갈로르에 위치한 달라이라마 고등교육연구소에서 달라이 라마의 저서 『종교를 넘어서』를 바탕으로 핵심윤리강좌를 설계하고 강의했다.

조세핀 도노반은 미국 메인 대학교 영문학과 명예교수이다. 16권의 책과 수많은 논문을 쓰고 엮었다. 캐럴 J. 애덤스와 함께 『동물 윤리에서 페미니즘 돌봄 전통』(2006), 『동물권을 넘어서』(1996), 『동물과 여성: 페미니즘 이론적 탐색』(1995)을 엮었다. 최근 작업으로는 『돌봄의 미학』(2016), 『렉싱턴 식스: 1970년대 미국 레즈비언·게이 저항운동The Lexington Six: Lesbian and Gay Resistance in 1970s America』(2020), 『동물, 정신, 물질: 내막Animals, Mind, and Matter: The Inside Story』(2022)이 곧 출간될 예정이다.

캐런 S. 에머먼은 미국 워싱턴 대학교에서 철학과 비교사상사를 가르치는 비전임 교원이다. 워싱턴 대학교 어린이철학센터의 교육 책임자이자 존 뮤어 초등학교 상주 철학자이다. 최근에는 동물에 대한 의무가 중요한 가족적·문화적 전통과 갈등을 일으킬 때 이에 대한 관리의 복잡한 차원을 에코페미니즘을 적용해 살펴보는 연구를 진행하고 있다. 동물원에 반대하는 도덕적 논증, 종 간의 도덕적 보상, 인간과 동물의 이해관계 충돌, 어린이를 위한 철학 등에 관한 책과 학술 논문을 썼다. karensemmerman.com.

수전 프레이먼은 페미니즘 이론, 문화 연구, 영어권 소설을 연구하는 미국 버지니아 대학교 영문학과 교수이다. 돌봄 노동과 여러 가사 노동 형식들이 '여성적인' 일로 폄하되는 문제를 비판하고 여성의 기여를 인정하기 위해 노력하는 작업을 진행하고 있다. 가장 최근 저서로는 퀴어, 노동계급, 이주민, 홈리스 인물에게 강제되는 가사 문제를 탐구한 『극한의 가정성: 주변부의 시각Extreme Domesticity: A View from the Margins』(2017)이 있다. 그 외에도 『쿨한 남성들과 제2의 성Cool Men and the Second Sex』(2003), 『여성의 반성장: 영국 여성 작가와 성장소설Unbecoming Women: British Women Writers and the Novel of Development』(1993) 등의 책을 썼다. 제인 오스틴Jane Austen의 『노생거 사원: 노튼 크리티컬 에디션Northanger Abbey: Norton Critical Edition』(2004)을 엮었고, 『비판적 탐구』, 『PMLA』, 『사인스』, 『신문학사New Literary History』, 『페미니즘 연구Feminist Studies』 등의 학술지에 논문을 발표했다.

첼시 미카엘 프레지어는 흑인 페미니즘 이론과 환경 사상의 교차점에서 쓰고 연구하고 가르치는 흑인 페미니즘 생태비평가이다. 단체 '아마존을 묻다Ask An Amazon'의 설립자이자 최고 크리에이티브 책임자CCO로서 '지속가능한 미래를 위한 흑인 페미니즘의 연료'에 기여하는 교육 도구 설계, 공동체 모임 큐레이팅, 강연, 컨설팅 서비스 제공 등을 하고 있다. 미국 코넬 대학교 영문학과에서 아프리카계 미국 문학을 가르치는 조교수이기도 하다. 프레지어의 연구, 교육, 대중 연설은 흑인 페미니즘 문학과 이론, 시각 문화, 생태비평, 아프리카 예술과 문학, 정치 이론, 과학기술학, 아프로퓨처리즘Afrofuturism 등의 분야를 아우른다. 현재 첫 저서인 동시대 흑인 여성 예술가, 작가, 활동가에 대한 생태비평 연구서를 작업하고 있다.

그레타 가드는 미국 위스콘신-리버폴스 대학교 영문학과 교수이다. 생태주의 페미니즘, 환경정의, 퀴어 생태학, 비판적 동물 연구의 교차점에서 작업을 수행한다. 첫 선집 『에코페미니즘: 여성, 동물, 자연』(1993)은 다종적 정의를 에코페미니즘 이론의 토대로 위치시켰으며, 이러한 문제의식은 이후 『에코페미니즘 문학비평Ecofeminist Literary Criticism』(1998)과 『생태정치: 에코페미니즘과 녹색당Ecological Politics: Ecofeminism and the Greens』(1998)으로 이어졌다. 최근에는 『페미니즘 생태비평의 국제적 관점International Perspectives in Feminist Ecocriticism』(2013)을 함께 엮었으며, 『비판적 에코페미니즘Critical Ecofeminism』(2017)을 썼고, 코로나바이러스와 기후변화에 관한 『비프로스트 온라인Bifrost Online』의 특집호(2020)를 펴냈으며, 『고등교육을 위한 명상 실천과 반억압적

페다고지Contemplative Practices and Anti-Oppression Pedagogies for Higher Education』(2022)를 함께 엮었다.

캐스린 길레스피는 미국 켄터키 대학교 지리학과와 응용환경 및 지속가능성 프로그램의 박사후연구원이다. 인간과 다른 종이 함께 얽혀 있는 일상적인 폭력의 지리학을 탐구하는 작업을 진행하고 있다. 『1389번 귀 인식표를 단 암소The Cow with Ear Tag #1389』(2018)를 썼고, 『취약한 목격자Vulnerable Witness』(2019), 『비판적 동물 지리학Critical Animal Geographies』(2015), 『죽음의 경제Economies of Death』(2015)를 함께 엮었다. 『히파티아』, 『젠더, 장소, 문화Gender, Place, and Culture』, 『동물 연구학Animal Studies Journal』, 『정치와 동물Politics and Animals』, 『환경과 계획 A Environment and Planning A』 등의 학술지에 논문을 발표했다.

로리 그루언은 미국 웨슬리언 대학교 철학과 윌리엄그리핀 교수이다. 페미니즘·젠더·섹슈얼리티 연구 프로그램 교수이며 웨슬리언 대학교 동물연구 협동과정의 설립자이자 책임자이기도 하다. 『동물 윤리 입문Ethics and Animals: An Introduction』(2011, 제2판 2021), 『뒤얽힌 감정이입』(2015), 『동물 연구 용어사전Critical Terms for Animal Studies』(2018), 『애니멀레디스: 젠더, 동물, 광기Animaladies: Gender, Animals, and Madness』(2018) 등을 비롯해 12권 이상의 책을 쓰고 엮었다. 에코페미니즘 및 동물 윤리와 관련된 연구와 운동 외에도 교도소에 수감된 학생들을 10년 넘게 가르쳐 오고 있다. www.lorigruen.com

패트리스 존스는 억압의 교차에 대한 폭넓은 에코페미니즘적 이해를 바탕으로 LGBTQ가 운영하는 농장 동물 생츄어리인 바인 생츄어리의 공동 설립자이다. 『여진: 폭력적 세계에서 트라우마에 맞서기Aftershock: Confronting Trauma in a Violent World』(2007)를 썼다. 『동물 착취에 맞서기 Confronting Animal Exploitation』(2013), 『자매종Sister Species』(2011), 『시스타 비건Sistah Vegan』(2010), 『동시대 아나키즘 연구Contemporary Anarchist Studies』(2009), 『혁명의 점화Igniting a Revolution』(2006), 『테러리스트 혹은 자유의 투사Terrorists or Freedom Fighters』(2004) 등 여러 책에 글을 실었다.

클레어 진 킴의 첫 번째 저서 『쓴 과일: 뉴욕시 흑인-한국인 갈등의 정치학Bitter Fruit: The Politics of Black-Korean Conflict in New York City』(2000)은 미국정치학협회로부터 두 개의 상을 받았다. 두 번째 저서 『위험한 횡단: 다문화 시대의 인종, 종, 자연Dangerous Crossings: Race, Species and Nature in Multicultural Age』(2014)은 유색인 이주민, 인종화된 소수자, 선주민의 문화적 전통이 동물을 이용하는 방식을 둘러싼 미국 내의 격렬한 논쟁에서 인종, 종, 자연이 어떻게 교차하는지 검토한다. 킴은 여러 책과 학술지에 글을 발표했으며 카를라 프레체로Carla Freccero와 함께 2013년 9월에 나온 『아메리칸 쿼털리American Quarterly』의 특집호 "종/인종/섹스"의 공동 게스트에디터로 참여했다.

리아 커츠는 퀴어, 음식, 비거니즘에 대한 글을 쓰는 독립 작가이다. 『퀴어와 트랜스의 목소리: 일관된 반억압을 통한 해방의 달성Queer and

Trans Voices: Achieving Liberation Through a Consistent Anti-oppression』(2020)에 감금에 반대하는 퀴어 비거니즘에 관한 작업을 실었다. 『제리 매거진Jarry Magazine』, 뉴욕시의 『먹을 수 있는 공동체Edible Communities』 잡지, 『좋은 음식 일자리Good Food Jobs』, 『텐덜리Tenderly』 등의 인쇄 매체와 디지털 매체에 글을 써 왔다.

미아 맥도널드는 환경, 동물, 지속가능한 발전 등의 사안에 관한 정책 변화를 촉구하는 뉴욕 기반의 '행동' 탱크인 '브라이터 그린'의 이사이자 설립자이다. 브라이터 그린의 활동은 특히 공정성과 권리, 글로벌 사우스 국가들에 초점을 맞춘다. 맥도널드는 라틴아메리카, 아시아, 아프리카, 유럽, 북아메리카, 유엔 기구들에서 열린 학술대회와 심포지움 등에서 발언을 했다. 뉴욕 대학교 환경연구 프로그램, 콜롬비아 대학교 지구연구소, 콜롬비아 대학교 국제공공문제대학원의 인권 프로그램에서 새로운 강좌를 개설하고 가르쳤다. 잡지 『환경Environment』의 객원 편집자이며 다양한 매체에 폭넓게 글을 발표해 왔다. 노벨평화상 수상자 왕가리 마타이의 베스트셀러 자서전 『굴복하지 않는Unbowed』(2006)을 비롯해 마타이와 긴밀히 협업하기도 했다. 하버드 케네디 스쿨에서 공공정책학 석사학위를 받았다. www.brightergreen.org.

야미니 나라야난은 호주 디킨 대학교 국제 및 지역사회 발전 대학원 부교수이다. (비인간) 동물들이 인도의 종파주의적이고 카스트주의적이며 나아가 파시즘적인 이데올로기에 의해 도구화되는 방식을 연구한다. 두 개의 호주연구위원회 연구비 지원을 받고 있다. 『환경과 계획 D』,

『환경과 계획 A』, 『지오포럼Geoforum』, 『히파티아』, 『사우스 아시아South Asia』, 『사회와 동물Society and Animals』, 『지속가능한 발전Sustainable Development』 등 주요 학술지에 동물, 인종, 개발에 대한 작업을 발표했다. 디킨 대학교 비판적 동물연구 네트워크의 설립위원장이다. 지명 또는 초청을 통해서만 수여되는 명예인 옥스퍼드 동물윤리센터의 평생회원이다.

피오나 프로빈-랩시는 호주 울런공 대학교 인문사회연구대학 교수이다. 페미니즘에 기반한 비판적 인종 연구와 동물 연구를 결합해 젠더, 인종, 종이 언제 어디서 어떻게 교차하는지 검토하는 연구를 하고 있다. 『중요하게 만들어진: 백인 아버지와 잃어버린 세대Made to Matter: White Fathers, Stolen Generations』(2013)를 썼고, 『동물의 죽음Animal Death』(2013), 『인류세 시대의 동물: 비인간 미래에 대한 비판적 관점Animals in the Anthropocene: Critical Perspectives on Non-human Futures』(2015), 『애니멀레디스』를 함께 엮었다. (멜리사 보이드Melissa Boyde, 이벳 와트와 함께) '동물 대중Animal Publics' 도서 시리즈의 편집자이기도 하다. http"//sydney.edu.au/sup/about/animal-publics.html. 현재 (호주 모나쉬 대학교 선주민연구센터 책임자인) 리넷 러셀Lynette Russell 교수와 함께 호주에 도입된 동물이 호주 사회에 미친 문화적 영향을 조사하는 호주연구위원회 프로젝트(2021–2024)의 수석 연구원으로 활동하고 있다.

샤마라 샨투라일리는 첫 논문 「생태학도 흑인 여성의 문제다」(1993)를 발표했을 때 미국 일리노이 대학교 어바나-샴페인캠퍼스 정치학과의

1년차 대학원생이었다. 사회 변화를 위해 노력하는 다문화적 학생 단체인 '진보를 위해 노력하는 여성들Women Working for Progress'의 구성원으로 참여하기도 했다. 일리노이 대학교의 독립 학생 신문인 『데일리 일리니The Daily Illini』의 전前 오피니언 칼럼니스트였던 라일리는 환경과 우머니즘을 비롯해 사회정의 사안에 대한 많은 글을 기고했다.

데보라 슬라이서는 미국 몬타나 대학교 철학과 교수이다. 환경철학 석사 프로그램을 이끌고 있다. 최근에는 고요함의 도덕적 가치, 소로우Thoreau, 시학, 동물과 윤리 등에 대한 작업을 발표해 왔다. 시집 『흰 송아지의 발길질The White Calf Kicks』로 나오미 쉬합 니예Naomi Shihab Nye가 심사위원으로 참여했던 2003년에 어텀 하우스 시집상Autumn House Poetry Prize을 수상했다. 최근 이 책에 실린 글을 확장해 『동물의 기쁨: 놀이, 유머, 도덕적 삶The Joy of Animals: Play, Humor, and Moral Life』을 탈고했다.

수나우라 테일러는 예술가, 작가, 학자 그리고 어머니이다. 장애학, 환경인문학, 동물 연구, 환경정의, 예술 실천의 교차점에서 작업한다. 2018년 미국도서상을 수상한 『짐을 끄는 짐승들』(2017)을 썼다. 학술지 외에도 다양한 대중매체에 글을 발표했다. 테일러의 작품은 CUE 예술재단과 스미스소니언 재단 등의 장소에서 전시되었으며, 버클리 미술관 컬렉션에 포함되어 있기도 하다. 조앤 미첼 재단 MFA 연구비, 윈 뉴하우스 어워드, 동물과 문화 연구비를 받고 있다. 캘리포니아 대학교 버클리캠퍼스 환경과학정책관리과의 사회환경분과 조교수이다.

리처드 트와인은 영국 에지힐 대학교 사회학과 부교수이자 인간동물연구센터 공동책임자이다. 현재 기후위기와 비인간 동물에 관한 책을 쓰고 있다. 『생명공학으로서의 동물: 윤리, 지속가능성, 비판적 동물연구Animals as Biotechnology: Ethics, Sustainability and Critical Animal Studies』(2010)를 썼으며, (닉 테일러Nik Taylor와 함께) 『비판적 동물 연구의 부상: 주변에서 중심으로The Rise of Critical Animal Studies: From the Margins to the Centre』(2014)를 엮었다. 동물 산업 복합체, 에코페미니즘, 비거니즘, 기후위기 등에 관한 다양한 저술 활동을 펼치고 있다.

참고문헌

Acampora, Ralph. 1995. "The Problematic Situation of Post-Humanism and the Task of Recreating a Symphysical Ethos." *Between the Species* 11 (1–2): 25–32.

__________ 2006. *Corporal Compassion: Animal Ethics and Philosophy of Body*. Pittsburgh: University of Pittsburgh Press.

Adams, Carol J. 1975. "The Oedible Complex: Feminism and Vegetarianism." In *The Lesbian Reader*, Gina Covina and Laurel Galana (eds.). Oakland, CA: Amazon Press.

__________ 1976. "Vegetarianism: The Inedible Complex." *Second Wave* 4.

__________ 1990. *The Sexual Politics of Meat: A Feminist-Vegetarian Critical Theory*. New York: Continuum.

__________ 1991. "Ecofeminism and the Eating of Animals." *Hypatia: Special Issue on Ecological Feminism* 6 (1): 125–45.

__________ 1993. "The Feminist Traffic in Animals." In *Ecofeminism: Women, Animals, Nature*, Greta Gaard (ed.). Philadelphia: Temple University Press, 195–218.

__________ 1994a. *Neither Man nor Beast: Feminism and the Defense of Animals*. New York: Continuum.

__________ 1994b. "On Beastliness and a Politics of Solidarity." In *Neither Man nor Beast: Feminism and the Defense of Animals*. New York: Continuum, 71–84.

__________ 1994c. "Bringing Peace Home: A Feminist Philosophical Perspective on the Abuse of Women, Children, and Pet Animals." *Hypatia* 9 (2): 63–84.

__________ 1995a. "Comment on George's 'Should Feminists be Vegetarians?'" *Signs: Journal of Women in Culture and Society* 21 (1): 221–5.

__________ 1995b. "Woman-Battering and Harm to Animals." In *Animals and Women: Feminist Theoretical Explorations*, Carol J. Adams and Josephine Donovan (eds.). Durham, NC: Duke University Press, 55–84.

__________ 1996. "Caring about Suffering: A Feminist Exploration." In *Beyond Animal Rights: A Feminist Caring Ethic for the Treatment of Animals*, Josephine Donovan and Carol J. Adams (eds.), 170–96.

__________ 1997. "'Mad Cow' Disease and the Animal Industrial Complex: An Eco-feminist Analysis." *Organization and Environment* 10 (1): 26–51.

__________ 2004. *The Pornography of Mea*t. New York: Continuum.

__________ 2007. "The War on Compassion." In *The Feminist Care Tradition in Animal Ethics*, Josephine Donovan and Carol J. Adams (eds.). New York: Columbia University Press, 21–36.

__________ 2010. *The Sexual Politics of Meat*, 20th anniversary edn. London: Bloomsbury.

__________ 2011. "After MacKinnon: Sexual Inequality in the Animal Movement." In *Critical Theory and Animal Liberation*, John Sanbonmatsu (ed.). Lanham, MD: Rowman & Littlefield, 257–76.

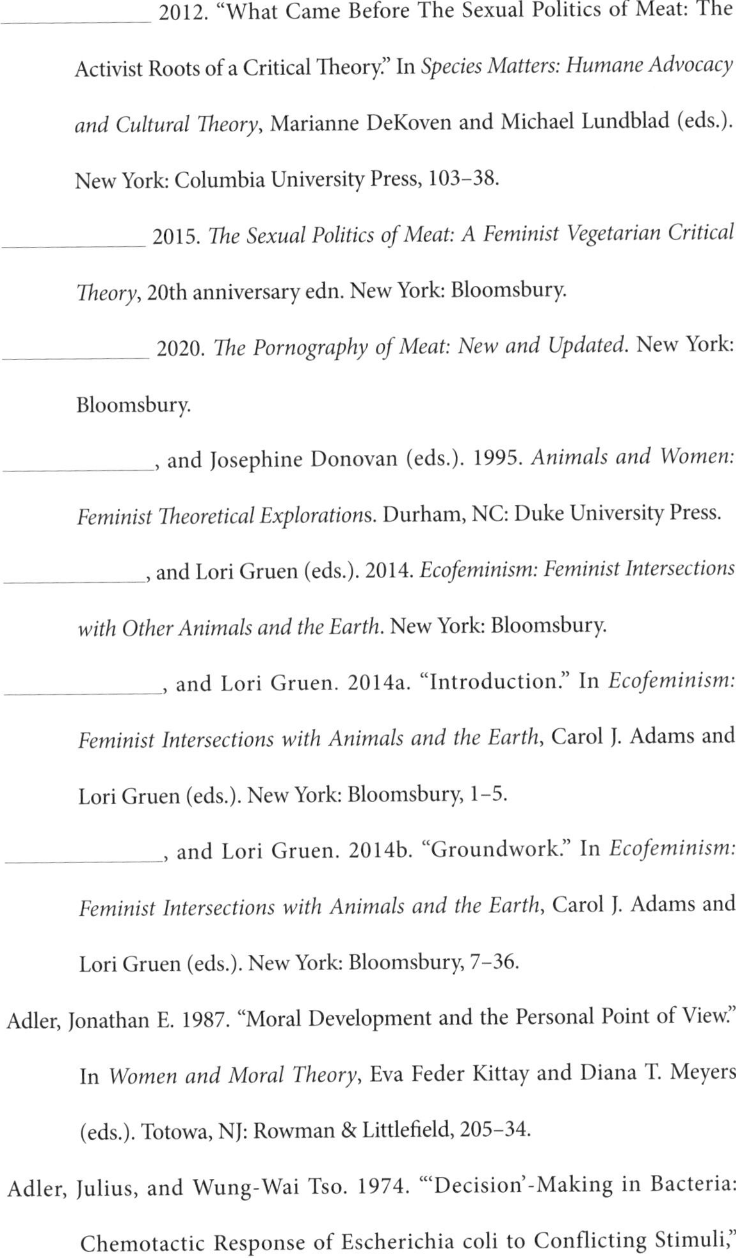

______ 2012. "What Came Before The Sexual Politics of Meat: The Activist Roots of a Critical Theory." In *Species Matters: Humane Advocacy and Cultural Theory*, Marianne DeKoven and Michael Lundblad (eds.). New York: Columbia University Press, 103–38.

______ 2015. *The Sexual Politics of Meat: A Feminist Vegetarian Critical Theory*, 20th anniversary edn. New York: Bloomsbury.

______ 2020. *The Pornography of Meat: New and Updated*. New York: Bloomsbury.

______, and Josephine Donovan (eds.). 1995. *Animals and Women: Feminist Theoretical Explorations*. Durham, NC: Duke University Press.

______, and Lori Gruen (eds.). 2014. *Ecofeminism: Feminist Intersections with Other Animals and the Earth*. New York: Bloomsbury.

______, and Lori Gruen. 2014a. "Introduction." In *Ecofeminism: Feminist Intersections with Animals and the Earth*, Carol J. Adams and Lori Gruen (eds.). New York: Bloomsbury, 1–5.

______, and Lori Gruen. 2014b. "Groundwork." In *Ecofeminism: Feminist Intersections with Animals and the Earth*, Carol J. Adams and Lori Gruen (eds.). New York: Bloomsbury, 7–36.

Adler, Jonathan E. 1987. "Moral Development and the Personal Point of View." In *Women and Moral Theory*, Eva Feder Kittay and Diana T. Meyers (eds.). Totowa, NJ: Rowman & Littlefield, 205–34.

Adler, Julius, and Wung-Wai Tso. 1974. "'Decision'-Making in Bacteria: Chemotactic Response of Escherichia coli to Conflicting Stimuli,"

Science, n.s., 184 (4143) (June 21): 1292–4.

ahbez, eden. 1960. *Eden's Island: The Music of an Enchanted Isle*. Hollywood, CA: Del-Fi Records LP.

Alaimo, Stacy. 2010. "Eluding Capture: The Science, Culture, and Pleasure of 'Queer' Animals." In *Queer Ecologies: Sex, Nature, Politics, Desire*, Catriona Mortimer-Sandilands and Bruce Erickson (eds.). Bloomington, IN: Indiana University Press, 51–72.

Allister, Mark (ed.). 2004. *Eco-Man: New Perspectives on Masculinity and Nature*. Charlottesville: University of Virginia Press.

Anderlini-D'Onofrio, Serena. 2011. "Bisexuality, Gaia, Eros: Portals to the Arts of Loving." *Journal of Bisexuality* 11: 176–94.

Anderson, Ben. 2009. "Affective Atmospheres." *Emotion, Space and Society* 2 (2): 77–81.

Anderson, Michael, dir. 1976. *Logan's Run*. Metro Goldwyn Mayer/United Artists.

Anderson, Virginia. 2006. *Creatures of Empire: How Domestic Animals Transformed Early America*. Oxford: Oxford University Press.

Anderson, William. 1990. *Green Man: The Archetype of our Oneness with the Earth*. London: HarperCollins.

Andrews, David (ed.). 2001. *Michael Jordan, Inc.: Corporate Sport, Media Culture, and Late Modern America*. Albany: State University of New York Press.

Andrews, Gregory. 2020. "Australian Magpie Mimics Emergency Siren during NSW Bushfires." https://www.youtube.com/watch?v=zHzs-mlDXMY.

Ankomah, W. S. 2018. "Animal Studies: Let's Talk About Animal Welfare and Liberation Issues in Childhood." *Society and Animals* 28 (3): 311–26.

Arcari, Paula, Fiona Probyn-Rapsey, and Hayley Singer. 2020. "Where Species don't meet: Invisibilized animals, urban nature and city limits." *Environment and Planning E* 4 (3): 1–26. https://doi.org/10.1177/2514848620939870.

Austin, J. L. (1946) 1979. "Other Minds." In *Philosophical Papers*, 3rd edn. Oxford: Oxford University Press, 76–116.

Avise, J. C., and J. E. Mank. 2009. "Evolutionary Perspectives on Hermaphroditism in Fishes. Sexual Development: Genetics, Molecular Biology, Evolution, Endocrinology, Embryology, and Pathology of Sex Determination and Differentiation," *Sexual Development* 3 (2–3): 152–63. https://doi.org/10.1159/000223079.

Avital, Eytan, and Eva Jablonka. 2000. *Animal Traditions: Behavioural Inheritance in Evolution*. New York: Cambridge University Press.

Avramescu, Catalin. 2010. Interviewed by Justin E. H. Smith, in "The Raw and the Cooked." Cabinet Magazine. Excerpted as "An Examination of Cannibalism Is Bound to Induce a Species of Metaphysical Unease," in *Berfrois: Intellectual Jousting in the Republic of Letters*. http://www.berfrois.com/2010/11/examination-of-cannibalism.

Bad Newz Kennels, Smithfield Virginia. August 28, 2008. *Report of Investigation, Special Agent-in-Charge for Investigations Brian Haaser*. USDA Office of Inspector General-Investigations, Northeast Region, Beltsville, MD.

Bagby, Rachel. 1990. "Daughters of Growing Things." In *Reweaving the World: The Emergence of Ecofeminism*, Irene Diamond and Gloria Feman Orenstein (eds.). San Francisco: Sierra Club Books.

Bagemihl, Bruce. 1999. *Biological Exuberance: Animal Homosexuality and Natural Diversity*. New York: St. Martin's Press.

Bailey, Cathryn. 2007a. "We Are What We Eat: Feminist Vegetarianism and the Reproduction of Racial Identity." *Hypatia* 22 (1): 39–59.

____________ 2007b. "On the Backs of Animals: The Valorization of Reason in Contemporary Animal Ethics." In *The Feminist Care Tradition in Animal Ethics*, Josephine Donovan and Carol J. Adams (eds.). New York: Columbia University Press, 344–59.

Baker, Steve. 2000. *The Postmodern Animal*. London: Reaktion Books.

__________ 2001. *Picturing the Beast: Animals, Identity, and Representation*. Champaign and Chicago: University of Illinois Press.

Baker, Steve. 2013. *Artist Animal*. Minneapolis: Minnesota University Press.

Banerjee, Damayanti, and Michael Mayerfeld Bell. 2007. "Ecogender: Locating Gender in Environmental Social Science." *Society & Natural Resources* 20: 3–19.

Barnosky, Anthony D., Elizabeth A. Hadly, Jordi Bascompte, Eric L. Berlow, James H. Brown, Mikael Fortelius, Wayne M. Getz, et al. 2012. "Approaching a State Shift in Earth's Biosphere." *Nature* 486 (7401): 52–8.

Bate, Jonathan. 1998. "Poetry and Biodiversity." In *Writing the Environment*,

Richard Kerridge and Neil Sammells (eds.). London: Zed Books, 53–70.

Bateson, Gregory, and Mary Catherine Bateson. 1987. *Angels Fear: Towards an Epistemology of the Sacred*. New York: Bantam.

Baur, Gene. 2008. *Farm Sanctuary: Changing Hearts and Minds about Animals and Food*. New York: Touchstone.

BBC News. 2019. "Queen Hind: Rescuers Race to Save 14,000 Sheep on Capsized Cargo Ship." November 25. https://www.bbc.com/news/world-europe-50538592.

__________ 2020. "Queen Hind: 180 Rescued Sheep Arrive At New Home in Romania." January 13. https://www.bbc.com/news/world-europe-51088953

Beirne, Piers. 1997. "Rethinking Bestiality: Towards a Concept of Interspecies Sexual Assault." *Theoretical Criminology* 1 (3): 317–40.

__________. 1998. "For a Nonspeciesist Criminology: Animal Abuse as an Object of Study." *Criminology* 37 (1): 117–48.

Beirne, Piers. 2004. "From Animal Abuse to Interhuman Violence? A Critical Review of the Progression Thesis." *Society and Animals* 12 (1): 39–65.

Bekoff, Marc, and Colin Allen. 1998. "Intentional Communication and Social Play: How and Why Animals Negotiate and Agree to Play." In *Animal Play*, Marc Bekoff and John A. Byers (eds.). New York: Cambridge University Press, 97–114.

Bekoff, Marc, and Jessica Pierce. 2009. *Wild Justice*. Chicago: The University of Chicago Press.

Belcourt, Billy-Ray. 2015. "Animal Bodies, Colonial Subjects: (Re)Locating Animality in Decolonial Thought." *Societies* 5 (1): 1–11.

Benhabib, Seyla. 1987. "The Generalized and the Concrete Other: The Kohlberg-Gilligan Controversy and Moral Theory." In *Women and Moral Theory*, Eva Feder Kittay and Diana T. Meyers (eds.). Totowa, NJ: Rowman & Littlefield, 154–76.

Bennett, Joshua. 2020. *Being Property Once Myself: Blackness and the End of Man*. Cambridge, MA: Harvard University Press.

Benney, Norma. 1983. "All of One Flesh: The Rights of Animals." In *Reclaim the Earth: Women Speak out for Life on Earth*, Leonie Caldecott and Stephanie Leland (eds.). London: The Women's Press, 141–50.

Bentham, Jeremy. (1789) 1939. "An Introduction to the Principles of Morals and Legislation." In *The English Philosophers from Bacon to Mill*, Edwin A. Burtt (ed). New York: Modern Library, 791–852.

Benton, Ted. 1988. "Humanism=Speciesism. Marx on Humans and Animals." *Radical Philosophy* 50: 4–18.

__________ 1993. *Natural Relations: Ecology, Animal Rights, and Social Justice*. London and New York: Verso.

Berger, John. (1972) 2008. *Ways of Seeing*. New York and London: Penguin.

__________ (1980) 1991. *About Looking*. New York: Vintage/Random House.

Bergson, Henri. 1974. *The Creative Mind: An Introduction to Metaphysics*. Trans. Mabelle Andison. New York: Citadel.

__________ 1998. *Creative Evolution*. Trans. Arthur Mitchell. New York:

Dover.

Bering, Jesse. 2012. "The Rat That Laughed." *Scientific American* 306 (7): 74–7.

Bérubé, Michael. 2010. "Equality, Freedom, and/or Justice for All: A Response to Martha Nussbaum." In *Cognitive Disability and its Challenge to Moral Philosophy*, Eva Feder Kittay (ed.). Hoboken, NJ: John Wiley & Sons, 97-109.

Bernabucci, Umberto. 2019. "Climate change: impact on livestock and how can we adapt." *Animal Frontiers* 9 (1): 3–5. https://doi.org/10.1093/af/vfy039.

Birch, Tony. 2018. "Friday Essay: Recovering a Narrative of Place-stories in the Time of Climate Change," *The Conversation*, April 27.

Birke, Lynda. 1994. *Feminism, Animals and Science: The Naming of the Shrew*. Buckingham and Bristol, PA: Open University Press.

________ 2014. "Listening to Voices: On the Pleasures and Problems of Studying Human-Animal Relationships." In *The Rise of Critical Animal Studies*, Nik Taylor and Richard Twine (eds.). London: Routledge, 71–87.

Bishop, Alice. 2019. *A Constant Hum*. Melbourne: Text Publishing.

Bishop, Sharon. 1987. "Connections and Guilt." *Hypatia* 2 (1): 7–23.

Blackwood, Evelyn, and Saskia E. Wieringa. 2007. "Globalization, Sexuality, and Silences: Women's Sexualities and Masculinities in an Asian Context." In *Women's Sexualities and Masculinities in a Globalizing Asia*, Saskia E. Wieringa, Evelyn Blackwood, and Abha Bhaiya (eds.). New York: Palgrave Macmillan, 1–21.

Bizot, Judithe. 1992. "Raising Our Voices: An Interview with Bella Abzug." *UNESCO Courier* 45 (March): 36–7.

Blattner, Charlotte, Sue Donaldson, and Ryan Wilcox. 2020. "Animal Agency in Community: A Political Multispecis Ethnography of VINE Sanctuary." *Politics and Animals* 6: 1–22.

Boisseron, Bénédicte. 2018. *Afro-Dog: Blackness and the Animal Question*. New York: Columbia University Press.

Bonilla-Silva, Eduardo. 2009. *Racism Without Racists: Color-Blind Racism and the Persistence of Racial Inequality in America*. 3rd edn. Lanham, MD: Rowman & Littlefield.

Borschmann, Gregg. 2017. "Leasing Rare Animals Flagged as a Way to Fund Wildlife Conservation Programs." Australian Broadcasting Corporation. https://www.abc.net.au/news/2017-10-06/leasing-endangered-animals-could-help-biodiversity-crisis/9022554.

Boyde, Melissa. 2013a. "Mining Animal Death for All It's Worth." In *Animal Death*, Jay Johnston and Fiona Probyn-Rapsey (eds.). Sydney: Sydney University Press, 119–36.

____________ 2013b. "'Mrs Boss! We Gotta Get Those Fat Cheeky Bullocks into that Big Bloody Metal Ship!': Live Export as Romantic Backdrop in Baz Luhrmann's Australia." In *Captured: The Animal within Culture*, M. J. Boyde (ed). New York: Palgrave Macmillan, 60–74.

Bray, H., S. C. Zambrano, A. Chur-Hansen, and R. A. Ankeny. 2016. "Not Appropriate Dinner Table Conversation? Talking to Children about

Meat Production." *Appetite* 100: 1–9.

Brighter Green. 2011. "Cattle, Soyanization, and Climate Change: Brazil's Agricultural Revolution." https://seors.unfccc.int/applications/seors/attachments/get_attachment?code=N2EWB3F325KXUKUCI236Y47PDLA2DOA1.

______ 2019. "Climate Policy Must Support Sustainable, Equitable, and Climate-Compatible Food and Agriculture: Policy Recommendations for COP25, Madrid." https://brightergreen.org/wp-content/uploads/2019/12/COP-25-Single-Flyer.pdf.

Brophy, Brigid. (1965) 1968. "The Rights of Animals." In *Don't Never Forget: Collected Views and Reviews*. New York: Holt, Rinehart and Winston, 15–21.

Brown, Wendy. 2019. *In the Ruins of Neoliberalism: The Rise of Antidemocratic Politics in the West*. New York: Columbia University Press.

Browne, Kathe, Jason Lim, and Gavin Brown (eds.). 2007. *Geographies of Sexualities: Theory, Practices and Politics*. Farnham and Burlington, VT: Ashgate.

Brueck, Julia Feliz. 2017. *Veganism in an Oppressive World. A Vegans-of-Color Community Project*. Sanctuary Publishers.

Brueck, Julia Feliz, and Z. McNeil (eds.). 2020. *Queer and Trans Liberation: Achieving Liberation Through Consistent Anti-Oppression*. Sanctuary Publishers.

Budiansky, Stephen. 1999. *The Covenant of the Wild: Why Animals Chose*

Domestication. New Haven: Yale University Press.

Buerkle, C. Wesley. 2009. "Metrosexuality Can Stuff It: Beef Consumption as (Heteromasculine) Fortification." *Text and Performance Quarterly* 29 (1): 77–93.

Bullard, Robert. 1990. Dumping in Dixie: Race, Class, and Environmental Quality. Boulder, CO: Westview Press.

Burke, Bill. 2007. "Once Limited to the Rural South, Dogfighting Sees a Cultural Shift." The Virginian-Pilot, June 17. https://www.pilotonline.com/2007/06/17/once-limited-to-the-rural-south-dogfighting-sees-a-cultural-shift-2/

Butler, Judith. 1990. *Gender Trouble: Feminism and the Subversion of Identity*. New York: Routledge.

__________ 1997. *The Psychic Life of Power: Theories in Subjection*. Stanford: Stanford University Press.

__________ 2004. *Precarious Life*. New York: Verso.

__________ 2009. *Frames of War*. New York: Verso.

Cain, Joey, and Bradley Rose. n.d. "Who Are the Radical Faeries?" http://eniac.yak.net/shaggy/faerieinf.html.

Callicott, J. Baird. (1980) 1992. "Animal Liberation: A Triangular Affair." In *The Animal Rights/Environmental Ethics Debate: The Environmental Perspective*, Eugene C. Hargrove (ed). Albany: State University of New York Press, 37–69.

__________ 1987. "The Conceptual Foundations of the Land Ethic." In

Companion to "A Sand County Almanac": Interpretive and Critical Essays. Madison: University of Wisconsin Press, 186–207.

_______________ 1989. *In Defense of the Land Ethic: Essays in Environmental Philosophy*. Albany: State University of New York Press.

Calvo, Luz, and Rueda Esquibel. 2015. *Decolonize Your Diet: Plant-Based Mexican-American Recipes for Health and Healing*. Vancouver: Arsenal Pulp Press.

Capecchi, Christina, and Katie Rogers. 2015. "Killer of Cecil the Lion Finds Out That He Is a Target Now, of Internet Vigilantism." *The New York Times*, July 29. https://www.nytimes.com/2015/07/30/us/cecil-the-lion-walter-palmer.html.

Carastathis, Anna. 2013. "Basements and Intersections." *Hypatia* 28: 698–715.

Casselton, Lorna A. 2002. "Mate Recognition in Fungi." *Heredity* 88 (2): 142–7. https://doi.org/10.1038/sj.hdy.6800035.

Cassidy, Emily S., et al. 2013. "Redefining Agricultural Yields: From Tonnes to People Nourished per Hectare." *Environmental Research Letters*, August 1.

Cavell, Stanley. 2008. "Companionable Thinking." In *Philosophy and Animal Life*. New York: Columbia University Press.

Césaire, Aimé. 2000. *Discourse on Colonialism*. New York: Monthly Review Press.

Celermajer, Danielle. 2020. "Omnicide: Who Is Responsible for the Gravest of All Crimes?" ABC Religion and Ethics. https://www.abc.net.au/religion/

danielle-celermajer-omnicide-gravest-of-all-crimes/11838534.

Center for Biological Diversity. 2020. "54 Groups Urge Congress: Don't Use COVID-19 Funds to Prop Up Factory Farms." April 15. https://biologicaldiversity.org/w/news/press-releases/54-groups-urge-congress-dont-use-covid-19-funds-to-prop-up-factory-farms-2020-04-15/?_gl=1*1mvs3av*_gcl_au*MjA5MjI4NTI1LjE3MDg1MDA1NDA.

Chadwick, Whitney. (1990) 1996. *Women, Art, and Society*. London: Thames & Hudson.

Chapple, Christopher. 1986. "Noninjury to Animals: Jaina and Buddhist Perspectives." In *Animal Sacrifices: Religious Perspectives on the Use of Animals in Science*, Tom Regan (ed.). Philadelphia: Temple University Press, 213–35.

Chou, Wah-Shan. 2001. "Homosexuality and the Cultural Politics of Tongzhi in Chinese Societies." *Journal of Homosexuality* 40 (3–4): 27–46. https://doi.org/10.1300/J082v40n03_03.

Christ, Carol P. 1997. *Rebirth of the Goddess: Finding Meaning in Feminist Spirituality*. New York: Routledge.

Christ, Carol P., and Judith Plaskow (eds.). 1979. *Womanspirit Rising: A Feminist Reader in Religion*. New York: HarperCollins.

Clement, Grace. 2003. "The Ethic of Care and the Problem of Wild Animals." *Between the Species* 3: 1–9. https://digitalcommons.calpoly.edu/bts/vol13/iss3/2/.

Coakley, Jay. 1998. *Sport In Society*. 6th edn. New York: McGraw-Hill.

Coetzee, J. M., et al. 1999. *The Lives of Animals*, edited and with an introduction by Amy Gutmann. Princeton: Princeton University Press.

Cohen, Rachel. 2020. "Small Farms, Already Stressed and Underfunded, Struggle for Federal Coronavirus Relief." *The Intercept*, April 29. https://theintercept.com/2020/04/29/small-farms-coronavirus-aid/.

Cole, Eve Browning, and Susan Coultrap-McQuin (eds.). 1992. *Explorations in Feminist Ethics: Theory and Practice*. Bloomington, IN: Indiana University Press.

Collard, Rosemary-Claire. 2020. *Animal Traffic: Lively Capital in the Global Exotic Pet Trade*. Durham, NC: Duke University Press.

Collins, Patricia Hill. 1990. *Black Feminist Thought: Knowledge, Consciousness, and the Politics of Empowerment*. Boston: Unwin Hyman.

________ 2005. *Black Sexual Politics: African Americans, Gender, and the New Racism*. New York: Routledge.

Compassion in World Farming. n.d. "Our Campaigns: The Global Live Animal Transport Trade." https://www.ciwf.org.uk/our-campaigns/ban-live-exports/.

The Conversation. 2019. "Climate Change is Affecting Crop Yields and Reducing Global Food Supplies." July 9. https://theconversation.com/climate-changeis-affecting-crop-yields-and-reducing-global-food-supplies-118897.

Corkery, Michael, and David Yaffe-Bellany. 2020. "As Meat Plants Stayed Open to Feed Americans, Exports to China Surged." *The New York Times*,

June 16. https://www.nytimes.com/2020/06/16/business/meat-industry-china-pork.html.

Corman, Lauren. 2016. "The Ventriloquist"s Burden: Animal Advocacy and the Problem of Speaking for Others." In *Animal Subjects* 2.0., J. Castricano and L. Corman (eds.). Waterloo, ON: Wilfrid Laurier University Press, 243–512.

Corrigan, Robert W. 1965. *Comedy, Meaning and Form*. San Francisco: Chandler Publishing.

Craymer, Lucy. 2020. "When Pigs Fly, They Want Drinks, Leg Room." *The Wall Street Journal*, November 10. https://www.wsj.com/articles/when-pigs-fly-they-want-drinks-leg-room-11605022688.

Crenshaw, Kimberlé Williams. 1989. "Demarginalizing the Intersection of Race and Sex: A black Feminist Critique of Antidiscrimination Doctrine, Feminist Theory and Antiracist Politics." *University of Chicago Legal Forum* 1989 (1): 139–67.

____________________ 1992. "Whose Story Is It Anyway? Feminist and Antiracist Appropriations of Anita Hill." In *Race-ing Justice, Engendering Power: Essays on Anita Hill, Clarence Thomas, and the Construction of Social Reality*, Toni Morrison (ed.). New York: Pantheon Books.

Critical Ecosystem Partnership Fund. n.d. "Cerrado-Species." https://www.cepf.net/our-work/biodiversity-hotspots/cerrado/species.

Cronin, Katie, Edwin van Leeuwen, Innocent Chitalu Mulenga, and Mark Bodamer. 2011. "Behavioral Response of a Chimpanzee Mother toward

Her Dead Infant." *American Journal of Primatology* 73 (5): 415–21.

Cuomo, Chris. 1992. "Unravelling the Problems in Ecofeminism." *Environmental Ethics* 15 (4): 351–63.

______ 2017. "The Anthropocene: Foregone or Premature Conclusion?" *Earth Magazine* (October): 10–11.

Cuomo, Chris, and Lori Gruen. 1998. "On Puppies and Pussies." In *Daring to Be Good*, Ami Bar On and Ann Ferguson (eds.). New York: Routledge, 129–44.

Curtin, Deane. (1991) 1996. "Toward an Ecological Ethic of Care." In *Beyond Animal Rights: A Feminist Caring Ethic for the Treatment of Animals*, Josephine Donovan and Carol J. Adams (eds.), 60–76.

______ 1992. "Recipe for Values." In *Cooking, Eating, Thinking*, D. Curtin and L. Heldke (eds.). Bloomington, IN: Indiana University Press, 123–44.

Dalton, Jane. 2020. "Dentist Who Slaughtered Cecil the Lion 'Hunts and Kills Protected Wild Ram' Just Four Years Later." *The Independent*, July 12. https://www.independent.co.uk/news/world/asia/walter-palmer-cecil-lion-hunt-ramsheep-mongolia-a9613856.html.

Damasio, Antonio R. 2010. *Self Comes to Mind: Constructing the Conscious Brain*. 1st edn. New York: Pantheon Books.

Danford, Natalie. 2004. "DaCapo Embraces Metrosexuality." *Publisher's Weekly* (January 29): 107.

Dave, Naisargi N. 2014. "Witness: Humans, Animals, and the Politics of

Becoming." *Cultural Anthropology* 29 (3): 433–56.

Davies, Katherine. 1988. "What is Ecofeminism?" *Women and Environments* 10 (3): 4–6.

Davies, Sharyn Graham. 2006. *Challenging Gender Norms: Five Genders Among Bugs in Indonesia*. Independence, KY: Wadsworth Publishing.

Davion, Victoria. 1994. "Is Ecofeminism Feminist?" In *Ecological Feminism*, Karen J. Warren (ed.). New York: Routledge, 8–28.

Davis, Angela Y. 1981. *Women, Race & Class*. New York: Random House.

Davis, David Brion. 1996. "At the Heart of Slavery." New York Review of Books 43 (16): 51–4.

Davis, Karen. 1988. "Farm Animals and the Feminine Connection." *Animals' Agenda* 8 (January/February): 38–9.

__________ 1995. "Thinking Like a Chicken: Farm Animals and the Feminine Connection." In *Animals and Women: Feminist Theoretical Explorations*, Carol J. Adams and Josephine Donovan (eds.). Durham, NC: Duke University Press, 192–212.

__________ 2001. *More than a Meal: The Turkey in History, Myth, Ritual, and Reality*. New York: Lantern Books.

Davis, Susan, and Margo Demello. 2003. *Stories Rabbits Tell: A Natural and Cultural History of a Misunderstood Creature*. New York: Lantern Books.

Day, Barbara, and Kimberly Knight. 1991. "The Rain Forest in Our Back Yard." *Essence* 21 (January): 75–7.

Deckha, Maneesha. 2006. "The Salience of Species Difference for Feminist

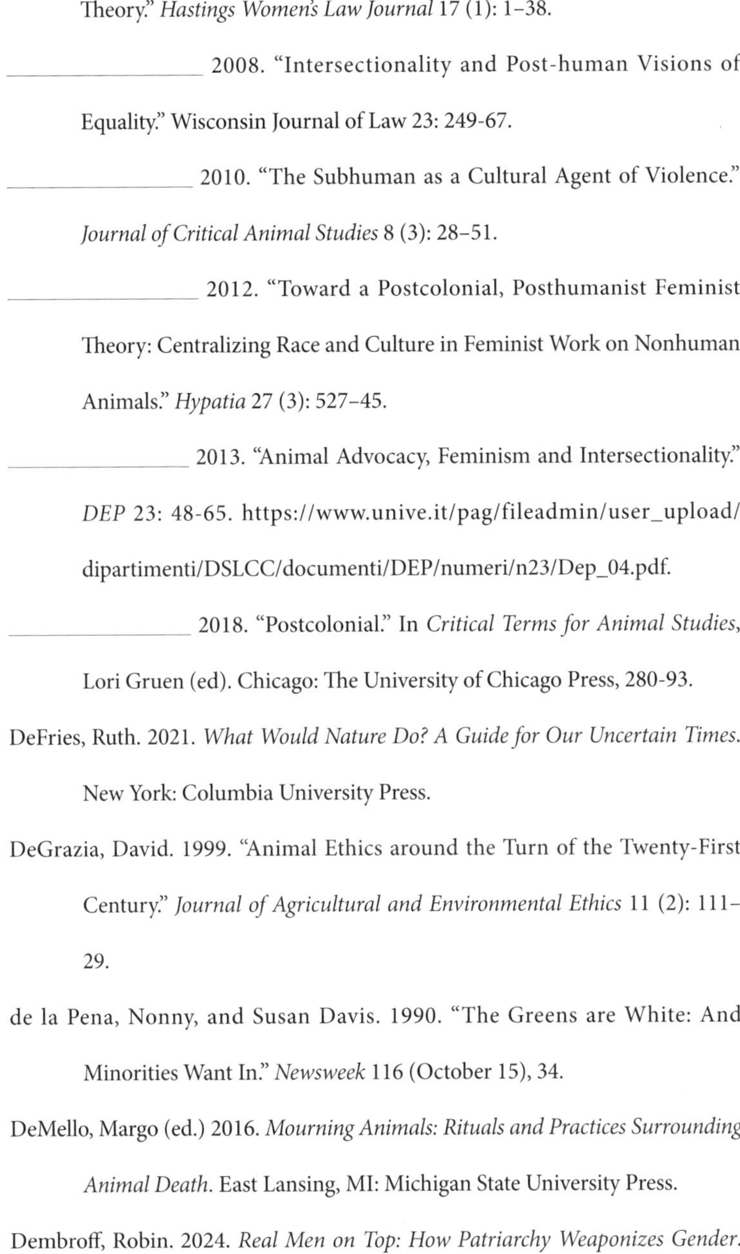

Theory." *Hastings Women's Law Journal* 17 (1): 1–38.

______ 2008. "Intersectionality and Post-human Visions of Equality." Wisconsin Journal of Law 23: 249-67.

______ 2010. "The Subhuman as a Cultural Agent of Violence." *Journal of Critical Animal Studies* 8 (3): 28–51.

______ 2012. "Toward a Postcolonial, Posthumanist Feminist Theory: Centralizing Race and Culture in Feminist Work on Nonhuman Animals." *Hypatia* 27 (3): 527–45.

______ 2013. "Animal Advocacy, Feminism and Intersectionality." *DEP* 23: 48-65. https://www.unive.it/pag/fileadmin/user_upload/dipartimenti/DSLCC/documenti/DEP/numeri/n23/Dep_04.pdf.

______ 2018. "Postcolonial." In *Critical Terms for Animal Studies*, Lori Gruen (ed). Chicago: The University of Chicago Press, 280-93.

DeFries, Ruth. 2021. *What Would Nature Do? A Guide for Our Uncertain Times.* New York: Columbia University Press.

DeGrazia, David. 1999. "Animal Ethics around the Turn of the Twenty-First Century." *Journal of Agricultural and Environmental Ethics* 11 (2): 111–29.

de la Pena, Nonny, and Susan Davis. 1990. "The Greens are White: And Minorities Want In." *Newsweek* 116 (October 15), 34.

DeMello, Margo (ed.) 2016. *Mourning Animals: Rituals and Practices Surrounding Animal Death.* East Lansing, MI: Michigan State University Press.

Dembroff, Robin. 2024. *Real Men on Top: How Patriarchy Weaponizes Gender.*

New York: Oxford University Press.

Demetrakakes, Pan. 2020. "Conagra, JBS Hit with COVID Fines." *Food Processing*, October 30. https://www.foodprocessing.com/home/news/11301453/conagra-jbs-hit-with-covid-fines.

Derrida, Jacques. 1991. "'Eating Well', or the Calculation of the Subject: An Interview with Jacques Derrida." In *Who Comes After the Subject?*, Eduardo Cadava, Peter Connor, and Jean-Luc Nancy (eds.). New York and London: Routledge, 96–119.

_____________ 2002. "The Animal That Therefore I Am (More to Follow)." *Critical Inquiry* 28 (Winter): 369–418.

Descartes, René. 2007. "From the Letters of 1646 and 1649." In *The Animals Reader: The Essential Classic and Contemporary Writings*, Linda Kalof and Amy Fitzgerald (eds.). Oxford: Berg, 59–62.

Despret, Vinciane. 2004. "The Body We Care For: Figures of Anthropo-zoo-genesis." *Body & Society* 10: 111–34.

_____________ 2016. *What Would Animals Say If We Asked the Right Questions?* Minneapolis: University of Minnesota Press.

Devadoss, Christabel. 2020. "Sounding 'Brown': Everyday Aural Discrimination and Othering." *Political Geography* 79: 1–10.

Devall, Bill, and George Sessions. 1984. *Deep Ecology: Living as if the Planet Mattered*. Salt Lake City: Peregrine Smith Books.

Diamond, Anna. 2017. "The Deadly 1991 Hamlet Fire Exposed the High Cost of 'Cheap.'" The *Smithsonian*. September 8. https://www.

smithsonianmag.com/history/deadly-1991-hamlet-fire-exposed-high-cost-cheap-180964816/.

Diamond, Cora. 1991. *The Realistic Spirit: Wittgenstein, Philosophy, and the Mind*. Cambridge, MA: MIT Press.

____________ 1991a. "Anything But Argument." In #The Realistic Spirit: Wittgenstein, Philosophy, and the Mind. Cambridge, MA: MIT Press, 291-308.

____________ 1991b. "Eating Meat and Eating People." In *The Realistic Spirit: Wittgenstein, Philosophy, and the Mind*. Cambridge, MA: MIT Press, 319–34.

____________ 2008. "The Difficulty of Reality." In *Philosophy and Animal Life*, Stanley Cavell et al. (eds.). New York: Columbia University Press, 43–89.

Dinker, Karin Gunnarsson, and Helena Pedersen. 2016. "Critical Animal Pedagogies: Re-learning Our Relations with Animal Others." In *The Palgrave International Handbook of Alternative Education*, Helen E. Lees and Nel Noddings (eds.). London: Palgrave MacMillan, 415-30.

Donald, Diana. 2020. *Women Against Cruelty: Protection of Animals in Nineteenth-Century Britain*. Manchester: Manchester University Press.

Donaldson, Sue, and Will Kymlicka. 2011. *Zoopolis*. New York: Oxford University Press.

Donley, Arvin. 2020. "China Imports of Brazilian Soy Up Year-on-Year." World-Grain.com, October 28. https://www.world-grain.com/articles/14409-china-imports-of-brazilian-soy-up-year-on-year.

Donovan, Josephine. 1990. "Animal Rights and Feminist Theory." *Signs: Journal of Women in Culture and Society* 15 (2): 350–75.

________________ 1991. "Reply to Noddings." *Signs: Journal of Women in Culture and Society* 16 (2): 423–5.

________________ 1995. "Comment on George's 'Should Feminists be Vegetarians?'" *Signs: Journal of Women in Culture and Society* 21 (1): 226–9.

________________ 1996. "Attention to Suffering: A Feminist Caring Ethic for the Treatment of Animals." *Journal of Social Philosophy* 27 (1): 81–102.

________________ 2004. "'Miracles of Creation': Animals in J. M. Coetzee's Work." *Michigan Quarterly Review* 43 (1): 78–93.

________________ 2006. "Feminism and the Treatment of Animals: From Care to Dialogue." *Signs: Journal of Women in Culture and Society* 31 (2): 305-29.

________________ 2007. "Attention to Suffering: Sympathy as a Basis for Ethical Treatment of Animals." In *The Feminist Care Tradition in Animal Ethics*, Josephine Donovan and Carol J. Adams (eds.). New York: Columbia University Press, 174–197.

________________ 2013. "The Voice of Animals: A Response to Recent French Care Theory in Animal Ethics." *Journal for Critical Animal Studies* 11 (1): 8–23.

________________ 2016. *The Aesthetics of Care: On the Literary Treatment of Animals*. New York and London: Bloomsbury.

Donovan, Josephine, and Carol J. Adams (eds.). 1996. *Beyond Animal Rights: A Feminist Caring Ethic for the Treatment of Animals*. New York: Continuum.

________________________ 2007. *The Feminist Care Tradition in Animal Ethics*. New York: Columbia University Press.

________________________ 2007a. "Introduction." In *The Feminist Care Tradition in Animal Ethics*, Josephine Donovan and Carol J. Adams (eds.). New York: Columbia University Press, 1–20.

Douglas, Leah. 2020. "Mapping COVID-19 Outbreaks in the Food System." Food & Environment *Reporting Network*, April 22. https://thefern.org/2020/04/mapping-covid-19-in-meat-and-food-processing-plants/

Dreher, Tanja. 2010. "Speaking Up or Being Heard? Community Media Interventions and the Politics of Listening." *Media, Culture & Society* 32 (1): 85–103. https://doi.org/10.1177/0163443709350099.

Driskill, Qwo-Li. 2004. "Stolen From Our Bodies: First Nations Two-Spirits/Queers and the Journey to a Sovereign Erotic." *Studies in American Indian Literatures* 16 (2): 50–64. https://doi.org/10.1353/ail.2004.0020.

Drucker, Peter. 1996. "'In the Tropics There Is No Sin': Sexuality and Gay–Lesbian Movements in the Third World." *New Left Review* 1 (218): 75–101.

Duffy, Erin, and Natalie Saenz. 2020. "'I'm Scared to Return': Nebraska Meatpacking Workers and Their Families Speak Out." *Omaha World-Herald*, May 10. https://omaha.com/state-and-regional/im-scared-toreturn-nebraska-meatpackingworkers-and-their-families-speak-out/article_d9d8c573-a1f9-5f23-b480-c20bb0ba3ab0.html.

Dunayer, Joan. 2001. *Animal Equality: Language and Liberation*. Derwood, MD: Ryce.

Dundes, Alan. 1994. "Gallus As Phallus: A Psychoanalytic Cross-Cultural Consideration of the Cockfight As Fowl Play." In *The Cockfight: A Casebook*, Alan Dundes (ed.). Madison: University of Wisconsin Press, 241–82.

Eaton, David. 2002. "Incorporating the Other: Val Plumwood's Integration of Ethical Frameworks." *Ethics and the Environment* 7 (2): 153–80.

Eisen, Jessica. 2019. "Milked: Nature, Necessity, and American Law." *Berkeley Journal of Gender Law & Justice* 34: 71–116.

Elflein, John. 2021. "New York State COVID-19 Cumulative Deaths from Mar. 15, 2020 to Jan. 17, 2021, by day." *Statista*, January 18. https://www.statista.com/statistics/1109713/new-york-state-covid-cumulative-deaths-us/.

Emmerman, Karen. 2012. "Beyond the Basic/Nonbasic Interests Distinction: A Feminist Approach to Inter-species Moral Conflict and Moral Repair." PhD Dissertation, University of Washington.

_______________ 2019. "What's Love Got to Do with It? An Ecofeminist Approach to Inter-Animal and Intra-Cultural Conflicts of Interest." *Ethical Theory and Moral Practice* 22 (1): 77–91.

Engels, Friedrich, and Lewis Henry Morgan. 1972. *The Origin of the Family,*

Private Property, and the State. New York: Pathfinder Press.

Epprecht, Marc. 2008. *Heterosexual Africa?: The History of an Idea from the Age of Exploration to the Age of AIDS*. Athens, OH: Ohio University Press.

Erickson, Bruce. 2010. "'fucking close to water': Queering the Production of the Nation." In *Queer Ecologies: Sex, Nature, Politics, Desire*, Catriona Mortimer-Sandilands and Bruce Erickson (eds.). Bloomington, IN: Indiana University Press, 309–30.

Escobar, Arturo. 2020. *Pluriversal Politics: The Real and the Possible*. Durham, NC: Duke University Press.

Extinction Rebellion n.d.. "We Demand" (authored and representing XR US). http://extinctionrebellion.us/demands-principles.

Evans, Arthur. 1978. *Witchcraft and the Gay Counterculture*. Boston, MA: Fag Rag Books.

Evans, Rhonda, DeAnn Gauthier, and Craig Forsyth. 1998. "Dogfighting: Symbolic Expression and Validation of Masculinity." *Sex Roles* 39 (11/12): 825–38.

Eversley, Melanie. 2016. "Dakota Access Pipeline Protests Draw Contrasts to Bundy." #USA Today, October 26. https://www.usatoday.com/story/news/2016/10/28/dakota-access-pipeline-protests-continue-questions-fairness-emerge/92913148/.

Evershed, Nick, and Calla Wahlquist. 2018. "Live Exports: Mass Animal Deaths Going Unpunished as Holes in System Revealed." *The Guardian*, April 9. https://www.theguardian.com/world/2018/apr/10/live-exports-massdeaths-going-unpunished-as-holes-in-system-revealed.

Fanon, Franz. 1966. *The Wretched of the Earth*. Trans. Constance Farrington. New York: Grove Press.

Farm Sanctuary. 2021. "Suffering for Their Meat, Milk, and Wool." https://www.farmsanctuary.org/sheep/#multi_column_block_1.

Farrell, Perry. 1990. "Of Course." On Jane's Addiction's *Ritual de lo Habitual*. Warner Brothers.

Fearnley-Whittingstall, Hugh. 2007. *The River Cottage Meat Book*. Berkeley, CA: Ten Speed Press.

Feldstein, Stephanie, and Mia MacDonald. 2020. "COVID-19 Should Push Congress to Fix Our Flawed Food System." *The Hill*, April 30. https://thehill.com/opinion/energy-environment/495427-covid-19-should-push-congress-to-fix-our-flawed-food-system/.

Flanagan, Richard. 2020. "Australia Is Committing Climate Suicide." *The New York Times*, January 3. https://www.nytimes.com/2020/01/03/opinion/australia-fires-climate-change.html?searchResultPosition=1.

Ferber, Abby. 2007. "The Construction of Black Masculinity: White Supremacy Now and Then." *Journal of Sport & Social Issues* 31 (1): 11–24.

Finn, John. 1998. "Masculinity and Earth Gods." *Certified Male: A Journal of Men's Issues* (Australia) 9. http://www.certifiedmale.com.au/issue9/earthgod.htm.

Fisher, Elizabeth. 1979. *Woman's Creation: Sexual Evolution and the Shaping of Society*. Garden City, NY: Anchor Press/Doubleday.

Fitzgerald, Amy. 2005. *Animal Abuse and Family Violence: Researching the Interrelationships of Abusive Power*. Mellen Studies in Sociology, vol. 48. Lewiston, NY: Edwin Mellen Press.

Fleischer, Richard, dir. 1973. *Soylent Green*. Metro Goldwyn Meyer.

Flocker, Michael. 2003. *The Metrosexual Guide to Style: A Handbook for the Modern Man*. Cambridge, MA: DaCapo Press.

Flynn, Clifton P. 1999. "Exploring the Link between Corporal Punishment and Children's Cruelty to Animals." *Journal of Marriage and the Family* 61: 971–81.

______________ 2000a. "Why Family Professionals Can No Longer Ignore Violence Toward Animals." *Family Relations* 49 (1): 87–95.

Flynn, Clifton P. 2000b. "Woman's Best Friend: Pet Abuse and the Role of Companion Animals in the Lives of Battered Women." *Violence Against Women* 6 (2): 162–77.

Food and Agriculture Organization (FAO) of the United Nations. 2006. *Livestock's Long Shadow*. Rome: Livestock, Environment and Development Initiative.

____. 2013. "Tackling Climate Change through Livestock: A global assessment of emissions and mitigation opportunities." http://www.fao.org/3/i3437e/i3437e.pdf.

Forsyth, Craig, and Rhonda Evans. 1998. "Dogmen: The Rationalization of Deviance." *Society & Animals* 6 (3): 203–18.

Forte, Dianne J. 1992. "SisteReach. . . Because 500 Years Is Enough," *Vital Signs:*

News from the National Black Women's Health Project 1 (Spring): 5.

Fraiman, Susan. 2012. "Pussy Panic versus Liking Animals: Tracking Gender in Animal Studies." *Critical Inquiry* 39 (1): 89.

Francione, Gary. 1996. "Ecofeminism and Animal Rights: A Review of Beyond Animal Rights: A Feminist Caring Ethic for the Treatment of Animals." *Women's Rights Law Reporter* 18: 95–106.

______________ 2000. *Introduction to Animal Rights: Your Child or the Dog?* Philadelphia: Temple University Press.

______________ 2004. "Animals—Property or Persons?" In *Animal Rights: Current Debates and New Directions*, Cass R. Sunstein and Martha Nussbaum (eds.). Oxford: Oxford University Press, 108–42.

______________ 2009. "We're All Michael Vick." *Philly Online*, August 14. https://www.abolitionistapproach.com/media/links/p2026/michael-vick.pdf

______________ 2012. "Pets': The Inherent Problems of Domestication." *Animal Rights: The Abolitionist Approach*, July 31. https://www.abolitionistapproach.com/pets-the-inherent-problems-of-domestication/.

Fraser, James A., and Joseph Heitman. 2004. "Evolution of Fungal Sex Chromosomes." *Molecular Microbiology* 51 (2): 299–306. https://doi.org/10.1046/j.1365-2958.2003.03874.x

Frazier, Chelsea M. 2016. "Troubling Ecology: Wangechi Mutu, Octavia Butler, and Black Feminist Interventions in Environmentalism." *Critical Ethnic*

Studies 2 (1): 40–72.

______________ 2020. "Black Feminist Ecological Thought: A Manifesto," *Atmos*. https://atmos.earth/black-feminist-ecological-thought-essay/.

Freeman, Andrea. 2013. "The Unbearable Whiteness of Milk: Food Oppression and the USDA." *UC Irvine Law Review* 3: 1251–70.

Freedman, Andrew, and Chris Mooney. 2020. "Earth's Carbon Dioxide Levels Hit Record High, Despite Coronavirus-related Emissions Drop." *The Washington Post*, June 4. https://www.washingtonpost.com/weather/2020/06/04/carbon-dioxide-record-2020/.

French, Marilyn. 1985. *Beyond Power: On Men, Women and Morals*. New York: Summit.

Frick, Robert. 2004. "The Manly Man's Guide to Makeup and Metrosexuality." *Kiplinger's Report* (June), 38.

Friends of the Earth et al. 2020. "120+ Organizations Target Meatpacking Giant Tyson Foods for Failing to Protect Workers from COVID-19," July 6. https://healfoodalliance.org/for-the-press/press-release-120-organizations-target-meatpacking-giant-tyson-foods-for-failing-to-protect-workers-from-covid-19/.

Fritsch, Kelly, Clare O'Connor, and A. K. Thompson. 2016. *Keywords for Radicals: The Contested Vocabulary of Late-Capitalist Struggle*. Chico, CA: AK Press.

Fry, Christopher. 1965. "Comedy." In *Comedy, Meaning and Form*, Robert W. Corrigan (ed.). San Francisco: Chandler Publishing, 15–16.

Fudge, Erica. 2000. *Perceiving Animals: Humans and Beasts in Early Modern English Culture*. Champaign and Chicago: University of Illinois Press.

Gaard, Greta. 1993. "Ecofeminism and Native American Cultures: Pushing the Limits of Cultural Imperialism?" In *Ecofeminism: Women, Animals, Nature*, Greta Gaard (ed.). Philadelphia: Temple University Press.

___________ (ed.). 1993. *Ecofeminism: Women, Animals, Nature*. Philadelphia: Temple University Press.

___________ 1994. "Milking Mother Nature: An Ecofeminist Critique of rBGH." *The Ecologist* 24: 6. 1–2.

___________ 1997. "Toward a Queer Ecofeminism." *Hypatia* 12 (1): 114–37.

___________ 2001. "Tools for a Cross-Cultural Feminist Ethics: Exploring Ethical Contexts and Contents in the Makah Whale Hunt." *Hypatia* 16 (1): 1–26.

___________ 2002. "Vegetarian Ecofeminism: A Review Essay." *Frontiers: A Journal of Women Studies* 23 (2): 117–46.

___________ 2007. *Nature of Home: Taking Root in a Place*. Tucson, AZ: University of Arizona Press.

___________ 2010. "New Directions for Ecofeminism: Toward a More Feminist Ecocriticism." *Interdisciplinary Studies in Literature and Environment* 17 (4): 643-665.

___________ 2011. "Ecofeminism Revisited: Rejecting Essentialism and Re-Placing Species in a Material Feminist Environmentalism." *Feminist Formations* 23 (2): 26–53.

Gaard, Greta, and Lori Gruen. 1993. "Ecofeminism: Toward Global Justice and Planetary Health. *Society and Nature* 2 (1): 1–35.

________________ 1995. "Comment on George's 'Should Feminists be Vegetarians?'" *Signs: Journal of Women in Culture and Society* 21 (1): 230–41.

Gaarder, Emily. 2011. *Women and the Animal Rights Movement*. New Brunswick, NJ: Rutgers University Press.

Galeano, Eduardo. 1992. *We Say No*. New York: W.W. Norton & Co.

Garland-Thomson, Rosemarie. 2009. *Staring: How We Look*. New York and London: Oxford University Press.

Garbarino, James. 1999. "Protecting Children and Animals from Abuse: A Transspecies Concept of Caring." In *Child Abuse, Domestic Violence, and Animal Abuse: Linking the Circles of Compassion for Prevention and Intervention*, Frank R. Ascione and Phil Arkow (eds.). West Lafayette, IN: Purdue University Press, 9–15.

Garcia, Diego. 2019. "Questão ambiental é para veganos que só comem vegetais, diz Bolsonaro." *Folha de S. Paulo*, July 27. https://www1.folha.uol.com.br/cotidiano/2019/07/questao-ambiental-e-para-veganos-que-so-comem-vegetais-diz-bolsonaro.shtml.

Garner, Robert. 2003. "Political Ideologies and the Moral Status of Animals." *Journal of Political Ideologies* 8 (2): 233–46.

George, Kathryn P. 1994. "Should Feminists Be Vegetarians?" *Signs: Journal of Women in Culture and Society* 19 (2): 405–34.

___________ 1995. "Reply to Adams, Donovan, and Gaard and Gruen." *Signs: Journal of Women in Culture and Society* 21 (1): 242–60.

George, Kathryn P. 2000. *Animal, Vegetable, or Woman? A Feminist Critique of Ethical Vegetarianism*. Albany: State University of New York Press.

Germanwatch. 2021. *Global Climate Risk Index 2021: Who Suffers Most from Extreme Weather Events? Weather-related Loss Events in 2019 and 2000 to 2019*. https://germanwatch.org/en/19777.

Gibson, Hanna. 2005. "Detailed Discussion of Dog Fighting." Animal Legal and Historical Center, Michigan State University College of Law. http://www.animallaw.info/articles/ddusdogfighting.htm.

Gibson, Kate. 2020. "'Food Supply Chain in Breaking', Tyson Foods Chairman Warns Amid Meat Plant Shutdowns." *CBS News*, April 27. https://www.cbsnews.com/news/tyson-foods-chairman-food-supply-chain-breaking-meat-plant-shutdowns-coronavirus-pandemic/.

Gilbert, Sandra. 2006. *Death's Door: Modern Dying and the Ways We Grieve*. New York: W.W. Norton & Co.

Gillespie, Kathryn. 2018. *The Cow with Ear Tag #1389*. Chicago: The University of Chicago Press.

Gilligan, Carol. 1982. *In a Different Voice: Psychological Theory and Women's Development*. Cambridge, MA: Harvard University Press.

Gilman, Sander L. 1985. "Black Bodies; White Bodies: Toward an Iconography of Female Sexuality in Late Nineteenth-Century Art, Medicine, and Literature." *Critical Inquiry* 12 (Autumn): 205–43.

Gilmore, Ruth Wilson. 2007. *Golden Gulag: Prisons, Surplus, Crisis, and Opposition in Globalizing California*. Berkeley: University of California Press.

Gorant, Jim. 2010. *The Lost Dogs: Michael Vick's Dogs and Their Tale of Rescue and Redemption*. New York: Gotham Books.

Gordon-Reed, Annette. 2009. *The Hemingses of Monticello: An American Family*. New York: W.W. Norton & Co.

GRAIN. 2014. "Hungry for Land: Small Farmers Feed the World with Less than a Quarter of All Farmland." May 28. https://www.grain.org/article/entries/4929-hungry-for-land-small-farmers-feed-the-world-with-less-than-aquarter-of-all-farmland†footnote6sym.

Gramsci, Antonio. 1971. *Selections from the Prison Notebooks*, Quintin Hoare and Geoffrey Nowell Smith (eds.). New York: International Publishers Co.

Grandin, Temple, and Catherine Johnson. 2009. *Animals Make Us Human: Creating the Best Life for Animals*. Boston, MA: Houghton Mifflin Harcourt.

Gray, Elizabeth Dodson. 1979. *Green Paradise Lost*. Wellesley, MA: Roundtable Press.

Gruen, Lori. 1991. "Animals." In *A Companion to Ethics*, Peter Singer (ed.). Oxford: Blackwell Publishers.

__________. 1993. "Dismantling Oppression: An Analysis of the Connection between Women and Animals." In *Ecofeminism: Women, Animals,*

Nature, Greta Gaard (ed.). Philadelphia: Temple University Press, 60–90.

__________ 1994. "Toward an Ecofeminist Moral Epistemology." In *Ecological Feminism*, Karen Warren (ed.). New York: Routledge.

__________ 1996. "On The Oppression of Women and Animals." *Environmental Ethics* 18 (4): 441–4.

__________ 2002a. "Beyond Exclusion: The Importance of Context in Ecofeminist Theory." In *Land, Value, Community: Callicott and Environmental Philosophy*, Wayne Ouderkirk and Jim Hill (eds.). Albany: State University of New York Press, 219-26.

__________ 2002b. "Conflicting Values in a Conflicted World." *Women & Environments International* (52–3): 16–18.

__________ 2004. "Empathy and Vegetarian Commitments." In *Food for Thought: The Debate over Eating Meat*, Steve F. Sapontzis (ed.). Amherst, NY: Prometheus Books.

__________ 2009. "Attending to Nature: Empathetic Engagement with the More Than Human World." *Ethics & the Environment* 14 (2): 23–38.

__________ 2011. *Ethics and Animals: An Introduction*. Cambridge: Cambridge University Press.

__________ 2012. "Navigating Difference (Again): Animal Ethics and Entangled Empathy." In *Strangers to Nature: Animal Lives and Human Ethics*, Gregory R. Smulewicz-Zucker (ed.). Lanham, MD: Lexington Books, 213–34.

__________ 2013. "Entangled Empathy: An Alternate Approach to Animal

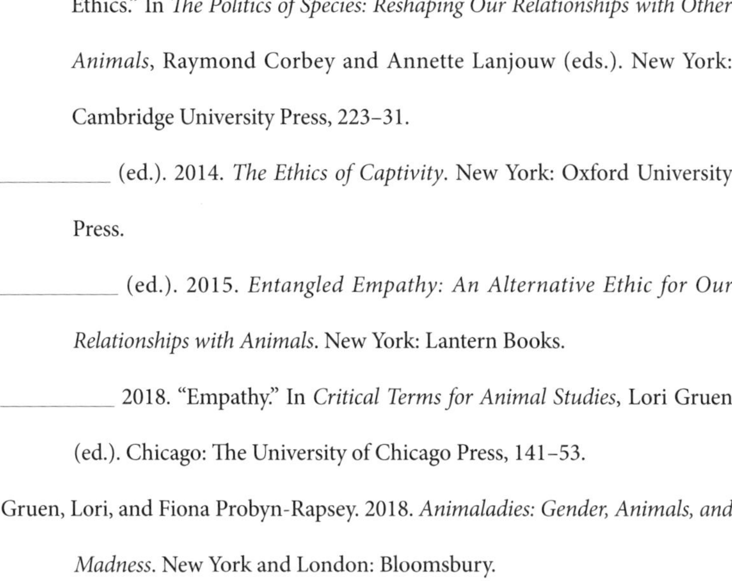

Ethics." In *The Politics of Species: Reshaping Our Relationships with Other Animals*, Raymond Corbey and Annette Lanjouw (eds.). New York: Cambridge University Press, 223–31.

__________ (ed.). 2014. *The Ethics of Captivity*. New York: Oxford University Press.

__________ (ed.). 2015. *Entangled Empathy: An Alternative Ethic for Our Relationships with Animals*. New York: Lantern Books.

__________ 2018. "Empathy." In *Critical Terms for Animal Studies*, Lori Gruen (ed.). Chicago: The University of Chicago Press, 141–53.

Gruen, Lori, and Fiona Probyn-Rapsey. 2018. *Animaladies: Gender, Animals, and Madness*. New York and London: Bloomsbury.

Gruen, Lori, and Kari Weil. 2012. "Animal Others: Editors' Introduction." *Hypatia* 27 (3): 477–87.

Gruen, Lori, and Robert C. Jones. 2015. "Veganism as an Aspiration." In *The Moral Complexity of Eating Meat*, Ben Bramble and Bob Fischer (eds.). New York: Oxford University Press, 153–71.

Guthman, J. 2008. "'If They Only Knew': Color Blindness and Universalism in California Alternative Food Institutions." *The Professional Geographer* 60 (3): 387–97.

Halberstam, Jack. 2018. *Female Masculinity*. Chapel Hill, NC: Duke University Press.

Hale, Grace Elizabeth. 1998. *Making Whiteness: The Culture of Segregation in the South: 1890–1940*. New York: Vintage.

Hamerschlag, Kari. 2011. *Meat Eater's Guide to Climate Change and Health*. Washington, DC: Environmental Working Group, 5. https://static.ewg.org/reports/2011/meateaters/pdf/report_ewg_meat_eaters_guide_to_health_and_climate_2011.pdf.

Hamilton, C. Lou. 2020. "Vegan Reads: Peter Singer's Why Vegan? (2020)." February 28. *Veganism, Sex, and Politics*. https://veganismsexandpolitics.com/vegan-reads-peter-singers-why-vegan-2020/.

Hamilton, Cynthia. 1990. "Women, Home and Community: The Struggle in an Urban Environment." In *Reweaving the World: The Emergence of Ecofeminism*, Irene Diamond and Gloria Feman Orenstein (eds.). San Francisco: Sierra Club Books.

Haraway, Donna. 1986. "Primatology Is Politics by Other Means." In *Feminist Approaches to Science*, Ruth Bleier (ed.). New York: Pergamon, 77–118.

_____________ 1988. "Situated Knowledge: The Science Question in Feminism and the Privilege of Partial Perspective." *Feminist Studies* 14 (3): 575–599.

_____________ 1989. *Primate Visions*. New York: Routledge.

_____________ 2003. *The Companion Species Manifesto: Dogs, People, and Significant Otherness*. Chicago: Prickly Paradigm Press.

_____________ 2008. *When Species Meet*. Minneapolis: University of Minnesota Press.

Harper, A. Breeze. 2010a. "Race as a 'Feeble Matter' in Veganism: Interrogating Whiteness, Geopolitical Privilege, and Consumption Philosophy of

'Cruelty-Free' Products." *Journal for Critical Animal Studies* 8 (3): 5–27.

________ 2010b. *Sistah Vegan: Black Female Vegans Speak on Food, Identity, Health, and Society*. New York: Lantern Books.

________ 2014. "On Ferguson, Thug Kitchen, and Trayvon Martin: Intersections of [Post]Race-Consciousness, Food Justice, and Hip Hop Vegan Ethics." https://www.abreezeharper.com/single-post/on-ferguson-thug-kitchen-and-trayvon-martin-intersections-of-post-race-consciousness-food-justi.

Harding, Sandra. 1986. *The Science Question in Feminism*. Ithaca, NY: Cornell University Press.

Harris, Michael. 2003. *Colored Pictures: Race and Visual Representation*, Chapel Hill: The University of North Carolina Press.

Harris, Adrienne, and Ynestra King (eds.). 1989. *Rocking the Ship of State: Toward a Feminist Peace Politics*. Boulder, CO: Westview Press.

Harrison, Harry. 1966. *Make Room! Make Room!* New York: Doubleday.

Harrison, Jim. 2018. *After Ikkyū & Other Poems*. Boulder, CO: Shamnhala.

Hartsock, Nancy C. M. 1983. "The Feminist Standpoint: Developing the Ground for a Specifically Feminist Historical Materialism." In *Discovering Reality: Feminist Perspectives on Epistemology, Metaphysics, Methodology, and Philosophy of Science*, Sandra Harding and Merrill B. Hintikka (eds.). Dordrecht: Reidel, 283–310.

________ 1998. *The Feminist Standpoint Revisited and Other Essays*. Boulder, CO: Westview.

Harvey, David. 1997. *The Condition of Postmodernity*. Cambridge, MA: Blackwell.

Hassan, Ihab. 1985. "The Culture of Postmodernism." *Theory, Culture, and Society* 2 (3): 119–32.

Haskins, James. 1978. *Voodoo & Hoodoo: Their Tradition and Craft as Revealed by Actual Practitioners*. New York: Stein and Day.

Hawkins, Ronnie. 2001. "Cultural Whaling, Commodification, and Culture Change." *Environmental Ethics* 23 (3): 287–306.

Hawley, Caroline. 2001. "Egypt Faces Backlash as 52 Gay Men Go on Trial." *Independent*, August 17. https://www.independent.co.uk/news/world/africa/egypt-faces-backlash-as-52-gay-men-go-on-trial-5363886.html.

Held, Virginia. 1987. "Feminism and Moral Theory." In *Women and Moral Theory*, Eva Feder Kittay and Diana T. Meyers (eds.). Totowa, NJ: Rowman & Littlefield, 111–28.

____________ 1995. "Feminist Moral Inquiry and the Feminist Future." In *Justice and Care: Essential Readings in Feminist Ethics*, Virginia Held (ed.). Boulder, CO: Westview Press.

Helfman, Gene S., Bruce B. Collette, Douglas E. Facey, and Brian W. Bowen. 2009. *The Diversity of Fishes*. 2nd edn. Chichester: Wiley-Blackwell.

Hersher, Rebecca. 2021. "Drawing A Line in The Mud: Scientists Debate When 'Age Of Humans' Began." National Public Radio, March 7. https://www.npr.org/2021/03/17/974774461/drawing-a-line-in-the-mud-scientists-debate-when-age-of-humans-began.

Heller, Chaia. 1999. *Ecology of Everyday Life: Rethinking the Desire for Nature.* Montreal: Black Rose Books.

Herzig, Rebecca M. 2015. *Plucked: A History of Hair Removal.* New York: New York University Press.

Hessler, Stefanie (ed.). 2021. *Sex Ecologies*. Cambridge, MA: MIT Press.

Hird, Myra J. 2004. "Naturally Queer." *Feminist Theory* 5: 85–9.

Hoberman, John. 1997. *Darwin's Athletes: How Sport Has Damaged Black America and Preserved the Myth of Race*. Boston, MA: Houghton Mifflin.

Hollander, Anne. 1994. *Sex and Suits: The Evolution of Modern Dress*. New York: Bloomsbury.

hooks, bell. 1989. *Talking Back: Thinking Feminist, Thinking Black*. Boston, MA: South End Press.

__________ 1990. *Yearning: Race, Gender, and Cultural Politics*. Boston, MA: South End Press.

hooks, bell, and Cornel West. 1991. *Breaking Bread: Insurgent Black Intellectual Life*. Boston, MA: South End Press.

Huggan, Graham, and Helen Tiffin. 2016. *Postcolonial Ecocriticism: Literature, Animals, Environment*. 2nd edn. London: Routledge.

Hughes, Robert. 1980. *The Shock of the New: Modern Art, Its Rise, Its Dazzling Achievement, Its Fall*. New York: Alfred A. Knopf.

Hurn, Samantha. 2012. *Humans and Other Animals: Cross-Cultural Perspectives on Human-Animal Interactions*. London: Pluto Press.

Hursthouse, Rosalind. 2006. "Applying Virtue Ethics to Our Treatment of

Other Animals." In *The Practice of Virtue*, Jennifer Welchman (ed.). Indianapolis, IN: Hackett Publishing.

Iovino, Serenella. 2013. "Loving the Alien. Ecofeminism, Animals, and Anna Maria Ortese's Poetics of Otherness." *Feminismo/s* 22: 177–203.

IPCC. 2014. "Summary for Policymakers." In Climate Change 2014: *Mitigation of Climate Change. Contribution of Working Group III to the Fifth Assessment Report of the Intergovernmental Panel on Climate Change*, O. Edenhofer, R. Pichs-Madruga, Y. Sakona, et al. (eds.). Cambridge and New York: Cambridge University Press, 1–32.

______ 2018. "Global Warming of 1.5°C." In *An IPCC Special Report on the Impacts of Global Warming of 1.5°C above Pre-Industrial Levels and Related Global Greenhouse Gas Emission Pathways, in the Context of Strengthening the Global Response to the Threat of Climate Change, Sustainable Development, and Efforts to Eradicate Poverty*, V. Masson-Delmotte, P. Zhai, H.-O. Pörtner, et al. (eds.). https://www.ipcc.ch/sr15/.

Iverem, Esther. 1991. "By Earth Obsessed." *Essence*. 22 (September): 37–8.

Irving, Dan. 2016. "Trans*/-." In *Keywords for Radicals: The Contested Vocabulary of Late-Capitalist Struggle*, Kelly Fritsch, Clare O'Connor, and A. K. Thompson (eds.). Chico, CA: AK Press, 423–30.

Jackson, Peter A. 2001. "Pre-Gay, Post-Queer: Thai Perspectives on Proliferating Gender/Sex Diversity in Asia." *Journal of Homosexuality*, 40 (3/4): 1–25.

Jackson, Zakiyyah Iman. 2020. *Becoming Human: Matter and Meaning in an Antiblack World*. New York: New York University Press.

Jaggar, Alison M. 1995. "Caring as a Feminist Practice of Moral Reason." In *Justice and Care: Essential Readings in Feminist Ethics*, Virginia Held (ed.). Boulder, CO: Westview Press, 179–202.

Jahn, Janheinz. 1961. *Muntu: The New African Culture*. New York: Grove Press.

Jaina Suˆtras. (1884) 1973. Trans. Hermann Jacobi. Delhi: Motilal Banarsidass.

Jefferson, Thomas. 1794. *Notes on the State of Virginia*. Philadelphia: Printed for Mathew Carey, no. 118, Market-Street, November 12.

Jewett, Sarah Orne. 1881. "River Driftwood." In *Country By-Ways*, 1–33. Boston, MA: Houghton Mifflin.

Jones, Keithly G. 2004. "Trends in the U.S. Sheep Industry." *Electronic Report from the Economic Research Service*. United States Department of Agriculture, Agriculture Information Bulletin 787 (January). https://downloads.usda.library.cornell.edu/usda-esmis/files/kw52j804p/08612r694/gm80hz92n/aib787.pdf

Jones, Maggie. 2008. "The Barnyard Strategist." *The New York Times Magazine*, October 24. https://www.nytimes.com/2008/10/26/magazine/26animal-t.html

Jordan, Winthrop. 1968. *White Over Black: American Attitudes Toward the Negro, 1550–1812*. Chapel Hill: The University of North Carolina Press.

Joyce, Christopher. 1989. *The Social Face of Buddhism*. Boston, MA: Wisdom Publications.

Kaba, Mariame. 2021. *We Do this 'Til We Free Us: Abolitionist Organizing and Transforming Justice*. Chicago: HayMarket Books.

Kafer, Alison. 2013. *Feminist, Queer*, Crip. Bloomington, IN: Indiana University Press.

Kant, Immanuel. 1957. "Theory of Ethics." In *Selections*, Theodore Meyer Green (ed.). New York: Scribner's, 268–74.

Kao, G. Y. 2010. "The Universal versus the Particular in Ecofeminist Ethics." *Journal of Religious Ethics* 38 (4): 616–37.

Kappeler, Susanne. 1986. *The Pornography of Representation*. Minneapolis: University of Minnesota Press.

________________ 1995. "Speciesism, Racism, Nationalism. . . or the Power of Scientific Subjectivity." In *Animals and Women: Feminist Theoretical Explorations*, Carol J. Adams and Josephine Donovan (eds.). Durham, NC: Duke University Press.

Karpova, Lisa (trans.). 2011. "Third Sex Prehistoric Skeleton Found." *Pravda*, July 4. http://english.pravda.ru/science/tech/07-04-2011/117498-Third_Sex_prehistoric_skeleton_found-0/.

Katyal, Sonia. 2002. "Exporting Identity." *Yale Journal of Law and Feminism* 14 (1). https://openyls.law.yale.edu/handle/20.500.13051/6879.

Katz, Jonathan. 1976. *Gay American History*. New York: Avon.

_____________ 2007. *The Invention of Heterosexuality*. Chicago: The University of Chicago Press.

Kean, Hilda. 1995. "The 'Smooth Cool Men of Science': The Feminist and Socialist Response to Vivisection." *History Workshop Journal* 40 (1): 16–38.

Kelch, Thomas G. 1999. “The Role of the Rational and the Emotive in a Theory of Animal Rights.” *Boston College Environmental Affairs Law Review* 27 (1): 1–41.

Keller, Evelyn Fox. 1983. *A Feeling for the Organism: The Life and Work of Barbara McClintock*. San Francisco: W. H. Freeman.

Kelly, Christine. 2013. “Building Bridges with Accessible Care: Disability Studies, Feminist Care, Scholarship, and Beyond.” *Hypatia* 28 (4): 784–800.

Kemmerer, Lisa. 2011. *Sister Species: Women, Animals, and Social Justice*. Urbana, Chicago, and Springfield: University of Illinois Press.

Kessler, Suzanne J. 1998. *Lessons from the Intersexed*. New Brunswick, NJ: Rutgers University Press.

Kevany, Sophie. 2020a. “Millions of US farm animals to be culled by suffocation, drowning and shooting.” *The Guardian*, May 19. https://www.theguardian.com/environment/2020/may/19/millions-of-us-farm-animals-to-be-culled-by-suffocation-drowning-and-shooting-coronavirus.

__________ 2020b. “Exclusive: livestock ships twice as likely to be lost as cargo vessels.” *The Guardian*, October 28. https://www.theguardian.com/environment/2020/oct/28/exclusive-livestock-ships-twice-as-likely-to-be-lost-as-cargo-vessels.

Khan, S. 2001. “Culture, Sexualities, and Identities: Men Who Have Sex with Men in India.” *Journal of Homosexuality* 40 (3–4): 99–115. https://doi.org/10.1300/J082v40n03_06.

Khanna, Navina, and Axel Fuentes. 2020. "It's Time for U.S. Meatpackers to Stop Spreading COVID-19 and Racial Injustice." I Heart Climate Voices in *Medium*, August 3. https://medium.com/i-heart-climate-voices/its-time-for-u-s-meatpackers-to-stop-spreading-covid-19-and-racial-injustice-6c349ac458e1.

Kheel, Marti. 1984. "A Feminist View of Mobilization." *Feminists for Animal Rights Newsletter* [first newsletter, no volume or issue number]: 2.

__________ (1985) 1996. "The Liberation of Nature: A Circular Affair." In *The Feminist Care Tradition in Animal Ethics*, Josephine Donovan and Carol J. Adams (eds.). New York: Columbia University Press, 17–33.

__________ 1989. "From Healing Herbs to Deadly Drugs: Western Medicine's War on the Natural World." In *Healing the Wounds: The Promise of Ecofeminism*, Judith Plant (ed.). Philadelphia: New Society Publishers, 96–111.

__________ 1990. "Ecofeminism and Deep Ecology: Reflections on Identity and Difference." In *Reweaving the World: The Emergence of Ecofeminism*, Irene Diamond and Gloria Feman Orenstein (eds.). San Francisco: Sierra Club Books.

__________ 1993. "From Heroic to Holistic Ethics: The Ecofeminist Challenge." In *Ecofeminism: Women, Animals, Nature*, Greta Gaard (ed.). Philadelphia: Temple University Press, 243–71.

__________ 1995. "License to Kill: An Ecofeminist Critique of Hunters' Discourse." In Animals and Women: Feminist Theoretical Explorations,

Carol J. Adams and Josephine Donovan (eds.). Durham, NC: Duke University Press, 85–125.

________ 2004. "Vegetarianism and Ecofeminism: Toppling Patriarchy with a Fork." In *Food for Thought: The Debate Over Eating Meat*, S. Sapontzis (ed.). Amherst, NY: Prometheus Books.

________ 2008. *Nature Ethics: An Ecofeminist Perspective*. Lanham, MD: Rowman & Littlefield.

Kim, Claire Jean. 2007. "Multiculturalism Goes Imperial: Immigrants, Animals, and the Suppression of Moral Dialogue." *Du Bois Review* 4 (1): 233–49.

________ 2010. "Slaying the Beast: Reflections on Race, Culture, and Species." *Kalfou* 1 (1): 57–74.

________ 2011. "President Obama and the Polymorphous 'Other' in U.S. Racial Discourse." *Asian American Law Journal* 18: 165–75.

________ 2012. "Jeremy Lin: 'The Great Yellow Hope'" *WBEZ* Chicago, March 8. https://www.wbez.org/stories/jeremy-lin-the-great-yellow-hope/92bf5268-79af-440a-afb9-8a39ef5a57e8.

________ 2015. *Dangerous Crossings: Race, Species, and Nature in a Multicultural Age*. New York: Cambridge University Press.

________ 2018. "Abolition." In *Critical Terms for Animal Studies*, Lori Gruen (ed). Chicago: The University of Chicago Press, 15-32.

________ 2020. "Makah Whaling and the (Non)Ecological Indian." In *Colonialism and Animality: Anti-Colonial Perspectives in Critical Animal Studies*, Kelly S. Montford and Chloë Taylor (eds.). London: Routledge,

50–103.

Kindy, Kimberley, Ted Mellnik, and Arelis R. Hernandez. 2021. "The Trump Administration Approved Faster Line Speeds at Chicken Plants. Those Facilities Are More Likely to Have COVID-19 Cases." *The Washington Post*, January 3. https://www.washingtonpost.com/politics/trump-chicken-covid-coronavirus-biden/2021/01/03/ea8902b0-3a39-11eb-98c4-25dc9f4987e8_story.html.

King, Barbara. 2013. *How Animals Grieve.* Chicago: The University of Chicago Press.

King, Ynestra. 1983. "Toward an Ecological Feminism and a Feminist Ecology." In *Machina Ex Dea*, Joan Rothschild (ed.). New York: Pergamon, 118–29.

__________ 1989. "Healing the Wounds: Feminism, Ecology, and the Nature/Culture Dualism." In *Gender/Body/Knowledge: Feminist Reconstructions of Being and Knowing*, Allison M. Jaggar and Susan R. Bordo (eds.). New Brunswick, NJ: Rutgers University Press, 115–41.

Kirts, Leah. 2020. "Toward an Anti-Carceral Queer Veganism." In *Queer and Trans Voices: Achieving Liberation Through Consistent Anti-Oppression*, J. Feliz Brueck and Z. McNeil (eds.). Sanctuary Publishers, 185–223.

Kittay, Eva Feder. 2002. "Love's Labor Revisited." *Hypatia* 17 (3): 237–50.

Kittay, Eva Feder, and Diana T. Meyers (eds.). 1987. *Women and Moral Theory.* Totowa, NJ: Rowman & Littlefield.

Kristof, Nicholas, and Sheryl WuDunn. 2010. *Half the Sky: Turning Oppression into Opportunity Worldwide*. New York: Vintage.

Ko, Syl. 2017. "Addressing Racism Requires Addressing the Situation of Animals." In Aphro-ism: Essays on Pop Culture, Feminism, and Black Veganism from Two Sisters, Aph Ko and Syl Ko (eds.). Brooklyn, NY: Lantern Books, 44–9.

Ko, Aph, and Syl Ko. 2017. *Aphro-ism: Essays on Pop Culture, Feminism, and Black Veganism from Two Sisters*. Brooklyn, NY: Lantern Books.

Kostkowska, Justyna. 2013. *Ecocriticism and Women Writers*. Palgrave Macmillan.

Kovich, Tammy. 2016. "Gender." In *Keywords for Radicals: The Contested Vocabulary of Late-Capitalist Struggle*, Kelly Fritsch, Clare O'Connor, and A. K. Thompson (eds.). Chico, CA: AK Press, 175–82.

Krupar, Shiloh R. 2012. "Transnatural Ethics: Revisiting the Nuclear Cleanup of Rocky Flats, CO, Through the Queer Ecology of Nuclia Waste." *Cultural Geographies* 19 (3): 303–27.

Laclau, Ernesto, and Chantal Mouffe. 1985. *Hegemony and Socialist Strategy: Toward a Radical Democratic Politics*. London: Verso.

Lama, Dalai. 2011. *Beyond Religion: Ethics for a Whole World*. Boston, MA: Houghton Mifflin Harcourt.

__________ n.d. "Compassion and the Individual." https://www.dalailama.com/messages/compassion-and-human-values/compassion

Langer, Susanne. 1965. "The Comic Rhythm." In *Comedy, Meaning and Form*, Robert W. Corrigan (ed.). San Francisco: Chandler Publishing.

Lansbury, Coral. 1985. *The Old Brown Dog: Women, Workers and Vivisection in Edwardian England.* Madison: University of Wisconsin Press.

Lappé, Frances Moore. 1972. Diet for a Small Planet#. New York: Ballantine Books.

Larabee, Mary Jeanne (ed.) 1993. *An Ethic of Care: Feminist and Interdisciplinary Perspectives.* New York: Routledge.

Larsen, Elizabeth. 1991. "Granola Boys, Eco-Dudes, and Me." *Ms* 2 (July/August): 96–7.

Laucella, Pamela. 2010. "Michael Vick: An Analysis of Press Coverage on Federal Dogfighting Charges. *Journal of Sports Media* 5 (2): 35–76.

Laudares, Humberto. 2020. "Deforestation in Brazil Is Spreading COVID-19 to the Indigenous Peoples." *VoxEU.org*, November 3. https://voxeu.org/article/deforestation-spreading-covid-19-brazils-indigenous-peoples.

Le Guin, Ursula K. 1985. "She Unnames Them," *The New Yorker*, January 21, 27.

Leonard, David. 2010. "Jumping the Gun: Sporting Cultures and the Criminalization of Black Masculinity." *Journal of Sport & Social Issues* 34 (2): 252–62.

Leonard, David, and C. Richard King (eds.). 2011. *Commodified and Criminalized: New Racism and African Americans in Contemporary Sports.* Lanham, MD: Rowman & Littlefield.

Lim, Michelle. 2020. "Australian Magpie Mimics Emergency Sirens as Deadly Fires Rage." CNN Edition. https://edition.cnn.com/2020/01/02/asia/australia-magpie-mimics-siren-intl-hnk-scli/index.html.

Lloyd, Genevieve. 1979. "The Man of Reason" *Metaphilosophy* 10 (1): 18–37.

Lockwood, Alex. 2021. "Beyond COVID-19: Get Ready to End Animal Exploitation." *Surge*, January 28. https://www.surgeactivism.org/articles/beyond-covid-19-get-ready-to-end-animal-exploitation.

Lorde, Audre. 1983. "An Open Letter to Mary Daly." In *This Bridge Called My Back: Writings by Radical Women of Color*, Cherríe Moraga and Gloria Anzaldúa (eds.). New York: Kitchen Table Press, 90–3.

__________ 2012. *Sister Outsider: Essays and Speeches*. New York: Random House.

Low, Tim. 2017. *Where Song Again: Australia's Birds and How They Change the World*. Melbourne: Penguin.

Lubick, Naomi. 2020. "What Milk-Sharing Communities Reveal." *Sapiens*, August 6. https://www.sapiens.org/culture/milk-sharing/.

Lucas, S. 2005. "A Defense of the Feminist-Vegetarian Connection." *Hypatia* 20 (1): 150–77.

Lugones, María. 2010. "Toward a Decolonial Feminism." *Hypatia* 25 (4): 742–59.

Lukács, Georg. (1923) 1971. *History and Class Consciousness*. Trans. Rodney Livingstone. Cambridge, MA: MIT Press.

Luke, Brian. (1992) 2007. "Justice, Caring, and Animal Liberation." In *The Feminist Care Tradition in Animal Ethics*, Josephine Donovan and Carol J. Adams (eds.). New York: Columbia University Press, 77–102.

__________ 1995. "Taming Ourselves or Going Feral? Toward a Nonpatriarchal Metaethic for Animal Liberation." In *Animals and Women: Feminist*

Theoretical Explorations, Carol J. Adams and Josephine Donovan (eds.). Durham, NC: Duke University Press, 290–319.

__________ 1996. "The Erotics of Predation: An Ecofeminist Look at Sports Illustrated." *Feminists for Animal Rights Newsletter* X (1–2): 6–7.

__________ 1997. "A Critical Analysis of Hunters' Ethics." *Environmental Ethics* 19 (Spring): 25–44.

__________ 1998. "Violent Love: Hunting, Heterosexuality, and the Erotics of Men's Predation." *Feminist Studies* 24 (Fall): 627–55.

Maathai, Wangari. 1991. "Foresters without Diplomas." *Ms.* 1 (Mar/April): 74–5.

MacDonald, Mia, and Jo-Anne McArthur. 2019. "The Sinking Ship: The Romanian Sheep Transport Disaster and the Climate Crisis." Medium, November 29. https://medium.com/brighter-green/the-sinking-ship-the-romanian-sheep-transportdisaster-and-the-climate-crisis-1faeba37560e.

MacKinnon, Catharine A. 1987. *Feminism Unmodified: Discourses on Life and Law*. Cambridge, MA: Harvard University Press.

____________________ 1989. *Toward a Feminist Theory of the State*. Cambridge, MA: Harvard University Press.

____________________ (1990) 1995. "Sexuality, Pornography, and Method: 'Pleasure under Patriarchy.'" In *Feminism and Philosophy: Essential Readings in Theory, Reinterpretation, and Application*, Nancy Tuana and Rosemarie Tong (eds.). Boulder, CO: Westview Press, 134–61.

____________________ 2004. "Of Mice and Men: A Feminist Fragment on Animal Rights." In *The Feminist Care Tradition in Animal Ethics*, Josephine Donovan and Carol J. Adams (eds.). New York: Columbia University Press, 316–32.

McAllister, Pam. 1982. "Introduction to Article by Connie Salamone." In *Reweaving the Web of Life: Feminism and Nonviolence*, Pam McAllister (ed.). Philadelphia: New Society Publishers, 364.

McClintock, Anne. 1995. *Imperial Leather: Race, Gender and Sexuality in the Colonial Context*. New York: Routledge.

McComb, Karen, Lucy Baker, and Cynthia Moss. 2006. "African Elephants Show High Levels of Interest in the Skulls and Ivory of Their Own Species." *Biology Letters* 2 (1): 26–8.

McCoy, Terrence, and Heloísa Traiano. 2021. "The Amazonian City that Hatched the Brazil Variant Has Been Crushed by It." *The Washington Post*, January 27. https://www.washingtonpost.com/world/2021/01/27/coronavirus-brazil-variant-manaus/.

McGrath, Stephen. 2020. "Romania Accused of 'Silence' over Ship that Capsized Killing 14,000 Sheep." *The Guardian*, November 27. https://www.theguardian.com/environment/2020/nov/27/romania-accused-of-silence-over-ship-that-capsized-killing-14000-sheep.

McJetters, Christopher-Sebastian. 2014. "Thug Love: Ferguson and the Politics of Race in Veganism." https://www.all-creatures.org/articles/ar-thug-love.html

McKay, Laura Jean. 2020. *The Animals in That Town*. Brunswick: Scribe

Publications.

McKay, Robert. 2018. "Brigid Brophy's Pro-animal Forms." *Contemporary Women's Writing* 12 (2): 152-170.

McKittrick, Katherine. 2006. *Demonic Grounds: Black Women and the Cartographies of Struggle*. Minneapolis: University of Minnesota Press.

McWhorter, Ladelle. 2010. "Enemy of the Species." In *Queer Ecologies: Sex, Nature, Politics, Desire*, Catriona Mortimer-Sandilands and Bruce Erickson (eds.). Bloomington, IN: Indiana University Press, 73–101.

Malatino, Hilary. 2019. *Queer Embodiment: Monstrosity, Medical Violence, and Intersex Experience*. Lincoln, NE: University of Nebraska Press.

Mano, Ana. 2020. "Special Report: How COVID-19 Swept the Brazilian Slaughterhouses of JBS, World's Top Meatpacker." *Reuters*, September 8. https://www.reuters.com/article/uk-health-coronavirus-jbs-specialreport/special-report-how-covid-19-swept-the-brazilian-slaughterhouses-of-jbs-worldstop-meatpacker-idUKKBN25Z1I4.

Mason, Jim. 1981. "The 1981 American Pork Congress: Pushing Pig Flesh." Agenda 7 (July/August). http://www.jimmason.website/the-1981-american-pork-congress-pushing-pig-flesh/

__________ 1997. *An Unnatural Order: Why We Are Destroying the Planet and Each Other*. New York: Continuum.

Mason, Jim, and Peter Singer. 1980. *Animal Factories: The Mass Production of Animals for Food and How It Affects The Lives of Consumers, Farmers, and the Animals Themselves*. New York: Crown.

Massey, D. 1991. "Flexible Sexism." *Environment and Planning* 9: 31–57.

Mellon, Joseph. 1989. *Nature Ethics without Theory*. PhD Dissertation, University of Oregon.

Mellor, Mary. 1992. *Breaking the Boundaries: Towards a Feminist Green Socialism*. London: Virago Press.

__________ 1997. *Feminism & Ecology*. Washington Square, NY: New York University Press.

Melville, Herman. 1964. *Moby Dick*. New York: Bantam.

Merchant, Carolyn. 1980. *The Death of Nature: Women, Ecology and the Scientific Revolution*. New York: Harper & Row.

Metzinger, Thomas. 2009. *The Ego Tunnel: The Science of the Mind and the Myth of the Self*. New York: Basic Books.

Meyer, Eugene L. 1992. "Environmental Racism: Why Is It Always Dumped in Our Backyard? Minority Groups Take a Stand." *Audubon* 94 (January/February): 30–2.

Meyerding, Jane. 1982. "Feminist Criticism and Cultural Imperialism (Where does one end and the other begin)." Animals Agenda 14–15 (November/December): 22–3.

"The Michael Vick Case: Is 'Supporting Our Own' OK?" 2007. *Tell Me More*, August 22. National Public Radio. http://www.npr.org/templates/story/story.php?storyId=13859969(*재확인)

Michigan State University. 2020. "Small Farmers Sink or Swim in Globalization's Tsunami." *Science Daily*, February 25. https://www.sciencedaily.com/

releases/2020/02/200225154344.htm

Midgley, Mary. 1983. *Animals and Why They Matter*. Athens, GA: University of Georgia Press.

Monguilod, Cristina Pallí. 2001. "Ordering Others and Othering Orders: The Consumption and Disposal of Otherness." *The Sociological Review* 49 (2): 198–204.

Montford, Kelly S., and Chloë Taylor (eds.). 2020. *Colonialism and Animality: Anti-Colonial Perspectives in Critical Animal Studies*. London: Routledge.

________________ 2020a. "Beyond Edibility: Towards a Nonspeciesist, Decolonial Food Ontology." In *Colonialism and Animality: Anti-Colonial Perspectives in Critical Animal Studies*, Kelly S. Montford and Chloë Taylor (eds.). London: Routledge, 129–56.

Morgan, Ruth, and Saskia Wieringa. 2006. *Tommy Boys, Lesbian Men, and Ancestral Wives: Female Same-Sex* Practices in Africa. Johannesburg: Jacana Media.

Morrison, Toni. 1992. *Playing in the Dark: Whiteness and the Literary Imagination*. New York: Vintage.

________ 2008. *A Mercy*. New York: Alfred A. Knopf.

Mortimer-Sandilands, Catriona, and Bruce Erickson (eds.). 2010. *Queer Ecologies: Sex, Nature, Politics, Desire*. Bloomington, IN: Indiana University Press.

____________________ 2010a. "A Genealogy of Queer Ecologies." In *Queer Ecologies: Sex, Nature, Politics, Desire*,

Catriona Mortimer-Sandilands and Bruce Erickson (eds.). Bloomington, IN: Indiana University Press, 1–47.

Mufson, Steven, and Andrew Freedman. 2019. "What You Need to Know about the Amazon Rainforest Fires." *The Washington Post*, August 27. https://www.washingtonpost.com/climate-environment/what-you-need-to-know-about-the-amazon-rainforest-fires/2019/08/27/ac82b21e-c815-11e9-a4f3-c081a126de70_story.html.

Muhammad, Latifah. 2012. "Police Raid Rapper Young Calicoe's Home Over Suspected Dog-Fighting." *Hip Hop Wired*, July 11. http://hiphopwired.com/2012/07/11/.police-raid-rapper-young-calicoes-home-over-suspected-dog-fighting-video/.

Mundy, Rachel. 2018. "Why Listen to Animals?" *Society for Literature, Science and the Arts*. https://www.litsciarts.org/2018/10/12/why-listen-to-animals/.

Murdoch, Iris. 2001. *The Sovereignty of Good*. 2nd edn. New York: Routledge.

Murphy, Patrick D. 1991. "Prolegomenon for an Ecofeminist Dialogics." In *Feminism, Bakhtin, and the Dialogic*, Dale M. Bauer and Susan Jaret McKinstry, (eds.). Albany: State University of New York Press, 39–56.

________ 1995. *Literature, Nature, and Other: Ecofeminist Critiques*. Albany: State University of New York Press.

________ 2004. "Nature Nurturing Fathers in a World Beyond Our Control." In *Eco-Man: New Perspectives on Masculinity and Nature*, Mark Allister (ed.). Charlottesville: University of Virginia Press, 196–210.

Myers, Linda James. 1988. *Understanding an Afrocentric Worldview: Introduction to an Optimal Psychology*. Dubuque, IA: Kendall/Hunt.

Nagel, Thomas. 1974. "What Is It Like to Be a Bat?" The Philosophical Review 83 (4): 435-50.

Nair, Devatha. 2021. "This $22-Billion Industry Suffers from a Serious Lack of Oversight." *Sentient Media*, January 11. https://sentientmedia.org/this-22-billion-industry-suffers-from-serious-lack-of-oversight/.

Najmabadi, Afsaneh. 2005. *Women with Mustaches and Men without Beards: Gender and Sexual Anxieties of Iranian Modernity*. Berkley: University of California Press.

Nanda, Serena. 2000. *Gender Diversity: Crosscultural Variations*. Long Grove, IL: Waveland Press.

Narayanan, Yamini. 2018. "Cow Protection as 'Casteised Speciesism': Sacralisation, Commercialisation and Politicisation." *South Asia: Journal of South Asian Studies* 41 (2): 331–51.

________________ 2019. "Jugaad and Informality as Drivers of India's Cow Slaughter Economy." *Environment and Planning A: Economy and Space* 51 (7): 1516–35.

________________ 2021. "Animating Caste: Visceral Geographies of Pigs, Caste and Violent Nationalisms in Chennai City." *Urban Geography* 44 (10): 2185-205. https://doi.org/10.1080/02723638.2021.1890954.

Nash, Roderick Frazier. 1989. *The Rights of Nature: A History of Environmental Ethics*. Madison: University of Wisconsin Press.

National COSH. 2020. “Safety Advocates Say Last-Minute Push by USDA to Speed Up Poultry Plants Will Endanger Workers.” *National Council for Occupational Safety and Health*, November 11. https://www.coshnetwork.org/2020-11-11_Poultry_Plant_Speed_Up_Endangers_Workers.

National Pork Producers Council. 2020. “The Tragic Impact of COVID-19 on U.S Hog Farmers: The Need to Euthanize.” May 8. https://nppc.org/wp-content/uploads/2020/05/euthanasia-fact-sheet-FINAL-5-8-20.pdf

Noddings, Nel. 1984. *Caring: A Feminine Approach to Ethics and Moral Education*. Berkeley: University of California Press.

____________ 1991. “Comment on Donovan's ‘Animal Rights and Feminist Theory.’” *Signs: Journal of Women in Culture and Society* 16 (2): 418–22.

Noland, William F., and George Clayton Johnson. 1967. *Logan's Run*. New York: Dial Press.

Norris, Michele. 2012. “How Black Beauty Changed How We See Horses.” *All Things Considered*, November 2. https://www.npr.org/2012/11/02/163971063/how-black-beauty-changed-the-way-we-see-horses.

Noske, Barbara. 1989. *Humans and Other Animals: Beyond the Boundaries of Anthropology*. London: Pluto Press.

Nott, Josiah, and George R. Gliddon. 1855. *Types of Mankind: Or, Ethnological Researches: Based Upon the Ancient Monuments, Paintings, Sculptures, and Crania of Races, and Upon Their Natural, Geographical, Philological and Biblical History, Illustrated by Selections from the Inedited Papers of Samuel George Morton and by Additional Contributions from L. Agassiz, W. Usher, and H. S. Patterson*. London: Trübner & Co.

Nussbaum, Martha C. 1992. *Love's Knowledge: Essays in Philosophy and Literature*. New York: Oxford University Press.

__________________ 2000. *Women and Human Development: The Capabilities Approach*. Cambridge and New York: Cambridge University Press.

__________________ 2001. *Upheavals of Thought: The Intelligence of Emotions*. Cambridge and New York: Cambridge University Press.

__________________ 2004. "Beyond 'Compassion and Humanity?': Justice for Nonhuman Animals." In *Animal Rights: Current Debates and New Directions*, Cass Sunstein and Martha C. Nussbaum (eds.). Chicago: The University of Chicago Press, 299–320.

__________________ 2006. *Frontiers of Justice: Disability, Nationality, Species Membership*. Cambridge, MA: Harvard University Press.

__________________ 2009. "Justice." In *Examined Life: Excursions with Contemporary* Thinkers, Astra Taylor (ed.). New York: New Press.

Nyman, Patti. 2020. "Beyond Binaries: An Interspecies Case for They/Them Pronouns." In *Queer and Trans Voices: Achieving Liberation Through Consistent Anti-Oppression*, J. Feliz Brueck and Z. McNeil (eds.). Sanctuary Publishers.

Oates, Thomas Patrick. 2007. "The Erotic Gaze in the NFL Draft." *Communication and Critical/Cultural Studies* 4 (1): 74–90.

Ogunyemi, Chikwenye Okonjo. 1985. "Womanism: The Dynamics of the Contemporary Black Novel in English." *Signs: Journal of Women in Culture and Society* 11 (Autumn): 63–80.

Oliver, Michael. 1990. *The Politics of Disablement: A Sociological Approach*. New York: St Martin's Press.

Osborne, Hilary, and Bibi van der Zee. 2020. "Live Export: Animals at Risk in Giant Global Industry." *The Guardian*, January 20. https://www.theguardian.com/environment/2020/jan/20/live-export-animals-at-risk-as-giant-global-industry-goes-unchecked.

Oscamp, S. 2000. "A Sustainable Future for Humanity? How Can Psychology Help?" *American Psychologist* 55 (5): 496–508.

Ouedraogo, D. 1992. "Demographic Variables, Inevitable Passage. Irrigated Areas and Health of Populations." *Pop Sahel: bulletin d'information sur la population et le developpement* 17: 6–11.

Oyama, Susan. 2000. *The Ontogeny of Information: Developmental Systems and Evolution*. Durham, NC: Duke University Press.

Oyěwùmí, Oyèrónkẹ. 1997. *The Invention of Women: Making an African Sense of Western Gender Discourses*. Minneapolis: University of Minnesota Press.

Pachirat, Timothy. 2011. *Every Twelve Seconds*. New Haven: Yale University Press.

Painter, Nell Irvin. 2010. *The History of White People*. New York: W.W. Norton & Co.

Palmer, Clare. 2010. *Animal Ethics in Context*. New York: Columbia University

Press.

Patterson, Charles. 2002. *Eternal Treblinka: Our Treatment of Animals and the Holocaust*. New York: Lantern Books.

Pascoe, Bruce. 2014. *Dark Emu, Black Seeds: Agriculture or Accident*. Perth: Magabala Books.

Paz, Christian. 2020. "What Bolsonaro's COVID-19 Case Tells Us About Trump's." *The Atlantic*, October 3. https://www.theatlantic.com/international/archive/2020/10/donald-trump-jair-bolsonaro-coronavirus/616602/.

PETA Files. 2007. "Vick at the Office, Part 2." https://www.peta.org/blog/vick-office-part-2/.

Peters, Sharon. 2008. "A Fight to Save Urban Youth from Dogfighting." *USA TODAY*, September 29. http://usatoday30.usatoday.com/news/nation/2008-09-29-dogfighting_N.htm

Pharr, Suzanne. 1988. *Homophobia: A Weapon of Sexism*. Little Rock, AR: Women's Project Press.

Phillips, R. J. 2019. "Frames as Boundaries: Rhetorical Framing Analysis and the Confines of Public Discourse in Online News Coverage of Vegan Parenting." *Journal of Communication Inquiry* 43 (2): 152–70.

Phys.org. 2020. "Record Fires Ravage Brazil's Amazon and Pantanal Regions." November 2. https://phys.org/news/2020-11-ravage-brazil-amazon-pantanal-regions.html.

Pierce, Jessica. 2012. *The Last Walk: Reflections on our Pets at the End of their*

Lives. Chicago: The University of Chicago Press.

Pluhar, Evelyn. 1995. *Beyond Prejudice: The Moral Significance of Human and Nonhuman Animals*. Durham, NC: Duke University Press.

____________ 2006. "Legal and Moral Rights of Sentient Beings and the Full Personhood View." *Organization and Environment* 19 (2): 275–8.

Plumwood, Val. 1993. *Feminism and the Mastery of Nature*. London and New York: Routledge.

____________ 1995. "Human Vulnerability and the Experience of Being Prey." *Quadrant* (March): 29–34.

____________ 2000. "Integrating Ethical Frameworks for Humans, Animals, and Nature: A Critical Feminist Eco-Socialist Perspective." *Ethics and the Environment* 5 (2): 285–322.

____________ 2002. *Environmental Culture: The Ecological Crisis of Reason*. London: Routledge.

____________ 2003a. "Animals and Ecology: Towards a Better Integration." Working/Technical Paper, *Australian National University Digital Collection*. https://digitalcollections.anu.edu.au/handle/1885/41767

____________ 2003b. "Decolonizing Relationships with Nature." In *Decolonizing Nature: Strategies for Conversation in a Postcolonial Era*, William Adams and Martin Mulligan (eds.). London: Earthscan, 51-78.

____________ 2004. "Gender, Eco-Feminism and the Environment." In *Controversies in Environmental Sociology*, R. White (ed.). Cambridge: Cambridge University Press, 43–60.

Pollan, Michael. 2009. *Omnivore's Dilemma: A Natural History of Four Meals.* New York: Penguin.

Potts, Annie, and Jovian Parry. 2010. "Vegan Sexuality: Challenging Heteronormative Masculinity through Meat-free Sex." *Feminism & Psychology* 20 (1): 53–72.

Pratt, Geraldine and Victoria Rosner. 2012. *The Global and the Intimate.* New York: Columbia University Press.

Probyn-Rapsey, Fiona. 2018. "Anthropocentrism." In #Critical Terms for Animal Studies, Lori Gruen (ed). Chicago: The University of Chicago Press, 47–63.

Probyn-Rapsey, Fiona, Siobhan O'Sullivan, and Yvette Watt. 2019. "'Pussy Panic' and Glass Elevators: How Gender is Shaping the Field of Animal Studies." *Australian Feminist Studies* 34 (100): 198–215.

Pulé, Paul M. 2007. "Ecology and Environmental Studies." In *Routledge International Encyclopedia of Men and Masculinities*, Michael Flood, Judith Kegan Gardiner, Bob Pease, and Keith Pringle (eds.). New York: Routledge, 158–62.

__________ 2009. "Caring for Society and Environment: Towards Ecological Masculinism." Paper Presented at the Villanova University Sustainability Conference, April 2009. http://www.paulpule.com.au/Ecological_Masculinism.pdf

"Race Played Factor in Vick Coverage, Critics Say." 2007. Neal Conan's Talk of the Nation, National Public Radio, August 28. http://www.npr.org/

templates/story/story.php?storyId=14000094

"Racist Obama Email: Marilyn Davenport Insists It Was Satire." 2011. *Huffington Post*, April 20. http://www.huffingtonpost.com/2011/04/20/racist-obama-emailmarilyn-davenport_n_851772.html.

Ramet, Sabrina Petra (ed.). 1996. *Gender Reversals and Gender Cultures: Anthropologial and Historical Perspectives*. London: Routledge.

Readfern, Graham, and Adam Morton. 2020. "Almost 3 Billion Animals Affected by Australian Bushfires, Report Shows." *The Guardian*, July 28. https://www.theguardian.com/environment/2020/jul/28/almost-3-billion-animals-affected-by-australian-megafires-report-shows-aoe.

Regan, Tom. 1983. *The Case for Animal Rights*. Berkeley: University of California Press.

__________ 1991. *The Thee Generation: Reflections on the Coming Revolution*. Philadelphia: Temple University Press.

Regan, Tom, and Peter Singer. 1989. *Animal Rights and Human Obligations*. 2nd edn. Englewood Cliffs, NJ: Prentice Hall.

Repo, Jemima. 2018. *The Biopolitics of Gender*. New York: Oxford University Press.

Reuters. 2020. "Update 1-IGC Cuts Forecast for 2020/21 Global Corn Crop." *Reuters*, September 24. https://www.reuters.com/article/grains-igc-idUKL5N2GL42Q/.

Ricciardelli, Rosemary, Kimberley A. Clow, and Philip White. 2010. "Investigating Hegemonic Masculinity: Portrayals of Masculinity in

Men's Lifestyle Magazines." *Sex Roles* 63: 64–78.

Richards, Dona. 1980. "European Mythology: The Ideology of 'Progress.'" In *Contemporary Black Thought*, Molefi Kete Asante and Abdulai Sa Vandi (eds.). Beverly Hills: Sage.

"Richard Cebull, Montana Federal Judge, Admits Forarding Racist Obama Email." 2012. *Huffington Post*, March 1. http://www.huffingtonpost.com/2012/03/01/richard-cebull-judge-obama-racist-email_n_1312736.html.

Riley, Shay. 1991. "Eco-Racists Use Fatal Tactics." *Daily Illini* 121 (September 4), 15.

Riley, Shamara Shantu. 2003. "Ecology Is a Sistah's Issue Too: The Politics of Emergent Afrocentric Ecowomanism." In *This Sacred Earth: Religion, Nature, Environment*, Roger S. Gottlieb (ed.). Abingdon: Routledge, 368–81.

Ristau, Carolyn A. 2013. "Cognitive Ethology." *WIREs Cognitive Science* 4 (September–October): 493–509.

Ritvo, Harriet. 1998. *The Platypus and the Mermaid: And Other Figments of the Classifying Imagination*. Cambridge, MA: Harvard University Press.

Robinson, Margaret. 2014. "Indigenous Veganism: Feminist Natives Do Eat Tofu." *Earthling Liberation Kollective*, December 22. https://humanrightsareanimalrights.com/2014/12/22/margaret-robinson-indigenous-veganism-feminist-natives-do-eat-tofu/.

__________ "The Roots of My Indigenous Veganism." In *Critical*

Animal Studies, Atsuko Matsuoka and John Sorenson (eds.). London and New York: Rowman & Littlefield, 319–32.

Roediger, David R. 2008. *How Race Survived U.S. History: From Settlement and Slavery to the Obama Phenomenon*. London and New York: Verso.

Roller, Zoë. 2020. "Water Justice Crises and Resistance Struggles." In *From Environmental Loss to Resistance: Infrastructure and the Struggle for Justice in North America*, Michael Loadenthal and Lea Rekow (eds.). Amherst, MA: University of Massachusetts Press, 107–30.

Roscoe, Will (ed.). 1988. *Living the Spirit: A Gay American Indian Anthology*. New York: St. Martin's Press.

__________ 2000. *Changing Ones: Third and Fourth Genders in Native North America*. New York: Palgrave Macmillan.

Rose, Deborah Bird. 2013. "In the Shadow of All This Death." In *Animal Death*, Jay Johnston and Fiona Probyn-Rapsey (eds.). Sydney: Sydney University Press, 1-20.

Roughgarden, Joan. 2013. *Evolution's Rainbow: Diversity, Gender, and Sexuality in Nature and People*. Oakland: University of California Press.

Roy, Arundhati. 2004. *The 2004 Sydney Peace Prize Lecture*. Seymour Theatre Centre, University of Sydney, November 4.

Rubin, David A. 2017. *Intersex Matters: Biomedical Embodiment, Gender Regulation, and Transnational Activism*. Albany: State University of New York Press.

Rubin, James H. 1994. *Manet's Silence and the Poetics of Bouquets*. London:

Reaktion Books.

Ruddick, Sara. 1989. *Maternal Thinking: Toward a Politics of Peace*. Boston, MA: Beacon Press.

Ruether, Rosemary Radford. 1975. *New Woman/New Earth: Sexist Ideologies and Human Liberation*. New York: Seabury.

_________________________ 1983. *Sexism and God-Talk: Toward a Feminist Theology*. Boston, MA: Beacon Press.

_________________________ 1992. *Gaia & God: An Ecofeminist Theology of Earth Healing*. San Francisco: HarperCollins.

Russell, Legacy. 2020. *Glitch Feminism: A Manifesto*. New York: Verso.

Russo. Ann. 2019. *Feminist Accountability: Disrupting Violence and Transforming Power*. New York: New York University Press.

Salamone, Connie. 1973. "Feminist as Rapist in the Modern Male Hunter Culture." *Majority Report* (October).

_______________ 1982. "The Prevalence of the Natural Law within Women: Women and Animal Rights." In *Reweaving the Web of Life: Feminism and Nonviolence*, Pam McAllister (ed.). Philadelphia: New Society Publishers.

Salleh, Ariel. 1984. "Deeper Than Deep Ecology: The Eco-Feminist Connection." *Environmental Ethics* 6: 339–45.

__________ 1997. *Ecofeminism as Politics: Nature, Marx, and the Postmodern*. London: Zed Books.

Sanbonmatsu, John. 2005. "Listen, Ecological Marxist! (Yes, I said Animals!)."

Capitalism Nature Socialism 16 (2): 107–14.

Sanders, Douglas. 2005. "Flying the Rainbow Flag in Asia." Conference paper. http://digitalcollections.anu.edu.au/handle/1885/8691.

Sandilands, Catriona. 1994. "Lavender's Green? Some Thoughts on Queer(y)ing Environmental Politics." *Undercurrents: Critical Environmental Studies* (May): 20–4.

Śāntideva, Kate Crosby, and Andrew Skilton. 2008. *The Bodhicaryāvatāra* (Oxford World's Classics). Oxford and New York: Oxford University Press.

Sapontzis, Steve (ed.). 2004. *Food for Thought: The Debate Over Eating Meat.* Amherst, NY: Prometheus Books.

Sax, Sarah, and Mauricio Angelo. 2020. "Communities in Brazilian Cerrado Besieged by Global Demand for Soy." *Mongabay*, January 13. https://news.mongabay.com/2020/01/communities-in-brazilian-cerrado-besieged-by-global-demand-for-soy/

Schallert, K. L. 1992. "Speaker Examines Impact of the West on Africa" (Wagaki Mwangi), *Daily Illini* 121 (April 3), 3.

Scheiber, Noam. 2020. "OSHA Criticized for Lax Regulation of Meatpacking in Pandemic." *The New York Times*, October 22. https://www.nytimes.com/2020/10/22/business/economy/osha-coronavirus-meat.html.

__________ 2021. "Biden Tells OSHA to Issue New COVID-19 Guidance to Employers." *The New York Times*, January 22. https://www.nytimes.com/2021/01/21/business/economy/biden-osha-coronavirus.html.

Scheler, Max. (1923) 1970. *The Nature of Sympathy*. Trans. Peter Heath. Hamden, CT: Archon.

Schiebinger, Londa. 1993. *Nature's Body: Gender in the Making of Modern Science*. Boston, MA: Beacon Press.

Schuller, Kyla. 2018. *The Biopolitics of Feeling: Race, Sex, and Science in the Nineteenth Century*. Durham, NC: Duke University Press.

Schwalbe, Michael. 2012. "The Hazards of Manhood." *Yes!* 63 (Fall): 42–4.

Scully, Jackie L., Laurel Baldwin-Ragaven, and Petya Fitzpatrick (eds.). 2010. *Feminist Bioethics: At the Center, on the Margins*. Baltimore: Johns Hopkins University Press.

Seaberg, Kurt. 2010. "Artist's Statement." https://www.kurtseaberg.com/artist-statement/

Sears, Clare. 2015. *Arresting Dress: Cross-dressing, Law and Fascination in Nineteenth-Century San Francisco*. Durham, NC: Duke University Press.

Serrato, Claudia. 2010. "Ecological Indigenous Foodways and the Healing of All Our Relations." *Journal for Critical Animal Studies* 8 (3): 52–60.

Sengupta, Somini, 2019. "'Bleak' U.N. Report on a Planet in Peril Looms Over New Climate Talks." *The New York Times*, November 26. https://www.nytimes.com/2019/11/26/climate/greenhouse-gas-emissions-carbon.html.

Shapiro, Kenneth. 1989. "Understanding Dogs through Kinesthetic Empathy, Social Construction, and History." *Anthrozoös* 3 (3): 184–95.

Shepherd, Jean. (1965) 1966. "Duel in the Snow, or Red Ryder Nails the

Cleveland Street Kid." Reprinted in In *God We Trust: All Others Pay Cash.*. New York: Doubleday Books, 21–48.

Shiva, Vandana. 1994. *Close to Home: Women Reconnect Ecology, Health and Development Worldwide*. Philadelphia: New Society Publishers.

Shiva, Vandana, and Maria Mies. 1993. *Ecofeminism*. London: Zed Books.

Shove, Elizabeth, and Mika Pantzar. 2005. "Consumers, Producers and Practices: Understanding the Invention and Reinvention of Nordic Walking." *Journal of Consumer Culture* 5 (1): 43–64.

Shukin, Nicole. 2009. Animal Capital: Rendering Life in Biopolitical Times#. Minneapolis: University of Minnesota Press.

Simon, Bryant. 2017. *The Hamlet Fire: A Tragic Story of Cheap Food, Cheap Government, and Cheap Lives*. New York: New Press.

Simonet, Patricia. 2007. "Laughing Dogs." *The Bark* 44: 2–3.

Singer, June. 1977. *Androgyny: Toward a New Theory of Sexuality*. New York: Anchor Books/Doubleday.

Singer, Peter. 1975. *Animal Liberation*. New York: New York Review Books.

__________ 1982. "The Oxford Vegetarians: A Personal Account." *International Journal for the Study of Animal Problems* 3 (1): 6–9.

__________ 1990. *Animal Liberation*. Rev. edn. New York: Avon Books.

__________ 1994. "Feminism and Vegetarianism: A Response." *Philosophy in the Contemporary World* 1 (2): 36–9.

__________ 2009. *Animal Liberation: The Definitive Classic of the Animal Movement*. Reissue edn. New York: Harper Perennial Modern Classics.

———— 2020. *Why Vegan? Eating Ethically*. New York: Liveright.

Singer, Peter, and Karen Dawn. 2004. "When Slaughter Makes Sense." *New York Newsday*, February 8, A30.

Slicer, Deborah. 1991. "Your Daughter or Your Dog: A Feminist Assessment of the Animal Research Issue." *Hypatia* 6 (1): 108–24.

———— 1998. "Toward an Ecofeminist Standpoint Theory: Bodies as Grounds." In *Ecofeminist Literary Criticism: Theory, Interpretation, Pedagogy*, Greta Gaard and Patrick D. Murphy (eds.). Urbana: University of Illinois Press, 49–73.

Smith, Andy. 1993. "For All Those Who Were Indian in a Former Life." In *Ecofeminism and the Sacred*, Carol J. Adams (ed.). New York: Continuum.

———— 2005. *Conquest: Sexual Violence and American Indian Genocide*. Cambridge, MA: South End Press.

Smith, Bonnie. 2000. *The Gender of History: Men, Women, and Historical Practice*. Cambridge, MA: Harvard University Press.

Smith, Cheryl. 2010. "The Little Dog Laughed: The Function and Form of Dog Play." *IAABC Dog Blog*, December 6.

Smith, David Livingstone. 2011. *Less Than Human: Why We Demean, Enslave and Exterminate Others*. New York: St. Martin's Press.

———— 2020. *On Inhumanity: Dehumanization and How to Resist It*. Oxford and New York: Oxford University Press.

———— 2021. *Making Monsters: The Uncanny Power of*

Dehumanization. Cambridge, MA: Harvard University Press.

Smuts, Barbara. 2008. "Reflections." In *The Lives of Animals* by J. M. Coetzee et al. Princeton: Princeton University Press, 107–20.

Smythe, R. H. 1965. *The Mind of the Horse*. Brattleboro, VT: The Stephen Greene Press.

Snitow, Ann. 1989. "A Gender Diary." In *Rocking the Ship of State: Towards a Feminist Peace Politics*, Adrienne Harris and Ynestra King (eds.). Boulder, CO: Westview Press.

Solomon, Robert. 1976. *Passions*. Garden City, NY: Anchor Press/Doubleday.

Sorabji, Richard. 1993. *Animal Minds and Human Morals: The Origins of the Western Debate*. Ithaca, NY: Cornell University Press.

Soybean Meal Info Center, 2018. "World Soybean Production." March, "News." https://www.soymeal.org/soy-meal-articles/world-soybean-production/.

Sontag, Susan. 2003. *Regarding the Pain of Others*. New York: Farrar, Straus & Giroux.

Specter, Michael. 2005. "Nature's Bioterrorist." *The New Yorker*, February 28, 50–61.

Spencer, Colin. 2000. *Vegetarianism: A History*. London: Grub Street.

Spiegel, Marjorie. (1988) 1996. *The Dreaded Comparison: Human and Animal Slavery*. London: Mirror Books.

de Spinoza, Benedictus, and Michael L. Morgan. 2006. *The Essential Spinoza: Ethics and Related Writings*. Indianapolis: Hackett Publishing.

Spretnak, Charlene (ed.). 1982. *The Politics of Women's Spirituality*. New York:

Anchor Books.

Sprinkle, Annie. 1991. "Beyond Bisexual." In *Bi Any Other Name: Bisexual People Speak Out*, Loraine Hutching and Lani Kaahumanu (eds.). New York: Alyson Publications, 103–7.

Sprinkle, Annie, and Beth Stephens. 2021. *Assuming the Ecosexual Position: The Earth as Lover*. Minneapolis: University of Minnesota Press.

"Standing Rock Sioux Tribe v. U.S. Army Corps of Engineers. Memorandum in Support of Motion for Preliminary Injunction Expedited Hearing Requested" (PDF) (1:16-cv-1534-JEB). United States District Court for the District of Columbia. August 4, 2016. Archived from the original (PDF) on August 7, 2016. https://web.archive.org/web/20160807104201/http://standingrock.org/data/upfiles/media/Memo%20ISO%20Mtn%20for%20Preliminary%20Injunction_3.pdf.

Stanescu, James. 2012. "Species Trouble: Judith Butler, Mourning, and the Precarious Lives of Animals." *Hypatia* 27 (3): 567–82.

Stanley, Eric A., and Nat Smith. 2015. *Captive Genders: Trans Embodiment and the Prison Industrial Complex*. Chico, CA: AK Press.

Starhawk. 1990. "Power, Authority, and Mystery: Ecofeminism and Earth-Based Spirituality." In *Reweaving the World: The Emergence of Ecofeminism*, Irene Diamond and Gloria Feman Orenstein (eds.). San Francisco: Sierra Club Books.

Steeves, H. Peter (ed.). 1999. *Animal Others: On Ethics, Ontology, and Animal Life*. Albany: State University of New York Press.

Steiner, Gary. 2010. *Anthropocentrism and Its Discontents: The Moral Status of Animals in the History of Western Philosophy*. Pittsburgh: University of Pittsburgh Press.

Steinfeld, H., P. Gerber, T. Wassenaar, V. Castel, M. Rosales, and C. De Haan. 2006. *Livestock's Long Shadow: Environmental Issues and Options*. Rome: Food and Agriculture Organization of the United Nations.

Steingraber, Sandra. 1997. *Living Downstream: An Ecologist Looks at Cancer and the Environment*. Reading, MA: Addison-Wesley.

Stewart, Kate, and Matthew Cole. 2014. *Our Children and Other Animals: The Cultural Construction of Human-Animal Relations in Childhood*. Farnham: Ashgate.

Stoll, Steven. 2007. *U.S. Environmentalism since 1945: A Brief History with Documents*. Boston, MA: Bedford's/St. Martin's.

Stowe, Harriet Beecher. (1852) 1981. *Uncle Tom's Cabin: Or, Life among the Lowly*. New York: Penguin.

———. 1869. "Rights of Dumb Animals." *Hearth and Home* 1 (2): 24.

Strouse, Kathy, with Dog Angel. 2009. *Bad Newz: The Untold Story of the Michael Vick Dogfighting Case*. Dogfighting Investigation Publications.

Sturgeon, Noel. 1997. *Ecofeminist Natures: Race, Gender, Feminist Theory and Political Action*. New York: Routledge.

Sullivan, Zoe. 2019. "The Real Reason the Amazon Is on Fire." *Time*, August 26. https://time.com/5661162/why-the-amazon-is-on-fire/.

Swift, Jonathan. 1729. "A Modest Proposal." In *Encyclopedia of the Self*, Mark Zimmerman (ed.). https://www.readwritethink.org/sites/default/files/resources/30827_modestproposal.pdf.

Tamale, Sylvia. 2007. "Out of the Closet: Unveiling Sexuality Discourses in Uganda." In *Africa after Gender?*, Catherine M. Cole, Takyiwaa Manuh, and Stephan F. Miescher (eds.). Bloomington, IN: Indiana University Press, 17–29.

Tanyas, Bahar. 2016. "Experiences of Otherness and Practices of Othering: Young Turkish Migrants in the UK." *Young* 24 (2): 157–73.

Tarter, Jim. 2002. "Some Live More Downstream than Others: Cancer, Gender, and Environmental Justice." In *The Environmental Justice Reader: Politics, Poetics, and Pedagogy*, Joni Adamson, Mei Mei Evans, and Rachel Stein (eds.). Tucson, AZ: University of Arizona Press, 213–28.

Taylor, Astra, and Sunaura Taylor. 2020. "Solidarity Across Species." *Dissent*, Summer 2020. https://www.dissentmagazine.org/article/solidarity-across-species.

Taylor, Brandon. 1987. *Modernism, Post-Modernism, Realism: A Critical Perspective for Art*. Winchester, MA: Allen and Unwin.

Taylor, Hollis. 2017. "Birdsong Has Inspired Humans for Centuries: Is It Music?" https://theconversation.com/birdsong-has-inspired-humans-for-centuries-is-it-music-79000.

Taylor, Keenaga-Yamahtta (ed.). 2017. *How We Get Free: Black Feminism and the Combahee River Collective*. Chicago: Haymarket Books.

Taylor, Paul. 1986. *Respect for Nature: A Theory of Environmental Ethics*. Princeton: Princeton University Press.

Taylor, Sunaura. 2004. "Right Not to Work: Power and Disability." *Monthly Review* 55 (10).

____________ 2011. "Beasts of Burden: Disability Studies and Animal Rights." *Qui Parle* 19 (2): 191–222.

____________ 2017. #Beasts of Burden: Animal and Disability Liberation. New York: New Press.

Teish, Luisah. 1985. *Jambalaya: The Natural Woman's Book of Personal Charms and Practical Rituals*. San Francisco: Harper & Row.

Terry, Bryant. 2014a. *Afro-Vegan: Farm-Fresh African, Caribbean, and Southern Flavors Remixed*. Berkeley: Ten Speed Press.

____________ 2014b. "The Problem with 'Thug' Cuisine." https://www.cnn.com/2014/10/10/living/thug-kitchen-controversy-eatocracy/index.html.

Tharoor, Ishaan. 2015. "Australia Actually Declares 'War' on Cats, Plans to Kill 2 Million by 2020." *The Washington Post*, July 17. https://www.washingtonpost.com/news/worldviews/wp/2015/07/16/australia-actually-declares-war-on-cats-plans-to-kill-2-million-by-2020/.

Thomas, Keith. 1983. *Man and the Natural World: Changing Attitudes in England 1500–1800*. London: Allen Lane.

Thompson, Wright. n.d. "A History of Mistrust." ESPN.com. http://sports.espn.go.com/espn/eticket/story?page=vicksatlanta.

Tong, Rosemarie. 1993. *Feminine and Feminist Ethics*. Belmont, CA: Wadsworth.

Trans and Womyn's Action Camp. 2012. http://twac.wordpress.com/.

Tronto, Joan C. 1993. *Moral Boundaries: A Political Argument for an Ethic of Care*. New York: Routledge.

Turner, James. 1980. *Reckoning with the Beast: Animals, Pain and Humanity in the Victorian Mind*. Baltimore: Johns Hopkins University Press.

Twine, Richard. 2001. "Ma(r)king Essence: Ecofeminism and Embodiment." *Ethics & the Environment* 6 (2): 31–58.

_____________ 2010a. "Broadening the Feminism in Feminist Bioethics." In *Feminist Bioethics: At the Center, on the Margins*, Jackie L. Scully, Laurel Baldwin-Ragaven and Petya Fitzpatrick (eds.). Baltimore: Johns Hopkins University Press, 45–59.

_____________ 2010b. "Intersectional Disgust? Animals and (Eco)Feminism." *Feminism & Psychology* 20 (3): 397–406.

_____________ 2013. "Is Biotechnology Deconstructing Animal Domestication? Movements toward 'Liberation.'" *Configurations* 21 (2): 135–58.

_____________ 2021. "Emissions from Animal Agriculture: Not 18%, Not 14.5%, Not 16.5%, Not 15.6% but Presently Incalculable." Centre for Human Animal Studies. https://sites.edgehill.ac.uk/cfhas/blog-post-july-2021/.

Unferth, Deb Olin. 2011. "Interview with Gary Francione." *Believer Magazine*, February.

United Nations. 2020. "Amid Threat of Catastrophic Global Famine, COVID-19 Response Must Prioritize Food Security, Humanitarian Needs, Experts

Tell General Assembly." *UN General Assembly*, December 4. https://www.un.org/press/en/2020/ga12294.doc.htm.

United Nations Environment Programme and the International Livestock Research Institute. 2020. *Preventing the Next Pandemic: Zoonotic Diseases and How to Break the Chain of Transmission*. Nairobi: UNEP and ILRI. https://www.unenvironment.org/news-and-stories/press-release/unite-human-animal-and-environmental-health-prevent-next-pandemic-un.

UN News. 2019. "Over 820 Million People Suffering from Hunger; New UN Report Reveals Stubborn Realities of 'Immense' Global Challenge." July 15. https://news.un.org/en/story/2019/07/1042411.

UN Report. 2019. "Nature's Dangerous Decline Unprecedented." https://www.un.org/sustainabledevelopment/blog/2019/05/nature-decline-unprecedented-report/.

United Soybean Board. 2020. "What Are Soybeans Used For?" Updated June 20. https://www.unitedsoybean.org/article/what-are-soybeans-used-for.

U.S. Department of Agriculture. 2020a. "USDA Announces Coronavirus Food Assistance Program." April 17. https://www.usda.gov/media/press-releases/2020/04/17/usda-announces-coronavirus-food-assistance-program.

________________ 2020b. "Acreage." National Agricultural Statistics Service (NASS), Agricultural Statistics Board, released June 30.

U.S. Environmental Protection Agency. 2020. Carcass Management of Non-Diseased Animals in Response to the Coronavirus Outbreak

(COVID-19). https://www.epa.gov/agriculture/carcass-management-non-diseased-animals-response-coronavirus-outbreak-covid-19.

Van der Zee, Bibi. 2019. "Campaigners Call for Sheep Saved from Capsized Ship to Be Put Out to Pasture." *The Guardian*, November 28. https://www.theguardian.com/environment/2019/nov/28/campaigners-call-for-sheep-saved-from-capsized-ship-to-be-put-out-to-pasture.

Varner, Gary. 2012. *Personhood, Ethics, and Animal Cognition: Situating Animals in Hare's Two-Level Utilitarianism*. Oxford: Oxford University Press.

Vaughan, Adam. 2019. "COP25 Climate Summit Ends in 'Staggering Failure of Leadership.'" *New Scientist*, December 16. https://www.newscientist.com/article/2227541-cop25-climate-summit-ends-in-staggering-failure-of-leadership/.

Vialles, Noellie. 1994. *Animal to Edible*. Cambridge: Cambridge University Press.

Villagra, Analia. 2011. "Cannibalism, Consumption, and Kinship in Animal Studies." In *Making Animal Meaning*, Linda Kalof and Georgina M. Montgomery (eds.). East Lansing, MI: Michigan State University Press, 42-56.

VOA News. 2021. "Brazil Launches COVID-19 Vaccine Program for Hard Hit Indigenous People." January 20. https://www.voanews.com/covid-19-pandemic/brazil-launches-covid-19-vaccine-program-hard-hit-indigenous-people.

Voiceless. 2020. *Voiceless: The Animal Protection Institute*. https://voiceless.org.au/.

Wadiwel, Dinesh 2012. "Thinking through Race and Its Connection to Critical Animal Studies." Presented at the ICAS roundtable at Minding Animals 2 Conference, July 4, Utrecht, The Netherlands.

______________ 2015. *The War Against Animals*. Leiden: Brill.

Walker, Alice. 1983. *In Search of Our Mother's Gardens: Womanist Prose*. New York: Harcourt Brace Jovanovich.

____________ 1983a. "Only Justice Can Stop a Curse." In *In Search of Our Mother's Gardens: Womanist Prose*. New York: Harcourt Brace Jovanovich.

Walker, Margaret Urban. 1989. "What Does the Different Voice Say?: Gilligan's Women and Moral Philosophy." *The Journal of Value Inquiry* 23: 123–34.

________________________ 1995. "Moral Understandings: Alternative 'Epistemology' for a Feminist Ethics." In *Justice and Care: Essential Readings in Feminist Ethics*, Virginia Held (ed.). Boulder, CO: Westview Press, 139-152.

______________________ 2006. *Moral Repair: Reconstructing Moral Relations after Wrongdoing*. Cambridge: Cambridge University Press.

Ward, Edith. 1892. "Review of Henry Salt, Animal Rights." *Shafts* 1, no. 3 (November 19).

Warren, Karen J. 1987. "Feminism and Ecology: Making Connections." *Environmental Ethics* 9 (1): 3–20.

______________ 1990. "The Power and the Promise of Ecological Feminism." *Environmental Ethics* 12 (2): 125–46.

_____________ (ed.). 1994. *Ecological Feminism*. New York: Routledge.

_______________ (ed.). 1997. *Ecofeminism: Women, Culture, Nature*. Bloomington, IN: Indiana University Press.

_____________ 2000. *Ecofeminist Philosophy: A Western Perspective on What It Is and Why It Matters*. Lanham, MD: Rowman & Littlefield.

Warren, Mary Anne. 1997. *Moral Status: Obligations to Persons and Other Living Things*. Oxford: Oxford University Press.

Weil, Kari. 2010. "Shameless Freedom." *jac* 30 (3–4): 713–26.

Weiner, Russell. 2012. "Flesh." Unpublished manuscript.

Weisberg, Zipporah. 2009. "The Broken Promises of Monsters: Haraway, Animals and the Humanist Legacy." *Journal for Critical Animal Studies* 7 (2): 22–62.

West, Robin. 1988. "Jurisprudence and Gender." *University of Chicago Law Review* 55 (1): 1–71.

__________ 1997. *Caring for Justice*. New York: New York University Press.

White, Lynn, Jr. 1967. "The Historical Roots of Our Ecologic Crisis." *Science* 155 (3767): 1203–7.

White, R. (ed.). 2004. *Controversies in Environmental Sociology*. Cambridge: Cambridge University Press.

Wieringa, Saskia E., Evelyn Blackwood, and Abha Bhaiya (eds.). 2007. *Women's Sexualities and Masculinities in a Globalizing Asia*. New York: Palgrave Macmillan.

Wiley, Andrea S. 2004. "'Drink Milk for Fitness': The Cultural Politics of Human

Biological Variation and Milk Consumption in the United States." *American Anthropologist* 106 (3): 506–17.

Williams, Bernard. 1985. *Ethics and the Limits of Philosophy*. Cambridge, MA: Harvard University Press.

Williams, Delores. 1993. "Sin, Nature, and Black Women's Bodies." In *Ecofeminism and the Sacred*, Carol J. Adams (ed.). New York: Continuum.

Williams, Terry Tempest. 1995. *Desert Quartet: An Erotic Landscape*. New York: Pantheon Books.

Winterson, Jeanette. 1992. *Written on the Body*. New York: Vintage.

"Women Working for Animals." 1985. *Feminists for Animal Rights Newsletter* 1 (4): 2.

Wise, Michael. 2023. *Native Foods: Agriculture, Indigeneity, and Settler Colonialism in American History*. Fayetteville, Arkansas: University of Arkansas Press.

Wittgenstein, Ludwig. 1963. *Philosophical Investigations*. Trans. G. E. M. Anscombe. Oxford: Blackwell.

Woinarski, John, C. Z., Andrew Burbidge, and Peter L. Harrison. 2015. "Ongoing Unraveling of a Continental Fauna: Decline and Extinction of Australian Mammals since European Settlement." *PNAS* 112 (15): 4531–40.

Wolfe, Patrick. 2006. "Settler Colonialism and the Elimination of the Native." *Journal of Genocide Research* 8 (4): 387–409.

Woodyatt, Amy. 2019. "The Amazon Burns. But Another Part of Brazil Is

Being Destroyed Faster." CNN, September 22. https://www.cnn.com/2019/09/22/americas/brazil-cerrado-soy-intl/index.html.

Woolf, Virginia. (1928) 1956. *Orlando*. New York: Harcourt Brace Jovanovich.

World Animal Net et al. 2020. *The Animals' Manifesto: Preventing COVID-X*. https://pub.lucidpress.com/1c6e4a02-2bae-4656-a238-333d956dc2a0/#_0

Worldwatch. 1987. "On the Brink of Extinction." Quoted in *World Development Forum* 5 (November), 3.

Wright, Alexis. 2013. *The Swan Book*. Sydney: Giramondo Publishing Company.

Wu, Peichen. 2007. "Performing Gender Along the Lesbian Continuum: The Politics of Sexual Identity in the Seitô Society." In *Women's Sexualities and Masculinities in a Globalizing Asia*, Saskia E. Wieringa, Evelyn Blackwood, and Abha Bhaiya (eds.). New York: Palgrave Macmillan, 77–100.

Wynter, Sylvia. 1994, "'No Humans Involved': An Open Letter to My Colleagues." *Forum N.H.I: Knowledge for the 21st Century* 1 (1): 1–17.

____________ 2003. "Unsettling the Coloniality of Being/Power/Truth/Freedom: Towards the Human, After Man, Its Overrepresentation: An Argument." *CR: The New Centennial Review* 3 (3), 257–337. https://doi.org/10.1353/ncr.2004.0015

Yeung, Jessie. 2019. "Thousands of Sheep Feared Drowned after a Cargo Ship Capsized in the Black Sea." *CNN*, November 25. https://www.cnn.com/2019/11/25/europe/romania-sheep-ship-overturned-intl-trndhnk-scli/index.html

Yunkaporta, Tyson. 2019. *Sand Talk: How Indigenous Thinking Can Save the World*. Melbourne: Text Publishing.

Yusoff, Kathryn. 2019. *A Billion Black Anthropocenes or None*. Minneapolis: University of Minnesota.

zu Ermgassen, Erasmus K. H. J., et al. 2020. "The Origin, Supply Chain, and Deforestation Risk of Brazil's Beef Exports." *Proceedings of the National Academy of Sciences of the United States of America*. December 15, 117 (50): 31770–31779. https://www.pnas.org/content/117/50/31770